Klaus-Rüdiger Mai
DIE GEHEIMEN
RELIGIONEN

27.11. 2016

KLAUS-RÜDIGER MAI

DIE GEHEIMEN RELIGIONEN

Götter, Sterne und Ekstase

EHRENWIRTH

Ehrenwirth in der Bastei Lübbe GmbH & Co. KG

Originalausgabe

Copyright © 2012 by Bastei Lübbe GmbH & Co. KG, Köln

Textredaktion: Dr. Ulrike Brandt-Schwarze, Bonn
Umschlaggestaltung: Johannes Wiebel, punchdesign, München
Umschlagmotiv: Johannes Wiebel, punchdesign, München,
unter Verwendung von Motiven von © Hiper Com/Shutterstock;
Rozaliya/Shutterstock
Satz: Fotosatz Amann, Aichstetten
Gesetzt aus der Weiss Antiqua
Druck und Einband: GGP Media GmbH, Pößneck

Printed in Germany
ISBN 978-3-431-03854-5

5 4 3 2 1

Sie finden uns im Internet unter: www.luebbe.de
Bitte beachten Sie auch: www.lesejury.de

INHALT

»Das Geheimnis legt eine Schranke zwischen die Menschen,
zugleich aber den verführerischen Anreiz,
sie durch Ausplaudern oder Beichte zu durchbrechen –
der das psychische Leben wie einen Oberton begleitet.«

Georg Simmel

GEHEIME GLAUBENSSACHE

»Die meisten religionslosen Menschen
verhalten sich immer noch religiös,
auch wenn sie sich dessen nicht bewusst werden.«

Mircea Eliade, »Das Heilige und das Profane«

Bis auf den heutigen Tag beeinflussen Religionen nachhaltig unser Leben, direkt oder indirekt, offen oder verdeckt – unbeeindruckt davon, ob man sich selbst als religiös oder areligiös empfindet. Das Gefühl für die Gerechtigkeit ist ein zutiefst religiöses Gefühl, denn es setzt eine Ordnung höherer Legitimität voraus. Offensichtlich oder verborgen, erblüht oder verschüttet existieren in den Menschen religiöse Leidenschaften. Auch derjenige, der sich nicht um den Glauben kümmert, entgeht der göttlichen Fürsorge nicht – sie ist flächendeckend und pausiert nicht, sie kennt keinen Feierabend und begleitet den Menschen von der Geburt bis an die Bahre. Spätestens zu Weihnachten holen die vielleicht nur noch im Ansatz vorhandenen religiösen Gefühle auch den konsequenten Agnostiker ein. Selbst wenn sie in höchster atheistischer Not in der ehemaligen DDR unbeholfen und verschämt »geflügelte Jahresendfiguren« genannt wurden, bleiben Engel letztendlich doch Engel.

Obwohl das Christentum die Engel adoptierte, sind sie keineswegs christlichen Ursprungs. Es gibt sie sowohl im Judentum als auch im Islam – und sie tragen die gleichen Namen. Allerdings sind wir mit dieser Feststellung noch immer sehr weit von der Kenntnis ihrer Herkunft entfernt. In diesen monotheistischen Konfessionen, in deren Mittelpunkt ein einzelner Gott steht, verbergen sie routiniert die dunkle Seite ihrer Abstammung. Wie viele andere Glaubenstatsachen, deren äußere Seite wir kennen, sind sie vor allem Elemente geheimer Religionen, die als eine Art Doppel- oder besser Mehrfachagenten agieren.

Nicht nur zu Weihnachten holen die Religionen uns ein, auch zu Ostern, wobei es höchst unklar zu sein scheint, welcher Zusammenhang zwischen dem am Kreuz leidenden Jesus, der die Sünden der Menschen auf sich genommen hat, und dem lustig bunt bemalten Osterei besteht.

Mit seinen verschlungenen und geheimnisvollen Wegen gleicht das unüberschaubare Reich der Religionen dem kretischen Labyrinth des Minotaurus. Und weil die Wege verborgen sind, uns immer wieder narren und im Kreis herum führen, halten wir uns an die Geheimnisse in den Religionen als eine Art Ariadnefaden, der uns sicher aus dem Labyrinth führen wird.

Das Eintauchen in den Kosmos der geheimen Religionen bedeutet, unsere Scheuklappen abzulegen, die uns Erziehung, Gewohnheit, Naivität und Ignoranz aufgesetzt haben, und unsere Realität in ihrem gesamten Facettenreichtum wahrzunehmen – auch und vor allem jenen Bereich, der sonst wohlweislich ausgespart wird. Dabei ist es gut zu wissen, wie der Boden beschaffen ist, auf dem wir stehen. Machen wir uns also auf den Weg zu den verborgenen Regionen unserer Existenz.

Staatlich anerkannter Glaube existiert im öffentlichen Raum. Verfolgte Religionen überleben in staatlich anerkannten Konfessionen, das Ketzerische im Rechtgläubigen, das Heterodoxe im Orthodoxen. Die Kirche bietet den besten Schutz vor der Verfolgung durch die Kirche. Religionen bergen Geheimnisse: zum einen offen propagierte, die Mysterien genannt werden, und zum anderen verborgene, die sorgsam verkleidet werden und deren Existenz verschwiegen oder auch geleugnet wird. Aber wie in der inzwischen populär gewordenen Geschichte der Päpstin Johanna[1] verrät sich eines Tages jedes Geheimnis, mag es zuvor auch noch so gut verhüllt worden sein, denn es ist nichts so fein gesponnen, es kommt doch ans Licht der Sonnen.

Die verfolgten Glaubensvorstellungen und verkleideten Zeremonien, die in den etablierten Konfessionen überlebten, sind geheime Religionen. Sie werden in diesem Buch enttarnt.

In den Inhalten, Riten und Festen der aktuellen Weltreligionen – vor allem in den großen monotheistischen Religionen wie Judentum, Christentum und Islam, in denen ein einziger Gott verehrt wird –, in unseren Feiertagen und vielen inzwischen verweltlichten Alltagsbräuchen verbergen sich Schöpfungen anderer, wesentlich älterer Konfessionen. Je öfter sie totgesagt wurden, leben sie wie zum Trotz nur desto unbekümmerter weiter – freilich weitgehend unerkannt und inzwischen gut christlich oder muslimisch verhüllt.

Diesen Überlebenden sind wir auf der Spur. An Vitalität haben sie in den Jahrtausenden nichts eingebüßt. Ihnen nachzugehen heißt, den großen Bereich des Verdrängten, des Verheimlichten, Verschwiegenen, Geleugneten und des Vergessenen unserer modernen Existenz zu betreten, die viel vormoderner ist, als man gemeinhin annimmt. Die verborgenen Glaubensvorstellungen haben ihre Zelte tief im Unterbewusstsein der Menschen aufgeschlagen.

Das ist die eine, vielleicht die wichtigste Seite der geheimen Religionen. Die andere besteht in dem, was abseits der Öffentlichkeit in relativ kleinen Glaubensgemeinschaften praktiziert wird, die einen Kordon des Geheimnisses um sich gelegt haben. Zu diesen Glaubensgemeinschaften gehören beispielsweise die Gnostiker, Katharer, Fethullahci und Drusen. Die Ausübung dieser Religionen wird als eine Reise ins göttliche Mysterium verstanden oder, anders ausgedrückt, als die Suche nach dem verborgenen Weg zur Erlösung. Mit dem inzwischen fremd klingenden oder banalisierten Wort Erlösung ist im religiösen Sinn nichts anderes gemeint als unaussprechliches Glück. Und wer will denn nicht glücklich werden?

Beide Arten der geheimen Religionen haben ihren Ursprung in alten Glaubensinhalten und -formen, die entweder als Krypten, als ältere religiöse Überlieferungen, in unseren Konfessionen und

Bräuchen untergründig anwesend sind oder in Kirchen, Sekten, Glaubensgemeinschaften und geheimen Orden weiterentwickelt wurden.

ENGEL UND OSTEREI – WORAN GLAUBEN WIR, WENN WIR GLAUBEN?

Mit den geheimen Religionen im Alltag verhält es sich so wie in der Geschichte des türkischen Bauern, der jeden Tag, wenn er auf seinem Feld arbeitete, sich zur Pause auf einen unansehnlichen grauen Stein niederließ, um Fladenbrot zu essen und Wasser zu trinken. Eines Tages kamen Männer, denen man trotz ihrer etwas nachlässigen Kleidung die Bildung ansah und die mit einem feinen Pinsel unendlich vorsichtig und mit einer jede Geduld sprengenden Pedanterie den Pausenstein säuberten. Nach einer schier endlos anmutenden Zeit teilten die Männer dem Bauern mit, dass er die ganze Zeit auf dem Rest des Tympanons eines antiken Tempels gesessen habe, der überdies einmal schneeweiß gewesen sei. Der gute Mann schaute verdutzt, als hätte er eine Geschichte aus »Tausendundeinernacht« vernommen, und glaubte, seinen Ohren nicht zu trauen. Unter seinem Feld sollte in sieben Meter Tiefe eine antike Stadt liegen, inzwischen bedeckt vom Staub der Jahrtausende. Wie war das möglich? Stand er nicht auf dem Acker seiner Vorfahren? Die Nachricht passte nicht in sein Weltbild. Allerdings hatte er sich auch niemals die Frage gestellt, wie weit zurück er die Kette seiner Vorfahren überschaute. Bei Lichte besehen, geht es uns nicht anders.

Obwohl die alten Religionen entweder vergessen sind oder nur noch Fachleuten etwas sagen, ragen sie doch in unser Leben hinein wie dieser unansehnlich verwitterte Stein – unscheinbar, wie selbstverständlich von uns tagtäglich genutzt. Anders gesagt und allgemeiner formuliert: Wo beispielsweise Judentum, Christentum oder Islam draufsteht, ist nicht unbedingt und nicht in jedem Fall auch Judentum, Christentum und Islam drin.

Selten nur sind die alten Glaubensvorstellungen bekannt, auf jeden Fall versuchen die Gralshüter der Konfessionen, ihren Einfluss totzuschweigen. Um in unserer kleinen Geschichte zu bleiben: Beamte der monotheistischen Religionen hätten nie, wie die Archäologen es taten, dem Bauern verraten, worauf er sich zur Pause niederließ. Im Gegenteil, sie hätten es ihm unter allen Umständen verheimlicht.

Aber ganz gleich, ob diese Riten nur still und heimlich ausgeübt werden oder ob ihre Ursprünge in Vergessenheit geraten sind (wie zum Beispiel im Christentum, das das heidnische Osterfest in ein freilich zu knappes christliches Gewand zwängte), haben die alten Religionen in diesen Formen auf verborgene Weise überlebt. Über diesen Weg sind sie zu geheimen Religionen in den Weltreligionen geworden und gehören dadurch zu unserem Alltag, ganz gleich, ob man einer Kirche angehört oder nicht.

Die geheimen Religionen aufzuspüren, ist nicht nur faszinierend, sondern auch in zweierlei Hinsicht nützlich: Erstens trägt es dazu bei, eine bisher verborgene, vielleicht sogar verdrängte Seite unserer Identität zu enthüllen, und zweitens ist die Kenntnis der verborgenen Quellen der Weltreligionen eine Voraussetzung für die Diskussion in einer auch von Glaubenskämpfen zerstückelten Welt. Denn die Reinheit ist eine oft tödliche Fiktion.

Wagen wir also die ebenso unbequeme wie aufschlussreiche Reise zu den geheimen Quellen der Religionen. Die Expedition verheißt kein geringeres Abenteuer, als es die Entdeckung der Quellen des Nils seinerzeit darstellte. Um sich von der Welt bezaubern zu lassen, muss man sie zuvor entzaubern.

Setzen wir mit einem Ereignis ein, das die geradezu physische Einheit von Weltreligionen und heidnischen Unterströmungen für einen kurzen Moment in brutaler Weise ins grelle Licht der Öffentlichkeit zerrte.

In den frühen Morgenstunden des 20. November 1979 schreckte ein Terroranschlag kurz die Welt auf. Aber da er sich im Herzen des Islam zutrug, kümmerte das Ereignis damals weder den kapitalistischen Westen noch den kommunistischen Osten, die in der Konfrontation gegeneinander erstarrt und gebannt waren. Und so ist es nicht verwunderlich, dass ein religiöser Kollateralschaden, den die Terroristen verursachten und der so ganz und gar nicht in ihrer Absicht lag, letztlich doch weitgehend unbeachtet blieb. Aber wer interessierte sich im Westen vor dem 11. September schon für den Islam?

Hunderte junger Männer besetzten in einer ebenso abenteuerlichen wie dreisten Aktion den heiligsten Ort der Muslime, die Heilige Moschee in Mekka, in deren Zentrum sich die berühmte Kaaba befindet. Die Vorschriften für Mekka im Allgemeinen und für die Al-Haram-Moschee im Besonderen sind streng: Nichtmuslimen ist der Zutritt verwehrt und untersagt. Will man das Ausmaß des Sakrilegs verstehen, so stelle man sich einmal vor, die Piusbrüder würden schwer bewaffnet den Petersdom stürmen.

Die frommen Besetzer jedenfalls lüfteten bei dieser Aktion ungewollt ein Geheimnis, das ihren Vorstellungen und Absichten vollkommen zuwiderlief und von dem sie nicht die geringste Ahnung hatten.

Sie trugen lange Bärte, die Gewänder hatten sie über die Knöchel gekürzt, ganz so, wie der Freund Gottes, Mohammed, es gehalten haben soll. Man hätte sie gut und gerne für sehr fromme Muslime halten können, und auch sie selbst empfanden sich als nichts weniger. Sie nannten sich Ikhwan, die Brüder.

Nach islamischer Zeitrechnung, die mit dem Auszug Mohammeds 622 aus Mekka beginnt, beging man am 20. November den letzten Tag des Jahres 1399. Das Datum für den Anschlag hatte Juhaiman al-Utaibi, der Anführer der Brüder, mit Bedacht gewählt, glaubte er doch, dass das Weltende nahe. In dem anbrechenden Jahr 1400 erkannte er die Ankunft der Apokalypse, wie es die Christen knapp tausend Jahre zuvor bereits einmal getan hatten. Als aber damals im christlichen Jahr 1000 die Parusie, die Wiederkehr Jesu am Jüngsten Tag, ausfiel, hatte ein kluger und vor allem charismatischer Denker, der Abt Joachim von Fiore in Kalabrien, die Lehre von den drei Weltaltern ersonnen, die drei Reichen entsprachen.[2] Durch diese Idee gewährte er der Welt großzügig noch einen Aufschub.

Juhaimans Grundidee konnte also mitnichten einen Anspruch auf Originalität erheben. Die politischen Konsequenzen, die sich aus seiner Prophetie ergaben, hatten es allerdings in sich. Juhaiman verkündete nämlich, dass der Erlöser, der Mahdi, in Gestalt eines Theologiestudenten erschienen sei. Er forderte die Muslime auf, diesem Mahdi zu folgen, ein gottgefälliges Leben zu führen, das Königshaus zu stürzen, die Öllieferungen an die USA einzustellen, die Ungläubigen aus dem Land zu jagen, Frauen aus dem öffentlichen Leben zu verbannen und Filme, Fotografieren, Fußball, Musik, Zigaretten und Alkohol zu verbieten. All diese teuflischen Verhaltensweisen, Angewohnheiten und Dinge würden nur die Menschen auf satanische Weise Gott entfremden. Über Lautsprecher verlasen die frommen Besetzer des Allerheiligsten unablässig religiöse Traktate.

Über 50 000 Pilger, die das Pech hatten, sich zum Zeitpunkt der Besetzung im Innern der Moschee aufzuhalten, befanden sich nun in ihrer Gewalt.

Die erhoffte Signalwirkung blieb indes aus. Die Rechtsgelehrten erließen schließlich eine *fatwa*, ein Rechtsgutachten, das es dem saudischen König Khaled erlaubte, zur Räumung des Heiligtums Gewalt anzuwenden. So konnten die Besetzer schließlich mit Unterstützung von Antiterrorexperten der französischen Polizei überwältigt werden. Dabei kamen 26 Geiseln, 127 Soldaten und 177 Besetzer ums Leben, über 600 Menschen wurden verletzt. Am 8. Januar 1980 wurden dann die 63 Ikhwan, die lebend in die Hände des saudiara bischen Militärs gefallen waren – unter ihnen Juhaiman al-Utaibi –, in verschiedenen saudi-arabischen Städten öffentlichkeitswirksam enthauptet. Für das Königshaus der al-Saud, die sich als Hüter des Heiligtums feiern ließen, bedeutete die Hilfe der Ungläubigen allerdings eine nur schwer zu verwindende Schande und eine tief sitzende Schmach.

Diese Episode, in der auch der terroristische Islam geboren wurde, ist bestens bekannt. Weniger bekannt ist jedoch, dass etwas anderes, weitaus Folgenreicheres für kurze Zeit zum Vorschein kam – etwas zwar weniger Auffälliges, aber doch höchst Erstaunliches.

Im Boden der durch die Kämpfe in Mitleidenschaft gezogenen

Kaaba tauchten nämlich wie aus der Tiefe der Zeit plötzlich Idole vorislamischer Gottheiten auf. Damit wurde die Forschungshypothese bestätigt, dass in der Kaaba – bis zu dem Tag zumindest, an dem Mohammed aus dem Heiligtum den wichtigsten Andachtsort für seinen Einen Gott, für Allah, gemacht hatte –, rund 360 Idole, also Gegenstände wie heilige Steine und Plastiken, verehrt worden waren.

REFLEXE ALTER RELIGIONEN

> »*Jn meines Vaters Haus sind viele Wohnungen.*«
> Joh 14,2

Für dieses Mysterium gab es eine einfache Erklärung: Die islamische Kaaba hatte bereits den vorislamischen Arabern als Heiligtum gedient, allerdings als eines von vielen Göttern. Zwar kannten und verehrten die Menschen schon seit Jahrhunderten Allah, den über der Wüste thronenden Himmelsgott, als Hochgott, aber er spielte in ihrem Leben eine zunehmend geringere Rolle. Nach ihrem Empfinden residierte er zu weit von den Sorgen und Nöten ihres Alltags entfernt, und deshalb vermochte kein Aufschrei der bedrängten Kreatur bis zu ihm vorzudringen. Die Beduinenstämme versprachen sich mehr davon, die in ihrer Umgebung in den heiligen Bezirken, *al-hima*, wohnenden Lokalgötter anzuflehen, die enger mit ihrem alltäglichen Leben verbunden waren. Zu diesen vorislamischen Gottheiten gehören zum Beispiel die Göttinnen al-Lāt und al-'Uzzā.

Den Hima-Bezirk von al-Lāt in der Kaaba vermutet man in einem viereckigen weißen Stein. Bei Kämpfen und zu Schlachten führten die alten Mekkaner Steinbildnisse der Göttinnen mit sich. Wie auch den anderen Göttern wurden ihnen Weihegeschenke und Opfer dargebracht, um sie den Wünschen der Menschen gnädig zu stimmen. Der Stamm der Quraish hütete die Kaaba, das Zentralheiligtum, denn es bildete für die oftmals verfeindeten und gegeneinander kämpfenden Stämme eine Art religiös beglaubigtes ethnisches Integrationszentrum. Während der festen Zeiten im Jahr, in denen die Araber nach Mekka pilgerten, galt ein heiliger Friede. Waffen durften sie bei der Wallfahrt ohnehin nicht mit sich führen.

Dieses Zentralheiligtum der arabischen Stämme widmete Mohammed schließlich kurzerhand um zum Haupteiligtum des Islam und verbannte die heidnischen Idole. Um die Stämme für seine Religion zu gewinnen und sie politisch zu einen, bedurfte es eines einzigen Gottes und eines Heiligtums, ganz gleich, wer dafür seinen Platz räumen musste.

Das Bilderverbot im Islam hat viele Gründe, aber, wie wir noch sehen werden, ist es auch das beste Argument gegen 360 Idole, also Bildnisse. Will man alle verbieten, darf man nicht ins Detail gehen, sondern muss auch eine generelle Regelung für alle finden. Allerdings mussten die Idole entheiligt werden, bevor man sich ihrer entledigen konnte. Das geschah, indem man sie zu Götzen erklärte und den Götzendienst als größte Sünde einstufte, denn damit zerstörte man ihren religiösen Schutzschild. Scheinbar waren sie damals einfach im Boden der Kaaba vergraben worden – vielleicht auch, um dadurch die Überlegenheit des Islam zu demonstrieren.

Dieser Gedanke ist nicht abwegig, denn die katholischen Römer verfuhren ähnlich, als sie auf den Fundamenten eines Minerva-Tempels gegenüber des Pantheons eine der wichtigsten Kirchen der Ewigen Stadt errichteten und sie dann auch konsequenterweise Santa Maria sopra (über) Minerva nannten. Es entbehrt nicht einer gewissen Ironie, dass aus der römischen Minerva (griech. Athene) eine christliche Maria wurde, denn diese wirkt wie eine Verkleidung vieler alter Göttinnen, geradezu wie das religionsgeschichtliche Vexierbild schlechthin.

Wenn man will, kann man es als Sinnbild verstehen, dass die vielen Natur- und Lokalgötter der Frühzeit mit ihren Riten und religiösen Vorstellungen, die der Koran dann ablehnte, faktisch das Fundament des Islam bilden. Doch selbst im Koran deutet noch vieles – die satanischen Verse oder die Geheimnisvollen Buchstaben – auf wesentlich ältere Vorstellungen und Bräuche hin.

Wechseln wir den Ort, um die Gültigkeit des Vorgangs an einem zweiten Beispiel zu belegen. Zu den besonders heiligen Orten des Christentums zählt der imposante Petersdom, dessen Kuppel über dem Grab des Apostelfürsten Petrus errichtet ist. Ungefähr acht Meter unter dem heutigen Niveau von Sankt Peter tauchen wir ein in eine der größten Nekropolen der Welt.

Die Stadt der Toten ist heidnischen Ursprungs. Sie liegt jenseits der römischen Stadtmauer, weil die verstorbenen Bürger nicht innerhalb der Stadt beigesetzt werden durften. Der Ort, der *ager vaticanus*, lag nicht nur außerhalb und nächst der Stadt, sondern auf dem heutigen Petersplatz trafen sich auch drei der großen römischen Straßen: Die Via Cornelia und die Via Aurelia führten in Richtung Westen nach Caere, während die Via Triumphalis gen Norden Rom mit dem etruskischen Veio (Isola Farnese) verband.

Da die Römer glaubten, dass niemand wirklich tot war, solange Menschen an ihn dachten, errichteten sie ihre Gräber gern an viel besuchten, öffentlichen Orten, wie es Straßen von Natur aus sind. Je nach Vermögen ließen sie für die Verstorbenen riesige Totenhäuser mit Vorhöfen und Sitzbänken erbauen. Darin fanden die Archäologen Huldigungen an die Götter der alten Mysterienreligionen wie dem Isis- oder Dionysos-Kult. Sieht man sich die Gestaltung der Totenhäuser an, ist es durchaus denkbar, dass hier auch religiöse Zeremonien veranstaltet wurden, wie eben am Grab des Apostelfürsten Petrus. Denn in gewissem Sinn war auch das frühe Christentum eine Mysterienreligion – ein Erbe übrigens, das die geläuterte Weltreligion nur schwerlich verleugnen kann, obschon sie es gern möchte.

Die römische Fruchtbarkeitsgöttin Ceres (griech. Demeter, phryg. Kybele) war für den sicheren Übergang der Toten zu den Manen, den Totengeistern, zuständig. Man opferte den Göttern, der Ceres, den Manen, aber auch den Haus- und Familiengeistern, den Laren, entweder ein Schwein oder einen Hammel. Die Opferung kann man sich in etwa als gehobene Grillparty im Kreise der Familie vorstellen, wobei die Götter die Innereien bekamen und das Fleisch andachtsvoll von den Trauernden verspeist wurde.

Neun Tage begleiteten die Familien ihre Toten und hielten sich bei ihnen im Totenhaus auf. In dieser Zeit gehörten auch sie der Welt der Toten an, weil sie ihre Angehörigen beim gefährlichen Übergang ins Jenseits begleiteten. Nach dem sogenannten Mahl des neunten Tages im Haus des Verstorbenen kehrte die Familie wieder zu den Lebenden zurück. Doch an festgelegten Tagen im Jahr versammelte man sich wieder am Grab, gedachte des Toten, ehrte ihn mit einem Opfer und anschließendem Totenmahl.

Bei näherem Hinsehen wirken die römischen Bräuche seltsam vertraut – man denke nur an den Leichenschmaus, an die Trauerzeit, an Gedenktage wie Allerseelen oder den Totensonntag. Ich erinnere mich, dass früher Trauernde zum Zeichen des Verlustes schmale schwarze Binden um den linken Oberarm trugen. So gehörten sie unserer Welt zwar an, aber doch nicht ganz, besaßen einen Kontakt zur anderen Welt, denn dieses Trauerzeichen verband sie mit dem Jenseits, mit jenem »unentdeckte(n) Land, von des Bezirk kein Wandrer wiederkehrt«.[3] Besonders bei Vereinigungen wie Sportvereinen, der Feuerwehr etc. ist nach dem Tod eines Mitglieds der Trauerflor am Arm auch heute noch üblich.

In der Totenstadt finden sich viele heidnische Gräber wie das des Römers Flavius Agricola. Dieser hat auf seinem Grab eine Elegie anbringen lassen, die uns Auskunft über den Verblichenen gibt. Über seine vor ihm verstorbene Gattin Flavia heißt es dort, sie sei eine »Verehrerin der Göttin Phariae (Isis)« gewesen. Mit fortschreitender Christianisierung entstanden aber immer mehr christliche Gräber in der ursprünglich paganen Totenstadt. Unweit des Agricola-Grabes befindet sich die letzte Ruhestätte der Christin Aemilia Gorgonia. Die achtundzwanzigjährige Frau wurde von ihrem Gemahl bestattet. Auf der Tafel erkennt man Aemilia Gorgonia, die aus einem Brunnen Wasser schöpft. Dieses Bild symbolisiert das ewige Leben der »*anima dulcis* Gorgonia«. Ihr Gemahl hat in den Stein meißeln lassen: *dormit in pace* – sie schläft in Frieden. Dessen ist er sich sicher, denn sie ist im Glauben gestorben und Christus wird sich ihrer annehmen.

Die frühchristliche Formel *dormit in pace* wurde später durch *requiescat in pace* (er / sie ruht in Frieden) ersetzt. Daraus wurde die Bitte »Ruhe in Frieden«, wie wir sie heute kennen. Die spätantike Gewissheit hatte sich aufgelöst, und an ihre Stelle ist ein Wunsch getreten. Mit der Entwicklung des Christentums wurde das Jenseits, das Paradies unsicherer. Viele Gewissheiten des frühen Christentums sollten sich später verlieren. Umso mächtiger das Christentum wurde, umso ohnmächtiger fühlte sich der Mensch, der ohnehin von Geburt an als unsicherer Kantonist, als Sünder galt.

Aus den kargen Worten der Tafel aber spricht bis in unsere Zeit die Liebe des Mannes zu seiner Gattin Gorgonia: »Ich machte es für die allerlieblichste Gattin.« Sehnsucht, Hoffnung, der Wunsch, vielleicht sogar die Gewissheit auf ein Wiedersehen, ein Vereintsein in der Ewigkeit liegen darin. Hier schwingt die alte griechische Vorstellung vom glücklichen Leben nach dem Tode mit, die sich auch in Rom höchsten Ansehens erfreute: »*Quem di diligunt adulescens moritur* – Jung stirbt, wen die Götter lieben«, übersetzte Plautus einen Vers des griechischen Dichters Menander.[4] Die reichen paradiesischen Malereien und Verzierungen auf den Wänden der Totenhäuser sprechen eine eigene be- und verzaubernde Sprache. Denn besser ist es, wie der griechische Tragiker Sophokles sagte, nie geboren zu werden.[5] Und das Christentum übernahm gern die Vorstellung vom irdischen Jammertal, das man so schnell als möglich verlassen sollte, ohne sich allerdings selbst zu töten, was als Todsünde gilt.

Der Gedanke von der Schlechtigkeit der Welt findet sich in vielen Konfessionen, so auch im Islam und im Buddhismus. Vielleicht leben Religionen auch von der Minderwertigkeit und Grausamkeit der Welt oder sind zumindest – und positiv gesprochen – der Versuch einer Antwort und einer Hilfe inmitten einer Welt voller Verbrechen. Wer braucht in einer perfekten Welt schon den Glauben an eine höhere Macht? Wer kommt andererseits in einer absolut unperfekten Wirklichkeit vollkommen ohne sie aus? Ohne auch nur den geringsten Jenseitstrost?

Einzig die Konfuzianer wünschen sich Gesundheit und ein langes Leben, aber diese sind ohnehin der Meinung, dass mit der konsequenten Befolgung der konfuzianischen Vorstellung die Welt perfekt würde – man dürfe nur keine Disharmonie zwischen Erde und Himmel zulassen. Die christliche und später auch muslimische Vorstellung vom Leben als Bewährungsprobe für die Ewigkeit findet sich zum ersten Mal explizit im Judentum. Während die Römer sich der späteren Welt sicher waren und diese Sicherheit auf die frühen Christen ausstrahlte, wurde diese Gewissheit mit der Entrückung der Parusie, der Wiederkehr Christi am Jüngsten Tag, in weite Ferne immer vager. Je stärker die Lehre von der Sündhaftigkeit des Menschen und des Lebens als Bewährungsprobe für die Ewigkeit entfaltet wurde, desto mehr schwand die Sicherheit des Paradieses. Es stand nicht mehr jedem offen – es gab auch die Möglichkeit, in die Hölle zu fahren.

Zwei Dinge aber lehren sowohl die Geschichte der Kaaba als auch die der römischen Nekropole.

Erstens: Das Leben der Menschen, das immer gleichen Rhythmen folgt, begleitet die Religionen durch Riten und Sakramente, Generation für Generation, Religion auf Religion. Daran hat sich bis heute nicht viel geändert.

Zweitens: Was uns als urchristliches Brauchtum erscheint wie beispielsweise die Taufe, ist bei Weitem älter. Weder das Judentum noch das Christentum und auch nicht der Islam haben alles neu erfunden. Sie haben vieles, was vorhanden war, genutzt, oftmals uminterpretiert und sich einverleibt. Und daraus natürlich einerseits ein Geheimnis gemacht, andererseits unbeabsichtigt Geheimnisse übernommen, von deren Existenz sie nichts ahnten.

Es hat keine Urreligionen gegeben, die heute unter der Oberfläche der modernen Religionen weiterpulsieren. Doch die heutigen Religionen stellen lediglich die Spitze des Eisbergs einer weitgehend verborgenen und sich im Geheimen fortführenden Alltagsgeschichte des Menschen dar, der sich in seiner metaphysischen Not und existentiellen Hoffnung, in seiner Endlichkeit nach der glückseligen Dauer sehnt. Diese Sehnsucht nach Dauer, diesen Ewigkeitsdurst kann man Religion nennen.

Tief im Menschen muss sich ein Raum für das Ewige, für das Unergründliche, für die Götter, für Gott, für das Göttliche befinden, sonst gäbe es keine Götter und Dämonen.

In dem Begriff *numen* für die römische Gottheit, der das Abschreckende (*mysterium tremendum*) und das Anziehende (*mysterium faszino-*

sum) des Göttlichen ausdrückt, steckt tief verborgen das heidnische Konzept des göttlichen Orakels. Dabei geht es weniger darum, Gott um Rat zu fragen, sondern ihm nicht durch eigenes Tun ins Handwerk zu pfuschen, den Absichten der Gottheit zu entsprechen, ihn um Erlaubnis zu bitten. Denn *numen* bedeutet zunächst nichts anderes als Nicken und bezeichnet die Zustimmung Gottes, der im Orakel befragt wird. Aus der Zustimmung wird der Auftrag, auch so zu handeln. Im Auftrag aber offenbart sich der göttliche Wille, aus dem göttlichen Willen schließlich Gott schlechthin, aus dem *numen* wird das Numinose, das Göttliche, das den Menschen anzieht und gleichzeitig erschreckt. Gott ist der, der erlaubt, und der, der verbietet. Gottes Verbot zu übertreten, zeitigt schlimme Folgen.

Der Schrecken und der Schauer vor dem, was größer als man selbst, als alle Menschen zusammengenommen ist, stammen aus der Konfrontation mit dem Göttlichen. Götter verlangen nicht nur Hingabe, sondern flößen auch Furcht ein. Das Mindeste, was man sagen kann, ist, dass es ohne sie das literarische Genre der Gruselgeschichte, der Gothic Novel und den Typ des Horrorfilms nicht gäbe.

Ob die Menschheit ohne Religionen existieren könnte, ist eine große philosophische Frage, die in diesem Buch nicht diskutiert werden kann, wiewohl es Material dazu beisteuert. Die Erklärung aber, dass der Glauben dem unaufgeklärten Gehirn aus der Angst vor der unerkannten Natur entspringt, greift lächerlich kurz. Sie wird durch die Entwicklung des religiösen und des philosophischen Denkens selbst widerlegt. Die hochgeistigen und sublimen religiösen Systeme können schon nicht mehr Frucht der Unwissenheit sein, sondern stellen eine Notwendigkeit des bewussten Lebens dar. Aber nicht den Ursachen religiösen Denkens und Empfindens soll in diesem Buch nachgegangen werden, sondern den verborgenen Unterströmungen, unterirdischen Urflüssen gleich, die so unerwartet wie regelmäßig immer wieder an die Oberfläche treten. Zuweilen verkennen wir sie, halten sie für islamisch, jüdisch oder christlich, wo sie doch ägyptisch, mesopotamisch oder iranisch sind. Wenn wir der Jungfrau Maria ins Antlitz schauen, beginnen die Gesichtszüge zu changieren, und es stellt sich die Frage: Wie viele Gesichter, nicht christliche und christliche, hat die Jungfrau Maria?

Was wir also die Überbleibsel alter Religionen in unseren modernen Religionen und in unserem Alltag nennen, sind in Wahrheit tiefere Bereiche unseres Bewusstseins, die sich eine Heimstatt geschaffen haben, sind Entwicklungsmomente des religiösen Bewusstseins selbst. Denn noch im areligiösen Menschen haben sich starke, lebenskräftige Relikte des Religiösen erhalten, und sie wirken oft dort, wo er es am wenigsten vermutet.

Die zu starke Konzentration auf Rezeption, auf ein Verfahren bewusster Übernahmen, ja Ritenraubes der etablierten Religionen gegenüber früheren, als heidnisch verteufelten Glaubensvorstellungen führt allerdings nicht zum Verständnis, sondern zur Verschwörungstheorie, zur Räuberpistole à la Dan Brown. Dort, wo man von Bewusstsein sprechen kann, ist es gewachsen, historisch geschichtet: Es reicht vom Pausenstein des türkischen Bauern aus unserer kleinen Episode bis zu den Fundamenten des Tempels, als dessen Tympanon sich der unscheinbare Stein erwies. Um im Bild zu bleiben, vom Fundament des Tempels bis zum Kopf des Bauern, der auf dem Tympanon sitzt, erstreckt sich unser Bewusstsein und Unterbewusstsein, das teils entstanden, teils ererbt, teils von der Umwelt geprägt ist, verschüttet und dennoch höchst lebendig.

Das Glaubensgut älterer oder konkurrierender Religionen wurde entweder von den Vertretern des neuen Glaubens bewusst genutzt, um diesen erfolgreich zu verbreiten, oder hat sich von selbst subversiv durchgesetzt. Auf den Begriff des Aberglaubens sollte man in diesem Zusammenhang besser verzichten. Wenn man wie der Philosoph Theodor Adorno »die Neigung zum Okkultismus« für ein »Symptom der Rückbildung des Bewusstseins«[6] hält, verkennt man die Breite des religiösen Empfindens, das so verschiedene Facetten wie Glauben, Rationalismus, Theorie, Okkultes und Mysteriöses im Laufe der Jahrtausende aufnahm und immer wieder durchwalkte. Vieles suchte sich andere seltsame, geheime Wege. Öffnen wir also keine Schubladen, sondern unseren Blick für die geheimen Religionen und für das Geheimnis in den Religionen, für das Verkappte.

Die Welt ist weniger unterwandert als vielmehr unterglaubt.

Die Welt mag mit schaffenden Göttern ihren Anfang nehmen – das ist eine Frage des Glaubens –, Religionen aber beginnen mit Menschen, die sie im wahrsten Sinne des Wortes unters Volk bringen, und das wiederum ist eine historische Tatsache. Zuweilen kennen wir nicht einmal die Namen dieser Menschen, wie es bei den Schöpfern der römischen Mysterienreligionen der Fall ist. Hin und wieder hinterlassen sie als große Propheten wie Moses oder Mohammed den Eindruck einer monumentalen Persönlichkeit, selten erinnern wir uns an sie als Götter, Religionsstifter oder Wundertäter wie Jesus, Simon Magus oder Siddhartha. Man kann sie Wanderprediger, Propheten oder Erwählte, Messias, Mahdi, Buddha etc. nennen, Erleuchteter, Freund Gottes oder Gottessohn – es spielt zunächst keine Rolle, wichtig ist nur ihre Lehre, die durch das eigene Leben beglaubigt wird. Sobald aber eine Gestalt als Religionsstifter in der Geschichte ausgemacht werden kann, wird sie auch schon von Legenden umwuchert und schießen Spekulationen und Geheimnisse ins Kraut. Diese außergewöhnlichen Menschen hat es immer gegeben. Es gibt sie heute noch. Und vermutlich werden sie immer wieder auftreten.

Für eine Recherche über die Orte des frühen Christentums in Kleinasien hielt ich mich in der Türkei auf und schloss mich auch einige Tage einer Reisegruppe an, die eine Rundreise über Konya nach Kappadokien zu den berühmten Höhlenklöstern und -kirchen und der faszinierenden unterirdischen Stadt von Derinkuyu unternahm. Der moderne Reisebus glitt durch das endlose Meer aus Gelb und Blau der zentralanatolischen Hochebene wie durch ein Wurmloch in eine andere Zeit. Selten nur durchquerten wir ein Dorf, erblickten wir ein paar Hütten. Stattdessen ermüdete mein Blick an dieser übergroß anmutenden Leere. Ich hatte das Gefühl, in der Unendlichkeit angekommen zu sein. Es war mit allen Sinnen zu spüren, dass Generationen von Gottsuchern in ihren Lederlatschen über die staubigen Straßen Anatoliens nach Osten und wieder zurück in den Westen gezogen waren, entweder auf der Suche nach Gott oder erfüllt von dem Wunsch, den wahren Glauben, sobald er gefunden war, auch zu verkünden.

Die westliche Welt schwelgte in jenen Jahren noch in dem Traum vom Ende der Geschichte, und der 11. September 2001, der die von uns verschlafene Veränderung der Welt sichtbar machte, lag noch viele Illusionen weit von uns entfernt.

Nachdem wir Konya, die Stadt der Tanzenden Derwische, die Stadt des großen Mystikers Djalal od-Din Rumi (auch: Dschalaloddin und Dschalaladdin; † 1273) gesehen hatten, tauchten wir tief in das alte Land der großen christlichen Kirchenväter ein – Kappadokien, das Land von Männern wie Gregor von Nyssa, Basilius der Große und Gregor von Nazianz, das Land der Mystiker und Wundermänner, der Geheimniskrämer, Fakire und Sufi.

Wenn man heute von Anatolien spricht, übersieht man leicht die große Kultur dieses Landes. Doch hier wurden vor 10 000 Jahren die ersten Tempel geschaffen, hier errichteten die Hethiter, die uns eine Fassung des sumerischen »Gilgamesch-Epos« hinterließen, ihr Großreich. Die Griechen gründeten an der Küste bekannte Städte wie Ephesos und Milet. Assyrer und Perser, Alexander der Große, Römer, Parther, Meder und die Sassaniden stritten um dieses Land. Schließlich überlebte hier das Oströmische Reich noch tausend Jahre den Untergang Westroms. All dies hatte die Landschaft geprägt, bevor Eroberer aus dem Inneren Asiens, die sich zum Islam bekehrt hatten, das Land schließlich unterwarfen.

Unser Reiseführer war ein junger Türke, ein *almanci* [7], der in Köln aufgewachsen und dessen Deutsch akzentfrei war. Dass er uns wenig über die Landschaft und noch weniger über die Geschichte erzählte, sondern am liebsten über die religiöse Situation in der von Atatürks Laizismus geprägten Türkei klagte, hielt ich für eine Marotte. Aber bald schon fiel mir auf, dass er sich an jeder Station, an der wir entweder Rast machten oder Sehenswürdigkeiten besuchten, mit anderen jungen, aber auch älteren Männern im Teehaus traf und mit ihnen tief greifende Gespräche führte. Sie wirkten vertraut miteinander, und es sah nicht so aus, als unterhielten sie sich über Fußball. Bei näherem Hinsehen überkam mich ein Staunen. Mit erstaunlicher Schnelligkeit verwandelte sich unser etwas schrullige Reiseführer in der Diskussion in einen versierten Wanderprediger. Selten habe ich in so kurzer

Zeit eine so komplette Veränderung in Habitus und Auftreten erlebt – als existierten zwei Menschen in ihm. Zumeist nicht von anderen Türken zu unterscheiden, zutiefst durchschnittlich wirkend, glühte plötzlich in ihm ein Charisma auf, das ihn aus der Masse heraushob und ihm eine beunruhigende Wirkung verlieh. Es war, als sei ihm beim Recken und sich Erheben der staubige Mantel von der Schulter geglitten. Ein vollkommen anderer Mann, einer, der wusste, was er wollte, und der glaubte, was er sollte, saß in den Teestuben, einer, der keinerlei Zweifel an seiner Wirkung hegte und dessen Energie dem Hass entsprang.

So wie ihn muss man sich die umherziehenden Wundermänner, Propheten, Philosophen, Religionsgründer vorstellen, nur dass deren Quelle auch die Liebe oder das Wissen sein konnte. Es waren solche Männer, die das Judentum, den Buddhismus, den Konfuzianismus, den Daoismus, das Christentum, den Manichäismus, aber auch die Mysterienreligionen und den Islam predigten und verbreiteten. Religionen werden vielleicht nicht er-, aber zumindest gefunden.

Die scheinbar so alltägliche, ja fast banale Biographie des Reiseführers, die er mir erzählte, ist vollkommen typisch. Im Alter von fünf Jahren kam der Junge mit seinen Eltern aus Anatolien nach Köln, weil sie fest entschlossen waren, in Deutschland ihr Glück zu machen. Die Familie integrierte sich. Der Sohn lernte hervorragend Deutsch, brachte aus der Schule gute Noten nach Hause und absolvierte eine Lehre als Elektriker. Doch der verordnete Beruf unterforderte den wachen Intellekt des jungen Mannes. Gleichzeitig fühlte er sich in dem Land fremd – gelitten, aber nicht geliebt. Sein Selbstwertgefühl war empfindlich verletzt. So kehrte er in die Türkei zurück. Aber die Heimkehr geriet zu einer deprimierenden Ankunft in einem fremden Land.

Er war nur ein *almanci*. In Deutschland galt er als ganzer Türke, in der Türkei als halber Deutscher. Wer war er aber wirklich? Wo gehörte er hin? Die Fragen peinigten ihn, trieben ihn an den Rand des Wahnsinns. Das Ungenügen brannte in seiner Seele. Doch er wollte sich nicht gehen lassen, nicht abstumpfen, sich nicht mit Gewalt, unrecht erworbenem Reichtum oder Drogen betäuben, sondern seinen Weg finden. So machte er sich schließlich auf die Suche nach seiner Identität, nach seiner wahren Heimat, dem Ort, an dem die wunde Seele Heilung fände.

Durch Anatolien, den kurdenumkämpften Ostteil der Türkei, über den Irak, Iran, Pakistan wanderte er bis nach Indien. Station machte er unterwegs in Sufi-Konventen, in Klöstern, bei Derwischen, in großen Moscheen und suchte in den offiziellen wie geheimen religiösen Offenbarungen nach seinem Weg. Er sprach mit Muslimen, Buddhisten, Hindus, Fakiren und lebte bei ihnen und Gott weiß bei wem noch. Irgendwann kehrte er an die Westküste der Türkei zurück, fand dank seiner hervorragenden Deutschkenntnisse einen Job als Reiseleiter und nutzte die Touren, um unterwegs Leute zu treffen, sich auszutauschen, vielleicht sogar, um ein Netzwerk zu knüpfen.

Ich habe damals nicht herausfinden können, welchen Weg er für sich gewählt hatte und welche Ziele er verfolgte. Er warf Nebelkerzen im Gespräch und machte ein großes Geheimnis daraus, antwortete auf meine Fragen nur in Andeutungen und Gleichnissen. Dass er mir gegenüber überhaupt Andeutungen machte, war wohl nicht vorgesehen und entsprang eher seiner Eitelkeit. Es mochte viel mit dem Derwischorden der Mewlewije zu tun gehabt haben, denn er sprach oft von Rumi, zitierte ihn in einem fort, doch konnte das auch eine Finte gewesen sein. Aber er schien seine Heimat, seinen Glauben, seine Identität endlich entdeckt zu haben.

Ist er ein Mönch geworden, ein Sufi, ein Islamist, ein Funktionär der später an die Regierung gekommenen Islamischen Wohlfahrtspartei (AKP) oder am Ende doch wieder ein unglücklicher Mensch – ich habe es nie erfahren.

AUF DER SUCHE NACH DEM
GEHEIMNIS DES SEINS

>... *wer wir waren, was wir wurden,*
wo wir waren, wohinein wir geworfen wurden,
wohin wir eilen, woraus wir erlöst werden,
was Geburt ist, was Wiedergeburt.«

Klemens von Alexandria, »Excerpta ex Theodoto«

Reduziert man die Geschichte dieses Mannes auf ihre Grundkonstel-
lation, entkleidet sie der ethnischen Besonderheiten, dann hat man
geradezu idealtypisch die Motivation für die Suche nach einem religiösen Weg vor sich, der sich von den offiziellen Religionsangeboten
unterscheidet. Denn diesem Mann ging es um Sinnsuche und Identität, um die Grundfragen der eigenen Existenz. Hierzu benötigt man
zunächst Antworten, aber keine Institutionen.

Er war zu klug, um sich mit Banalitäten abspeisen zu lassen, zu
sensibel, um den Täuschungen auf den Leim zu gehen, zu empört,
um einen Kompromiss zu akzeptieren, zu verletzt, um vielleicht auch
nur zähneknirschend seinen Frieden mit der Welt, wie sie nun einmal
war, schließen zu können, und von zu großer Sehnsucht nach der
Wahrheit getrieben, als dass er sich hätte mit nichts weniger zufrie-
dengeben können als mit religiöser oder spiritueller Erlösung.

Die meisten Menschen spüren, dass etwas mit der Welt nicht
stimmt, dass sehr schlimme Dinge geschehen, aber fast alle sind der
Überzeugung, dass sie ohnehin nichts ändern können und schaufeln
sich deshalb privaten Grund unter die Füße. Er hingegen spürte
keinen Grund unter seinen Füßen und suchte deshalb umso stärker
nach einer Orientierung, einem Punkt, vom dem sich die unverein-

baren Facetten der Welt zu einem Bild zusammenfügten und dadurch auf den Standpunkt des Betrachters zurückverweisen würden. Im Kreuzpunkt der zurückgeworfenen Linien hoffte er, sich selbst zu begegnen. Erst von diesem selbst erkannten, eigenen Standpunkt aus würde ihm die Welt verständlich und ließen sich die quälenden Fragen beantworten.

Wer ist man? Wozu lebt man? Wie soll man leben? Was ist Glück? Wie wird man glücklich? Gibt es ein Leben nach dem Tod? Wenn ja, wie ist dieses Leben? Erstrebenswert? Nur unter bestimmten Voraussetzungen erstrebenswert? Und welche Voraussetzungen wären das dann? Hat man einen Gott zu fürchten oder auf ihn zu hoffen, ragt die Seele über den Körper hinaus, oder erschöpft sich das Leben in seiner Biologie? Und alle Antworten enthielten im Kern ein Geheimnis, das es zu enthüllen galt.

Es erging ihm wie dem ausgesetzten Kind, das sich zeitlebens mit der Frage quälte, wer seine Eltern seien und warum es von ihnen einst verstoßen worden war. Der deutsche Philosoph Friedrich Nietzsche hat diese Frage mit dem Tod des Vaters beantwortet. Er hatte ihn nicht ausgesetzt, er lebte nur einfach nicht mehr. Doch die Vorstellung, dass Gott tot sei, hat ihn weder befreit noch glücklich gemacht, sondern schließlich in den Wahnsinn getrieben.

Worin besteht das Geheimnis, nach dem die Gottessucher forschen und das die Religionsstifter und Wanderprediger verkünden?

Für den Menschen verbirgt sich das größte und ursächliche Geheimnis im Mysterium seiner Existenz oder genauer seines Existierens. Das lateinische Verb *ex-sistere* bedeutet heraustreten, werden, aus der Möglichkeit zur Wirklichkeit zu werden. In dieser Fragestellung geht es weniger darum, warum wir sind, sondern eher, wie wir wurden. Wie kam es, dass wir existieren? Alle Religionsstifter wollen uns in dieses Mysterium einführen, bieten eine Erklärung für uns und unser Dasein an, heben es aus seiner scheinbaren Zufälligkeit und verleihen ihm Notwendigkeit. Die Vorstellung von Gott, von einem Vater im Himmel umhüllt uns wie ein warmer Mantel in der Eiszeit der Welt mit dem Gefühl, gewollt zu sein.

Das haben die Religionsstifter und Wanderprediger mit den griechischen Philosophen gemein: Auch sie wollen die ersten und die letzten Fragen des Menschen beantworten, die da lauten: Woher kommen wir? Wohin gehen wir? Wer sind wir, und was erwartet uns nach dem Tod? Endet mein Leben wirklich mit meiner Existenz, oder wandelt sich lediglich mein »Aggregatzustand«? Leben wir in der realen oder in einer Scheinwelt? Oder, um es mit den Worten von Klemens von Alexandria zu sagen: »… wer wir waren, was wir wurden, wo wir waren, wohinein wir geworfen wurden, wohin wir eilen, woraus wir erlöst werden, was Geburt ist, was Wiedergeburt.«[8]

Das herausfinden zu wollen, bedeutet auch ein wenig, Gott in die Karten zu schauen. Gottsucher sind Menschen, die hoffen, dass Gott seine Geheimnisse mit ihnen teilt. Das ist keine Spintisiererei, keine Luxusbeschäftigung. Eine Gesellschaft, die sich diese Fragen nicht mehr stellt, hat ihre Mitte verloren und gerät ins Schleudern wie ein Auto auf spiegelglatter Fläche.

Dass dem Menschen das eigene Sein bewusst wird, führt dazu, dass er die Erfahrung der Begrenzung, der Zeit, also der Vergänglichkeit macht. Diese Erfahrung steht im deutlichen Gegensatz zu etwas, das wir Lebenswillen nennen können. Dieser Wille zu leben kollidiert mit dem Wissen über die Endlichkeit allen Seins, was das eigene Dasein und das der Menschen, die man liebt, schmerzvoll einschließt. Aus dieser Kollision entspringt die metaphysische Not des Menschen, die ihn Sinn und mithin einen Halt suchen lässt, einen Anschluss an die Ewigkeit.

Die stärkste Motivation für Religion und Wissenschaft besteht in der Sehnsucht, Tod, Schmerz, Krankheit und Leid zu überwinden. Ein Synonym dafür ist der Traum von der ewigen Jugend. Die moderne westliche Gesellschaft hat diese Not nicht abschaffen können, sie bietet nur eine Betäubung, das Vergessen und die Illusion an, für immer jung zu bleiben. Sie setzt nicht der Not ein Ende, sie betäubt sie nur, indem sie unsere Empfindung ruhigstellt. Dafür zahlen wir einen hohen Preis – mit dem Verlust von Wahrnehmung, letztlich von Leben. Denn der Mensch lebt, wo er wahrnimmt. Wird die Wahrnehmung eingeschränkt, wird das Leben reduziert.

Das lateinische *religio*, das immer übersetzt wird als »gewissenhafte Beachtung dessen, was sich auf die Verehrung der Götter bezieht«[9], bedeutet aber auch »sich zurückbinden, festbinden, anbinden, vereinigen mit«[10], wie es das lateinische Verb *ligare* und die Vorsilbe *re* nahelegen. Aus diesem Grund begreift der Kirchenvater Laktanz den Begriff der Religion als Bindung des Menschen an Gott. Aber ganz gleich, ob man an einen Gott oder an mehrere Götter denkt – Religion bedeutet immer, dass sich der Mensch auf etwas bezieht, einen Halt, eine Anbindung im Strom des Lebens findet, einen Ankerplatz.

Die Wanderprediger, die Gottessucher treibt die Sehnsucht nach diesem Ankerplatz, nach der Anbindung im Strom des Lebens. Diese Anbindung wird fast immer als Rückbindung, als Vereinigung mit dem eigenen Ursprung, von dem man wie das Neugeborene vom Mutterleib getrennt wurde, als ein Identisch-Werden mit der eigenen Herkunft verstanden. Nicht in dem bekannten Faktum der Selbstidentifizierung besteht das Geheimnis, sondern in der Art und Weise, wie man mit sich selbst identisch wird, nicht im Was, sondern eben im Wie.

Aus dem Bewusstsein heraus, sterben zu müssen, und dem Wissen um die Einzigartigkeit des Daseins sucht der Mensch nach einem Halt, einer Orientierung, einer Vorstellung oder einem Glauben, der ihn mit der Welt in Einklang bringt. Durch die Fähigkeit zu denken, sich geistig über die Welt und die Grenzen des eigenen Körpers zu erheben, fiel der Mensch aus der Welt. Nun muss er, mit dieser Fähigkeit begnadet, begabt und geschlagen, in die Welt zurückfinden. Eine der mächtigen Geheimreligionen, die der Gnostiker, setzte genau an diesem Punkt mit ihren Heilslehren an.

Das Bewusstsein der Begrenztheit regt sich in jedem Menschen. Was die Menschen unterscheidet, ist die Art, damit umzugehen. Vielleicht kann man sogar sagen, dass das Bewusstsein des Menschen eine religiöse Prädisposition besitzt, wenn man darunter die metaphysische Erschütterung des Menschen über die eigene Endlichkeit inmitten einer unendlichen Welt versteht. Der junge Türke hatte, wie er mir schilderte, diese Erschütterung mit zunehmendem Alter immer stärker empfunden, bis er gar nicht mehr anders konnte, als aufzubrechen und sich auf die Suche zu begeben, weil ihn das Gefühl nicht mehr losließ, dass unter ihm ein Abgrund gähnte, in den er jederzeit stürzen konnte.

Sobald der Mensch sich seiner selbst bewusst wird, verortet er sich, erkennt er sich in Zeit und Raum. Genauer: Er kann sich von außen sehen, in seiner Umgebung, kann selbst zu seiner eigenen Umgebung werden. Das Tier nimmt den Raum zwar auch wahr, nicht aber wie der Mensch sich selbst im Raum, und erst recht nicht das, was wir Zeit nennen. Der Mensch vermag geistig, den eigenen Körper zu verlassen und sich von außen zu betrachten. Diese Erfahrung ist im Grunde die mentale Grundvoraussetzung für die Religion, für die Magie und später auch für die Wissenschaft.

Wenn der Mensch in der Lage ist, sich von außen zu betrachten, geistig die Physis zu verlassen, dann bedeutet das doch auch, dass im menschlichen Körper ein Zweites wohnt oder eingeschlossen ist, das, was später Geist (griech. *nous*) oder als Gegensetzung zu *physis* (Körper) *psyche*, nämlich Seele, oder *pneuma* (göttlicher Hauch) genannt wird.

Das Einzigartige, ja Großartige daran ist, dass die Fähigkeit, sich selbst, die eigene Umwelt von außen betrachten zu können, es dem Menschen ermöglicht, eine quasi göttliche Perspektive einzunehmen. »… und ihr werdet sein wie Gott« (1 Mos 3,5), heißt es im Alten Testament.

Und weil das so ist, muss das, was den Körper verlassen und sich folglich von ihm trennen kann, die Seele, der Geist, die Psyche, das Pneuma, wie es auch immer genannt wurde, auch von Gott oder von den Göttern kommen. Die Gnostiker fanden dafür den Begriff »Lichtfunken«, und der Mystiker Meister Eckhart sprach vom »Seelenfünklein«, dem göttlichen Funken im Menschen eben. Diese Seele, dieser Geist, diese Psyche, dieses Pneuma ist, indem es die Verbindung zu Gott darstellt, das Ewige im Menschen oder sein Anteil an der Ewigkeit, weil Gott ewig ist, das eben, was ihn, seine befristete Existenz übersteigt (transzendiert). Das verführerisch Tröstliche an dieser Vorstellung sagt dem Menschen, dass nicht alles von ihm stirbt.

Ein Teil – und zwar der wichtigste – ist ewig und unzerstörbar. Diese, wenn man so will, außerkörperliche Erfahrung, bildet eine Voraussetzung für religiöse Vorstellungen, mögen sie die Ahnen oder die Götter betreffen.

Die erste Operation des Denkens besteht darin, Unterschiede zu erfassen, die zweite, Verallgemeinerungen zu treffen, die dritte, den eigenen Standort in der Welt zu bestimmen. Es ist nicht der Ort, eine Phänomenologie des religiösen Bewusstseins auszuführen, wichtig für das Verständnis unseres Zusammenhanges aber ist erstens, dass religiöses und auch magisches Bewusstsein entsteht, weil der Mensch die praktische Erfahrung des Körper-Seele-Dualismus macht, und zweitens, dass der Ausdruck des religiösen oder religiös prädisponierten Bewusstseins aller Menschen der Glaube ist, aus dem das Wissen hervorgehen wird.

Eine vollkommen andere, aber wichtige Frage, um die es in diesem Buch geht, ist die Suche nach dem Geheimnis, das in den offiziellen Religionen in kryptischen Formen überdauert. In allen offiziellen oder herrschenden Religionen gibt es Krypten, untergründig anwesende Relikte heidnischer Vorgängerreligionen und verfolgter Ketzerbewegungen. Es ist wie in einem übertünchten Raum: Wenn man an der Wand mit dem Fingernagel zu kratzen beginnt, kommt die alte Farbe zum Vorschein. Uralte Vorstellungen, pagane Bräuche und Götter haben sich verwandelt, geradezu verkleidet und leben in den offiziellen Religionen in diesen äußerlich orthodoxen Formen fort. In einer gotischen Kathedrale kann man lesen wie in einem steinernen Kompendium, das alle Orthodoxien, aber auch alle Häresien seiner Entstehungszeit in atemberaubender Weise nebeneinander versammelt. Und so ist die Welt vom Glauben, ja von einem Gutteil geheimen Glauben unterwandert oder eben unterglaubt.

Aber was sind im religiösen Sinn Geheimnisse?

DEM MYSTERIUM AUF DER SPUR

Eines steht fest: Sie sind unter uns – diejenigen, die Glaubensvorstellungen hegen, die geheim sind. Oder besser gesagt: Es ist unter uns – das teils verborgene, teils geheim gehaltene Erbe sehr alter religiöser Vorstellungen, das bis heute unseren Alltag auch außerhalb der Religionen mitbestimmt. So verweisen etwa Feste wie Weihnachten oder Ostern unter einem christlichen Firnis auf alte pagane Praktiken und Kulte. Denn was haben das Osterei oder der Weihnachtsmann mit Jesus zu tun?

Wie funktioniert das Geheimnis? Ungeduldige mögen den folgenden Exkurs überspringen, aber es ist wichtig, sich zunächst einmal über das Wesen des Geheimnisses klar zu werden, um seine Wirkungen verstehen zu können.

Das Wort Geheimnis ist uns seit frühester Jugend vertraut. Von Anfang an hat es uns einen Schauer über den Rücken gejagt, wenn uns jemand ein Geheimnis kundzutun versprach und wir einen mit besonders schweren Sanktionen belegten Schwur ablegen mussten, das Geheimnis unter allen Umständen zu wahren, bevor der andere bereit war, es uns zu nennen. Zu dem Schauer aber trat – nicht minder beeindruckend – der Stolz, dass gerade wir als würdig genug befunden und auserwählt worden waren, an diesem Geheimnis teilzuhaben, mehr noch, fortan Träger des Geheimnisses zu sein und mithin Mitglied einer verschworenen Gemeinschaft. Man wechselte geradezu in eine andere Klasse Mensch, in eine andere, gleichsam höhere Kaste. Schon in unserer Kindheit begegnen wir also historisch alten Verhaltensweisen und benehmen uns wie die Generationen vor uns gemäß einem vorzeitlichen Brauch. Mit vier oder fünf Jahren dringt der ganze lustvoll-scheue Komplex des Geheimen in unser Leben.

Es ist die Einführung und Einweihung in die Religion des Geheimnisses. Vielleicht ist das die erste Religion, die wir bewusst wahrnehmen und die wir so intensiv praktizieren wie keine spätere mehr. Verschwiegenheitsschwur, Würdigkeitsempfinden, Auswahl, geradezu heiliger Ernst faszinieren uns von Anfang an. Ein Geheimnis zu tragen, ist gefährlich und beglückend zugleich.

Es ist beeindruckend zu sehen, wie die alten Riten der Einweihung ins Geheimnis, die geradezu heilige Stellung des Geheimnisses, sein religiöser Charakter uns vielleicht als erste – und bei vielen als einzige – Religion lebenslang in ihren Bann ziehen. Haben wir einmal den kindlichen Schauer vor dem Mysterium empfunden, werden wir ihn nicht mehr verlieren, und er wird für uns immer eine mögliche Schnittstelle zur Religion bleiben. Für ein Geheimnis, das uns anvertraut werden soll, sind wir bereit, weiter zu gehen als für vieles andere. Und wenn es zudem noch das Mysterium unseres eigenen Lebens betrifft, das man uns zu offenbaren verspricht, wird die Verführung übermächtig.

Die deutsche Bedeutung und Herkunft des Wortes führt uns nur mittelbar weiter, denn der Begriff Geheimnis ist eine ziemlich junge Bildung, die sich von dem Adjektiv heimlich ableitet, das ursprünglich das bezeichnete, was zum Heim, zum Haus, zum Haushalt gehört. Mit der Herausbildung einer Öffentlichkeit in der Frühen Neuzeit wird das, was zum Heim gehört, zum Gegenteil des Öffentlichen, zu dem, was nur einer begrenzten Zahl von Menschen zugänglich ist, die zu dem betreffenden Heim oder Haushalt gehören. Es steht im Gegensatz zu dem, an dem alle teilhaben können. Was aber nicht allen offensteht, was zum Heim gehört, also heimlich ist, wird zum Geheimnis.

Die Vorstellung eines Inhaltes, der nur wenigen – und diesen vielleicht auch nur zu privaten oder persönlichen Zwecken – zur Verfügung steht, trifft das Wesen des Geheimen. Dennoch ist die Wortgeschichte des deutschen Wortes Geheimnis für unsere Zwecke nur metaphorisch und nicht analytisch zu gebrauchen, weil das deutsche Wort eben wesentlich jünger ist als der Sachverhalt, den es bezeichnet. Es bleibt also nichts weiter übrig, als in tieferen sprachlichen Schichten zu graben.

Im Lateinischen gibt es gleich drei Begriffe für das Geheimnis:

– *Secretum* bezeichnet in der zweiten Bedeutung »Geheimnis«. Die erste Bedeutung ist »Abgeschiedenheit, Abgetrenntheit,

einsamer Ort, abgelegene Gegend«. In diesem Sinn ist das
Geheimnis das Abgeschiedene, das Abgetrennte, das Einsame,
das nicht jedem zugänglich und für sich ist.

- *Arcanum*, das von *arcanus*, »verschlossen, verschwiegen,
  schweigsam«, abgeleitet ist, bezeichnet das Geheimnis oder
  das Geheimnisvolle als das Verschwiegene, nicht Mitge-
  teilte.
- *Occultum* bedeutet ebenfalls »Geheimnis« und leitet sich von
  occulto, »verbergen, verstecken«, her.

Führt man diese drei Begriffe zusammen, erhält man eine zutreffende
Definition des Geheimnisses: Das Geheimnis ist etwas, das abgeschie-
den und einsam ist und nur für sich existiert. Es ist verschlossen. Es
wird nicht nur verschwiegen und nicht nur nicht mitgeteilt, sondern
im Gegenteil bewusst versteckt und vor der Öffentlichkeit verborgen.
Da es auch ein Ort ist, kommt das Geheimnis nicht zu dem Menschen,
er muss sich zu ihm hinbewegen.

Vom *secretum* bis zum *occultum* reicht nach heutigem Verständnis
der Bogen, den das Geheimnis aufspannt, vom Heiligen bis zum
Obskuren. Das Okkulte wurde in einem sich objektiv und naturwis-
senschaftlich dünkenden Zeitgeist zum Okkultismus, zum Glauben
an das Übernatürliche, Übersinnliche. Diese Vorstellung ist trotz
ihres Erfolges sehr jung und sehr künstlich, historisch betrachtet geradezu falsch. Noch in der Renaissance zollt einer der letzten Magier,
Agrippa von Nettesheim, dem Geheimwissen in seinem Werk »*De
occulta philosophia libri tres*« (Drei Bücher über Magie, 1533) höchste
Anerkennung und verleiht ihm philosophische Weihen. Das Okkulte,
das Dunkle, das die Erfahrung des Menschen überschreitet, gehörte
zur Religion wie zur Philosophie.

Um dem Ursprung des Geheimen auf die Spur zu kommen, darf
man nicht bei den Römern und ihrem Verständnis von Geheimnissen
stehen bleiben, sondern muss noch weiter zurück bis zu den eigentlichen Denkmeistern, zu den Griechen vordringen. Hier endlich entdecken wir den vollkommenen Begriff des Geheimnisses.

Unscheinbar wie jede Wurzel, aus der faszinierende Pflanzen sprießen, steckt es in dem griechischen Wort *mysterion*. Noch streiten die Philologen darüber, von welchem Wortstamm sich dieser zentrale Begriff jüdischen, christlichen und muslimischen Denkens herleitet, aber ins Bild würde die Vorstellung passen, dass *mysterion* von *myein* kommt. *Myein* bedeutet »sich schließen«, im Sinne von »die Augen oder den Mund verschließen«.

Von Anfang an wird das Wort im Zusammenhang mit den religiösen Kulten wie den Eleusinischen Mysterien gebraucht, denn der Eingeweihte in die Geheimnisse, derjenige, der »den Mund verschließt«, also über das, was ihm mitgeteilt und gezeigt wurde, schwieg, war der *mystes*, derjenige, der das Geheimnis hütete. Der Myste war der Eingeweihte und Verschwiegene, der Wissende, der sein Wissen als Geheimnis bewahrte und dieses Geheimnis unter allen Umständen auch verteidigte. Und weil der Myste nicht darüber sprach, was er wusste, was ihm offenbart wurde, bezeichnete das Adjektiv »mystisch« bald schon nicht nur das Geheimnisvolle, sondern auch das Rätselhafte und Unerklärliche, so wie wir es heute noch kennen und gebrauchen. Da die Uneingeweihten – also die meisten Menschen – bestenfalls ahnen, dass etwas vor sich geht, von dem sie aber nichts wissen, schwingt für sie im Mystischen auch eine Unbehaglichkeit mit.

Der Myste gab den Menschen Rätsel auf, sein Handeln wirkte auf sie schier unerklärlich. Über dem Mysten stand nur noch der vollkommen unbegreifliche Mystagoge, derjenige, der den Mysten in die Geheimnisse einführte, der Führer ins Mysterium.

Der Renaissancephilosoph Giovanni Pico della Mirandola (1463 bis 1494) zitiert in seinem Essay über die menschliche Würde Platon, der an Dionysios geschrieben hatte: »Ich muss in Rätseln sprechen, damit von anderen nicht verstanden werden kann, was ich dir schreibe, wenn der Brief in fremde Hände kommt«, und führt im gleichen Text Aristoteles an, der über die Passagen seiner »Metaphysik«, in denen es um göttliche Geheimnisse geht, sagte, sie seien »herausgegeben und doch nicht herausgegeben«.[11] Gesagt und doch nicht gesagt. Sprache dient hier der Mitteilung für Eingeweihte und zur Verwirrung der Uneingeweihten.

Im Judentum, im Christentum, im Islam suchten Menschen den geheimen, den verborgenen Weg zu Gott, der für sie der mystische Weg *(theologia, unio mystica)* war, der Weg der Vereinigung mit Gott, der aus Versenkung und Ekstase bestand. Deshalb nannte man diese Menschen ab dem 16. Jahrhundert auch Mystiker, diejenigen also, die auf geheimem Weg zu Gott aufbrachen.

GOTTSUCHER LEBEN GEFÄHRLICH

Es ist schwer, aus einer Position neutraler Distanz oder innerer Ablehnung heraus die Größe des Vorhabens, sich mit Gott zu vereinen, zu ermessen. Wenn aber Gott die Erlösung von allem Schlechten und Quälenden darstellt und zugleich als Inbegriff des allerhöchsten Glücks gilt – das im Deutschen durch das inzwischen altertümlich wirkende Wort Seligkeit wiedergegeben wird –, jenes Zustands, wo Denken und Sprechen aufhören und nur Wohlgefühl den Menschen vollkommen ausfüllt, dann existiert kein höheres Ziel, als diesen Zustand zu erreichen, als sich mit Gott zu vereinen. Es ist wie ein Dämmern im Wachen, wie ein Rausch ohne Drogen, wie das Abfallen aller Spannungen, das Ausbreiten von Wärme in den Gliedern und das Geschmeidigwerden der Sehnen und Muskeln, das Stillen des Verlangens, das kein Ende kennt und dessen Anfang bereits vergessen ist. Es ist die Zeit, in der die Zeit aufhört. Die Uhr ohne Zeiger.

Wir haben es hier mit einem intellektuell nicht darstellbaren Empfinden zu tun, das im tiefsten Sinne Geist und Körper vereint oder eben reiner Geist ist. Es ist die Aufhebung der Schwerkraft, denn was für die Bewegung des Menschen die Gravitation ist, sind für das Denken der Menschen die Definitionen.

Pico della Mirandola beschreibt das Eintauchen ins Mysterium, die Aufnahme in die Mysterien mit den Worten: »Wer wünschte nicht, indem er alles Menschliche hintansetzt, die Gaben des Glücks verschmäht, die seines Körpers missachtet, schon während seines Erdenlebens ein Gast der Götter zu werden und als sterbliches Lebewesen, vom Nektar der Ewigkeit trunken, mit der Gabe der Unsterb-

lichkeit beschenkt zu werden? Wer wollte nicht von jenen sokra-
tischen Verzückungen, die Platon im ›Phaidros‹ preist, so erfasst
werden, dass er von hier, das ist aus der Welt, die auf dem Bösen gegründet ist, mit den Schwingen seiner geflügelten Füße eilig davon-
flöhe und in rasendem Flug zum himmlischen Jerusalem getragen
würde?«[12]

Diesen Zustand, der für jüdische, christliche und muslimische
Mystiker die Vereinigung mit Gott bedeutet, nennen die Buddhisten
nirvana, das Erlöstsein aus *samsara*, dem leidvollen ewigen Zyklus des
Seins. Menschen, die sich kompromiss- und rückhaltlos auf diesen
Weg begaben, hat man zu allen Zeiten misstraut. Bei aller Sympathie
ist die Reserve ihnen gegenüber verständlich, denn ihrer Geheimnis-
tuerei, ihrem Renommieren mit der Nähe zu Gott haftete auch immer
etwas Streberisches und Verschwörerisches an. Doch das verständ-
liche Misstrauen rechtfertigt natürlich nicht ihre Verfolgung und Ermordung. Doch auch dabei verhielten sich diese Menschen scheinbar
unbegreiflich und befremdlich: Der muslimische Mystiker Husein
Ibn Mansur al-Halladj (855–922) sang und tanzte in seinen Fesseln,
als man ihn zur Hinrichtung karrte. Denn nun, so glaubte er, dauerte
es nicht mehr lange, bis er vor Gott stehen würde. Als seine letzten
Worte ist der Satz überliefert: »*hasb al-wajid ifrad al-wahid lahu*« (es ist
genug für den Liebenden)[13]. Von der Welt hatte er genug, er wollte
endlich mit seiner großen Liebe, mit Gott, vereint sein. Man schlug
ihm Hände und Füße ab, dann hängte man ihn an den Galgen, nahm
ihn wieder ab, enthauptete ihn, verbrannte seinen Körper und streute
die Asche in den Tigris, in den Fluss, der gemeinsam mit dem Euphrat ein altes Kulturland umschloss, nämlich Mesopotamien. Von hier
brachen die Babylonier und die Assyrer zu ihren Eroberungszügen in
Richtung Palästina und Ägypten auf.

Diejenigen aber, die Halladj verurteilt hatten, verstanden ihn
nicht, und ihr Zweifel daran, ob er ein Muslim war, ist auch für uns
durchaus einsichtig. Der arabische Historiker Ibn an-Nadīm († 995
oder 998) schrieb über ihn: »Al-Husain ibn Mansur al-Halladj war
ein gerissener Mann und ein Hexenmeister … Er behauptete, jede
Wissenschaft zu kennen … Er wusste sogar etwas über Alchemie …

er versuchte große Dinge und wollte sogar einen Regierungswechsel. Unter seinen Anhängern behauptete er, göttlichen Rang (zu haben).«[14]

Wie um an-Nadīms Urteil zu bestätigen, sagte Halladj von sich: »Ich bin die Absolute Wahrheit.«[15] Aber noch hundert Jahre nach seinem Tod schrieb der Dichter al-Ma'arri, in dessen »Sendschreiben über die Vergebung« Dante Anregungen für seine »Göttliche Komödie« fand, dass immer noch Menschen am Ufer des Tigris säßen und auf die Rückkehr Halladjs warteten.

Beispiele für die Verfolgung der Träger des Geheimnisses vom Weg zu Gott gibt es viele. Genannt seien hier nur der deutsche Theologe und Philosoph Meister Eckhart, dessen Ideen als häretisch verurteilt wurden, und die französische Begine Marguerite Porète. Im Jahr 1310, zu einer Zeit, in der Frankreichs König Philipp der Schöne die Templer verbrennen ließ, bestieg sie in Paris den Scheiterhaufen, gekleidet in ein Büßergewand und mit ihrem verbotenen Buch »Der Spiegel der einfachen Seelen« in der Hand.

Ganz gleich, wo sie auftreten, waren Menschen aufgrund ihrer geheimen Religion, die in dem verborgenen Weg zu Gott bestand, der Verfolgung ausgesetzt. Im Islam bildete sich unter den verfolgten Sufi als Reaktion die tariqa heraus, das fromme Verschweigen des wahren Glaubens zum eigenen Schutz. Im ethisch und religiös begründeten Verfahren der tariqa werden Glaubensvorstellungen aufgrund von Verfolgungen zur geheimen Religion. Das Geheime kann zwar auch schlicht das Unerkannte sein, aber hier wird es zum bewusst geheim Gehaltenen.

Geheimhaltung hat verschiedene Gründe: Einmal kann etwas verschwiegen werden, weil die Veröffentlichung Menschen oder Inhalte gefährden würde. Es kann aber auch nicht mitgeteilt werden, weil das Aussprechen zur Profanation und Erniedrigung des Heiligen führt. Schließlich kann das Verschweigen zum Schutz des einfachen Allerweltsmenschen geschehen, weil das Geheimnis diesem nicht zumutbar ist. Die Erscheinungsform, die das Geheimnis wählt, dient dem Schutz des Laien, des Profanen, des Nichteingeweihten, des »Normalverbrauchers«, des Durchschnittsmenschen, den das Geheimnis in reiner Form, in sozusagen wahrer oder konzentrierter Realität, schädigen oder gar töten würde. Mehr noch, das Geheimnis soll nicht nur verbergen, es soll auch schützen, und zwar denjenigen, der den Inhalt des Geheimnisses aufgrund seiner Profanität nicht zu ertragen vermag.[16]

Gott verbirgt sich vor Moses im brennenden Dornbusch, um ihn nicht durch seine Erscheinung zu erschrecken. Paulus sagt: »Und ich, liebe Brüder, konnte nicht zu euch reden wie zu geistlichen Menschen, sondern wie zu fleischlichen, wie zu unmündigen Kindern in Christus. Milch habe ich euch zu trinken gegeben und nicht feste Speise; denn ihr konntet sie noch nicht vertragen. Auch jetzt könnt ihr's noch nicht, weil ihr noch fleischlich seid« (1 Kor 3,1). Auch Paulus, der bestens bekannte Apostel, verschweigt wichtige Inhalte des Glaubens, weil sie den Menschen noch nicht zugemutet werden können.

Dionysius, jener einflussreiche Verfasser einer mystischen Philosophie, die bis heute ihre Wirkung entfaltet, soll Paulus in Athen beim Areopag am Gedenkstein des unbekannten Gottes begegnet sein – weshalb er den Beinamen Areopagita trägt – und führt dessen Gedanken weiter: »Alle Gottesgelehrten und Interpreten der mystischen Offenbarung bevorzugen Symbole, die mit den heiligen Dingen, die sie bezeichnen, unvereinbar sind, damit das Göttliche nicht leicht zugänglich sei.«[17]

Es ist also ein altes Vorgehen, den Menschen nur so viel zu enthüllen, wie man glaubt, ihnen zumuten zu können. So wird auch das nicht Zumutbare, die tiefere Wahrheit, zum Geheimnis oder, religiös gesprochen, zum Mysterium, dessen wahrer Inhalt von den Eingeweihten nicht preisgegeben wird. Nur wenige können das Geheimnis ertragen und tragen – geduldig, tagtäglich, mit verschlossenem Mund. Gerade seine Ungeheuerlichkeit, die nur wenige aushalten, erzwingt die Geheimhaltung.

Ausgewählte Menschen werden zu den Trägern des Geheimnisses, des Mysteriums, zu den Mysten, die man in das Geheimnis einweiht. Anderseits entsteht durch die Teilhabe am Geheimnis auch eine Elite – und das liegt im Wesen der Sache, denn Religion lebt von Auserwähltheit. Gott wählt die Seinigen, die Würdigen unter den Unwürdigen. Er siebt, wie Jesus warnt. – Bis auf den heutigen Tag werden wir selbst auf der banalen Ebene täglichen Konsums mit Erwähltheit und Vorzug geködert.

Es beginnt mit der Aussonderung der Priester, über Gottes Wahl des auserwählten Volkes, bis zu den Jüngern. Jesus sagt zu den Jüngern, die er erwählt hat: »Ihr aber seid's, die ihr ausgeharrt habt bei mir in meinen Anfechtungen. Und ich will euch das Reich zueignen, wie mir's mein Vater zugeeignet hat, dass ihr essen und trinken sollt an meinem Tisch in meinem Reich und sitzen auf Thronen und richten die zwölf Stämme Israels« (Lk 22,28–30). Aber Jesus warnt auch, dass nicht nur er, sondern auch der Teufel seine Wahl unter den Menschen treffe: »Simon, Simon, siehe, der Satan hat begehrt, euch zu sieben wie den Weizen« (Lk 22,31).

Nicht zufällig erhielt sich das magische oder religiöse Gepräge, das im deutschen Wort für Initiation – Weihe, Einweihung – zum Ausdruck kommt. Und auch hier treffen wir wieder auf das Geheimnis, denn die Initiation ist in der korrekten deutschen Übersetzung die Einweihung ins Geheimnis.

Man wird in das Haus des Geheimnisses aufgenommen, indem man in das Geheimnis eingeweiht wird. Das Geheimnis aber ist die Legitimation von Macht, das, was die Soziologen in ihrer funktionalistischen Betrachtungsweise Herrschaftswissen nennen. Der letzte Grund für das Geheimnis besteht in der Macht, die es zu hüten und auszuüben gilt. Selbst die verfolgte Religion entfaltet Macht über ihre Gläubigen und trachtet danach, das Leben ihrer Anhänger zu regulieren. Um das zu können, muss sie den Zirkel des Geheimnisses durchbrechen und es zumindest teilweise veröffentlichen.

Es mag paradox klingen, doch die legitime Gefährtin des Geheimnisses ist nichts oder niemand anderes als die Fama selbst – sie, die Kunde bringt und das Gerücht verbreitet, die sich die Römer als flügelbewehrt vorstellten und die Deutschen im Mittelalter noch Frau Melde – *vrou melde* – nannten. Das zutiefst Geheime wird, weil es geheim ist, zum Objekt der öffentlichen Rede und zuweilen der Verdächtigung. Das Geheimnis muss seine Existenz mitteilen, um Wirkung zu entfalten. Die Mitteilung seiner Existenz gehört also erstaunlicherweise zu seinem Wesen. Das bedeutet nicht, dass sich das Geheimnis selbst, seinen Inhalt, seine Struktur veröffentlicht – dann wäre es ja kein Geheimnis mehr –, sondern es wirkt, indem es lediglich seine pure Existenz bekannt gibt und sich dadurch begehrenswert macht.

Besonders religiöses Wissen will sich mitteilen, will Menschen erlösen, also muss es den Schleier des Geheimnisses bewahren, diesen zugleich aber auch immer wieder ein wenig anheben. Somit stehen die Wahrung des Geheimnisses und die Veröffentlichung seiner Existenz in einem engen, untrennbaren Zusammenhang. Es ist bizarr: Man möchte nicht darüber reden, aber man muss darüber sprechen, weil sonst die Träger des Geheimnisses aussterben würden. Religionen sind auf Gläubige angewiesen. Auf diese Weise entsteht eine eigene Sprache des Geheimnisses, ein Stottern, ein Wechselspiel zwischen Verhüllen und Enthüllen, ein uneigentliches Sprechen, wie der Philosoph sagen würde – Theologen nennen es eine Liturgie.

Das Geheimnis ist der ständige Kampf zwischen Veröffentlichung und Verhüllung. Im Gleichnis gesprochen: Das Geheimnis ist der Mörder, den es immer wieder an den Tatort zieht, der sich nicht dagegen wehren kann, dorthin zurückzukehren. Gleichzeitig muss er aber Sorge dafür tragen, bei diesem Ortstermin nicht erkannt zu werden.

Dass selbst dem scheinbar so öffentlichen Christentum diese Geheimniskrämerei nicht fremd ist und es hinter seiner allen zugänglichen Fassade Mysterien verbirgt, belegen nicht nur Paulus und Dionysius Areopagita, sondern auch über tausend Jahre später die Renaissancemagier- und philosophen. Pico della Mirandola schreibt beispielsweise über die christlichen Geheimnisse: »Aber die geheimeren Mysterien, die sich unter der Schale des Gesetzes (gemeint ist das jüdische Gesetz, das Moses von Gott auf dem Berg Horeb erhielt – d. Verf.) und unter dem groben Mantel der Worte verbargen, die Geheimnisse der höchsten Gottheit dem Volke aufzudecken, was wäre das anderes gewesen, als das Heilige den Hunden zu geben und Perlen zwischen die Schweine zu streuen.«[18]

Die Liste der Denker, die die Existenz geheimer Religionen im Christentum bezeugen, ist lang und eindrucksvoll. Selbst das scheinbar Vertraute, unsere gute alte Staatsreligion birgt eine Fülle von Mystischem und Mysteriösem.

Bedenkt man nun, dass sich die Vorstellung der geheimen Religionen in den kaiserzeitlichen Mysterienreligionen der Römer gebildet und ausgeprägt hat, das frühe Christentum, wie wir noch sehen werden, im Grunde auch einen Mysterienkult darstellte, mit Mysten, also Eingeweihten (Getauften), die Anteil am Mysterium hatten, dann schließt sich hier der Kreis des Geheimnisses. Denn das Mystische, der verborgene Weg der geheimen Religionen wurde im Christentum wie auch im Judentum und im Islam zu einer wichtigen Kraft.

Doch wer ist es, dem sich die Mystiker nähern wollen, und vor allem, welches Geheimnis bewahren sie bis auf den heutigen Tag?

ES BEGANN IN
ÄGYPTEN

DER STOFF, AUS DEM DIE
GÖTTER SIND

»Gott ist die Finsternis in der Seele,
die zurückbleibt nach allem Licht.«
»Buch der 24 Philosophen«, XXI. These

»Ich bin umhergegangen und
habe eure Heiligtümer angesehen
und fand einen Altar, auf dem stand geschrieben:
Dem unbekannten Gott.«
Apg 17,23

Eine Religion ohne Götter oder ohne Gott ist aus christlicher Sicht schwer vorstellbar. Und wo ein Gott ist, ist auch ein Geheimnis, nämlich das erste aller Geheimnisse, weil mit ihm die Religion beginnt. Zu wem beten die Menschen, wenn sie Zwiesprache mit ihm halten, wen suchen sie, wenn sie ihren angstvollen Blick zum Himmel wenden? Ist Gott nicht mehr, aber auch nicht weniger als eine Sehnsucht, nämlich die Finsternis, das, was zurückbleibt nach allem Licht?

Von einem bestimmten Standpunkt aus spielt es zunächst keine Rolle, woran die Menschen glauben, wenn sie hoffen und um Hilfe und Beistand in schwierigen Situationen bitten. Sie tun es instinktiv. Der Blick zum Himmel scheint eingeboren zu sein. Nicht wenigen areligiösen Menschen im christlichen Kulturraum dürfte in Bedrängnis schon einmal ein gepresstes »Gott, hilf!« entfahren sein. Es mag naiv klingen, doch die Frage ist nicht nur erlaubt, sie ist auch notwendig: Warum richten wir den Blick gen Himmel und erhoffen uns von dort Hilfe? Warum haben so viele Menschen in all den Jahrtausenden eine so übergroße Hoffnung auf eine höhere Macht oder höhere

Mächte gerichtet, die sie zum Beispiel Lagaš, Horus, Shiva, Buddha, Jahwe, Allah oder Gott nannten und nennen?

Gehen wir diesen zentralen Fragen zunächst am Beispiel des christlichen Gottes nach, um herauszufinden, was sich unter unseren quasi-religiösen Alltagsriten und den Festen, hinter der Jungfrau Maria, den Engeln und den Heiligen verbirgt.

Die Antworten über die Natur Gottes widersprechen sich, und es ist wirklich nicht leicht, darauf bündig Auskunft zu erteilen. Ist Gott denn ein Geheimnis? Die Wahrheit ist: Er ist das größte denkbare Geheimnis, das allererste und das allerletzte Mysterium. Über nichts anderes wurde und wird vielfältiger und intensiver diskutiert, ohne dass die Menschen zu einer halbwegs unwidersprochenen Definition gekommen sind. Wir müssen nicht die Groß- und die Schandtaten benennen, die in Gottes Namen begangen wurden – übergenug ist davon bestens bekannt. Beides wurde von seinen Dienern und von seinen Verächtern immer wieder ins Feld geführt, wenn es galt, die gegensätzlichen Thesen zum Zwecke des Beweises zu illustrieren. Es genügt, darauf hinzuweisen. Das Paradoxon lautet: Man kann nicht über Gott reden und muss doch ständig von ihm sprechen.

Schweigen über ihn, wie die Mystiker meinten, wäre die tiefste Form der Gotteserkenntnis. Nur wird Erkenntnis erst zur Erkenntnis, wenn sie sich mitteilt, wenn man nicht einfach im Schweigen verharren kann, sondern reden muss. »Denn wes das Herz voll ist, des geht der Mund über«, verdolmetschte Luther bereits so unnachahmlich (Lk 6,45). Wir können gar nicht anders, als an Gott zu denken, ob in Ablehnung oder Anbetung. Wo er nicht im Bewusstsein ist, da geistert er durchs Unterbewusstsein. Der Philosoph Friedrich Nietzsche hat in einer wahren Verzweiflungstat Gott für tot erklärt – genutzt hat es ihm indes wenig, denn über nichts sprach er häufiger als über den verhassten Verblichenen.

Man greift wohl nicht einmal in der Zahl zu hoch, wenn man sagt, dass sich bis auf den heutigen Tag Millionen von Menschen mit dem Paradoxon von Gottes ausgesprochener Unaussprechlichkeit herumschlagen. Eines ist auf jeden Fall festzuhalten: Er ist der große Unbekannte und dennoch der zutiefst Vertraute in der Geschichte der christlichen Menschheit. So viel Nähe bei gleichzeitig so großer Fremde – Paulus nennt ihn gar den »unbekannten Gott« (Apg 17,23). Dabei steht seine Bedeutung in indirekter Proportionalität zu dem mangelnden Wissen über ihn. Mit anderen Worten: Ständig wird über ihn geredet, ohne dass man ihm dadurch im Laufe der Jahrtausende nähergekommen wäre.

Der Grund dafür liegt darin, dass das, was wir Gott nennen, nur angedacht werden kann. Wir versuchen ihn mithilfe des Denkens zu fassen, so als wollten wir mit einer Pinzette einen Findling heben. Der Verstand hilft sich mit dem Wechsel der Werkzeuge, denn man kann von Gott nicht in Definitionen, sondern nur in Gleichnissen und Metaphern sprechen. Und hier entsteht die Verbindung zum Mysterium, denn Metaphern, Symbole und Gleichnisse sind die Sprache des Geheimnisses. Sie sind es, weil sie uneindeutig sind, weil sie nichts bezeichnen, sondern etwas umschreiben. Aus diesem Grund sahen die Renaissancemagier in der Sprache der Geheimnisse eine »Dämmersprache«. Das ist also das Erste, was wir über Gott festhalten können: Er ist ein Geheimniskrämer und liebt die Verkleidungsspiele.

Versuchen wir, Gott auf nichtmystischem Weg dennoch näherzukommen, das Geheimnis Gottes, so weit es geht, zu lüften. Der einzige Pfad, der nicht in die Unaussprechlichkeit führt, ist der historische, weil er uns zu Menschen und nicht zu Spekulationen führt. Wenn das Konzil von Trient (1545–1563) recht damit hatte, dass die Geschichte das Handeln Gottes offenbart, bestünde doch eine mögliche Methode darin, Gott in seinen Wirkungen zu erkennen. Die Summe dessen, was von ihm ausgeht, müsste uns helfen, das Geheimnis zu entschlüsseln. Dabei ist es unerheblich, ob die Ursache in der Existenz Gottes oder in den Vorstellungen der Menschen über ihn liegt, denn so real, wie er für die Menschen ist, so sehr prägte er die Entwicklung. Man kann auch nicht behaupten, dass die Mathematik real sei, dennoch ist sie ein Konzept, das die Welt erheblich veränderte. Versuchen wir es einfach, gehen wir es praktisch an, und schauen wir, wohin uns das Experiment führt.

Für ein Experiment gehört es sich, dass man zunächst die Stimmigkeit der Voraussetzungen prüft. Oft stellt man sich die Entwicklung eines Glaubens so vor, dass zunächst Naturgötter, Stammesgötter, Vegetationsgötter – nennen wir sie kurz Spezialgötter –, die für die Jagd, die Ehe, die Fruchtbarkeit zuständig waren, existierten. Das Urbild des Priesters vermeinen wir im Schamanen zu erblicken. Der Animismus, die Vorstellung von der Verwandtschaft vor allem mit Tieren als Grundlage schamanistischer Konzepte, und der Polytheismus, also die Existenz vieler Spezialgötter, wurden später bekämpft, verfolgt und überwunden durch den siegreichen Monotheismus, in dem nur ein Großgott wie Jahwe, Gott oder Allah verehrt wird, der keine anderen Götter neben sich duldet. In den Darstellungen, die mehr oder weniger von dieser Prämisse ausgehen, haftet dem sogenannten Sieg des Monotheismus immer etwas Verbrecherisches an, so als habe der junge Gott die alten Götter getötet oder vertrieben. Diese Spezialgötter werden dann in der gefühlsmächtigen Assoziation oft mit der Natur gleichgesetzt, die geschändet, verraten, ausgebeutet wird.

In dieser Perspektive erscheint dann der Sieg über die Spezialgötter als der Sieg der Technik über die Natur. Der Gedankengang ist der gleiche: Das Heilige, das Natürliche wird durch den Menschen entweiht und gefährdet. Das rousseausche Motto »Zurück zur Natur« ist deshalb so wirkungsvoll, weil ihm die Vorstellung einer idealen, heilen Welt innewohnt, einer Welt der alten Götter, die unters Rad des neuen Gottes gerät. Diese Vorstellung von der heilen Natur ist jedoch genauso falsch wie das zugrundeliegende religionshistorische Modell. Das Konzept der Natur, schaut man sich nur die ökologischen Krisen beispielsweise der Bronzezeit an, ist genauso wenig stimmig wie die Vorstellung von der Ursprünglichkeit der alten Naturgötter, die dann von einer Machtkirche ausgerottet wurden.

Der besiegte Polytheismus wird auch oft Heidentum genannt. Dabei gelangt der Begriff aus dem Griechischen über die ersten germanischen Christen, über die Goten, ins Deutsche. Ursprünglich bezeichnete das griechische tà éthne, aus dem sich über die Jahrhunderte der Begriff Heiden entwickelte, nur die Völker, die Ethnien. Später wurden darunter die anderen Völker, die Anderen, die Fremden verstanden, vor allem jene, die nicht der christlichen, jüdischen oder muslimischen Religion angehörten.

Nicht wenige Menschen beschäftigen sich heute wieder und besonders seit den späten sechziger Jahren des vorigen Jahrhunderts
mit diesen heidnischen Religionen (New Age, Druidentum, Hexen-
glauben) und tauchen ein in eine Gegenwelt, die man kurz das
Neuheidentum nennen kann und die ihre Vorbilder im Konstrukt
einer keltischen oder germanischen Religion sucht. Hinzu kommt
zuweilen ein Schuss Schamanismus oder indianischer Glaube. Mi-
schungen sind in der Geschichte der Religionen nicht die Ausnahme,
sondern die Regel. Religionen entstehen in einer Art spiritueller Alchemie. Die Menschen, die sich einem Neuheidentum zuwenden,
suchen im Paganen, wie man das Heidnische auch nennt, einen alternativen Glauben, wollen den vom Christentum verdrängten Religionen Gerechtigkeit widerfahren lassen und sie wiederbeleben, sie für
das eigene Leben nutzbar machen. Religion ist eben zuallererst lebenswichtige Sinnsuche.

Auf der einen Seite unterlaufen selbst orthodoxen Monotheisten
in der Religionsausübung unbewusst pagane Techniken und Praktiken, weil das Heidentum in den monotheistischen Konfessionen als
geheime Religion überlebt und Krypten gebildet hat. Man denke an
das islamische Ashura, christliche Feste wie Ostern oder Weihnachten, an die Himmelsreisen, die Engel, die jüdische Merkaba-Mystik
oder die Gestalt der Jungfrau Maria, um nur einige Beispiele zu nennen. Insofern kommt dem Heidentum doppelte Aktualität zu. Der
Glaube der Menschen gleicht einem großen Netz, das alles mit-
schleppt. Wie es in der Physik den Satz von der Erhaltung der Energie gibt, existiert ein Grundgesetz des Glaubens: Nichts, was einmal
geglaubt wurde und jemals geglaubt werden wird, geht verloren. Es
wandelt sich nur ineinander um. Im Gegensatz zur Physik sind die
Momente der Umwandlung Zonen des Geheimen.

Auf der anderen Seite hat die Vorstellung von den vermeintlich
ursprünglichen Spezialgöttern, die von den monotheistischen Religionen verdrängt wurden, den Vorzug, einfach und scheinbar logisch
zu sein. Dafür hat sie aber den entscheidenden Nachteil, nicht richtig
zu sein. Im Gegenteil, die Vorstellung vom großen Himmelsgott ist
sehr alt. Im Grunde können wir nicht einmal sagen, was ursprünglich

ist – das Konzept der Spezialgötter oder die Idee des großen Him-
melsgottes. Bei allen großartigen archäologischen Befunden tappen
wir doch bezüglich der religiösen Vorstellungen in vorschriftlicher,
also schriftloser Zeit immer noch im Dunkeln und sind auf Analogie-
schlüsse und Rückprojektionen angewiesen.

Natürlich kann und muss man zu Artefakten wie der Venus von
Willendorf oder den Höhlenzeichnungen von Lascaux Hypothesen
aufstellen – erklären, womit wir es da wirklich zu tun haben, können
wir es letztlich nicht. Das Alter des Schamanismus, der häufig bis ins
Aurignacien, also in die Welt vor 30 000 Jahren, und weiter zurück-
datiert wurde, ist höchst fraglich. Schaut man sich einschlägiges
ethnografisches Material an und folgt Forschern wie Mircea Eliade,
kommt man auf ein verhältnismäßig junges Datum, also frühestens
den Beginn der Jungsteinzeit vor 10 000 Jahren. Um diese letztlich
unbeweisbaren Spekulationen zu vermeiden, gehen wir in unserem
Experiment nur bis zum Einsetzen schriftlicher Quellen zurück.
Von einigen wenigen Ausnahmen abgesehen, ist unsere Betrachtungs-
grenze deshalb das alte Mesopotamien, denn erst ab hier können
wir genauere, stichhaltige Aussagen treffen. Unsere Scheidegrenze
ist die Bronzezeit.

Was sich ereignete, lässt sich in folgende Geschichte kleiden: Der
jeweilige große Himmelsgott geriet aus der Mode und wurde von
den jüngeren Spezialgöttern aufs religiöse Altenteil zwangsversetzt.
Dort saß er dräuend und wartete auf den Moment seiner Wiederkehr.
Und weil ihm allmählich die Zeit lang wurde, arbeitete er so klug wie
umsichtig an einer großen, alles entscheidenden Verschwörung, die
ihn zurück an die Macht bringen sollte. Es gelang nicht auf Anhieb –
das hatte er auch nicht erwartet. (An seinen Feinden, die ihn entmachtet hatten, nahm er später allerdings furchtbare Rache: Er
schickte sie ins Museum.) Seine Verschwörung hatte sozusagen einen
langen Atem. Warum auch nicht, was bedeutete ihm, der ewig ist,
schon Zeit, ein paar Jahrhunderte mehr oder weniger? Im Gegensatz
zu den Menschen kennen Götter keine Zeit, weil das Empfinden von
Zeit an Vergehen, letztlich an den Tod gebunden ist, und die grund-

legende Definition der Götter lautet, dass sie unsterblich sind. Unsterblichkeit ist das erste Attribut Gottes.

Konkret kann man sich die Entwicklung etwa so vorstellen: Da die einzelnen großen Himmelsgötter, denen man schon sehr früh in der Geschichte – lange vor der Einführung des Monotheismus – huldigte, immer weniger mit dem Alltag der Menschen zu tun hatten, wandte sich diese immer öfter ausschließlich an die Spezialgötter: Nicht Allah, sondern al-Uzz≠ flehten die vorislamischen Araber an, wenn die erhoffte Geburt des Stammhalters ausblieb. Überall auf der Welt bat man nicht mehr den Himmelsherrscher um Regen, sondern den Wettergott, nicht den großen Gott, wenn die Saaten verdorrten sondern die Vegetationsgötter. So rückten Atum, JHWH, Allah und in China erst Tian und dann Shangdi allmählich in so große Ferne, dass sie nahezu in Vergessenheit gerieten. Sie existierten, die Menschen dachten an sie wie an einen entfernten Verwandten – gelegentlich, pflichtgemäß, ohne Hoffnung und Absicht. Die großen Himmelsgötter spielten, wie wir heute sagen würden, im operativen Geschäft keine Rolle mehr. Sie bildeten den Aufsichtsrat, während die Spezialgötter den Vorstand übernahmen.

Erst allmählich erinnerte man sich ihrer wieder. Es waren politische Aufgaben, die es zu lösen galt und die dazu führten, dass Gott wieder zum Zuge kam. Nach und nach entwickelten sich die großen Himmelsherrscher als jeweils einziger Gott zum Zentrum eines Kultes, der für viele Menschen integrativ wurde. Der große Unbekannte kehrte zu den Menschen zurück und verdrängte all die Gottheiten und Dämonen, die in der Zeit seines Daseins auf dem Altenteil die Menschen beherrscht hatten. Der Sieg des Monotheismus, des Eingottglaubens, stellt eine politisch motivierte Aktualisierung und Wiederbelebung sehr alter Gottesvorstellungen dar. Dieser Aspekt ist, wie wir noch sehen werden, später für die Legitimation und vor allem für den Mythos der geheimen Religionen von grundlegender Bedeutung.

Man verkennt allerdings den Prozess, der im alten Ägypten unter den Hebräern einsetzte und weltreligiös seinen Abschluss auf der arabischen Halbinsel mit dem Siegeszug des Islam fand, wenn man einzig politische Motive in Anschlag bringt. Eine nicht weniger ent-

scheidende Rolle spielten ethische, spirituelle, Sinn gebende, philosophische und – vorsichtig formuliert – naturwissenschaftliche Fragen.
Denn die Götter und Dämonen schufen keinen ethnischen Zusam-
menhalt und konnten die grundsätzliche Frage, wie die Welt entstanden sei, nicht beantworten. Der Mensch, der wissen wollte, woher
er kam, was vor ihm war, der den richtigen Weg herauszufinden
wünschte, suchte den geheimnisvollen Schöpfer, den, den die Ägypter Atum, den Gott des Uranfangs, nennen. Nur von der Warte dieses alten, übermächtigen Gottes aus ließ sich die Entstehung der
Welt sinnvoll erklären. Die Ganzheit kann nur aus der Einheit entstehen, aus dem Einen, die eine Welt nur aus einem, nicht aus vielen
Göttern. Auch wenn viele kleinere Götter im Rahmen des Kosmotheismus, der Vorstellung eines von Göttern beherrschten Universums, später in der Art von Abteilungsleitern Teilbereiche an Verantwortung übernahmen, mussten auch sie aus dem ersten Gott, aus
dem Einen entstanden sein. Der Firmengründer gründet zuerst
die Firma, bevor er die Mitarbeiter einstellt. Wenden wir uns also in
unserem Bild dem Firmengründer zu.

Wollen wir Gott verstehen, sollten wir nicht unsere Zeit verschwen-
den und über Definitionen reden – wir müssen nach Ägypten gehen,
in das Land, aus dem fast alle Geheimnisse stammen, mithin sich
auch die geheimen Religionen herleiten. Ägypten stand am Anfang
der Entstehung des Monotheismus, des Eingottglaubens. Nicht nur,
weil von hier aus die Juden ins Gelobte Land aufbrachen, um ihren
Glauben zu leben, nicht nur, weil sie Ägypten verließen, nachdem
Gott es ihnen befohlen hatte, der sie dabei auch nach Kräften unterstützte, sondern weil in Ägypten zum ersten Mal der Monotheismus
ausprobiert wurde.
      Floh Gott aus Ägypten? Oder wurde er vertrieben? Suchte er
eine neue Heimat? Einen neuen Ort, von dem aus er seine Wirkung entfalten konnte? Besteht zwischen dem ägyptischen und dem
jüdischen Monotheismus ein verborgener Zusammenhang? Woher
stammen also die Geheimnisse? Folgen wir zunächst der ägyptischen
Spur.

Setzt man die Regierungszeit des Pharaos Echnaton chronologisch vor das Wirken des jüdischen Propheten Moses, dann waren
es eindeutig die Ägypter, die die erste monotheistische Religion in
der Geschichte der Menschheit kreierten und zumindest eine Zeit
lang auch praktizierten. Vielleicht ist das auch das erste Geheimnis,
das es zu lüften gilt: Wurde Gott in Ägypten geboren? Der jüdische
HERR, der gute alte Christengott, auch der muslimische Allah wären
dann ägyptischer Abstammung. Und alles spricht dafür, dass sie es
sind. Ist das erste Geheimnis Gottes, dass er ein Ägypter ist?

Seit Menschengedenken tobte jedes Jahr der Südwind, Resetyu, drei
nicht enden wollende Tage im Land der Pharaonen, erhob sich diese
brüllende Maske aus Sand über den Nil, über die Oasen und Tells
und über die Ansiedlungen der Menschen. Die alten Ägypter in ihrer
Angst glaubten angesichts des apokalyptischen Tobens der Naturgewalten, dass der große Gott des Uranfangs die südlichen Winde
schickte, die drei Tage Bitternis brachten. Dieser mysteriöse Gott des
Uranfangs, der den Resetyu jedes Jahr pünktlich zum Frühlingsbeginn über das Land schickte, um die alten Ägypter an seine Macht
zu erinnern, wird uns in den geheimen Glaubensvorstellungen bis in
unsere Tage hinein durch die gesamte Geschichte begleiten. Immer
wieder tritt er uns in den abenteuerlichsten und facettenreichsten
Verkleidungen entgegen – frisch, unverbraucht, weder alt noch jung,
ewig, eine Gestalt, so unfasslich wie unfassbar, dennoch aber unvergänglich.
       Es ist eines der ganz großen Geheimnisse, die sich erst entschlüsseln, wenn man die historische Perspektive als Maßstab zugrunde
legt: Der Gott des Uranfangs ist der eigentliche Gott. Gegen seine
Undenkbarkeit scheinen Jahwe, Gott und Allah nur Fußnoten im
Sand der Geschichte zu sein oder besser noch seine Masken, durch
die er spricht wie die antiken Orakel. *Persona* bedeutet im Lateinischen die Maske, *personare* heißt durchtönen. So ist also der monotheistische Vatergott diese Person, eine Gestaltwerdung des Gottes
des Uranfangs, die Maske, durch die er spricht – oder, vom Menschen
aus gesehen, eine Interpretation.

Der monotheistische Gott hat sich nur das Gewand des Allerhöchsten ausgeliehen. Sein Glanz erstrahlt bestenfalls als eine Facette des uranfänglichen Gottes. Lediglich die Gnostiker haben später versucht, ihn wiederzuentdecken, und wurden dafür gnadenlos gejagt und verfolgt, erstaunlicherweise von Christen und Heiden gleichermaßen.

Das Konzept des Gottes des Uranfangs ist außerordentlich folgenreich, und er selbst geistert heute noch unerkannt durch die monotheistischen Religionen. Ihn hinter der Maske zu entdecken, bringt uns auf die Spur der Geheimnisse, die von dieser Verborgenheit ihren Ausgang nehmen.

Aufgrund von Konventionen oder unserer Erziehung scheint es nahezuliegen, den Gott des Uranfangs mit dem Gott der Christen oder dem Allah der Muslime zu identifizieren. Aber dann würde man sein Wesen und seine gewaltige Wirkung verkennen, denn er ist der präexistente Gott, der Gott der geheimen Religionen, der, der vor allen anderen Göttern, vor den Schöpfergöttern und den Weltgöttern war. Er ist derjenige oder dasjenige. Man kann diesem Gott, den die Ägypter Atum nannten – was so viel bedeutet wie das All und das Nichts, gedacht in einer einzigen endlosen Gleichzeitigkeit –, kein Geschlecht zuweisen. Das Besondere an ihm besteht darin, dass die Menschen keinen Kontakt zu ihm aufnehmen können. Er ist zu weit entfernt. Aufgrund seiner Unerreichbarkeit kamen Mittlergötter ins Spiel, zu denen später auch die monotheistischen Gottheiten gehören. Über Atum heißt es:

»Du warst hier, als noch nichts entstanden war,
und du wirst hier sein, wenn *sie* zu Ende sind.«[19]

Zu denen, die auf geheimen Wegen nach dem Gott des Uranfangs gesucht haben, gehören Gnostiker, Manichäer, jüdische Mystiker, jüdische und christliche Kabbalisten, die vereinigten Alchemisten aller Religionen, Gottsucher wie Dionysius Areopagita, der Sufi-Meister Ibn Arabi, der Magier und Ketzer Giordano Bruno, der Gottessucher Jakob Böhme und der Anthroposoph Rudolf Steiner, um nur einige zu nennen. Es gehört zu den größten Fähigkeiten des Menschen, etwas zu denken, das vor dem Denken existierte. Es ist, als sähe sich der Mensch vor seiner Zeugung, vor Ei und Samen, vor Maulbeerkeim und Embryo als Potenz oder als Möglichkeit, als das, was werden kann. In den großartigen ägyptischen Sargtexten, die bis auf das 3. Jahrtausend vor Christus zurückgehen, wird die Präexistenz, die einen entscheidenden Aspekt vieler geheimer Religionen darstellt, als das Treiben des Urgottes Atum im Nun, im Urwasser, dargestellt. Ein Schattenbild dieser Vorstellung finden wir noch in der Bibel, wenn es in der Genesis heißt, dass der Geist Gottes über den Wassern schwebte.

Der Gott des Uranfangs bewegt sich nicht und wird nicht bewegt und ist dennoch nicht bewegungslos. Das Wort »treiben« ist nur der hilflose Versuch, einen Ausdruck für einen Sachverhalt zu finden, der in unserer cartesianischen Logik nicht vorkommt. Weil unsere modernen Sprachen keinen Begriff für die vollkommene Passivität kennen, ist Atum nicht beschreibbar. Präexistenz bedeutet das Sein vor dem Da-Sein, das, aus dem alles geworden ist, das aber selbst nicht geworden ist. In einem der von Jan Assmann beschriebenen Sargtexte spricht Atum:

> »Ich bin am Schwimmen und sehr ermattet,
> meine Glieder (?) sind träge.
> Mein Sohn *Leben* ist es, der mein Herz erhebt. (zu verstehen als »der mein Bewusstsein erweckt«)
> Er wird meinen Geist beleben, nachdem er diese
> meine Glieder zusammengerafft hat, die sehr müde sind.‹
> Da sprach Nun (das Urwasser) zu Atum:
> ›Küsse deine Tochter Ma'at (Wahrheit), gib sie an deine Nase!
> Dein Herz lebt, wenn sie sich nicht von dir entfernen.
> Ma'at ist deine Tochter,
> zusammen mit deinem Sohn Schu,
> dessen Namen *Leben* ist.
> Du wirst essen von deiner Tochter Wahrheit,
> dein Sohn Schu wird dich erheben.‹ ...

›*Leben* schläft mit meiner Tochter *Wahrheit*,
eines in mir, eines um mich herum,
ich habe mich aufgerichtet zwischen ihnen,
indem ihre Arme um mich waren.‹«[20]

Erst durch sein Handeln tritt der Gott in die Existenz, und auch dieses Handeln ist eher ein Handeln lassen, dennoch ist er schon vorher, und dieses Vorher lässt sich für uns nicht beschreiben, so wie wir auch nicht mit bloßen Augen in die Sonne schauen können, um den Sonnenball zu erkennen. Alles, was wir sehen, ist Licht, aber das, was Licht wird, und sogar das, was Licht ist, können wir vor lauter Licht nicht wahrnehmen. Wir empfinden beim ungeschützten Blick in die Sonne nur die Explosion der Helligkeit in unserem Kopf. Manchmal wird aber beim intensiven Schauen das Licht in seinem Zentrum plötzlich schwarz, und diese Schwärze ist die deutlichste Spur von Atum, nämlich seine Anwesenheit, die sich wahrnehmen lässt. Diesen Gedanken wird später eines der rätselhaftesten Bücher des Mittelalters aufgreifen, in dem 24 Philosophen jeweils eine Definition für Gott vorschlagen werden. Bis auf den heutigen Tag kennt niemand diese Philosophen oder den Verfasser des »Liber XXIV philosophorum« – wenn es nur einer war, der durch die Maske der 24 Philosophen sprach. Die XXI. These lautet: »Gott ist die Finsternis in der Seele, die zurückbleibt nach allem Licht.«[21]

Dieser Gott Nun, das Urwasser, in dem Atum in seiner Präexistenz treibt, bildet wiederum einen der vier Aspekte, der vier Seinsmöglichkeiten oder Potenzen des Urchaos, das aber erstaunlicherweise zugleich als weiblich und männlich vorkommt, als mannweiblich nämlich als Kuk und Kauket (Finsternis), Huh und Hauhet (Endlosigkeit), Nun und Naunet (Wasser) und faszinierenderweise schließlich als Amun und Amaunet (Verborgenheit). Das allein besagt schon, dass das ägyptische Chaos nicht der Riss, der urgrausige, bizarre Abgrund ohne Grund der Griechen ist, sondern so eine Art Ursuppe, Plasmen und Zytoplasmen, die vielleicht einmal Ei werden. Eine wabernde, dampfende Keimbrühe wie das stehende Wasser in einem abgestorbenen Nilarm. Voller Keime, voller Leben, aber auch voller Möglichkeiten.

Zuerst war also Finsternis, Endlosigkeit, Wasser und Verborgenheit, nichts Greifbares. Diese Welt wird im Europa des 16. Jahrhunderts, in der das geheime Ägypten eine einzigartige Renaissance
erlebt, von einem Maler gültig und beeindruckend auf die Leinwand
gebracht, nämlich von Hieronymus Bosch.

Der präexistente Gott hat aber noch eine weitere wichtige Eigenschaft: Er ist der verborgene Gott, fürderhin der Gott der verborgenen,
sprich mystischen Glaubensrichtungen, die einen Typ der geheimen
Religionen ausmachen. Er oder es übersteigt alle Gottesvorstellungen, die später die monotheistischen Religionen entwickeln sollten,
denn – und das ist sein Geheimnis – er ist nicht *ein* Gott, sondern
viele Götter auf einmal und in einem, noch bevor es diese Götter gab.
Er oder es ist die Möglichkeit von allem. Ob die Menschen einen
oder viele Götter, Jahwe, Gott, Allah oder Zeus verehren, ist im
Grunde gleich, denn diese Götter sind für ihn nichts anderes als ein
kleiner, mutwilliger, fast diebischer Gedanke in dem seltenen Moment, in dem er sich langweilt. Das Judentum wehrt sich gegen diese
Vorstellung, das Christentum erliegt ihr in seinem Trinitätskonzept.

Bis auf den heutigen Tag glauben wir »ägyptisch« und wissen es
oft nicht. Wenn man über die geheimen Religionen westlicher und
nahöstlicher Provenienz schreibt, hält man sich im Grunde in der
Rezeptionsgeschichte des alten Ägyptens auf.

Die monotheistischen Götter jedoch dürften bestenfalls als so
etwas wie Neffen zweiten Grades des altägyptischen Herrn des
Uranfangs gelten, als zwar folgenreiche Interpretationsversuche des
aber letztlich Uninterpretierbaren.

UNTERWEGS IM AUFTRAG GOTTES – MOSES

Die Geschichte der geheimen Religionen geht zurück bis auf die
Mosaische Unterscheidung, bis auf den Monotheismus, den schon
der ägyptische Pharo Echnaton vorübergehend einzuführen versucht hatte und der sich nun, begonnen bei den Juden, unter den
Völkern auszubreiten beginnt. Im Grunde ist es sehr einfach, denn

alles findet seinen Anfang in und mit Moses. Indem nämlich durch
den jüdischen Propheten richtiger Glaube definiert wird, gibt es
plötzlich auch einen falschen Glauben. Und wenn ein Glaube als
falsch und schädlich bezeichnet wird und deshalb vernichtet werden
soll, exiliert er ins Geheimnis. Da also die geheimen Religionen mit
Moses als inoperabler Teil der monotheistischen Konfessionen ihren
Siegeslauf durch die Weltgeschichte beginnen, müssen wir mit
Moses anfangen. Und damit wird es auch schon schwierig, denn wir
wissen so gut wie nichts über ihn.

Der Versuch, Moses' wirkliche Biographie in der Geschichte zu
rekonstruieren, ist und bleibt ein zweifelhaftes Unterfangen. Es existiert nur eine einzige Quelle, die vom Wirken des Propheten spricht,
nämlich das Alte Testament, genauer die Tora, die ersten fünf Bücher
des Alten Testaments, auf Hebräisch die *chamischa chumsche tora*,
die fünf Fünftel der Weisung. Weisung wird hier verstanden als direkte
Anweisung von Gott. Die Christen nennen sie das Pentateuch, das
Fünferbuch. Alle weiteren schriftlichen Zeugnisse, die von Moses
sprechen, sind der Tora verpflichtet, zitieren und interpretieren sie.

Wo jedoch ein so großes wissenschaftliches, politisches und religiöses Interesse auf eine derart dünne Quellenlage trifft, ist das Tor
für Spekulationen weit geöffnet. Alles, was sich über Moses sagen
lässt, ist im Grunde Literaturwissenschaft, also Interpretation. Und
die fern aller Verifikation stattfindende Spekulation ist der Tummel-
platz der geheimen Religionen schlechthin. So wird der geheimnis-
umwitterte Moses selbst zum Geheimnis. Jan Assmann[22] bringt es
auf den Punkt, wenn er ihn nicht als eine Figur der Geschichte, sondern als eine Gestalt des Gedächtnisses, also der Erinnerung begreift.
Denn für die Nachwelt – und mithin auch für die geheimen Religionen – ist es nicht so sehr entscheidend, was Moses wirklich getan
hat, sondern was allgemein geglaubt wird, dass er getan habe. Nicht
Moses, sondern die Mosesbilder beherrschen die Geschichte. Deshalb kam es dazu, dass Moses unbeabsichtigt zum Schöpfer der geheimen Religionen wurde, weil er der erste in der Geschichte fassbare
Prophet ist, der zwischen wahrer und falscher Religion unterschied.

Setzen wir zunächst bei dem an, was uns die einzige Quelle, die

wir besitzen, über den Mann Moses berichtet. Als neugeborenes Kind
ausgesetzt, überlebte er nur, weil Gott ihn auserwählt hatte. Eine
ägyptische Prinzessin fand den Säugling in einem Korb im Schilf.
Sie nahm sich seiner an und erzog ihn, nicht ahnend, dass sie damit
Gottes Willen erfüllte. Denn Moses war von Gott ausersehen, die
Israeliten ins Gelobte Land zu führen, ihm würde er die Gebote und
Gesetze offenbaren. Er war der einzige Prophet, dem Gott, wenn
auch verhüllt, persönlich gegenübergetreten ist, mehr noch, er war
der Einzige, der direkten Kontakt zu Gott hatte. (Jesus als Gottessohn
gilt nicht als Prophet, denn er ist selbst Gott, und Mohammed wurde
vom Engel Gabriel, Gottes Regierungssprecher, unterwiesen.)

Die große Neuerung, die Moses ins Werk setzte, bestand in der
Verkündung einer monotheistischen Religion.

Vor etwa 3300 Jahren floh dieser junge Mann auf direkte Weisung
Gottes mit Männern, Frauen und Kindern aus Ägypten, führte sie
auf der Suche nach dem Gelobten Land vierzig Jahre durch die
Wüste, erhielt und verkündete Gottes Gesetz, das damit beginnt,
dass es nur Einen Gott gibt und man sich von diesem Einen Gott
kein Bild machen darf. Damit schuf er einen mächtigen Glauben, der
die Geschichte entscheidend bestimmt hat und für 3,5 Milliarden
Menschen[23] auf der Erde aktuell ist.

Es gibt mehrere Theorien und Spekulationen zu Moses' Herkunft
und seinen Lebensdaten. Dabei ist nur eines sicher: Moses' Werk
stand in einem engen zeitlichen und inhaltlichen Zusammenhang
mit dem Wirken Echnatons, der von 1351 bis 1334 v. Chr. regierte.[24]
Verbirgt der Mythos Moses die historische Gestalt des Pharaos Echnaton? Wer war Echnaton? Diese Fragen sind schwer zu beantworten, weil die Erinnerung an diesen Pharao aufgrund seiner großen
Ketzerei für alle Zeiten ausgelöscht werden sollte. *Damnatio memoriae*
nannten die Römer dieses Verfahren, Verdammung oder Auslöschung der Erinnerung, bei dem Bildnisse des Betroffenen und Inschriften über ihn zerstört wurden. Wie sah es in Ägypten aus zu der
Zeit, als Moses Ägypten verließ? Und vor allem: Was schleppte er
aus Ägypten mit ins Gelobte Land und in die neue Religion? Was
übersetzte er also aus dem alten Ägypten in unsere Gegenwart?

Das ägyptische Weltbild

Die Vorstellung, dass es nichts Neues unter der Sonne gibt und sich ohnehin nichts ändert, ist so alt wie das Denken der Menschheit. Die alten Ägypter glaubten an die ewige Wiederkehr des Gleichen. Sie verstanden die Welt als Kreislauf, der durch das Wirken der Priester in Gang gehalten werden musste. Bis auf den heutigen Tag beeinflusst die Vorstellung von der ewigen Wiederkehr des Gleichen unser Denken. In der Philosophie Friedrich Nietzsches nahm es sogar eine Gestalt an, die bis in die Zeit des Zweiten Weltkriegs hinein in Europa geradezu den Rang eines Glaubensdogmas innehatte.

In einem Land wie Ägypten, dessen tiefste historische Erfahrung darin bestand, dass der Nil periodisch über die Ufer trat und dabei fruchtbare Erde anschwemmte, die zur Grundlage des Lebens wurde, war keine Interpretation des Daseins natürlicher und naheliegender als die Vorstellung des ewigen Kreislaufes. Ein berühmtes Bild hierfür ist die Ouroboros-Schlange, die sich in den eigenen Schwanz beißt, wodurch Ende und Anfang zusammenkommen und vereint werden. So findet sich im Weltentstehungsglauben (Kosmogonie) der Ägypter die Vorstellung, dass alles mit dem Auftauchen eines Hügels aus dem Wasser beginnt.

Vereinfacht und im Zeitraffer bietet sich folgendes Bild als konkrete existentielle Erfahrung an, die hinter dieser Kosmogonie steht: Von den Terrassen der Tafelberge aus beobachteten die frühen Ägypter, wie der Nil Jahr für Jahr über seine Ufer trat, die Ebene zu ihren Füßen flutete, allmählich aber wieder in sein Bett zurückkehrte. Dafür steht das schöne Bild vom Auftauchen eines Hügels. Die Überschwemmung hinterließ fruchtbares Schwemmland. Auf diese Weise entstand allmählich eine Marschlandschaft, die zunächst von Vögeln, Reptilien, Insekten und Pflanzen in Besitz genommen wurde, sehr bald aber schon von den Menschen, die von den Bergen herabstiegen. Und als habe die Bibel genau diesen Vorgang im Blick, lesen wir im ersten Buche Mose: »Vermehrt euch und werdet zahlreich und füllt die Erde und werdet Herr über sie, herrscht über die Fische des Meeres und die Flugtiere des Himmels und über alle Haustiere und über die ganze Erde und über alle Kriechtiere, die aus der Erde kriechen« (1 Mos 28). Inhalt und Rhythmus des Textes zaubern in unsere Vorstellung das Bild von der ersten Landnahme, dem Verlassen der Bergterrassen und dem Siedeln in den Nilauen.

In diese Vorstellung passt vorzüglich, dass die Ägypter ihre Götter oft als Mischwesen zwischen Mensch und Tier oder als Tiere darstellten, nämlich als Vögel (Ibis), als Reptilien (Krokodil), als Insekten (Skarabäen), als Affen und als Hunde.

Zum Feuchten und Nassen trat das Warme als zweite Bedingung des Lebens, nämlich die Sonne, die aus einer Lotosblüte schlüpfte. Später wurde Christus als Sonne verehrt, und in der christlichen und freimaurerischen Kunst machten die Strahlen der Sonne als Synonym für Gott eine ansehnliche Karriere.

Auch im Mythos von der Geburt der Sonne aus der Lotosblume blieb die Verbindung Urwasser und Sonne bestehen, denn der Lotos ist eine Wasserpflanze. Die Götter entstanden aus dem Gott des Uranfangs. Von der Unterscheidung zwischen Emanationen oder Manifestationen des Gottes des Uranfangs können wir mit Blick auf unser Thema absehen.

Festzuhalten aber bleibt, dass die Welt der Ägypter von Göttern bevölkert wurde, die nicht nur das Leben auf der Erde verursacht hatten, sondern auch selbst verursacht worden waren. Sie gaben die Beamten oder Wirkweisen eines früheren Gottes ab, der sich schwer in Worte fassen ließ: dem geheimnisumwobenen Gott des Uranfangs. Indem man nun diesen Göttern huldigte, hielt man das Getriebe der Welt in Gang. Es ging also in der altägyptischen Religion weniger um Verehrung oder ein Leben im Dienste Gottes, sondern darum, dass durch die zuverlässige Ausführung komplizierter Zeremonien und Riten der reibungslose Kreislauf der Welt aufrechterhalten blieb. Nicht das einzige, aber ein gutes Beispiel hierfür ist die Reise der Sonne – durch den Tag am Himmel und durch die Nacht in der Unterwelt –, die von den Priestern symbolisch mitvollzogen und dadurch rituell abgesichert wurde. So trugen alle, Götter wie Menschen, Verantwortung dafür, dass die Welt erhalten blieb.

Die Babylonier unterteilten den Tag in Einheiten, die sie »Wa-

chen« nannten. Einen Widerschein davon finden wir noch heute
im christlichen Brauch der Vigilen (Wachen), dem Stundengebet,
das durch die Zwiesprache mit Christus diesen vergegenwärtigt,
die Welt in Gang hält und das Heil für die Welt durch das ständige
Gespräch mit Gott erfleht und ermöglicht. So wie in der ägyptischen Religion die Sonne über den Himmel und durch die Unterwelt
reist und in der Unterwelt von Pforte zu Pforte übergeben wird, ein
Vorgang, den die Priester im Ritus begleiten, besteht auch im Stundengebet ein steter Kontakt zu Gott, der ebenfalls zeitlich geregelt
ist. Religion bringt eine Ordnung ins Leben und gibt bis auf den heutigen Tag den Tagesablauf vor. Die Vigilen sind, wenn man so will,
ein getaufter heidnischer Brauch, man kann sie aber auch als das
uralte Bedürfnis des Menschen verstehen, mit Gott zu reden – was
einander nicht ausschließt.

Die Durchführung der Zeremonien fiel in den Zuständigkeitsbereich von Spezialisten, nämlich der Priester, die sich allein dem
Pharao oder König[25] gegenüber zu verantworten hatten, weil der
Pharao als Sohn des Sonnengottes oder als Stellvertreter des Sonnengottes galt.

Die altägyptische Vorstellung, dass der Mensch durch die religiösen Zeremonien zum Kreislauf der Natur beitrug und in den rituellen
Handlungen immer wieder und stets von Neuem seine Verantwortung für die Welt erlebte, ist nicht nur sehr schön, sondern sie ermöglichte auch eine tiefe Erfahrung der Umwelt, die wir längst verloren
haben. In christlicher Terminologie könnten wir heute die Tätigkeit
der ägyptischen Priester als Übernahme von Verantwortung für die
Schöpfung verstehen – oder als den verborgenen religiösen Urgrund
ökologischen Denkens erkennen. Unversehens nimmt in diesen Vorstellungen die Natur göttliche Züge an oder, radikal formuliert, sind
Natur oder Umwelt im ökologischen Denken, das dadurch nicht diskreditiert wird, nur ein anderer Name für Gott. Es zeigt nur erstens,
wie alt diese Grundvorstellung von unserer Verantwortung tatsächlich ist, und zweitens, wie religiös strukturiert unser Denken ist, auch
wenn wir vermeinen, areligiös zu sein. Das genaue Befolgen der Riten
ist die altägyptische Form dessen, was wir unter Nachhaltigkeit ver-

stehen. Areligiosität mag noch für die Inhalte stimmen, nicht aber für die Formen, in denen sich unser Denken vollzieht.

Für die zentrale religiöse Institution des Mysteriums in den späteren geheimen Religionen wird – neben der Unfasslichkeit des ägyptischen Gottes des Uranfangs, dem Geheimnis oder Zauber des Ersten Mals, als nämlich zum ersten Mal der Hügel vom Wasser freigegeben wurde oder die Sonne aus dem Lotos schlüpfte – das Faktum bedeutend, dass die Ägypter ihre Götter selten sahen.

Die Götter oder ihre Abbilder wohnten in ihren Tempeln, zu denen das Volk keinen Zutritt hatte. Hier, in der Dunkelheit der Götterhäuser, gingen die Priester mithilfe so komplizierter wie geheimer Zeremonien mit den Göttern um und hielten dadurch den Kreislauf der Welt aufrecht. Nur zu den Festen holten sie die Götterbilder aus dem Inneren der imposanten Gebäude und trugen sie an der Spitze der Prozessionen durch die Stadt. Ausschließlich in den Festzeiten begegneten die Ägypter ihren Göttern, nur in den Prozessionen wurden sie ihrer ansichtig. Die Götter hatten also immer eine Distanz zu den Menschen, wurden immer als verborgen, als unbekannt und als unbegreiflich, kurz, als geheimnisvoll empfunden.

Nicht nur, dass die Götter in den Umzügen dem Volk gezeigt und von ihm geehrt werden konnten, sondern mit dem Prozessionsweg verband sich auch ein Orakel. Kamen die Götter schon einmal aus ihrem Tempel, dann hatten sie auch zu reden, in der Sprache der Götter versteht sich, nicht der Menschen. Bis auf den heutigen Tag, besonders aber in der Zeit der Renaissance, mühten sich deshalb Heerscharen von Generationen immer wieder ab, die Sprache Gottes zu entschlüsseln. Die moderne Kryptographie, die Wissenschaft von der Ver- und Entschlüsselung geheimer Sprachen, entstand nicht aus geheimdienstlichem Interesse, sondern im Mittelalter und vor allem in der Renaissance aus dem Wunsch, die Sprache des ersten Menschen – nämlich Adams, die zugleich Gottes Sprache war –, zu finden und zu decodieren. Das Sachlichste und Areligiöseste, was man sich vorstellen kann, der Computer, der mathematisch auf die Kryptographie zurückgeht, verdankt im Grunde ursächlich seine Existenz nicht objektiver Naturwissenschaft, sondern der Suche nach der Universalsprache, der Sprache Gottes. Und wer weiß, vielleicht denkt ja Gott auch digital?

Die altägyptischen Priester trugen bei den Prozessionen das steinerne Bild Gottes, das sehr schwer war. Das Bild bewegte sich auf den Schultern der Träger nach vorn, nach links, nach rechts, zurück und gab so den Trägern »Anweisungen«, in welche Richtung sie sich mit dem Gott bewegen sollten. Die Richtungen der Bewegungen, die Neigungen zu diesem oder jenem Tempel oder dieser oder jener Stele am Wege wurden als Botschaften der Götter von den Priestern verstanden. Der Weg wurde zum Orakel. Diese wichtige Funktion des Festumzugs wurde später vergessen.

Der pagane Brauch der Prozession, bei dem die göttlichen Abbilder aus den Tempeln geholt und hoheitsvoll durch die Stadt oder durch die Landschaft geführt werden, wobei das Volk ihm feierlich folgt, findet sich noch heute im Christentum. Er geht auf diese altägyptische Tradition zurück, denn dem Judentum ist die Prozession fremd.

ECHNATON UND DER GOTT DES LICHTS

Über wenige Ereignisse der altägyptischen Geschichte wurde indes so viel geschrieben und debattiert, wie über den wohl ersten Versuch der Einführung des Monotheismus in der Geschichte der Menschheit durch Echnaton. Ob Moses ein Zeitgenosse dieser Ereignisse war, gar von ihnen erfasst und berührt wurde, oder ob er später die Auswirkungen dieses kardinalen Schockereignisses der frühen ägyptischen Geschichte erlebte, lässt sich nicht ermitteln.

Die Gründe für die Götterdämmerung liegen im Spekulativen. Es ist wohl richtig, dass die wachsende Macht der Amun-Priester zu Konflikten mit den Königen führte. Eine Entmachtung der Priester lag also im politischen Interesse der Pharaonen. Möglicherweise gesellte sich zu den politischen Ambitionen der Priester eine kaum noch zu ertragende Erstarrung der Religion[26] und eine Nachlässigkeit oder Leere in der Durchführung des Kultes, sodass die Reform der

Religion notwendig wurde. Denkt man sich nun zu den objektiven Bedürfnissen die ausgeprägten philosophischen Neigungen des Pharaos Amenhotep IV., lassen sich die radikalen Veränderungen, die dieser König ins Werk setzte, leichter verstehen, wenn auch nicht vollkommen erklären.

Da ein Pharaonensohn auch eine priesterliche Ausbildung durchlief, kannte Amenhotep IV. die religiöse Situation präzise und mochte bereits als Knabe und Jugendlicher intensiv über religiöse Fragen, die immer auch politische und existentielle Themen berührten, nachgedacht haben. Nach seiner Krönung ging es Schlag auf Schlag. Zunächst ließ er gegenüber dem Amun-Tempel in Karnak den Tempel des Sonnengottes Aton[27] errichten. Doch die unmittelbare Nähe zweier Kulte – eines kosmotheistischen und eines monotheistischen –, die sich im Grunde ausschlossen, ließ sich nicht durchhalten. Also vertrieb der König die Priester, schloss den Tempel des Amun und vernichtete die Zeichen und Inschriften dieser und anderer Gottheiten auf Wänden und Stelen. Doch die Bilderstürmerei und die Repressionen schienen noch nicht genügend zu verdeutlichen, dass eine neue Zeit angebrochen war. Deshalb errichtete Amenhotep IV. am Nil in der Mitte zwischen Memphis und Theben eine neue Hauptstadt, die er »Horizont des Gottes Aton« nannte, Achet-Aton, und er selbst nahm den Namen Echnaton (Aton-achen), Diener des Gottes Aton, an. Diese Demonstration und Manifestation war an Macht und Deutlichkeit weder zu übersehen noch zu überbieten.

Wahrscheinlich hat sich Echnatons Denken in der Auseinandersetzung mit den Amun-Priestern radikalisiert und so auch seine Theologie, denn Aton wurde immer mehr ein rationaler Gott. Mit seinen Strahlen schuf er das Leben. Wir kennen das aus dem Christentum. Mit dem Sonnengott kam aber eine spezielle Lichttheologie, wie sie auch das Christentum kennt: Gott ist Licht.

Gott verstehen und in Kommunikation mit ihm treten konnte nur der Pharao. Insofern bedurfte es keiner Priester. Echnaton war oberster und einziger Priester, Sohn und Vertrauter Gottes und König der Menschen in einer Person. Gott zu dienen, bedeutete für die Ägypter, dem König als Atons Vertrauten zu gehorchen. Die ausdifferenzierte Balance der Gesellschaft, ihre vollkommene Statik nannten die Ägypter *ma'at*, Gerechtigkeit, und ein *ma'ati*, ein Gerechter, war nur, wer dem König folgte und sich an seine Gebote hielt, weil sie Atons Gebote waren.

Es ist eine komplizierte Frage, ob man Aton mit dem Gott des Uranfangs gleichsetzen darf. Bedenkt man allerdings, dass Aton zunächst einmal nicht der Sonnengott schlechthin war, sondern lediglich die Sonnenscheibe, die Scheibe der Sonne, darstellte, also eine Manifestation oder besser noch eine Hierophanie – eine Erscheinung des Heiligen – Gottes ist, dann wird deutlich, dass Aton eben nicht der Gott des Uranfangs ist. Vielmehr ist er die Hierophanie einer seiner Manifestationen, wenn wir die Sonne oder den Sonnengott selbst als eine Gestaltwerdung des Gottes des Uranfangs verstehen. Wir haben ja eingangs gesehen, wie alles aus dem Gott des Uranfangs entstand, eben auch die Sonne.

Was sich aus dem großen zeitlichen Abstand ein wenig wie der Streit um des Kaisers Bart ausnehmen mag, trägt aber bereits den Keim blutigster Kämpfe in sich, nämlich die Frage nach der wahren Natur Gottes oder besser nach der wahren Identität Gottes. Die Erzketzer, die Gnostiker, die verfolgt und für ihren Glauben gehängt, erschlagen und verbrannt wurden, sahen in dem jüdischen Gott und in dem christlichen Gott einen bloßen Schöpfergott, der selbst nur eine Emanation, ein Ausfluss, des eigentlichen, verborgenen, unbekannten, fremden, den Menschen unendlich fernen Gottes für sie war. Um zu ihm zu gelangen, musste die Seele aus Sicht der Gnostiker durch 7 oder 9 oder 36 oder gar 360 Himmel hindurchwandern, und überall galt es, furchterregende Torwächter zu überlisten.

Entdecken wir also eines der tiefsten religiösen Geheimnisse darin, dass Moses aus Ägypten nur einen Schöpfergott, nicht aber den Gott des Uranfangs, mitgenommen hat? Ein Bild Gottes, eine Metapher, aber nicht ihn selbst? Und weiter gefragt: Ist Jahwe und damit letztlich auch der Christengott nur eine hebräische Interpretation von Aton? Nach gnostischer Vorstellung war die Entstehung des Schöpfergottes lediglich ein Betriebsunfall.

Atons Heiligtum in Achet-Aton war kein dunkles Haus, sondern ein offener Tempel, zu dem man über einen schmalen und verschatteten Weg gelangte. Die Theologie dieses neuen Gottes wurde sichtbar in einer eindrucksvollen Inszenierung des Lichtes, wie man es auf andere Art später in den Bauwerken der Kathedralen und Moscheen hervorzubringen suchte. Denn – man kann es nicht häufig und deutlich genug sagen – das älteste Attribut Gottes, das auch zu den meisten Spekulationen Anlass gab, ist das Licht. Gott ist Licht, wie es bei Johannes (1,5) heißt.

Das Volk, das die Götter zuvor auch nur selten, nämlich in den Festprozessionen, zu Gesicht bekommen hatte, blieb von diesen Veränderungen weitgehend unberührt und hing weiter den alten Kulten an. Aber die Vorstellung des Einen Gottes, dessen entscheidendes Attribut das Licht ist, hinterließ tiefe Spuren. In Echnatons Sonnengesang heißt es:

»Schön bist du
im Horizont des Himmels,
du lebendige Sonne,
die das Leben bestimmt!
Du bist aufgegangen im Osthorizont
und hast jedes Land mit deiner Schönheit erfüllt.
Schön bist du groß und strahlend.

Deine Strahlen umfassen die Länder
Bis ans Ende von allem, was du geschaffen hast ...«[28]

Dass der Psalm 104 des Alten Testaments mit diesem Sonnengesang verwandt ist, wurde inzwischen zum Allgemeingut, einig sind sich die Forscher nur nicht in der Frage, ob Echnatons Hymne an Aton auch die direkte Vorlage für diesen Psalm war:

»Licht ist dein Kleid, das du anhast.
Du breitest den Himmel aus wie einen Teppich;
du baust deine Gemächer über den Wassern.

Du fährst auf den Wolken wie auf einem Wagen
und kommst daher auf den Fittichen des Windes,
der du machst Winde zu deinen Boten
und Feuerflammen zu deinen Dienern;
der du das Erdreich gegründet hast auf festen Boden,
dass es bleibt immer und ewiglich.«

Über diesen Psalm fand Echnatons Hymnus ein spätes Echo im
»Sonnengesang« des heiligen Franziskus:

»Gelobt seist Du, mein Herr,
mit allen Deinen Geschöpfen
vornehmlich mit der edlen Herrin
Schwester Sonne,
die uns den Tag schenkt durch ihr Licht.
Und schön ist sie
und strahlend in großem Glanze:
dein Sinnbild, Höchster!«[29]

Das Licht als Sinnbild des Höchsten in der Formulierung des heiligen Franziskus trifft präzise die ägyptische Vorstellung von Aton, der ursprünglich nicht den Sonnengott, sondern die Scheibe der Sonne, bei Franziskus ein Sinnbild des Höchsten oder des Sonnengottes, des Einzigen darstellt. Beides aber meint das Gleiche, denn Sinnbild, Abbild, die Scheibe oder die Manifestation bedeuten genau die für den Menschen sichtbare, wahrnehmbare Erscheinung Gottes. Enger können die Parallelen zwischen altägyptischem Monotheismus und Christentum in Gestalt franziskanischer Mystik nicht gedacht werden.

Die Scheibe der Sonne – Aton – wird als Attribut des Göttlichen ganz direkten Eingang ins Christentum finden, nämlich als Heiligenschein. So wie die Scheibe der Sonne Ausdruck göttlichen Wirkens ist, so kündet der Heiligenschein von der göttlichen Kraft des Heiligen. Zunächst wurde er nur Christus als Sol Invictus – als unbesiegter Sonnengott – zuerkannt, dann aber ging er von Christus auf die nächste Hierarchieebene über und verdeutlicht, dass die Heiligen durch ihre Heiligkeit wirken wie die Sonne durch ihre Strahlen. So gehen die christlichen Heiligenscheine auf den ägyptischen Sonnengott zurück, daneben auch auf die persische Gottheit Mithras.

Mittelbar wird sich das Konzept des Gottes, der Licht ist und sich als Licht darstellt und mithilfe des Lichtes das Leben schickt, in der katholischen, jedoch auch in einigen geheimen Religionen durchsetzen. Das protestantische Christentum blieb davon seltsam unberührt.

Aber noch etwas anderes ist wichtig und wirkt bis in unsere Zeit hinein: Nach dem Tod Echnatons setzten seine Nachfolger den Kult des Gottes Amun und dessen Priester wieder ein. Nichts aber wurde wie früher. Die neue Priesterschaft Amuns rekrutierte man sicherheitshalber aus dem gehorsamsgewohnten Militär, denn der starke Mann Ägyptens war nicht der Kindpharao Tutanchamun[30], sondern der General Haremhab. Diese Veränderung geschah auf der Ebene der Macht. Auf der Ebene der Theologie sollte sich bald zeigen, dass der wieder eingesetzte Kult des Gottes Amun sozusagen die Lichtspekulationen des Gottes Aton aufnahm. Die Rückkehr zur alten Religion veränderte die alte Religion zugleich. Heraklit hatte recht, als er feststellte, dass man nicht zweimal im selben Fluss baden könne.

Im Grunde wurde das Denken über das Licht als Wirkung des Göttlichen auf die ganze Natur ausgedehnt und gleichzeitig zentriert. Es entstand die für spätere religiöse und philosophische Vorstellungen so wichtige Konzeption des Einen in dem Vielen, das, was die Griechen *hen kai pan* (Das Ein und Alles) oder *hen to pan* (Das Eine ist Alles) nannten und der Philosoph Spinoza (1632–1677) in die berühmte Formel *deus sive natura* (Gott oder auch die Natur, im Sinne, es ist dasselbe, ob wir über Gott oder die Natur reden)[31] goss.

An die Stelle Atons setzte man nicht einfach Amun. Um die Vielfalt und die reichen Vorstellungen vom Kosmos, in dessen Zentrum sich die Welt befand, zu erhalten, verehrte man nun als Hauptgötter drei Gottheiten, nämlich Amun von Theben, Re von Heliopolis und Ptah von Memphis. In diesem Triumvirat bildeten sich die drei religiösen Zentren (Theben, Memphis, Heliopolis) ab.

Abgesehen von dem politischen Aspekt, der die Reichseinheit durch die Einheit der wichtigen theologischen Schulen göttlich legitimiert, gehen die drei Götter eine Beziehung ein, die wie ein kühner Vorgriff auf das christliche Konzept der Trinität wirkt. Man möchte meinen, als das geschah, war Moses schon auf dem Weg nach Israel. Oder sein Auszug wurde provoziert von der Rückkehr zu den alten Göttern und den damit zusammenhängenden trinitarischen Spekulationen. Fest steht jedoch, dass er die Drei-Gott-Vorstellung der Ägypter ablehnte und mit dem einen Gott – ob es der eine Gott Echnatons war, steht infrage – nach Palästina auswanderte. Aber die Geschichte kennt keinen Stillstand, und es ist vor diesem Hintergrund geradezu eine Ironie, dass andere Juden tausend Jahre später aus dem einen Gott einen dreifaltigen Gott machen und sich Christen nennen sollten. Ausgearbeitet wurde das Konzept des dreifaltigen Gottes schließlich von Kirchenvätern, die durch die griechische und ägyptische Philosophenschule gegangen waren.

Und es sollte wiederum ein Ägypter sein, der sich mit aller Kraft des Denkens und der Rhetorik gegen die Trinitätsvorstellung des Christentums wandte, nämlich der Priester Arius, der deshalb für alle Zeiten zum Vater aller Ketzer, also zum Häresiarchen, wie der christliche Fachausdruck dafür lautet, erklärt wurde. Es ist kein Zufall, dass der Krieg zwischen Trinitarismus und Arianismus am erbittertsten auf ägyptischem Boden ausgetragen wurde, dort, wo schon einmal unter Echnaton der Kampf zwischen dem Monotheismus und dem Kosmotheismus ausgefochten worden war.[32] Hier schließt sich überraschend ein Kreis, wenn man bedenkt, dass in den großen Kämpfen um das christliche Credo, in der heftig und teilweise blutig geführten Auseinandersetzung im 4. und 5. Jahrhundert n. Chr. über die Frage, wie man sich das Verhältnis von Gottvater, Sohn und Heiligem Geist vorzustellen hat, entscheidend ägyptische Theologen aus Alexandria mitstritten.[33]

DER VATER ALLER KETZER: ARIUS

In der neuen Theologie der Ramessiden, jener elf Könige mit Namen
Ramses, die von 1306 bis 1070 v. Chr. herrschten, hieß es klar und
deutlich:

> »Drei sind alle Götter:
> Amun, Re und Ptah, denen keiner gleichkommt.
> Der seinen Namen verbirgt als Amun,
> er ist Re im Angesicht,
> sein Leib ist Ptah.«[34]

Das christliche Glaubensbekenntnis, auf das man sich nach langen
Kämpfen zunächst 325 auf dem Konzil von Nikaia und dann 381 in
Konstantinopel geeinigt hatte, lautete nun:

> »Wir glauben an den einen Gott
> … und an den einen Herrn Jesus Christus
> den Sohn Gottes
> … und den Heiligen Geist …«

Alles ist drei, und drei sind eins. Das eine aber ist als verborgener
Name (oder Wesen) Amun, als Manifestation Re und als Emanation
Ptah. Im Christentum sind es Gottvater, Sohn und Heiliger Geist.
Die beiden Vorstellungen sind nicht identisch, aber es ist unschwer
zu erkennen, dass sich das ägyptische Konzept wie ein kühner Vorgriff ausnimmt. Eins ist im ägyptischen Denken drei, und als drei ist
es alles.

Im Unterschied zur christlichen Idee, die auf dem Monotheismus
fußt, finden sich in Ägypten alle Götter in den drei Göttern wieder
oder in gespiegelter Perspektive: Alle Götter sind nur Masken dieser
drei Götter. Aber diese *drei* Götter – und nun kommt der Gedanke,
der uns in seiner christlichen Anmutung den Atem verschlägt – sind
wiederum, wie wir schon gesehen haben, nur *ein* Gott, nämlich der
Gott des Uranfangs. Jan Assmann fasst diese ägyptische Trinität in

schöner Klarheit: »Das Göttliche entfaltet sich in drei – und nur drei – Dimensionen: die sprachliche seines *Namens*, die kosmische seiner lichthaften *Sichtbarkeit* und die kultische seiner irdischen Herrschaft als *Kultbild* im Tempel.«[35] Etwas vereinfacht ausgedrückt könnte man auch sagen: Das Licht ist der Heilige Geist, zur Erde gekommen ist Jesus, der im Messopfer anwesend ist, aber an den auch das Symbol des Kreuzes in den Kirchen erinnert – und all das geschieht im Namen und als Name Gottes. Im Christentum entfaltet sich Gott als Vater und Schöpfer, als Sohn und als Heiliger Geist.

Die Formel von einem jüdisch-christlichen Abendland müsste eigentlich korrekt von einem ägyptisch-jüdisch-christlichen Abendland sprechen, in das griechische Philosophie und römisches Staatsrecht eingepreist wären. Doch die ägyptische Überlieferung ist so stark, dass sie verheimlicht und ins Abseits gedrängt wurde und dass denjenigen, die ihr anhingen, immer der Verdacht anhaftete, nicht vollkommen rechtgläubig zu sein. Die Aversion der christlichen Kirchen gegen den Pantheismus, wie er in dem sogenannten Spinoza-Streit im Deutschland im ausgehenden 18. Jahrhundert geradezu beispielhaft wird, rührt nicht aus der Ferne, sondern vielmehr aus der geistigen Nähe zu den ägyptischen Vorstellungen der Trinität.

Die gewohnte Vorstellung des dreifaltigen Gottes ist im Grunde ägyptischen Ursprungs, das geheime Erbe des ägyptischen Kosmotheismus. Der entscheidende Unterschied besteht darin, dass bei der ägyptischen Trinität der Kosmotheismus die Grundlage bildet und bei der christlichen der Monotheismus. Während die Ägypter sagen, viele sind drei, und drei sind einer, sagen die Christen, einer ist drei, und drei sind einer. Der Gott der Bibel ist ein Schöpfergott, der die Welt erschaffen hat und ihr nun gegenübersteht wie der Tischler dem Tisch, den er gewerkelt hat, während der ägyptische Gott in der Welt selbst ist und sie durch sich, durch die Bewegung seiner Gestaltwerdungen in Gang hält und beseelt, wie ein Motor oder besser wie die Lebensenergie das Blut den Körper. In der ägyptischen Vorstellung treibt Atum träge im Urwasser Nun, während der jüdische Gott bereits über den Wassern schwebt.

Die ägyptische Vorstellung von einem alles beseelenden Gott

(*deus sive natura*) wird für einige der geheimen Religionen entscheidend. Der ägyptische Gott schöpft nicht, er manifestiert sich, und indem er sich manifestiert, emaniert er auch, und es entsteht die Welt.
Stellen wir ihn uns als Universalhandwerker vor, der allein ein Haus
baut, weil er abwechselnd in die Rolle des Maurers, des Zimmermannes, des Dachdeckers, des Klempners und des Malers schlüpft
und die erforderlichen Arbeiten ausführt, ohne aber in der Rolle
des Maurers, des Zimmermannes, des Dachdeckers, des Klempners
und des Malers aufzugehen und zu verharren. Er ist es nur so lange,
wie er es sein muss, vorübergehend, flüchtig, jederzeit möglich, nie
ganz. Es ist jeweils nur eine seiner unzählbaren Fähigkeiten.

Es mag kühn sein, das zu vermuten – und dieses Buch ist sicher
nicht der Ort, um diese Hypothese durchzuführen –, aber eines
springt mehr als deutlich ins Auge: Die Überwindung des strengen
Monotheismus des Judentums wagt durch die trinitarische Vorstellung des Christentums einen Zirkelschluss zu den theologischen
Spekulationen der alten Ägypter der Nacharmanazeit, der Zeit nach
Echnaton, der in Armana seine neue Hauptstadt gegründet hatte.

Im Christentum kehrt Ägypten zurück. Denn die Nacharmanazeit
ist auch die Zeit, in der Moses die Hebräer aus Ägypten führte. Das
Christentum sieht sich als offizieller Erbe des Alten Bundes der Juden
mit Gott, es ist zugleich aber auch der geheime Erbe der ägyptischen
Theologie. Es stellt sich die faszinierende Frage, wie das ägyptische
Erbe ohne jüdische Vermittlung auf das Christentum kam. Überlebte
dieses Erbe sozusagen als Mysterium in der jüdischen Religion?

In dieser Zeit der Umbrüche also trat Moses in Erscheinung. Er
überzeugte die Hebräer, Ägypten zu verlassen und das Gelobte
Land zu suchen, das Gott ihnen verheißen hatte. So wie Gott das
Volk der Hebräer ausgewählt hatte, so hatte er Moses zu seinem
Propheten erkoren. Was Moses predigte, war aber der Eine Gott, wie
Echnaton ihn verkündet hatte. Ist Aton Jahwe? Beide Götter sind
rationalistisch. Wogegen sich Moses wandte, war der ägyptische
Kosmotheismus der Zeit nach Echnaton. Man darf wahrscheinlich
den Gott des Moses nicht mit dem Gott des Pharaos gleichsetzen,
doch die Einzigartigkeit haben sie gemeinsam, die Rationalität teilen

sie, und sie ähneln sich auch in ihren Erscheinungen: Wie Aton die Sonne ist, so erschien Jahwe Moses im brennenden Dornbusch oder als *schechina*, also als Licht. Wie Aton duldet Jahwe keine Götter, deren Existenz auch er nicht in Abrede stellt, neben sich. Allerdings verbietet Jahwe, andere Götter neben ihm zu haben, während sie Aton in seiner schwindelerregenden Höhe nicht einmal mehr erwähnt. Schließlich ähneln beide Götter sich sogar darin, dass sie den Glauben und das Leben der Menschen vollkommen veränderten – aber das tun Götter für gewöhnlich ohnehin.

Sinnigerweise ist aus dieser Zeit eine Geschichte überliefert, die später sowohl mit Echnaton als auch mit Moses in Verbindung gebracht wurde, mit den beiden Religionsführern, die eine so große Veränderung herbeiführten – der eine nur vorübergehend, der andere dauerhaft –, dass man aus der Sicht der früheren Glaubensvorstellungen von verkehrter Welt reden muss. Diese Veränderung wirkt bis heute gewaltig und auch gewalttätig nach.

DAS ERSCHRECKENDE ANTLITZ DER WAHRHEIT

Im 3. Jahrhundert v. Chr. verfasste der Priester Manetho eine dreibändige ägyptische Geschichte. Darin wird berichtet, dass sich der Priester Osarsiph, der zur Zeit Amenhoteps III. (ca. 1388 – um 1351 v. Chr.) lebte, zu den Aussätzigen begab. Weil dem König geweissagt worden war, dass die Aussätzigen das Land verunreinigten, hatte er sie in einer Kolonie interniert und zwang sie, für ihn zu arbeiten. Osarsiph organisierte nun die Leprösen, gab ihnen neue Gesetze, einen neuen Glauben und eroberte mit ihnen Ägypten.

Als zum König gewordener Priester gab sich Osarsiph den Namen Moyses und verheerte dreizehn Jahre lang das Land. Die heiligen Tiere wurden geschlachtet, an Spießen gegrillt und verzehrt. Tempel wurden geplündert, Bildnisse der Götter zerstört. Unter Moyses durften die Götter nicht angebetet werden, und mit Fremden war kein Umgang zu pflegen. Buchstäblich alles, was bisher religiös geboten war, wurde ins Gegenteil verkehrt.

Der von Manetho in seiner ägyptischen Geschichte benutzte Name Moyses weist eindeutig auf Moses hin, der ja ebenfalls gefordert hatte, dass keinen anderen Göttern zu dienen und keine Bildnisse anzubeten seien. Die heiligen Tiere, die verzehrt werden, kehren im Alten Testament wieder, und zwar in Gestalt des Apis-Stieres in der Geschichte von der Anbetung des Goldenen Kalbes, die Moses schrecklich ahndete. Und es ist leicht, die fremden Hebräer mit den Aussätzigen zu identifizieren, die wie die Hebräer unter sich lebten und keinen Umgang mit den Ägyptern pflegten.

Andererseits lässt sich die Geschichte auch auf Echnatons Revolution beziehen. Er hat ebenfalls mit den alten Kulten gebrochen und den Monotheismus eingeführt. Die dreizehn Jahre, darauf weist Assmann hin[36], entsprechen in etwa der Zeit, in der in Achet-Aton dem Monotheismus gehuldigt wurde.

Mit Echnaton als Anreger und Verunsicherer und schließlich mit Moses als erstem Religionsstifter tritt der Monotheismus in die Welt, der dadurch, dass er nur den Glauben an den Einen Gott zulässt, alles andere aber für Sünde erklärt, die Unterscheidung zwischen gebotener und verbotener, zwischen offizieller und geheimer, zwischen exoterischer und esoterischer Religion in die Welt brachte. Mit der Einführung des Eingottglaubens beginnt die tatsächlich greifbare Geschichte der geheimen Religionen.

Noch bis zum Ende des Heidentums im 5. Jahrhundert n. Chr. haben die kosmotheistischen Religionen nebeneinander existiert. Man war der Auffassung, dass es sozusagen lokale Götter gab, vor allem aber, dass die großen Götter bei den verschiedensten Völkern nur der Landessprache gemäß unterschiedliche Namen trugen. Zeus wurde mit Jupiter gleichgesetzt, Demeter mit Astarte, mit Kybele, mit Isis.

In der vollkommen globalisierten Welt des Hellenismus entstand auf dieser Grundlage eine religiöse Übersetzungswissenschaft, die sich darum kümmerte, Listen von Göttern aufzustellen, die zwar unterschiedlich hießen, einander aber entsprachen. Diese Toleranz endete mit dem Siegeszug des Monotheismus. Jetzt gab es nichts mehr zu übersetzen. Es konnte nur einen geben, und das war der eigene Gott, mochte man ihn Jahwe, Gott oder Allah nennen. Das Judentum unterscheidet sich vom Christentum und vom Islam nur dadurch, dass es nicht missionierte und nicht versuchte, alle Menschen an den Segnungen des eigenen Gottes teilhaben zu lassen. In dieser Situation der Verengung suchte sich alternatives Denken andere, geheime Wege, und die vertriebenen Götter kehrten verkleidet, sozusagen undercover, zurück.

Um zu verstehen, was geschah, ist es sinnvoll, sich an eine Debatte des Zeitalters der Aufklärung zu erinnern. Denker und Wissenschaftler des 17. und 18. Jahrhunderts entdeckten in ihrer Beschäftigung mit Moses einen Zug in der ägyptischen Religion, der für die weitere Entwicklung des Glaubens, vor allem aber für das geheime Wissen, das die Grundlage vieler geheimer Religionen bildet, entscheidend wurde.

Danach hatte es in der Zeit, in der Moses in Ägypten lebte, zwei Religionen gegeben, eine exoterische und eine esoterische. Die exoterische Religion war die äußere, die polytheistische oder kosmotheistische Religion für das Volk und gipfelte in den Kleinen Mysterien. Die eigentliche, die wahre, die esoterische, die innere Religion, die sich in den Großen Mysterien verbarg, galt als viel zu schwierig für das einfache Volk. Nur wenige kluge, geweihte Männer verkrafteten die Wahrheit. Der Apostel Paulus spielte viel später auf diese Religionspädagogik an, die er sogar für das Christentum reklamierte: »Und ich, liebe Brüder, konnte nicht zu euch reden wie zu geistlichen Menschen, sondern wie zu fleischlichen, wie zu unmündigen Kindern in Christus. Milch habe ich euch zu trinken gegeben und nicht feste Speise; denn ihr konntet sie noch nicht vertragen. Auch jetzt könnt ihr's noch nicht, weil ihr noch fleischlich seid« (1 Kor 3,1–3).

Ob zu dieser Zeit tatsächlich zwei Religionen in Gestalt der einen ägyptischen Religion existierten, mag dahingestellt bleiben. Wenn es sie gab, was wahrscheinlich ist, dann jedoch nicht in der geheimbündlerischen Form, wie man sich das im 18. Jahrhundert vorstellte. Denn diese Vorstellung passt eher zur Denkweise der Aufklärung, in der fast alle namhaften Denker irgendeinem, oft mystischen Ge-

heimbund angehörten.[37] Andererseits kamen in der Zeit des Hellenismus Mysterienreligionen auf, die genau auf diesen Punkt Bezug
nahmen und die auf dem Spannungsverhältnis der Großen und Kleinen Mysterien aufbauten.

Der Philosoph Klemens von Alexandria hat im 3. Jahrhundert
n. Chr. den Zusammenhang von Kleinen und Großen Mysterien so
definiert: »Darauf folgen die kleinen Mysterien, die gewissermaßen
die Aufgabe haben, durch Unterricht auf das Kommende vorzubereiten; die großen Mysterien aber drehen sich um das Ganze, wo es
nichts mehr zu lernen gibt, vielmehr nur das Wesen der Dinge zu
schauen und zu betrachten.«[38]

Unter den Kleinen Mysterien verstand man die Tieropfer und die
Hieroglyphen, heilige Zeichen, die zu lesen es ermöglichten, in das
Wesen der Gottheiten einzudringen. Doch nur wenige gelangten
durch diese Kleinen Mysterien hindurch, um sich den Großen
Mysterien zu nähern, und noch geringer war die Zahl derer, die in
sie eingeweiht wurden. In einem der Orphischen Hymnen, jenen
Dichtungen, die Orpheus, dem berühmten Sänger der griechischen
Mythologie, zugeschrieben werden, heißt es:

> »Ich werde zu jenen sprechen, die befugt sind. Die Türen aber
> schließt, ihr Uneingeweihten ...
> ... Schau einzig auf den Herrscher der Welt,
> den Unsterblichen! Ein altes Wort kündet leuchtend von diesem:
> Einer ist er, aus sich selbst geworden. Aus Einem ist alles entsprun-
> gen.
> Unter ihnen geht er umher, doch keiner der Sterblichen
> Erblickt ihn, er hingegen sieht alle.«[39]

Der geheime Einweihungsweg ist zunächst einmal ein Verstehen und
ein Lernen. Der Auserwählte muss sich von den Illusionen über die
Welt trennen, sich der falschen Vorstellungen, dass es beispielsweise
viele Götter gäbe, entledigen, alle die lieb gewordenen Selbstver-
ständlichkeiten, die Gewissheiten der eigenen Existenz, die Koordinaten des eigenen Denkens aufgeben, um das Wahre zu schauen,

nämlich den Einen Gott und das innere Gesetz der Welt. Was das
bedeutet, ist in unserer Zeit, in der es nichts gibt, was man nicht sehen,
nicht lesen, nicht hören darf, kaum mehr verständlich. Und dennoch:
Man stelle sich vor, dass alle Gewissheiten schlagartig wie ein Kar-
tenhaus in sich zusammenfallen und nichts, aber auch gar nichts
mehr gilt von dem, was heute allgemein anerkannt, unstrittig, ja fast
heilig ist – weder die Demokratie noch die Menschenrechte, die
Rentenversicherung nicht und auch nicht das Strafgesetz, weil alles
nur Schein ist. Dann ahnt man, was der Verlust der Sicherheiten und
die Einweihung in die Großen Mysterien bedeuteten. Nur derjenige,
der dafür auserwählt ist, weil er dafür die Kraft besitzt, kommt für
die Initiation infrage.

Friedrich Schiller hat dies in der Ballade »Das verschleierte Bild
zu Sais« genial gestaltet. Ein junger Mann, der die Wahrheit sucht,
steht im Heiligtum der altägyptischen Stadt Sais vor der Statue der
Göttin Isis, jener Isis, die ein Vorbild für die christliche Jungfrau
Maria abgab.

Die Göttin ist verschleiert, und der junge Mann erkundigt sich
neugierig, was hinter dem Schleier stecke. »Die Wahrheit«, bekommt
er zur Antwort und wundert sich darüber, dass sein Führer noch
nicht den Schleier weggeschoben und die Chance genutzt hat, die
Wahrheit zu schauen. Aber der Führer antwortet nicht darauf, sondern verweist wortkarg auf die Göttin, die sogleich losorakelt:

»… ›Kein Sterblicher‹ sagt sie,
Rückt diesen Schleier, bis ich selbst ihn hebe.‹
Und wer mit ungeweihter schuldger Hand
Den heiligen verbotnen früher hebt,
Der‹, spricht die Gottheit –
›Nun?‹
›Der sieht die Wahrheit.‹« [40]

Der junge Mann wagt es und hebt beherzt den Schleier, die Warnun-
gen in den Wind schlagend, und sieht der Wahrheit ins Antlitz.

»»Nun‹, fragt ihr, ›und was zeigte sich ihm hier?‹
Ich weiß es nicht. Besinnungslos und bleich,
So fanden ihn am andern Tag die Priester
Am Fußgestell der Isis ausgestreckt.
Was er allda gesehen und erfahren,
Hat seine Zunge nie bekannt. Auf ewig
War seines Lebens Heiterkeit dahin,
Ihn riss ein früher Gram zum frühen Grabe ...
Weh dem, der zu der Wahrheit geht durch Schuld.«[41]

Weil die Anschauung der Wahrheit gefährlich ist und den Unbefug-
ten in den Wahnsinn treiben kann, wird sie in den Großen Mysterien
verborgen. Für die Alten gehört die Verborgenheit zum Wesen der
Wahrheit. In einer Hymne an Amun heißt es unmissverständlich:

»Einer ist Amun, der sich vor ihnen verborgen hat,
der sich vor den Göttern verhüllt, sodass man sein Wesen nicht
kennt.
Er ist ferner als der Himmel, tiefer als die Unterwelt.
Kein Gott kennt seine wahre Gestalt.
Sein Bild wird nicht entfaltet in den Schriftrollen,
man lehrt nicht über ihn (in den Tempelschulen).
Er ist zu geheimnisvoll, um seine Hoheit zu enthüllen,
zu groß, um ihn zu erforschen,
zu stark um ihn zu erkennen.
Man fällt tot um auf der Stelle vor Entsetzen,
wenn man seinen geheimen Namen wissentlich oder unwissent-
lich ausspricht.
Es gibt keinen Gott, der ihn dabei anrufen könnte.
Ba-artiger, der seinen Namen verbirgt wie sein Geheimnis.«[42]

Der Name ist nicht das Geheimnis, aber er wird verborgen und tritt
demzufolge zum Geheimnis hinzu. In der Verborgenheit befinden
sich Name und Geheimnis des Gottes in gleicher Weise, wenn man
so will, als zwei Wesenheiten. Das Geheimnis ist nicht geheimer

als der Name. Führt Gottes Name etwa zum Geheimnis, ist er ein Schlüssel für das Mysterium? Gottes Name als Codewort für das innere Geheimnis der Welt? Nicht einmal die (Unter-)Götter können ihn benennen. Wie sollte es da dem Menschen möglich sein?

Für die Ägypter fallen das Geheimnis der Gottheit und dessen Name ontologisch, also in den Strukturen des Seins, auseinander, für Moses und für den Islam nicht. Ketzerische Richtungen und geheime Religionen werden genau an diesem Punkt ansetzen und die Unterschiedlichkeit betonen. Selbst in der jüdischen Mystik verbirgt der Schleier zwischen Gott und den Engeln das Geheimnis der Erlösung. Nicht von ungefähr gibt es im Deutschen den idiomatischen Ausdruck: »Das ist mir schleierhaft«, für etwas, das einem unverständlich bleibt.

Das Bild des Schleiers, das die Wahrheit oder als Synonym dafür das Standbild zu Sais verhüllt, ist ein altes und geheimes Erbe. Der griechische Philosoph Plutarchos (45–125) berichtet im neunten Kapitel seines Traktats »De Iside et Osiride« über das Bildnis: »In Sais gab es eine Sitzstatue der Athena, die sie auch als Isis verehren; sie besaß eine Inschrift, die etwa so lautet: ›Ich bin alles, was war und ist und sein wird, und mein Gewand hat noch kein Sterblicher gelüftet.‹«[43]

Der von der Inquisition verfolgte und möglicherweise ermordete Renaissancephilosoph Giovanni Pico della Mirandola nahm im Grunde den Gedanken von dem unerkennbaren Gott, von der verschleierten Wahrheit auf, als er schrieb: »Es war die Ansicht der alten Theologen, dass man die göttlichen Dinge und die geheimen Mysterien nicht unbedacht veröffentlichen durfte, außer, soweit es von oben erlaubt war … Und aus keinem anderen Grund haben die Ägypter in alle ihre Tempel Sphingen gehauen, als dass man die göttlichen Dinge in der Darlegung, wenn man sie auch niederschreibt, unter rätselhaften Schleiern und dichterischer Verstellung verdecken muss.«[44]

Jede wahre Religion ist also geheim, weil sie nicht die öffentlichen, die Kleinen Mysterien betrifft, sondern die geheimen, die Großen Mysterien. Hätte Pico nicht diesen Unterschied im Blick, wäre der Begriff »geheime Mysterien« sinnlos, eine Tautologie, denn geheim und mysteriös meinen beide das Verborgene.

Noch ein wichtiger Unterschied besteht zwischen den Kleinen und den Großen Mysterien, der bis heute folgenreich ist. Der Inhalt der Kleinen Mysterien kann gelesen, verkündet, berichtet werden, er steht dem intellektuellen Zugriff offen. Aber die Wahrheit, die in den Großen Mysterien verborgen liegt, kann nur geschaut, nicht vermittelt oder erklärt werden, denn sie steht wie Gott und Gottes Name oberhalb dessen, was ein Mensch erfassen und Sprache beschreiben kann. Die letzte Wahrheit kann nur erfahren, nur geschaut, nicht beschrieben werden. Sie ist, wie die Ägypter sagen, die Sonne um Mitternacht. Oder wie es im »Buch der 24 Philosophen« heißt: »Gott ist die Finsternis in der Seele, die zurückbleibt nach allem Licht.«[45] Die letzte Erkenntnis (Gnosis) steht nur dem Erleben offen. Es geht, wie Klemens von Alexandria schrieb, »um das Ganze, wo es nichts mehr zu lernen gibt, vielmehr nur das Wesen der Dinge zu schauen und zu betrachten«.[46]

Was der griechische Philosoph und Theologe so treffend definierte, ist das Ziel des Erlösungsweges der Mystiker, der Sufi, der Rosenkreuzer, der meisten geheimen Religionen: im Mysterium das Wesen der Dinge zu schauen und durch diese Schau von dieser schlimmen Welt und der Qual des Lebens erlöst zu werden.

DIE WEGE DER AUSERWÄHLTEN

Die Vorstellung von einem Mysterium, das für die normalen Menschen nicht einsehbar ist, sondern tief im Tempel, also im Verborgenen lebt und nur von Eingeweihten – Priestern – geehrt und geschaut wird, bildet den tragenden Bestandteil der Religionen im Allgemeinen – für die geheimen Religionen jedoch gilt das in besonderem Maße. Hier begegnen wir dem Urbild des Schreins und des Altars als Ort des Opfers und der Heiligkeit.

Das Mysterium ist nicht nur eine Tatsache, eine Welterklärung, eine Botschaft, sondern immer auch ein Ort. In das Geheimnis wird man geführt wie in ein verwirrendes Labyrinth. Das Sinnvolle ist das, was die Sinne hinter den Oberflächen entdecken. Dazu müssen sie

befähigt werden. Um den Sinnen andere Wahrnehmungen zu ermöglichen, werden sie geschult und deautomatisiert. Für die Schu-
lung der Sinne und die Erweiterung der Wahrnehmung entwickelten
und nutzten die Religionen Methoden der Meditation und des Yoga.
Das Yoga wurde nicht von pfiffigen Therapeuten zur Entspannung
des gestressten Gegenwartsmenschen ersonnen, sondern um auf
diesem Weg zur Erlösung vorzudringen, um die Welt, und nicht den
Stress abzuschütteln.

In unserer Welt, in der alles offensichtlich sein muss, in der sofort
ein Statement Klärung zu bringen hat, begreifen wir immer weniger
das Wesen des Geheimnisses. Die Welt muss für uns zur Oberfläche
gemacht werden – der Oberfläche eines Monitors oder eines Handy-
displays. Nichts darf unter dieser Oberfläche verborgen sein, alles hat
sich auf der Oberfläche darzustellen oder abzubilden. Indem wir
aber der Oberfläche die Tiefe nehmen, zerstören wir unsere Fähigkeit des Denkens, die ja gerade am Eindringen in die Tiefe, in das
Verborgene gebildet wird. Im zweiten Schritt zerstören wir damit
natürlich auch die Oberfläche.

Weil nun aber das Geheimnis banalisiert und wegdigitalisiert
wird, entsteht auf der anderen Seite die Sehnsucht nach dem Mysterium. Dies ist einer der Gründe für die Existenz von geheimen Religionen in unserer Zeit. Sie schaffen Räume, in denen Menschen sich
auf die Suche nach dem großen Geheimnis des Daseins begeben
können. Zu diesen Räumen gehören die Übungsstätten der Yogis
und der Sufi, die Orte spiritueller Techniken. Dahinter steht die Ahnung, dass wir uns entwerten, wenn wir das Sensorium für das Wunder des Lebens verlieren.

Das christliche Mysterium der Transsubstantiation beispielsweise,
das tiefe Geheimnis des Verwandlungswunders von Wein in Blut
und Brot in den Leib Christi, findet in der katholischen Messe zwar
in der Öffentlichkeit statt, aber der Priester vollzieht es im lateinischen Ritus mit dem Rücken zu den Gläubigen. Er ist ausschließlich
Gott zugewandt, nicht, wie in der nachkonziliaren oder protestantischen Liturgie, mit Blick auf die Gemeinde.

Es lohnt, darüber nachzudenken. Im protestantischen und nachkonziliaren Ritus kann man nämlich schon die zweite substanzielle Abschwächung des Mysteriums des Messwunders sehen. Die Abschwächung des Mysteriums bedeutet nicht den Verrat des Geheimnisses, sondern seine Entwertung, indem man seine Formen nicht mehr ernst nimmt, das Geheimnis nur unzureichend als Geheimnis ehrt. Dabei ist das Geheimnis in diesem Zusammenhang die Sprachform Gottes.

Die erste Abschwächung hatte bereits mit der historischen Veränderung eingesetzt, die dazu führte, dass das Christentum von einer verfolgten, geheimen Religion zu einer Staatsreligion aufstieg. In der Alten Kirche hatten die Gemeindemitglieder als Heilige gegolten, wie es noch heute im Credo nachklingt[47], und der Gottesdienst fand als ein geheimes Treffen von Menschen statt, die Jesus nachfolgten. Es war den frühen Christen untersagt, ihre Geheimnisse und Sakramente gegenüber Nichtchristen zu beschreiben oder auf den Marktplätzen darüber zu plaudern. Auch standen die Gottesdienste nicht jedermann offen. Erst die Taufe als eine besondere Einweihung in den Bund Gottes berechtigte dazu, der Mysterien teilhaftig zu werden.

Das steht in keinem Widerspruch zur Mission, denn der christliche Weg als Erlösung konnte den Menschen öffentlich gepredigt werden. Wie dieser Weg jedoch zu begehen war, welche Mysterien stattfanden und welche Sakramente wie erteilt wurden, offenbarte man nur den getauften Christen. Das gehörte zum Geheimnis, zum Arkanum.

Der Hauptgrund für diese religiöse Diskretion lag nicht in dem Umstand, dass die Christen verfolgt wurden, sondern darin, dass sie die Mysterien nicht entweihen wollten. Ein Teil der Aversion der Römer gegen diese neue Sekte der *christiani* speiste sich ja gerade aus der Unkenntnis über einen Glauben, dessen wahrer Kern von Geheimhaltung und Gerüchten ummantelt war. Für die Römer waren die ersten Christen Gruftis, die sich auf Friedhöfen herumtrieben und schaurigen kannibalischen Riten frönten. Dass die Begräbnisstätten auch Andachtsorte ihrer Märtyrer waren und im Abendmahl die Verbundenheit mit Jesus Christus hergestellt wurde, konnten

Außenstehende nicht wissen. Was sollten sie sich auch unter Formeln wie »Wer mein Fleisch isst und mein Blut trinkt, hat das ewige Leben« (Joh 6,24) anderes vorstellen als abscheuliches Menschenfresser- und Blutsäufertum?

Mit ihrer Arkandisziplin stellen die frühen Christen genaugenommen und im allerdirektesten Sinn das Urbild für die Vollkommenen, wie sie die späteren Ketzerbewegungen kennen, für die Reinen (Katharoi) oder Perfecti dar, für diejenigen also, die sich als Träger des Geheimnisses auf den Weg zu Gott begeben haben.

Nun haben wir die drei Elemente zusammen, die sich im Glauben der alten Ägypter herausbildeten und die wir in allen geheimen Religionen wiederfinden:

- erstens den verborgenen Gott,
- mit dem zweitens nur Auserwählte Umgang haben,
- die drittens in die Arten und Weisen des sich Näherns, des Schauens, des Austausches mit dem Numinosen eingeweiht wurden.

In den großen Religionen gibt es scheinbar strukturell, aber verborgen, einen Unterschied zwischen den Kleinen und den Großen Mysterien. Bei den Initiierten der geheimen Religionen kommt hinzu, dass die Kommunikation dynamisiert wird, das heißt, man erwirbt nicht wie die altägyptischen Priester das geheime Wissen ein für alle Mal, sondern muss es über einen langen Weg der Selbstvervollkommnung erlangen. Der Weg selbst gilt bereits als Religion. Anders ausgedrückt: Die *via religionis* ist der Königsweg zur Erlösung, zum ewigen Glück, als das man Erlösung auch verstehen kann.

Auf die bereits gestellte Frage, ob Religionen überhaupt geheim bleiben können, antwortet Klemens von Alexandria elitär und deutlich: »Und wenn jemand sagt, es sei doch geschrieben: ›nichts ist verborgen, was nicht wird offenbart werden, und nichts verhüllt, was nicht wird enthüllt werden‹, so möge er auch von uns hören, dass der Herr durch dieses Wort weissagte, das Verborgene werde dem im

Verborgenen Hörenden offenbart werden, und dass das Verhüllte wie
die Wahrheit dem kundgetan werden wird, der imstande ist, das ihm
Übergebene in verhüllter Weise zu erfassen, und dass das der großen
Masse Verborgene das ist, was den wenigen offenbar werden wird.«[48]
Genauer als dieser frühchristliche Denker kann man den Unterschied zwischen den Kleinen und den Großen Mysterien nicht definieren.

Nicht allein, weil man dem Erlösungsweg oder den Offenbarungen und Versprechungen der geheimen Religion glaubt, wird man
zu einem Gläubigen dieser Konfession, sondern auch, weil der Ruf
des Geheimen und des Elitären für dessen Echtheit bürgt. Eine Lüge
geheim zu halten, ist widersinnig, denn sie wirkt nur in der Öffentlichkeit und durch die Veröffentlichung, indem sie die Öffentlichkeit
ja gerade von der Richtigkeit des Falschen überzeugen will, um den
wahren Sachverhalt zu verbergen. Doch um das verborgene Wahre
geht es, das aus Sicht der geheimen Religionen von den Lügen der
offiziellen und Staatsreligionen verhüllt wird. Verkürzt gesagt gilt das
Geheimnis schon allein aus dem Grund als wahr, weil es geheim ist
und umgekehrt. Was verborgen werden muss, muss wahr sein, sonst
müsste man es ja nicht verheimlichen. Nach dieser simplen Psychologie funktionieren auch Verschwörungstheorien.

Zudem wirkt das Versprechen, eines Tages zu den Auserwählten
einer geheimen Religion zu gehören, geradezu hypnotisch. Ihre Anhänger wollen sich auf einem langen Weg so weit vervollkommnen,
dass sie die Wahrheit ertragen – »feste Speise« verdauen – können,
wie Paulus sagte. Das birgt die Hoffnung, dass der Glaubende zu
etwas ganz Besonderem wird, nicht mehr der getretene oder diskri-
minierte Mensch, der Loser, wie es neudeutsch heißt, oder das Opfer,
sondern zu einem Auserwählten Gottes. Allein die Tatsache, dass
man zum Geheimen, zu dem, das nur für wenige Auserwählte bestimmt ist, zugelassen wird, macht die geheimen Religionen so attrak-
tiv, weil die Glaubenden damit nicht einer großen Schar, sondern einer
Elite angehören. Es ist ein bisschen so wie bei Harry Potter, als er erfährt, dass er nicht das verwaiste Kind spinnerter Eltern ist, sondern
ein Nachkomme großer Zauberer und selbst bereits ein Held. Wir

alle leben bei den Dursleys und träumen mehr oder weniger davon, nach Hogwarts zu kommen.

Spätestens seit der Aufklärung steht die Anklage im Raum, Moses habe die Großen Mysterien dem Volk durchgestochen und sie damit verraten. Wann sonst als im 18. Jahrhundert konnte die für die modernen westlichen Geheimreligionen wichtige Entdeckung gemacht werden, dass Moses der »im Verborgenen Hörende« war, von dem Klemens von Alexandria spricht und dem die Großen Mysterien zuteilwurden.

Die wichtigste Schlussfolgerung traf ein Freund des deutschen Dichters Friedrich Schiller, der Jenenser Professor Karl Leonhard Reinhold, der auch ein begeisterter Illuminat[49] war. Er behauptete, dass der Gott der Großen Mysterien des alten Ägyptens und der Eine Gott, den Moses verkündete, identisch seien. Wenn das stimmte, hätte Moses die von den ägyptischen Priestern streng gehüteten Großen Mysterien dem Volk verraten, mit anderen Worten aus den Großen Mysterien ein Oktoberfest mit Bockbieranstich gemacht. Aus Reinholds Feststellung jedenfalls entwickelte sich eine der folgenreichsten Geschichten innerhalb des Geheimwissens.

Moses wurde in Ägypten in die Großen Mysterien eingewiesen. Diese Vorstellung findet sich bereits in der Antike. Selbst im Neuen Testament taucht dazu eine belastbare Aussage auf: »Und Moses wurde alle Weisheit der Ägypter gelehrt und war mächtig in Worten und Werken« (Apg 7, 22). Aus diesem Satz geht klar hervor, dass Moses auch aus christlicher Sicht mächtig in Worten und Werken wurde, weil er die gesamte, also auch die verborgene Weisheit der Ägypter studiert hatte. Der Evangelist Lukas hätte nicht diesen Nachdruck auf *alle* Weisheit legen müssen, wenn die Weisheit nicht geteilt oder unterschieden – beispielsweise in Kleine und Große Mysterien – gewesen wäre. Allerdings lag diese Unterteilung auch im christlichen Interesse. Sie ermöglichte es, Ägypten zu taufen, denn der Inhalt der Großen Mysterien konnte aus christlicher Sicht nur die Erkenntnis des Einen Gottes sein.

Von Gott dazu bestimmt, die Hebräer aus Ägypten ins Gelobte

Land zu führen, offenbarte Moses dieses Geheimwissen dem Volk, damit Gott seinen Bund mit seinem auserwählten Volk schließen konnte. Moses entdeckte dem Volk die Wahrheit Gottes. Oder, wie einmal gespottet wurde, er machte aus den verborgenen Großen Mysterien der Ägypter eine Freiluftveranstaltung für das jüdische Volk. Aus Sicht der Mysterien, aus ägyptischer Perspektive war das ein glatter Verrat. Moses, der Verräter?

Der Inhalt der Großen Mysterien der Ägypter sei, so verkündete Moses den Israeliten, dass es nur Einen Gott gäbe, und diesen Glauben feierten nun die Juden vor dem Stiftszelt. An diese Vorstellung knüpfen verschiedene Legenden oder Geschichten an.

Eine von ihnen besagt, dass Moses mit Rücksicht auf das Fassungsvermögen des Volkes nur einen Teil des Großen Mysteriums verkündet hat, nämlich die Wahrheit, dass Gott einer ist. Das Volk Israel sollte nicht den Kleinen Mysterien folgen, keine Götzenanbeterei (Idolatrie) mehr betreiben. Daraus folgten die ersten beiden Gebote: »Ich bin der Herr, dein Gott. Du sollst keine fremden Götter neben mir haben. Du sollst dir kein Bildnis machen.«

Interessant dabei ist, dass Moses nicht sagte, dass es keine anderen Götter gäbe, sondern dass man nur den Einen und keine anderen Götter zu verehren hätte. Er unterschied klar zwischen richtiger und falscher Religion.

Zweitens sollten die Menschen keinerlei Bilder anbeten. Eine andere Fassung dieses Gebotes lautet: »Du sollst dir keine gegossenen Götterbilder machen.« Dies weist deutlich auf das Goldene Kalb hin, was allerdings eine Anspielung auf die Kleinen Mysterien ist. Zu den Göttern Ägyptens gehört der Apis-Stier, der nun in der biblischen Episode als Goldenes Kalb wiederkehrt und von dem sich die Israeliten lossagen sollten. Die Wahrheit aus den Großen Mysterien besagte, dass es nur auf den Einen Gott ankam, den zu lieben, zu verehren und dessen Weisungen man zu folgen hatte.

Wichtiger in unserem Zusammenhang sind jedoch zwei Vorstellungen, die beide darauf hinauslaufen, dass Moses den Hebräern nur einen Teil entweder des Großen Mysteriums oder der Gesetze, die Gott ihm auf dem Berge Sinai übergeben hat, offenbart hat.

Man stellte sich das grob wie folgt vor: Als Moses auf dem Sinai mit Gott sprach, gab der Herr ihm die Gesetze. Manche vermuten nun, dass Gott mehr sagte, als schließlich auf den Gesetzestafeln stand, und dass er sein Wissen mündlich an seine Nachfolger weitergegeben habe. Um diese »mündliche Überlieferung« oder »mündliche Tora« bemühen sich jüdische Gelehrte seit je. Ihre Gedanken dazu sind in den Talmud eingeflossen.

Eine zweite Hypothese besagt, dass der Text des jüdischen Ritualgesetzes selbst eine Verschlüsselung geheimer Unterweisungen darstellt. In den semitischen Sprachen wie Hebräisch oder Arabisch haben die Buchstaben auch einen Zahlenwert. Mithilfe der Zahlenwerte der Konsonanten, so wird nun vermutet, wäre der Text der fünf Bücher Mose verschlüsselt worden, und somit läge darin eine Botschaft oder geheimes Wissen verborgen.

Im Mittelalter wurde die letztere Vorstellung in jüdischen Kreisen auf die ganze Tora ausgeweitet. Die Bemühungen, diesen Code zu knacken, stehen in Zusammenhang mit der Kabbala, der jüdischen Geheimlehre. Im kabbalistischen Denken werden auch beide Legenden verbunden, sodass die mündliche Tora in der schriftlichen Tora verschlüsselt wurde, man im Grunde zwei Fassungen der Tora in einer hat – so wie es ja auch die Vorstellung von der doppelten Religion gibt, der exoterischen, der äußeren, und der esoterischen, der inneren. So entstand die später gern geglaubte Version, dass die Urweisheit Gottes in den ägyptischen Großen Mysterien bewahrt und, versteckt im Ritualgesetz der Juden, weitergegeben wurde.

Indem Moses die göttliche Vielfalt ablehnte und einen Bund zwischen dem Volk und seinem Gott stiftete, die Verehrung und Akzeptanz anderer Götter verbot, definierte er die »richtige« Religion. Es war eine Religion, die sich nicht mehr auf das Wirken vieler Götter in der Welt bezog, sondern auf eine Offenbarung von Gott gründete. Andere Götter zu verehren, Gottes Gesetz zu brechen, wurde zur Sünde, die unter Strafe stand. Und Moses' Gott war ein »eifersüchtiger Gott«, der niemanden neben sich duldete. Vor diesem hohen Richterstuhl hatten volksreligiöse Bräuche, magische Praktiken, kosmotheistische und pantheistische Vorstellungen keinen Bestand.

Doch Volksfrömmigkeit, der Glaube an Magie, an Geister, an die
Beseeltheit der organischen und anorganischen Natur, an bestimmte
Plätze lässt sich nicht einfach wegdekretieren. Der Rationalismus in
der Religion ist nur der Klassenprimus, der nicht nach hinten schaut,
was die anderen Schüler treiben.

Den Hauptteil der Handlung im Alten Testament bildet der sich
immer wieder ereignende Abfall der Hebräer von ihrem Gott und
die auf dem Fuß folgende Strafe des zürnenden Gottes. Immer wieder redet JHWH dem verstockten Volk durch Männer, die man Propheten nennt, ins Gewissen. Immer wieder verehrt das untreue Volk
Baal oder die Hexen von Endor und ähnliche Protagonisten einer
früheren Religion. Diese Religionen leben weiter, dringen entweder
ins Judentum ein – wie man an der Tempeltheologie sehen kann –
oder führen ein Dasein abseits von den Zentren oder im Geheimen.
Galiläa, ein Landstrich sozusagen am Rande des Reiches, der den
Hohen Priestern verdächtig war, weil dort Heiden, Zauberer und
Ketzer ihr Unwesen trieben, war die Heimat Jesu. Und noch heute
existiert mit den Samaritanern eine Religionsgemeinschaft, die ältere
Vorstellungen wie beispielsweise das Opfer bewahrt haben.

Die Unterscheidung zwischen richtiger und falscher Religion führte
zur Intoleranz, zur Verfolgung alter oder häretischer Glaubensinhalte
und -formen, die andere Arten des Überlebens entwickelten. Weil
die Mosaische Unterscheidung zur Ausgrenzung führte, bildeten
sich geheime Religionen heraus, neben den monotheistischen Religionen oder in ihnen verborgen. Und die einmal getroffene Unterscheidung setzte sich wie eine Laufmasche von allein fort. Nach den
kosmotheistischen oder heidnischen Auffassungen wurden plötzlich
auch monotheistische Auffassungen zu geheimen Religionen, die mit
den Mächtigen in diesen Kirchen, Priesterschaften, Institutionen und
Rechtsgelehrtenkollegien in Konflikt gerieten und als häretisch galten. Von diesem Zeitpunkt an speisten sich die geheimen Religionen
nicht nur aus heidnischen, sondern auch aus häretischen Quellen.
Die Orthodoxie brachte die Häresie hervor.

Wie sehr aber bis in unsere Tage an die Vorstellung von Moses und den Großen Mysterien geglaubt wird, wie lebendig sie blieb und immer noch wirkt, kann man an einem Geheimbund sehen, der eine eigene arkane Religion entwickelte, nämlich am »Alten und primitiven Ritus von Memphis-Misraim«, wobei *misraim* das hebräische Wort für Ägypten ist.

Doch zunächst sollten – parallel und in Konkurrenz zum Christentum – die Menschen vor zweitausend Jahren von Religionen in ihren Bann geschlagen werden, die das Geheimnis, das Mysterium zu ihrem Markenzeichen gemacht hatten. Heute werden diese allgemein unter dem Begriff Mysterienreligionen zusammengefasst.

Wie Atlantis untergegangen war, so ging auch Achet-Aton unter, denn die Priester stürzten die Sonnenreligion wieder, und eine neue Dynastie, die man die Ramessiden genannt hat, übernahm die Macht. Wie gewaltig und auch gewalttätig der Umbruch Echnatons gewesen war, der den Furor der Revolution entfacht hatte, ahnt man, wenn man sich vorstellt, dass sich der Pharao nicht nur gegen die Götter stellte, gegen sie regierte, was einer Art Reichssuizid gleichkam, sondern sie einfach abschaffte und mit ihm ihre Priester, um an die Stelle der alten Reichsgötter Aton, den Einen Gott, zu setzen.

Ob des ungeheuren Frevels verfiel König Echnaton der *damnatio memoriae*. Sein Name wurde aus den Papyri radiert, aus den Stelen geschlagen, seine Bildnisse zerstört. Nichts, aber auch gar nichts durfte mehr an den Ketzerpharao erinnern. Er sollte dem vollkommenen Vergessen anheimfallen, denn nur derjenige, an den niemand mehr denkt, ist wirklich tot. Oft genug wurden in der Geschichte gestürzte oder verstorbene Herrscher von ihren Nachfolgern denunziert und dämonisiert, aber noch die schlechteste Erinnerung ist eine Form des Gedächtnisses, des Überlebens in der Zeit. Die *damnatio memoriae* aber, wie sie auch die Römer praktizierten, bedeutet die komplette Auslöschung, so als hätte es diese Person niemals gegeben.

Doch was in der Welt ist, hinterlässt Spuren, die nicht alle getilgt werden können, das Ausradieren führt zu dünnen Stellen im Papier. Und so wissen wir trotz des Versuches der totalen Auslöschung von Echnaton – nichts ist nachhaltiger als die Fama. Wir werden sehen, wie sich von den Machthabern und Religionsführern ungewünschte und verfolgte Bewegungen und Vorstellungen in der Geschichte förmlich verkapseln und in Form geheimen Wissens oder als Geheimoffenbarung in einer geheimen Religion überleben und sogar wiederkehren.

Aus diesem Stoff also ist Gott gemacht, aus der Spannung zwischen den Kleinen und den Großen Mysterien. Ob er allerdings der unbewegte Beweger, wie ihn Aristoteles nannte, oder ein Schöpfergott oder aber der Gott des Uranfangs, ein verborgener, ein ferner oder fremder Gott ist oder ob er seinen Sohn gab, um die Welt mit sich zu versöhnen, um in Gestalt des fleischgewordenen Wortes eine lebendige Brücke zwischen Mensch und Gott zu schaffen – diese Fragen werden unterschiedlich beantwortet.

Allen Vorstellungen ist jedoch gemein, dass wir seinen Namen nicht wissen. Wir haben zwar Namen für ihn, kennen aber nicht den gültigen, den wirklichen, weil er über unser Verständnis hinausgeht.

Der wahre Name Gottes kennzeichnet kein Geschlecht, weil Gott weder männlich noch weiblich ist, und so hat das Konzept der Androgynität in den geheimen Religionen Karriere gemacht. Die Suche nach dem Androgynen wurde zu einem wichtigen Bestandteil der geheimen Religionen.

Es steht fest, dass Gott un- oder vielleicht übergeschlechtlich gedacht wird. Deshalb drückt sich die große und für Religionen gefahrvolle Welt der menschlichen Sexualität in den Vorstellungen der großen Muttergöttinnen aus, die als geheime Religionen bis auf den heutigen Tag in den Weltreligionen wirken. Der Umgang mit diesen Muttergöttinnen verrät mehr als alles andere, wie verzweifelt die Religionen die anarchistischste Komponente des Menschen bekämpfen, um seine Sexualität zu regulieren und in den Griff zu bekommen. Zu Recht fürchten die Religionen die Sexualität, brodeln in ihr doch die schwer kontrollierbaren atavistischen Triebe der tierischen Existenz des Menschen.

Bevor wir uns den Muttergöttinnen zuwenden, ist es notwendig, einen Blick auf die verborgene Religion der Sterne zu werfen.

DIE EWIGE WAHRHEIT
DER STERNE

»Schütze mich vor jedem Sternenzwang,
der mich trifft, löse auf mein widriges Schicksal.«
8. Buch Mose

Nicht nur die allseits anzutreffenden und mehr oder weniger teuer zu erwerbenden Horoskope konfrontieren uns mit der Schicksalsmacht der Sterne. Selbst der aufgeklärteste Mensch kennt sein Sternzeichen. Zu viel der Aufmerksamkeit, als dass uns die Feststellung, es mit Aberglauben zu tun zu haben, alle Fragen beantworten könnte. Die Annahme, des Menschen Geschick stehe in den Sternen, ist zunächst absolut richtig. Wir werden gleich sehen, in welcher Beziehung.

Dass der Mensch seinen Blick seit alters nach oben richtet, hängt nicht nur mit seiner Physiologie zusammen – das Recken übt immer eine befreiende Wirkung aus –, sondern auch, weil von oben das Licht, die Wärme und der Regen kommen, allerdings auch Hagel, Blitz und Donner. Hinzu tritt, dass sich der nach oben gewandte Blick in unermesslichen Räumen verliert, von keinem Hindernis, von keinem Baum und keinem Berg begrenzt. Allenfalls der Vergleich mit dem Meer kommt dem nahe, ohne natürlich die Unbegrenztheit des Himmels zu erreichen, denn Wasseroberfläche und Horizont engen den Blick ein. Nicht weniger wichtig ist es, dass durch den Wechsel vom hellen Himmel am Tag und dunklem Nachthimmel eine Einteilung für den Menschen möglich wird. Zeit entsteht, die immer geordnete und begrenzte Ewigkeit bedeutet. Und vergessen wir

schließlich nicht den überwältigenden Anblick, den Mond und
Sterne bieten.

Die Fähigkeit, dieses Panorama als erhaben oder überwältigend
zu empfinden, lässt sich nicht mit dem banalen Hinweis erklären,
dass wir Menschen sind und deshalb denken können. Der Philosoph
Immanuel Kant hat die Empfindung des Erhabenen als Fähigkeit
definiert, an etwas Gefallen zu empfinden, ohne dass wir ein unmit-
telbares Interesse daran knüpfen, sprich, einen Nutzen darin sehen.
Schön ist nach seiner Ansicht, was ohne Interesse gefällt.

Doch hängt der Sternenglaube vor allem mit einem direkten
Interesse zusammen, mit dem Gefühl, etwas Größerem, als man
selbst ist, gegenüberzustehen. Mit dieser Beschreibung nähern wir
uns aber der Definition des Göttlichen. Wie kam es nun dazu, dass
die Gestirne eine so hohe Wertschätzung erlangten?

Auf die Menschen der alten Welt wirkten diese Himmelslichter
in der Dunkelheit ungleich stärker als auf uns, denn wir können uns
Dunkelheit nicht mehr vorstellen. Irgendeine primäre oder sekundäre Lichtquelle hellt die Finsternis heute immer ein wenig auf, selbst
wenn sich Mond und Sterne hinter dicken Wolken verstecken. Ein
beleuchtetes Handydisplay, das Streulicht der großen Städte, Auto-
scheinwerfer und die vielen Tausend Lichtquellen unserer modernen
Welt lassen eine Schwärze, wie sie die Menschen der alten Welt
kannten, gar nicht mehr zu.

Doch diese tiefe Dunkelheit, die man vielleicht noch in der Wüste
erleben kann, stellt die große Bühne dar für den großen Auftritt
der Sterne und des Mondes. Einzig in der Dämmerung, wenn die
Morgenröte aufzieht, können wir noch etwas von der Intensität von
Tag und Nacht als zwei vollkommen getrennten Reichen erahnen,
freilich im Moment ihres Verschwimmens.

Sonne, Mond und Sterne sorgten für eine Zeiteinteilung und halfen den Menschen von alters her, sich zu orientieren. So finden sich in
ganz Europa – vom bulgarischen Drama über Mitteldeutschlands
Goseck bis hin zum walisischen Stonehenge – große Kreisgrabenanlagen, die entweder aus Stein als Stonehenge oder aus Holz als
Woodhenge errichtet[50] wurden und bis zu 7000 Jahre alt sind. Ein Teil

ihrer kultischen Funktion bestand darin, die Beobachtung von Sonne
und Mond zu ermöglichen und regelmäßig wiederkehrende Konstel-
lationen mittels Licht- und Schattenwirken abzubilden. Vor allem
ging es darum, die Tage für die Aussaat zu bestimmen. Es gab ja noch
keinen Kalender, die Menschen vermochten also nur, zwischen war-
men und kalten Tagen zu unterscheiden. Wurde die Saat zu früh in
die Erde gebracht, weil in dem betreffenden Jahr bereits im Februar
ein paar warme Tage die Menschen gefoppt hatten, so konnte es geschehen, dass der Samen erfror, die Ernte ausblieb und eine Hungers-
not eintrat. Die richtige Bestimmung des Termins für die Aussaat war
also eine überlebenswichtige Angelegenheit. Diese Festlegung gelang
zuverlässig durch die Ermittlung der Frühjahrs- und Herbstäquinoktien (Tagundnachtgleiche). Mit den Kreisgrabenanlagen ließen sich
diese Festlegungen vornehmen und als beeindruckende Dramaturgie
von Licht und Schatten abbilden. Die Menschen lebten in Abhängigkeit von diesen Ereignissen, weshalb sie sie kultisch feierten und ver-
göttlichten. Mögen es noch nicht die Sterne sein, von denen sie sich
abhängig fühlten, so waren es doch der Mond und die Sonne.

Die Himmelsbeobachtung ist eine frühe menschliche Tätigkeit,
die spätestens mit dem Übergang vom Jagen und Sammeln der
Mesolithiker zu Ackerbau und Tierhaltung der Neolithiker vor
10 000 Jahren einsetzte. Indizien sprechen aber dafür, dass die kontinuierliche Beschäftigung der Menschen mit dem Himmel bereits viel
früher anzusetzen ist und dass die Sterne, besonders die Plejaden,
den Menschen – vor allem den Schamanen – bei der Orientierung in
Zeit und Raum halfen. Was diese großen prähistorischen Zeiträume
betrifft, sind wir allerdings auf die Interpretation von Artefakten,
Bauwerken und Spuren von Bauwerken also, auf mehr oder weniger
begründete Mutmaßungen angewiesen. Ob die allseits bestaunte,
vielleicht etwas überinterpretierte Himmelsscheibe von Nebra wirklich so viel über die kosmologischen Vorstellungen dieser Zeit verrät,
steht doch sehr infrage. Die Chinesen nannten den Polarstern den
Nagel des Himmels und stellten sich die Welt wie eine Art Rucksack
vor, der an diesem Nagel hing. Dieser Stern bildete für sie den Dreh-
und Angelpunkt, der Orientierung bot und von dem alles abhing.

DER HIMMEL ÜBER EUPHRAT UND TIGRIS

>*Eine ganze Nacht schaut er betend zum Himmel empor,*
da vernimmt er von droben herab eine göttliche Stimme
aus dem dunklen Gewand des Nachthimmels.
So erfährt er die ganze unvergängliche Bewegung des Weltalls.«

Pharao Nechepso

Die für uns greifbaren Erfinder der geheimen Sternenreligion sind
die alten Babylonier – in gewissem Sinn haben sie den Himmel als ein
geordnetes System erst erfunden. Sie hatten auch allen Grund, sich
mit der Beobachtung des Himmels zu beschäftigen, denn sie lebten
in einem Schwemmland, in dem nichts Bestand hatte. Alles war dem
Übergang, dem Versanden, dem Fortspülen und dem Verwehen ausgeliefert.

Im Süden lag der unermesslich weite Indische Ozean, der fruchtbares Land angeschwemmt hatte. Wenn sie regelmäßig über die Ufer
traten, verteilte das Wasser der Flüsse Euphrat und Tigris fruchtbaren Schlamm auf dem Land ringsherum, aus dem sich ertragreicher
Ackerboden bildete. Die Hitze aber dorrte den Boden aus, der als
Staub von den Stürmen weggeweht wurde. Einzig die Bauten des
Menschen widerstanden dem ständigen Wandel. Zudem rührten
die Überschwemmungen nicht nur von den Flüssen her, sondern das
Wasser wurde auch aufgrund eines hohen Grundwasserspiegels aus
dem Boden gedrückt, kam also auch von unten.

Um hier leben zu können, mussten die Menschen die Böden ent-
und bewässern. Dazu legten sie Kanäle an, die es zu pflegen und zu
erhalten galt. Der babylonische Gott Ningirsu, ein Fruchtbarkeits-
und Vegetationsgott, kümmerte sich nicht nur um die Felder und das
Wachstum, sondern zugleich auch um die Kanäle. Die Konzentration der Aspekte in einer göttlichen Person verdeutlicht den Zusammenhang in vollkommener Weise.

Die Kanäle waren und sind die Lebensadern des Landes – kein
Wunder, dass ihnen besondere Aufmerksamkeit galt. Der Bau und
die Erhaltung der Kanäle erzwangen eine staatliche Organisation,

ohne die diese Gemeinschaftsaufgabe kaum zu bewältigen gewesen wäre. Gleichzeitig brachte der Ackerbau ein Mehrprodukt hervor, sodass sich die Gesellschaft differenzierte und hierarchisierte. Es bildete sich eine Priesterkaste heraus, die letztlich verantwortlich dafür war, das Leben auf Erden zu erhalten, indem sie es mit dem Himmel in Einklang brachte. Die Priester hatten die Aufgabe, die Termine für Aussaat und Ernte im Voraus zu bestimmen und auch die Zeiten der Überschwemmung und der Trockenheit vorherzusagen. Mit der Himmelsbeobachtung oblag ihnen eine lebenswichtige Tätigkeit. Durch ihre so geduldige wie pedantische Betrachtung der Gestirne erkannten die Babylonier, dass nicht nur der Mond und die Sonne Veränderungen unterworfen waren, sondern auch die Planeten und Fixsterne. Und damit nicht genug: Die entscheidende Entdeckung bestand darin, dass diese Veränderungen einer strengen Regelmäßigkeit folgten, die vorhersehbar und damit vorhersagbar war. Mit ihnen konnte man im wahrsten Sinne des Wortes rechnen, weshalb die Babylonier die Mathematik gleich miterfunden haben.

Alle Beobachtungen schrieben sie fein säuberlich nieder. Als erster Stern fiel ihnen die Venus ins Auge, die sowohl als Abend- als auch als Morgenstern erschien. Dann entdeckten sie den Sirius, den Hundsstern. Da er im Juli und August, in der heißesten Jahreszeit erschien und seine Begleiter Hitze, Trockenheit und epidemisches Fieber waren, nannten die Römer die Zeit nach dem Sirius auch die Hundstage. Und hatten schon sie den Hundsstern mit großem Unglück in Verbindung gebracht, so entwickelte er sich im deutschen Volksglauben des ausgehenden Mittelalters zum Unglücksstern schlechthin. Unsere Hundstage haben also nichts damit zu tun, dass in den heißen Tagen die Zunge dem Hund aus dem Maul hängt und er deshalb ein wahres Hundeleben zu erdulden hat, sondern mit dem Hundsstern, der die große Hitze ankündigte. Für die alten Ägypter bedeutete der Aufstieg dieses Sterns am Himmel, dass das Nilhochwasser einsetzte, das den nährstoffreichen Schlamm für die Äcker mitführte.

So bestimmten Sonne, Mond und Sterne den Rhythmus des Lebens auf Erden und mithin die Geschicke der Menschheit, indem sie verlässlich die Daten lieferten, um ein komplexes Leben zu organisieren, das der Zeiteinteilung bedurfte. Diese war und ist die wichtigste Voraussetzung für Planungen jedweder Art, ob es um Ackerbau, Instandhaltung der Kanäle oder Bautätigkeiten geht. Aber Ordnung muss geheiligt werden, um allgemein verbindlich und legitimiert zu sein. Auch wir tun das, indem wir Gründe anführen, die sich zwar nicht mehr auf die Götter im Himmel, sondern meist auf die in den Chefetagen beziehen.

Die astronomischen Beobachtungen benötigten einen Mythos, um eine Religion entstehen zu lassen, die der Welt eine Ordnung verlieh. Die gedankliche Gleichung ist so simpel wie einleuchtend:

1. Das Leben der Menschen hängt von den Göttern ab, die alles wachsen und entstehen, aber auch alles vergehen lassen, damit wieder Neues daraus erwächst.

2. Das Leben der Menschen hängt von Sonne, Mond und Sternen ab, die über Aussaat, Ernte, Wetter und Überschwemmungen bestimmen.

3. Also üben sowohl die Götter als auch die Gestirne in Bezug auf die Menschen eine bestimmende Funktion aus.

Wenn dies zutrifft, dann stellt sich die Frage, ob zwischen den Göttern und den Sternen ein Zusammenhang besteht.

In allen kosmogonischen Vorstellungen – angefangen bei den Ägyptern über die Juden und die Gnostiker bis hin zu den modernen Physikern – existiert (oder besser: insistiert) immer eine Welt vor der Welt. Die Griechen nannten diese Vorwelt das »Chaos«, die Ägypter »die Zeit vor dem ersten Mal« und die Juden das »Tohuwabohu«.

Nach uralten babylonischen Vorstellungen gab es in der Vorwelt nichts als einen Urozean. Himmel und Erde waren noch nicht getrennt, auch nicht Wasser und Land – die moderne Physik kennt diesen Zustand als Seinsweise der Materie vor dem Urknall. Doch auch die alten Ägypter – Atum treibt träge im Urwasser – und die Juden – in der Bibel schwebt der Geist Gottes über den Wassern – hingen diesem Konzept an. Und über das Alte Testament gelangte diese

Vorstellung in den christlichen Glauben. Kann es Zufall sein, dass sowohl die moderne Physik als auch die ägyptische und babylonische Kosmogonie sowie die Bibel – und darüber hinaus im Grunde alle Weltschöpfungsmythen – ein und denselben Urzustand beschreiben?

Als babylonische Spezialität ist hervorzuheben, dass es in der Vorwelt nicht nur keine Trennung von Himmel und Erde gab, sondern auch keine Unterscheidung zwischen salzigem Meereswasser und süßem Grundwasser. Diese Besonderheit erklärt sich aus den konkreten Erfahrungen der Babylonier mit dem Meer und dem reichlichen Grundwasser, das ihnen wie ein eigener Ozean vorkommen musste. Sobald sie gruben, um einen Kanal anzulegen oder einen Tempel zu errichten, schoss ihnen Wasser entgegen. Die Vorstellung von einem zusammenhängenden Grundwasserozean, der sich unter ihren Füßen ausbreitete wie das Meer vor ihren Augen, war demnach nur folgerichtig. Die Babylonier glaubten, dass sie auf einer dünnen Erdschicht wie auf einer Scholle in ständiger Gefahr lebten.

Schließlich wurde in der Vorzeit eine Urstadt geschaffen, die von mythischen Wesen bevölkert war. Aber da es noch keinen Himmel gab, der das männliche Prinzip repräsentierte, und keine Erde, die man sich weiblich vorstellte, kein Oben und kein Unten existierte, blieben die Wesen ungetrennt, beidgeschlechtlich, mannweiblich. Sie wurden benannt als HERRFRAUERDE, HERRFRAUBERG, HERRFRAUHORIZONT, HERRFRAULUFT und so weiter.

Das Konzept, in dem der Himmel als männlich und die Erde als weiblich angesehen wurde, kommt in dem chinesischen Schriftzeichen für den Regen zum Ausdruck. Es bedeutet nämlich »Schauer der Erregung«, denn wie die Frau durch den Samen des Mannes befruchtet wird, so befruchtet der Himmel die Erde, auf der dann neues Leben entsteht. Von Mutter Erde sprechen wir noch heute, wenn wir auch Vater Himmel längst vergessen haben – diese Position hat in der christlichen Religion Gott als »Vater unser im Himmel« vereinnahmt.

Der babylonische Kosmos bestand aus drei Welten: dem Himmel, der Erde und der Unterwelt. Den Himmel bewohnten die Igigi-Götter, die Erde die Menschen und Dämonen, die Unterwelt die Anun-nakku-Götter. Im babylonischen Weltschöpfungsmythos litten die neuen Götter nach der Erschaffung des Kosmos den Umgang mit den uralten Wesen nicht länger und verjagten sie in die Unterwelt, wo sie von nun an als Wächter der sieben Tore des Palastes der Unterwelt dienten – die Zahl Sieben wird noch von Bedeutung sein. Die Erschaffung des Kosmos selbst inklusive der damit verbundenen Götterkämpfe überspringen wir – das würde ein eigenes Buch füllen.

In unserem Zusammenhang bleibt nur als wichtiger Punkt festzuhalten, dass die Erde als Unteres als Entsprechung des Oberen, des Himmels verstanden wurde. Daraus ergibt sich die Vorstellung, dass das, was unten auf der Erde geschieht, seinen Anfang oben im Himmel hat oder dass das Unten lediglich eine Entsprechung des Oben ist.

Kosmos bedeutet Ordnung. Schon allein aus dem Begriff ergibt sich, dass etwas vorher existierte, etwas, das geordnet und in eine Reihenfolge zu bringen war, damit eine Ordnung entstehen konnte.

Ordnung bedeutet Leben. Ein Mensch, der jede Ordnung aufgibt, stirbt. Selbst die Wildgänse folgen einer vorgegebenen Ordnung, wenn sie pünktlich auf den immer gleichen Routen ihre Reise antreten. Einen Teil ihrer Ordnung haben die Menschen von den Tieren gelernt, indem sie ihren Wanderungen folgten. Sie erhöhten die Tiere, in denen sie ihre Ahnen sahen, und der Schamane, der sich in seinen Jenseitsreisen zu den Tiergöttern begab, um zum einen für den (notwendigen) Mord an den Tieren zu sühnen und gleichzeitig ihre Wege in Erfahrung zu bringen, führte die Menschen seines Stammes durch Zeit und Raum. In diesen frühen Tagen sahen die Menschen die Tiere als ihre Brüder an, und sie opferten als Sühne für das Unrecht, das sie an ihnen begingen und das sie noch als solches empfanden.

Nach babylonischer Weltsicht bestand der Himmel anfangs aus drei, später aus sieben Sphären. Er war aus Steinen gemacht, eine Vorstellung, die sich bis in den Mysterienkult des Mithras erhalten sollte. Dieser Himmel ruhte auf dem himmlischen Ozean, der die Welt umgab. Im Osten befand sich der Berg des Sonnenaufgangs, im

Westen der Berg des Sonnenuntergangs. Aus der Betrachtung von Sonnenaufgang und Sonnenuntergang entstanden die Himmelsrichtungen, und sie entsprachen den grundsätzlichen Bewegungsrichtungen des Menschen – nach vorn, zurück, nach links, nach rechts. Sie waren identisch mit dem Zenit, dem *nadir* – dem Fußpunkt gegenüber dem Zenit –, dem Südpunkt und dem Nordpunkt. Damit war in der Tat ein Raum geschaffen, in dem der Mensch sich orientieren konnte, und dieser Raum entsprach dem Himmelsraum, denn die Sonne vollführt ja tagtäglich eine Himmelsreise.

Diese grundlegenden Anschauungen wurden später theologisch verformt und zu Gebetsrichtungen deklariert. Bis in die Neuzeit hinein wurde der Altar christlicher Kirchen in der Regel im Osten platziert, später ging man weniger streng mit der Ost-West-Ausrichtung der Kirchen um. In der Zeit der frühen Kirche aber wurde Jesus Christus mit dem Sol Invictus, dem unbesiegten Sonnengott, gleichgesetzt und in einigen Theologien und Liturgien mit der Sonne verglichen, so wie das Licht eines der Attribute Gottes bildet. Deshalb war es nur logisch, den Altar mit dem Kreuz, dem Zeichen Jesu Christi, in die Ostrichtung zu stellen und nach Osten zu beten, dem aufgehenden und auf die Menschen zukommenden Licht entgegen. Im Sonnengesang des heiligen Franziskus wird dieser Bezug auf das Licht besonders deutlich. Im Taufritus der frühen Kirche und des Mittelalters richtete der Täufling die Abschwörung des Satans nach Westen und bekannte sich zu Gott im Credo in Richtung Osten.

Diese Ostrichtung ist insofern auffällig, weil sie sich weder im Islam, wo man Richtung Mekka betet, noch im Judentum, wo man sich nach Jerusalem wendet, findet. Bei den römischen Auguren allerdings, die ihre Vorhersagen aus dem Flug der Vögel lasen, spielte die West-Ost-Richtung eine wichtige Rolle.

Der Augur zeichnete ein Quadrat auf den Boden, das er *templum* nannte. Er begann mit einer Linie, die vom Norden nach Süden führte, die von der zweiten Linie rechtwinklig durchschnitten wurde. Anschließend stellte er sich mit dem Gesicht nach Süden: Erschienen die Vögel von links, also von Osten, bedeutete das Glück, erschienen sie von Westen, war mit Unglück zu rechnen.

Dieses Grundprinzip wurde später natürlich verfeinert. Osten und Westen erlangten im Buddhismus eine besondere Bedeutung. Im Osten wohnt Maitreya, der Buddha des östlichen Landes, der kommende, der erlösende Buddha, und im Westen der Buddha Amithaba. Für die alten Ägypter war das westliche Land das Land des Todes.

DIE ENTDECKUNG DER ZEIT

Die Beobachtung und die logischen Schlüsse aus den sichtbaren Phänomenen führten bereits bei den Babyloniern zu der Vorstellung, dass sich die Sonne um die Erde dreht. Man konnte es ja mit eigenen Augen sehen, dass die Sonne auf- und wieder unterging und dazwischen ihre Reise am Himmel vollzog. Diese Vorstellung von der Erde als Mittelpunkt des Universums, die man später das Ptolomäische Weltbild nannte, blieb bis ins 17. Jahrhundert in Kraft. Nicht nur die katholische Kirche hatte gegen die Behauptung des Kopernikus gewettert, die Erde drehe sich um die Sonne, sondern auch Martin Luther. Für seinen Zorn auf den Astronomen konnte er sogar einen Beweis aus der Bibel anführen: »Dieser Dummkopf möchte die ganze Astronomie umstürzen; doch die Heilige Schrift sagt uns, dass Josua die Sonne stillstehen hieß und nicht die Erde.«[51]

Auch die Mehrzahl der Astronomen und Astrologen hielten zunächst am Ptolomäischen Weltbild fest, und zwar aus gutem Grund: Für die Erstellung von Horoskopen und anderen Berechnungen erwies es sich in der Praxis als präziser als das kopernikanische – so lange zumindest, bis Johannes Kepler Anfang des 17. Jahrhunderts postulierte, dass die Erde sich nicht auf einer Kreisbahn, sondern auf einer Ellipse um die Sonne bewege.

Unser heutiges Weltbild geht von drei Umdrehungen aus – die Drehung der Erde um die eigene Achse, die Drehung der Erde um die Sonne und die Drehung des Mondes um die Erde. Das alte Weltbild benötigte zur Erklärung von Nacht, Tag, Sommer, Winter und Gezeiten dagegen nur zwei Umdrehungen: die tägliche Drehung des

Fixsternhimmels um die Erde und die Rotation von Sonne und Planeten um die Erde.

Und die Babylonier waren die Ersten, denen es gelang, das Sichtbarwerden und Unsichtbarwerden der Venus, die Dauer von Tag und Nacht und den Auf- und Untergang des Mondes zu berechnen.

Den Wechsel der Jahreszeiten verursachte die Sonne durch ihre Umkreisung der Erde. Dabei muss man sich den Himmel in Form eines Himmelsglobus vorstellen. Im Juni stand die Sonne im Zenit, im September erreichte sie den Himmelsäquator, im Dezember den Nadir und im März wieder den Himmelsäquator. Die Kreisbahn der Sonne nannte man Ekliptik, was man mit »Weg« oder »Straße der Verfinsterung« übersetzen kann. Mond und Planeten folgten der Sonne, legten also den gleichen Weg zurück.

Ist die Sonne zuallererst für den Raum zuständig, so der Mond für die Zeit, er ist der eigentliche Zeitmesser, weil er sich regelmäßig verändert. Zwischen Vollmond und Neumond liegt ein Monat, dreißig Tage.[52] Darauf konnte man sich verlassen. Da aber die Zeit als der Ursprung aller Dinge gilt, wird die Sonne in der babylonischen Mythologie, in der sie männlich ist, auch der Sohn des Mondes genannt.

Aus dem Mond geht alles hervor, aus ihm nimmt alle Zeit ihren Anfang. Deshalb lässt sich vermuten, dass die Mondreligion älter ist und früher entstand als die Sonnenreligion, die klassischer zu sein scheint und wohl auch später praktiziert wurde. Schon weit vor den Babyloniern galt der Herr der Zeit auch als der Herr der Welt: Wer die Zeit beherrschte, regierte alles und alle, wurde, will man einen modernen Ausdruck verwenden, als der Herr des Verfahrens angesehen. Gegenstand des Verfahrens aber waren die Welt und der Mensch.

Der Weltberg, der inmitten des Ozeans lag, war in vier Sektoren aufgeteilt, die den vier großen Ländern (Amurru, Subartu, Akkad, Elam) entsprachen. Das Salzwassermeer selbst war verbunden mit dem Grundwasserozean. Der Altorientalist Volkert Haas[53] berichtet, dass später auch sieben Erdstufen oder Sektoren definiert wurden. Zwischen der Erde und der ebenfalls siebenstufigen Unterwelt, in der die Göttin Ereschkigal residierte, lag Apsu, der Palast des mächtigen

Fruchtbarkeitsgottes Enki. Enki war der Gott des Geheimnisses, der Fruchtbarkeit, der Zauberei, der Weisheit. Seine Residenz hatten die sieben Weisen erbaut.

Apsu stand zugleich für den Grundwasserozean aus Süßwasser und den damit verbundenen Gott. Bevor Enki den Herrscher von Apsu erschlagen und sich dessen Palast zur Residenz genommen hatte, waren der Grundwasserozean (Apsu) und der Salzwasserozean (Tiamat) verbunden gewesen. Die Göttin Tiamat war die Gemahlin des Apsu und taucht in der babylonischen Mythologie als Schlange oder Drache, zumindest als ein schreckliches Untier auf. Erstaunlicherweise findet sich im babylonischen Talmud der Juden noch ein verdeckter Hinweis auf diese Vorstellung, dass ein Grundwasserwesen und ein schlangenartiges Salzwasserwesen existierten, sozusagen als eine apokryphe Überlieferung, die die Juden aus dem babylonischen Exil mitbrachten.

Hier lebten die berühmten Mischwesen, die wir so anschaulich aus dem »Gilgamesch-Epos«[54] kennen, hier wuchs die »Pflanze des ewigen Lebens«, nach der Gilgamesch taucht. In einer der erschütterndsten und schönsten Passagen der großartigen Dichtung wird der Held Gilgamesch von dem Wissen um die Endlichkeit des menschlichen Lebens tödlich verletzt. Er wird Zeuge des Siechtums seines Freundes Enkidu, den er pflegt und den er nicht hergeben kann, auch wenn der Körper verwest. Es ist genau der Punkt, an dem, psychologisch gesehen, Religion entsteht:

> »… mein Freund, den ich so sehr liebe,
> der zusammen mit mir alle Leiden durchlebte,
> Enkidu, mein Freund, den ich so sehr liebe,
> der zusammen mit mir alle Leiden durchlebte,
>
> es legte Hand an ihn das Schicksal der Menschheit!
> Sechs Tage und sieben Nächte habe ich um ihn geweint.
> Ich gab ihn nicht her, um ihn zu bestatten,
> bis der Wurm ihm aus der Nase fiel.

Da überkam mich die Furcht, dass auch ich sterben könnte.
Ich begann den Tod zu fürchten, und so laufe ich in der Steppe
umher ...

Werde nicht auch ich wie jener sein und mich niederlegen müssen,
auf dass ich nie wieder mich erhebe für immer und ewig.«[55]

Im Grundwasserozean tauchte Gilgamesch nach der »Pflanze des
ewigen Lebens«, schnitt sie ab, holte sie an die Oberfläche und brach
damit nach seiner Heimatstadt Uruk auf. Unterwegs jedoch raubte
ihm die Schlange Tiamat die Pflanze und hinterließ nur ihre alte
Haut, die sie abgestreift hatte. So nahe er auch daran war – Gilgamesch gelang es nicht, den Menschen das ewige Leben zu bringen.
In der Bibel ist es ebenfalls die Schlange, die die Schuld daran trägt,
dass der Mensch aus dem Paradies vertrieben und somit nicht des
ewigen Lebens teilhaftig wurde.

Betrachtet man die babylonische Mythologie und Religion, wird
deutlich, wie wichtig die Daten für die Trockenheit und für die
Überschwemmungen sind. Von diesen Terminen hing das Leben der
Menschen ebenso ab wie von den Göttern, die im babylonischen
Weltmodell jene mit Wasser verbundenen Bereiche repräsentieren.
Auffällig und natürlich ist der enge Zusammenhang zwischen Grund-
wasser und Fruchtbarkeit, symbolisiert im Gott Enki, der im Urge-
wässer Apsu lebt.

Mit dem Bereich des Grundwassers hatten die Menschen stets
und ständig Kontakt. Schon, wenn sie ein Haus bauten und gruben,
stießen sie auf das Grundwasser, also auf Enkis Reich. Da diese Be-
gegnungen auch Gefahren in sich bargen, bedurfte es deshalb vor
jeder Tätigkeit großer Beschwörungen, um keinen Schaden zu nehmen. Es versteht sich von selbst, weshalb die Babylonier akribisch
den Himmel beobachteten. Nun waren sie aber keineswegs so naiv,
die Gestirne für Götter zu halten. Ihre Spekulation ist wesentlich raf-
finierter und bringt die Sternenreligion hervor.

Der Sternenhimmel ist für die Babylonier der aus blauem Jaspis geschaffene unterste der sieben Himmel. Die Sterne selbst werden als Schöpfungen Marduks, des babylonischen Hauptgottes, verehrt. Marduk war einst in grauer Vorzeit von Enki in Apsu gezeugt worden. Irgendwann zeichnete er die Ebenbilder der Götter an den Himmel und erschuf so die Sterne. Der Zusammenhang zwischen dem Grundwasserozean und seinem Herrn, dem Leben erschaffenden Gott Enki, der auch Marduk gezeugt hatte, ist evident.

Für die Entwicklung der Astrologie und Astronomie wurde nun bedeutsam, dass die Sterne nach babylonischer Auffassung Symbole der Götter waren. Das Modell hierfür boten die Plejaden, jenes Siebengestirn, das die Babylonier bereits früh darstellten und verehrten, weil sie es als Sinnbild von sieben Göttern verstanden.

Nicht weniger folgenreich war die Tatsache, dass die Babylonier bereits nach antiken Maßstäben als abergläubig galten. Sie waren nämlich der Überzeugung, dass alles Unheil, das ihnen widerfahren, alle Krankheiten, die sie überfallen konnten, von Dämonen verursacht wurden, die überall staken und wie Schaben aus jeder Ritze krochen, um in den Menschen einzudringen. Zahnschmerzen erklärte man sich beispielsweise so, dass der Wurm von den Göttern keinen Ort mit Nahrung zugewiesen bekommen hatte. Als sich die Götter nach heftigen Klagen des Wurms schließlich seiner erbarmten, bat er sie, ihn in das Zahnfleisch der Menschen zu setzen, wo er am Zahnfleisch saugen und sich vom Blut der Menschen ernähren konnte. Demzufolge kannten die Babylonier einen Beschwörungszauber gegen die Schmerzen bei der Zahnbehandlung, der wie folgt endete:

»›Und lasse mich im Zahnfleisch wohnen.
Aus dem Zahn will ich das Blut saugen,
Um vom Zahnfleisch aus die Zahnhöhlen nagen!‹
Stoße die Nadel hinein, dann fasse den Fuß des Wurms.
›Weil du solches gesagt hast, o Wurm,
Soll Ea dich schlagen mit seiner mächtigen Hand!‹«[56]

Aufgrund dieses Aberglaubens erblühten in Babylonien die magischen Praktiken in einer solch reichen und verschwenderischen Pracht wie nirgendwo sonst in der antiken Welt. Die Herstellung von Zauberamuletten, die Anwendung von Beschwörungen und Abwehrzauber und die Deutung von Vorzeichen entwickelten sich zu einem blühenden Wirtschaftszweig. Nicht umsonst wurde der Name einer babylonischen Volksgruppe – der Chaldäer – zunächst ein Synonym für alle Babylonier, um dann weit über das Mittelalter hinaus als Bezeichnung für Magier, Astrologen und Zauberkünstler zu dienen.

Wenn aber, wie wir gesehen haben, der Mensch von den Göttern abhängig war und die Sterne Symbole oder Zeichen der Götter waren, so lag die Vermutung nahe, dass in den Sternen auch Omen, Hinweise der Götter, ja sogar Botschaften der Götter verborgen lagen, die sich entweder auf die richtige Durchführung eines Vorhabens oder aber auf die Zukunft bezogen und die nur darauf warteten, dechiffriert zu werden. Es kam also nur darauf an, den Willen der Götter aus den Sternen herauszulesen. Die Astrologie entstand als die Wissenschaft, die geheimen Botschaften der Götter zu entschlüsseln. Aus diesem Grund wurde sie zuallererst den Priestern anvertraut, denn diese hatten von Berufs wegen sowohl mit den Sternen als auch mit den Göttern zu tun.

In einer Welt, in der nichts sicher war, das Leben des Menschen ständig von den Anschlägen böser Dämonen oder der bösen Frauen der Bergvölker bedroht wurde, entwickelte sich die Omendeutung rasch zu einer Form der Zukunftsbewältigung. Drohendes Unheil musste und konnte aus den Sternen gelesen und dadurch vielleicht ebenso verhindert werden wie nahendes Glück befördert.

Wenn dem König ein Unheil vorausgesagt wurde, setzte man kurzerhand einen Ersatzkönig ein, den dann das Unheil treffen sollte. Natürlich regierte dieser Ersatzkönig nicht, sondern er war nur der König in einem Ritual, bei dem das Unheil auf sein Haupt gelenkt wurde. Falls er nicht vor Schreck oder am Ritual oder gar am Unheil starb, wurde er anschließend hingerichtet.

Um aber solche und andere Vorkehrungen treffen zu können,

musste man wissen, welche Ereignisse im Anmarsch waren. Sonnen-
und Mondfinsternisse, die die Babylonier vorauszusagen verstanden,
galten als deutliches Omen. Einen Feldzug am Tag einer Mondfinsternis (der babylonische Tag dauerte von Sonnenuntergang bis
Sonnenuntergang) beginnen zu wollen, hätte so viel Erfolg verspro-
chen, als wenn sich die Krieger beim Herannahen des Feindes in die
eigenen Schwerter gestürzt hätten. So wie Karl Marx glaubte, analog
zu den Naturgesetzen die Bewegungsgesetze der menschlichen Geschichte gefunden zu haben, übertrugen die Babylonier in der Astrologie die naturgesetzlichen Beobachtungen auf den Bereich der
Gesellschaft und der Geschichte. Für Marx bestand die Methode, die
das ermöglichte, in der Dialektik, für die Babylonier in der Astrologie.

Um die Sterne berechnen zu können, benötigte man die Mathematik, ein Zahlensystem, das die Grundoperationen zuließ. Die
Völker des Altertums im Mittleren und Nahen Osten beneideten die
Babylonier um ihre mathematischen Fähigkeiten, die tatsächlich in
der Schaffung eines effizienten Zahlensystems gipfelten. Das Sexa-
gesimalsystem ermöglichte die Berechnung der Sternkonstellationen.

Vergessen wir nicht, dass das wissenschaftliche Denken noch sehr
lange mit dem religiösen Denken verbunden blieb, denn die Opera-
tionen der Mathematik galten nur als Übersetzungen für die Zusammenhänge in einer von Göttern beherrschten Welt. Der griechische
Philosoph Pythagoras sollte von den Babyloniern lernen und eine
Mathematik als Lehre der göttlichen Harmonie definieren. Die Vorstellung, dass die Mathematik eine Sprache der Götter sei, ist der
Grund dafür, weshalb sie in ihrer Abstraktion nicht von allen verstanden wurde. Die Botschaften und die Geheimnisse der Götter waren
nicht für jedermann bestimmt, sondern nur für eine Elite aus Priestern, Philosophen, Mathematikern, Magiern – wie auch immer. Mathematik entstand auf diese Weise – als eine Art Geheimsprache der
Götter.

Um sich den Weg der Sonne und des Mondes am Himmel merken zu können, schufen die Babylonier Orientierungspunkte, indem
sie auffällige Sterne zu Sternbildern zusammenfassten. Diese Erfindung exportierten sie in die gesamte mediterrane und mittelöstliche

Welt. Bei den Ägyptern und den Indern, bei den Römern und den Griechen finden wir die gleichen Namen für die Sternbilder in der jeweiligen Landessprache. Das Jahr der Babylonier begann jeweils mit der Tagundnachtgleiche im Frühjahr, die gut zu beobachten war. Die Einteilung des Jahres ergab sich von selbst, denn innerhalb eines Jahres vollzogen sich zwölf Mondzyklen. Waren die zwölf Zyklen durchlaufen, begann ein neues Jahr.

Der Monat fing mit dem Neumond an, dem Erscheinen der Mondsichel nach dem Vollmond. Man rechnete mit dreißig Tagen, fügte aber alle drei Jahre einen Schaltmonat ein, wobei die Schaltzyklen wechselten. Aber die Babylonier waren auch in der Lage, die Tageszeit mit einer Präzision zu bestimmen, die genauer war als die damals übliche Wasseruhr. Sie legten eine Zeiteinheit fest, die man mit dem Begriff »Wachen« übersetzen kann. Für den Tag und für die Nacht gab es jeweils drei Wachen, von denen jede ungefähr vier Stunden nach heutigem Maß zählte. Allerdings verschoben sie sich etwas, aufgrund der unterschiedlichen Länge von Tag und Nacht in den verschiedenen Jahreszeiten. Um etwas exakter zu werden, gingen die Astrologen oder Astronomen nun von einem Tag von zwölf unveränderlichen Doppelstunden aus, den sie in dreißig kleinere Einheiten unterteilten, die ungefähr jeweils eine Dauer von vier Minuten hatten. Am Tag wurde die Zeit mithilfe der Sonne gemessen, in der Nacht mithilfe der Sterne.

Sobald man die Regelmäßigkeit bestimmter Himmelsphänomene kannte, konnten sie als Raster für die Zeitberechnung genutzt werden. Das setzte eine kontinuierliche Beobachtung und eine exakte Buchführung voraus, die von Menschen durchgeführt wurde, die eigens für diese Aufgabe freigestellt und ernährt wurden. Dafür kamen nur die Priester infrage. Denn die Angelegenheiten des Himmels waren Angelegenheiten der Götter, und die Zeichen bedeuteten auch immer zugleich Omen für das menschliche Leben. So wie die Götter den günstigen Termin der Aussaat verrieten, so gaben sie auch den günstigen Zeitpunkt für einen Kriegszug bekannt. So wie sie das Hochwasser voraussagten, so bestimmten sie auch den besten Baubeginn für einen Kanal.

STERNE ALS BOTSCHAFTER DER GÖTTER

Zu den Herren der Planeten wurden Götter bestimmt. Die Babylonier kannten sieben Planetengötter: Schamasch (Sonne), Sin (Mond),
Ischtar (Venus), Nabu (Merkur), Nergal (Mars), Marduk (Jupiter)
und Ninurta (Saturn).

So gehen seit der babylonischen Zeit unsere sieben Wochentage
auf die Ehrung des betreffenden Planetengottes zurück. Der Sonntag
ehrt den Sonnengott, der Montag den Mondgott, der Dienstag den
Mars, allerdings in seiner germanischen Übersetzung als Tyr oder
Ziu, woraus sprachgeschichtlich englisch *tuesday* und deutsch Dienstag wird.

Der Mittwoch ist im Englischen *wednesday* noch als die Übersetzung des Tages des Merkurs (lat. *dies mercuri*, frz. *mercredi*) in »Tag des
Wodans« zu erkennen. Nur im Deutschen und in den slawischen
Gebieten haben es christliche Missionare vermocht, den heidnischen
Einfluss zurückzudrängen, indem sie diesen Tag als Tag in der Mitte
der Woche zum Mittwoch deklarierten. Allerdings gilt der Mittwoch
besonders im Bereich der orthodoxen christlichen Kirchen als Un-
glückstag, weil an einem Mittwoch Judas Ischariot Jesus Christus
verraten hat. In der orthodoxen Kirche wird der Mittwoch deshalb
als Fastentag begangen. Außerdem fanden an diesem Tag früher die
stillen Hochzeiten statt, das heißt, an diesem Tag wurden Mädchen
mit schlechtem Ruf still und heimlich verheiratet.

Da Jupiter mit Donar gleichgesetzt wurde, bekam der folgende
Tag den Namen Donnerstag, und aus Venus wurde die germanische
Freyja, so kam es zum Freitag. Der Samstag bezieht sich im Deutschen nicht auf den Saturn wie im englischen *saturday*, sondern auf
den jüdischen Sabbat, bzw. als Sonnabend ehrt auch er die Sonne,
denn der germanische Tag begann mit dem Abend. Die Bezeichnung
für den Abend als Beginn des Tages der Sonne ging allmählich auf
den ganzen Tag über, wie wir das von der Bezeichnung Heiligabend
kennen, die inzwischen für den ganzen 24. Dezember gilt.

Sieben Himmelssphären, sieben Planetengötter, sieben Wochentage – man kann sagen, dass die Babylonier geradezu besessen von

der Zahl Sieben waren. Volkert Haas bringt die besondere religiöse wie mythische Bedeutung der Zahl Sieben mit den Mondphasen in Verbindung, die »den Siebenzyklus in der Zeiteinteilung verursachen. Der Zeitraum der sieben Tage wurde daher als die Fülle im Sinn einer vollen Periode betrachtet«.[57]

Ein Buch über alle Bezüge der Zahl Sieben würde mühelos ein dickes Kompendium füllen. Die Babylonier kannten die bösen sieben Dämonen und die guten sieben Götter, kurz die gute Sieben und die böse Sieben. Die Dämonen der Bösen Sieben – Asakku, Namtaru, Utukku, Alu, Etemmu, Gallu, Ilu – wurden auch als Winddämonen betrachtet, die zudem die Fähigkeit besaßen, eine Mondfinsternis hervorzurufen: »Dichte Wolken des Himmels, die die Finsternis des Himmels herbeiführen sollen, sind sie.«[58] Bei dieser babylonischen Beschwörung der Mondfinsternis gelingt es dem Gott Ea, den Mondgott Sin aus der Bedrängnis, aus der Verfinsterung zu befreien.

Zu der bis heute überragenden Bedeutung der Zahl Sieben im Denken der Menschen gibt es viele Theorien. Eine wesentliche Rolle spielt sicherlich, dass der Mensch über sieben Sinne verfügt, nämlich Sehen, Schmecken, Hören, Riechen, Tasten, den Orientierungs- und den Gleichgewichtssinn. Vor der Entdeckung der Himmelskörper Uranus (1781), Neptun (1846) und Pluto (1930) gab es seit den Tagen der astrologiebeflissenen Babylonier sieben Planetengötter (Mond, Sonne, Merkur, Venus, Mars, Jupiter, Saturn).

In der Weltvorstellung der Babylonier existierte keine Zahl, die öfter verwendet wurde oder prominenter war als die Sieben. Aber auch im Alltag hatte sie einen festen Platz. Im Ritual eines typischen Abwehrzaubers für den Sonnengott Schamasch beispielsweise, in dem dieser um die Abwehr eines bösen Omens gebeten wird, hatte die Magierin vor Beginn der Beschwörung dem Sonnengott sieben Getreidekörner und sieben Kostbarkeiten offeriert.

Die Bedeutung der Zahl Sieben ist ganz einfach überwältigend: Da gibt es die sieben Wochentage, die sieben Meere und das Märchen von den sieben Zwergen – die ihre Herkunft den Kupferbergleuten der Bronzezeit verdanken und in deren Mitte eine Muttergottheit steht, die tief in der Erde, im Berg wohnt und die christliche

Transformation im Laufe der Jahrhunderte zur Jungfrau umformte, wie sie uns heute aus dem Grimmschen Märchen entgegentritt.

Aber der ursprünglichste Bedeutungszusammenhang stellt sich zur zeitlich sehr alten und unteren religiösen Schicht des Mondgottes oder der Mondgöttin, zu den Mondphasen her, die wiederum je Phase sieben Tage ergeben, die wiederum zu dreißig Tagen werden. Auch der unlösbare Zusammenhang zwischen Geburt, Gedeihen und Tod wird in den dreißig Tagen symbolisiert: Der Mondgott wird als Neumond geboren, er wächst als Sichelmond und erreicht seine Reife und Vollendung als Vollmond, um dann zu verschwinden oder, um im babylonischen Weltbild zu bleiben, um zu sterben. Er stirbt, um wiedergeboren zu werden: Der große Kreislauf der Natur wurde in dieser Dreierkonstellation von Sichelmond, Vollmond und Neumond wiedergegeben.

In der Theologie wird der Kreis schließlich zum Abbild der Vollkommenheit. Das Leben ist keine Spirale, es geht nicht um Veränderung, sondern um den Kreislauf des Lebens, um die ewige Wiederkehr des Gleichen, das den sterblichen Menschen aufhebt und verewigt, indem er sich im endlosen Band des Kreises verjüngt. Im Übrigen wird die Beobachtung und Deutung der Gestirne erst sinnvoll, wenn man von der ewigen Wiederkehr des Gleichen ausgeht. Was sich stets verändert, lässt sich nicht voraussagen – nur das, was immer wieder eintritt.

Die Grundlage für die Bedeutung der geheimnisvollen Zahl Sieben im europäischen Kontext bis auf den heutigen Tag haben die Babylonier gelegt. Aber sie hätten damit wohl kaum so einen nachhaltigen Erfolg verzeichnet, wenn nicht der Grund für diese große Akzeptanz im wahrsten Sinne des Wortes in den Sternen selbst gestanden hätte.

Von alters her hat ein Sternbild die Menschen besonders stark beschäftigt: das Siebengestirn, die Plejaden, das erste und vielleicht wichtigste aller Sternenbilder. Die erste bildliche Darstellung des Gestirns verdanken wir den Babyloniern. Der heute gebräuchliche griechische Name des Sternbildes geht zurück auf Pleione, die Tochter des Meeresgottes Okeanos und der Seegottheit Tethys. Sie ist die Gattin des Titanen Atlas und kann ihre sieben Töchter, die Plejaden, nur retten, indem sie diese in Sterne verwandelt.

In alten mesopotamischen Darstellungen wurden die Plejaden durch eine Anhäufung von sieben Punkten oder eine Rosette symbolisiert. In Uruk kannte man die Götter des Siebengestirns sehr gut und verehrte sie. Im »Gilgamesch-Epos« heißt es:

»Ich hätte berufen als Hüter deines Wohlergehens
die Gottheiten des Siebengestirns.«[59]

So werden die Plejaden geradezu zu Hütern der Menschen. Zusätzlich ließen sich durch das Sichtbarwerden und sich Verbergen der Plejaden wichtige landwirtschaftliche Daten bestimmen. Der Grieche Hesiod bestätigt uns diese Bedeutung der Plejaden in seiner Dichtung »Werke und Tage«:

»Wenn das Gestirn der Plejaden, der Atlastöchter, emporsteigt,
Dann beginne die Ernte, doch pflüge, wenn sie hinabgehn;
Sie sind vierzig Nächte und vierzig Tage beisammen ...«[60]

Und auch die Zahl Vierzig findet sich in der Bibel wieder – vierzig Tage dauert die Sintflut, vierzig Tage verbringt Moses auf dem Berg Horeb und bekommt von Gott die Gebote diktiert, schließlich wird Jesus in der Wüste vierzig Tage lang fasten und der Versuchung durch den Teufel widerstehen. Vierzig Tage leuchten die Plejaden.

Die Babylonier jedenfalls, die über die Begebenheiten am Himmel Buch führten, begannen nun bedeutende Ereignisse ihres Lebens als Notizen neben die Sternbeobachtungen zu schreiben. Die älteste Eintragung im babylonischen Sternentagebuch stammt aus dem Jahr 568 v. Chr. und lautet: »Jahr 37, in dem Nebukadnezar König von Babylon ist, Monat 1 (Anm. d. Hrsg: der Erste des Monats war identisch mit dem Dreißigsten des vorangegangenen Monats). Der Mond wurde hinter dem Stier des Himmels sichtbar (von Sonnen- zu Monduntergang) ... Der Saturn war vor der Schwalbe. Der zweite des

Monats, am Morgen erstreckte sich ein Regenbogen im Westen.
In der Nacht des dritten des Monats, der Mond war zwei Ellen vor
dem ... es regnete. Nacht vom Neunten des Monats (Irrtum: Achten
des Monats) zu Beginn der Nacht stand der Mond eine Elle vor der
Jungfrau.«[61] Im Eintrag Nummer 78 heißt es neben den astronomischen Daten wie oben: »... ich hörte, dass der König Antiochus starb
in (der Provinz) zwischen den Flüssen.«[62] In einem anderen Eintrag
wird von einem sehr großen Regenbogen berichtet: »In Hirtu in der
Provinz Sippur kämpften die Truppen der Babylonier und der Assyrer
gegeneinander, und die Krieger der Babylonier zogen sich zurück
und wurden schwer geschlagen.«[63]

Die ersten Chroniken entstanden also als Sternentagebücher.
Interessant daran ist, dass durch die Verknüpfung zwischen himm-
lischem und menschlichem Ereignis auch ein Zusammenhang zwischen dem Geschehen am Himmel und dem auf der Erde hergestellt
wurde. Zunächst hatten die Astrologen in den Sternen nach Omen
gesucht, die entweder Ereignisse voraussagten oder günstige und
ungünstige Termine – beispielsweise eine Mondfinsternis – für Vorhaben verrieten. Dann begannen sie, auch das Leben der Menschen
allmählich bestimmten Sternenkonstellationen zuzuordnen und daraus Prophezeiungen für den Betreffenden zu ermitteln.

So entstanden in Babylon etwa im 6. Jahrhundert v. Chr. die ersten
Horoskope als Geburtshoroskope. Indem man aber verzeichnete,
unter welchem Stern ein Mensch geboren wurde – woraus sich natürlich Konsequenzen ergaben –, war der Anfang für eine Entwicklung gemacht, die nicht bei der Geburt stehen blieb, sondern der
Macht der Sterne ein Leben lang Rechnung trug, indem man sie auch
vor wichtigen Entscheidungen zurate zog. Denn nicht nur die Geburt
stand unter dem Einfluss der Sterne, sondern das ganze Dichten und
Treiben des Menschen. Einmal gefunden, wurde das System im Laufe
der Geschichte perfektioniert.

Die Sterne wiesen nun den Menschen nicht nur als Orientierung
im geographischen Raum den Weg, sondern auch in seinem Handeln in der Geschichte. Wie der Seemann auf hoher See Kurs und

Position anhand der Sternkonstellationen bestimmte, so konnte der Astrologe den Weg des Menschen durch die Wirrnisse des Schicksals und die Unbill feindlicher Mächte hindurch ermitteln.

Und schließlich wies die Astrologie bis ins vorige Jahrhundert hinein den Psychologen einen Weg in den mentalen Mikrokosmos der Seele des Menschen. Psychoanalytiker wie Carl Gustav Jung zollten aus diesem Grund den Sternen und der Astrologie Respekt, denn das sehr alte Konzept, dass des Menschen Geschick in den Sternen verzeichnet steht, weil er unter einem bestimmten Stern geboren wurde, beweist bis heute seine Lebenskraft. Ob er es Religion, geheime Religion, Aberglauben, oder Wissenschaft nennt, muss jeder für sich selbst entscheiden.

Der katholische Feldherr Wallenstein jedenfalls beschäftigte einen italienischen Astrologen, den er vor wichtigen Entscheidungen befragte. Elizabeth Tudor ließ den perfekten Krönungstermin von dem berühmten Gelehrten und Magier Sir John Dee aus dem Stand der Sterne errechnen. So tief drang der Sternenglaube als geheimes paganes Vermächtnis selbst in die christliche Religion ein. Man konnte ja immer noch argumentieren, dass die Sterne nicht den Willen und die Ratschläge der Götter, sondern Gottes verrieten.

Alle Religionen, geheim oder nicht, übernahmen und nutzten diese frühen kosmogonischen Vorstellungen, verbunden mit ihrer Sternenreligion und der Bedeutung der Zahlen 3, 7, 12, 36 und 40.

ALTE GÖTTER
BLEIBEN JUNG

MUTTERGOTTHEITEN UND MYSTERIENKULTE

»*Göttinnen, ungekannt*
Euch Sterblichen, von uns nicht gern genannt.«
Johann Wolfgang Goethe, Faust II, 1

Historische Zusammenhänge werden deutlich, wenn sich Dinge am gleichen Ort und mit ähnlicher Bedeutung zutragen. Noch sinnfälliger werden sie allerdings, wenn es eine Kontinuität der Beteiligten gibt. Um einen solchen Fall – sowohl derselbe Platz als auch die Verwandtschaft der Hauptdarsteller – soll es jetzt gehen. Die Geschichte führt uns an eine der verborgenen Quellen des Christentums, dorthin, wo eine Göttin christlich getauft wurde.

Ephesos war die blühende und prosperierende Hauptstadt der römischen Provinz Asia, nach antiken Maßstäben eine Großstadt und eine der wichtigsten des Reiches noch dazu. Dort, so hieß es von alters her, sei eines Tages ein Bildnis der Göttin Artemis vom Himmel gefallen. In deren Zuständigkeitsbereich fielen nicht nur die Jagd, woran wir uns zumeist erinnern, sondern auch die Frauen, die Kinder und die Fruchtbarkeit. Aus diesem Grund wurde sie manchmal mit Hera gleichgesetzt.

Die Etrusker nannten die Artemis Artumes, die Römer Diana, die Hellenen sahen in ihr die Mondgöttin Selene, nach anderer Auffassung wurde sie mit Isis assoziiert. In ihr verbanden sich die Attribute der Mutter- und der Fruchtbarkeitsgöttin. Die Epheser erbauten ihr einen riesigen Tempel, der zu den sieben Weltwundern der Antike gezählt wurde, und begannen einen einträglichen Handel mit Artemis-Figuren, die der angeblich vom Himmel gefallenen Holzstatue der Göttin glichen. Das Bildnis zeigt eine Frau, deren Oberkörper mit vielen eierartigen Gebilden verziert ist, in denen die einen Brüste, die anderen wiederum Stierhoden erkennen wollen.

Beide Deutungen besitzen indes eine gewisse Plausibilität, denn die vielen Brüste weisen auf die Magna Mater hin, während die Stierhoden aus dem Mythos von der Flussgöttin Nana stammen, die ihren Sohn Attis empfing, weil sie sich die abgetrennten Hoden des Agdistis, eines Zwitterwesens, umhängte. Aus Liebe zu Kybele entmannte sich Attis und verblutete. Wie bei der Kybele waren auch die Priester der Artemis Eunuchen. Die rituelle Selbstkastration galt als Voraussetzung für die Priesterweihe.

Laut einer dritten Vermutung könnte es sich um beides, um Stierhoden und Brüste handeln. Doch bei allem Respekt vor der milden Konsensstiftung führt sich diese Vorstellung selbst ad absurdum, denn was sollten das für Gläubige sein, unter denen die einen Hoden und die anderen Brüste als Attribute ihrer Göttin verehrten. Religiöse Symbole sind eindeutig – es sind unsere mangelnden Kenntnisse, die zu diffusen Konzepten führen.

Kaiser Iulian Apostat, der von 360 bis 363 n. Chr. regierte, war der letzte römische Herrscher, der sich auf Roms Traditionen zu besinnen und die heidnischen Götter wieder einzuführen versuchte. Von ihm stammt die Aussage, Artemis sei »...die mutterlose Jungfrau, die Throngefährtin des Zeus, die wahre Mutter aller Götter«.[64]

Ephesos jedenfalls war die Stadt der Artemis, und ausgerechnet hier nahm der Kult der Gottesmutter Maria seinen Anfang.

Zuerst kam der Apostel Paulus in den Fünfzigerjahren des 1. Jahrhunderts in die Stadt. Er predigte die Botschaft Jesu und verwarf alle paganen Götterkulte und Götzenanbetereien. Die zahlreichen Einwohner von Ephesos waren verständlicherweise darüber erzürnt. Der Kult der Artemis bildete schließlich ihre sichere Lebensgrundlage – angefangen bei der Produktion und dem Verkauf der unzähligen Statuen und Bilder der Göttin bis hin zum Pilgertourismus, der die Stadt reich gemacht hatte. Der Angriff auf den Kult legte deshalb die Axt an den Lebensnerv von Ephesos – man stelle sich Mekka vor, wenn die Pilgerströme ausblieben, oder Salzburg ohne Festspiele. Kein Wunder, dass der Apostel von den aufgebrachten Ephesern fast gelyncht worden wäre. Diese liebten ihre Göttin, die ihnen so reiche Einkünfte bescherte.

Eine Legende besagt, dass Maria mit dem Evangelisten Johannes, mit dem Jünger also, »den Jesus lieb hatte« (Joh 21,20), nach Ephesos gegangen sei, in dieser Stadt ihre letzten Jahre verbracht und von hier in den Himmel aufgestiegen sei.

Nach Artemis beherbergte Ephesos nun eine zweite besondere Frau, eine, die wenn schon keine Göttin, so doch zumindest einen Gott geboren hatte. So gesehen bestanden gute Voraussetzungen dafür, dass die göttlichen Attribute von Artemis auf Maria übergingen. Doch das alles ist Vorgeschichte, denn noch bestand kein Grund für den Heiligkeitstransfer.

Als jedoch das Christentum zur Staatsreligion aufstieg und die paganen Glaubensformen verfolgte und verdrängte, entwickelte sich plötzlich ein vagabundierendes religiöses Bedürfnis, dem ein Träger fehlte. Im männlich definierten Christentum suchte die Sehnsucht nach einer Muttergöttin nach einem neuen Objekt. Es ist ein weitverbreiteter Irrtum, dass mit den alten Religionen auch die religiösen Gefühle und Bedürfnisse abgeschafft wurden, die in ihnen eine Heimat, ein Medium und einen Sinn gefunden hatten. Alles, was man dadurch erreichte, waren nur religiöse Sehnsüchte, die keinen Anknüpfungspunkt mehr hatten.

Also verkündete im Jahr 431, knapp vierhundert Jahre nach der Stippvisite des Apostels, das Konzil von Ephesos, das inmitten brutaler Machtkämpfe in der jungen Großkirche stattfand, dass Maria *theotòkos* zu nennen sei, nämlich Gottesgebärerin[65], nicht Muttergöttin, aber immerhin die Muttergottes. Damit war die entscheidende Weiche gestellt, denn das gläubige Herz würde nicht so scharf zwischen Muttergöttin und Gottesmutter trennen, wie es der damals ohnehin von Männern dominierte theologische Geist unternehmen sollte.

In der Tat erhielt die Verehrung der Jungfrau Maria die stärksten Impulse nicht aus der gelehrten Theologie, sondern aus der Volksfrömmigkeit. Anders ist die wachsende Rolle, die Maria, Muttergottes und Himmelskönigin im Christentum spielt, nicht zu erklären. Übrigens nicht nur im Christentum, auch im Islam erfährt Maria eine außergewöhnliche Verehrung. Sie, die dort Maryam heißt, ist die einzige Frau, die im Koran namentlich erwähnt wird. Zudem benannte man sogar die Sure 19 nach ihr. Natürlich kann man noch tiefer in die Historie der weiblichen Gottheiten hinabsteigen, denn die Geschichte der Muttergöttinnen beginnt weder mit Artemis noch mit Kybele, doch geraten wir in vorschriftlicher Zeit ins Reich der Spekulation. Ob die Menschen jemals in einem Matriarchat gelebt haben, stellt wohl eine der kaum zu lösenden historischen Streitfragen dar, da es keine Beweise dafür gibt, die kritischen Nachfragen standhalten.[66] Andererseits sprechen Überlieferungen wie beispielsweise die Amazonensage, die über das Volk kriegerischer Frauen berichtet, eine überzeugende Sprache. Ob aber, um es sehr verkürzt zu sagen, die Venus von Willendorf und die Amazonensage Artefakte oder Überlieferungen einer matriarchalischen Gesellschaft sind oder lediglich Projektionen tiefer Kastrationsängste, soll und kann hier nicht untersucht werden.

Völlig unabhängig von dieser Streitfrage lässt sich aber feststellen, dass es in der Geschichte tatsächlich Muttergöttinnen gegeben hat, die als Häupter von Götterhierarchien verehrt wurden. Ihr Erbe wirkt – selbst in der am stärksten patriarchalischen Religionsauffassung – ebenso kraftvoll wie geheim, ebenso nachhaltig wie verborgen – ungebrochen weiter als vitale unterirdische Strömung unserer Kultur. Vielleicht ist die Frage, ob Patriarchat oder Matriarchat auch nur ein Scheinthema, am Leben gehalten von Ideologen, und geht an der gesellschaftlichen Wirklichkeit vorbei wie alle Ideologien, die nur zum Zwecke der Macht konstruiert wurden.

WIE VIELE GESICHTER HAT DIE JUNGFRAU MARIA?

»Hat Gott eine Mutter?
... Lasst uns nicht Maria die Gottesgebärerin nennen,
dass wir nicht in Versuchung kommen,
sie zu einer Göttin zu machen, und also Heiden werden.«

Nestorius, Patriarch von Konstantinopel

Es mag erstaunen, aber der erste und deutlichste Hinweis auf die verborgenen Muttergöttinnen findet sich im Christentum, und zwar hinter der eindrucksvollen Gestalt der Gottesmutter. Offiziell ist Maria Jungfrau, Gottesmutter, Himmelskönigin, ohne Sünde und die einflussreichste Fürbitterin für die Menschen bei Gott. Und je genauer man die Jungfrau Maria anschaut, desto interessanter, vielseitiger und vielgestaltiger wird sie.

In Gemälden, auf denen das Jüngste Gericht dargestellt ist, finden wir die Gestalt Marias häufig in der Nähe ihres Sohnes, ja fast auf gleicher Höhe mit ihm, dem Weltenrichter – fast wie ein Schöffe oder Ratgeber. Jedenfalls erzählt die Gestaltung, dass sie ein gewichtiges Wort mitzureden hat. Als Himmelskönigin aber, auf einer Mondsichel oder von Sternen umgeben, wie wir sie häufig finden, ist Maria alles Mögliche, nur keine Gestalt christlicher Ikonographie. Die Mondsichel verweist auf Selene, die Mondgöttin, die wiederum mit Artemis in Verbindung gebracht wurde.

Die Erinnerungen an alte Göttinnen sind so stark in ihrer Verehrung erhalten, dass sich Joseph Ratzinger in einem Vortrag zu einem Dementi veranlasst sah: »Ja, man ist im Gegenteil nicht verlegen, die außerchristliche Herkünftigkeit des Marianischen zu benennen: aus ägyptischen Mythen, aus dem Kult der Großen Mutter, aus der Diana von Ephesus, die im dortigen Konzil ganz von selbst zur Gottesmutter geworden sei ...«[67] Auch wenn sich der katholische Theologe und heutige Papst dieser Traditionslinie verschließt, muss er dennoch einräumen, dass sie existiert.

So wie unsere Gottesvorstellungen von starken heidnischen Unterströmungen durchzogen sind, so ist auch unser Bild von der Jungfrau Maria von paganen Elementen geprägt. Erinnern wir uns an Paulus, der unverheiratet war und allen empfahl, keine Ehe einzugehen. Zudem bestimmte er, dass die Frauen in der Gemeindeversammlung zu schweigen hätten (1 Kor 14,34). Daran wird deutlich, wie lebenswichtig es für das Christentum bei allen asketischen und leibfeindlichen Vorstellungen war, dass der wichtige Bereich des Lebens von Ehe, Familie und Kindern im Glauben repräsentiert wurde. Die Stelle als Familienministerin war frei, und sie wurde mit Maria besetzt – Maria Magdalena, die zweite wichtige Frau im Christentum, war aufgrund ihrer Vergangenheit nicht so recht dafür geeignet. Hinzu kam, dass besonders Frauen sich in den Gemeinden engagierten und sie zu Trägern des frühen Christentums wurden.

Besonders deutlich wird die Nähe der alten Fruchtbarkeits- und Muttergöttinnen zu Maria, wenn man einen Blick auf die Orte der Verehrung wirft.

In Rom hatten etruskische Bauleute im Jahr 24 v. Chr. das Pantheon errichtet, das unter den paganen Göttern auch die Kybele aufnahm. Der oströmische Kaiser Phokas schenkte das Heiligtum im Jahr 608 n. Chr. Papst Bonifatius IV., und dieser weihte es 609 der Jungfrau Maria. Seitdem wird in dem Santa Maria Rotonda genannten Gebäude die Gottesmutter Maria statt der Muttergöttin Kybele verehrt.

An der Stelle, an dem heute in Rom der Petersdom steht, entmannten sich vor Christi Geburt die Priester der Kybele und vergossen ihr Blut in Anbetung der Magna Mater. In Nordäthiopien begehen noch heute Christen das Marienfest damit, dass junge Frauen einen Steinring umtanzen, in dessen Zentrum ein schwarzer Penisstein steht.

Ein Zentrum der Marienverehrung auf Sizilien ist die Kirche Santa Maria dell'Assunta in Erice, die sich in unmittelbarer Nähe eines alten Heiligtums befindet, das zuerst der Inanna (Ischtar), dann der Aphrodite, schließlich der Venus geweiht war.

Doch nicht nur Kultstätten, sondern auch Feste, in denen pagane Muttergöttinnen verehrt wurden, wurden kurzerhand umgewidmet. Aus dem Fest der Ceres – der römischen Göttin der Fruchtbarkeit,

vor allem des Getreides, die mit der griechischen Demeter identisch
ist – wurde im 7. Jahrhundert im Christentum Mariä Lichtmess.
Waren die Anhänger der Ceres am 2. Februar mit Fackeln über ihre
Felder gelaufen, um die Göttin zu ehren und um sie zu bitten, dass
die Aussaat reiche Ernte bringen würde, so zündeten die Christen
nun Kerzen an und veranstalteten eine Lichtprozession durch die
Stadt, dachten an Maria, an die Geburt des Herrn, beschlossen die
Weihnachtszeit, aber damit zugleich auch die dunkle Zeit des Jahres.
Das Fest wurde auch Mariä Reinigung genannt, weil nach jüdischer
Vorstellung die Frauen vierzig Tage nach der Geburt eines Jungen als
unrein galten.

Die katholischen Theologen waren sich im Übrigen dieser Verbindung sehr wohl bewusst. Der große Papst des Mittelalters, Innozenz III. (1160–1216), scheute sich nicht, den Gläubigen in der Kirche
von dem Fest der Ceres zu erzählen, die mit Fackeln nach ihrer Tochter Proserpina suchte. Da sich der Brauch, es ihr am 2. Februar gleich-
zutun, nicht unterdrücken ließ, gab man ihm einen christlichen Inhalt.

Der Inbegriff des Christentums, die Theologie der Jungfrau Maria, ist
im Grunde nicht christlichen Ursprungs, sondern eine Camouflage
wesentlich älterer Kulte, nämlich der Kulte der Magna Mater, der
Inanna, der Astarte, der Demeter, der Kybele oder Ceres, der großen
chthonischen, also irdischen und unterirdischen Mutter- und Frucht-
barkeitsgottheiten der heidnischen Welt. Das Zwiespältige der
chthonischen Gottheiten, deren Wirkungsstätte die Erde ist – ob über-
irdisch oder unterirdisch, eine Pflanze berührt auch beide Bereiche –,
sei dahingestellt, besteht darin, dass sie immer mit Geburt, Wachstum und Tod zusammenhängen.

Die Person der Gottesmutter half dem Christentum dabei, eine
Lücke zu schließen, indem sie dem Bedürfnis nach einer Muttergöttin, nach einer Fruchtbarkeitsgöttin, nach einer Frau, an die sich
Frauen in Not wenden können, ein Ziel gab. Und so wurde die pagane Muttergöttin in Ephesos christlich getauft. Interessanterweise
gibt es eine schwarze Figur der Artemis, wie im Christentum die
Schwarzen Madonnen verehrt werden.

Die Erklärung, dass die monotheistischen Religionen wie der Islam oder das Christentum die paganen Bräuche und Traditionen einfach benutzten und in ihre Liturgien und Festzeiten einbauten, weil nur der erfolgreich missioniert, der seine neuen Inhalte auf alte Gewohnheiten pflanzt, ist nur zum Teil richtig. Die Realität ist weitaus komplexer. Sekten vielleicht, aber Religionen existieren nicht, weil bestimmte Menschen sich dadurch einen Machtzuwachs erhoffen, sondern in erster Linie, weil es sehr vitale religiöse Bedürfnisse gibt. Vielleicht stimmt der Satz sogar, dass nicht die Arbeit, wie Friedrich Engels vermeinte, sondern die Religion den Menschen geschaffen hat. Diese ursächlichen Bedürfnisse, die sich eng an die Rhythmen des Lebens von der Geburt über die Geschlechtsreife, über die Eheschließung, die Zeugung und Erziehung von Kindern bis zu Tod und Krankheit halten, artikulieren sich in allen Glaubenssystemen, stellen möglicherweise sogar den Grund für diese Anstrengung dar, sodass jede Religion eben nichts Ausgedachtes, sondern etwas Gewachsenes ist.

Oder um es in ein Bild zu bringen: Zwei lehmtragende Flüsse schufen das Land Mesopotamien, nämlich Euphrat und Tigris, die selbst in der christlichen Tradition als zwei der vier Flüsse gelten, die im Paradies entsprangen. Dieses Schwemmland, das sie mitführten und unterwegs irgendwo liegen ließen, war beweglich, und wenn im Sommer die dörrende Trockenheit auf das Zweistromland fiel, verwandelte es sich in ausgeblichen-gelben Staub, den der Wind vor sich herwirbelte. Das Einzige, was den Wellen von Staub bei Sturm und Lehm bei Überschwemmungen widerstand, waren die kolossalen Steinbauten der Städte.[68] Alles andere wurde an- und weggeschwemmt bzw. fortgeblasen.

Aus diesem Grund errichteten die ersten Herrscher ihre Gebäude auf dem Schutt und den Ruinen ihrer Vorgänger, sodass ihre Zikkurate und Paläste immer höher in den Himmel wuchsen, Schicht um Schicht, Meter um Meter. Dass sie dadurch tatsächlich als Herrscher, als Hausherren der Paläste über das Land, das sie regierten und die Menschen, die sie beherrschten, hinausragten, verlieh ihnen bereits in der praktischen Anschauung einen Platz, der nah bei den Göttern und weit über den Menschen verortet wurde. Es ist gewiss kein Zufall, dass Jahrtausende später der mächtigste Papst des Mittelalters, Innozenz III., über die Stellung des Priesters sagte, dieser sei geringer als Gott, doch mehr als der Mensch.

Die machtbewussten Herrscher der babylonischen Stadtstaaten, die auf ihren Hügeln aus Kulturschutt saßen und auf das Schwemmland und die Menschen im wahrsten Sinne des Wortes herabschauten, fühlten sich ihrem Gott nah, als dessen erste Diener sie sich sahen. Dieser Gott reichte ihnen, wie man auf der berühmten Stele des Hammurapi sehen kann, die Gesetze herab, wie später Jahwe dem Moses die Zehn Gebote. Allein schon deshalb hatten sie Veranlassung genug, sich nicht ganz so viel wie Gott, aber bei Weitem mehr als der Mensch zu dünken. Wenn sie schon auf die Menschen wie auf emsige Ameisen herabblickten, wie musste erst Gott das Ganze sehen? Was sie, sieht man von ihrer Gottesnähe ab, geradezu ursächlich über die Menschen erhob, war die Tatsache, dass ihr Thron hoch wie ein Turm auf unzähligen Schichten und vielen Metern von Kulturschutt ruhte – auf den Ruinen und dem Material ihrer Vorläufer.

Darin gleichen die großen Religionen den mesopotamischen Herrschern. Nicht nach dem Prinzip des Wegräumens, sondern des Anhäufens, der Nutzung der Hinterlassenschaften der Früheren stiegen auch Religionen auf – auf den Schuttbergen ihrer Vorgänger, den Ruinen wesentlich älterer Glaubensgebäude. Wollen wir den Geheimnissen auf die Spur kommen, die unseren Alltag nach wie vor prägen und strukturieren, müssen wir also einen Stich tief in die unteren Schichten wagen.

Einer der frühesten und am besten dokumentierten Mythen einer Fruchtbarkeitsgöttin ist der Mythos der babylonischen Inanna, die von den Hethitern Ischtar genannt wurde. Der alte Spruch, dass in der Liebe und im Krieg alle Mittel erlaubt seien, findet in der Göttin Inanna, der Himmelskönigin, überzeugende Gestalt, denn sie ist zugleich die Göttin des Krieges und der Liebe.

Inanna dringt in das Reich ihrer Schwester Ereschkigal, der Herrin der Unterwelt, ein, um die Herrschaft an sich zu reißen. Das

Unternehmen misslingt gründlich. Ereschkigal lähmt Inanna mit ihrem Todesblick. Die Himmelskönigin wird in der Unterwelt festgehalten. Sie darf den ungastlichen Ort nur verlassen, wenn ein anderer an ihre Stelle tritt und sie auslöst. Dumuzi, der Inanna liebt, bietet sich zum Austausch an. Nach langem Hin und Her schließt man einen Vergleich: Dumuzi muss ein halbes Jahr in der Unterwelt verbringen und darf für das andere halbe Jahr auf die Erde zurückkehren.

Es existiert noch eine zweite Version dieses Mythos. Diesmal ist es die Göttin Ischtar, die in die Unterwelt reist. Hier leuchtet uns zum ersten Mal ein Bild aus der Geschichte entgegen, das bis auf den heutigen Tag eine große Karriere machen sollte, nämlich die Vorstellung von den sieben Pforten, die sich in den sieben Himmelspalästen der jüdischen Mystiker und den sieben Himmeln der Christen und Muslime über die sieben Äonen der Gnostiker bis zu den sieben Brücken des bekannten Popsongs wiederfinden.

Um in das Reich der Toten zu gelangen, muss Ischtar nämlich sieben Pforten passieren. Eingelassen wird sie nur, wenn sie dem Wächter ein Schmuck- oder ein Kleidungsstück übergibt. So steht sie schließlich nackt und ohne Schutz vor Ereschkigal, die sie überwältigt. Ischtar wird von den Anunnakku, den Göttern der Unterwelt, zum Tode verurteilt. Ihr Körper wird wie ein Sack an einen Nagel gehängt.

Nun ist Ischtar, die Göttin des Krieges, auch die Schutzherrin der Liebe, also auch des sexuellen Begehrens und mithin der Fortpflanzung. Man könnte sich nun fragen, ob es klug von ihr war, ins Totenreich hinabzusteigen und dadurch die Ordnung der Welt zu stören. Bedenkt man aber, dass sie als Göttin der Liebe und des sexuellen Begehrens auch die Göttin des Lebens ist, versteht man den Drang, dem Tod den Stachel zu nehmen. Wie Gilgamesch, wie Jesus will sie die Schlüssel zum ewigen Leben in der Hand halten, wie die medizinischen Forscher der Gegenwart will sie das Leben verlängern. Und erinnern wir uns daran, auch Jesus ist in die Unterwelt hinabgestiegen wie vor ihm Orpheus und davor Gilgamesch.

Der vielleicht sehnsüchtigste Traum der Menschheit steckt in diesem Mythos, der Traum vom ewigen Leben, der auf andere Art im

Christentum Gestalt angenommen hat.[69] Zur Mutter des ewigen Lebens wird schließlich auch die Gottesmutter Maria.

So verständlich also die Motivation Ischtars ist, so sehr ist sie auch gescheitert und hängt nun als Totensack an einem Nagel in der Unterwelt. Die Ordnung des Lebens ist katastrophal gestört, so berichtet der Mythos. Denn weder Menschen noch Tiere paaren sich, Zeugung und Wachstum hören auf. Das Ende der Sexualität bedeutet auch, dass sich das Leben nicht mehr erneuert.

In dieser unheilvollen Situation beraten sich die Götter und beschließen, einen Boten zu Ereschkigal zu schicken. Aber nur ein Geschöpf, das gegen jede Magie, auch gegen den Zauber der Unterwelt gefeit ist, kann es wagen, der Todesgöttin entgegenzutreten. Es muss ein Wesen sein, das nicht eindeutig definiert ist, das nicht zu fassen ist, weil seine Bestimmung und seine Leidenschaften unklar sind: der Hermaphrodit, ein Zwitterwesen, das weder Mann noch Frau ist, das man sich mannweiblich/weibmännlich oder beidgeschlechtlich vorstellt. Um eine lange Geschichte kurz zu machen: Der Hermaphrodit bekommt Ischtar oder Inanna unter der Bedingung frei, dass ein anderer für sie in die Unterwelt geht, nämlich ihr Geliebter Dumuzi. Ob Dumuzi in diese Lage gerät, weil er Inanna liebt, oder aus Rache, weil er sie mit seiner eigenen Schwester betrogen hat, sei dahingestellt.

Dieser Dumuzi ist, wie könnte es anders sein, ein Vegetationsgott. Er wird als Hirte beschrieben, aber auch als Fischer. In seinem Namen steckt der Begriff *damu*, der die Kraft in den Pflanzen beschreibt. Jedes Jahr stirbt die Vegetation, und jedes Jahr erwacht sie zu neuem Leben – bereits hier tritt uns das spätere christliche Muster von Tod und Auferstehung entgegen. Die Geschichten sind das eine, aber sie verraten uns wenig über die Leidenschaft, mit der die Menschen zur Göttin beteten, wie tief und herzlich ihr Glauben letztlich doch wahr. Einzig die Gebete lassen uns etwas von der religiösen Inbrunst erahnen. Überliefert ist das Gebet eines Assyrers, der vor 3000 Jahren in Mesopotamien lebte. Es ist sehr anrührend, weil es nicht alt oder fremd wirkt, sondern im Gestus und in der Hingabe zeitlos gültig, also zu jeder Zeit heutig ist:

»Zu Wohlbefinden und Zufriedenheit führe mich täglich!
Meine Tage mache mir lang und schenke mir Leben!
Möge ich gesund und wohl sein, dass ich deine Gottheit verehre;
Wie ich es wünsche, möge ich es erlangen!
Der Himmel erfreue sich Deiner, der Ozean jubele ob Deiner,
die Götter des Alls mögen Dich alle segnen.
Die großen Götter mögen Dein Herz erfreuen!«[70]

Die Wünsche, Hoffnungen, Sorgen und Ängste haben sich im
Grunde in den Jahrtausenden nicht geändert, sie gehören zum
Menschsein.

In den heiligen Legenden, die auf die Inanna/Ischtar-Mythen folgen, verwandelt sich die Figur des Geliebten allmählich in die Gestalt
des Sohnes. Aber es wird die Mutter sein, ganz gleich, ob sie Astarte,
Demeter oder Isis heißt, die für das Aufgehen der Saat, für Wachstum, Reife und Ernte verantwortlich zeichnet. Frauen, die sich Kinder
wünschen, gingen zu diesen Göttinnen, wie sie später an den Bildnis-
sen der Jungfrau Maria beten und um eine Schwangerschaft bitten
sollten.

In der Geschichte der ägyptischen Göttin Isis – auch eine Muttergöttin, eine Himmelskönigin – wird der Übergang vom Mann zum
Sohn eindrucksvoll dargestellt. Osiris, den sie liebt, wird erschlagen
und zerstückelt. Mit dem gemeinsamen Sohn Horus sucht sie nun
die Körperteile ihres Mannes, um sie wieder zusammenzufügen und
so seine Auferstehung zu ermöglichen. Die Nähe der ägyptischen
Isis zur Jungfrau Maria zeigt mehr als deutlich die Übereinstimmung
der Ikonographie der Isis mit dem Horusknaben mit der Maria mit
dem Jesuskind.

Das Bild der beiden Liebenden, wie ihn der babylonische Mythos
prägte, findet sich erstaunlicherweise in Michelangelos Pietà im
Petersdom wieder. Hier hat eine junge Frau die Leiche eines etwa
gleichaltrigen jungen Mannes auf den Knien. Würde man den christlichen Hintergrund nicht kennen, nicht wissen, dass es sich in der
Plastik um Mutter und Sohn handelt, wäre man sicher, ein Liebespaar,
Geliebte und Geliebter, vor sich zu haben. Das hatte Anfang des

16. Jahrhunderts, als Michelangelo seine Statue in Rom präsentierte, einen großen Skandal ausgelöst. Da es aber die Zeit war, in der man die Antike entdeckte und bei so manchem heidnischen Brauch ein Auge zudrückte, wurde Michelangelos Häresie auf päpstlichen Wunsch übersehen und die Pietà sogar im Petersdom aufgestellt. Die etwas durchsichtige Erklärung, dass Mütter in der Kindesliebe jünger wirken, musste als notdürftige Erklärung herhalten.

Festzuhalten bleibt, dass die ägyptische Göttin Isis den Übergang von der Frau-Mann- zur Mutter-Sohn-Beziehung markiert, denn die gesamte Mutter-Sohn-Theologie des Christentums ist in der Isis-Horus-Spekulation vorgeprägt.

Aber noch ein Drittes tritt zu Tod und Auferstehung und zur Mutter-Sohn-Beziehung hinzu, nämlich die Vorstellung von der unkörperlichen, der geistigen Zeugung. Maria wurde als Jungfrau verehrt und hatte den Gottessohn empfangen vom Heiligen Geist. Damit gelang die Trennung von den paganen Verwandten, denn die Vorstellungen von asexueller Empfängnis und von der Jungfrauengeburt stehen im Gegensatz zu den vielen sexuellen Implikationen der heidnischen Göttinnen. Diesen Tribut musste Maria leisten, um die christliche Sexualmoral nicht ad absurdum zu führen. Eine normale Zeugung hätte vor allem Maria diffamiert, weil sie Joseph betrogen hätte. Es hätte aber auch Gott auf eine Stufe mit dem ewig brünstigen Zeus gestellt, der durch die Welt umherstreifte und Kinder zeugte.

Es hat in der Tat nicht an Versuchen gefehlt, das Christentum durch die Umstände der Zeugung und Geburt Jesu zu diffamieren. Eines der am liebsten kolportierten Gerüchte lief darauf hinaus, dass Maria ihren Ehemann mit einem römischen Hauptmann betrogen hätte und Gottes Sohn in Wahrheit die Frucht außerehelicher Freuden wäre. Aber das fällt ins Fach billige Polemik und lohnt nicht der ernsthaften Diskussion. Nun ist die Geburt eines Gottes oder Halbgottes durch eine menschliche, das heißt sterbliche Mutter in der Antike durchaus keine fremde Glaubensvorstellung – denken wir nur an die Zeus-Söhne Dionysos oder Herakles. Allerdings hatte man keinen Grund, das Sexuelle zu verheimlichen, zu verstecken oder zu sublimieren, insofern ging es auch nicht um eine jungfräuliche Empfängnis, sondern die Frauen, die Zeus bzw. Jupiter umgarnte, liebten ihn leibhaftig, weshalb das Konzept der Jungfräulichkeit begreiflicherweise hier nicht zur Anwendung kam.

Die frühen Christen vermochten zum einen im Geschlechtsverkehr nichts Gutes zu sehen, zum anderen missfiel ihnen die Vorstellung, dass ihr Gott, der Eine, über allen Seiende, so weit von seiner monotheistischen Höhe herabgestiegen und sich wie irgendein heidnischer Gott mit einer Menschenfrau verlustiert haben sollte. Das von Jesus so bezaubernd und freundlich gesagte Wort von seinem Vater im Himmel, die am besten von Johannes verbreitete Vorstellung, dass Gott seinen Sohn in die Welt geschickt hatte bzw. dass das Wort Fleisch geworden war, zwang Generationen von Theologen zu harter Arbeit. Sie mussten die Trinität begründen, die besagt, dass die drei göttlichen Personen eine sind – bis hin zur Unbefleckten Empfängnis und zur Jungfrauengeburt, denn nur eine sündenlose Frau konnte Gottes Sohn zur Welt bringen. Eine Voraussetzung der Sündlosigkeit bestand aber in der Jungfräulichkeit.

So wurde Maria, die Gottesmutter und Himmelskönigin, zugleich zur sündlosen Jungfrau. Allerdings ist auch die Vorstellung der göttlichen Jungfrau nicht originell, denn bereits die griechischen Göttinnen Athene und Artemis wurden als *parthenoi*, als Jungfrauen, verehrt. In diesem Zusammenhang bedeutet Jungfräulichkeit Stärke, nämlich keinem Mann untertan zu sein. Denkt man hier weiter, stellt sich die faszinierende Frage, ob das Konzept der Jungfräulichkeit, der *parthenoi*, stärker auf die Vorstellung, keinen Geschlechtsverkehr gehabt zu haben, abstellt oder eher im Zusammenhang mit der Selbstbestimmung der Frau, der Unabhängigkeit vom Mann zu sehen ist, wie wir es beispielsweise bei Athene, Artemis und den Amazonen finden. Ist nicht spätestens seit der Einführung des Dogmas von der Unbefleckten Empfängnis 1870 unser Blick, mit dem wir auf die Geschichte schauen, zu sehr auf das rein Geschlechtliche verengt? Oder anders ausgedrückt, wurde irgendwann in der frühen Geschichte aus der unabhängigen Frau die Frau ohne Sexualität?

Das Konzept der göttlichen Jungfrau zeitigte bereits in den Mysterienreligionen harte Konsequenzen, denn die Jungfräulichkeit verlangte Opfer, nämlich die Zeugungsfähigkeit ihrer Priester, deren sie sich durch einen kühnen Schnitt zu entledigen hatten. Sexuelle Enthaltsamkeit, also soziale, nicht auf medizinischen, sondern auf mentalen Ursachen beruhende Kastration verlangten auch der Christengott und die Jungfrau Maria von ihren Priestern. Das Motiv der *virgo caelestis*, der himmlischen Jungfrau, findet sich ebenfalls bereits bei der ephesischen Artemis.

Doch in dem Bestreben, die paganen Verwandten der christlichen Gottesmutter vergessen zu machen, wurde die Vorstellung der Unbefleckten Empfängnis durch den Heiligen Geist entwickelt. Dabei lief man allerdings Gefahr, den Erzketzern, den Gnostikern, auf den Leim zu gehen. Die Situation für die christlichen Theologen war alles andere als einfach: rechts die Heiden, links die Ketzer. Die Theologie der Jungfrau Maria musste wie weiland Odysseus durch Skylla und Charybdis ihren Weg durch die Fährnisse finden.

Von der Forschung noch zu wenig gewürdigt, finden wir in der christlichen Maria die griechische Sophia. Der Begriff *sophia* bedeutet Weisheit – und so kommt über die Weisheit auf geradezu raffiniertem Weg in die allerchristlichste Vorstellung der Gottesmutter plötzlich auch gnostisches Denken, das für die katholische Großkirche des Römischen Reiches die schlimmste Ketzerei darstellte.

Für die Gnosis ist die Entstehung des Menschen ein Betriebsunfall, verschuldet durch die Sophia, die nur für einen kurzen, aber ausreichenden Augenblick von ihrer Eitelkeit verführt worden war. Im Spiegel des Urwassers sich mit etwas zu viel Wohlgefallen betrachtend, schuf sie unbeabsichtigt Leben.

Die ganze Vorstellung von der Jungfrauenzeugung, die im Grunde eine Geistzeugung ist, wirkt stark gnostisch, zumal in den gnostischen Systemen häufig die Sophia die Stelle des Heiligen Geistes eingenommen hat. Wenn man bedenkt, dass sich die Theologie der Jungfrauenschwangerschaft, der Geistzeugung also, erst nach dem 4. Jahrhundert n. Chr. entwickelte, in einer Zeit, in der die Großkirche die Gnosis erbittert als Häresie bekämpft und auch besiegt hatte, wird deutlich, wie die gnostischen Sophia-Spekulationen als Maria-Theologie ins Christentum gelangten. Es amüsiert zu beobachten, wie katholische Theologen sich auf gnostischem, also häretischem Terrain bewegen müssen, um das Dogma von der Unbefleckten Empfängnis formulieren zu können.

So ist es kein Zufall, dass auch ein gnostisches Maria-Evangelium existiert, das die katholische Kirche als häretisch einstufte, um die verräterischen Spuren eines Plagiats zu verwischen.

Die Gnosis, aus katholischer Sicht eine Erzketzerei, überlebte die Verfolgung durch die Großkirche auf zwei Wegen: einmal durch geheime religiöse Gruppen, die das Gedankengut weitertrugen, und zum anderen durch gnostisches Denken, das sich, gut getarnt, an zentralen Stellen des christlichen Glaubens wie der Theologie der Jungfrau Maria und des Heiligen Geistes niederließ und eine Krypta bildete. Auch in der Gegenwart existieren noch gnostische Kirchen und amtiert sogar ein gnostischer Papst.

Kehren wir noch einmal zur Magna Mater, dem Urbild der Jungfrau Maria, zurück. Nestorius (381–451), der Patriarch von Konstantinopel, hatte Vorbehalte, Maria *theotòkos* – Gottesgebärerin – zu nennen, weil er ihr dadurch einen quasi göttlichen Rang zubilligte. Mit feinem Gespür erfasste er, dass er damit die paganen Elemente im Christentum stärken würde. In dieser Zeit hatten die Theologen in heftigen Kämpfen gerade die Natur Christi und die Beziehung zwischen Gottvater und Sohn geklärt, und man war noch einige Auseinandersetzungen weit von einer Theologie des Heiligen Geistes entfernt, sodass Platz war für eine Vorstellung, die eine etwas andere Trinität definierte, aus Gottvater, Sohn und Maria bestehend, zumal man den Heiligen Geist, wenn man den gnostischen Spekulationen folgt, auch in einer engen Beziehung zu Maria sehen konnte. In den semitischen Sprachen ist der Geist weiblich.

Deshalb empfahl Nestorius den Begriff *christokos* – Christusgebärerin. Damit erntete er den Widerspruch seines Rivalen, des Bischofs Kyrill von Alexandria, der sich schließlich auf dem Konzil in Ephesos 431 n. Chr. durchsetzte. Bezeichnenderweise fand die Kirchenversammlung in der Kirche der Maria statt, die an diesem Ort ihre letzten Lebensjahre verbracht und die Christen in die Geheimnisse des Christentums eingeführt haben soll.

So schloss sich der Kreis von der Artemis zur Jungfrau Maria, von der Virgo Caelestis zur Maria Immaculata. Triumphierend beendete Kyrill von Alexandria das Konzil, indem er Maria pries, als sei sie Gott: »Voller Freude blicke ich auf die Versammlung der Heiligen ... gerufen von der heiligen Maria, Gottesgebärerin und immerwährende Jungfrau ... Gefäß des Unerfasslichen, Mutter und Jungfrau ... durch sie wird die gefallene Schöpfung in den Himmel aufgenommen, durch sie kam die gesamte Schöpfung, die im Götzendienst befangen war, zur Erkenntnis der Wahrheit.«[71]

Noch heute können wir etwas von der Begeisterung spüren, die von der Freude ausging, Maria zur Himmelskönigin erhoben zu haben, sie als *theotòkos* quasi vergöttlicht zu haben, denn Papst Sixtus III. (432–440) ließ am Triumphbogen der römischen Wallfahrtskirche Santa Maria Maggiore aus diesem Anlass ein überwältigendes Marienmosaik anbringen.

Nicht das ganze Erbe der großen paganen Göttinnen transformierte das Christentum, nicht alles fand Platz in der vielgesichtigen Maria. Es blieb ein Rest an Weißer, aber auch an Schwarzer Magie, an Zauberei und Wissen um die Geheimnisse der Natur, die über die Jahrtausende von weisen Frauen gesammelt, komplettiert und weitergegeben wurden. Dafür wurden sie immer wieder verfolgt und als Hexen verunglimpft. Als geheime Religionen haben sich diese alten Mutterreligionen auf den beiden bereits beschriebenen Wegen erhalten. Sowohl die Verehrung der Gottesmutter als auch das Interesse an paganen Glaubensvorstellungen wie dem Hexenkult hat sich seit den sechziger Jahren letzten Jahrhunderts wieder verstärkt.

Fragt man danach, wie die paganen Kulte aussahen, stößt man auf ein Paradoxon, denn am besten unterrichtet sind wir über die Mysterienreligionen, in die jene Religionen sich ausprägten. Über die Mysterienkulte der Kaiserzeit gingen sie in das Christentum, aber zum Teil auch den Islam ein. Das Christentum war in seinen Anfangsjahren selbst eine Mysterienreligion. Tauchen wir also ein in das Geheimnis der römischen Mysterienkulte.

LIEBE, TOD UND FRUCHTBARKEIT – DEMETER

»*Und hättest du den Ozean durchschwommen,*
Das Grenzenlose dort geschaut,
So sähst du dort doch Well' auf Welle kommen,
Selbst wenn es Dir vorm Untergange graut.
Du sähst doch etwas. Sähst wohl in der Grüne
Gestillter Meere streichende Delphine;
Sähst Wolken ziehen, Sonne, Mond und Sterne –
Nichts wirst du sehn in ewig leerer Ferne,
Den Schritt nicht hören, den du tust,
Nichts Festes finden, wo du ruhst.«

Johann Wolfgang Goethe, Faust II, 1

Das Besondere an den Muttergöttinnen, wie es im schon besproche-
nen Konzept der chthonischen Götter vorliegt, findet sich in ihrer
unmittelbaren Beziehung zu Geburt, Wachstum und Tod. Spätestens
seit Medea, jener Königstochter aus der griechischen Mythologie,
die, von ihrem Mann verstoßen, zur Kindermörderin wird, ist nicht
nur die Mutter bekannt, die gebiert, sondern auch die Mutter, die das
Leben zurücknimmt, die tötet. Wo die Muttergöttinnen in das christliche Gedankengut eingingen, sind sie uns vertraut – alles darüber
hinaus mutet abenteuerlich, fremd und befremdlich an. Beim Gedanken an die mythische Figur der Magna Mater überläuft uns ein kaltes
Frösteln, weil das untrügliche Gefühl raunend verrät, dass hier die
tiefsten, geheimnisvollsten Schichten der Geschichte und des Unterbewusstseins berührt werden. Dort gibt es keine Vernunft, sondern
nur Symbol, Atavismus und Intuition, das Irrationale schlechthin.
Die Muttergöttinnen verbergen in ihren Mysterien die Urtriebe, die
Urquellen und Urinstinkte des Lebens, die von den Christen später
zum Wunder der Schöpfung sublimiert und kultiviert wurden.

In den geheimen Religionen der Spätantike spielen die großen
chthonischen, mit der Erde verbundenen Göttinnen eine zwiespältige Rolle. Glanzvoll und schrecklich berühren sie die Urängste und
die Urwünsche des Menschen. Mit der Unterwelt und der Oberwelt

verbunden, beschäftigten sie das Unterbewusste und das Bewusste im Menschen gleichermaßen. In der Individualgeschichte wie auch im Gehirn des Menschen gehören sie einer tieferen Schicht, vielleicht sogar der untersten an, denn das Leben des Menschen beginnt nun einmal im Mutterleib, und die Geburt vermittelt uns unbewusst das Gefühl der Vertreibung – weshalb bisher noch jeder schreiend und nicht lachend zur Welt gekommen ist.

Die Magna-Mater-Göttinnen – Demeter, Astarte, Kybele, Hekate, Artemis – trugen ihre verschiedenen Namen je nach ihrer geographischen Herkunft. In ihrer Zuständigkeit für bestimmte Bereiche des menschlichen Lebens waren sie – abgesehen von geringen Akzentverschiebungen – identisch. Deshalb fiel es der sakralen Übersetzungskunst nicht schwer, diese Göttinnen und ihre Riten zu synchronisieren. Wie bei der Jungfrau Maria ging es im Grunde um Geburt, Leben, Tod und Auferstehung.

Ein Blick auf Marias ältere Schwestern wird uns viel darüber verraten, woran wir glauben, was uns beschäftigt und was wir lieber verdrängen. Es ist in einem Wort gesagt: der Widerstand des Lebens gegen unseren alltäglichen Pragmatismus. Das Christentum verbindet deshalb objektiv die Europäer mit der Geschichte ihrer alten Welt, verleiht ihnen Identität.

Einer der ältesten Kulte und vielleicht der Prototyp für die geheimen Religionen ist die Verehrung der eleusinischen griechischen Fruchtbarkeitsgöttin Demeter, der später von den Römern unter dem Namen Ceres gehuldigt wurde. Beide Begriffe sind uns bestens vertraut, denn die gute alte Ceres wird uns tagtäglich von der Werbung präsentiert, wenn sie irgendein Müsli oder einen Riegel preist, das oder der aus guten wertvollen Cerealien hergestellt wurden oder wenn wir im Bioladen etwas in Demeter-Qualität Produziertes erwerben. Der Begriff Cerealien allerdings ist schlicht falsch, denn er bezeichnet nicht das Getreide, das in der Werbung gemeint ist, sondern die römischen Feiertage der Ceres. Wenn also geworben wird, dass ein Müsli viele wertvolle Cerealien enthält, sagt uns der Werber eigentlich, dass dieses Müsli viele gute Feiertage beinhaltet.

Entstanden ist der Kult der Demeter im getreidereichen Attika, genauer in Eleusis. Die große Erzählung dieser Religion kennen wir in anderer Form bereits aus dem Mythos von Inanna und Dumuzi. Es gibt verschiedene Versionen, hier die älteste nach dem »Homerischen Hymnus 2: An Demeter«:

Hades, der Gott der Unterwelt, hatte sich in Kore, die Tochter der Demeter, verliebt und sie entführt. Nach einer ebenso zähen wie ergebnislosen Suche setzte die Mutter die Götter, welche die Entführung geduldet hatten, unter Druck: Sie drohte damit, bis zur Rückkehr ihrer Tochter auf Erden keine Pflanzen mehr wachsen zu lassen. In dieser Krise schickte Zeus den Götterboten Hermes mit der Bitte zu seinem Bruder Hades, dieser möge Kore, die sich in der Unterwelt Persephone nannte, freigeben. Hades willigte ein, zwang Kore jedoch, bevor sie den Wagen des Götterboten bestieg, ein paar Kerne vom Granatapfel zu essen. Dies war aber die Speise der Toten, und niemand, der davon gegessen hatte, konnte dauerhaft auf Erden leben. So blieb nur eine Lösung: Kore-Persephone würde vier Monate in der Unterwelt verbringen und den Rest des Jahres bei den Göttern auf dem Olymp. In der Zeit, die Kore bei Hades zubrachte, trauerte Demeter – im Winter stellt die Natur das Wachstum ein.

Ein wichtiges Detail in dieser Geschichte ist der Granatapfel, das »Blutsakrament der Antike« (Walter Burkert). Aufgrund seiner vielen und noch dazu blutroten Kerne symbolisierte der Granatapfel vor allem die Fruchtbarkeit. Und Fruchtbarkeit bedeutet Leben, Unfruchtbarkeit den Tod.

Diese so einfache wie schreckliche Tatsache verstehen wir heute nicht mehr. In unserer Zeit geht es eher um Empfängnisverhütung als um Nachkommen. Das alte Denken ist uns völlig fremd geworden, und diese Fremdheit mag ein Symptom unserer Denaturierung sein. Kinder stellen in unseren Tagen ein Armutsrisiko dar, bis ins 19. Jahrhundert hinein galt Kinderlosigkeit jedoch als Elend. Wenn man diesen fundamentalen Unterschied im Denken nicht begreift, kann man auch den alles entscheidenden Stellenwert nicht verstehen, den die Fruchtbarkeit von Mensch, Tier und Pflanze in der vormodernen Welt einnahm. Kinder bildeten die Sozialversicherung früherer Gesellschaften. Im Altertum wurde Unfruchtbarkeit als schlimmste

Strafe Gottes aufgefasst. Wer unfruchtbar war, galt als Paria, als verflucht, als mit einem Verhängnis bestraft.

Durch die Berührung mit dem Granatapfel wurde die Flussgöttin Nana, die Mutter des Attis, schwanger, und Kore verfiel durch die Kerne der Frucht dem Hades. Im Alten Testament und im Koran wird der Granatapfel als Zeichen der Fruchtbarkeit gerühmt, als eine der Wohltaten, die Gott dem Menschen erwies. Maria brachte man oft mit dieser göttlichen Frucht in Verbindung. Noch heute dient der Granatapfel in den Marienfesten in den Bergen von Paestum als ein Symbol der Muttergottes. Das Blutsakrament des paganen Altertums avancierte zum heiligen Attribut der Gottesmutter.

Im frühen Mittelalter begann man, in Maria ein Symbol für die Kirche zu sehen. Aus dieser Perspektive bekam der Granatapfel eine zusätzliche Kraft, denn seine Beschaffenheit versinnbildlichte die Kirche: Er hatte so viele Kerne wie die frühe Kirche Gläubige, die ihr Blut für den Glauben gaben. Es gibt so viele meisterhaft ausgeführte oder dilettantisch gepinselte Bilder von Maria mit einem Granatapfel, dass wir gar nicht erst versuchen wollen, sie aufzuzählen. In der Kunstgeschichte wurde aus diesem beliebten Motiv ein Sujet: Maria mit dem Kinde und dem Granatapfel (*Madonna col bambino e melagrana*).

Begünstigt wurde die Beliebtheit des Sujets dadurch, dass über christliche Vermittlung aus dem Granatapfel im Mittelalter der Reichsapfel als Symbol der Herrschaft wurde – im Laufe der Zeit geht der Granatapfel als Herrschaftssymbol auf den Gemälden immer stärker aus den Händen der Himmelskönigin in die des Himmelskönigs Jesus über, wo er eigentlich nichts zu suchen hat, sieht man von der Vorstellung ab, dass Jesus die Kirche beherrscht. Doch kehren wir zu Demeter zurück, die ihre Tochter nur zur Vegetationszeit zurückbekam.

Am Mysterienkult der Göttin Demeter war zunächst einmal nichts geheim. In Eleusis bei Athen wurde ein großes Weihehaus errichtet, in dem man der Fruchtbarkeitsgöttin huldigte. Die großen Feiern wurden im Monat Boedromion (September/Oktober) veranstaltet. Sie erfüllten auch den Aspekt des Erntedankfestes. Die

Feiertage der Religionen mögen noch so sehr spiritualisiert worden sein, sie sind dennoch in Datum und Anlass von den großen Rhythmen der Natur abhängig.

Die Priester des Demeter-Heiligtums stellten Angehörige der vornehmsten Familien Athens. Vorbereitet wurden die Mysterien durch Fasten und Reinigungen, das Anlegen weißer Gewänder, die Opferung eines Ferkels. Natürlich spielte die Prozession zum Weihehaus, bei der Sakralgerät in Behältnissen mitgeführt wurde, eine zentrale Rolle bei der Einstimmung auf die Mysterien.

Massenprozessionen, Umzüge, bei denen man in bestimmten Formen bestimmten Inhalten huldigt bzw. sie symbolisch darstellt, begegnen uns von der Fronleichnamsprozession über die Echternacher Springprozession über das schiitische Ashurafest bis hin zu den Karnevalszügen. Diese Umzüge, die sich in Anlass, Form und Inhalt doch sehr voneinander unterscheiden, gehen auf die frühen Mysterienkulte und die ägyptische Götterverehrung zurück.

Im alten Griechenland zogen ungefähr 3000 Menschen von Athen nach Eleusis. Unterwegs spielten die Wahlfahrer Szenen aus der Geschichte der Demeter und der Kore-Persephone nach. So weit die Kleinen Mysterien, die allen zugänglich waren.

Vom Weihehaus umgeben, bewacht und verborgen stand ein schmales Steinhaus, der Palast, der Ort des zutiefst Geheimen, *anaktoron* genannt. Dort fanden dann unter Ausschluss der Öffentlichkeit im kleinen Kreis der Mysten, der Eingeweihten, die Großen Mysterien statt.

Da unter Androhung der Todesstrafe ein strenges Schweigegebot über die Großen Mysterien verhängt worden war, wissen wir leider nur wenig über ihren konkreten Inhalt und ihren detaillierten Ablauf. Der Althistoriker Hans Kloft[72] vermutet, dass der Mythos nachgespielt und miterlebt wurde, wenn die Priester die Kore durch Gongschläge aus der Unterwelt befreiten und dabei geschickt Licht- und Schatteneffekte einsetzten. Eine Ahnung von der tiefen Wirkung dieser Lichtdramaturgie vermittelt der alte katholische Osterbrauch. In der Karwoche werden die Fenster der Kirche verhängt, sodass das Gotteshaus dunkel, trist und öde wirkt. Am Ostermorgen lässt man die Vorhänge fallen, Licht strahlt in das Kirchenschiff, und die Gläubigen jubeln: Christ ist auferstanden. Er ist tatsächlich auferstanden.

Es ist davon auszugehen, dass die Eingeweihten die heilige Geschichte als real erlebten, weil sie an der Handlung beteiligt wurden. Über den genauen Ablauf der Inszenierung ist uns nichts bekannt, aber wir wissen, dass sie nicht zum Zwecke der Vorführung für eingeweihte Zuschauer, sondern als Weihespiel unter Mitwirkung aller Mysten stattfand. Die Mysterienspiele des christlichen Mittelalters haben diesen Grundgedanken übernommen.

Das Handeln der Eingeweihten in einer anderen Realität, in einer Parallelwelt – in ihrer Vorstellung vielleicht sogar der wahren Welt –, gerinnt sozusagen in zwei griechischen Begriffen, nämlich *katharsis* und *mimesis*. Mimesis bezeichnet den nachahmenden Mitvollzug einer Handlung, um mit dem Vorgang zu verschmelzen, während Katharsis die Reinigung und Läuterung meint, die in diesem Fall durch die Mimesis im Weihespiel ausgelöst wird.

Wie bei allen Mysterienreligionen wurde die heilige Geschichte oder die große Erzählung den Mysten ergreifend, erschütternd vergegenwärtigt. In seiner »Mahnrede an die Heiden« berichtet Klemens von Alexandria über den Ablauf der Mysterien:

> »Und so lautet der Erkennungsspruch bei den eleusinischen Mysterien:
> ›Ich fastete;
> ich trank den Mischtrank;
> ich nahm aus der Kiste;
> nachdem ich meine Aufgabe erfüllt hatte,
> legte ich es in den Korb
> und aus dem Korb in die Kiste.«
> Wahrlich schön ist das Schauspiel
> und passend für eine Göttin!‹«[73]

Der »Erkennungsspruch« fasst im Grunde die drei Elemente des Ritus zusammen: heiliges Zeigen der heiligen Gegenstände, heiliges Sprechen der geheimen Formeln und heiliges Ausführen der heiligen

Handlungen, die aus Episoden der großen Erzählungen und der Weiheakte bestanden. Aus diesen Elementen bestehen noch heute die Messen und Abendmahlsgottesdienste, aber auch die neopaganen Kulte der Hexen, der weisen Frauen und der Neodruiden.

Selbst bei genauerer Kenntnis der Mechanik der Großen Mysterien fiele die Darstellung des großen Geheimnisses enttäuschend aus, denn es würde die wirkungsvolle Dimension des persönlichen Erlebens fehlen. Die Prozession, die massenpsychologisch bereits die Suggestion eines Gemeinschaftserlebnisses entfaltete, bereitete die gewöhnlichen Gläubigen, aber auch die Eingeweihten geistig wie seelisch auf die Kleinen und Großen Mysterien vor. Erinnert man sich an die Berliner Love-Parade-Prozessionen, bekommt man eine Ahnung von der Wirkung dieser Wallfahrten auf die Teilnehmer, auf die, die sich mittendrin befinden, die durch die ungeheure Konzentration menschlicher Energien aus Zeit und Raum getragen wurden.

Entgrenzung – und davon leben diese Rituale – bedeutet den Verlust oder besser das Vergessen der Koordinaten von Raum und Zeit. Nicht das spätere Konzept der Utopie, des »kein Ort, nirgends«, das keine Zeit kennt, ist der Zielpunkt der Entgrenzung, sondern der Anschluss an die göttliche Zeit, an die Ewigkeit. Statt in keinen Ort und keine Zeit tritt man in den Mysterien in die Heilszeit ein, die keine Unterscheidung mehr kennt und über allen Orten ist, eben der siebente Himmel, wie wir noch heute in unserer Umgangssprache einen beseligenden Ort nennen. Der Ort ist das Elysium der Griechen oder das *pleroma* der Gnostiker. Dass der Ort so einzigartig ist, dass nur den Würdigen – sprich, den Wenigsten – Einlass gewährt wird, versteht sich von selbst.

Nur ein auserwählter Personenkreis erhielt Zutritt zum Anaktoron. Um an diesen Ort zu gelangen, bedurfte es unterschiedlicher Hilfsmittel. Neben allen inszenatorischen Effekten, die die bereits psychisch erregten Neophyten, die neu aufgenommen werden sollten, und die Mysten, die Eingeweihten, gestalteten, spielte ein Mischtrank (*kykeon*) eine besondere Rolle. Die These, dass es sich hierbei um ein aus Gerste hergestelltes Halluzinogen handelte, wurde von Wasson, Ruck und Hofmann durch Untersuchungen an bestimmten

Gerstenarten belegt.[74] Diese bewusstseinsverändernden Substanzen ermöglichten den Neophyten und den Mysten die *epopteia*, die Schau des göttlichen Geschehens. Möglicherweise vermochten die Mysten dank des Trankes bis zur Grenze der Unterwelt hinabzusteigen, um Kore-Persephone persönlich von Hades in Empfang zu nehmen, sie bei ihrem Aufstieg zu begleiten und sie schließlich ihrer Mutter Demeter zu übergeben. Allerdings ist unter »persönlich« das antike *personare*, das durch die Maske Sprechen, zu verstehen. Denn der Eingeweihte ist nicht als Individuum, sondern maskiert als Typus, als Über-Individuum beteiligt – seine Identität hatte er in den vorbereitenden Riten bereits abgelegt. Er ist jetzt nur noch der Diener der Göttin. Zur Entgrenzung gehört das Überschreiten oder Verlassen der eigenen, begrenzten Persönlichkeit.

Eine Vorbedingung für den mystischen Weg besteht immer in der Überwindung des Alltagsmenschen, der man doch ist. Ohne Freud bemühen zu müssen, wird deutlich, dass die Großen Mysterien den Vorgang real und mental, zwischen Oberwelt und Unterwelt und gleichzeitig im Menschen zwischen Bewusstsein und Unterbewusstsein spielen lassen. Wenn diese Hypothese zutrifft, wären die Mysten im Großen Mysterium der Demeter in eine den Menschen nicht zugängliche Sphäre vorgedrungen, hätten als Lebende das Reich des Todes gesehen. Was exotisch klingen mag, ist in jeder sakramentalen Handlung Realität.

Wir erinnern uns an Jesus. In den Tauffragen des Hippolyt von Rom (170–236), eines Zeitgenossen der Mysterienkulte, heißt es: »Und darauf fragt er: Glaubst du an Christus Jesus, den Sohn Gottes, der geboren ist vom Heiligen Geist aus der Jungfrau Maria, der unter Pontius Pilatus gekreuzigt wurde, gestorben, am dritten Tage lebend von den Toten auferstanden und zum Himmel aufgestiegen ist?«[75] Auch Papst Benedikt XVI. vergleicht den Vorgang der Taufe mit dem Eintauchen in das »nasse Grab« und den Abstieg in die Höhle, »die ihrerseits das ikonographische Zeichen für den Hades, die Unterwelt, die Hölle ist«.[76] Dabei beruft sich der Papst auf den Evangelisten Lukas, auf Cyrill von Jerusalem und auf Johannes Chrysostomos,

also im Fall der beiden Letztgenannten auf Kirchenlehrer, die zeitgleich zu den römischen Mysterienkulten lebten. Es ist wichtig mit-
zudenken, dass wir uns mit Blick auf die Blütezeit der Mysterienkulte
und die Jahrhunderte der Entstehung der Großkirche aus dem frühen Christentum in einer Zeit befinden, in der ein mit allen Mitteln
geführter Vernichtungskrieg zwischen dem Christentum und den
heidnischen Religionen tobte.

Entgegen einem verbreiteten Vorurteil war das Heidentum nicht
areligiös oder atheistisch. Die Basis des Glaubens bildete der Kosmotheismus im Gegensatz zum Monotheismus des Christentums. Beides konnte nicht nebeneinander bestehen bleiben, nicht, nachdem
die Mosaische Unterscheidung in der Welt war.

Die neu Aufgenommenen wurden in die Mysterien eingeweiht
und tauchten dabei in die Unterwelt, aus der sie wieder auferstanden.
So verwunderlich die Übereinstimmung zwischen Mysterienkult und
christlicher Taufe auch auf den ersten Blick erscheint, so ist sie doch
lediglich ein Beispiel für das oftmals beobachtete Phänomen, dass Initiationsriten immer mit dem (symbolischen) Tod des Einzuweihenden beginnen, damit er anschließend zu einem neuen Leben, nämlich
im Dienst der Gottheit, wiedergeboren werden kann. Er hat sein altes
Leben hinter sich gelassen und ist nun ein neuer Mensch. Initiationsriten wie die Taufe sind Übergangsriten. So wie die Neophyten der
Demeter im Mysterium in die Unterwelt hinabsteigen, um ihr altes
Dasein abzustreifen und mit Kore-Persephone wieder aufzusteigen,
so sinkt Jesus in das »nasse Grab«, fährt in den Hades, um wieder auf-
zutauchen mit Blick in den Himmel: »Kaum war Jesus getauft und aus
dem Wasser gestiegen, da öffnete sich der Himmel, und er sah den
Geist Gottes wie eine Taube auf sich herabkommen.« (Mt 3,16). Eine
weitverbreitete Form der christlichen Taufe bestand nicht im Be-
sprengen des Täuflings mit Wasser, sondern im vollständigen Unter-
tauchen des gesamten Körpers. Noch der fränkische König Chlodwig,
der Ende des 5. Jahrhunderts zum Christentum konvertierte, stieg bei
seiner Taufe in Reims im weißen Hemd in ein Baptisterium, in dem er
ganz untertauchte und dadurch symbolisch in das Reich des Todes
hinabstieg, um aus ihm als neuer Mensch hervorzugehen.

Die Konversion, die Umkehr zum wahren Glauben, wurde sowohl in den Mysterienkulten als auch im Christentum als radikaler Akt verstanden, wie es in den Taufworten des Remigius von Reims, der den Merowinger Chlodwig taufte, durchklingt: »*Mitis depone colla ... adora quod incendisti, incende quod adorasti* (Beuge demütig deinen Nacken ... bete an, was du verbranntest, verbrenne, was du verehrtest).«

Diese Vorstellung vom Bund mit Gott, den man durch die Einweihung schließt, ist zwar altes Kultgut, aber der genaue Ritus der Initiation blieb eine Angelegenheit des Geheimnisses. Bis heute behandeln die geheimen Religionen, aber auch die Geheimbünde, selbst die Freimaurer die Initiationsriten und die konkrete Einweihung oder Taufe als Geheimnis. Es mag uns erstaunen, aber für das frühe Christentum galten die Sakramente als Mysterien, als Geheimnis, das nicht veröffentlicht werden durfte und mit den schlimmsten Strafen gesichert wurde.

Das Hinabsteigen in die Unterwelt, das von den Neophyten der Demeter vermutlich als tatsächlich geschehen erlebt wurde, wäre noch aus einem anderen Grund in der Tat etwas Einzigartiges und ein wahres Mysterium, etwas, das alle Nahtoderfahrungen, die in den letzten Jahren in breiten Kreisen diskutiert worden sind, überschreitet. Die neu Aufgenommenen wären, geführt von den Priestern, in eine Welt vorgedrungen, von der es in einer zeitgenössischen Beschreibung der Initiation in die Isis-Mysterien heißt: »Ich ging bis zur Grenzscheide zwischen Leben und Tod. Ich betrat Proserpinas (griech. Persephone – d. Verf.) Schwelle, und nachdem ich durch alle Elemente gefahren, kehrte ich wiederum zurück. Zur Zeit der tiefsten Mitternacht sah ich die Sonne in ihrem hellsten Licht leuchten; ich schaute die unteren und die oberen Götter von Angesicht zu Angesicht und betete in ihrer Nähe.«[77]

Und darum ging und geht es nicht nur, aber vor allem in den geheimen Religionen: das Göttliche, das Numinose, Gott aus nächster Nähe anzubeten, ihn zu schauen, vielleicht sogar sich mit ihm zu vereinen, in ihm aufzugehen. In den sechziger und siebziger Jahren des vergangenen Jahrhunderts versuchte man, diesen Zustand durch die Einnahme von Drogen und die Versenkung in psychedelische Musik zu erreichen. In dieser Zeit entstanden auch die New-Age-Religionen, die nach Alter und Herkunft unterschiedliche Religionsphänomene und kultische Techniken mixten, um sich mit den Göttern einer neuen Welt zu vereinen und dadurch die Welt und das Leben zu retten, das von der erdrückenden Gefahr eines dritten Weltkrieges und von großen ökologischen Katastrophen bedroht war. New Age, die Religion eines neuen Zeitalters, die auf die alten Götter zurückgriff, war der Versuch, ein vermeintliches Erbe anzutreten, das man in den Magna-Mater- und Mysterienkulten zu erblicken meinte.

Sosehr sich die Menschen zu allen Zeiten auch darum bemühten, sich mit den Göttern oder mit Gott in Glückseligkeit zu vereinen, um dadurch ein ewiges und reines Leben zu erlangen, versuchten sie damit allerdings das Allerschwerste, was auf der Welt erreicht werden kann. Wie in den ägyptischen Großen Mysterien verwirklicht und von Klemens von Alexandria so brillant definiert, lässt sich das Göttliche nicht kommunizieren, es kann nicht begriffen, also nicht auf den Begriff gebracht oder in Worte oder Umschreibungen gefasst, sondern es kann nur erlebt, erfahren, geschaut werden. Aber dieses Erlebnis kann man nicht haben, indem man einfach eine Eintrittskarte erwirbt. Es steht längst nicht jedem offen, und nicht jeder, dem es danach verlangt, wird auch dorthin gelangen. Es ist das Ergebnis größter Bemühungen, die nur für einige Auserwählte mit Erfolg gekrönt sind.

Das große Geheimnis besteht in den Riten, die zur Gottesschau führen, und natürlich in der Gottesschau selbst. Was Hans Kloft über die Riten des Demeter-Kultes von Eleusis schreibt, gilt für das Mysterium aller geheimen Religionen bis auf den heutigen Tag: »Die Riten besitzen den Charakter des Unsagbaren und des Verbotenen, sie sind *árrheta* und *apórrheta*. Sie vermitteln damit dem Sakralen den Nimbus besonderer Exklusivität.«[78]

Beides ist gleichermaßen wichtig, die Riten, aber auch die Geheimnisse dürfen weder verraten werden, noch kann man sie tatsächlich in Worte fassen, weil das Erlebnis nicht vermittelbar ist. Zugegeben, das klingt etwas unlogisch, denn niemand muss verbieten, über etwas zu reden, worüber man ohnehin nicht sprechen kann.

Doch es geht hierbei um Mysterienkontrolle. Es ist eine Art mit der
Todesstrafe sanktionierter Kopierschutz.

Der Weg zur Schau, zur Gottheit darf nicht ausgeplaudert
werden: einerseits um die Gottheit nicht zu erzürnen, weil man sie
dadurch profanieren würde, andererseits um niemandem einen psychisch gefährlichen Weg ohne Führung und Begleitung zu eröffnen.
Das Geheimnis schützt und ermöglicht die Auswahl, die Exklusivität
und die Wirksamkeit des Kultes.

Der Kult der Demeter, der Göttin der Fruchtbarkeit, des Ackerbaus
und des Wachstums, weitete sich über die ganze antike Welt aus und
traf auf ähnliche Kulte. Im syro-phönizischen Raum wurde in Höh-
lenheiligtümern der Berggöttin Astarte gehuldigt, die Liebe, Tod und
Fruchtbarkeit verkörperte. Für den Kult der Astarte verwandten ihre
Anhänger Symbole, die wir aus dem in der unmittelbaren geographischen Nachbarschaft entstandenen Christentum kennen, nämlich
Taube und Fisch.

DER BLUTIGE WEG ZUR ERLÖSUNG –
DER KULT DER KYBELE

Berühmter, weil sie im römischen Kaiserreich in einem großen
Mysterienkult verehrt wurde, ist die phrygische Berggöttin Kybele,
ursprünglich eine anatolische Schwester der Astarte. Die Phrygier
hatten das anatolische Bergland besiedelt. Ihre Kybele war eine Mut-
tergöttin, die für Fruchtbarkeit, Liebe, Zeugung, Wachstum, aber
auch für den Tod verantwortlich war. Und wie bei allen der Erde
verbundenen Göttinnen lagen bei ihr das Helle und das Dunkle, das
Freundliche und das Grausame dicht beieinander. Die Mysterien der
Kybele wurden, wie es sich für eine Berggöttin gehört, in Grotten und
Höhlen gefeiert, und zwar mit zum Teil tatsächlich schaurigen Riten.
Der Name der Göttin leitet sich von den Wortstämmen für Höhlung,
Gefäß, Berg, Felsloch, Grab her. Als heiligster Gegenstand galt ein
schwarzer Stein, angeblich ein Meteorit.

Die Verehrung heiliger Steine erfreute sich in den alten Religionen einer großen Beliebtheit und wurde auch in die monotheistischen Religionen übernommen, wie beispielsweise in den Islam. So findet der schwarze Stein der Kybele in dem Schwarzen Stein – vermutlich ebenfalls einem Meteoriten –, der in die Kaaba eingelassen ist und den die Gläubigen bei der rituellen Umrundung zu küssen versuchen, eine überraschende Parallele. Auch in dem sonst so streng monotheistisch wirkenden Islam lassen sich selbst an zentralen Stellen der Andacht heidnische Relikte erkennen. Wie im Judentum oder im Christentum wurden auch im Islam pagane Bräuche monotheistisch überschrieben.

Unabhängig von Konfessionen und Götterglauben werden noch heute bestimmten Steinen heilende Kräfte zugeschrieben, denn das Heilende und das Heilige gehörten in alter Zeit zusammen. Krankheit galt als Fluch der Götter oder das Werk von Dämonen. Die Heilung war deshalb eine heilige Handlung, mit der die Götter dazu bewegt werden sollten, das Verhängnis von dem Erkrankten zu nehmen oder die Dämonen auszutreiben. In diesem Kontext wurden aus heiligen Steinen heilende Steine, die über göttliche oder magische Kräfte verfügten.[79]

Ohne die Übernahme paganer Sitten, Andachtsorte und Sakralgeräte, die dann freilich uminterpretiert werden, gelingt keine Mission. Götter gelten per definitionem und gemeinhin als unsterblich. Warum sollten sie also auch das Zeitliche segnen, nur weil ausgerechnet Jahwe, Gott oder Allah plötzlich um die Ecke bogen? Verschmitzt und listig haben sie in den Synagogen, Kirchen und Moscheen der monotheistischen Religionen Nischen bezogen, die sie von Zeit zu Zeit zum Schrecken der Orthodoxie verlassen.

Der schwarze Stein der Kybele jedenfalls wurde 205 v. Chr. nach Rom überführt. Die Überführungen heiliger Gegenstände in das Zentrum des Reiches dienten dazu, die Götter der unterworfenen Völker in Rom anzusiedeln, sie im wahrsten Sinne des Wortes dem Reich einzuverleiben. Damit wurden zugleich die Heiligkeit und die Kraft der Göttin nach Rom übertragen und sie an Rom gebunden. Die frühen Christen übernahmen diesen Brauch, den die katholische

Kirche dann als Translation (Übertragung) von Reliquien weiterentwickelte. Heil bringende und Wunder bewirkende Körperteile eines
Märtyrers oder eines Heiligen wurden, von Gottesdiensten feierlich
begleitet, in bestimmte Kirchen überführt, damit ihre Erlösungskräfte
auf die Kirche und deren Gemeinde übergingen. Eine der kurio-
sesten Reliquien, derer man sich im Vatikan rühmte, war die Vorhaut
von Jesus Christus. Der heidnische Ursprung der Reliquienverehrung
ist recht offensichtlich, denn die Wunder bewirkenden Körperteile
von Heiligen erinnern sehr an die magischen Amulette der Perser
und der Chaldäer.

Ein Attribut der Kybele ist der Granatapfel, das »Blutsakrament
der Antike«, wie wir uns erinnern. Attis, den die Römer Adonis nennen, wurde gezeugt durch die Berührung seiner Mutter Nana mit
dieser Frucht. Er begegnete Kybele, und beide entbrannten in Liebe
zueinander. Schließlich schwor er ihr ewige Keuschheit und entmannte sich, denn Kybele war zwar eine Fruchtbarkeitsgöttin, doch
beharrte sie anderseits auf ihrer Jungfräulichkeit und damit auf
ihrer Macht. Darauf, dass Jungfräulichkeit damals Kraft und Selbst-
ständigkeit bedeutete, haben wir ja schon hingewiesen. Die tragi-
sche Geschichte von Attis und Kybele wurde zur Grundlage des
Kultes und musste von den Priestern der Göttin in den Großen
Mysterien im Ritus immer wieder nachvollzogen werden. Der römische Dichter Catullus (um 87–54 v. Chr.) schildert uns das mythische
Schicksal des Attis, dem die Priester der Kybele zu Ehren der Göttin
folgten:

> »Als sein flinker Fuß begierig fand den Hain in Phrygien,
> in das waldumschattet dunkle Heiligtum der Göttin trat,
> da ereilt ihn ein Taumel der Verzückung, und im Wahn
> nahm er sein Gemächt und schnitt es mit geschärftem Kiesel ab.
> Als er wahrnahm, dass sein Glied nun ohne Zeugungskräfte war,
> griffen rasch, indessen färbend noch das Blut zur Erde troff,
> zu Kybeles leichter Trommel seine Hände, weiß wie Schnee,
> nahm deine Trommel, große Mutter, und dein Kultgerät.«[80]

Attis rief die Priester auf, seinem Beispiel zu folgen. Sie zogen in göttlicher Ekstase »im Dreierschritt« zum Hain der Göttin, »wo die wilde Schar sich im Tanz zu tummeln pflegt«[81]. Aus »Abscheu gegen Venus«, gegen die Göttin der Liebe, hatten sie sich, Attis' Beispiel folgend, entmannt.

Beim Frühlingsfest zu Ehren der Kybele am 24. März versetzten sich die Gläubigen durch wilde Tänze in Trance und brachten sich mit scharfen Gegenständen Wunden bei. Mit ihrem Blut bespritzten sie in heiliger Ekstase das Bild der Göttin. Wir kennen diese Form der Selbstschmerzenszufügung (Selbstkasteiung) aus dem schiitischen Ashurafest und den Bräuchen der christlichen Geißler. Auch hier bringen sich die Gläubigen in religiöser Ergriffenheit tiefe und schmerzende Wunden bei. An diesem *dies sanguinis*, dem Tag des Blutes, dem Höhepunkt des Frühlingsfestes, benutzten die Anhänger der Kybele in der Nachahmung des Attis scharfe und geschliffene Tonscherben. Seine gereinigten Hoden legte der *enthusiasmoi*, der ekstatische Gläubige, nach dieser für ihn ebenso schmerzvollen wie einmaligen Zeremonie in eine Kultschale, die er dann wie eine Monstranz vor sich hertrug und der Göttin als Opfergabe darreichte. Klemens von Alexandria, der diese heidnischen Bräuche beschrieb, um sie zu kritisieren, überlieferte uns auch hier die Kultformel:

>»Aus der Pauke habe ich gegessen;
>aus der Zymbel habe ich getrunken;
>die Opferschale habe ich getragen;
>in das Brautgemach bin ich heimlich eingedrungen.«[82]

Später freilich, als die Kybele-Religion in Rom als Mysterienkult in Mode gekommen war und die Oberpriester, die *archigalli*, aus den ersten Familien Roms stammten, wurde die Kastration symbolisch übersetzt und sublimiert, und zwar in das Abschneiden von Getreidehalmen. Der Sinn bestand darin, dass die Priester der Göttin ihre Zeugungsfähigkeit opferten und dadurch einem neuen Leben wiedergeboren wurden.

In der ersten scharf verfolgten christlichen Häresie, im Montanis-

mus, der sich seit der Mitte des 2. Jahrhunderts in Kleinasien ausbreitete, wurde die Kastration hoch geehrt als konsequente Form christlicher Askese. Kyrill von Alexandria äußerte die Vermutung, dass
Montanus ehemals ein Priester der Kybele gewesen wäre, und unterstellte damit, dass der Ketzer hinsichtlich der Entmannung über
große Erfahrung verfügte.

Doch auch die Großkirche hatte den paganen Brauch der Kastration der Priester in sublimierter Form übernommen, nämlich als
Zölibat. Der Priester, der in sexueller Enthaltsamkeit lebt, hat die physische Kastration in der sozialen Entmannung als drittes Geschlecht
(tertium genus) vollzogen. Nun muss er seine ganze Willens- und
Glaubenskraft aufbringen, um sich wie kastriert zu verhalten. Hinter
dem kleinen Wörtchen wie verbirgt sich eine zweitausendjährige
Geschichte voller Kampf mit der Biologie, mit dem erotischen Begehren, voller Lüge, Verstellung, Drangsal und unaussprechlicher Not,
voller Brutalität, Intrige, Mord und Perversität. In der Lieblingsvor-
stellung des mittelalterlichen Christentums vom tertium genus steckt
die platonische Idee des Androgynen, des Hermaphroditen, des
autarken Menschen, der zugleich Mann und Frau ist. Die Idee der
Androgynität symbolisiert die Vorstellung vom vollkommenen Menschen, der der Priester ja sein soll.

Doch auch die handgreifliche Problemlösung der Kybele-Priester
fand viel später noch ihre Anhänger: Im Russland des späten 18. Jahrhunderts bildete sich die unheimliche Sekte der Skopzen (»Eunuchen«), die den blutigen Akt poetisch als »das weiße Pferd reiten«
umschrieben.

Blutig schließlich war auch die Taufe im Kult der Kybele, die in
ihrer frühen Form als Blutopfer vollzogen wurde. Der Täufling wurde
nicht mit Wasser besprengt, sondern mit Stierblut. Während des
Tauroboliums, des rituellen Stieropfers, stieg der neu aufzunehmende
Kybele-Anhänger in eine Grube, die mit einem Lattenrost abgedeckt
wurde. Darauf schlachtete man den Stier, dem man die Halsschlag-
ader oder die Kehle durchtrennte und dessen Blut auf den Täufling
herunterregnete. Dadurch sollte die Kraft des Stieres auf den Täufling übergehen.

GEWEIHT ZU TOD UND NEUGEBURT – DAS MYSTERIUM DER ISIS

Die nachhaltigste Wirkung auf das Christentum und auch auf den Islam hatte jedoch nicht die Kybele, sondern die Himmelsgöttin Isis. Ihr Gemahl Osiris war von seinem Bruder Seth getötet, zerstückelt und im ganzen Land verstreut worden. Fieberhaft suchte nun die Göttin nach den Stücken des Leichnams ihres Mannes, um ihn wieder zusammenzufügen. So erlebte Osiris eine Auferstehung.

Im Kult der Göttin Isis wird die Klage um Osiris und die Suche nach dem zerstückelten Leichnam vergegenwärtigt, das heißt, immer wieder durchlebt. Aber genauso wie die Suche vollzogen wurde, fand im Ritus durch die Zusammenfügung des Leichnams auch die Auferstehung des Osiris statt. Wenn die Christen am Ostersonntag selig rufen: »Der Herr ist wahrhaftig auferstanden«, so riefen die Gläubigen des Isis-Kultes in der gleichen Jahreszeit, nämlich im Frühling: »Wir haben ihn gefunden – lasst uns fröhlich sein.«[83]

Bevor Osiris für immer in die Unterwelt herabstieg und zu deren Herrscher wurde, zeugte er mit Isis den Götterknaben Horus. Diese Unterwelt ist nicht mit der christlichen Hölle zu verwechseln, sondern stellt eher eine Parallelwelt dar. Bei keinem anderen Volk findet sich eine ähnlich differenzierte Topografie einer Gegenwelt wie bei den Ägyptern, die ihre Unterwelt auch vielgestaltig mit Wesen unterschiedlichster Art bevölkerten.

Wie später die Christen und die Muslime kannten sie bereits das Totengericht, dem Isis als Richterin vorstand. In Michelangelos berühmten Fresko »Das Jüngste Gericht« schwebt Maria neben Jesus, dem Weltenrichter. Deshalb beteten die Christen zu Maria, um durch sie Fürbitte für ihre Liebsten beim Jüngsten Gericht zu erlangen – wie die Gläubigen der Isis sie um Gnade beim Totengericht baten. Maria, die Mutter, konnte es richten, konnte Vergebung bei ihrem Sohn für die Seele des armen Sünders erlangen, ebenso wie Isis darüber zu entscheiden hatte, was mit den Verstorbenen in der Gegenwelt geschehen würde.

Isis, die herrlichste aller antiken Götterfiguren, wurde zur großen

beherrschenden Göttin der antiken Mysterienkulte. Als Mutter des
Horusknaben, als Isis lactans, als Milch gebende Muttergöttin, wurde
sie auch zum ikonographischen Vorbild für die Mutter Maria, für die
Maria lactans. Besonders augenfällig wird dieser Zusammenhang
an der Isis-Figur aus der Staatlichen Sammlung Ägyptischer Kunst in
München im Vergleich zur Madonna von Hans Baldung Grien in der
Berliner Gemäldegalerie.

Die Milch der Gottesmutter Maria galt im Mittelalter als Wun-
dermittel. Bischof Fulbert von Chartres (960–1028), der todkrank
darniederlag, brachte die Milch Marias, mit dem sie ihn im Traum
oder in einer Vision benetzte, wieder zurück ins Leben. Dem heiligen
Bernhard von Clairvaux erschien die Gottesmutter im Traum. Er
fürchtete sich, vor dem Bischof von Chalon zu predigen. Maria aber
redete ihm gut zu und gab ihm die Brust. Die Milch der Gottesmutter stärkte ihn und machte ihn zu einem großen Prediger und
Theologen.

Sowohl Isis als auch Maria galten als vorbildliche Mütter, als die
Mütter schlechthin, als Urbild und Vorbild zugleich. Deshalb teilen
sie sich in der Ikonographie das Sujet der Stillenden oder das der
Mutter mit dem Kind. Im Lauf der Geschichte kam es sogar gelegentlich dazu, dass alte Isis- und Marienbilder bei ihrer Auffindung
verwechselt wurden. Im Benediktinerkloster Saint-Germain-des-Prés
in Paris beispielsweise betete man viele Jahre lang Isis statt Maria an.
Als der Irrtum bekannt wurde, ließ Kardinal Guillaume Briconnet
(1445–1514) die Isis lactans entfernen und zerstören – es konnte ja
nicht angehen, dass die frommen Mönche zu einer heidnischen Göttin
beteten.

Von der Erhabenheit und Größe der Isis, die uns in ihrer Vollkommenheit nur an Maria erinnert, gibt uns der antike Autor Apuleius
eine Ahnung, wenn er in seinem Roman »Der goldene Esel« die Isis
auftreten lässt. Da er Lateinisch schrieb, benutzte er nicht die griechischen, sondern die lateinischen Götternamen:

»Schau, dein Gebet hat mich gerührt. Ich, Allmutter Natur, Be-
herrscherin der Elemente, erstgebornes Kind der Zeit, Höchste der
Gottheiten, Königin der Geister, Erste der Himmlischen; ich, die ich

in mir allein die Gestalt der Götter und Göttinnen vereine, mit einem Wink über des Himmels lichte Gewölbe, die heilsamen Lüfte des Meeres und der Unterwelt viel beklagtes Schweigen gebiete. Die alleinige Gottheit, welche unter so mancherlei Gestalt, so verschiedenen Bräuchen und vielerlei Namen der ganze Erdkreis verehrt: mich nennen die Erstgeborenen aller Menschen, die Phrygier, pessinunistische Göttermutter (Kybele – d. Verf.); ich heiße den Athenern, den Ureinwohnern Attikas, kekropische Minerva (Athene – d. Verf.), den eiländischen Kypriern paphische Venus (Aphrodite – d. Verf.), den pfeilführenden Kretern dictynnische Diana (Artemis – d. Verf.), den dreizüngigen Siziliern stygische Proserpina (Persephone – d. Verf.), den Euleusinern Ceres (Demeter – d. Verf.) ... Sie aber, welche die aufgehende Sonne mit ihren ersten Strahlen beleuchtet, die Äthiopier beider Länder, und die Besitzer der ältesten Weisheit, die Ägypter, mit den angemessensten eigensten Bräuchen mich verehrend, geben meinen wahren Namen mir: Königin Isis.«[84]

Selbst in der zauberischen, ja magischen Fähigkeit unterscheiden sich Isis und Maria nicht, denn nicht nur Isis orakelt – auch Maria spart nicht mit geheimen Botschaften, wie zuletzt am Anfang des 20. Jahrhunderts im portugiesischen Fatima geschehen. Dort erschien Maria drei Hirtenkindern und verkündete ihnen drei Botschaften, von denen die dritte, weil lange unter Verschluss gehalten, schnell von Legenden umwoben wurde.

Maria ist wie ihre ältere Schwester Isis eine wahre Wunderfrau: Sie erscheint, sie wirkt Wunder, sie verkündet Botschaften, manchmal weint sie aus dem Holz einer ihrer Plastiken oder verdunkelt sich plötzlich. Aufgrund ihrer Tatkraft ist sie populär und den Menschen nahe, weil sie ein mitleidiges Herz hat und deshalb stets bereit ist, einzugreifen. Dass dieses Eingreifen häufig eine magische Dimension besitzt, erklärt sich mit ihrer Nähe zu den Menschen und zum Alltag. Denn die Brücke des Volksglaubens ist zu einem guten Teil aus magischen Vorstellungen gezimmert.

Isis ist die Himmelskönigin, darin wiederum Maria ähnlich. Die Verherrlichung der Isis, wie sie Apuleius vornahm, erinnert sehr an den Hymnus, den der Kirchenlehrer Bernhard von Clairvaux anstimmte:

»Erheben sich die Stürme der Versuchung, befindest du dich
inmitten der Klippen der Trübsale, blicke auf zum Stern des Meeres,
rufe Maria zu Hilfe! Wirst du auf den Wogen des Hochmutes, des
Ehrgeizes, der Verleumdung, des Neides hin und her geworfen,
blicke auf den Stern, rufe Maria an ... Mitten in Gefahren, Nöten und
Unsicherheiten denke an Maria ... Rufe sie an, dann kannst du nicht
verzweifeln, denk an sie, dann irrst du nicht. Hält sie dich fest, kannst
du nicht fallen. Schützt sie dich, dann fürchte nichts! Führt sie dich,
wirst du nicht müde. Ist sie dir gnädig, dann kommst du sicher ans
Ziel!«[85]

Bernhard nennt Maria in einem zarten Wortspiel Stella Maris,
Stern des Meeres, Apuleius bezeichnet Isis als »Mutter der Gestirne«.

Später werden wir diese verschwenderischen Weihegebete im
Koran und auch bei den Sufi wiederfinden, wo es um die schönsten
Namen Gottes geht, die selbst zu einem Geheimnis und zu Beschwö-
rungsformeln werden und dadurch auf spektakuläre Weise Eingang
in die verpönte Magie finden, denn die Benennung ist, wie wir bereits
aus dem Märchen vom Rumpelstilzchen wissen, die erste und grundlegende magische Technik. Zudem wird der »isisianischen« Maria
auch im Koran eine große Verehrung zuteil.

Kehren wir noch einmal zurück zu der die Zeiten überdauernden
Isis und ihrem Kult, dessen Inhalte ebenso geheim waren wie die der
anderen Religionen. Doch Apuleius hat darüber geschrieben. Unbe-
fangen schildert er die Kleinen Mysterien, die unter den Augen des
Volkes vor sich gingen.

Frauen und Männer in weißen Gewändern und mit gesalbtem
Haar begleiteten musizierend die Oberpriester, die vor sich die Symbole der Göttin trugen: eine hell leuchtende Lampe aus Gold, aus
der eine Flamme loderte, Altäre, die »Hilfen« genannt wurden, weil
sich die Göttin zu diesen hinabneigte, Palmblätter aus Gold, den
Mercurius- (oder Hermes-)Stab, eine linke Hand mit ausgestreckten
Fingern als Sinnbild der Gerechtigkeit, ein Opfergefäß mit Milch,
eine Schwinge aus goldenem Lorbeer und einen Wasserkrug. In den
Symbolen wurden die Attribute der Göttin zitiert. Sie erinnerten
daran, dass die Göttin gerecht war und für Gerechtigkeit sorgte,

dass sie für Fruchtbarkeit, Wachstum, Ernte, Reichtum verantwortlich und den Menschen zu helfen geneigt war.

Es folgten Götter, »die sich herabließen, auf den Füßen sterblicher Menschen einherzuwandeln.«[86] Diese Götter – den hundsköpfigen Anubis oder die Kuh, die aufrecht in der Haltung der Allgebärerin stand – müssen wir uns wohl als maskierte und verkleidete Menschen denken. Möglicherweise stellten sie die Götter nicht einfach dar, sondern, wenn man der Formulierung des Apuleius glauben schenken darf, befanden sie sich in einer Art Trance, einer heiligen Ekstase, weil die Götter in sie gefahren waren. Apuleius sprach davon, dass die Götter sich in die Menschen »herabließen«. Wörtlich genommen kann das nur heißen, dass die Menschen sich den Göttern als Medien zur Verfügung gestellt hatten.

Der entscheidende Vorgang ist aber wie immer und in allen Kulten die Einweihung in die Großen Mysterien. Apuleius berichtet, dass sein Protagonist Lucius in ein grobes Gewand gekleidet und vom Hohepriester in das »innerste Heiligtum des Tempels« geführt wurde. Und näher kommen wir leider nicht an das Geschehen heran: »Vielleicht fragst du hier neugierig, geneigter Leser, was nun gesprochen und vorgenommen wurde? – Wie gern wollte ich's sagen, wenn ich es sagen dürfte … Allein Zunge und Ohr würden gleich hart für den Frevel zu büßen haben.«[87]

Hatten wir schon bei der Schilderung der Kleinen Mysterien keine Aufklärung darüber erhalten, was sich in den heiligen Gefäßen befand, so schildert uns Apuleius auch jetzt nicht das eigentliche Initiationsritual. Der mitteilungsfreudige Autor ging bis zum Äußersten, plauderte aus, was er gerade noch verantworten konnte. So stellt er den Initiationsritus zwar nicht detailliert dar, umschreibt jedoch zumindest sein Wesen: »Ich ging bis zur Grenzscheide zwischen Leben und Tod. Ich betrat Proserpinas (griech. Persephone – d. Verf.) Schwelle, und nachdem ich durch alle Elemente gefahren, kehrte ich wiederum zurück. Zur Zeit der tiefsten Mitternacht sah ich die Sonne in ihrem hellsten Licht leuchten; ich schaute die unteren und die oberen Götter von Angesicht zu Angesicht und betete in ihrer Nähe.«[88]

In dieser Einweihung wurde dem neu Aufgenommenen der Weg

zu dem geebnet, was das innerste Ziel aller geheimen Religionen ist:
das Absolute zu schauen, um in dieser Schau erlöst zu werden von
Leid und Qual des Jammertals, aufgehoben zu Gott oder einem
qualitativ anderen Sein, das die schmutzigen Fesseln des armseligen,
diskriminierten und geschundenen Menschenlebens triumphierend
abgestreift hat.

Typisch an den Initiationen, die drei Tage dauern, ist wie bei jedem
Übergangsritus ihre Dreiteiligkeit. Zunächst muss der alte Mensch,
der alte Adam, sterben. Dann folgt der gefährlichste Teil, der eigentliche Übergang. Der Initiant befindet sich im Reich des Todes und
muss den Ort seiner Wiedergeburt oder Geburt erreichen. Es gibt
Kulte, in denen die Initianten begraben worden sind – freilich mit der
Möglichkeit der Luftzufuhr –, wo sie in Särgen liegen oder sich nackt
in der Dunkelheit befinden. Sie erhalten weder Nahrung noch Ge-
tränke. In manchen Riten werden sie mittels Substanzen für eine
bestimmte Zeit in eine Art Scheintod versetzt. Die Yogis sind in der
Lage, den Atem und den Herzschlag zu kontrollieren und sich
dadurch selbst in eine Art Koma zu versetzen, aus dem sie zu selbst
bestimmter Zeit wieder aufwachen. Diese Fähigkeit erlaubt ihnen,
sich tatsächlich für einige Zeit begraben zu lassen.

Am verblüffendsten ist jedoch, dass diese Kulte als Drittes den
Vorgang der Geburt mit großer Genauigkeit und inszenatorischem
Geschick ausführen: Aus der absoluten Dunkelheit des Mutterleibes,
der »tiefsten Mitternacht«, schaut der Gläubige im Moment seiner
Geburt, als der Geburtskanal sich öffnet, das absolute Licht, »die
Sonne in ihrem hellsten Licht«, und schaut den Göttern ins Angesicht. So wie das Neugeborene der Mutter an die Brust gelegt wird,
damit es ihren Geruch wahrnimmt, so hat der Anhänger des Kultes
zuallererst das geschaut, was für sein neues Leben – oder besser für
sein Leben – das Wichtigste und Entscheidende ist: die Götter. Diejenigen, denen er als Erstes ins Antlitz sah, werden von nun an sein
Leben bestimmen.

So viel durfte uns Apuleius verraten. Dadurch wissen wir zwar,
was geschah, aber wir wissen nicht, wie es konkret geschah – das hat
er uns verheimlicht. Den Weg, die Götter zu schauen, werden wir nur

finden, wenn wir eingeweiht und geführt werden. Es ist, als ob uns jemand in verlockenden Farben vom Goldland erzählt, es dabei aber tunlichst unterlassen hat, uns eine Karte mitzugeben, die uns dorthin führt oder zumindest den kleinsten Hinweis enthält, wo wir das Eldorado zu suchen haben.

Die Mysterien der geheimen Religionen, wie offen sie sich auch immer gaben, waren gesichert. Unbefugte oder besser Unberufene gelangten nicht hinein. Mehrere Weihestufen, auch Grade genannt, wirkten wie Stahltüren, die den Weg versperrten. Auch Lucius im Roman des Apuleius musste entdecken, dass er mit der Einweihung in die Großen Mysterien nicht bereits das gesamte Geheimnis erfahren hatte, denn schon erwartete ihn die nächste Initiation, von deren Ablauf er uns selbstverständlich auch nichts berichten darf. Diesmal handelte es sich um die Mysterien des Isis-Gemahls Osiris, in die ihn die Priester einführen. Hübsch ist, dass Apuleius in sanfter Ironie einen der Priester Mithras nennt.

Eine weitere Parallele zwischen Isis und Maria zeigt sich darin, dass beide in die Geheimnisse einführen. Der Bischof Ambrosius von Mailand (339–397) meinte dazu, dass Johannes deshalb mehr als die anderen Evangelisten über die Mysterien des christlichen Glaubens geschrieben hat, weil er von der Gottesmutter Maria in die Geheimnisse Christi eingeweiht worden war. Schließlich soll er ja in ihren letzten Lebensjahren in Ephesos an ihrer Seite gewesen sein.

So wie es schwarze Bilder der Isis gibt und gab, so erlangten auch die Schwarzen Madonnen eine große Berühmtheit und werden noch heute von Altötting über Montserrat bis Guadalupe verehrt. Als Ursache für das schwarze Antlitz der Gottesmutter wird eine nachträgliche Verfärbung des Holzes oder der Farben angeführt, andere Bildwerke sollen bereits als Schwarze Madonnen entstanden sein. Seit dem Mittelalter werden sie verehrt und sind Gegenstand von Wallfahrten. So trugen die Arbeiter der Leninwerft im polnischen Gdansk die Gottesmutter Maria als Emblem, als Schutzgöttin und als Bekenntnis, als sie den kommunistischen Staat herausforderten. Sie dachten dabei an die Wunder wirkende Schwarze Madonna von Tschenstochau, der Nationalheiligen Polens.

Für einige Schwarze Madonnen gilt folgende Legende: Feinde,
Ungläubige, Mauren oder Protestanten hatten die Kirche, in der das
betreffende Madonnenbild stand, niedergebrannt. Doch wie durch
ein Wunder hatte das Bild der Gottesmutter dem Feuer widerstanden, es war nur durch Hitze und Ruß schwarz geworden.

Eine andere Tradition will in der Schwarzen Madonna ein Symbol der heidenchristlichen Kirche sehen, denn Maria galt schon sehr
früh als ein Symbol der Kirche. Im frühen Mittelalter kam die Vorstellung auf, das Hohelied Salomos sei nicht einfach eine Sammlung
profaner Hochzeits- und Liebeslieder. In der heiligen Hochzeit
würden vielmehr die jungfräuliche Braut und der göttliche Bräutigam
besungen. Sulamith stünde wie Maria für die Kirche schlechthin, und
der Bräutigam symbolisiere Jesus.

Deshalb wurde auch das Hohelied zur Erklärung der verehrungs-
würdigen schwarzen Farbe der Madonnen herangezogen. Im Heiligenschein der Schwarzen Madonna von Březnice aus dem Jahr 1396
wird das Hohelied zitiert: »*Nigra sum sed formosa*« – Ich bin schwarz,
aber schön. (Hld 1,4) Nebenbei bemerkt, übersetzt die Lutherbibel
von 1984 und die Einheitsübersetzung *nigra* mit braun und nicht mit
schwarz, wie die korrekte lateinische Übersetzung lautet.[89]

Die Schwarze Madonna von Montserrat (*Mare de Déu de Mont-
serrat*), die Schutzheilige von Katalonien, ist ganz Himmelskönigin.
Sie thront wie ein Herrscher, mit ihrer rechten Hand umfasst sie das
Jesuskind und segnet, in ihrer linken Hand hält sie den Granatapfel,
dieses eindrucksvolle Symbol von Liebe, Tod, Auferstehung und
Herrschaft.

Das Bildnis der Artemis von Ephesos war ebenfalls schwarz wie
das der Gottesmutter, hier schließt sich ein weiterer Kreis.

Die Kulte der Kybele und der Isis wurden in Rom zu Mysterienreligionen. Überhaupt stellt das Imperium Romanum eine riesige Trans-
formatorstation für die moderne Welt dar, die das antike Wissen für
die mittelalterliche, aber auch für die moderne Rezeption umwandelte. Erst durch die Formung und Vermittlung, die jene antiken
Kulte im kaiserzeitlichen Rom erhielten, wurden sie zu geheimen

Religionen, die im Bewusstsein und im Unterbewusstsein des modernen Menschen wirken. Von den Mutterreligionen beeinflusst, traten die Mysterienkulte, in deren Zentrum eine männliche Gottheit stand, in Erscheinung. Geradezu mythische Bande fesselten die Kulte aneinander.

LEBENSFROH UND LASTERHAFT – DIONYSOS UND SEIN GEFOLGE

Das wichtigste Pendant zu Kybele stellt Dionysos dar. Phrygischen Ursprungs wie sie, ist er der Gott des Weines, der Lebenslust, der Zeugungskraft, ein ausgelassener Gott, nicht minder wild als Kybele. Bereits seine Ankunft in Rom verlief dramatisch. Es sollte eine Nacht-und-Nebel-Aktion werden, wie sie Rom nie zuvor erlebt hatte, weder in der Effizienz noch in dem Ausmaß.

In den Nonen des Oktobers 186 v. Chr. stimmten die Konsuln Spurius Postumius Albinus († 80 v. Chr.) und Quintus Marcius Philippus (* um 229 v. Chr.) vor der großen Versammlung des Volkes von Rom ein inbrünstiges Gebet an. Sie erbaten den Beistand Jupiters, bevor sie die Menschen über eine die Stadt und das Reich bedrohende Verschwörung, der sie auf die Spur gekommen waren, in Kenntnis setzten. Gefahr nahte – jedoch nicht von politischer, sondern von religiöser Seite. Ein geheimer Kult der unterworfenen Griechen hatte ganz Italien, vor allem aber Rom, ausgesprochen erfolgreich unterwandert.

Der Geschichtsschreiber Livius, der uns diese Episode in 39. Buch seiner »Römischen Geschichte« überlieferte, teilte nicht mit, wer von den beiden Konsuln die Ansprache an den Senat hielt, aber eines war sicher: Der ganze Zorn des römischen Establishments richtete sich

gegen die wirkliche oder vermeintliche Lasterhaftigkeit des Dionysos-Kultes, der unter dem Namen Bacchanal Furore machte. Ein Abgrund aus Verderbnis tat sich vor den sittenstrengen Konsuln aus.
Schreckliche Kulthandlungen boten sich ihren Augen dar, »welche
die von verderblichem und fremdem Aberglauben bezauberten
Sinne wie unter Furienschlägen aller Freveltaten, allen Lüsten nach-
jagen lassen … Dass es schon längst in ganz Italien und jetzt auch in
der Stadt an vielen Orten Bacchanalien gibt, ist euch gewiss nicht
bloß durch das Gerücht, sondern auch durch das nächtliche Lärmen
und Geheul, das überall in der Stadt ertönt, bekannt geworden.«[90]
Abscheu hatte den Redner erfasst und übertrug sich auf die Zuhörer,
die mit wachsendem Schauder lauschten.

Der Konsul setzte darauf, dass sie alle in der einen oder anderen
Form etwas von der verheimlichten Religion gehört hatten. Es war
mehr als ein Gerücht, dass am Fuße des Aventin Männer und Frauen
sich in der Nacht zu gemeinschaftlicher Unzucht trafen. Doch die
guten Bürger konnte der Redner, die ihm offenen Mundes lauschten
und die er wie am Nasenring Wort für Wort geschickt in die von ihm
gewünschte Richtung zog, schließlich beruhigen. Das Aufatmen war
allgemein, denn er kannte natürlich die Verworfenen, die hinter diesem Kult standen: »Erstlich besteht ein großer Teil aus Frauen, und
von ihnen schreibt sich eigentlich das Übel her; dann aus Männern,
die nicht besser als Frauen sind, Geschändete und Schänder, Schwärmer, Nachtschwärmer, vom Wein, vom nächtlichen Getöse und Geheul sinnlos.«[91]

Als pikant und alarmierend erwies sich indes die Tatsache, dass es
sich vor allem um Frauen aus der guten Gesellschaft handelte, um
das Gemeinwesen tragende tugendhafte römische Matronen, die
unter dem Deckmantel der Religion den starren Moralvorstellungen
zu entfliehen trachteten.

Ehrbare Frauen durften im republikanischen Rom nur verschleiert und in Begleitung ihrer Väter, Männer oder Brüder das Haus verlassen. Es mag für uns schwer zu verstehen sein, aber der Kult des
griechischen Gottes Dionysos, dessen lateinischer Name Bacchus
lautet, untergrub die Fundamente der römischen Republik, weil er

den allgemeinen Grundkonsens der Republik infrage stellte. Die
heraufziehende Gefahr verdeutlichte der Konsul mit drastischen
Worten: »Noch hat die Verschwörung keine Kraft, aber sie geht mit
großen Schritten einer Stärke entgegen, weil es täglich mehr werden«,
und bald schon könne »aus dem Frevel der Schuldigen für uns Gefahr oder Aufruhr entstehen«.[92] Der Redner sah Rom in den Orgien
zu Ehren des Bacchus, den Bacchanalien, trunken und geschwächt,
zugrunde gehen. Man beachte, der Konsul sprach nicht von einer
Religion oder einem Kult, die ein Bacchanal doch war, sondern von
einer Verschwörung. Ungezügelte Lust, Degenerierung und Denaturierung der Bürger, auf denen das Staatswesen ruhte, als Wurmfraß
der Res Publica? Davor konnte er nur, davor wollte er, davor musste
er seine Mitbürger eindringlich warnen, die diese Gefahr vielleicht
immer noch unterschätzten, weil sie nicht wie er ihr ganzes Ausmaß
überblickten. Denn es ging zudem um eine der wichtigsten Institutionen des römischen Gemeinwesens, ja um die Institution, die Rom
von allen anderen Stadtstaaten unterschied und die ihre Stadt groß
gemacht hatte, nämlich um die allgemeine und gleiche Wehrpflicht
für alle Bürger der Stadt.

Das Imperium hatte nämlich der römische Bürger erkämpft, der
mit den anderen, gleich ob arm oder reich, in der Phalanx stand.
Dadurch fühlte er sich unmittelbar für die Geschicke seiner Stadt
verantwortlich. Die Wehrpflicht stellte eine tragende Säule der Res
Publica, der öffentlichen Angelegenheiten, dar. Und diese Wehrpflicht, ja das Gemeinwesen war nun bedroht, denn: »Wenn ihr erfahrt,
in welchem Alter die Männer dort eingeweiht werden, so werdet ihr
sie nicht bloß bemitleiden, sondern euch auch ihrer schämen. Quiriten,
möchtet ihr Jünglinge, die solch ein Schwur geweiht hat, zu Soldaten
machen? Möchtet ihr diesen aus dem Tempel der Schandtat Genom-
menen die Waffen anvertrauen? Diese mit Sünden eigener und fremder Unzucht Belasteten sollten das Schwert für die Keuschheit eurer
Frauen und Kinder ziehen?«[93] Es widersprach dem republikanischen
Empfinden der Römer, dass junge Männer, die ihre Kraft in bisexuel-
ler Unzucht erschlafften, noch fähig sein sollten, das Imperium zu
vergrößern und zu verteidigen. Die in der Republik gelebten Werte

fanden sich später im Kaiserreich dementsprechend nur noch in der Rhetorik.

Darum also ging es in Wahrheit. Es galt zu verhindern, dass man Rom unterwanderte, Frauen frei und freizügig und junge Männer moralisch verdorben würden. Noch während der Konsul sprach und die Herzen der Römer aufwühlte, durchkämmten bereits Senatsbeamte die Häuser, Straßen und Plätze auf der Suche nach den Priestern und Akteuren des Kultes, nach den Verschwörern also. Wie in Rom wurde in ganz Italien Jagd auf die Bacchanten gemacht, als gälte es, die schlimmsten Staatsverbrecher unschädlich zu machen. Und im gewissen Sinne war es ja auch so. Gesellschaften, die ihren Grundkonsens verraten, fallen auseinander.

An die 7000 Menschen wurden verhaftet, Hunderte hingerichtet. Der Kult durfte nur noch unter der Kontrolle der Öffentlichkeit und unter strengen Auflagen ausgeführt werden. Wer dennoch dem Dionysos huldigte, galt als moralisch verkommen. Das wog umso schwerer, weil der Dionysos-Anhänger von nun an nur noch unter den Augen der Öffentlichkeit seinem Gott dienen konnte, was der Eigenheit des Kultes vollkommen widersprach. Heimlich und nächtens durfte Dionysos jedenfalls nicht mehr gehuldigt werden. Damit hatte man den Fruchtbarkeitsgott zensiert und kastriert.

Der Zorn der Senatoren wird aber umso verständlicher, wenn man sich die Tatsache vor Augen führt, dass die größte Errungenschaft der Römer, der Inbegriff ihrer Staatstugend, die Disziplin war. Ihre Heere siegten aufgrund einer überlegenen, weil freiwilligen und verinnerlichten Disziplin. Und Dionysos war der Gott der Disziplinlosigkeit schlechthin, der *orgia*, der Anarchie. Aus diesem Umstand ergibt sich die ungeheure Subversivität des Bacchanals.

Leider fehlen Zeugnisse darüber, wie der Kult des Gottes Dionysos überlebte, ob es ihm gelang, auch ein verborgenes Dasein zu führen. Es ist aber gesichert, dass der Kult die Verfolgung, die Republik und die Bürgerkriege überdauerte, um im Kaiserreich eine glanzvolle Auferstehung als Mysterienreligion zu erleben. Die Sorge der beiden Konsuln, dass die Bacchanalien die wehrpflichtigen jungen Männer verderben könnten, hatte sich im Kaiserreich ohnehin erledigt, denn längst konnten sich die Römer von der Verpflichtung, in den Krieg zu ziehen, entweder loskaufen oder durch einen Sklaven vertreten lassen. Die allgemeine Wehrpflicht hatte faktisch aufgehört zu existieren. Die römische Armee verkam zu einer Armee der Unterschichten, der Sklaven, der Glücksritter. Tacitus sollte recht behalten, als er prophezeite, dass die Abschaffung der allgemeinen Wehrpflicht der Anfang vom Untergang des Imperium Romanum darstellte.

Die Bürgerkriege hatten Rom demoralisiert. In dem Maße, wie Sinn und Werte im Kaiserreich schwanden und eine egoistische und dekadente Elite einem unvorstellbaren Luxus und zynischem Umgang frönte, gewannen die geheimen Religionen Zulauf. Da der Staat keine Werte mehr anbot – was sollten auch ein Nero, ein Caligula, ein Claudius an altrömischen Tugenden vorzuweisen haben –, suchten die Menschen nach einem neuen Sinn. Natürlich floh man ins Privatleben, aber ein Staat, der immer weniger die Existenz und die Sicherheit seiner Bürger zu schützen verstand, ließ das Glück des privaten Lebens bald schon als das erscheinen, was es im Grunde auch war – eine Illusion.

Die Frage, die sich immer weniger abweisen ließ, lautete: Wie lebt man richtig? Sollte man sich Genüsse versagen, wo doch unbestreitbar eine Zeit kommen würde, in der es für alle diese Vergnügungen zu spät sein würde, weil man tot und begraben lag? Sollte man deshalb auf Erden alles genießen, was möglich war, weil man eines Tages ohnehin verfaulen würde? Gab es eine Ewigkeit? Oder nur eine Endlichkeit? Wie viel Wert besaß diese Endlichkeit, wenn sie sich als höchst unsicher erwies und nicht einmal der Rückzug auf das Private vor den Zumutungen schützte?

Auf diese drängenden Fragen gaben die wenigen Philosophien, die vielen neuen Religionen Auskunft. Im Grunde bildeten sich in dieser Situation eines moralischen und philosophischen Vakuums zwei Typen von alternativen Sinn- und Lebensentwürfen heraus: die Mysterienreligionen wie der Dionysos- und der Isis-Kult und die Erlösungsreligionen wie das Christentum und die Gnosis. Hinzu traten die Philosophien wie der Neuplatonismus und die Stoa, die mit ihrem Amalgam von Spekulation und Ethik ins Religiöse hinüberspielten und die neuen Religionen beeinflussten. Es ist kein Zufall, dass alte Kulte, nachdem die Religion der Republik, nämlich die alle verbindenden und zuweilen drakonisch durchgesetzten moralischen Werte und Tugenden, im Kaiserreich einer großen Zügellosigkeit und Doppelmoral Platz machen musste, vollkommen verändert als Mysterienreligionen Auferstehung feierten. Die altrömischen Tugenden wurden zum Teil von den bizarren Mysterien neuer Kulte niedergerungen, indem diese eine moralische, das heißt, göttlich beglaubigte Gegenwelt anboten. Diese Gegenwelten aber waren für die Kaiser mit Ausnahme des Christentums vollkommen ungefährlich, weil sie starke private Züge trugen.

Im Grunde begegneten die Kaiser den Religionen lax, vorausgesetzt, jedermann huldigte zuallererst und zuallerletzt den Reichsgöttern und dem Kaiser. Welchem Glauben die Menschen im Imperium neben dieser politischen Religion privat anhingen, interessierte die Herrscher wenig. Denn alle Religionen und Götter ließen sich ineinander übersetzen – alle, bis auf den monotheistischen Christengott, der die Existenz aller anderen Götter kategorisch ausschloss. Mehr noch, ein Christ konnte nicht der Staatsreligion nachgehen und dem Kaiser opfern, weil er damit sein Glaubensbekenntnis verraten hätte.[94]

Ganz anders verhielt es sich mit den Mysterienreligionen. Sie kollidierten nicht mit Reichsgöttern und Kaiserkult und waren deshalb offiziell erlaubt. Sie versprachen den Menschen Glück, Heil und Erlösung. Den Weg dorthin jedoch hielten die Anhänger und Priester geheim. Um diesen Weg betreten zu können und auf ihm geführt zu werden, musste man Verschwiegenheit geloben und Proben unbedingter Hingabe dem Gott oder der Göttin gegenüber ablegen. Wenn man dann zum Mysten geweiht worden war, durfte man an den Mysterienkulten teilnehmen. Sowohl die Einweihung als auch die Riten und Zeremonien der Religion waren streng geheim und durften nicht verraten werden. Diese Arkandisziplin, die Wahrung des Geheimnisses, funktionierte so gut, dass wir trotz umfangreichster Forschungen immer noch keine Kenntnis von den konkreten Inhalten der Initiation, der religiösen Dramaturgie und der Funktion einzelner Kultelemente haben. Man stelle sich einmal vor, man verfüge über bruchstückhafte Kenntnisse vom Christentum und fände nun eine halbe Oblate. Aus Vergleichen mit anderen Kulten käme man zwar auf die Vorstellung, dass ein rituelles Mahl den Gläubigen mit der Gottheit verbinden sollte, was ja nicht falsch ist, aber wie, wann und in welchem Zusammenhang die Oblate von wem an wen gereicht wurde, bliebe im Unklaren. Schon gar nicht erschließt sich aus dem gemeinsamen Mahl die Transsubstantiation.

Das Geheimnis dient als Schutz vor den Unwürdigen. Da man im Mysterium der Gottheit tatsächlich begegnete, wirkte das Geheimnis wie ein Tor, das nur diejenigen einließ, denen es auch tatsächlich ernst mit dem Dienst an der Gottheit war. Neugierigen und Scharlatanen blieb der Zutritt verwehrt, weil sie die Gottheit herabgewürdigt hätten. Denn in den Dienst des Gottes oder der Göttin stellte man sich nun einmal mit seinem ganzen Leben und für sein ganzes Leben – und im Grunde noch darüber hinaus. Schließlich versprach die Gottheit dem Eingeweihten im Gegenzug für den Dienst ein gutes Leben in der anderen Welt, die oft Jenseits, später Paradies genannt wurde. Belegt wird diese Bindung über den physischen Tod hinaus beispielsweise durch Friedhöfe, auf denen ausschließlich Anhänger des Dionysos begraben wurden. In ihren Gräbern fand man Goldplättchen in Herzform, die man den verstorbenen Mysten bei der Bestattung auf die Brust gelegt hatte und die eine Botschaft für das Jenseits enthielten, sozusagen eine Eintrittskarte für das Leben nach dem Tode.

Kehren wir noch einmal zurück in die griechische Götterwelt, und zwar zur Zeugung und Geburt des Dionysos. Die Geschichte könnte der Regenbogenpresse entsprungen sein. Zeus, Göttervater und notorischer Fremdgänger, hatte sich wieder einmal in ein junges Mädchen verliebt, in die Tochter des Königs von Kadmos. Semele, so hieß die Prinzessin, glaubte dem Schwerenöter und wurde von ihm schwanger. Als Amme verkleidet, schlich sich Hera, Zeus' betrogene Gemahlin, nun rachedurstig zu der jungen Rivalin. So geschickt wie listig gelang es Hera, Zweifel in der Schwangeren zu wecken, ob der

Geliebte und Vater ihres Kindes wirklich der Göttervater Zeus und nicht irgendein dahergelaufener Hochstapler war. Voll innerer Unruhe, vergrößert durch die emotionale Unsicherheit der Schwangerschaft, flehte Semele den Liebsten an, dass er sich ihr in seiner wahren Gestalt zeige. Sosehr Zeus auch versuchte, ihr den tödlichen Wunsch auszureden, weil kein Sterblicher seinen wahren Anblick zu ertragen vermochte, gelang es ihm doch nicht, ihr den Wunsch zu verweigern. Also zeigte er sich ihr schließlich in seiner ganzen Herrlichkeit, nämlich als ein Blitz, der Semele verbrannte. Der Götterbote Hermes rettete das ungeborene Kind, indem er es rechtzeitig aus dem brennenden Mutterleib zog und Zeus in den Oberschenkel einsetzte.

Deshalb wurde Dionysos ein Unsterblicher, weil er von einem Gott, nämlich von Zeus geboren wurde. Die Vorstellung, dass Gott, ob Zeus, ob Jahwe, ob Gottvater oder Allah, vom Menschen nicht in seiner wahren Gestalt geschaut werden kann, weil Gottes Wesen die Fassungskraft des Menschen überschreitet, existierte bereits vor den monotheistischen Religionen. Deshalb *erscheint* Gott, heißt, er nähert sich dem Menschen in Erscheinungen, als Stier oder als brennender Dornbusch, er schickt seinen Sohn in Menschengestalt oder lässt sich durch einen Engel als Boten vertreten.

Doch obwohl das Numinose nicht anschaubar ist, suchen Menschen auf verborgenen Pfaden immer wieder nach Wegen, ihn zu schauen. Semele bezahlte diesen Wunsch mit dem Leben, andere, wie der Jüngling zu Sais, verloren den Verstand. Aber bis auf den heutigen Tag gibt es nichts, was Menschen nicht bereit wären zu opfern, um ihn oder genauer um es zu schauen – weder Eltern, Geschwister, Kinder oder Freunde noch die bürgerliche Existenz.

Nymphen erzogen den Dionysos. Ein Satyr, Ampelos, wurde sein liebster Freund. Als ein wütender Stier Ampelos tötete, verwandelten die Götter den toten Satyr in einen Weinstock. Dionysos' Gefolge sammelte die Weintrauben von den Reben und kelterte sie. Für die Kelter zertreten und so noch einmal symbolisch getötet, erstand Ampelos in Gestalt des Weines von den Toten auf. Indem Dionysos den Rebensaft trank, vereinte er sich mit dem Freund. (Das erinnert

wieder an das Christentum: »Dies ist mein Blut. Kommt und trinkt.«
Der Genuss von Wein im Abendmahl und im Bacchanal wurde in
beiden Religionen zur zentralen Kulthandlung. Übrigens weiß niemand, wie viel Wein beim Abendmahl von den ersten Christen wirklich getrunken wurde.) So wurde Dionysos zum Gott des Weines.
Seine Mutter, Semele, befreite er aus der Unterwelt und sicherte ihr
einen Platz auf dem Olymp, der Wohnung der Götter.

Doch Dionysos ist vor allem der Gott, der mit seinem wilden Gefolge durch die Lande zog, der Gott des Rausches und der Mannes-
kraft, der Vitalität, des Frühlings, der Zeugung und der Anarchie. Im
Frühling, am 16. und 17. März, wurden die Bacchanalien im kaiserzeitlichen Rom gefeiert. Das weist unzweifelhaft noch einmal darauf
hin, dass Dionysos ein Frühlingsgott, ein Fruchtbarkeitsgott, ein
Vegetationsgott war.

Bezwungen hatte er die göttliche Ordnung bereits, indem er den
Olympiern eine Sterbliche als Göttin aufzwang. Berühmt ist aber
auch die Episode, in der er auf der Insel Dia (Naxos) die kretische
Königstochter Ariadne schlafend am Strand fand. Theseus hatte sich
von ihr getrennt und sie schnöde auf der Insel zurückgelassen. Dabei
hatte sie ihm doch gute Dienste bei der Tötung des Minotaurus im
minoischen Labyrinth erwiesen. Dionysos verliebte sich in die Verlassene, und sein mächtiges Werben führte zum Erfolg:

> »Er legte den Arm um sie, die Tränen mit Küssen ihr trocknend.
> ›Lass uns zum Himmel empor beide nun steigen‹, sagt er.«[95]

Die Hochzeit zwischen der Sterblichen und dem Fruchtbarkeitsgott
wird zum *hieros gamos*, zur heiligen Hochzeit, deren Sinn in der immer
wieder stattfindenden Zeugung besteht und damit in der Erneuerung
des Lebens. Der virile Gott, der mit seinem Gefolge vor Fruchtbarkeit schier zu platzen scheint, verführt die trauernde und verlassene
Frau, indem er sie in einen einzigen Rausch der Lust hineinreißt.

Dionysos, Gott und Potenzbolzen, ist der Underdog schlechthin,
himmlisch in seiner Erdenhaftigkeit, göttlich in seiner Menschlichkeit,
verschlagen und naiv, liebevoll und grausam zugleich, ein großes Kind,

das nur das Spiel kennt. Er ist selbst das Ergebnis eines Seitensprunges, der Nimmermüde, der die Liebe, den Rausch und das Fest bevorzugt. Frauen, die man Mänaden nannte – von *mania*, Wahnsinn, Furor, Raserei abgeleitet –, folgten ihm in die rauen Berge und feierten dort Orgien. Die Männer wurden als Satyrn bezeichnet, ursprünglich Mischwesen aus Bock und Mann, die über einen beeindruckenden, oftmals erigierten Phallus verfügten.

Die Bacchanalien

Sexuelle Ausschweifungen, exzessiver Weingenuss, vielleicht auch Drogen jagten seine Jünger bei den Orgien in einen Zustand ohne Zeit. Die Sinne treibende Musik gehörte zu den Bacchanalien, zu den Festen des Dionysos. Aber auch hier ging es, wie in jedem Kult, darum, die Zeit zu überwinden und dadurch den Menschen zu entgrenzen.

Die Anhänger des Dionysos in Rom trafen sich nachts zu Gottesdiensten, die sie *bacchanalia* nannten und denen eine Zeit der Reinigung und des Fastens vorausging. Die Bacchanten, wie sie genannt wurden, trugen eine Kultkleidung – ein Panther-, Hirsch- oder Rehfell –, setzten sich einen Blütenkranz auf und nahmen einen Thyrsosstab zur Hand, also einen Stängel vom Riesenfenchel, den sie mit Weinlaub umwanden. Kultkleidung ist bis zum heutigen Tage Pflicht.

Ob die Einzuweihenden, die Neophyten, und die Geweihten, die Mysten, an den gleichen Zeremonien teilnahmen oder ob sich die Kulthandlungen je nach Einweihungsgrad unterschieden, ist nicht bekannt. Aber es ist zumindest sehr wahrscheinlich, dass das Bacchanal zwar für alle stattfand, aber sich dennoch in Zeremonien für die verschiedenen Grade unterteilte. Es entspricht dem Wesen des Mysterienkultes wie auch der Geheimreligion, dass diejenigen, die auf dem Weg des Gottesdienstes vorangeschritten waren, immer tiefere Kenntnis über die Gottheit und den Kult erlangt hatten, den verborgenen Sinn mancher Riten erst auf höheren Stufen erfuhren, was wiederum die Voraussetzung dafür darstellte, sich der Gottheit weiter zu nähern.

Aus einer der überaus seltenen Inschriften über den Kult geht
hervor, dass im Dionysos-Kult der Priesterin Agripinilla verschiedene Grade existierten, unter anderem *hierophantes* – Oberpriester,
daduchos – Fackelträger, *bukólos* – Rinderhirte und *phallophoros* – Phal-
lusträger. Der Hierophant enthüllte, verkündete oder offenbarte
das heilige Geheimnis. Der *daduchos* stammte bereits aus den Eleusinischen Mysterien, wo er als Fackelträger das zweithöchste Amt
bekleidete. Dieses sakrale Amt des Bewahrers des göttlichen Lichtes scheint in vielen, wenn nicht in allen Mysterienreligionen vor-
zukommen und schaffte es sogar bis ins Christentum, wo er als
Akolyth, als Laie während des Gottesdienstes für das Licht und den
Wein Sorge zu tragen hatte. Die *bukóloi* symbolisierten als Sakral-
beamte des Kultes die Stärke und Kraft des Stieres. Möglicherweise
waren sie auch für das *taurobolium* (Stieropfer) verantwortlich, wenn
es im Dionysos-Kult überhaupt Verwendung fand. Die *phallophoroi*
trugen große lederne oder hölzerne Phalli oder fuhren sie vor sich
her, je nach Größe des göttlichen Organs. Außerdem werden Ju-
gendgruppen, die junge Schar des Dionysos, erwähnt. Das weist auf
Initiations- und Pubertätsriten hin, eine Art Kommunion oder
Konfirmation.

Im 2. Jahrhundert n. Chr. hatte Pompeia Agripinilla in Tusculum
in den Albaner Bergen über vierhundert Gläubige um sich versammelt. Neben den oben genannten Sakralbeamten wurde sie von
sieben Priestern und zwei Priesterinnen unterstützt. Mit Masken und
im Kostüm veranstalteten sie Prozessionen, die als Karnevalsumzüge
Eingang ins Christentum fanden. Faszinierend daran ist, dass die
Freiheit, die Ungebundenheit und die Zügellosigkeit der dionysischen Umzüge direkt ins Christentum übergingen. Selbst die Päpste
respektierten später die Freiheit der drei tollen Tage, in denen die
Bewohner des christlichen Roms offiziell für diese Zeit aus der Juris-
diktion des Papstes entlassen wurden. Gleichsam als Ventil wurden
den Menschen drei heidnische Tage im langen christlichen Jahr zu-
gestanden, in denen sie ihre Triebe austoben durften.

Feierlich wurde bei den Bacchanalien Wein getrunken, es wurde
getanzt, gespielt, Texte wurden verlesen, heilige Handlungen und

Opferungen vorgenommen. Inwieweit dies alles in sexuellen Ausschweifungen mündete, lässt sich nicht mit Bestimmtheit sagen. Wir können kaum beurteilen, ob die Berichte, die uns überliefert sind, übertrieben haben. Die Orgien gehörten schließlich zum Mysterium, und es ist davon auszugehen, dass die kargen Informationen leider durch die Phantasie derer, die darüber schrieben, ergänzt und ausgeschmückt wurden. Besonders christliche Autoren entdeckten in der dürftigen Faktenlage eine willkommene Möglichkeit, heidnische Riten als Todsünden zu denunzieren. Die römischen Senatoren riefen allerdings aus politischen Gründen zur Verfolgung der Dionysos-Anhänger auf. Es waren also nicht nur Christen, die das trübe Geschäft betrieben, auf Kosten der Diffamierung anderer Vorstellungen die eigene Moral nach Kräften zu stärken, ohne sich dabei im Mindesten um die Wahrheit, die große Spielverderberin, zu scheren.

Bereits das griechische Wort *órgia* verweist auf die unsichere Bedeutung. Ursprünglich bezeichnete *órgia* nicht mehr und nicht weniger als eine nächtliche heilige (Geheim-)Handlung, die vollzogen wurde, und leitete sich von dem Begriff *érgon* her, was nur Werk oder Wirken hieß. Erst die Gerüchte über die verborgenen Praktiken der Bacchanten machte aus der *órgia* die Orgie, wie wir sie heute verstehen.

Das Wort *érgon* wurde über die lange Tradition der Alchemie im 17. Jahrhundert zum zentralen Begriff der Rosenkreuzer und bezog sich in deren Geheimlehren auf »das Werk« schlechthin, das in der Herstellung des Steins der Weisen bestand. Erst im 18. Jahrhundert, nachdem abenteuerliche Gerüchte über die dionysischen Mysterien die Runde gemacht hatten, verband man dann das Wort Orgie mit der heutigen Bedeutung einer sexuellen und alkoholischen Ausschweifung.

Was wissen wir also über das Bacchanal, den Kult des Dionysos? Den zentralen Teil bildete die Enthüllung des göttlichen Phallus. Der Ort der mystischen Feier war zumeist eine abgelegene Höhle oder eine Grotte, was auf die ursprüngliche Heimat des Gottes im wilden Phrygien, im anatolischen Bergland hinweist. Grotte und entblößter Phallus symbolisieren die heilige Hochzeit als Akt der Zeugung. In den Bacchanalien wurde der Lebenslust, der Freiheit und der Unge-

bundenheit gefrönt. Auf diese Weise erhielten die Gläubigen und die
Adepten, die Eingeweihten, einen Vorgeschmack auf das Leben, das
Dionysos ihnen nach dem Tode gewähren würde. Manche sahen in
ihm den allmächtigen Herrscher der Welt und nannten ihn *dios nous*,
was Geist Gottes heißt und das wirkende Prinzip in der Welt meint.

Die Mysterien verhießen den Menschen ewige Seligkeit, Glück
und Erlösung von irdischen Qualen – auch und durch den Kult des
Weines. Es mag paradox erscheinen, aber gerade die beiden Elemente,
die Verheißung der ewigen Seligkeit und das Symbol des Weines,
wurden vom frühen Christentum exzessiv genutzt, um Menschen, die
dem heidnischen Kult verfallen waren, zu bekehren. Ein Grund für die
Missionserfolge der Christen bestand darin, dass sie pagane Bräuche
einfach mit christlichen Interpretationen überschrieben, um so die
Konversionsschwelle zu senken. Verkürzt gesagt: Aus Dionysos wurde
Christus, allerdings aus einem gereinigten, vergeistigten Dionysos.
Dafür lassen sich viele Belege anführen. Klemens von Alexandria beispielsweise, ein Zeitgenosse des Dionysos-Kultes, verglich den leidenden Christus mit der in der Kelter zerstückelten Traube des Dionysos,
die freilich für den antiken Gott keine Erinnerung an Christus, sondern an seinen getöteten Freund, den Satyr Ampelos darstellte.

Die Verborgenheit des Kultes, die Mysterien der Religion, die
Gottesdienste in ihrer geregelten und symbolischen Abfolge mit
ihren Sakralbeamten, schließlich die Prozessionen wurden von den
frühen Christen gern kopiert und übernommen. So nisteten sich
Krypten des Paganen im Christentum ein, die immer wieder hervorbrachen und noch heute aufscheinen. In der Walpurgisnacht etwa
sind Elemente des dionysischen Kultes und der germanischen Vorstellung vom wilden Heer oder von der wilden Schar eine Verbindung eingegangen und haben sich mit dem guten alten Hexenglau-
ben der Phrygier und der Germanen vermischt.

Außerdem tauchten in der Spätzeit des Dionysos-Kultes – ab dem
3. und 4. Jahrhundert n. Chr. – in den Bacchanalien immer öfter auch
Züge des Orpheus-Kultes auf.

Der thrakische Sänger und Musiker Orpheus stieg aus Trauer

über seine verstorbene Gemahlin Eurydike in die Unterwelt hinab. Sein Gesang rührt die Götter des Hades so sehr, dass sie Eurydike erlauben, ins Leben zurückzukehren. In dieser Form kann ihn dann sogar ein moderner katholischer Theologe mit Christus in Zusammenhang bringen: »Der gekreuzigte Christus ist der wahre Orpheus, der die Menschheit als seine Braut aus den Tiefen des dunklen Hades heimholte – der Orpheus Bakchikos.«[96]

Im Orpheus-Mythos gestaltete sich einer der größten Träume der Menschen, die sich danach sehnen, den geliebten Menschen dem Tod zu entreißen und aus der Unterwelt zurückzuholen. Dieses Motiv findet sich wohl in allen Mythologien. In Japan ist es der Schöpfergott Izanagi, der seine Frau aus der Unterwelt befreien will. Da sie aber dort bereits gegessen hat, misslingt die Rettung. Verblüffend ist, dass die schlichte Aufnahme von Essen in der Unterwelt zur ewigen, rettungslosen Gefangenschaft führt, gegen die selbst die Götter machtlos sind. Denn die gleichen Vorstellungen haben wir ja im Mythos von der Demeter wiedergefunden, die ihre Tochter auch nicht aus dem Hades führen konnte, weil Kore dort bereits Nahrung in Form der Granatapfelkerne zu sich genommen hatte.

Orpheus entwickelte sich immer mehr zu dem mystischen Dichter und Philosophen der Vorzeit, der die *hieroi lógoi* (heiligen Reden) verfasst haben soll, die sich in Goethes Dichtung »Urworte orphisch« wiederfinden. Nach dem geheimen Wort, dem Urwort aber suchen alle Adepten des geheimen Glaubens bis in unsere Zeit. Diese Vorstellung vom schaffenden Wort findet sich sowohl im Judentum als auch im Islam, wo es nur eines Wortes, gesprochen von Gott, bedurfte, damit die Schöpfung in Gang kam. »Und Gott sprach …« lautet auch einer der ersten Sätze des Alten Testaments. Im Christentum kommt ihm eine besondere Bedeutung zu, denn es inkarniert sich, wird Fleisch, Gott wird im Menschen geboren:

»Und das Wort ist Fleisch geworden und hat unter uns gewohnt und wir haben seine Herrlichkeit gesehen, die Herrlichkeit des einzigen Sohnes vom Vater, voll Gnade und Wahrheit« (Joh 1,14).

Sowohl die Vorstellung des kraftvollen Gottes Dionysos als auch des mythischen Sängers Orpheus blieben im christlichen Europa lebendig. Nicht zuletzt sei darauf hingewiesen, dass einige christliche Bischöfe und Schriftsteller den Namen Dionysos trugen, so der Urvater aller christlichen Mystik, Dionysius Areopagita und der heilige Dionysius, der vor allem in Frankreich verehrte Saint Denis, der Bischof, der auf einem Berg sein Martyrium fand, der heute aus diesem Grund Montmartre heißt.

Weitaus stärkere Parallelen zu Christus als bei Dionysos und Orpheus finden sich in einem anderen römischen Mysteriengott – Mithras. Und es stellt sich durchaus die Frage, inwieweit sein Mysterienkult das Christentum, besonders aber die Vorstellung von Christus beeinflusst hat. Bedenkt man, dass in Rom unter Soldaten wie Beamten sowohl das Christentum als auch der Mithras-Kult populär waren, ergeben sich ganz natürliche Berührungspunkte. Ist Christus der getaufte Mithras? Eine Inschrift in der Kirche S. Prisca in Rom lautet: »(Et Nos Servasti Eternali) Sanguine Fuso« (und uns hast du bewahrt durch das Vergießen des ewigen Blutes). Das klingt zunächst gut christlich und vollkommen orthodox, findet sich aber nicht im Gotteshaus selbst, sondern in dem unter der römischen Kirche gelegenen Mithraeum, dem Heiligtum des Mithras.

GEHEIMNISVOLL UND POPULÄR –
DER MITHRAS-KULT

Er war der letzte und einflussreichste Gegenspieler des Christengottes, der populärste römische Gott, dem in einem Mysterienkult gehuldigt wurde. Sein Name: Mithras. Seine Herkunft: Persien. Sein Beruf: Gott. Sein genialer Prophet: unbekannt. Geheim, mysteriös, verschollen in der mangelhaften Überlieferung der Geschichte – leider!

Obwohl wir die genauen Wege nicht kennen, auf denen der Mithras-Kult nach Rom gelangte, verfügen wir aufgrund seiner Beliebtheit trotz Geheimhaltung über genügend Hinweise und Daten, um diesen überaus erfolgreichen Mysterienkult zu rekonstruieren. Rombesucher können sogar die aussagekräftigen Weihestätten des Mithras-Kultes unter den Kirchen S. Prisca in der Nähe des Aventins und S. Clemente unweit des Kolosseums besichtigen. So gesehen bauten die Christen wortwörtlich auf dem Mithras-Kult auf.

Steigt man allein hinab in die tief unter den christlichen Kirchen gelegenen Tempel geheimer Gottesdienste und mysteriöser Zeremonien, weht einem noch nach zweitausend Jahren die unheimliche Aura des Ortes ins Gesicht und kühlt den Puls. Man spürt etwas von der unheimlichen Atmosphäre des Opfermahls. Ein Wort, das wir nicht mehr kennen, und ein Gefühl, das wir vergessen haben, ergreift uns wieder: Schauder. Wohliges Grauen, genussvolles Entsetzen. Es ist feucht, es ist kühl, es ist fremd, die dunklen Wände wirken, als sei Blut anstelle von Putz an ihnen getrocknet.

Dass wir überhaupt so viel über diesen spätrömischen Mysterienkult wissen, liegt vor allem daran, dass christliche und pagane Schriftsteller in der Hitze des Kampfes zwischen Christentum und Heidentum um die Vorherrschaft immer wieder über den Mithras-Kult schrieben, entweder um ihn als Erfindung des Teufels zu geißeln oder um ihn zum Kronzeugen für Roms wahre Religion zu erheben. Der Zorn der christlichen Schriftsteller hatte gute Gründe: Diesem Mysterienkult wohnte die gleiche Universalität inne wie dem Christentum. Wohlhabende Schichten Roms, Beamte, vor allem aber Soldaten hingen ihm an, und über Letztere verbreitete er sich im ganzen Imperium. Auch in Deutschland legten Archäologen Mithras-Heiligtümer frei.

Darüber hinaus vertrat Mithras ähnliche Moralvorstellungen wie Jesus – im Grunde fischten beide Religionen in den gleichen Gewässern. Der Mithras-Kult verfügte jedoch über bessere Voraussetzungen, weil er von seinen Anhängern eine absolute Loyalität dem Kaiser gegenüber verlangte. Als Religion der Soldaten wurde er von Soldatenkaisern wie Diokletianus gefördert, der die Christen hart verfolgte und viele ins Martyrium trieb. Allerdings sollte sich auf längere Sicht für das verfolgte Christentum die Produktion von Märtyrern auszahlen, denn der Weg der Martyrien wurde auf eine eindrucksvolle Weise zur Allee des Siegeszuges.

Zu den äußeren Anlässen des christlichen Ingrimms traten gewisse Ähnlichkeiten im Kult, welche die Christen unangenehm berührten. Deshalb behaupteten sie, dass die Mithras-Priester diese Riten einfach von ihnen gestohlen hätten. So ereiferte sich Justin der Märtyrer († 165 n. Chr.) über das Abendmahl, das die Anhänger des Mithras ebenfalls zu feiern wagten: »Jesus habe Brot genommen, Dank gesagt und gesprochen: ›Das tut zu meinem Gedächtnis, das ist mein Leib‹, und ebenso habe er den Becher genommen, Dank gesagt und gesprochen: ›Dieses ist mein Blut‹, und er habe nur ihnen davon mitgeteilt. Auch diesen Brauch haben die bösen Dämonen in den Mithras-Mysterien nachgeahmt und Anleitung dazugegeben. Denn dass Brot und ein Becher Wassers bei den Weihen eines neuen Jüngers unter Hersagen bestimmter Sprüche hingesetzt werden, das wisst ihr oder könnt es erfahren.«[97] Allerdings ging es Justin um mehr, als nur eine Urheberrechtsverletzung anzuprangern. Die beiden Religionen standen mitten in einem Existenzkampf – und Justin sollte bald darauf mit seinem Blut Zeugnis ablegen für die Wahrheit der Lehre Christi.

Ursprünglich war Mithras, wie gesagt, ein persischer Gott mit Namen Mithra. In der Kommagene im Südosten Kleinasiens kann man noch heute das großartige Grabmahl besichtigen, das König Antiochos I., der von 69 bis um 36 v. Chr. regierte, am Berg Nimrud (Nemrut Daği), errichten ließ. Dieses Grabmahl ist auch ein Pantheon, auf dem die hellenistischen Götter wie Luna, Zeus (Jupiter), Mars und eben auch Mithras als monumentale Statuen thronen. Dargestellt wurden Antiochos I. und Mithra, verbunden durch den kultischen rechten Handschlag, der auch als Geheimzeichen galt.

Aus dem persischen Rohmaterial, das vermutlich über Legionäre nach Rom gelangte, formte sich dann eine neue Mysterienreligion, die rasch Zulauf gewann. Seinen unbekannten Propheten können wir uns als einen Charismatiker wie Jesus vorstellen. Vermutlich lebte er zur gleichen Zeit, dürfte aber griechischer Herkunft gewesen sein, der irgendwo zwischen Anatolien und Persien den Kult des Mithras kennengelernt hatte. Aus den persischen Religionsvorstellungen über Zoroaster (Zarathustra), über Mithras und die philosophischen Ideen Platons gestaltete sich eine höchste wirkungsvolle Geheimreligion, die als römische Mysterienreligion unerwartet eine atemberaubende Karriere machte. Ein Grund für diese Karriere lag in der Mischung aus persischen Religionskonzepten mit platonischer Philosophie.

Trotz des Mangels an Hinweisen vermögen wir vielleicht doch, uns dem Propheten des Mithras zu nähern. Da Beweise leider fehlen, wird und muss es eine kühne, aber nicht abwegige Hypothese bleiben. Gut denkbar zumindest ist, dass sich hinter dem Schöpfer des

römischen Mithras-Kultes der König Antiochos IV., der bis 72 n. Chr.
regierte, selbst verbirgt oder einer seiner Söhne.

Antiochos IV. ist als Kind des römischen Klientelfürsten von
Kommagene im Haus der Antonia Minor in Rom aufgewachsen und
war mit Caligula und mit Claudius befreundet. Nachdem er 34 Jahre
im Einvernehmen mit den Römern und von ihren Gnaden die Kommagene regiert hatte, wurde er unter Kaiser Vespasianus 72 n. Chr.
abgesetzt. Der römische Prokurator der Syria, Lucius Iunius Caesen-
nius Paetus, hatte ihn der romfeindlichen Konspiration mit den Par-
thern bezichtigt. Nach kurzen Wirren und Asyl in Griechenland zog
sich schließlich der abgesetzte König mit seinen Söhnen nach Rom
zurück, wo er den Rest seines Lebens als Privatmann geachtet und im
Wohlstand verbrachte. Sowohl Antiochos als auch seine Söhne sind
im Kreuzpunkt von persischer, griechischer und römischer Kultur
aufgewachsen und praktizierten den Mithras-Kult von Kindesbeinen
an. Sie verfügten also über die notwendigen praktischen und theoretischen Kenntnisse. In der Vorstellung polizeilicher Ermittler wäre
damit ein Verdacht hinreichend erhärtet, denn sie hatten die Möglichkeiten, die Fähigkeiten, den Willen dazu und ein Motiv, nämlich
die Übertragung der verlorenen Macht und Herrschaft auf einen
anderen Bereich, auf ein Reich, das nicht von dieser Welt ist. Die Tat
bestünde demzufolge in der Translation der Macht.

Bedenkt man, dass der Schöpfer des Mithras-Kultes zum einen
die persische Kultur, Zoroastrismus und Mithras-Kult, kennen und
gleichzeitig über griechische Bildung verfügen musste, hält man sich
vor Augen, dass der Kult sehr schnell von Roms Oberschicht, begin-
nend gerade von den Notabeln, den Beamten, den Offizieren, den
Soldaten und den Bürgern der Stadt angenommen wurde, und schaut
man zudem auf den starken Loyalismus, der diesem Kult innewohnt
und vollkommen dem Kaiser und der römischen Hierarchie verpflichtet war, so drängt sich geradezu die Vorstellung auf, dass Antiochos IV., seine Söhne oder eine Person aus ihrem Umfeld diese Religion stifteten. Zu viel passt einfach zu gut zusammen, begonnen bei
den religiösen und kulturellen Kenntnissen bis hin zu den politischen
Vorstellungen über die Rolle der Religion im Herrschaftssystem, ent-

sprach der Mysterienkult den Bedürfnissen östlicher Despoten dieser
Zeit und den Anforderungen, die römische Kaiser an eine Religion
stellten.

Weil der Mithras-Kult so ausgezeichnet zu den politischen Bedürfnissen einer östlichen Despotie passte, sollte das byzantinische
Christentum die Stellung des Kaisers als oberste religiöse Autorität
und das Loyalitätsmodell des Mithras-Kultes in der Form des
Cäsaropapismus übernehmen. In Rom setzte sich die Verehrung des
Mithras beeindruckend schnell gegen andere Kulte, zunächst auch
gegen die *christiani* durch.

Der Eingeweihte des Mithras-Kultes hatte sich loyal zum Kaiser
und verantwortlich gegenüber seinen Mitmenschen – entsprechend
seiner und ihrer Stellung in der Gesellschaft – zu verhalten. Höher-
gestellten begegnete der Myste mit Achtung und Ehrerbietung, Ge-
ringeren gegenüber zeigte er sich hilfsbereit und ließ ihnen auch
Schutz angedeihen, wenn es notwendig war und in seiner Macht lag.

Es ginge sicher zu weit, wollte man diese Gebote mit der Vorstellung der christlichen Nächstenliebe gleichsetzen, doch lagen die
Vorstellungen, wie man sich den Mitmenschen gegenüber zu verhalten hatte, nicht sehr weit auseinander. Im Mithras-Kult ging es dabei
allerdings nicht um den – ohne jede Voraussetzung – Nächsten, sondern um Menschen, die gleich dem Eingeweihten eine bestimmte
Stellung in der gesellschaftlichen und religiös gesprochen kosmischen Ordnung einnahmen. Den sozialen Rang hatte der Mithras-
Geweihte zu respektieren und dabei mitzuhelfen, ihn zu erhalten,
weil er den Bestand der Gesellschaft garantierte. Wie der Apostel
Paulus verstanden auch die Mithras-Anhänger die gesellschaftliche
Ordnung als eine Hierarchie, eine heilige Ordnung, die von Gott
bzw. von Mithras kam und deshalb zu ehren war.

Schließlich galt Mithras als der Herr des Kosmos, der Ordnung,
der gerechte Gott, der gemeinsam mit oder sogar als Sonnengott,
als Sol Invictus auftrat. Der neuplatonische Philosoph Porphyrios
(233–301 oder 305) berichtet uns, dass der Myste anlässlich seiner
Weihe dazu verpflichtet wurde, die Hände von allem, was Leid und
Schaden anrichten würde, freizuhalten. »Wenn man denen, welche in

den Löwengrad eingeweiht werden, die Hände statt mit Wasser mit Honig reinigt, trägt man ihnen auf, die Hände rein zu halten ...«[98] Auch Mund und Zunge der Eingeweihten wurden mit Honig gereinigt, damit ihnen nichts Sündiges, Böses oder Falsches über die Lippen kam. Justin, Tertullian und Origenes beispielsweise behaupteten, dass die Mithras-Priester diese Ideen entweder den Christen abgeschaut oder aus den Prophetien des Jesaja oder des Daniel gestohlen hätten. Wer was von wem übernommen hat, lässt sich nicht mehr klären. Das alles zeigt jedoch die Nähe und Konkurrenz zweier geheimer Religionen, nämlich die des frühen, verfolgten Christentums und des Mithras-Kultes, der zum Typ der Mysterienreligionen gehört, wie das frühe Christentum im Grunde auch.

Beide Religionen reklamierten Weihe (Taufe), moralische Forderungen und sakrale Handlungen wie das heilige Mahl (Eucharistie) in erbitterter Konkurrenz jeweils für sich. Wie das Christentum eine Ämterhierarchie ausbildete – bestehend aus Akolyth, Diakon, Exorzist, Priester und Bischof –, so finden wir die Sakralämter auch im Mithras-Kult. Jede Stufe, begonnen bei demjenigen, der in den Glauben aufgenommen zu werden wünschte, wurde mit einer speziellen Weihe oder Initiation verbunden. In den christlichen Gemeinden taufte man denjenigen im Namen des Vaters, des Sohnes und des Heiligen Geistes. Für jedes weitere Amt, ob es sich dabei um den Exorzisten, den Priester oder den Bischof handelte, war eine neue Weihe erforderlich. Ähnliches kennen wir vom Mithras-Kult, in dem es sieben Weihegrade gab.

Zufällig ist die Zahl Sieben nicht – wir sind ihr unter anderem schon im babylonischen Weltbild begegnet. Sie ist abhängig von den sieben Planetengöttern (in Rom Merkur, Venus, Mars, Jupiter, Mond, Sonne und Saturn), die den Kosmos, also die Weltordnung, garantieren. Von ihnen leiten sich unsere sieben Wochentage her. Der Mithras-Kult entwickelte in seinen Mysterien ein breites Beziehungsgeflecht, das hier nur angedeutet werden kann. Den Planetengöttern entsprachen die Weihegrade, gleichzeitig aber auch die Elemente. Und da wir es bei den Mysten mit sakralem Personal, also mit Menschen, die sich bestimmten Glaubensvorstellungen und Riten unterwarfen, zu tun haben, repräsentierten sie im Kult mythische Akteure, die in den Riten bestimmte Funktionen wahrnahmen. Mit jedem Weihegrad waren auch bestimmte Pflichten, Rechte, Sakralkleidung, Handlungen und Mythen verbunden.

Auch in den anderen Mysterienkulten und in geheimen Religionen wurden Weihegrade zum Schutz des Geheimnisses eingerichtet. Dem Neuling wurden nicht alle Geheimnisse verraten, sondern er wurde auf dem Weg der Bewährung schrittweise in das Mysterium eingeführt. Weil das Gradsystem des Mithras-Kultes am besten dokumentiert ist, soll es hier als Beispiel dargestellt werden.

DIE SIEBEN GRADE

Corax. Der unterste Grad war der *corax* (Rabe). Er entsprach dem Planetengott Merkur und dem Element der Luft. Wie der Gott Merkur (griech. Hermes) als Diener und als Götterbote bestimmt war, so waren es auch die Mysten dieses Grades. Die zum Raben geweihten Neulinge trugen im Kult Rabenmasken, imitierten möglicherweise durch Flügelschlagen und Krächzen den Vogel und bedienten die Mysten der höheren Grade beim heiligen Mahle.

Zu diesem Sakralmahl gehörte das Fleisch eines geopferten Stieres – dem Stieropfer kam eine zentrale Rolle im Mithras-Kult zu. In der christlichen Volksreligion hat sich der Brauch des Pfingstochsen erhalten. Der kräftigste Ochse oder Stier wird geschmückt am Pfingstsonntag durchs Dorf geführt, und bis ins 19. Jahrhundert wurde er noch als Pfingstopfer geschlachtet und verzehrt. Es scheint, als sei dieser Brauch über römische Legionäre, die dem Mithras-Kult anhingen, nach Germanien gekommen. Mit der Bekehrung der ersten Deutschen zum Christentum wurde der Brauch christlich adaptiert, denn der Heilige Geist, dessen Fest Pfingsten ist, hat mit einem Ochsen oder auch einem Stier nichts zu tun.

In der Opferung des Stieres, aus dem nach einem zentralen Mythos die Welt gemacht worden war, wurde diese Entstehung immer wieder vergegenwärtigt. Der Sinn einer sakralen Handlung besteht nun einmal darin, die wesentlichen Glaubenstatsachen einer Religion die Gläubigen immer von Neuem er- und durchleben zu lassen, wie es auch die Christen beispielsweise im Abendmahl tun. Was ein gläubiger Christ beim Abendmahl empfindet, wenn er die Oblate und den Wein empfängt, die unmittelbare Anwesenheit Christi, fühlte der Myste in seinem Kult noch viel stärker, weil der symbolischen Handlung eine reale Tat vollkommen entsprach. Was dargestellt wurde, war keine mehr oder weniger unterhaltsame Vorstellung, sondern Wirklichkeit, oftmals in weit höherem Maße als der Alltag des Mysten.

Nur im Kult liegt Wahrheit. Die Welt außerhalb der heiligen Handlungen, die nichts anderes sind als ein Sein in der unmittelbaren Gegenwart der Götter, sinkt dagegen zum Schein herab. Wirklich ist nur, was wirkt, was wirkt, ist aber die Gottheit – nicht der Mensch.

Nymphus. Der zweite Grad hieß *nymphus*. Venus war die schützende Planetengottheit und die Erde das dazugehörige Element. Auch der Nymphus diente beim heiligen Mahl. Auf einem Fresko ist zu sehen, wie er einen Stier schleppt. Der große Kenner des Mithras-Kultes, Reinhart Merkelbach, vermutet, dass es sich beim Tragen des Opfertieres um eine Prüfung zum nächsthöheren Grad handelt. Die Zeremonie hieß *transitus* (Übergang). Nach einer Inschrift im Mithraeum von S. Prisca wird das Tragen des jungen Stieres damit in Zusammenhang gebracht, dass der Myste »mit den Schultern das Oberste der Götter getragen«[99] hat. Mit anderen Worten, die heilige Geschichte wurde durch die Eingeweihten »nachgespielt«. Der Stier symbolisierte die Götter.

Miles. Der letzte der drei vorbereitenden Grade war der *miles* (Soldat). Es überrascht nicht, dass zu seiner Weihe ein Schwertritual gehörte. Er musste im Zweikampf mit dem Schwert den Siegerkranz erringen. Dann befahl ihm der Pater (so der oberste Weihegrad), den Kranz mit den Worten »Mithras ist mein Kranz« abzulegen. Der Planetengott war natürlich Mars.

Zu den Mythen, die mit dem Grad des Miles verbunden waren, gehörte auch die Kosmogonie des Mithras, der aus dem Felsen gebo-

ren wurde. Zum einen begriffen die Perser den Himmel als Stein, sodass die Felsgeburt auch als eine Geburt aus dem Himmel verstanden wurde. Zum anderen zählt die Vorstellung der Geburt aus Stein
zu den ältesten uns bekannten religiösen Vorstellungen im Nahen
und Mittleren Osten – man denke beispielsweise an den hethitischen
Mythos vom Kunkunuzzi-Stein.

Eine zweite Mythe handelt vom Traum des Saturn. Sie ist insofern
sehr wichtig, als es zu den Standards der Mysterienreligionen gehört,
dass die Einweihung eines Mysten in einen höheren Grad weder in
dessen freier Entscheidung lag noch in der seines Führers, des Mystagogen. Apuleius berichtet über den Isis-Kult, dass der Mysteriengott dem Mystagogen in einem Traum anzeigen und mitteilen musste,
wann der betreffende Gläubige reif für die nächste Weihe war.

Leo. Der vierte Grad war der Löwe, von Jupiter geschützt und vom
Element des Feuers durchglüht. Wie erwähnt, berichtet Porphyrios
über den Weiheritus für den Löwen, dass den Mysten Hände und
Zunge durch Bestreichen mit Honig gereinigt wurden. Wasser als
Mittel der Purgation (Reinigung) fiel deshalb aus, weil das Element
des Löwen das Feuer ist, und man kann natürlich Feuer nicht durch
Wasser reinigen – entweder es verdampft, oder es löscht das Feuer.
Mit der Initiation in den Grad des Löwen erhielten die Mysten einen
neuen, heiligen Namen. Diese Praxis ist aus dem Christentum bekannt, wenn sich Mönche oder der Papst einen neuen Namen geben.

Für die Wahl des neuen Namens existierte sogar, wie es im Chris-
tentum die Bezeichnung Heiliger oder Heilige gibt, eine mystische
Formel, nämlich *nama*, auf Deutsch Verehrung. So hieß ein Löwen-
geweihter beispielsweise *Nama Phoebo Leoni* – Verehrung dem Löwen
Phöbus (dem Glänzenden) – oder ein anderer *Nama Niceforo Leoni* –
Verehrung dem Löwen Nicephorus (dem Siegbringer).

In diesem Grad verband sich der Myste mit dem Schlag der rechten Hand für immer mit dem Pater, sie werden zu *syndexii*, zu im
Handschlag Verbundenen. Kein Feuer konnte ihre Verbindung
jemals auflösen. Sie ist ewig und stiftet ein Klientelverhältnis, wie es
Antiochos IV. von Kommagene den Römern gegenüber pflegte.

Perses. Der fünfte Rang trug den Titel *perses*, der Perser. Er wurde von dem Planeten Mond geschützt, und sein Element war das Wasser. Er wird durch den Hirten *cautopates* symbolisiert. Der *cautopates* steht für die Jagd, für das Hirtenleben, die Ernte und die Fahrt des Sonnenwagens über das Firmament. Ihm sind im Kult der Schlüssel, das heißt, die Pflege und der Schutz des Mithras-Heiligtums anvertraut.

Heliodromos. Den Übergang vom fünften zum sechsten Grad vermutet Reinhold Merkelbach in einer symbolischen Fahrt mit dem Sonnenwagen. Der sechste Grad bezeichnete den *heliodromos*, den Sonnenläufer. Sein Planet war die Sonne. Er war für das Licht, wohl auch für die Lichtinszenierung in den Kultfeiern zuständig. Man nannte ihn auch *cautes* oder *lucifer* (Lichtbringer). Cautes als Luzifer werden wir bald schon wieder begegnen.

Der *cautopates*, dessen Planet der Mond war, wird mit gesenkter Fackel, der Cautes mit erhobener Fackel dargestellt. Beide treten auch in Abbildungen gemeinsam auf, um den Wechsel zwischen Monduntergang und Sonnenaufgang und umgekehrt zu verdeutlichen. So zeichneten sie letztlich verantwortlich für den Ablauf der Zeit. In der Einweihungszeremonie kniete der Myste vor dem Pater, der ihm die persische Mütze abnahm und ihn mit dem Strahlenkranz krönte – beides Attribute des Gottes Mithras, dessen Gefolgsmann und Repräsentant er von nun an im Kult war.

Pater. Der siebte und höchste Weihegrad im Mithras-Kult war der Pater, dessen Planet Saturn das Goldene Zeitalter versinnbildlichte. Sein Element war ebenfalls das Feuer. In den Kultfeiern stellte der Pater den Gott Mithras dar.

Im Mittelpunkt des Mithras-Kultes stand das heilige Mahl, wie im Christentum das Abendmahl. Man kann sich den Verlauf ungefähr so vorstellen, wie er auf einem Relief im dalmatinischen Konjic dargestellt ist: Mithras (Pater) und der Sonnengott (Heliodromos) halten Trinkhörner in den Händen und werden von einem Diener mit Rabenmaske bedient. Ein Löwe sitzt unter dem Tisch. Vor ihnen steht ein kleiner Tisch auf drei Füßen, auf dem die heiligen Brote liegen. Brot und Wasser werden als heilige Mahlzeit gereicht. Dass christliche Schriftsteller wie Tertullianus darüber Gift und Galle spuckten, weil sie diese Zeremonie für eine Verhöhnung des christlichen Abendmahles hielten, lässt sich leicht einsehen.

Der Kult selbst fand in Grotten und Höhlen statt, die künstlich beleuchtet werden mussten, was aber zugleich die Möglichkeit einer beeindruckenden Lichtdramaturgie bot. Und um das Licht ging es besonders an einem Tag: Zu den großen Festen des römischen Mithras-Kultes gehörte der Geburtstag des Gottes am 25. Dezember. Man hat vermutet, dass die Christen das Weihnachtsfest mit der Geburt Christi auf den gleichen Tag legten, um das heidnische Fest zu verdrängen, es rituell zu überschreiben.

Tatsächlich gibt es ein älteres Muster, das sie adaptierten. Sowohl Mithras als auch der Christengott wurden anfangs mit dem Sol Invictus, mit dem unbesiegten Sonnengott gleichgesetzt. Wie in unseren Breiten werden auch in Rom ab dem 25. Dezember die Tage wieder länger, der Sonnengott scheint neue Kraft zu erlangen, geradezu wiedergeboren zu werden. Die Verehrung und (Wieder-)Geburt des Sonnengottes eigneten sich für die Christen natürlich hervorragend, um an diesem Tag die Geburt Jesu zu feiern, den Tag, als Gott seinen Sohn als Mensch zur Erde sandte. [100]

Das christliche Weihnachtsfest absorbierte die paganen Bräuche und Feste zur Geburt der Sonne, und dieser geniale Schachzug bescherte ihm einen einzigartigen Triumphzug durch die Welt und die Weltgeschichte – selbst Nichtchristen feiern Weihnachten.

MITHRAS ALS WELTENSCHÖPFER

In der großen Erzählung des Kultes opfert Mithras in der Grotte einen Stier und erschafft dadurch die Welt, die man sich als aus den Körperteilen eines Stieres gemacht vorstellen muss. Der Samen des Stieres, dem die Lebewesen der Welt entsprangen, wurde in einem Mischkrug (kratér) aufgefangen und dem Mond übergeben, damit in seinem Licht der Samen für diese wichtige Aufgabe gereinigt wurde. Dass dem Mond die Verantwortung für das Werden, die Geburt und das Wachstum zufällt, geht zwingend aus dieser Vorstellung hervor und ist religionsgeschichtlich nichts Neues, sondern ein Allgemeinplatz.

Zum Werden aber gehört auch das Vergehen. In den alten Religionen liegen Geburt und Tod oft in der Hand eines Gottes. Der Mithras-Kult macht da keine Ausnahme, denn der Mond ist auch der Aufenthaltsort der Verstorbenen. Vollmond und Neumond, abnehmender und zunehmender Mond geben geradezu für alle Zeiten ein klassisches Sinnbild des Wenigerwerdens und Sterbens und des Geborenwerdens und Zunehmens ab. Selbst die Bibel benutzt dieses Bild, wenn sie Johannes den Täufer über sich selbst und Jesus sagen lässt: »Er muss wachsen, ich aber muss abnehmen« (Joh 3,30).

Als Agenten des Mondes und der Sonne, als Cautopates und Cautes, nehmen die dem Grad des Heliodromos Geweihten ihre Rolle im Mysterienspiel wahr, sodass wir uns Cautopates mit dem Mischkrug vorstellen können, der den Stiersamen beim Opfer auffangen und ihn dem Mond zur Reinigung zu übergeben hat.

Die Mythen, die mit den einzelnen Graden in Zusammenhang stehen, sind konkrete Handlungsanweisungen, Drehbücher für die Gottesdienste, die aus Mysterienspielen bestehen. Immer wieder geht es darum, dass im Mysterienspiel die heilige Handlung vollzogen wird und der Myste oder Gläubige das Mysterium durch Tun und mithin Vergegenwärtigung erlebt.

Und selbst das Christentum hat hiervon für seine durchinszenierten Gottesdienste gelernt. Auch der gläubige Christ erlebt auf unbeschreibliche Art die Anwesenheit Jesu Christi in der Eucharistie. Das Messwunder ist für ihn real – und gleichzeitig ein Mysterium und ein Wunder. Diese Dimension des Geheimnisses, die sich im Erleben vollzieht, stellt das leider Unbeschreibliche in den Religionen dar. Wir können hier nur versuchen, etwas in Worte zu fassen, das sich seinem Wesen nach jeder Beschreibung entzieht.

Die Vorstellung, dass die Welt aus dem Körper eines Wesens - im Mithras-Kult aus dem Stier - gemacht ist, war in den Vorstellungen der alten Völker weitverbreitet. Und auch wir sprechen ja noch von Mutter Erde.

So erschuf der Stadtgott von Babylon die Welt, indem er das Urungeheuer Tiamat schlachtete. Die Chinesen stellten sich vor, dass ein mythisches Wesen namens Pan Gu in einem Ei geboren wurde. Nach 18 000 Jahren öffnete sich das Ei. Das Klare (*yang*) wurde zum Himmel, und das Dunkle oder Trübe (*yin*) wurde zur Erde. Pan Gu aber wuchs als Säule, die den Himmel trug. Schließlich füllte er mit seinem Körper Himmel und Erde aus. Im Sterben verwandelte sich schließlich sein Leib. Der Atem wurde zu Wind und Wolken, die Stimme zum Donner. Aus dem linken Auge wurde die Sonne, aus dem rechten der Mond. Die Wölbung des Leibes gaben die fünf heiligen Berge, das Blut die Flüsse und die Arme und Beine die Giebel des Himmels. Sehnen und Blutgefäße verwandelten sich zu Erzadern, Fett und Fleisch zu Ackerböden, Kopfhaare und Bart zu Sternen, Haut und Körperhaare zu Gras und Bäumen, Zähne und Knochen zu Metallen und Steinen, Schweiß zu Regen und Tau und das Ungeziefer an seinem Körper durch das Wirken des Windes zu den Menschen. Der Daoismus übernahm diesen Mythos. Nun wurde der Alte Meister (Laozi) mit Pan Gu gleichgesetzt, indem es hieß, dass aus den Augen von Laozi Sonne und Mond, aus dem Kopf der Berg Kunlun, aus den Haaren Sterne, aus den Knochen Drachen, aus dem Fleisch die Tiere wurden.

Die Germanen ließen aus dem Urriesen Ymir, der von den Göttern erschlagen wurde, die Welt aus seinen Körperteilen entstehen. So wurden beispielsweise aus seiner Hirnschale der Himmel und aus seinem Gehirn die Wolken.

Auch der Rigveda, der älteste Teil der indischen Veden, erklärt die Entstehung der Welt aus einem Urwesen. Die Götter erschufen die Welt durch die Opferung eines riesigen Menschen (*purusa*). Sie zerstückelten ihn, und aus den Teilen entstanden der Kosmos und die Gesellschaft. Aus seinem Mund wurden die Brahmanen, aus seinen Armen die *ksatrya* (die Kriegerkaste und der Adel), aus seinen Schen-

keln die *vaisya* (nichtadlige Freie, Kaufleute, Handwerker und Bauern),
und aus seinen Füßen wurden die *sudra* (Diener, Unfreie, diejenigen,
die niederen, nicht angesehenen Berufen nachgingen) gemacht.

Da der alte persische Kult des Mithra sowohl in indische Vorstellungen einging und selbst indisches Denken aufnahm, gelangten
sogar über diesen weiten, doch frequentierten Weg brahmanische
Spuren in das Konzept des römischen Mithras-Kultes.

Ein weiterer Aspekt dieser Mysterienreligion ist ebenso faszinierend,
wie er folgenreich war. Man muss vorausschicken, dass die astronomischen und astrologischen Vorstellungen in dieser Zeit vom ptole-
mäischen Weltsystem ausgingen, das schon in Zusammenhang mit
der babylonischen Sternenbeobachtung angesprochen wurde. Nach
Ptolemäus stand nicht die Sonne im Mittelpunkt der Welt, sondern
die Erde, um die sich das gesamte Himmelsgewölbe mitsamt den
Sternen, Planeten und auch der Sonne drehte. Er unterschied nicht
zwischen drei, wie später Kopernikus, sondern nur zwischen zwei
Umdrehungen, die zum Wechsel von Tag und Nacht und dem Kreislauf der Jahreszeiten führte, nämlich zwischen der täglichen Drehung
des Fixsternhimmels um die Erde und der Rotation der Sonne und
der Planeten um unseren Planeten. Diesen Umlauf nannte er Ekliptik,
was aber nichts anderes bedeutet als »Straße der Verfinsterungen«.

Da dem Weg der Sonne auf der Straße der Verfinsterung der
Wechsel der Jahreszeiten entsprach, hatten die agrarischen Gesellschaften des Altertums ein großes Interesse, sich diesen Weg der
Sonne zu merken. Das erreichte man, indem man Wegmarken definierte, und zwar auffällige Sternkonstellationen. So entstanden unsere heutigen Sternbilder, die man besser Sternenbilder oder Zodiakus nennt, weil es nicht um Tierbilder geht – schließlich lassen sich
Waage, Schütze, Jungfrau und die Fackelträger Cautopates und
Cautes oder auch die Zwillinge (Gemini) nur schwerlich als Tiere
klassifizieren. Zudem bedeutet das griechische Wort *zodion* nicht
Tier, sondern beseeltes Wesen. Beseelte Wesen aber sind nach griechischer Vorstellung die Tiere, Menschen und Sterne.

Über die zwölf Sternzeichen wurden im Mithras-Kult die zwölf

Götter des griechischen Pantheons gesetzt: Zeus, Hera, Poseidon, Hades, Athene, Apollon, Artemis, Aphrodite, Hermes, Ares, Hephaistos und Hestia Dionysos. Sie herrschten jeweils über einen Monat des Jahres, und jedem Monat wurde jeweils ein Sternzeichen zugeordnet, das allerdings nicht vom 1. zum 1., sondern vom 20. zum 20. des irdischen Monats regierte. Diese Einteilung, verbunden mit den Frühjahrs- und Herbstäquinoktien (Tagundnachtgleiche), definierten das religiöse Jahr des Kultes.

Die sieben Planetengötter hatte man in einem Kreis in gleichen Abständen voneinander angeordnet, im Uhrzeigersinn: Saturn, Jupiter, Mars, Sonne (Sol), Venus, Merkur und Mond (Luna). Wenn man nun diese Götter diagonal miteinander verbindet, das heißt, vom Saturn (Samstag) zum Sonnengott (Sonntag), von dort zum Mondgott (Montag), von da zum Mars (Dienstag) etc. geht, erhält man die sieben Wochentage. Die geometrische Figur, die daraus entsteht, ist ein Heptagramm (Siebenstern).

Dieses Heptagramm wiederum war von großer Bedeutung für die Musiktheorie, die damals von den Mathematikern betrieben wurde, weil es in den Harmonien um Zahlenverhältnisse geht und diese wiederum als Ausdruck einer perfekten Ordnung, nämlich des Kosmos galten. Ausgehend von dem Heptagramm erhält man durch Quartschritte alle Tonarten. Ohne das vertiefen zu wollen, kommt man über diesen Weg zur Sphärenmusik, nämlich zu der ursprünglich geheimen Vorstellung der Pythagoreer von der Harmonie des Kosmos, die sich in der Musik der Planetengötter ausdrückt. Diese Vorstellung von der Sphärenmusik wird für die Mystiker und später für die Denker und vor allem die Magier der Renaissance wichtig.

Aus den fünf Elementen wird die Welt erschaffen. Mithras erzeugt im Mischkrug die Seelensubstanz, sodass die geschaffene Welt beseelt wird. Mithras gilt als unbegreiflich und unfassbar. Die Grotte als Ort der Kulthandlungen symbolisiert den Kosmos. So kommt es zu einer Entsprechung zwischen Mikrokosmos und Makrokosmos, der großen und der kleinen Welt, denn die Decke der Grotte steht auch für den Himmel. Dieser Gedanke wird für die Gnosis wichtig, und über Gnosis und Hermetik gelangt auch diese Vorstellung von der Entsprechung des Mikrokosmos zum Makrokosmos in die Renaissance.

Wesentlich an der Vorstellung von der im Mischkrug geschaffenen Seele ist das Konzept der Wanderung der Seele durch die Welten und durch die Körper. Es beginnt damit, dass die Seele aus dem Überhimmel auf die Erde herabfällt. Auf ihrem Weg vom Überhimmel zur Erde durch die Planetensphären nimmt sie die Eigenschaften der Planetengötter an, denn jeder Planetengott besitzt seine eigene Sphäre, in der bestimmte Eigenschaften vorherrschen. Von Saturn erhält sie logisches Denken, von Mars Mut, von Jupiter Tatkraft, von Venus die Begierde, vom Mond die Fähigkeit zu pflanzen und wachsen zu lassen. Nach dem Tod steigt die Seele auf und durchwandert die sieben Sphären, um wieder in ihre Heimat zurückzukehren.

Dieses System erinnert an die Lehre Platons im »Timaios«. Vor allem nahmen es die Gnostiker auf, allerdings unter negativem Vorzeichen, weil sie die Welt als ein Werk des Bösen in Bausch und Bogen verwarfen und deshalb der Weg der Seele mit einem ethischen Abstieg als eine fortwährende Verschlechterung wahrgenommen wird.

Denkt man an den Aufstieg der Seele oder anders an die Rückkehr der Seele in ihre Heimat, bei der sie sieben Planetensphären zu durchqueren hat, werden die sieben Einweihungsgrade des Mithras-Kultes verständlich. Sie stellten nichts anderes dar als die immer wieder im Kult geübte und durch die Einweihungen vollzogene Reise der Seele. Die Vorstellung der Himmelsreise, die über eine Leiter erfolgt, kennen wir aus dem Alten Testament als Jakobsleiter. Sie gehört zu den Symbolen des Mithras-Kultes und wird von den jüdischen Mystikern genutzt. Man findet sie sowohl bei Paulus als auch im Koran, wenn Mohammed die *isra* – die Himmelsreise – unternimmt.

Im Kult bereitet sich der Myste auf die wichtigste, alles bestimmende Reise seiner Seele in die Heimat vor, die keinesfalls misslingen darf. An den Folgen des Misserfolges hätte er im wahrsten Sinne des Wortes *ewig* zu leiden. Dafür unternimmt der Eingeweihte alle Anstrengungen, die der Kult und die Moralforderungen an ihn richten, um gewappnet zu sein für die letzte große, für die Jenseitsreise.

Wie im Christentum bildete also auch im Mithras-Kult ein tugendhaftes Leben die Voraussetzung für ein gutes Leben in der Ewigkeit oder anders für die Erlösung. Die Seelen der Menschen, die nicht an Mithras glaubten, oder der Mysten, die nicht entsprechend den Forderungen des Kultes lebten, kehrten nicht heim, sondern wurden wiedergeboren. Die Mithras-Mysten glauben im Gegensatz zum Christentum – aber in Übereinstimmung mit dem Buddhismus – an die Seelenwanderung und an die Wiedergeburt als Strafe.

Als Sonnengott wurde Mithras zum Herrscher der Welt, zum Kosmokrator. Und all diese Attribute: Gottessohn, vom göttlichen Vater gesandt, die Welt zu retten, mit dem Beinamen Sol Invictus versehen und dadurch als Weltenherrscher verehrt, gingen auf Jesus Christus über. So fließt der Gott Mithras ganz in die Göttlichkeit Jesu ein, wird quasi von ihr aufgesogen. Man könnte es auch so sagen: Mithras wurde getauft, denn in der Taufe wurde er letzten Endes der Welt des Heidentums entzogen und in Christi Reich aufgenommen. Die symbolische Handlung besiegelte die christliche Taufe »in Christus Jesus hinein«.

Kein Geringerer als Kaiser Konstantin I. sollte den Weg dafür ebnen.

DIE RETTER DES VERLORENEN GLÜCKS

DIE JÜDISCHE MYSTIK

»Verflucht sei jeder, der diese (Worte) weitergibt,
um ein Geschenk oder um eine Speise
oder um ein Getränk oder um eine Kleidung
oder um anderes dergleichen.
Die Worte wurden ihm in einem Geheimnis gegeben.«
Apokryphon des Johannes

Wenig lud bis auf den heutigen Tag stärker zur Legendenbildung ein als der geheimnisvolle Begriff Kabbala, der für eine mächtige Strömung der jüdischen Mystik steht. Man muss nur einmal den Begriff bei Google eingeben, um zu sehen, wie aktuell die Kabbalistik ist. Wer mag, kann damit in eine Parallelwelt ein- und vollkommen darin abtauchen. Wegen seiner starken Anziehungskraft wurde der Begriff immer wieder in volkstümlichen Darstellungen und reißerischen Romanen verwandt. Gerade diese immense Popularisierung wurde jedoch zu einem dichten, undurchdringlichen Schleier, hinter dem sich das wahre Geheimnis der Kabbala gelassen verbergen konnte.

Die jüdische Geheimlehre zog sogar Christen in ihren Bann: Eine christliche Kabbala entstand als Geheimreligion, die von der Orthodoxie, ob sie nun katholisch, lutherisch oder calvinistisch war, aufs Schärfste verfolgt wurde.

Um dieser Geheimlehre auf die Spur zu kommen, ist es unumgänglich, bei den scheinbar nebensächlichen Fakten des Entstehungsumfeldes der Kabbalistik zu beginnen. Kabbala bedeutet Überlieferung oder Tradition. Was also wurde überliefert, worauf gründet sich die Tradition?

GRIECHEN, JUDEN UND CHRISTEN

Ihren Anfang nahm die Geschichte der Kabbala in der berühmten Schlacht von Issos. In diesem Schicksalskampf besiegte der junge griechische Heerführer Alexander, der alles auf eine Karte gesetzt und sein Schicksal den Göttern empfohlen hatte, im Jahr 333 v. Chr. den mächtigen Perserkönig Dareios. Bald schon sollte man den charismatischen Feldherrn Alexander *ho Mégas*, den Großen, nennen. Ein dreiundzwanzigjähriger Jüngling, der aus einem kleinen griechischen Königreich in der Größe des Freistaates Bayern stammte, hatte Persien – damals eine Weltmacht – in die Knie gezwungen.

Die gesamte mediterrane Welt geriet durch dieses unerhörte Ereignis aus den Fugen. Es stieß nicht nur das ganze mediterrane und mittelöstliche Staatensystem in den Taumel, sondern löste auch eine tief greifende religiöse Krise in der antiken Welt aus.

Diese geistige Verunsicherung, diese ins Schwanken geratenen Grundwerte werden bei der Schilderung der Ereignisse oft nicht bedacht. Viele Historiker sehen sich die Augen blind an den sogenannten harten Wirtschaftsdaten und Machtverhältnissen. Doch nicht die Macht ist die Voraussetzung der Herrschaft – diese ist nur das Mittel –, sondern die Legitimation.

Und diese Legitimation schwand in einem atemberaubenden, katastrophalen Tempo dahin. Mit den Staaten und Herrschaftsformen zerfielen auch die religiösen Systeme, die sich in der entstehenden hellenistischen Welt neu ausrichteten und gegenseitig beeinflussten. Die konsequente Beschreibung des Hellenismus als Globalisierung wäre noch zu unternehmen.

Alexander der Große hatte im vierten vorchristlichen Jahrhundert ein Weltreich geschaffen, das von Griechenland im Süden bis an den Sudan stieß und im Osten bis zum indischen Subkontinent reichte. Auch wenn Alexanders Generäle nach seinem frühen Tod zehn Jahre später das Reich unter sich aufteilten und die Diadochenreiche entstanden, Ptolemaios beispielsweise Ägypten, Antigonos Phrygien und Seleukos Babylon beherrschte, wurde die Entwicklung des Hellenismus dadurch paradoxerweise nur beschleunigt. Griechisches

Denken, griechische Sprache und griechische Kultur bildeten die allseits akzeptierte Grundlage der Diadochenstaaten.

Der Leitgedanke, der für das heutige Europa zutiefst wünschens-
wert wäre, lautete in dieser Zeit auf die hellenistischen Staaten
bezogen: Man ist nicht Hellene von Geburt, sondern von Bildung. So
erwuchs eine Kultur, in der griechische Philosophie, ägyptische,
phrygische, babylonische und iranische Religionen einander durchdrangen. An den Grenzen zu Indien kam es sogar zu einem Austausch mit dem Buddhismus und dem Brahmanismus.

Hier findet sich, nebenbei bemerkt, die Quelle des viel beraunten
indischen Gedankengutes in Jesu Reden. Obwohl die Spekulation
gern der Wahrheit vorgezogen wurde und wird, bestand für Jesus
nicht die mindeste Notwendigkeit, nach Indien zu wandern, mit
untergeschlagenen Beinen im Ashram zu sitzen und regelmäßig ein
versonnenes Om auszustoßen – die indischen Vorstellungen waren
längst im Westen angekommen und verfügbar. Sie durchdrangen die
gesamte antike Welt, und umgekehrt gelangte, wie wir der buddhistischen Philosophie des Nagarjuna (ca. 2. Jahrhundert n. Chr.) entneh-
men können, griechisches Denken nach Indien.

Durch den Hellenismus wurde die Welt im durchaus modernen
Sinn globalisiert: »Karawanen von der chinesischen Grenze her erreichen durch Vorderasien die syrische Küste; Handelsflotten bringen von Indien und Ostafrika köstliche Seltenheiten; Alexandria vermittelt allen Reichtum des Ostens nach Rom und wirft seine eigenen
Erzeugnisse, Weizen Papier, Linnen, Glaswaren auf den Weltmarkt.
Osten und Westen werden wirtschaftlich erschlossen, treten in Ver-
kehr ...«[101]

Dabei war gerade die Landbrücke zwischen Syrien und Palästina
schon damals ein ausgesprochen unruhiges Gebiet mit einem hoch-
explosiven Bevölkerungsgemisch. Zudem diente diese Region als
Drehscheibe, Einflussgebiet und Puffer zwischen den konkurrierenden Reichen der persischen Seleukiden und dem Ägypten der
Ptolomäer.

Im Zentrum dieses Gebietes lebten die Juden, Gottes auserwähltes Volk, das im Gegensatz zu allen anderen Völkern an den Einen

Gott glaubte, alle anderen Götter verwarf. Die Juden verehrten Judäa als Heiliges Land, das fremde Füße nicht zu beschmutzen und zu entweihen hatten, und Jerusalem als Stadt Gottes. Sie lehnten es auch ab, sich mit anderen Völkern zu vermischen, weil sie sich als von Gott auserwählt verstanden, und setzten sich für eine weitgehende Selbstisolation ein. Diese ließ sich zwar angesichts des kulturellen Ansturms des Hellenismus, der wie durch ein defektes Dach einsickerte, nicht durchhalten, gehörte aber zu den tiefen Wurzeln der religiösen Vorstellungen, so wie es zum drakonisch durchgesetzten Glaubensgut der Muslime gehört, dass Nichtmuslime die heiligen Städte Medina und Mekka und die Kaaba nicht betreten dürfen.

Dessen ungeachtet drang die verführerische Kraft der Modernisierung in Gestalt des Hellenismus ins Land. Städtische Eliten begannen mit dem griechischen Gedankengut zu liebäugeln, und auch Teile der Priesterschaft erlagen dem Charme der neuen Kultur. Die innerjüdischen Auseinandersetzungen in den letzten vorchristlichen Jahrhunderten können hier nicht dargestellt werden. Für unseren Zusammenhang genügt die Feststellung, dass das ursprüngliche Moses-Amt – das den Priester, den König und den Propheten umfasste –, zunächst in den Priester und Regenten auf der einen Seite und den Propheten, »einen wie Moses«, auf der anderen Seite aufgeteilt wurde.

Im zweiten vorchristlichen Jahrhundert scheint sich dann eine Strömung herausgebildet zu haben, die als Gegenbewegung zum Hellenismus den Weg zu den Wurzeln des Judentums suchte und die sich um den Propheten scharte. Dieser Prophet wird in den Quellen »Tora-Anweiser«, also Gesetzgeber im weitesten Sinne oder auch »Lehrer der Gerechtigkeit« genannt. Diese konservativen Kreise wurden jedoch verdrängt, entmachtet und in die öden Gebiete am Toten Meer, dorthin, wo auch Qumran liegt, abgedrängt.

Es ist nicht ganz klar, ob der Lehrer der Gerechtigkeit mit seinen Getreuen in die Einöde zog oder ob er bereits vor dem Auszug aus Jerusalem verstarb. In Jerusalem jedenfalls herrschte als oberster Priester und König der Hohepriester – das Amt des Propheten blieb zunächst unbesetzt. Mit der Herausbildung einer herrschenden Kaste, aus der fortan die Hohen Priester hervorgingen, bildete sich die Gruppe der Sadduzäer. Eine Mittelstellung zwischen den Sadduzäern und den Konservativen nahmen die Pharisäer ein. Ursprünglich Tempelschreiber, entwickelten sie sich zu Schriftgelehrten, zu Intellektuellen, die nach den authentischen Wurzeln des Judentums im Tanach, seiner Heiligen Schrift, suchten.

Diese Gruppen und Gemeinden (Jachad), die in Erwartung der Endzeit ein gottgefälliges Dasein abseits der Zentren der Macht zu führen beabsichtigten, werden von einigen Wissenschaftlern mit den Schreibern und Besitzern der Texte, die in den Höhlen von Qumran gefunden wurden, in Verbindung gebracht. Darüber, ob wir in ihnen die Essener sehen dürfen, tobt der wissenschaftliche Streit. Denn entgegen den haarsträubenden Fiktionen, die Baigent/Leigh wie auch sonst immer geschäftstüchtig verbreiten, taucht der Ausdruck *osseh hatorah* (Täter der Tora), der die Urform des Begriffs Essener darstellen soll, in den Texten vom Toten Meer nicht auf. Mehr noch, es findet sich in den Texten überhaupt keine Gruppenbezeichnung der Schöpfer oder Besitzer der Schriftrollen. Das verwundert nicht, denn die Sammlung besteht aus Bibeltexten und liturgischen Texten wie Psalmen und Hymnen. Dass sich in diesen heiligen Gebrauchstexten nicht die Abschreiber, Besitzer und Benutzer verewigt haben, liegt auf der Hand. Warum sollten sie das auch machen, um Mr. Baigent und Mr. Leigh einen Gefallen zu tun?

Zwischen den unsicheren Informationen, die wir über die Essener haben, und dem, was aus der Lektüre der Texte über deren Besitzer herausgelesen werden kann, bestehen Gemeinsamkeiten, aber auch Unterschiede. Für die Essener, die in Judäa eine wichtige Gruppierung bildeten, war die Reinheit des Körpers eine Vorbedingung für die Reinheit des Geistes. Sie wuschen oder tauften sich mehrmals am Tag. Da das Heil in Gottes Offenbarungen lag, also im heiligen Text des Alten Testaments, gehörte es zu den gottgefälligen Werken, diesen abzuschreiben und zu vervielfältigen. Diese Tätigkeit ersetzten die Opferungen im Tempel, bei denen die Priester Tieropfer darbrachten, was die Essener, die sich streng vegetarisch ernährten, mit

Abscheu erfüllte. Ihrer Meinung nach durfte man Gottes Geschöpfen – auch den Tieren – keine Gewalt antun. Ähnliche Vorstellungen finden wir bei den indischen Jaina, einer asketischen Sekte, der auch Siddhartha angehört hatte, bevor er seinen eigenen, den Buddha-Weg fand.

Mit den Verlockungen der Welt wollten die Essener nicht belästigt werden. Im entlegenen Winkel lebend, gaben sie gleichsam eine ferne Vorstufe der christlichen Mönche ab. Sie hofften, in der Konzentration auf das Gesetz und in der Offenbarung Gottes Rettung zu finden. Doch der Rückzug in die Einöde geschah nicht nur – wie später bei den Mönchen –, um vor den Menschen zu fliehen und dafür Gott nahe zu sein, sondern auch, um den Hohen Priestern auszuweichen, denn diese sahen im Denken und vor allem in den Forderungen der Essener einen Angriff auf ihre Machtbasis. Wer den Tempeldienst und die Opferungen ablehnte, stellte die Legitimation der Sadduzäer infrage, die sich über den Dienst im Tempel, an dem Ort, an dem Gott anwesend war, definierten.

Gemeinsam ist den Essenern und den Qumranleuten – wenn sie nicht gar identisch sind –, dass sie in endzeitlicher Erwartung lebten und dementsprechend asketische Ideale pflegten. Ein Unterschied besteht darin, dass die Essener als pazifistisch beschrieben werden, die Qumranleute dagegen nicht. Aus der Kriegerrolle, der Sektenregel und anderen Schriften geht zweifelsfrei hervor, dass die Gemeinde der Qumranleute nicht nur priesterlich und endzeitlich, sondern auch militant verfasst war.

Was also die religiöse Vielfalt des Judentums anbelangt, können wir nur die Spitze des Eisberges erkennen. In jenen unruhigen Zeiten mit ihren ständigen Machtkämpfen, aber auch den gesellschaftlichen und vor allem wirtschaftlichen Veränderungen – beispielsweise einer Kalenderreform, die das Land an den Rand des wirtschaftlichen Ruins brachte – stand immer dringender eine Reform des Judentums an. Es bildeten sich vielfältige religiöse Gruppen, die immer auch bestimmten sozialen Gruppen innerhalb der Gesellschaft entsprachen – ohne dass man das allzu vordergründig an Schichten festmachen darf –, und sie formulierten ihre Vorstellung vom Leben und von der Zukunft in religiöser Weise. Die Palette reichte dabei von den theokratischen Herrschern, den Sadduzäern, über die Religionsintellektuellen, die Pharisäer, die zu einer Art Volksprediger und Vorform der Rabbiner wurden, bis hin zu asketischen und endzeitlichen Gruppen wie den Qumranleuten, den Essenern. Zudem gab es Täuferbewegungen und religiöse Revolutionäre wie die Zeloten, die alle Fremden aus Judäa vertreiben wollten und mit der Waffe in der Hand eine Art Partisanenkampf führten.

Schließlich gab es noch die Nasiräer, Menschen, die, um Gott zu gefallen, besonders strenge Lebensregeln befolgten. So durften sie weder Alkohol trinken noch sich die Haare schneiden. Sie mieden Speisen, die nicht koscher waren, also nicht nach den besonderen Regeln hergestellt worden waren, und hüteten sich davor, mit Leichen in Berührung zu kommen. Man hielt dafür, dass sie zu besonderen Taten berufen waren, weil sie als heilig galten. Zwei Arten von Nasiräern wurden unterschieden: Die einen waren von Geburt bereits zum Nasiräertum berufen, die andern legten für eine bestimmte Zeit ein Gelübde ab, als Nasiräer zu leben. Kein Wunder, dass auch hier wieder die Spekulationen ins Kraut schossen: Ebenso wie Jesus ein Essener gewesen sein soll, wurde vermutet, dass er auch ein Nasiräer auf Zeit war. Auch in den Nasiräern findet sich eine Vorform des frühen christlichen Mönchtums. Sie lebten zunächst als Einsiedler (Anachoreten) in der Wüste, bevor sie sich zu Einsiedlergemeinschaften in Klöstern zusammenschlossen (Koinobiten).

TEMPELKULT UND SCHRIFTRELIGION – DAS FRÜHE JUDENTUM

Dass es zu dieser religiösen Vielfalt kommen konnte, hing mit einer Besonderheit der jüdischen Religion zusammen, die nämlich im Grunde zwei vollkommen verschiedene Religionen, nämlich eine Tempelreligion mit einem ausgeprägten Opferkult und eine Schriftreligion, die keines Tempels, sondern nur eines Buches bedurfte, in sich barg.

Für die Existenz dieser beiden Religionen gibt es ein sehr schönes prophetisches Zeugnis: Der Hohepriester Hilkija (auch: Chelkias) fand eines Tages in einem Winkel des Tempels zufällig ein altes, verstaubtes Buch. Als er es aufschlug, tanzten ihm die Buchstaben vor den Augen, und ihm blieb fast das Herz stehen: Es war das Bundesbuch, das Buch des Bundes, den Gott mit seinem auserwählten Volk geschlossen hatte – und zwar das Original.

Wahrscheinlich handelte es sich hierbei um das Debarim (Deuteronomium). Manches aus dem Buch war inzwischen in Vergessenheit geraten, manches unbeachtet geblieben. Als dem König Joschija aus dem Debarim vorgelesen wurde, erschrak er über das frevelhafte Leben der Juden, die sich von Gott abgewandt und die Gesetze des Bundes missachtet hatten, und zerriss sich in Todesfurcht die Kleider.

Dann befragte er die Prophetin Olda, die ihm Folgendes antwortete: »So spricht der Herr: Siehe, ich bringe Unheil über diese Stätte, all die Worte, die in dem Buch geschrieben stehen, das vor dem König von Judäa verlesen wurde. Weil sie mich verlassen und fremden Göttern Räucheropfer dargebracht haben, damit sie mich mit all den Werken ihrer Hände erzürnen, ist mein Zorn auf diese Städte entbrannt und wird nicht erlöschen … Du hast dich vor mir gedemütigt und deine Kleider zerrissen und vor mir geweint. Und ich habe es gehört, spricht der Herr. Siehe, ich werde dich zu deinen Vätern versammeln, und du wirst in Frieden zu deiner Grabstätte versammelt werden. Deine Augen sollen all das Unheil nicht sehen, das ich über diese Stätte und seinen Bewohner bringen werde« (2 Chr 34,24–29).

In dieser kleinen Geschichte steht der Tempelkult ganz klar gegen die Buchreligion. Das Buch wurde über den Tempel vergessen, das Wort, Gottes Wort, durch den Rauch des Opfers verhüllt.

Nach dem Tod König Joschijas brach der Kriegssturm über das Land herein, und Judäas Tage waren gezählt. Im Jahr 586 v. Chr. eroberten die Babylonier Jerusalem, zerstörten den Tempel und verschleppten die Elite der Juden, Priester, Gelehrte und Handwerker nach Babylon. Zurück blieben nur Bauern.

Die Erfahrung, die die Juden im Exil machten, lautete: Gott wohnt nicht in Jerusalem. Er ist dort, wo wir an ihn glauben. Wir können ihn

überallhin mitnehmen. Dieser Gedanke findet sich beim Propheten
Ezechiel/Hesekiel, der als verborgener Prophet in der Verbannung
nicht zufällig später zu einem der wichtigsten jüdischen Autoren für
die geheimen Religionen von der römischen Kaiserzeit bis heute
werden sollte.

Im Grunde trugen die Juden seit ihrem Auszug aus Ägypten diese
doppelte Religion mit sich, die Religion des Tempelkultes und die
Religion des Gesetzes, die man auch unter dem Begriff der Kleinen
und der Großen Mysterien fassen kann. Der Tempelkult wäre dabei
als exoterischer Kult zu den Kleinen und die Offenbarung, das Gesetz, die Schriftreligion zu den Großen Mysterien zu rechnen, denn
wichtig in der Schrift wurde, was in der Schrift verborgen lag. In dieser Vorstellung scheint bereits der Grundgedanke der Kabbala durch,
nämlich die Existenz von Gottes geheimer Offenbarung, die es zu
entschlüsseln galt.

Uns mag die Vorstellung einer nahenden Endzeit, bewirkt durch den
Zorn Gottes, absurd vorkommen, und noch fremder mag uns die
Vorstellung erscheinen, dass wir durch ein asketisches Leben, durch
die Umkehr, die vollkommene Abkehr von unserem normalen bürgerlichen Leben der schrecklichen Strafe Gottes, die an uns für alle
Ewigkeit vollstreckt wird, entgehen würden. Aber wenn wir Natur-
katastrophen, Krieg, Mord, Vergewaltigung, Missernte, Atomkata-
strophe als Gottes Strafen verstehen, kämen wir dem Denken dieser
Welt einen zwar minimalen, aber immerhin einen Schritt näher.

Worte wie Strafe, Katastrophe und existentielle Verunsicherung
klingen abstrakt. Die Quellen belegen jedoch, dass in den immer wieder ausbrechenden innerjüdischen Machtkämpfen, die in dem mit
allen Mitteln ausgetragenen Streit um das Amt des Hohepriesters gipfelten, besonders die Bevölkerung litt. Im Bürgerkrieg in der Zeit des
Hohenpriesters Alexander Jannai fanden beispielsweise zwischen 95
und 83 v. Chr. rund 50 000 Menschen den Tod. Statt Recht und Ordnung herrschte nur Willkür – und das in einem Land, dessen ganze
Identität sich von Gottes Gesetz herleitete. Was lag also näher, als zu
diesem Gesetz zurückzukehren, ihm wieder Geltung zu verschaffen?

Für die Qumranleute stand wohl fest, dass ihre Umkehr, ihr geset-
zestreues Leben das Modell für ganz Israel abgab. Wenn die Menschen sich von den Hohen Priestern abwandten, auch dem jüdischen
König Herodes nicht in die hellenistische Häresie folgten, sondern
sich in ihrer Lebensweise den Qumranleuten anschlössen, was sie als
die ursprüngliche mosaische Lebensweise verkündeten, dann würde
alles gut werden und Gott sich ihrer erbarmen.

Wenn man sich die aktuelle Diskussion über den Vegetarismus
zudem anschaut, dann nähert man sich einen weiteren Schritt dem
Denken der Zeit, denn alle asketischen Richtungen in der Geschichte
huldigen der fleischlosen Ernährung.

Den zürnenden Gott galt es zu besänftigen, dem liebenden Gott
sich zu nähern. Im Qumrankorpus finden sich auffallend viele
liturgische Texte. Der Grund liegt in einer priesterlichen Vorstellung,
die die Hebräer möglicherweise bereits aus Ägypten mitgebracht
hatten, denn dort gab es sie bereits. Die Vorstellung besagte, dass
die Priester durch die exakte Befolgung der Riten den Gang der
Welt aufrechterhielten. So wie die Engel im Ritus beständig Gott
verherrlichten und dadurch den Lauf der Welt garantierten, so taten
es ihnen die Priester auf Erden gleich, die sich als ihre Gefährten, als
Kollegen der Engel empfanden. Dies nimmt bereits die spätere
katholische Vorstellung vom Priester als drittem Geschlecht (tertium
genus) vorweg, der zwar nicht so viel wie Gott, aber immerhin mehr
als der Mensch ist.

Die Lehre aber lautete: Gott zerstört und bestraft, wenn ihm nicht
gehuldigt und gedient wird, und zwar nicht nur den einzelnen Menschen, sondern die ganze Menschheit. Dem Gebet zu Gott, dem
Preisen und Loben kommt eine besondere Bedeutung zu, und Gott
ist nach mystischer Vorstellung hierin pedantisch genau: Erst nachdem sein auserwähltes Volk ihn gepriesen hatte, durften die Engel im
Himmel es den Juden gleichtun, erst dann war der Bitte und dem
Preisen Erfolg beschieden. Am Fenster des siebenten Himmels stand
der Engel Schemuel, lauschte den empordringenden Gebeten Israels
und leitete sie umgehend weiter.

In dieser religiösen Vielfalt und in diesen schweren existentiellen Verunsicherungen begaben sich Menschen auf die Suche nach dem Geheimnis – und weil sie dem Allergeheimsten sich zu nähern trachteten, machten sie sich heimlich auf den lebensgefährlichen Weg. Dieser Aufbruch bedeutete gleichzeitig eine radikale Abkehr von dem bisherigen Leben. Dieser Gedanke leuchtet noch in den Evangelien auf, wenn Jesus von denjenigen forderte, die ihm als seine Jünger folgen wollten: »Wenn jemand zu mir kommt, und hasst nicht seinen Vater, Mutter, Frau, Kinder, Brüder, Schwestern und dazu sich selbst, der kann nicht mein Jünger sein« (Lk 14,26). Ähnliches galt für die Qumranleute oder die Essener: Die Voraussetzung, um zu ihnen zu gehören bzw. sich Gott zu nähern, bestand in dem radikalen Bruch mit den Werten und Beziehungen des alten Lebens, das zu überwinden war. Wer das nicht vermochte, war der Geheimnisse Gottes nicht wert, denn für ihn gab es im Zweifelsfall leider Wichtigeres, als Gottes Mysterien zu bewahren.

Hier fassen wir zum ersten Mal in der Geschichte eine folgenreiche geheime Religion, mit der Jesus in Berührung gekommen sein könnte. So sicher, wie wir diese Bewegung ermitteln können, so sehr bleiben uns bis ins Mittelalter hinein ihre Protagonisten verborgen. Es gibt zwar halb mythische Figuren wie den Rabbi Akiba, doch die wirklich greifbaren Gestalten traten erst im 8. Jahrhundert für einen kurzen, unvorsichtigen Moment aus dem Dunkel, aus der Anonymität, in die sie sich begeben hatten. Diese Menschen, die wir im Bewusstsein der Schwierigkeit des Begriffs als Mystiker bezeichnen wollen, setzten alles daran, ihre Person in der Geschichte zu verstecken. Und nach ihrer Auffassung hatten sie dafür den besten Grund der Welt: Sie waren in eine andere Welt, in eine andere, aus ihrer Sicht in die wahre, Realität hinübergewechselt. Sie wussten um die Gefährlichkeit ihres Tuns und wollten deshalb anonym bleiben. Das brachten sie umso leichter übers Herz, als ihnen nichts weniger bedeutete als der schale Ruhm der gewöhnlichen Welt – in ihrer Wirklichkeit meinten sie etwas viel Besseres, viel Schöneres, viel Wichtigeres und bei Weitem Wertvolleres zu finden.

Die Forderung, nach dem Gesetz zu leben, so gut und richtig sie auch war, erwies sich als schwer umsetzbar, zumal in Zeiten der Krise, in denen die Gewissheiten schwanden und die bestehende Ordnung längst nicht mehr über jeden Zweifel erhaben war. Die Welt der frühen jüdischen Mystiker war, mit einem Wort, brüchig. Durch Korruption und Heuchelei der herrschenden Priesterkaste hatte das Tempelsystem dem jüdischen Gottesstaat die Rechtfertigung entzogen.

Wie sollte man sich auch an ein Gesetz halten, selbst wenn es von Gott kam, wenn die Welt ins Wanken geriet? Wie das Dach stützen, wenn die Wände einstürzten, wie Autoritäten vertrauen, die ihre Macht und ihr Ansehen zur persönlichen Bereicherung einsetzten? Wozu sollte man sich also mit diesem aussichtslosen und vergeblichen Erdenleben abplagen, wenn man doch wusste, dass alle Herrlichkeit und alles Glück und dazu noch für alle Ewigkeit in Gott zu finden war. Was lag da näher, als sich auf den direkten Weg zu Gott zu begeben? Hatten nicht die Propheten, begonnen mit Moses, auch Umgang mit dem Allerhöchsten gepflegt, der allein Frieden und Heil schenken konnte, während alles andere sich als Blendwerk entpuppte?

Dieser scheinbar rein religiöse Gedanke erwies sich als gefährlich und als ketzerisch zugleich. Er war gefährlich, weil die Tempelpriester diesen Umgang – freilich in anderer Form als Opferdienst – für sich beanspruchten und dieser nur ihnen vorbehaltene Umgang ihre Machtbasis bildete, und ketzerisch, weil der kleine Mensch der Hybris, der Selbstüberhebung, zu verfallen schien, dass es ihm gelingen könnte, sich der Unbegreiflichkeit Gottes zu nähern. Der Versuch, zu Gott zu gelangen, verkleinerte Gott ja auch, machte ihn im gewissen Sinn zu einem Objekt des Menschen. Hinzu trat der Frevel, dass der Mensch die tiefsten göttlichen Geheimnisse zu erfahren begehrte und sogar glaubte, Gott in die Karten schauen zu dürfen. War Gott denn der Hampelmann der Mystiker?

Die Mystiker argumentierten dagegen, dass dies Gottes Wille sei und er von den Frommen gefunden werden wolle. Ihre Bemühungen entsprächen nur Gottes Heilsordnung.

Da stand Aussage gegen Aussage, Meinung gegen Meinung, beide Positionen begründbar, keine überzeugte die andere Seite. Und da es letztlich um Macht, Reichtum und Einfluss ging – für die Sadduzäer stand schlichtweg die Existenz auf dem Spiel –, wurde aus dieser Auseinandersetzung ein erbitterter Kampf.

In dieser unruhigen Zeit entdeckten suchende Männer, möglicherweise Pharisäer, bei ihrer stetigen und genauen Lektüre des Tanach, bei der sie jedes Wort des Alten Testaments umdrehten, dass mehr als eine Bedeutung im Text der Tora steckte. Nach jahrelangem, pedantischem Studium erkannten sie, dass die Tora, Gottes Wort und Gesetz, nicht einfach ein Buch war, sondern ein lebendiges Wesen, das die Fragen, die man an den Text stellte, täglich neu beantwortete. Auf diese Weise wurden immer neue und tiefere Bedeutungen gefunden. Waren die Riten und Zeremonien starr und festgelegt, so zog das göttliche Wort hingegen die Lesenden in immer neue Welten. Es war also nicht alles gesagt, Gott hatte nicht ein für alle Mal gesprochen. Oder anders: Er hatte nie aufgehört zu sprechen.

Die atemberaubende Erkenntnis lautete: Gott spricht immer noch und wird weiter sprechen bis ans Ende aller Tage. Wenn Gott redete, so bestand umgekehrt auch die Möglichkeit, mit Gott zu kommunizieren. Nur auf der untersten Ebene bestand der Text der Tora aus Worten, Sätzen und Abschnitten, auf einer tieferen Ebene nahm er die Gestalt der göttlichen Weisheit (hebr. *chochma*, griech. *sophia*) an. Die Tora besaß eine doppelte Gestalt – eine offene, allen zugängliche und eine geheime, die nur wenigen Eingeweihten zugänglich war. Mit anderen Worten: In den heiligen Schriften tarnten die hübsch aufgeputzten Kleinen Mysterien perfekt die Großen Mysterien.

Die Entdeckung, die diese Männer gemacht hatten, war einfach ungeheuerlich: Nicht nur das Gesetz der Welt, sondern das Gesetz der Welten – der bestehenden, der vergangenen, der künftigen – verbarg sich in der Tora. Auch wenn dies nicht zur sachlichen Interpretation der Tora führte, so ist doch festzuhalten, dass, wie Gershom Scholem schreibt, »auf diese Weise die heiligen Bücher eine ungeahnte Anziehungskraft für jeden Einzelnen erhielten, dem das Ge-

heimnis seines eigenen Lebens und seines Gottes aus ihnen ent-
gegenleuchtete«.[102] Von nun an verstand man die Heilige Schrift in
mehrfachem Sinn als heilig: einmal, weil sie Gottes Wort enthielt,
dann, weil sie Gottes Sprechen war, und schließlich, weil die Offenbarung nicht einmal erteilt wurde, sondern sie sich immer wieder
ereignete und den Menschen erlöste und heilte.

Die gefährliche Beschäftigung mit dem Geheimnis der Schöpfung,
eine Art geistiger Stammzellenforschung, die auch in pharisäischen
Kreisen betrieben wurde, richtete sich vor allem und zunächst auf die
Auslegung des ersten Kapitels der Genesis, in der es darum geht, wie
Gott die Welt und das Leben erschaffen hat. Es war zugleich die
Frage nach Gott selbst: Wer ist es, der da schafft? Wenn er selbst un-
geschaffen und also ewig ist, weshalb wird er dann plötzlich tätig?
Wie wird er tätig? Ist es die einzige Welt, die er erschuf, oder lebt der
Mensch in einer Welt inmitten von Welten, die ihn von Gott trennen?
    Viele Menschen werden noch heute von dieser Fragestellung be-
rührt, freilich in ihrer vollkommen reduzierten Form, die da lautet:
Sind wir allein im All? In dieser modernen Formulierung drückt sich
die alte Sehnsucht aus, die wir schon in den Spekulationen der frühen jüdischen Mystiker finden: nicht allein zu sein. Die Dämonen
früherer Zeiten sind die modernen Aliens. Die alte Sehnsucht hat
sich übersetzt und eine Krypta gebildet. Die Menschen verändern
ihre großen Erzählungen weder im Aufbau noch in der Handlung –
sie tauschen nur Setting, Ambiente, Kleidung und die Namen der
Darsteller aus.
    Aus der Frage nach Gott ergaben sich zwei Problemstellungen,
nämlich erstens die Entgegensetzung von Mensch und Gott, von Ich
und Er, und zweitens der Abstand, der zwischen dem Menschen und
Gott besteht.
    Der Abstand von Gott beschreibt aber zugleich auch die Ferne
von Gott. Und Gottesferne wurde von den Juden als existenzielles
Problem wahrgenommen. Das Heil des Menschen hing buchstäblich
von der Nähe zu Gott ab, wie die Pflanze zum Wachstum die Sonne
benötigte. Wenn die Rabbiner später lehrten, dass es auf nichts ande-

res ankäme, als darauf, Gottes Gesetz zu studieren, es richtig auf die Welt anzuwenden und sich danach zu verhalten, stellten die Mystiker die gefährliche Frage, wie sie den Abstand zwischen sich und Gott verringern könnten. Verkürzt formuliert: Während die Pharisäer sich für das Verhältnis von Gott und Welt interessierten, in dem die Juden eine besondere Stellung einnahmen, lösten die Mystiker dieses Verhältnis auf und konzentrierten sich nur noch auf Gott und nicht mehr zugleich auf die Welt, die sie hinter sich gelassen hatten.

Das war natürlich radikal. In ihren Übungen, sich von der Welt zu lösen, glichen die jüdischen Mystiker – in ihren Überlegungen, nicht aber in den Formen – den Buddhisten, die etwas früher in Indien mit dem Hinayana-Buddhismus einen ähnlichen Weg eingeschlagen hatten. Der Kern der buddhistischen Lehre bestand in den »Vier Edlen Wahrheiten«, von der die zweite lautete:

»Dies, ihr Mönche, ist die edle Wahrheit
von der Aufhebung des Leidens: die
Aufhebung dieses Durstes durch gänzliche
Vernichtung des Begehrens, ihn fahren
lassen, sich seiner entäußern, sich von ihm
lösen, ihm keine Stätte gewähren.«[103]

Das bedeutet nichts anderes, als dass wir durch unsere Sehnsüchte, Wünsche und Bedürfnisse mit der Welt verbunden sind, dass das, was als »Durst« bezeichnet wird, ein Durst ist, der immer wieder Durst erzeugt, sooft man ihn auch zu löschen versucht. Für Buddhisten wie Mystiker ist es notwendig, sich von der Welt zu lösen. Doch während die Buddhisten die Welt überwinden wollen, um aus dem Kreislauf der Wiedergeburten herauszutreten, bekommt bei den Mystikern die Welt in der Konzentration auf Gott immer weniger Raum zugewiesen und tendiert so gegen null.

Neben der Schöpfungsgeschichte rückte in das Interesse der ersten Mystiker eine ganze Gruppe von verborgenen, für eine gewisse Zeit oder für immer verschollenen Texten, die heute unter dem Begriff apokalyptische Literatur zusammengefasst werden. Die Funde dieser Texte waren jeweils von spektakulären Umständen begleitet, die zu Legendenbildung einluden, sei es die Entdeckung der Texte von Nag Hammadi oder von Qumran. Das wirklich Spannende an den Schriften ist jedoch, dass sie uns atemberaubende Einblicke in eine Vielzahl zum Teil wirklich geheimer Religionen gewähren, die entweder neben dem Judentum und dem frühen Christentum oder in ihnen existierten. Sie wurden auf alle Fälle aber verfolgt, an den Rand gedrängt und verketzert.

Im Alten Testament sind das die Bücher Daniel und Ezechiel (Hesekiel). Von den vielen Apokalypsen, die nicht in den Kanon der heiligen Schriften aufgenommen wurden, haben das 4. Buch Esra und das Buch Henoch den größten Ruhm erworben. Diese Bücher, die mehr oder weniger um das zweite vorchristliche Jahrhundert herum entstanden, waren von anonymen Autoren verfasst, zusammengetragen und womöglich redigiert worden. Um ihren Schriften ein hohes Alter und eine hohe Autorität zu verleihen, gaben die Autoren als wahre Verfasser biblische Patriarchen wie Henoch, Adam, Abraham, Moses, Esra, Baruch oder Daniel an.

Der Inhalt der Bücher stellte nicht mehr und nicht weniger dar als die Großen Mysterien, die Offenbarung von Gottes Geheimnissen. Diese wurden entweder von Gott dem Propheten mitgeteilt wie im Ezechiel-Buch, oder der Prophet unternahm wie bei Henoch eine Himmelsreise und wurde Gottes in seiner Thronhalle und damit aller göttlichen Mysterien ansichtig.

Wie und wo man auch immer apokalyptische Schriften aufgefunden hat, ob in Äthiopien wie im Falle des Henoch-Buches, von dem auch eine slawische Abschrift auftauchte, oder in Qumran – sicher ist, dass es eine große Zahl jüdischer Apokalypsen gab, von denen nur wenige auf uns gekommen sind. Sie stellen nichts weniger dar als eine wirkliche Geheimliteratur, als eine Schatzkarte Gottes für den mystischen Jäger des letzten Geheimnisses.

DER BLICK IN GOTTES THRONWELT - EZECHIEL

> *»... auf Seinen Befehl hin eilen sie*
> *wie ein Wirbelwind und werfen sich*
> *vor Seinen Thron anbetend nieder.«*
> Ezechiel

Einer dieser Texte, der von den Mystikern immer wieder studiert und analysiert wurde, ist das erste Kapitel des Propheten Ezechiel, in dem der nach Babylon verschleppte Prophet Mitteilungen von Gott in der gebräuchlichen Form der Visionen erhielt.

In den Erscheinungen schaut Ezechiel die Herrlichkeit Gottes, seinen Thronwagen (*merkaba*) und seine Thronhalle (*hechalot*). Diese Vision ist großartig und befreiend, denn sie überwindet den Abstand zu Gott und erhebt den Menschen, weil sie ihn an den Geheimnissen Gottes teilhaben lässt. Die Mysterien sind in der Vision des Thronwagens verborgen.

Aber so einfach, wie es sich anhört, ist es nicht – denn, wie wir schon gesehen haben, in Gottes Nähe zu gelangen, muss der Mensch auch ertragen können. Ezechiel wurde auserwählt, weil Gott wusste, dass dieser, sein Diener, die Begegnung in der Vision überstehen würde. Gott ist die ganze Wahrheit. Kein Mensch kann die ganze Wahrheit ertragen. Die Menschen benötigten keine Poesie, keine Metaphern, keine Symbole und keine Allegorien, wenn sie in der Lage wären, die Wahrheit in ihrer reinen Form aufzunehmen. Solange sie aber mit ihren Sehnsüchten, Wünschen, Hoffnungen, ihrer Liebe und ihren Eitelkeiten an der Welt hängen, solange sie noch Sehnsüchte, Wünsche, Hoffnungen, ihre Liebe und ihre Eitelkeiten empfinden, ertragen sie die ganze Wahrheit nicht. Deshalb beginnt jede Mystik, mag sie jüdisch, christlich oder muslimisch sein, mit der Abkehr von der Welt, mit der Reinigung bzw. mit Reinigungsritualen.

Die Pharisäer diskutierten diese Vision und ihre Überlegungen zur Genesis nicht öffentlich, sondern ausschließlich im internen Kreis als eine Art Geheimabkommen ihres Bundes mit Gott. Weil die Rabbiner später aus eigener Erfahrung um die immense Gefahr dieser Visionen und Näherungen wussten, drängten sie darauf, dass niemand anfangen durfte, im Buch Ezechiel zu lesen, bevor er das dreißigste Lebensjahr vollendet hatte. Mit dreißig galt ein Mann als gefestigt genug, sich dem verwirrenden Text auszusetzen. Vor diesem Hintergrund ist es kein Zufall, dass die Wirksamkeit Jesu ab diesem Alter einsetzte, erst dann verfügte er über die notwendige Autorität.

Viel von dem Material über die Beschäftigungen der Pharisäer und frühen Mystiker ist deshalb verloren gegangen, weil Juda der Heilige, der Redaktor der Mischna, der niedergeschriebenen mündlichen Tora, mystisches Material daraus verbannte. Wie später im offiziellen Christentum artikulierte sich auch im Judentum eine Abneigung gegen die Vorstellungen, Geheimnisse und Praktiken der Mystiker.

Juda jedenfalls hielt diese Spekulationen nicht nur für überflüssig, sondern auch für sehr gefährlich. Von Anfang an wurde den Mystikern Überheblichkeit, ja Selbstüberhebung (Hybris) vorgeworfen, weil sie, wie es Papst Johannes XXII. in der Bannbulle gegen Meister Eckhart ausdrückte, »… mehr wissen wollte(n), als notwendig war«.[104]

Für den Mystiker stellte sich die Problematik der Beziehung des Menschen zu Gott so dar: Wenn zwischen Mensch und Gott ein Abstand klafft, dann ist da auch eine Ferne. Das heißt, dass der Mensch in Gottesferne lebt wie im Exil. Ist ihm aber die Welt Exil, in der er lebt wie Ezechiel in Babylon, so kann er wie jener diese Entfernung auch überwinden. Er kann zu Gott vordringen und seinen Thronwagen schauen. Der Thronwagen, dieses so berühmte wie verschlossene Bild des Textes, ist ein Symbol für die Herrlichkeit Gottes. Da Gott aber für den Menschen unfassbar ist und es für den Menschen nicht möglich ist, ihn zu schauen – wir erinnern uns wieder an das Bildnis zu Sais und die schlimmen Folgen für den Jüngling –, zeigt Gott sich in einer Manifestation, nämlich in seiner Herrlichkeit, nicht in seinem Wesen, das der Mensch ohnehin nicht erfassen kann.

Ezechiel sieht zunächst den Thronwagen, dann die Engel, schließlich eine äußere Form Gottes, eine Verkleidung, die er gerade noch auszuhalten vermag: »Ich schaute auf die Lebewesen: Neben jedem

der Vier sah ich ein Rad auf dem Boden. Die Räder sahen aus, als
seien sie aus Chrysolith gemacht. Alle vier Räder hatten die gleiche
Gestalt. Sie waren so gemacht, dass es aussah, als laufe ein Rad mitten im andern. Sie konnten nach allen vier Seiten laufen und änder-
ten beim Laufen ihre Richtung nicht. Ihre Felgen waren so hoch, dass
ich erschrak; sie waren voll Augen, ringsum bei allen vier Rädern.
Gingen die Lebewesen, dann liefen die Räder an ihrer Seite mit.
Hoben sich die Lebewesen vom Boden, dann hoben sich auch die
Räder« (Hes 10,16). »Sie liefen, wohin der Geist sie trieb. Die Räder
hoben sich zugleich mit ihnen; denn der Geist der Lebewesen war in
den Rädern. Über den Köpfen der Lebewesen war etwas wie eine ge-
hämmerte Platte befestigt, furchtbar anzusehen, wie ein strahlender
Kristall, oben über ihren Köpfen. Unter der Platte waren ihre Flügel
ausgespannt, einer zum andern hin. Mit zwei Flügeln bedeckte jedes
Lebewesen seinen Leib. Ich hörte das Rauschen ihrer Flügel; es war
wie das Rauschen gewaltiger Wassermassen, wie die Stimme des
Allmächtigen. Wenn sie gingen, glich das tosende Rauschen dem
Lärm eines Heerlagers. Wenn sie standen, ließen sie ihre Flügel her-
abhängen ... Oberhalb der Platte über ihren Köpfen war etwas, das
wie Saphir aussah und einem Thron glich. Auf dem, was einem
Thron glich, saß eine Gestalt, die wie ein Mensch aussah. Oberhalb
von dem, was wie seine Hüften aussah, sah ich etwas wie glänzendes
Gold in einem Feuerkranz. Unterhalb von dem, was wie seine Hüften aussah, sah ich etwas wie Feuer und ringsum einen hellen Schein.
Wie der Anblick des Regenbogens, der sich an einem Regentag in
den Wolken zeigt, so war der helle Schein ringsum. So etwa sah die
Herrlichkeit des Herrn aus. Als ich diese Erscheinung sah, fiel ich nieder auf mein Gesicht« (Hes 1,12–28).

Die Anschauung der Thronwelt eröffnet dem Mystiker den Blick
in die Fülle, die von den Gnostikern später das *pleroma* genannt werden wird, nämlich die Lichtwelt Gottes mit all seinen Kräften, Möglichkeiten und Schöpfungen.

Im Geheimnis Gottes steckt ein unlösbares Problem der Wahrnehmung, die Notwendigkeit, wahrzunehmen, ohne wahrzunehmen.
Der Mensch nimmt wahr, indem er unterscheidet, beispielsweise hell

und dunkel. Die Erkenntnis Gottes mit all seinen Kräften, Möglichkeiten und Schöpfungen als großes Ganzes, als Eins bedeutet aber, etwas nicht Unterschiedenes zu schauen, in dem man außerdem selbst ist und zu dem man gehört. Es bedeutet, Licht und Schatten nicht als Licht und Schatten, sondern als eine Einheit oder besser Licht und Schatten Ineins ohne Unterschied, weder das Helle noch das Dunkle zu sehen. Deshalb unterzogen die Mystiker sich großer Anstrengungen, um ihre Wahrnehmung zu verändern.

Den Thronwagen begleiten die Engel. Sie erinnern in ihren Beschreibungen als Mischwesen aus Mensch und Tier an die assyrischen *karibu*. Im Hebräischen heißen sie *kerubim* und gehören später als Cherubim der christlichen Engelhierarchie (Erzengel, Seraphim, Cherubim) an. Über diesen Weg sind altassyrische Fabelwesen in die christliche Engelslehre gelangt.

IM SIEBTEN HIMMEL – DIE HENOCH-BÜCHER

Eine weitere Quelle der Inspiration für die Mystiker auf ihrem Weg zu Gott waren die apokryphen Henoch-Bücher. Immer stärker bildeten sie die Vorstellung von den sieben Himmeln aus, wie es auch im Mithras-Kult sieben Planetengötter in sieben Sphären oder Himmeln gab.

Im obersten Himmel befindet sich Gottes Palast *(hechaloth)*, der wiederum aus sieben Hallen oder Kammern besteht. In der letzten Halle, in der Kammer der Größe, aber befindet sich Gott oder eine Hypostase von ihm. Dem jüdischen Mystiker geht es vor allem um die Schau nicht des Wesens, das er nicht ertragen könnte, weil es über sein Fassungsvermögen geht, sondern vor allem um die Schau der Herrlichkeit Gottes. Die Herrlichkeit ist die Droge immerwährenden Glücks, die Gott für die Gottessucher schuf – der Genuss des Opiums interessiert sie, nicht die chemische Formel dafür.

Praktisch stellt sich nun die Frage, wie der Gottessucher in die siebente Kammer gelangt – und zwar vor seinem Tod. Darin nämlich besteht die ungemeine Verlockung der Mystik: Sie verheißt dem suchenden Menschen, dass er nicht erst nach dem Tod, sondern bereits im Leben die Himmelsreise antreten kann und von dem unvorstellbaren Glück kosten darf. In diesem endlichen, zufälligen Leben erhält der Mensch einen Vorgeschmack der Ewigkeit und der erlösenden Notwendigkeit, eine Notwendigkeit, die nicht Zwang meint, sondern die dadurch gekennzeichnet ist, dass alles endlich so sein muss, wie es im guten Sinne sein soll, eine gute Notwendigkeit, die die blinden und bösen Mächte des Zufalls in Ketten legt.

Im 3. Jahrhundert n. Chr. entwickelte sich in der jüdischen Mystik allmählich eine faszinierende Umkehrung: Auf einmal wurde nicht mehr vom Aufstieg, sondern vom Abstieg zu Gott, vom Hinabsteigen in die Kammer der Größe gesprochen.[105]

Und plötzlich taucht auch ein Name für eine der geheimen mystischen Gruppen auf, zum ersten Mal seit dem 1. Jahrhundert v. Chr., der Zeit, in der wir die Entstehung dieser Gruppen vermuten dürfen. Sie nennen sich nun »Jorde Merkaba«, die zur Merkaba, zum Thronwagen Gottes Hinabgestiegenen.

Man hat sich gefragt, wie diese Umkehrung geschehen konnte und was sie zu bedeuten habe, ohne eine Antwort darauf finden. Wenn wir allerdings das eingeschliffene Muster von dem Himmel und der Hölle, die im Innern der Erde als Synonym für Gott und Teufel existieren muss – also die spätere christliche Denkweise –, verlassen und uns für einen Moment daran erinnern, dass die ägyptische Unterwelt die ewige, die Parallelwelt darstellte, dann bietet sich eine einfache Antwort für die Umkehrung an.

Nebenbei bemerkt stellte auch für die Assyrer, die Babylonier und die Hethiter die Unterwelt nicht die Hölle dar. Nicht einmal der griechische Hades trug satanische Züge. Die Denunziation der mit der Urmutter Erde verbundenen Gottheiten als Teufel ist eine zutiefst christliche Angelegenheit, die dem simplen, aber überlebenswichtigen Impuls folgte, die heidnischen Götter generell zu verteufeln. So gesehen könnte man Teufelsanbeter als romantische Empörer wider die christliche Verleumdung begreifen. Schriftsteller wie Edgar Alan Poe (1809–1849) und Sektengurus wie Aleister Crowley (1875–1947) haben diese Romantik später noch mächtig befeuert.

Versteht man also den Abstieg nicht im christlichen Sinne als Höllenfahrt, dann ergibt sich die Deutung, dass Gott sich im Mittelpunkt der Welt befindet, dass er die Welt oder Welten wie ein Vulkan aus sich herausgeschleudert hat, die Welt also aus Eruptionen seiner selbst besteht. Ein Gott, der über allen thront und alles aus sich genommen und neben oder unter sich abgelegt hat, wirkt gefangen, letztlich umstellt und deshalb unsouverän seiner Schöpfung gegenüber. Ein Gott dagegen, der sich im Mittelpunkt befindet, der alles herausschleudern oder alles zurücknehmen kann, wie er will, wirkt autark. Die Welt wäre für ihn nicht mehr als ein Pickel auf seiner Nase.

Für das überraschende Konzept des Hinabsteigens zu Gott bot sich die Vorstellung der Zeugung aus dem Zentrum heraus geradezu an. Zudem präsentierte sie im Vergleich zu den späteren Spekulationen eine originelle Variante zu den ewigen Verortungen des Göttlichen im Himmel. Letztere hängen sowohl mit dem physiologischen Faktum zusammen, dass wir das Erheben des Kopfes, das Nach-oben-Schauen immer als erhaben empfinden, als auch mit der optischen Realität, dass von oben das Licht kommt. Den Blick senken, bedeutet immer, demütig oder beschämt zu sein, weil man seiner Endlichkeit gewahr wird. Der Blick zum Himmel symbolisiert das Wachstum und das Leben, das Senken des Blickes Niedergang und Tod.

Die Reise zu Gott

Wie dem auch sei, ob nach oben oder nach unten, der Mystiker, will er Gottes Herrlichkeit schauen, muss so oder so sieben Sphären durchqueren, über die uns nichts bekannt ist, und anschließend die sieben Kammern oder Hallen, was uns dafür umso detaillierter beschrieben wurde.

Die Geschichte dieser Reise ist faszinierend. Jesus, Paulus und Mohammed werden später ähnliche Reisen unternehmen, alle sind sie aber abhängig von den Reisen der jüdischen Mystiker.

Die Tätigkeit des Mystikers, ganz gleich, von welcher Konfession er ausgeht, umfasst drei Aspekte, einen realen, einen symbolischen und einen allegorischen:

1. Jede Übung oder Handlung, die er auf seinem langen Weg zu Gott ausführt, führt er wirklich, in der Realität aus.
2. Er führt sie jedoch gewissermaßen auch im Himmel, bei Gott aus, denn was auf der Erde geschieht, geschieht gleichzeitig im Himmel geradezu in Parallelverschiebung. Darin besteht der symbolische Aspekt der Handlung des Mystikers.
3. Darüber hinaus vollzieht der Mystiker die Heilsgeschichte vollkommen individualisiert nach. Die Dramaturgie der mystischen Reise als Ganzes betrachtet ist eine Allegorie, ein Nachspielen der Schöpfung.

Obwohl mystische Reisen abseits der Öffentlichkeit stattfanden und keine mystischen Reiseführer existierten, ist es dennoch möglich, den geheimen Routen auf die Spur zu kommen. Man beachte aber, dass die Wegweiser Symbole sind, die man kennen muss. Die Wegbeschreibung ist verschlüsselt. Jede mystische Reise begann mit einer umfangreichen seelischen und körperlichen Reinigung. Dazu gehörten Bäder, vielleicht sogar Taufbäder, aber auch sexuelle Enthaltsamkeit und Fasten. Die Zeit der Reinigung umfasste zwölf oder vierzig Tage.

Die Zahl Zwölf ist ein Symbol für die zwölf Stämme Israels, findet sich aber auch in der Anzahl der Sternkreiszeichen und der Monate im Jahr, später im Jüngerkreis Jesu. Die Zahl Vierzig steht für die andere große Reise, nämlich die der Juden unter Führung des Moses durch die Wüste ins Gelobte Land.

Beide Zahlen haben eine tiefe religiöse Bedeutung. Nach 40 Jahren erreichten die Juden, aus Ägypten fliehend, die Grenze des Gelobten Landes. Moses hat seinen Auftrag erfüllt, er hat sie bis zum Ziel gebracht, aber ins Gelobte Land, in ein neues Leben wird die Juden sein Nachfolger Joshua führen. Innerhalb von 40 Tagen erhielt der Prophet Esra von Gott 94 Bücher, und zwar außer den 24 Büchern, die bekannt sind, weitere 70 geheime Bücher, die verborgen und versiegelt sind, wie es im apokalyptischen vierten Esra-Buch heißt. Übrigens werden es auch 72 Gelehrte sein, von denen die hebräische Bibel ins Griechische übersetzt wurde und die deshalb auch Septuaginta (lat. die Siebzig) heißt. Und der große, ganz in der Tradition der Mystik stehende Text über das Wesen Gottes, der bereits zitiert wurde, heißt nicht zufällig »Buch der 24 Philosophen«.

Die Zeit der Reinigung war eine Zeit der Bewährung und der Initiation. So wie Moses starb, starb der alte Mensch in dem Mystiker. Gereinigt, als neuer Mensch konnte er dann den mystischen Abstieg zu Gottes Thronhallen beginnen. Das Fasten wurde begleitet von Andachtsübungen, bei denen der Mystiker die gleiche Haltung einnahm wie der Prophet Elias am Berg Karmel bei einem Regenzauber: »... ging Elia auf den Gipfel des Karmel und bückte sich zur Erde und hielt sein Haupt zwischen seine Knie« (1 Kön 18,42).

So gebückt, das Haupt zwischen den Knien tief vergraben, betete der Mystiker und sang Psalmen und Hymnen. »Viele Gelehrten meinten, wer sich durch viele Qualitäten auszeichne, die in den Schriften aufgeführt werden, und die Merkaba schauen und die Paläste der Engel in der Höhe erblicken will, habe bestimmte Prozeduren einzuhalten. Er müsse eine gewisse Anzahl von Tagen fasten und sein Haupt zwischen seine Knie legen und viele Hymnen und Gesänge flüstern, deren Text überliefert ist. Dann schaut er das Innere und die Kammern, als ob er mit eigenen Augen in die sieben Paläste sähe, und er schaut, als ob er von einem Palast in den anderen einträte, und sieht, was es dort gibt.«[106] Mit diesen Worten faßte der Mystiker Gaon Haj ben Scherira (um 1000) den mystischen Weg zusammen.

Es mag zunächst überraschen, aber diese Litaneien, die der Mystiker zu singen hatte, waren, verglichen mit dem hohen Ziel, das er zu erreichen suchte, recht eintönig, bewirkten aber durch das beständige Rezitieren in Zusammenhang mit der Körperhaltung einen Zustand der Autosuggestion, die in eine Trance führten. Einer dieser Texte beginnt so:

»Die Allmacht und Treue beim Ewig-Lebenden
Die Einsicht und der Segen beim Ewig-Lebenden
Die Hoheit und die Größe beim Ewig-Lebenden
Die Kunde und Rede beim Ewig-Lebenden
Der Prunk und die Pracht beim Ewig-Lebenden
Der Rat und die Bewährung beim Ewig-Lebenden ...«[107]

Das ließe sich jetzt seitenweise fortführen – mit anderen Gesängen wie dem sogenannten »Gesang der Engel« gar buchfüllend. Die ununterbrochene Anrufung Gottes mit verschiedenen Attributen oder die Aneinanderreihung verschiedener Namen Gottes ist eine uralte religiöse Technik, die sich schon bei den Ägyptern findet. Nicht das Komplizierte ist es, was in die Autosuggestion führt, zu jenem Erreichen eines anderen Seinszustandes, in dem das Denken von Gedanken gereinigt wird, sondern Einfachheit, Eingängigkeit und ein prägnanter, geradezu eintöniger Rhythmus, der die Funktion einer Gehirnwäsche erfüllt. So funktioniert auch das *dikhr* im Islam, das Gottesgedenken, bei dem die verschiedenen Namen Allahs nacheinander benannt werden.

In der Mystik ist es dieser andere Seinszustand, in dem sich der innere Mensch, die Seele, das *pneuma* vom Leib trennt und die Reise antritt. Der Moment, in dem die Seele den Körper verlässt, ist außerordentlich riskant. Die Reise selbst gilt als lebens- und heilsgefährlich, nämlich für Leib und Seele.

Wir wissen nicht, wie wir durch die sieben Himmel kommen, doch ist der Abstieg der Seele in die sieben Kammern oder Hallen Gottes besser belegt.

Es hätte keiner sieben Kammern bedurft, wenn damit nicht die sieben Tore und ihre sieben Wächter verbunden gewesen wären. Aus diesem Grund wurde das Henoch-Buch auch »Wächterbuch« genannt. Schwellen, Durchgänge, Türen und Tore bedeuten immer einen höchst gefährlichen Weltenwechsel. Was weiß man schon, was einen erwartet, wenn man aus der Tür tritt. Nicht umsonst wachten die Laren, die römischen Hausgötter, an der Tür, wo sie auch wohnten. Aber auch die Jenseitsvorstellung der Ägypter kannte die Torwächter, die zwölf Pforten, an denen die Sonne sicher übergeben werden musste.

Gotische Kathedralen weisen als Torwächter höchst phantasievolle Dämonendarstellungen auf, die eher an den sumerischen Fliegengott Pazuzu oder an babylonische Karibu, jene Mischwesen aus Mensch und Tier, erinnern als an christliche Figuren. Schreckliche Gestalten sind notwendig, um dem Schrecklichen zu wehren. Sie alle können und sollen ihren nicht christlichen Ursprung nicht verhehlen, denn sie sollen auch die heidnischen Gespenster, wie überhaupt alles Unchristliche vertreiben oder zumindest bannen. In atemberaubender Weise nahm das Christentum die pagane Götter- und Dämonenwelt auf, allerdings als Satans Reich. Wie auf die weisen Frauen oder die Priesterinnen konnte man auch nicht auf Dämonen verzichten, weil sie zu tief im Bewusstsein des Volkes verwurzelt waren. Aber man konnte sie kontrollieren, indem man sie umformte und zu den Agenten alles Bösen machte.

Der Himmelsreisende, der mit Gegnern konfrontiert wurde, die ihm überlegen waren, benötigte deshalb magische Waffen. Das ist uraltes Kulturgut und findet sich in allen Mythologien. Es leuchtet selbst noch in Märchen und Sagen auf, angefangen beim Artus-Schwert Excalibur bis hin zu Alberichs Tarnkappe im »Nibelungenlied«.

Die Torwächter nun, in der Vorstellung der jüdischen Mystiker feindliche Engel, die den Abstieg der Seele zu Gott verhindern wollen, können nur mit magischen Mitteln besiegt werden. Jedes Passwort für eine Pforte bestand aus einem geheimen Namen. Die Mystiker verbrachten viel Zeit in der Vorbereitung, um diese geheimen Namen aus der Tora zu ermitteln, denn der Name galt nicht für alle Seelen, sondern nur für die betreffende Seele und auch nur für eine der sieben Pforten. Für das nächste Tor benötigte man bereits ein neues Codewort, das wiederum nur für die Seele dieses speziellen Mystikers galt. Mit anderen Worten: Jeder Mystiker musste seine persönlichen sieben Passwörter herausfinden. Ohne sie würde die Seele in namenlose Qual stürzen, Flammen würden sie auffressen, Stürme sie prügeln.

Vielleicht fanden die Mystiker nicht alle Namen vor Beginn der
Reise, sondern mussten darauf vertrauen, dass ihnen diese geheimen
Namen während der Seelenreise offenbart würden. Im »Großen
Hechaloth« heißt es, dass die Namen vom Thronwagen (*merkaba*)
stammen, wo sie »wie Feuersäulen um den Thron von Feuer ste-
hen«[108].

Der Weg wurde beschwerlicher, qualvoller, der Mystiker kämpfte
sich mit immer längeren Hymnen und Litaneien vorwärts, mit Sätzen,
die in ihren immer abenteuerlicher werdenden Anrufungen immer
mehr an Sinn verloren. Es war fast so, als entstünde eine neue Sprache. Natürlich benutzte der Mystiker zunächst die Sprache der Engel,
das Hebräische. An dieser Stelle wechselte das Gebet jedoch ins Magische, und aus dem Versuch, sich Gott zu nahen, wurden Beschwörungen. Die griechischen Zauberpapyri, aber auch koptische Quellen verzeichnen sowohl Worte als auch Praktiken, die aus dem Jüdischen zu stammen scheinen.

Auf dieser Reise vollzieht sich eine mystische Umwandlung der
Seele, des eigentlichen Menschen, denn je näher er Gott kommt,
desto stärker ist er ja auch Gottes Wirken ausgesetzt. Gottes Kraft
verwandelt ihn. Sehr salopp formuliert kann man diese Beziehung
mit dem Verhältnis von Ring und Ringträger in dem Roman »Herr
der Ringe« von R. R. Tolkien vergleichen. Der Autor konnte als Wissenschaftler aus diesen mythischen Quellen für seine Geschichte
schöpfen. Das Verhältnis der Sterblichen zu den Unsterblichen gehört zu den frühesten und nachhaltigsten Problematiken, mit denen
sich der Mensch seit alters auseinandersetzt.

Das Ziel des Mystikers besteht darin, die Ferne Gottes zu überwinden. Die Erlösung und Seligkeit, die er sich davon verspricht,
muss ihn logischerweise auch verändern. Dass der Prozess schmerz-
haft und vollständig ist, belegt ein Fragment, in dem es heißt, dass der
Mystiker, dem die Hände und Füße in der Schau verbrannt sind,
»ohne Hände beten und ohne Füße stehen muss«[109].

Man könnte die Grunderfahrung der Ekstase auch schlicht als
einen Zustand benennen, bei dem einem der Boden unter den Füßen
weggezogen wurde. Das stundenlange Meditieren buddhistischer

Mönche mit untergeschlagenen Beinen führt dazu, dass ihnen die Beine einschlafen. Dadurch entsteht das Gefühl des Schwebens. Dieser höhere Zustand wurde bei den Mystikern physiologisch genau mit diesem Bild beschrieben: ohne Füße, die zuvor brannten, stehen zu können, als wären sie abgestorben oder eingeschlafen.

Im Buch Hechaloth der Münchener Handschrift wird eine Prüfung am sechsten Tor geschildert: »Wer aber nicht würdig war, den König (Gott – d. Verf.) in seiner Schönheit zu sehen, dem verwirrten die Engel an den Toren den Sinn. Und sobald sie zu ihm sagten: tritt ein, so trat er wirklich ein. Sofort pressten sie ihn und warfen ihn in den feurigen Lavastrom. Und am Tor des sechsten Palastes erschien es, als ob Hunderttausende und Millionen Wasserfluten gegen ihn anstürmten, während doch nicht ein einziger Tropfen Wassers da war, sondern nur ein strahlender Äther und klare Steine aus lauterem Marmor, mit denen der Palast ausgelegt war. Die Engel aber stehen vor ihm. Wenn er nun sagte: was bedeuten diese Wasser?, so begannen sie ihn zu steinigen und riefen: Du Unwürdiger, siehst du es denn nicht mit deinen eigenen Augen? Bist du etwa einer der Kinder derer, die das Goldene Kalb geküsst, und nicht würdig, den König in seiner Schönheit zu sehen?! … Und er geht nicht von dannen, bis sie sein Haupt mit eisernen Stangen verletzen. Und das soll ein Zeichen für alle Zeiten sein, dass niemand am Tor des sechsten Palastes irren und den Ätherglanz der Steine sehen, nach ihnen fragen und sie für Wasser halten soll, auf dass er sich nicht in Gefahr bringe.«[110]

Die Türhüter des sechsten Tores, Domiel und Kazpiel, die ein wenig an die Grade Cautes und Cautopates des Mithras-Kultes erinnern und den Unwürdigen abweisen, der durch den Schein, durch das Wasser nicht die Wahrheit, den ätherischen Stein, sieht, sind älteren Ursprungs, vielleicht sogar die Transformation babylonischer Engel.

Die Verwechslung des ätherischen Steins mit Wasser ist aus einem bereits genannten Grundproblem der Gottesschau spannend. Unwürdig ist der, der sich auf die Reise begeben hat, ohne zuvor die Fähigkeit zur Gottesschau erlangt zu haben. Mit anderen Worten: Es ist ihm nicht gelungen, oder er hat gar nicht versucht, seine Wahrnehmung zu verändern. Er sieht etwas Fließendes und hält es für Wasser, das er vom festen Stein unterscheidet, aber erkennt nicht zugleich das Feste im Fließen. Fließen ist Veränderung, Ewigkeit ist Unveränderlichkeit, ewiges Fließen damit die Unveränderlichkeit des Veränderlichen. So wird Sein zum Werden und Werden ist Sein. Der »ätherische Stein« aber fließt und ist gleichzeitig fest, sein Wesen ist ununterschieden, er ist Fließen und Starre zugleich. Die Vorstellungen vom ätherischen Stein und vom Thronwagen werden später in den geheimen Zirkeln der Alchemisten eine beeindruckende Karriere machen. Bis auf den heutigen Tag verbringen Menschen ihr Leben mit dem Versuch, diesen ätherischen Stein herzustellen, den sie den Stein der Weisen nennen.

In einer Namensform des Engels werden die vier Elemente (Luft, Wasser, Feuer, Erde) deutlich, sodass er auch als Herr der Elemente gelten könnte.

Die einzelnen Himmel und ihre Türhüter sind also mit einer Vielzahl an Bedeutungen und mit theologischem Reichtum ausgestattet, sodass es für den Mystiker ein intensives Studium bedeutet, ihre Gestalt zu erfahren. Ohne dieses Wissen wird er das Wasser mit dem Stein verwechseln.

Interessant ist die Verfluchung, die den Irrenden zum Kind derer macht, die das Goldene Kalb geküsst hatten. Diejenigen, die den Kleinen Mysterien verhaftet waren, würden die Großen nicht schauen. Es führte kein Weg von den Kleinen zu den Großen Mysterien. Die Kritik richtete sich eindeutig gegen die Tempelpriester, die Sadduzäer, die Meister der Kleinen Mysterien – *sie* waren die Kinder derer, die das Goldene Kalb geküsst hatten, denn in ihrem Tempel fanden Opferungen statt, und die Wechsler im Vorhof verkauften Opfergeld für die Anbetung des Goldenen Kalbes. Jesus sollte sie bald schon aus dem Tempel jagen. Die Mystiker kümmerten sich nicht um sie, denn wer zu den Meistern der Kleinen Mysterien gehörte, wurde ohnehin von Gottes Türsteher mit eisernen Stangen geschlagen und vertrieben, weil er den Ätherglanz des Steines mit Wasser verwechselte.

DER SCHLEIER VOR GOTTES HERRLICHKEIT

Wenn der Mystiker nun in den siebenten Palast hinabgestiegen war, erblickte er den Thronwagen (*merkaba*), auf dem Gott durch die 995 Himmel hinabgestiegen war und sich in seiner Herrlichkeit wie in einem Krönungsmantel niedergelassen hatte. Diese Erscheinung des Weltenschöpfers war das Geheimnis Gottes, das sich nicht benennen, sondern nur schauen ließ.

Der Weg dorthin wurde zwar beschrieben, doch nützte die geistige Karte nichts, denn sie zeigte zwar einen groben Verlauf des Weges, aber sie entbehrte aller wichtigen Einzelheiten. Das Wesentliche hielten die Mystiker geheim: die Losungsworte, um die Tore zu passieren, und die Prüfungen, die ihnen auferlegt wurden. Sie konnten dies auch nicht veröffentlichen, weil sie es nur in ihrer Seele fanden, die sich bereits auf die Reise begeben hatte.

Da die Mystiker zu magischen Mitteln griffen, schien es geraten, ihr Tun vor der jüdischen Orthodoxie zu verheimlichen. Zudem führten sie ihre Forschungen auf Ansichten zurück, die anderen Juden als schlimmste Häresien erscheinen mussten. Denn der Gott auf dem Thronwagen war womöglich nur der Schöpfergott, der Weltenschöpfer, nur eine Erscheinungsform des eigentlichen Gottes, der nicht beschrieben werden konnte und für den die Kabbalisten später den Namen *en-sof* fanden – *das* Unendliche, nicht *der* Unendliche. Gemeint ist das Ungeschlechtliche, das präexistente Prinzip, wie es in Ansätzen bereits in der ägyptischen Theologie des Gottes des Uranfangs eine Rolle spielte.

Die ersten, von der Großkirche kompromisslos und mit aller Härte bekämpften Häretiker, die Gnostiker, würden diesen Weg weitergehen. Und in Gestalt der negativen Theologie sollten ihre Vorstellungen in das christliche Denken eindringen und die christliche Mystik befeuern.

Von diesen Geheimnissen der wirklich Geheimen, der jüdischen Mystiker in der römischen Kaiserzeit, wissen wir nur, weil spätere Generationen die Suche und das verborgene Denken dieser Männer

in Literatur umwandelten, weil sie die Worte der Mystiker, die den
Auf- oder Abstieg zu Gott ermöglichen sollten, selbst zur Quelle des
Geheimnisses erklärten, das sie nun auszulegen begannen. Wie die
Tora dem jüdischen Mystiker als lebendiges Buch, als stete Offen-
barung Gottes galt, so wurden auch die Gebete und Litaneien der
Mystiker und apokryphe Texte, die nicht in den Bestand des Alten
Testaments, des Tanach, aufgenommen worden waren, zum Gegen-
stand mystischen Forschens.

Seit ihren frühen Tagen ist das wichtigste Werk für die Mystiker
das apokryphe Buch Henoch, betitelt nach dem Patriarchen Henoch,
der sich auch der »Schreiber der Gerechtigkeit« nannte. Es erzählt
davon, wie die Welt, wie die Riesen und die Menschen, schließlich
das Gute und das Böse entstanden ist, kurz darüber, »wer wir waren,
was wir wurden; wo wir waren, wohinein wir geworfen wurden; wohin wir eilen, woraus wir erlöst werden; was Geburt ist, was Wiedergeburt«, wie es Klemens von Alexandria einmal formulierte.

In der Zeit der Auseinandersetzung zwischen den Pharisäern und
den hasmonäischen Königen und Hohen Priestern im ersten Jahrhundert v. Chr. wurden verschiedene Texte zusammengestellt, die
sich vor allem mit kosmogonischen, astrologischen, magischen, apokalyptischen und geheimen Themen beschäftigten, die in der Reise
zu Gott gipfelten. Die Redaktion des Buches fällt mit dem Beginn der
jüdischen Mystik im ersten vorchristlichen Jahrhundert zusammen.
Die Bezeichnung »Schreiber der Gerechtigkeit« für Henoch weist
auf pharisäische Redaktoren hin, kann aber auch aus dem Umkreis
der Qumranleute stammen, denn Fragmente des Henoch-Buches
fanden sich in den Höhlen am Toten Meer. Denkbar ist, dass mystische Kreise daran mitwirkten oder das Buch kompilierten. Für alle
drei Verfasserkreise spricht die deutliche antisadduzäische Tendenz
des Textes.

Henoch, der angebliche Verfasser, war ein Patriarch, der vor der
Sintflut lebte. Was ihn für die Mystiker interessant machte, war die
Tatsache, dass er vor seinem Tod bereits von Gott entrückt, das heißt,
zu sich genommen wurde. An dieser Tatsache und den Beschreibungen der Entrückung entzündete sich immer wieder das leidenschaft-

liche Interesse jüdischer, christlicher und muslimischer Mystiker. Dass das Buch Henoch, das später von offiziellen jüdischen, christlichen und muslimischen religiösen Autoritäten abgelehnt wurde, vollständig erhalten geblieben ist, verdankt es einem besonderen Umstand: Es gehörte zum Kanon des Alten Testaments der abessinischen Kirche, jener Kirche also, von der es heißt, dass sie die jüdische Bundeslade hütet, die seit dem populären Spielberg-Film[111] eine weitaus größere Berühmtheit erlangt hat.

Henoch also wurde von einer Vision erfasst und durch die Himmel getragen, getrieben von »der Sterne Lauf und Blitz« und »Winde gaben mir Flügel.« Nachdem er die Himmel durchquert hatte, trat er ein, »bis ich mich einer Mauer näherte, die aus Krystallsteinen (sic!) gebaut und von feurigen Zungen umgeben war; und sie begann, mir Furcht einzujagen. Ich trat in die feurigen Zungen hinein und näherte mich einem großen aus Krystallsteinen gebauten Hause... Seine Decke war wie die Bahn der Sterne und Blitze, dazwischen feurige Kerube, und ihr Himmel bestand aus Wasser. Ein Feuermeer umgab seine Wände, und seine Thüren (sic!) brannten vor Feuer. Ich trat ein in jenes Haus, das heiß wie Feuer und kalt wie Schnee war.«[112]

Die Beschreibung des Palastes erinnert an die der sechsten Halle in dem oben zitierten Münchener Fragment, sodass wir vermuten dürfen, dass sich Henoch in der sechsten Halle befand – denn in die siebente, die Wohnung Gottes, wird er nun von den Erzengeln hineingeführt. Die Kerube könnten Cherubine sein, und zwar die uns bereits bekannten Domiel und Kazpiel.

Henoch erhielt von Gott einen Auftrag: Er sollte den Riesen, die die göttlichen Geheimnisse verraten und sich mit den Menschenfrauen gepaart hatten, und den Menschen die Botschaft überbringen, dass ihr Frevel bestraft würde. Dadurch wurde der »Schreiber der Gerechtigkeit« – gleich dem qumranischen »Lehrer der Gerechtigkeit« – zum Bußprediger, der die Menschen zur Einsicht und zur Umkehr bewegen wollte. Wegen seiner Verdienste, wegen seiner Gerechtigkeit, was nichts anderes bedeutet, als dass er Gottes Gesetz und Weisung geachtet und eingehalten hatte, war er von Gott in den Himmel erhöht worden: »Danach wurde sein (Henochs) Name bei

Lebzeiten hinweg von den Bewohnern des Festlandes zu jenem Menschensohn und zu dem Herrn der Geister erhöht. Er wurde auf Wagen des Geistes erhoben und sein Name verschwand unter ihnen (den Menschen). Von jenem Tag wurde ich nicht mehr unter ihnen gezählt ... Danach wurde mein Geist verborgen und stieg in den Himmel auf. Ich sah die Söhne der heiligen Engel auf Feuerflammen treten; ihre Kleider waren weiß und ihr Gewand und Antlitz leuchtend wie Schnee. Ich sah zwei Feuerströme, und das Licht jenes Feuers leuchtete wie Hyazinth. Da fiel ich auf mein Angesicht vor dem Herrn der Geister. Der Engel Michael aber, einer von den Erzengeln, ergriff mich bei der rechten Hand, richtete mich auf und führte mich hinaus zu allen Geheimnissen ... Er zeigte mir alle Geheimnisse.«[113] Schließlich wurde Henoch zu Gottes Thronwagen geführt. Dort würde von nun an sein Platz sein, denn der Menschensohn wurde zum Engel Metatron, der Gott am nächsten steht. Deshalb hatte man auch versucht, den Geheimnamen Metatron mit Metatronios, »dem Gott zunächst stehenden dienstbaren Geist« zu übersetzen.[114] Da man den Namen Metatron, der sich in der Schrift fand, nicht erklären konnte, schlussfolgerte man erstens, dass er nur ein Name mit einer geheimen Bedeutung sein konnte, die man zweitens zu entschlüsseln versuchte, indem man nach Wortbedeutungen in der griechischen Sprache suchte. So wurde aus Metatron Metatronios, der »dem Gott zunächst stehenden dienstbaren Geist«.

Für den jüdischen Mystiker musste der Mensch Henoch, der als Metatron zum Fürsten der Engel erhoben wurde, ein Vorbild ohnegleichen sein. Seine Schriften luden zum gründlichen Studium ein, denn genau wie in der Tora waren darin versteckte Botschaften über die göttlichen Geheimnisse zu entdecken, darüber, wie man zu Gott gelangen und sich auf dem gefährlichen Weg schützen und wie das Mysterium von Gottes Herrlichkeit, das sich in seiner Schöpfung offenbart, entschlüsselt werden konnte.

Diese Decodierung erschöpfte sich nicht in der Auslegung, sondern wurde durchaus streng mathematisch gedacht. Zwei Eigenarten des hebräischen Alphabets, auf die wir schon hingewiesen haben, boten hierfür unendliche Möglichkeiten. Zum einen besitzt jeder

Buchstabe auch einen Zahlenwert. Auf dieser Grundlage konnten
die Buchstaben auch als Verschlüsselungen gelesen werden. Zum
anderen war die hebräische Schrift in dieser Zeit eine Konsonantenschrift, das heißt, die Vokale wurden nicht geschrieben. Um es an
einem deutschen Beispiel zu zeigen: Das Wort Leben würde dann
»lbn« geschrieben, das man als »leben, loben, lieben, laben« lesen
kann.

Im babylonischen Talmud wird der Name Metatron mit dem
Engel in Verbindung gebracht, über den es im Exodus heißt: »Siehe,
ich sende einen Engel vor dir her, der dich behüte auf dem Wege
und dich bringe an den Ort, den ich bestimmt habe. Hüte dich vor
ihm und gehorche seiner Stimme und sei nicht widerspenstig gegen
ihn; denn er wird euer Übertreten nicht vergeben, weil mein Name
in ihm ist.«[115]

In der Apokalypse des Abraham wird dieser Engel mit dem Engel
Jahoel in Verbindung gebracht. Und Jahoel enthält wiederum den
Namen Gottes: Jao, wie er in den Vorstellungen der Gnostiker zum
Widergott, zum Inbegriff des Bösen wird.

Der Versuch, Metatron mit Metatronios in Verbindung zu bringen, überzeugt nicht. Da jedoch keine einzige plausible Deutung
bereitsteht, bleibt der Name des Engels, zu dem Henoch wurde, ein
Geheimnis, ein Geheimname, der nicht geklärt werden kann, aber
uns mit Sicherheit das innerste Wesen enthüllen würde. Aber genau
dies wollten die Eingeweihten verhindern: dass wir Ungeweihten
diesen Namen lesen und verstehen könnten, denn in ihm lebt »eine
Kraft, dank dem unaussprechlichen Namen, der in mir wohnt«[116].

In einem mystischen Text[117] berichtete Metatron dem Rabbi
Ishmael von einem Schleier, hinter dem Gott auf seinem Thron saß.
Dieser Schleier trennte die Herrlichkeit Gottes von den Engeln. Er
war aber nicht nur eine Trennung und verhüllte nicht nur, er enthüllte
auch, denn in ihm waren alle Schöpfungen eingewebt, wie sie präexistent bei Gott sind. Wie wir es von dem ägyptischen Gott des Uranfangs kennen, waren in dem Schleier alle Schöpfungen Gottes zu
entdecken, bevor Gott sie erschuf – nicht in ihrer kosmischen Realität,
sondern in ihrer göttlichen Möglichkeit. Alle Menschen, die sein wer-

den, und ihre Meinungen und Taten waren in dem Schleier zu sehen, der Lauf der Geschichte, der Kampf um die Erlösung als Geheimnis des menschlichen Lebens.

Von den Mystikern gelangten diese Vorstellungen über die Gnosis ins Christentum und in die jüdische und schließlich in die christliche Kabbala. Über den Aufstieg zu Gott gibt es einen sehr schönen mystischen Text, der hier zitiert sein soll: »Als ich in den ersten Palast aufstieg, war ich ein Frommer (Chassid), im zweiten Palast war ich ein Reiner (Tabor), im dritten Palast war ich ein Redlicher (Jaschar), im vierten Palast war ich ganz mit Gott (Tamim), im fünften Palast brachte ich Heiligkeit vor Gott dar, im sechsten Palast sprach ich die Keduscha (das Trishagion in Jesaja 6, 3: Heilig, heilig, heilig ist der Herr der Heerscharen. Von seiner Herrlichkeit ist die ganze Erde erfüllt – d. Verf.) von dem, der sprach und die Welt erschuf, damit mich die Engel des Dienstes nicht verdürben, im siebenten Palast stand ich mit aller meiner Kraft, erzitterte und erbebte an allen meinen Gliedern und sprach folgendes Gebet: ..., gelobt seist Du, der Du erhaben bist, Lob sei dem Erhabenen in der Kammer der Größe.«[118]

Die Mystik und die Kabbala wurden zur geheimen Religion des Judentums. Das Erstaunliche daran ist, dass das orthodoxe und das aufgeklärte Judentum, obwohl es über keine Inquisition verfügte, diese Gottessucher nötigte, den Tarnmantel des Geheimnisses überzustreifen.

Die religiöse Unruhe im Nahen Osten aber sollte bis auf den heutigen Tag größte Folgen haben.

GEWOGEN
UND ZU LEICHT BEFUNDEN –
DIE RÖMISCHE WELT

In diese syro-palästinische Welt mit ihren vielen religiösen und sich teilweise erbittert bekämpfenden Strömungen im Judentum wurde Jesus hineingeboren. Wir werden ihn nicht, wie es verständlicherweise häufig geschieht, einer der beschriebenen Richtungen zuordnen – berührt und zur geistigen Auseinandersetzung herausgefordert haben diese spirituellen Strömungen Jesus von Nazareth mit Sicherheit.

In Israel jedenfalls gärte es zu Beginn der christlichen Zeitrechnung gewaltig. Die Menschen im Nahen Osten hatten Herren und Mächte kommen und gehen sehen: die Assyrer, die Babylonier, die Perser, die Hellenen und die Römer. Spätestens, als sich der Kampf zwischen dem römischen Feldherrn Marcus Antonius und Octavian, dem späteren Kaiser Augustus, in den Krieg des Ostens gegen den Westen verwandelte – weil Mark Anton Kleopatra geheiratet hatte und sich auf Ägypten stützte, Octavian hingegen auf Rom –, waren die Menschen in dieser Region in die innerrömischen Machtkämpfe (Bürgerkriege) hineingezogen worden.

Für den Osten bedeuteten die Niederlage von Mark Anton und Kleopatra gegen Octavian und der von diesem angeordnete Mord an dem Jüngling Kaisarion, dem Sohn Kleopatras und Julius Caesars, ein ungeheuer großes Unrecht. Es hallte bis in die Apokalypse des Johannes nach, in der die große Hure Babylon mit Rom gleichgesetzt wurde, die unbedingt fallen musste. Es war vor allem die kalte Arroganz der Macht, die von den Römern Disziplin genannt wurde, welche die gebildeten Menschen des Ostens abstieß. Was Athen oder Pella, der Geburtsort Alexanders des Großen und Hauptstadt Makedoniens, niemals geworden waren – der Inbegriff des Bösen in der Welt –, dazu wurde nun Rom: »Und die Frau war bekleidet mit Purpur und Scharlach und geschmückt mit Gold und Edelsteinen und Perlen und hatte einen goldenen Becher in der Hand, voll von Gräuel und Unreinheit ihrer Hurerei, und auf ihrer Stirn war geschrieben ein Name, ein Geheimnis: Das große Babylon, die Mutter der Hurerei und aller Gräuel auf Erden. Und ich sah die Frau, betrunken von dem Blut der Heiligen und von dem Blut der Zeugen Jesu. Und ich wunderte mich sehr, als ich sie sah. Und der Engel sprach zu mir: Warum wunderst du dich? Ich will dir sagen das Geheimnis der Frau und des Tieres, das sie trägt und sieben Häupter und zehn Hörner hat« (Offb 17,4–6).

Die Römer herrschten nicht, sie beherrschten, sie pressten ihr System auf die unterworfenen Gebiete und zogen die ganze kolonisierte Welt unbarmherzig zur Finanzierung Roms heran. Der römische Militärschriftsteller Vegetius hat es eindrucksvoll und unmissverständlich beschrieben: Die Römer zeugten weniger Kinder als die Gallier, waren kleiner als die Germanen, schwächer als die Spanier, ärmer als die Afrikaner und unterlagen den Griechen in Lebenskunst und Kunstfertigkeit. Aber in einem waren sie allen überlegen: Sie waren zum Herrschen geboren durch die Übung im Umgang mit Waffen, durch ihre Disziplin und ihre Kriegserfahrung. Bildhaft schreibt Vegetius über den römischen Prokonsul Syriens, den berüchtigten Varus: »Arm kam er in das reiche Syrien, reich ging er aus dem armen Syrien. Sein Beispiel steht für viele seiner Amtskollegen.«[119]

Die Römer hatten inzwischen auch Judäa besetzt. Ihr Prokurator, Pontius Pilatus, ein Mann, der mit aller Härte die römische Lebensart durchsetzte, provozierte durch seine überhebliche Art immer wieder Aufstände unter den Juden. Nur die Sadduzäer hatten sich nicht gescheut, mit ihm ein Zweckbündnis einzugehen. Unter römischer

Oberhoheit regierten sie Israel vom Tempel in Jerusalem aus. Das unheilige Bündnis führte zu einer großen Unruhe. Hinzu kam, dass die Römer eine Landsteuer erhoben. Dies weckte bereits aus dem Grund den Zorn vieler gottesfürchtiger Juden, weil für sie Israels Boden der Boden Gottes war und damit als heilig galt. Wie konnten also Götzendiener es wagen, auf den heiligen Boden eine Steuer zu erheben, als gehöre die Erde nicht Gott, sondern ihnen?

Nicht nur das Volk wurde ausgebeutet und ausgepresst, auch die hellenistisch gebildete Mittelschicht geriet zunehmend unter wirtschaftlichen Druck und litt unter ernsthaften Existenzängsten. Man darf hierbei nicht vergessen, dass alle Aufstände in der Geschichte große Wirkung erst dann zu erzielen vermochten, wenn eine gebildete Mittelschicht die Empörung der Aufständischen in ein Programm fasste, ihren Aktionen eine Strategie gab und für Führer an der Spitze der Kämpfenden sorgte oder ihnen zumindest Berater zur Seite stellte. Diese hellenistisch gebildete Mittelschicht empfand die römische Ordnung zunehmend als Lebensrisiko. Die Welt verfinsterte sich. Recht und Gesetz galten nicht mehr. Korrupte Beamte und raffgierige Prokonsuln, die sich als römische Herrenmenschen aufführten, bedrückten die unterworfenen Provinzen.

Diese gottlose Welt, in der nur das Schlechte, die Lästerung, der Frevel und die Hinterlist Erfolg versprachen, in der Frömmigkeit, Gerechtigkeit und Menschlichkeit verhöhnt wurden, schien die Welt des Satans zu sein, deren Ende täglich mit großen Schritten näher rückte. Das Ende – das Menetekel – war an der Wand des Palastes des Belsazar bereits zu lesen: »So aber lautet die Schrift, die dort geschrieben steht: Mene mene tekel u-parsin. Und sie bedeutet dies: ›Mene‹, das ist, Gott hat dein Königtum ›gezählt‹ und beendet. ›Tekel‹, das ist, man hat dich auf der Waage ›gewogen‹ und zu leicht befunden. ›Peres‹, das ist, dein Reich ist ›zerteilt‹ und den Medern und ›Persern‹ gegeben« (Dan 5,24–28).

Je stärker aber die Vorstellung um sich griff, dass das Weltende nahe, desto notwendiger wurde es für den Einzelnen, sich darauf vorzubereiten, um nicht von Gott gewogen und zu leicht befunden zu werden.

WAS HILFT VOR GOTTES RICHTERSTUHL? –
DER JUNGE MANN AUS NAZARETH

Eine originelle Antwort gab ein seltsamer Asket, der ein Gewand aus
Kamelhaar trug, sich von wildem Honig und Heuschrecken nährte
und in der Wüste lebte. Einige Wissenschaftler sehen in diesem Propheten den Lehrmeister Jesu.[120] In Erwartung von Gottes Gericht
über die Gerechten und die Ungerechten forderte er die Menschen
auf, Buße zu tun, denn: »Es ist schon die Axt den Bäumen an die
Wurzel gelegt; jeder Baum, der nicht gute Frucht bringt, wird abge-
hauen und ins Feuer geworfen« (Lk 3,9). Johannes der Täufer, auf
den sich die älteste, bis heute aktive gnostische Kirche bezieht, die
Mandäer, taufte die Menschen im Jordan und wusch ihre Sünden ab.
Sofern sie nicht erneut sündigten, war damit sichergestellt, dass sie
vor Gottes nahem Gericht bestehen würden. Dieses Verfahren
sprach dem Tempelkult und den Hohen Priestern Hohn, denn durch
diesen Erlösungsweg wurden die Opfer in den Tempel überflüssig.
Wozu benötigte man Priester im Tempeln, wenn ein simples Bad im
Jordan und ein paar Lebensregeln genügten, um die ewige Seligkeit
zu erlangen? All jenen, die sich auf ihre Abkunft vom Stammvater
Abraham und mithin auch auf den Tempelkult verließen, entgegnete
Johannes: »Gott kann dem Abraham aus diesen Steinen Kinder erwecken« (Lk 3,8). Nicht auf Abkunft und Herkunft, sondern auf
Buße, Taufe und Sündenlosigkeit komme es an, erklärte der Bußpre-
diger, und nur darauf, denn bei Gott sei nichts unmöglich.

Johannes war nicht der einzige Täufer. Im Gegensatz zu den
Essenern, die mehrmals täglich Reinigungsbäder nahmen, war er jedoch der Überzeugung, ein einziges Bad reiche für das ganze Leben.
Da er die Sünden der Mächtigen, wie beispielsweise die des jüdischen Königs Herodes Antipas, der über Galiläa herrschte, mutig
anprangerte, ließ ihn dieser gefangen setzen und enthaupten. Dafür
hassten die Menschen den römischen Klientelfürsten, in dem sie
einen Diener der Götzendiener, den Teufel und einen Verräter Israels
sahen.

Zu seinen Untertanen zählte auch der junge Mann aus Nazareth, der wahrscheinlich als wandernder Bautischler unterwegs war, einige Zeit bei Johannes dem Täufer verbracht hatte und auf seinem Weg den verschiedensten Glücks- und Glaubensverheißungen begegnete. Aus dem, was er gehört und gesehen hatte, vielleicht auch durch göttliche Inspiration, kam er zu einem sehr eigenen Weg der Erlösung.

Vieles von dem, was Jesus predigen sollte, schwirrte in dieser oder jener Form durch die unruhigen Lande am östlichen Rand des Mittelmeeres. Es war eine im besten Sinne pluralistische Zeit. Ein solcher Reichtum an vielfältigen und unterschiedlichen Ideen bestimmte die öffentliche Diskussion, dass wir in unserer stromlinienförmigen Zeit allenfalls davon träumen können. Es ging zu wie auf einem Basar – ein Basar ohne Prediger und Volksredner, ohne Ratgeber und Lebensmeister, die dazu aufforderten, den richtigen Weg im Leben einzuschlagen und dafür Glück, in welcher Welt auch immer, verhießen, war undenkbar.

Zu den bereits erwähnten jüdischen Vorstellungen der Pharisäer, Qumranleute, Essener, Zeloten, Mystiker und Täufer traten natürlich noch die philosophischen Ideen, die von Wanderrednern durch das Römische Reich getragen wurden.

Die Stoiker behaupteten, dass die wahre Freiheit nur in der Seele des Menschen zu finden sei. Die Pythagoräer sahen die Wahrheit in der Erkenntnis der kosmischen Harmonien durch eine geradezu ekstatische Zahlenmystik. Für sie stellte sich die Welt als geordnet dar. Deshalb nannten sie die Gesamtheit, das Universum auch Kosmos (Ordnung). In den Intervallen der bewegten Himmelskörper wollten sie eine Sphärenmusik heraushören, die man nur aus dem Grund nicht wahrnahm, weil sie fortwährend ertönte. Die Seele aber verließ nach dem Tod den Körper und suchte sich eine neue Physis. Durch diese Seelenwanderung kam es zur ewigen Wiederkehr des Gleichen. Man muss sich den Satz des Pythagoras als erotisches Ereignis und als Weltformel zugleich vorstellen. Und dann gab es da noch die Lehre der Platoniker, wonach die Seele stufenweise zu Gott aufsteigen konnte.

Nur den Kynikern bedeutete das alles nichts. Sie hielten die Welt für Blendwerk und achteten sie so wenig, dass sie es vorzogen, sich nicht durch Bedürfnisse an sie zu binden. Man hatte nur sich selbst. Wenn aber die Welt schlecht war, so konnte sie weder Ansprüche stellen, noch auf die Einhaltung von Werten pochen. Das heißt, angesichts einer schlechten Welt war alles erlaubt. Oder besser nichts – man wollte ja nicht durch die schlechte Welt angesteckt werden, weder durch ihre Scheinwerte noch durch ihre Vergnügungen.

Die Menschen fühlten, dass sich ihre Welt ändern würde, dass ein Weltende vor der Tür stand. Eine wahre Völkerwanderung nach Sinn setzte ein. Philosophen, Propheten, auf die Erde gekommene Götter, beauftragt, die Menschen zu retten, zogen durch das Imperium Romanum. Hinzu kamen die Wanderpriester der Mysterienkulte – Apuleius hat im »Goldenen Esel« eine Gruppe reisender Bettelmönche, die der Dea Syria, einer Verwandten der Kybele, dienten, höchst vergnüglich beschrieben.

Diese Lebensratgeber und Heilsbringer predigten auf den Märkten der Städte, aber auch in größeren Dörfern. Sie verdienten damit entweder nur ihren Lebensunterhalt oder suchten Anhänger, Gläubige, Proselyten, Jünger zu rekrutieren. Zieht man die hohe Form und die Idealisierung ab, kann man sich das in der Tat so vorstellen, wie es in den Evangelien beschrieben wird.

Einer dieser Wanderprediger, die durch das hinterwäldlerische Galiläa zogen, war Jesus. Er verkündete seine Lehre vom liebenden und verzeihenden Gott und pflanzte auf diese Weise Gott tief in die Seelen der Menschen ein. Er wandte sich vom jüdischen Gott des Gesetzes ab und dem seine Kinder liebenden Vater zu. Der Unterschied lag auf der Hand: Das Gesetz konnte keine Ausnahme machen, es galt, oder es galt nicht. Die Liebe aber vermochte zu verzeihen. Nicht, um das Gesetz abzuschaffen, sei er gekommen, sondern um es zu vollenden und das Reich der Liebe zu errichten, rief er seinen Zuhörern zu.

Und das Wunder geschah, immer mehr Menschen folgten ihm. Es mag zunächst erstaunen, aber Jesus, der durch das häretische Galiläa zog, fiel unter den vagabundierenden Predigern nicht durch eine besondere Originalität auf. Manche Volksredner heilten Blinde, Lahme, Taube und Aussätzige, manche erweckten Tote zum Leben, andere flogen wie ein Vogel, wieder andere zauberten das Blaue vom Himmel herunter. Es dürfte kaum gelingen, ein annähernd wirklichkeitsgetreues Bild von dem mannigfaltigen religiösen Entertainment dieser Zeit und vor allem seiner tiefen Wirkung zu zeichnen. In unserer technisierten und digitalisierten Epoche sind wir ja noch nicht einmal mehr in der Lage, die Gewalt der Rede eines Mannes ohne Mikrofon auf dem Marktplatz nachzuempfinden.

Damals jedoch war die öffentliche Rede das Medium der Zeit, sie bedeutete dem antiken Menschen das, was für den Bürger westlicher Demokratien unserer Tage Fernsehen und Internet sind. Das Auftreten der Wanderprediger ließe sich vielleicht mit heutigen Castingshows vergleichen, mit dem Unterschied allerdings, dass die Wanderprediger etwas zu sagen hatten. Selbst die Schlechtesten unter ihnen waren noch Menschen und nicht künstliche Produkte eines sinnentleerten Marketings. Und sie mussten wirklich Neues, im wahrsten Sinn des Wortes Unerhörtes und Ungesehenes bieten, um die Menschen auf dem Markt für die eigene Botschaft zu interessieren. Neben Zauberei und der Androhung des bevorstehenden Weltuntergangs gehörte das Versprechen eines Geheimnisses zu den wirkungsvollsten Methoden, um die Hörer anzulocken.

Das Evangelium des Lukas berichtet eine Episode, die nicht nur für Jesus typisch war, sondern ebenso für viele andere, wie zum Beispiel Simon den Magier. »Es fragten ihn aber seine Jünger, was dies Gleichnis bedeute. Er aber sprach: Euch ist's gegeben, die Geheimnisse des Reiches Gottes zu verstehen, den andern aber in Gleichnissen, damit sie es nicht sehen, auch wenn sie es sehen, und nicht verstehen, auch wenn sie es hören« (Lk 8,9–10). Nur denjenigen, die den Wanderpredigern folgten, würde also die ganze, die geheime Wahrheit offenbart, wie man Erlösung in der bösen Welt finden würde. Schwer vorstellbar, aber um Erlösung ging es, um das, was wir heute Glück nennen würden.

Wir leben in unserem ausentwickelten Staatswesen mit vielfachen Versicherungen, einer Altersversorgung, einem im Vergleich hervorragenden Gesundheitssystem in einer großen, wiewohl trügerischen Sicherheit. Doch bis tief ins 18. Jahrhundert hinein sah sich der

Mensch in einer vollkommen gefährdeten und unsicheren Existenz. Eine Naturkatastrophe, eine Missernte, ein Einfall kriegerischer Stämme oder Armeen fremder Mächte, vergleichsweise harmlose Krankheiten wie eine Zahnentzündung, Epidemien ohnehin, aber auch Willkür und Kriminalität konnten von heute auf morgen die soziale Existenz und das Leben vernichten. Der Mensch war der Welt schutzlos und vor allem unmittelbar ausgeliefert. Das unterscheidet das Lebensgefühl der Menschen in alter Zeit von dem unsrigen, und das prägte natürlich auch ihr religiöses Empfinden. Unsicher, wie das Leben war, setzten die Menschen auf Weissagungen und auf den Schutz der Götter. Es wurde nur immer schwieriger, die richtigen von den falschen Göttern zu unterscheiden. Die Religionen boten verschiedene Wege an, auf denen man, geschützt durch die Gunst der Götter, zum Glück, zur Sicherheit, zu dem, was man das ewige Heil oder die Erlösung von dem Übel nannte, vorankommen konnte. Das Überangebot an Heilswegen führte zu einer gewissen Ratlosigkeit.

So fremd, wie das klingt, ist es für uns nicht: In der Hoffnung auf ein langes Leben halten wir Diätregeln ein und beugen uns Verhaltensvorschriften. Und nähme man den Waschungen der Täufersekten, die in dieser Zeit erfolgreich waren, ihren religiösen Aspekt, so könnte man in dem täglichen Bad durchaus eine gesundheitsfördernde Reinigung sehen, die wir heute unter den Begriff der Hygiene fassen würden. Und ist es nicht so, dass wir durch die Reinigung winzig kleine Krankheitserreger wie Mikroben, Bakterien oder Viren abwaschen wollen, die von den Menschen im Altertum Dämonen genannt wurden? Andere Zeiten, andere Namen.

Die staunenswerte religiöse Vielfalt der frühen römischen Kaiserzeit hat das Christentum im Rückblick komplett überlagert, sich teilweise einverleibt, maskiert, transportiert oder einfach ausgelöscht. Das Übermenschliche an Jesus rührt auch daher, dass in der Vorstellung von ihm viele Propheten und Religionsstifter Platz fanden. Im Grunde ist Jesus eine Metapher für ein höchst erfolgreiches Teamwork. Faszinierend daran ist, dass gnostische, magische, manichäische, mystische und astrologische Glaubensinhalte trotz der Vereinnahmung selbstständig weiterwirkten.

Aber wer waren diese anderen, die verheimlichten Prediger, vergessenen Propheten, verketzerten Heilsbringer und Undercover-Götter, wer wurde einfach unter dem Markennamen Jesus Christus vereinnahmt? Ermitteln wir in der Geschichte des Christentums, um den Ursprung der geheimen Religionen zu entdecken, denn das Christentum begann als geheime Religion, als Mysterienkult. Wäre dem nicht so, blieben viele Riten – von der Taufe über die Priesterweihe und die Eucharistie bis zur Letzten Ölung, die man inzwischen Totengebet nennt – unverständlich. Gehen wir dabei sachlich, das heißt methodisch vor, wie es jeder gute Detektiv anstellen würde.

Jesus predigte zunächst den einfachen Fischern aus Galiläa, Menschen, die bei den Hohen Priestern in Jerusalem in schlechtem Ansehen standen, weil die Anwohner im Grenzland zur Dekapolis im nicht ganz unbegründeten Verdacht standen, halbe Heiden zu sein. Ausgerechnet zu diesen Menschen, den Verachteten, predigte er, dass es gerade auf sie ankäme, ausgerechnet sie, die Wertlosen und Ausgelachten, die Diskriminierten, Ausgebeuteten und Verdächtigten seien »das Salz der Erde« (Mt 5,13) und das »Licht der Welt« (Mt 5,14). Nicht die Könige, Sadduzäer und Pharisäer, sondern sie, einfache, fehlbare, sündige Menschen erhielten die Schlüssel zum Himmelreich. Denn, so sagte Jesus: »Die Starken bedürfen des Arztes nicht, sondern die Kranken ... Ich bin gekommen, die Sünder zu rufen und nicht die Gerechten« (Mt 9,12–13).

Den Verachteten, den einfachen Leuten sollte das ewige Leben gegeben werden? Wie sollte man das verstehen? Das war ein völlig neuer Gedanke, der die Welt und ihre Werte vollkommen auf den Kopf stellte. Bis dahin hatte es geheißen, dass derjenige in der Gunst Gottes oder der Götter stand, dem es gut ging, der reich war. Gott hatte die Menschen zum Wohlstand oder zur Armut vorherbestimmt. Wem es schlecht ging, hatte selbst schuld. Er stand einfach nicht in Gottes Gunst.

Es verwundert doch sehr, dass verheiratete Männer alles, was bis dahin ihr Leben ausgemacht hatte, aufgaben, um einem Wanderprediger zu folgen, der ihnen dafür das Himmelreich versprach. Für alle, die ihm folgten, wurde es eine endgültige Entscheidung, die dem

eigenen Leben eine radikal neue Richtung gab. Weniger verlangte
der Wunderrabbi aus Nazareth auch nicht von seinen Jüngern: »Will
mir jemand nachfolgen, der verleugne sich selbst und nehme sein
Kreuz auf sich und folge mir. Denn wer sein Leben erhalten will, der
wirds verlieren, wer aber sein Leben verliert um meinetwillen, der
wirds finden. Was hülfe es dem Menschen, wenn er die ganze Welt
gewönne und nähme doch Schaden an seiner Seele? Oder was kann
der Mensch geben, womit er seine Seele auslöse?« (Mt 16,24–26). Das
klingt fast ein wenig nach den Vorstellungen der Mystiker.

SYMBOL FÜR DEN KREISLAUF DES LEBENS – JESUS UND DIE ZWÖLF JÜNGER

Die Anzahl der zwölf Jünger weist auf die zwölf Stämme Israels hin,
denen das Heil gebracht werden soll. Doch damit nicht genug – die
Zahl Zwölf ist in diesem Zusammenhang kein Zufall. Schon für die
ägyptische Himmelskunde bedeuteten die 36 Dekane, also die mit
der Glückszahl drei multiplizierte Zwölf, und die zwölf Pforten, die
von der Sonne bei ihrer Reise durch die Unterwelt zu passieren waren, religiöse Tatsachen. Hinter den zwölf Jüngern, die Christus folgten, standen also viel ältere Vorstellungen eines perfekten Ablaufs.
Das musste auch so sein, um den Jüngern in den Augen ihrer Zeitgenossen diese Bedeutung zu verleihen, die wiederum auf ihren Messias zurückstrahlen sollte. Die Anzahl Zwölf garantierte die rechtmä-
ßige Führerschaft Jesu – sie bezeugte, dass sein Wirken im Sinne des
göttlichen Weltlaufs stand. Als einer der Jünger, Judas, wegen Verrats
und folgendem Suizid den Jüngerkreis verließ, wurde flugs ein neuer
Jünger nachgewählt.

Wie wir uns erinnern, glaubten die alten Ägypter daran, dass die
Sonne am Tag – also zwölf Stunden – über den Himmel reiste und
dann in die Unterwelt einging, um sich dort wiederum zwölf Stunden durch das Jenseits zu bewegen und die Nacht der Toten zu be-
leuchten. Dementsprechend teilten sie die Unterwelt wie auch den
Himmel in zwölf Bereiche ein.

Während ihrer Reise durch die Unterwelt schwebte die Sonne in der ständigen Gefahr, von der Schlange Aphopis verschlungen zu werden. Wenn aber die Sonne die Unterwelt nicht mehr verlassen hätte und nicht mehr aufgegangen wäre, hätte dies auf Erden unweigerlich zu Tod und Chaos geführt. Deshalb musste die Reise von den Priestern rituell begleitet und abgesichert werden. Am gefährlichsten war es für die Sonne, von einem Bereich in den nächsten zu wechseln, die Pforten zu passieren.

»Sie (die Stundengöttinnen – d. Verf.) stehen da auf ihrem See,
sie lenken Re (den Sonnengott – d. Verf.) über ihr Ufer.
Re sagt zu ihnen:
Hört ihr Stundengöttinnen, was euch zugerufen wird!
Ihr habt (die Zeit) verbracht, die ihr seid,
ihr habt eure Pforten eingenommen.
Eure Vorderseite gehört der Finsternis,
eure Hinterseite dem Licht.
Eure Lebensdauer ist *Die Entfernende* (Schlange),
ihr lebt von dem, was aus ihr hervorgeht.
Euer Bedarf befindet sich in der Dat (im Jenseits)
Ihr verschlingt das, was die *Entfernende* gebiert,
und vernichtet das, was aus ihr hervorgeht.
Möget ihr mich leiten, (denn) ich bin es, der euch geboren hat!
Ich handle gemäß meiner Begrüßung,
und ihr seid ja zufrieden meine Stunden.«[121]

Den Wechsel von Pforte zu Pforte kündigte ein Fixstern an, der zu diesem Zeitpunkt aufging. Dieser Fixstern wurde Dekan genannt. Zehn Tage lang erscheint er Nacht für Nacht an derselben Stelle. Deshalb gibt es 36 Dekane. In einer jüdischen Legende heißt es, dass die Existenz der Menschheit auf dem Wirken von 36 Gerechten, den »Lamed waw« oder »lamedwowniks«[122], beruht, die alles Leid der Welt auf sich nehmen und dadurch den Erhalt der Menschheit vor Gott garantieren.

Die zwölf Bereiche oder Übergänge oder Pforten, die erfolgreich passiert werden mussten, damit das Leben weiter bestand, finden sich in den zwölf Monaten des Jahres oder den zwölf Stunden des Tages und den zwölf Stunden der Nacht bis in unsere Zeit, zumindest im Kalender, wieder. Der ägyptische Kalender bildete die Vorlage für die römische, durch Gaius Iulius Caesar eingeführte Zeitrechnung, die von den Christen vom Römischen Reich übernommen wurde. Die Zwölf wird somit zum Symbol für den Kreislauf des Lebens, für die Ordnung. Das Jahr hat zwölf Monate, der Tag zwölf Stunden wie auch die Nacht, das jüdische Volk besteht aus zwölf Stämmen, Jesus hat zwölf Jünger. Die Schiiten kennen zwölf verborgene Imame, und die Wiederkehr des zwölften Imam aus der Verborgenheit sollte große Veränderungen mit sich bringen. Der iranische Revolutionsführer Ayatollah Khomeini wurde irrtümlich für diesen zwölften Imam gehalten – die Folgen sind bekannt.

Jesus Christus betraute gerade zwölf Jünger – nicht mehr und nicht weniger an Zahl – mit einem grundstürzenden und die Welt nachhaltig verändernden Auftrag: »Geht und verkündet: Das Himmelreich ist nahe. Heilt Kranke, weckt Tote auf, macht Aussätzige rein, treibt Dämonen aus! Umsonst habt ihr empfangen, umsonst sollt ihr geben ... Seht, ich sende euch wie Schafe mitten unter die Wölfe; seid daher klug wie die Schlangen und arglos wie die Tauben« (Mt 10,7–8 und 10,16).

Man neigt heute dazu, solche Stellen in den Evangelien symbolisch oder metaphorisch zu verstehen. Als sie geäußert wurden, waren sie wortwörtlich gemeint. Die Voraussetzung dafür, dass man einer Offenbarung das Ohr lieh, bestand darin, dass sie Wunder wirkte wie Krankenheilung und die Auferweckung der Toten. So wörtlich versteht es auch die katholische Kirche, wenn eine Voraussetzung für die Heiligsprechung die Erwirkung von mindestens drei bewiesenen Wundern ist.

Da bei Gott alles möglich war, konnten die Jünger, ins Mysterium eingeweiht, diese Wunder erwirken. Jesus schickte sie ja nicht unausgebildet los. Die zahllosen apokryphen oder häretischen Evangelien nicht mitgerechnet, deuten uns selbst die vier kanonischen Evangelien den Weg der auserwählten Schar ins Große Mysterium an. Dieser Aspekt der Wunderwirkung und der Geheimnisse Gottes wird in den apokryphen und häretischen Evangelien wesentlich stärker ausgeführt.

Aus Sorge, nicht mehr zeitgemäß zu wirken, und aus Berührungsangst mit dem auch dunklen Erbe haben die Kirchen die Jünger später ein wenig verharmlost. Sie haben sie in bieder-tapfere Glaubensmänner verwandelt und ihnen dadurch etwas von ihrer Gefährlichkeit genommen. Man darf sich diese zwölf durchaus als eine zu allem entschlossene Gruppe von Führungskräften einer wachsenden Untergrundbewegung vorstellen und die Zusammenkunft im Garten Gethsemane als konspirative Versammlung, die dann ja auch *verraten* wurde. Die Anklage lautete folgerichtig auf Umsturz, und die Besatzungsmacht wählte genau die Art der Todesstrafe, die Staatsverbrechern und Umstürzlern vorbehalten blieb - die schmachvolle Kreuzigung.

Jesus wurde begraben und das Grab von Soldaten bewacht, denn die Hohen Priester fürchteten, dass jemand den Leichnam stehlen und dann behaupten würde, dass Jesus auferstanden wäre. Wäre das aber geschehen, hätte sich Jesu Botschaft glänzend bestätigt: Als Kriterium der Wahrheit hatte er seine Auferstehung vorausgesagt.

Am Sabbat durften laut jüdischem Gesetz keine Arbeiten ausgeführt werden. Also kamen Maria, die Mutter Jesu, und Maria aus Magdala am Sonntag, um nach dem Grab zu sehen. Als sie das Grab betreten wollten, erschreckte sie ein Erdbeben. Ein Engel kam vom Himmel herab und wälzte den Stein weg, der das Grab des Herrn verschloss. Vor Schreck fielen die Wächter wie tot zu Boden. Aber der Engel beruhigte die angsterfüllten Frauen. Er führte sie in das Grab, das sich in einer Höhle befand, und zeigte ihnen, dass es leer war. Er beauftragte sie, den Jüngern die Auferstehung Jesu, die er prophezeit hatte, zu verkünden. Die Voraussage war eingetroffen. Das, was die Hohen Priester am meisten gefürchtet hatten, war geschehen.

Bald darauf erschien Jesus ein paar Frauen, denen er auftrug, seinen Jüngern auszurichten, dass sie nach Galiläa kommen sollten. Dort traf er sie. »Und als sie Jesus sahen, fielen sie vor ihm nieder.

Einige aber hatten Zweifel. Da trat Jesus auf sie zu und sagte zu ihnen: Mir ist alle Macht gegeben im Himmel und auf der Erde. Darum geht zu allen Völkern und macht alle Menschen zu meinen Jüngern; tauft sie auf den Namen des Vaters und des Sohnes und des Heiligen Geistes, und lehrt sie alles zu befolgen, was ich euch geboten habe. Seid gewiss, ich bin bei euch alle Tage bis zum Ende der Welt« (Mt 28,17–20).

In der historischen Gestalt des Jesus von Nazareth finden sich die asketischen Vorstellungen der Essener, die Wunderkraft der Nasiräer, die Bußpredigten Johannes des Täufers und seiner Vorstellung der Taufe, die Heilkräfte der Therapeuten, die Erlösungskonzeption der Seele der Mystiker und schließlich die Endzeitspekulationen eines nahenden Gerichtes der Qumranleute. Unter Therapeuten werden die Mitglieder von Sekten verstanden, die ihren Besitz verschenkten und ihre Familien verließen, um in der Einöde zu leben. Männer und Frauen waren in ihren Gemeinschaften gleichberechtigt. Ihr Weg zu Gott, ihre Therapie der Erlösung bestand in dem Verzicht auf Alkohol und Fleisch, in einem enthaltsamen Leben. Aber auch die Freiheit, die in die Seele des Menschen gelegt wurde, der Stoiker und die Weltverachtung der Kyniker leuchten in Jesu Botschaft auf. Sein Denken bestand aus vielem Denken. Das machte ihn übermenschlich.

Jesus ist auch Gottes Sohn, weil er eine quasi göttliche Perspektive einnahm und das, was er sah und hörte, prüfte, verwarf oder übernahm. Er verheimlichte es nicht, denn er sagte ja auch: »In meines Vaters Hause sind viele Wohnungen. Wenn's nicht so wäre, hätte ich dann zu euch gesagt: Ich gehe hin, euch die Stätte zu bereiten?« (Joh 14,2). Weil er aber von vielen nahm und damit der Komplexität des Lebens Rechnung trug, wurde seine Lehre zur erfolgreichsten Heilsbotschaft in dieser an Heilsverkündungen und charismatischen Wanderpredigern gewiss nicht armen Zeit. Insofern sind viele Menschen in Jesus – man würde diesem Phänomen wohl eher mit einer »Gruppenbiographie« gerecht.

Seine Jünger bildeten die Urgemeinde. Fast alle starben sie den Märtyrertod: Philippus, Jakobus, Petrus, Paulus. Thomas soll bis nach

Indien gegangen sein, Johannes hatte sich tief in die Syria zurückgezogen. Sie waren die mutigen Verkünder ihrer Religion, denn das
Christentum wurde bis in das 4. Jahrhundert verfolgt. Es gehörte in
seiner frühen Zeit zum Typ einer Mysterienreligion, die sich aus
Gründen der Verfolgung und physischen Bedrohung gezwungen sah,
konspirative Techniken anzuwenden.

Vieles aus dieser Zeit trägt das Christentum bis auf den heutigen
Tag in sich. Wenn die Gemeinde sich zu Ostern versichert: Christus
ist auferstanden! Er ist tatsächlich auferstanden! Dann spürt man
immer noch die triumphierende Entschlossenheit einer kleinen verschworenen Gemeinschaft, die der Welt trotzt, die sich zum Widerstand entschlossen hat und fest davon überzeugt ist, im Recht zu sein,
denn Christus ist ja auferstanden. Welch glänzenderen Beweis gäbe
es dafür!

Gleichzeitig aber breitete sich diese Religion im römischen Weltreich aus und sollte sogar das Imperium Romanum beerben. Die
einfachen kultischen Elemente wie beispielsweise das gemeinsame
Mahl mussten durch Ästhetik überhöht werden, damit aus den konspirativen Treffen einiger weniger Christen die Feier einer Staatskir-
che werden konnte, die ihren Gott, aber vor allem sich selbst feierte.
Immer wieder sollten diese konspirativen Urgründe aufbrechen und
neue oppositionelle Bewegungen in der Kirche hervorrufen, die zum
Geist der Jesusbewegung zurückfinden wollten und die dann als
häretisch verfolgt wurden. Doch der Geist des Widerstands blieb in
einer Kirche, die aus dem Widerstand entstanden war, lebendig.

Zeitgleich mit dem frühen Christentum entstand mit der Gnosis eine
mächtige religiöse Bewegung, die noch heute als geheime Religion
im und neben dem Christentum besteht. Den Krieg, in dem sich die
Welt befand, übertrugen die Propheten dieser Religion auf den Kosmos, auf die gesamte Schöpfung, sodass in ihren Vorstellungen der
Weltkrieg zum Weltenkrieg wurde, in dem Menschen, Engel und
Götter kämpften – und in dem auch Jesus einen wichtigen Platz einnahm, denn nicht er, sondern Simon von Kyrene war ja statt seiner
am Kreuz gestorben.

EIN FERNER GOTT, TEUFLISCHE ENGEL UND EINE SCHLECHTE WELT - DIE GNOSIS

Den Ruf, der dem ersten Gnostiker anhaftet, von dem wir wissen, möchte wohl niemand geschenkt haben. Auf seinen Namen geht die Bezeichnung einer der schlimmsten Sünden zurück, die es in der christlichen Kirche gibt – einer Sünde, die sie allerdings nur allzu gut kannte, weil sie im Laufe ihrer langen Geschichte diesem Laster oft genug frönte. Nach Simon dem Magier heißt seit der Benennung durch die Kirchenväter die Sünde Simonie, die Sünde Simons. Unter Simonie versteht man den Ämterkauf in der katholischen Kirche. Wem zur Last gelegt wurde, dass er eine Pfründe, ein Bischofs- oder Kardinalsamt durch Bestechungsgelder an die Kurie oder an einflussreiche Kleriker käuflich erworben hatte, konnte exkommuniziert werden. In einer Zeit, in der sich bei den Adligen die Primogenitur – die erstgeborenen Söhne erbten, die anderen gingen leer aus – durchsetzte, sicherten sich manche Adlige gern die Stelle eines Abtes, eines Kanonikers oder eines Bischofs für ihre zweit- und drittgeborenen Söhne. Bis ins 17. Jahrhundert kamen daneben mit schöner Regelmäßigkeit Gerüchte und Beschuldigungen auf, dass sich Kardinäle ihre Stimme für einen Papstanwärter im Konklave hatten vergolden lassen. Sieht man von der moralischen und theologischen Katastrophe ab, so bedeutete allein schon der Umstand, dass der Papst einer weltlichen Macht, wie beispielsweise dem Kaiser oder dem französischen König, übermäßig zu Dank verpflichtet war, das Ende seiner Mittlerfunktion als Stellvertreter Christi.

Die Benennung dieser Todsünde nach Simon Magus überrascht zunächst, wenn man die Episodenrolle anschaut, die dieser Mann in der Apostelgeschichte spielte. Wie Jesus und viele andere Wanderprediger vor ihm zog er durch die Lande, vor allem durch Samaria. Er predigte dem Volk, verkündete, dass er etwas Großes sei, und blendete die Menschen nach dem Zeugnis der Apostelgeschichte durch Magie. Den Vorwurf der Zauberei braucht man indes nicht allzu ernst zu nehmen, denn jeder Wanderprediger musste seine Glaubwürdigkeit gelegentlich durch ein kleines Wunder beglaubigen. Das gehörte zum Geschäft. Wie die Evangelien belegen, stellte nicht einmal Jesus eine Ausnahme von dieser Regel dar.

In der Hoffnung, sein Arsenal an magischen Fähigkeiten erweitern zu können, ließ sich Simon Magus laut Apostelgeschichte von dem Apostel Philippus taufen. Aber diese Konversion brachte ihn leider nicht in den Besitz des magischen Geheimwissens der Apostel. Also versuchte er es auf einem anderen Weg: »Als aber Simon sah, dass der Geist gegeben wurde, wenn die Apostel die Hände auflegten, bot er ihnen Geld an und sprach: Gebt auch mir die Macht, damit jeder, dem ich die Hände auflege, den Heiligen Geist empfange. Petrus aber sprach zu ihm: Dass du verdammt werdest mitsamt deinem Geld, weil du meinst, Gottes Gabe werde durch Geld erlangt. Du hast weder Anteil noch Anrecht an dieser Sache; denn dein Herz ist nicht rechtschaffen vor Gott« (Apg 8,18–21). Übrigens eine hübsche Schriftstelle zum Thema Ablasshandel.

In der christlichen Tradition taucht Simon Magus als der Erste auf, der versucht hat, ein Amt und vor allem eine damit verbundene Fähigkeit durch Geld und nicht durch Liebe, Hingabe und Frömmigkeit zu erhalten. Dass dieses Ansinnen den ersten Christen, die ihr Leben einsetzten, um ihrem Gott zu dienen, bitter aufstieß, versteht sich. Doch wirkt der Hass, der sich darin ausdrückt, ein so schweres Vergehen nach ihm zu benennen, bei Lichte besehen etwas übertrieben. Denn Simon, der hier nur als Scharlatan und minderer Gaukler erscheint, wird nicht der Einzige gewesen sein, der den Aposteln unsittliche Angebote unterbreitet hatte. Es scheint also, dass man ihm zu viel der Ehre antat.

Doch wo Rauch ist, ist auch ein Feuer, und deshalb lohnt es sich, genauer hinzusehen. Forscht man in apokryphen Texten des frühen Christentums, in einigen paganen Überlieferungen der ersten nachchristlichen Jahrhunderte und gnostischen Schriften nach, so erscheint hinter dem Magier Simon so plötzlich wie unerwartet noch eine andere Gestalt. Diese verkörperte in der Tat für das frühe Christentum ein Schreckensbild, nämlich den ersten Verkünder einer hochgefährlichen Konkurrenzlehre, die deshalb so brisant war, weil sie ihm in vielen Punkten zum Verwechseln ähnlich sah. Theologen konnten vielleicht die Unterschiede ausmachen, aber keineswegs das Volk, für das die Religion bestimmt war. Die Irrlehre des Simon Magus musste also mit allen Mitteln bekämpft werden und wurde auch erbarmungslos niedergerungen.

VOM WANDERPREDIGER ZUM GOTT UND SEELENRETTER – SIMON MAGUS

Es muss eine aufregende, aber auch grausame Zeit gewesen sein, dieses erste nachchristliche Jahrhundert. Viele religiöse Aufruhrgeister durchzogen den Nahen Osten. Selbst die Christen stritten erbittert darüber, wie die Geschichte Jesu und seine Worte zu verstehen waren. In dieser scharfen Auseinandersetzung mit der Gnosis und dem Heidentum bildete sich das Christentum als religiöses System sehr langsam heraus. Aus historischer Perspektive scheint es leichter zu sein, paradoxe Rätselworte zu hinterlassen, als sie zu systematisieren und in ein System des Glaubens zu überführen. Deshalb findet sich in den geheimen Kammern des Christentums genug Gnostisches.

Der erste Gnostiker, der für uns in den bis jetzt aufgefundenen Quellen fassbar wird, ist Simon Magus, eine legendäre, ungezähmte und beeindruckende Gestalt. Justin der Märtyrer, der uns schon begegnet ist und 165 n. Chr. in Rom gegeißelt und enthauptet wurde, war ein philosophisch gebildeter Christ, der später unter die Kirchenväter gezählt wurde. Er berichtet über seinen Landsmann Simon Magus, dass dieser von seinen Anhängern als der Erste Gott verehrt wurde, der in Simons Gestalt zur Erde herabgestiegen sei, um die Seelen zu erlösen. Bei Justin tritt uns nicht mehr der kleine Betrüger der Apostelgeschichte, sondern bereits eine ernst zu nehmende Gestalt entgegen.

Klemens von Alexandria berichtet über Simon Magus noch eine andere, höchst erstaunliche Legende, in der es heißt, dieser könne »Statuen zum Leben erwecken, sodass jene, die sie sehen, annehmen sie seien Menschen«[123]. Erinnern uns diese zum Leben erweckten Statuen an den Golem und an die fast mythische Vorstellung des Roboters im Industriezeitalter, kommt ein unverkennbar magischer Zug hinzu, wenn Klemens fortfährt, dass ebenjener Simon von sich behauptete, durch seine Kraft Luft in Wasser verwandelt zu haben, das Wasser wiederum in Blut, das er zu Fleisch eindickte, um dadurch ein Jungen zu erschaffen. Damit sei ihm ein weit edleres Werk gelungen als dem Schöpfergott des Alten Testaments, als Jahwe, denn dieser werkelte mit Lehm, aus dem er den Menschen formte. Er hingegen habe Luft benutzt, die ein weit edleres Material und wesentlich schwieriger zu beherrschen sei. Schaurig wird es, als er beschreibt, wie er den Jungen tötete, aber zuvor dessen Bild und Abbild in seinen Schlafzimmer aufstellte »als Beweis meines Werkes und als Erinnerung daran«[124].

Die Seele des getöteten Knaben benutzte Simon für seine magischen Praktiken. Das war allerdings nicht ungefährlich, denn ein alter Glaube besagte, dass die Seele eines Menschen, der plötzlich getötet wird, das fortsetzt, das denkt, was der Mensch zuvor gewollt oder getan hat. Hier verlängert sich die Geschichte des Simon und der Erschaffung eines künstlichen Menschen über die jüdische Golem-Legende und »Frankensteins Monster«, dem schaurig-schönen Gruselklassiker von Mary Shelley bis in die heutige Zeit mit ihrem Herumpusseln und Herumpfuschen im Erbgut des Menschen, auch in dem Traum, ihn irgendwann künstlich erschaffen zu können. Dieser künstliche Mensch ist aber zugleich der Neue Mensch, wie er in den Programmpapieren von Religionen und Ideologien auftaucht, der durch Erziehung oder durch technischen Eingriff in die Biologie oder durch eine Kombination aus beidem zu erreichen ist. Diese Facette des Simon Magus wurde bisher wenig beachtet, ist aber in Anbetracht unserer Entwicklung vielleicht die aktuellste.

Aus den Darstellungen christlicher Schriftsteller und Kirchenväter jedenfalls, die in ihm den Erzketzer, den teuflischen Vater aller Irrlehren ausmachten, und aus allen bis heute zugänglichen Quellen ergibt sich folgendes Bild: Simon hatte den gleichen Lehrer wie Jesus, nämlich Johannes den Täufer. Jesus übernahm von ihm die Überzeugung, in der schlechtesten aller Welten zu leben, und zog daraus den Schluss, dass Rettung nur durch Buße gelingen konnte. Es ist faszinierend und brisant zugleich, dass Simon andere Schlussfolgerungen aus der Lehre Johannes des Täufers zog. Wie bereits angedeutet, gab es neben Jesus viele Wanderprediger – hier haben wir einen von ihnen, eine wahre Parallelgestalt. Dass diese Vielfalt von der Kirche lieber verschwiegen als untersucht wurde, liegt auf der Hand, zumal einige Theologen der Väterzeit gnostischem Gedankengut gefährlich nahestanden. Da schaut man besser nicht allzu genau hin.

Erstaunlicher als die Tatsache, dass in der Zeit, in der alle Welt nach Sinn suchte, viele Botschaften existierten, ist das Ergebnis: Unter dem ohrenbetäubenden Tosen und Brausen der vielen konkurrierenden Erlösungs- und Glücksangebote drang die Botschaft Jesu letztlich durch. Sie überstrahlte alle anderen Vorstellungen und verdrängte sie an die Peripherie, ins Geheime und Konspirative.

Als Johannes der Täufer von Herodes enthauptet wurde, weilte Simon Magus gerade in Ägypten, und so übernahm ein anderer Jünger des Johannes namens Dositheus die Leitung der Täufergemeinde in Jerusalem.

Im ägyptischen Alexandria, einem bedeutenden Zentrum der Philosophie und Wissenschaft, kam Simon mit dem modernsten Denken der Zeit, aber auch mit den altägyptischen Spekulationen über den Gott des Uranfangs in Berührung und erhielt theologisch den letzten Schliff. Will man sich ein Bild von der damaligen Bedeutung der Stadt in dieser Zeit machen, vergleicht man sie am besten mit dem heutigen New York. Der Legende nach hatten in Alexandria, einer der Metropolen des römischen Weltreiches 72 Gelehrte in 72 Tagen die hebräische Bibel ins Griechische übersetzt, die berühmte Septuaginta. Griechische Philosophie und jüdische Gelehrsamkeit berührten sich. Der jüdische Philosoph Philon lebte hier, auch Klemens, den man deshalb Alexandrinus – den Mann aus Alexandria – nannte.

Im Museion der Stadt befand sich die größte Bibliothek der Welt, die allerdings bei der Eroberung Alexandrias durch die Römer im Jahr 47 v. Chr. in Brand gesteckt worden war. Nur ein Teil der ca. 700 000 Schriftrollen konnte gerettet werden. Als man im Jahr 391 n. Chr. den Tempel des Musenkultes (Museion) einem Edikt Kaiser Theodosius' folgend in eine christliche Kirche umwandelte, wurde die Schriftensammlung in die ganze Welt zerstreut. Der Rest der Bücher soll vernichtet worden sein, als die Muslime 642 n. Chr. unter Umar ibn Chattab Alexandria eroberten. Auf die Frage, was mit den Büchern geschehen solle, antwortete er der Überlieferung nach, dass es die Bücher, die sich gegen den Islam richteten, verdienten, vernichtet zu werden. Jene, die nicht gegen den Islam waren, wiederholten nur, was bereits im Koran stünde. Deshalb wären sie überflüssig und ebenfalls zu verbrennen. – Der Verlust an Büchern, an Wissen konnte bis heute nicht ersetzt werden. Ein Teil des Gedächtnisses der Menschheit wurde ausgelöscht.

In jener Zeit aber, als Simon Magus in der Stadt weilte, blühte in Alexandria die Gelehrsamkeit. Nach dem Tod Johannes des Täufers kehrte er nach Palästina zurück, setzte sich mit dem Nachfolger des Täufers, Dositheus, auseinander und begann durch Samaria zu ziehen und zu predigen.

Das Wichtigste, was er aus Ägypten mitgebracht hatte, bestand in der Vorstellung des geheimnisvollen Gottes des Uranfangs. Und genau wie dieser ist auch Simons Gott vollkommen präexistent, ein Schweigen, ein Sein vor dem Da-Sein. Dieser Gott denkt und fließt durch sein Denken in das menschliche Denken ein. Das Denken, das von Gott ausgeht, wird im Menschen zu *nous*, zum Geist oder zur Vernunft, und aus dem Geist gehen nun die Gedanken hervor.

Wichtig ist die Vorstellung, dass die Schöpfung kein Schaffen, kein Errichten, sondern ein Fließen ist, keine Manifestation, sondern eine Emanation. Da nun aber Geist und Gedanke entstanden sind, sind aus eins zwei geworden. Zur Erinnerung: Über den ägyptischen Gott des Uranfangs heißt es:

»Du warst hier, als noch nichts entstanden war,
und du wirst hier sein, wenn *sie* zu Ende sind.«

Aus ihm, der müde im Urwasser treibt, geht auch eine Zweiheit hervor:

»Du wirst essen von deiner Tochter Wahrheit;
dein Sohn Schu wird dich erheben.«[125]

Aus dem Gott des Uranfangs gehen die Tochter Wahrheit und der Sohn *schu* (Leben) hevor. Im Hebräischen ist der Geist weiblich (*ruach*) – damit entspricht die Tochter dem Heiligen Geist der Juden und der Christen. Der Sohn aber ist Leben und kann auch gemäß dem Johannesevangelium des Neuen Testaments verstanden werden: »Und das Wort ward Fleisch und wohnte unter uns, und wir sahen seine Herrlichkeit, eine Herrlichkeit als des eingeborenen Sohnes vom Vater, voller Gnade und Wahrheit« (Joh 1, 14).

Trinitarische Vorstellungen können kein christliches Urheberrecht beanspruchen. Die griechischen, hebräischen und aramäischen Begriffe für Gedanken und Weisheit sind weiblich, sodass es auch grammatikalisch logisch ist, dass der Gott Simons der Vater ist, der die Weisheit (*sophia*) oder den Gedanken (*ennoia*) gezeugt hat. Indem die Sophia/Ennoia ihn Vater nennt, akzeptiert sie seine Zeugungskraft. Gedanke und Zeugungskraft bilden nun ein mannweibliches Wesen, aus dem die Seelen und die Welten hervorgehen, wie eben in der ägyptischen Vorstellung aus Maat und Schu, aus Wahrheit und Leben.

Nach gnostischer Vorstellung stieg die Weisheit, die die Absicht ihres Vaters erkannte, in untere Sphären herab, zeugte die Engel und machte sie zu den Herrschern der Welten. Die ganze Angelegenheit missriet aber gründlich, denn die Engel hielten die Sophia oder Ennoia in den unteren Welten fest. Da die Engel selbst unvergleichlich, ungezeugt und Götter sein wollten, mussten sie ihre von der Weisheit abgeleitete Abstammung, ihre Zeugung verheimlichen und ihre Mutter Sophia oder Ennoia verstecken. Nachdem das geschehen war, stellten sich die Engel als ungeschaffen und ewig dar und nahmen scheinbar die Position Gottes ein. Eitel, machtgierig, gewissenlos und ohne Demut, wie sie waren, wollten sie an oberster Stelle stehen, weshalb sie die Gnostiker Archonten (griech. der Erste sein) nannten oder böse Demiurgen (griech. Handwerker).

Doch da gab es den Schöpfergott, der der Größte aller Götter sein wollte. In der späteren gnostischen Schrift »Das Wesen der Archonten« – heißt es über ihn: »Ich bin Gott, und es gibt keinen anderen außer mir ... Eine Stimme aber kam aus der Sphäre der absoluten Macht und sprach: ›Du irrst, Samael‹, das heißt der Gott der Blinden.«[126]

Aus gnostischer Perspektive bekam also der jüdische, christliche und muslimische Schöpfergott ob seiner Großsprecherei einen argen Dämpfer verpasst, man sagte und demonstrierte ihm zugleich, dass er prahlte. Dass diese Auffassung bei jüdischen, christlichen und später muslimischen Orthodoxen keine Begeisterung auslöste, liegt auf der Hand.

Beim Abstieg durch die niederen Engelswelten hatte Sophia oder Ennoia das Schlimmste vom Schlimmen erdulden müssen. Nach vielen Erniedrigungen wurde die Weisheit oder der Gedanke schließlich in einen Menschenleib, in Fleisch und Blut eingesperrt und von einem Kerker in den nächsten, von einem Frauenkörper in den nächsten geführt. Nach gnostischer Auffassung ist der Körper das finstere Verlies der Seele, den die bösen Engel erfunden haben, um Gottes Gedanken einzukerkern.

Wo immer nun die gefallene Ennoia oder Sophia auftauchte, entstanden Streit, Zwietracht und Krieg. Stationen ihres Abstieges war

u. a. die griechische Helena, die durch ihre Schönheit den Trojanischen Krieg auslöste, und schließlich – am tiefsten Punkt ihrer Erniedrigung – eine Hure, die Simon Magus im Bordell von Tyros fand.

Doch nun kam es unerwartet zum Happy End. Simon Magus nämlich behauptete von sich – wir erinnern uns – er sei Gott, sogar Erster Gott, der in Gestalt Simons herabgestiegen sei, um Menschen oder besser die Seelen zu erlösen. Leider hatten die Seelen ihre göttliche Abkunft mittlerweile vergessen und mussten deshalb wachgerufen werden.

Indem Simon nun die in ihrer schlimmsten Demütigung als Hafenhure leidende Helena/Ennoia erlöste, hatte er zugleich die Menschheit erlöst, die aus nichts anderem bestand als aus Seelen, die vom Bösen ans Fleisch gefesselt worden waren.

Und um gleich einmal klarzustellen, wie es sich mit dem lästigen Konkurrenten Jesus Christus verhielt, bot Simon eine einfache, aber in ihrer unverfrorenen Gradlinigkeit wiederum verblüffende Erklärung: Er sei zur Erde gekommen, um den bösen Engeln das Handwerk zu legen und die Seelen zu befreien. Dafür habe er Menschengestalt angenommen.

In Judäa nun sei er, Simon und Erster Gott, als Sohn, also als Jesus, in Samaria, dort, wo er tatsächlich predigte, als Vater und bei den übrigen Völkern als Heiliger Geist tätig.

Epiphanios (315–403), ein christlicher Schriftsteller, lässt einen Prediger wie Simon Magus zu Wort kommen. Es ist gut möglich, dass er ähnlich gesprochen hat, denn die Äußerungen ergänzen unser Bild von ihm eher, als dass sie diesem widersprechen.

So könnte er also auf den Marktplätzen gestanden und umgeben von neugierigem, skeptischem und spöttischem Volk gepredigt haben: »In jedem Himmel nahm ich eine andere Gestalt an, je nach der Gestalt der Wesen in jedem Himmel, damit ich verborgen bliebe den Engelmächten und herabkäme zur Ennoia, die auch Prunikos und Heiliger Geist genannt wird, durch die ich die Engel geschaffen habe, die dann den Kosmos und die Menschen schufen.«[127]

Wir hören förmlich die redegewohnte Stimme, die gekonnt Pausen setzt und sich, auf Wirkung bedacht, hebt oder senkt. Der Magier Simon wusste: Wenn es ihm gelänge, dass die Menschen seinen Atem während der Predigt mitatmen, dann würden sie auch seine Gedanken mitdenken, dann bedurfte es nur noch eines halb gelüfteten Geheimnisses und vielleicht eines kleinen Wunders, und sie würden ihm folgen – einige zumindest.

In der aus dem Griechischen stammenden Bezeichnung *prunikos* für Sophia oder Ennoia steckt eine handfeste Provokation, denn es bedeutet auf Deutsch die Wollüstige oder die Geile. Die Gnostiker sollten in der Betrachtung der Weiblichkeit immer zwischen zwei Polen hin und her gerissen bleiben, denn zum einen sahen sie in ihr das Allverbindende und Allumfängliche, Jungfrau und Große Mutter, zum anderen aber die Verführung, die Lust, die Hure. Die Spannung zwischen den beiden Polen wurde zur Erlösung, denn erst als die Sophia so tief gesunken war, konnte sie gerettet werden.

Interessant ist, wie sich sogar in einer Religion, die selbst zu einer geheimen wird, pagane Elemente einweben. So verrät uns der christliche Schriftsteller Irenäus von Lyon in seinem Werk »Gegen die Häretiker«, dass Helena auch Selene genannt wurde, also die Mondgöttin, eine Bezeichnung, die wir ebenfalls bei der Jungfrau Maria finden. Hans Jonas, der diese Stelle anführt, weist darauf hin, dass Selene nur der exoterische, also der öffentliche Name für den geheimen, den esoterischen Namen Ennoia, Sophia oder Heiliger Geist sei[128], (der im Hebräischen – *ruach ha-kodesch* –, wie in den anderen semitischen Sprachen auch, weiblich ist).

So zog Simon Magus als Haupt einer gnostischen Sekte ebenso wie die Apostel der frühen Christen durch Palästina. Beide Gruppen waren mit nichts anderem beschäftigt, als sich gegenseitig Gläubige und Bekehrte abspenstig zu machen. Der Wettbewerb war hart, der Markt umkämpft. Nachfrage bestand zwar reichlich, aber es gab auch genügend Angebote.

Die Legende behauptet, dass Simon Magus dem Petrus hinterhergereist sei, um die gerade zum Christentum Missionierten abzuwerben und aus christlichen Gemeinden gnostische zu machen. Da es christliche Quellen sind, die allerdings erstaunlich verlässlich darüber berichten, bleibt letztlich ungeklärt, wer wem hinterhergereist ist. Jedenfalls soll es nach Jahren des unnachgiebigen Konkurrenzkampfs in Rom zum Showdown gekommen sein.

Simon Magus forderte Petrus heraus, beschimpfte ihn als Irrlehrer und schloss seine Rede mit der kühnen Wendung: »Du allerdings wirst gleichsam betäubt vor Staunen ständig deine Ohren verstopfen, damit sie nicht durch Blasphemien befleckt werden, und dich zur Flucht wenden, weil du nichts zu erwidern findest; und das unvernünftige Volk wird dir beistimmen, ja dich lieb gewinnen, weil du das lehrst, was bei ihnen Brauch ist, mich aber verfluchen, weil ich etwas Neues und Unerhörtes verkünde.«[129]

Den kämpferischen und leidenschaftlichen Worten, mit denen der Gnostiker seine Rede beendete, hätte natürlich zum vollendeten Triumph ein kleines Wunder folgen müssen. Vielleicht hatte Petrus auch zurückgehöhnt: »Unser Herr ist am dritten Tag von den Toten auferstanden« und mit grausamer Ironie gefragt: »Kannst du das auch, wo du doch der Erste Gott bist?« Die christlichen Quellen schildern das Ende des Simon Magus mit einer gewissen Genugtuung. Da er sich für Gott hielt, habe er sich begraben lassen, um am dritten Tag von seiner Reise aus der Unterwelt zurückzukehren und wiederaufzuerstehen. Losgereist sei er tatsächlich, nur leider nicht mehr zurückgekommen. Man habe lediglich seinen Leichnam ausgegraben. Eine andere Version berichtet, Simon Magus habe sich zum Beweis seiner Göttlichkeit und um Petrus zu demütigen, in Rom in die Lüfte erhoben, Petrus habe aber den Zauber zerstört, sodass Simon abstürzte und sich die Beine brach, woran er schließlich verstorben sei.

Man kann das für Legenden halten, man kann auch in ihnen nach dem Funken Wahrheit forschen, der allen Sagen innewohnt. Hübsch ist auf jeden Fall, dass die Kirchenväter Irenäus, Tertullianus und Eusebios, hierin Justin dem Märtyrer folgend, von einer Bildsäule auf der Tiberinsel Rom berichten, auf der Simon Magus als Gott geehrt wurde. Als man die Säule 1574 tatsächlich fand, stellte sich allerdings heraus, dass sie nicht ihm, sondern einem altsabinischen Gott namens Semo Sancus gewidmet war. Man hatte *Simoni Deo Sancto* (Für Simon, den heiligen Gott) gelesen statt *Semoni Sanco Deo Fidio Sacrum* (Heiligtum des Gottes Semo Sancus Fidio) und dadurch ungewollt zur Legendenbildung um den Erzketzer Simon Magus beigetragen. Legende oder nicht – so ernst hatten die frühen Kirchenväter diesen Wanderprediger genommen.

Er war vielleicht nicht der erste Gnostiker, aber er ist der erste, der uns begegnet. Weit, im Grunde bis heute, leuchtet er in die Zeiten hinein – nicht nur, weil sein Name mit der schweren Sünde des Ämterkaufs verbunden wurde, auch nicht allein deshalb, weil Faustus, sein Beiname in den »Recognitiones«[130], einem spätantiken, Klemens von Alexandria zugeschriebenen Text die Figur des Magiers bis in die Renaissance transportierte, wo sie dem bekanntesten aller Magier, dem »weitbeschreyten Schwarzkünstler und Zaubermeister Dr. Johann Faustus« aus dem Volksbuch Pate stand. Die religiösen Vorstellungen der Gnostiker, so exotisch sie für uns auch klingen mögen, schlugen als geheime Religion Wurzeln, ließen die Bewegungen der Paulikaner, der Bogomilen, der Katharer und Albigenser erblühen, bildeten in den Gedanken der Theosophen Helena Blawatsky und Rudolf Steiner Seitentriebe aus und treiben bis heute späte Knospen.

DER WECKRUF ZUR WEISHEIT

Stark vereinfacht müssen wir uns die gnostische Glaubenslehre, die noch lange nach Simon Magus unendlich verfeinert und komplexer wurde, so vorstellen: Nicht Gott erschafft die Welt, sondern der undenkbare, ferne Gott emaniert aus irgendeinem Grund Wesenheiten, die dann selbst Wesenheiten zeugen, die dann aus Dummheit oder Machtgier mehr vom göttlichen Funken erhaschen wollen oder in Verkennung Gottes sich für den Herrscher der Welten halten. Sie erschaffen Welten, die immer schlechter werden, eine Orgie des Abstiegs.

Um Gott zu gleichen und sich an seine Stelle zu setzen, fangen sie den göttlichen Funken ein, und weil sie nichts mit ihm anfangen können, binden sie ihn an Körper, halten ihn im Körpergefängnis in der untersten und schlechtesten aller Welten gefangen, die mit unserer irdischen Welt identisch ist.

Gott lebt in der Fülle, im *pleroma*, die eine Lichtfülle ist. Die von den unteren Wesenheiten oder einem niederen Schöpfergott geschaffenen Welten sind natürlich die Finsternis. So kommt es im gnostischen Kosmos zu einer Vermischung von Licht und Finsternis, von Lichtteilen und Finsternisteilen.

Im Gegensatz zum Christentum lautet die Botschaft: Der Mensch muss sich nicht vor der Hölle fürchten – er lebt bereits in ihr, der er nicht entkommt, weil er via Seelenwanderung von Hölle zu Hölle taumelt.

Der gnostischste der modernen Schriftsteller, Franz Kafka, hatte dieses Lebensgefühl genial auf den Punkt gebracht, als er schrieb: »Ein erstes Zeichen beginnender Erkenntnis ist der Wunsch zu sterben. Dieses Leben scheint unerträglich, ein anderes unerreichbar. Man schämt sich nicht mehr, sterben zu wollen; man bittet, aus der alten Zelle, die man hasst, in eine neue gebracht zu werden, die man erst hassen lernen wird. Ein Rest von Glauben wirkt dabei mit, während des Transportes werde zufällig der Herr durch den Gang kommen, den Gefangenen ansehen und sagen: ›Diesen sollt Ihr nicht wieder einsperren. Er kommt zu mir.‹«[131]

Genauer, besser kann man die gnostische Idee nicht ausdrücken. Die Seele, die von Kerker zu Kerker wechselt, weiß nichts mehr von der Göttlichkeit, denn auch die Seele selbst ist nur die Zelle des Gefängnisses. Der göttliche Funke oder der göttliche Hauch, das *pneuma*, wird gefesselt – und die Kette ist die Seele bzw. das Gehäuse. Der göttliche Funke, unser wahres Selbst, müsste zuerst die Seele, dann den Körper verlassen. Aber der Lichtfunken weiß nichts von seiner göttlichen Abkunft. Die Demiurgen, die teuflischen Handwerker, haben ihn die Wahrheit vergessen lassen.

Werfen wir einen kurzen Blick auf die Ausprägung dieser Vorstellungen in den verschiedenen Regionen. Nach der ägyptischen oder alexandrinischen (aus Alexandria stammenden) Gnosis kommt die Erschaffung der Welt durch einen Fehler, eine Eitelkeit, einen Leichtsinn der von Gott emanierten Wesenheit in Gang. Diese Wesenheit wird weiblich gedacht und Sophia, Ennoia, Epinoia oder Barbelo genannt. Die iranische Gnosis beschäftigt sich dagegen nicht mit der Entstehung der Welt. Für sie existiert von Anfang an ein unüberbrückbarer Gegensatz zwischen dem guten Gott und den bösen Archonten, die zufällig einen Blick in die Lichtwelt werfen und, von Neid angetrieben, den Krieg gegen Gott beginnen, weil sie einen Anteil an der Lichtwelt gewinnen wollen. Dahinter steht die iranische Tradition des Zoroastrismus, die streng dualistisch zwischen dem Guten, Ahura Masda, und dem Bösen, Ahriman, unterscheidet, verkürzt gesagt, zwischen Gott und Teufel.

Für alle gnostischen Richtungen gilt, dass sie in einer einzigartigen Weise den Menschen entdeckten und ihn in den Mittelpunkt ihrer Betrachtung rückten, besonders die Psychologie des Menschen, seine seelische Verbundenheit mit der Welt, die Komplexität seiner geistigen Struktur, die nur unzureichend von den Begriffen Bewusstsein und Unterbewusstsein als Eckpunkten wiedergegeben wird.

Der Mensch musste durch Gottes Ruf, der durch die finsteren Welten zu ihm drang, geweckt werden. Deshalb kommt dem »Ruf« in der Gnosis eine einzigartige und grundlegende Funktion zu. Wenn das Wunderbare eintraf und der Mensch den Ruf vernommen hatte, erwachte er. Dieser Ruf befreite in ihm die Erkenntnis. Und genau das ist es, was Gnosis auf Deutsch heißt: Erkenntnis, im Sinne von Weisheit, von Wissen. Dieses Wissen liegt sehr tief im Menschen begraben, genauer: Sie wissen nichts von ihrem Wissen. So wie die Psychoanalytiker das Unterbewusstsein anzuzapfen versuchen, so musste aus gnostischer Sicht das Wissen durch den Ruf ins Bewusstsein geholt werden – es war das durch die Korruption der Welt längst vergessene wahre Selbst des Menschen.

DER GNOSTISCHE KOSMOS

Die moderne Psychoanalyse verdankt der Psychologie der Welten in der Gnosis ungeheuer viel. Durch die Erkenntnis erinnern wir uns an unsere wahre Abkunft, an den, der eigentlich unser Vater ist. Es ist, als ob wir mit zwei Jahren entführt worden wären. Dunkle Schemen unserer frühen Existenz liegen tief in uns verwahrt. Doch die Erinnerungen an unsere wahre Heimat, an unsere leiblichen Eltern, wurden durch das Leben an einem anderen Ort, bei anderen Menschen und durch Erziehung verschüttet und vergessen gemacht. Die plötzliche Erkenntnis löst einen Schock aus, der in uns eine tiefe Sehnsucht erzeugt, endlich in die Heimat zurückzukehren. Sie ist die Voraussetzung für unsere Erlösung.

Die göttliche Lichtwelt. Die Heimat des Menschen befand sich in der göttlichen Fülle, die von den Gnostikern auch *pleroma* genannt wurde. Die Konzepte des gnostischen Kosmos variieren, sie können 3, 7, 36 oder 365 Welten oder Äonen umfassen. Über allem ist und alles umgibt die Sphäre Gottes, das *pleroma*. Es war der Ort, an dem das Lichtfünklein oder *pneuma* sich mit Gott vereint und mit ihm lebt in einer Welt, die nur aus Licht besteht oder besser, die Licht ist. Dieses Licht ist Gott, mit dem sich das Lichtfünklein, das an Welt und Körper verloren war, wiedervereint, indem es aufgeht. Trunken vor Licht in Licht. Diese unendliche Sphäre, die alles umgibt, wird auch das Reich der Liebe *(agape)* genannt. Zuweilen, aber nicht immer, schließt sich darunter ein Zwischenreich an, in dem die Weisheit *(sophia)* herrscht.

Das Paradies. Unter dem Zwischenreich befindet sich bei einigen gnostischen Richtungen das Paradies, in dem Adam und Eva lebten. Es ist wichtig, dass Gott in diesem Paradies nicht anwesend war und dass die Seele, das *pneuma* sich bereits materialisiert hatte, wenn sie im Paradies war. Anders als nach christlicher Auffassung war das Paradies für die Gnostiker nur der Ort eines bösen, unzureichenden Schöpfergottes, der die ganze darunter befindliche Welt erzeugt hat.

Die sieben Welten. An das Paradies schlossen sich die sieben Äonen oder Welten an, die jeweils einem Archonten, dem Beherrscher einer Welt, unterstellt waren. In der Vorstellung des Simon Magus entsprachen die Archonten den Engeln, in anderen gnostischen Systemen hießen sie Demiurgen oder trugen die Namen der sieben Planetengötter, wie wir sie bereits aus den babylonischen Religionen oder den Mysterienkulten kennen.

Die Erde. Dann erst folgte die Erde als der übelste und schlimmste Ort überhaupt. Und manche gnostischen Systeme kannten sogar einen noch übleren Ort, nämlich die Hölle. Doch scheint sie fast überflüssig zu sein, da schon die Erde schrecklich genug war.

Durch die Anhänger des Hermes Trismegistos, einer Verschmelzung des griechischen Gottes Hermes und des ägyptischen Gottes Thot, verbreitete sich eine folgenreiche Anschauung, nämlich die der Entsprechung von Makrokosmos (der Gesamtheit der Welten) und Mikrokosmos (dem Menschen). Das kosmische Modell mit den Polen *pleroma* und Erde wurde auf den Menschen übertragen, nur dass die Entgegensetzung nicht von oben nach unten, also vertikal, sondern eher horizontal, von innen nach außen geschah: Im Inneren des Menschen existierte ein Teil des *pleroma*, der Lichtfunke, das *pneuma*, das Göttliche, der dann Schicht um Schicht eine Verschlechterung durch Unwissenheit und schlimme Eigenschaften erfuhr, bis er schließlich in ein fellartiges Gewand gekleidet wurde, womit das Fleisch gemeint war.

In der Entsprechung von Makrokosmos und Mikrokosmos steckten Ausweglosigkeit und Hoffnung zugleich. Der Mensch konnte sich nicht ändern, so wie die Welten sich nicht ändern würden. Doch – und darin bestand die Verheißung – es war möglich, dass jenes Göttliche, der Lichtfunken, befreit wurde und die Schichten des Körpers durchdrang. Dann konnte er die Sphären der Archonten passieren, um ins *pleroma* einzugehen. Es ist der umgekehrte Weg. Und weil das Göttliche im Menschen oder der innere Mensch diesen Weg, freilich in negativer Weise, schon einmal durchlaufen hat, kann er sich auch an ihn erinnern – vorausgesetzt, dass die Erinnerung durch den Ruf geweckt worden war.

Während seines Sturzes aus dem *pleroma* durch die Sphären der Archonten wurde der Lichtfunke oder das *pneuma* vom Bösen ummantelt, bis schließlich der fertige, der äußere Mensch auf der Erde aufschlug. Spätestens im Moment der Berührung mit der Erde hatte der Mensch seine wahre Heimat vergessen. Aus der Vorstellung des Sturzes durch die Sphären der Archonten und die Ummantelung des Lichtfunkens ergibt sich eine wichtige Komponente der Astrologie.

Die Sterne haben auch deshalb Einfluss auf unser Schicksal, weil der Mensch ihnen ja entspricht – bei seinem Fall hat er etwas von ihnen mitbekommen. Die Entsprechung beruht auf Ähnlichkeit, die Sympathie zwischen Makrokosmos und Mikrokosmos. Der Einklang zwischen Mensch und Sternbild resultiert auch aus dem Anteil der Sterne und Äonen am Werden des irdischen Menschen. Weil aber diese Sympathie zwischen Sternen und Menschen existiert, kann das Schicksal der Menschen aus den Stern- und Planetenkonstellationen herausgelesen werden. Ohne diese religiösen Voraussetzungen wäre Astrologie undenkbar, insofern stellt sie wie die Alchemie auch eine geheime Religion dar.

Manche Gnostiker waren mit Pythagoras der Meinung, dass von der Heimat eine Sphärenmusik ausginge, die den Lichtfunken wachrufen solle. Deshalb hätten die bösen Archonten den Lärm der Welt entfacht, um die Sphärenmusik zu überdecken. Der Begriff vom Lärm der Welt, der uns in Theologie, Philosophie, Religion und Dichtung in vielfältiger Form als Stereotyp immer wieder begegnet, entstand in der gnostischen Vorstellung, dass der Ruf der Heimat des Menschen von den Archonten überdeckt wurde, um die Lichtfunken in der Scheinwelt festzuhalten.

Der Zustand des Menschen in der Welt war für den Gnostiker Trunkenheit. Im Terror der bunten Bilder des Scheins und im Tosen des Lärms taumelte der Mensch in seiner Heimatvergessenheit wie vom Alkohol berauscht umher. Schein und Lärm betäubten ihn völlig. All das wurde aufgeboten, um den Menschen in Abhängigkeit zu halten und ihm die Wahrheit vorzuhalten.

Der neuplatonische Philosoph Plotinos (»Plotin«), der noch jede mystische Religion mit Ideen versorgt hatte, vermochte die Abscheu der Gnostiker vor der Erde, die für ihn so viel Schönheit hervorbrachte, nicht verstehen und reagierte erst mit Widerwilligkeit, dann mit Abscheu. Dabei kannte er sie. Dennoch ging es ihm einfach nicht in den Kopf, wie einige der begabten jungen Leute, die zu seinen Füßen saßen und seinen Ausführungen über den Kosmos, über das Licht und die Stufen des Aufstiegs der Seele lauschten, diese Welt, deren Schönheit er so stark empfand, nur so abgrundtief verachten konnten.

Und in der Tat fällt es schwer, die Ablehnung des Kosmos, des irdischen Lebens durch die Gnostiker nachvollziehen zu können. Woher rührte dieser glühende Hass auf das Leben, auf die Natur, auf die Schönheit? Gern würden wir, es uns leicht machend, über ein paar Spinner lächeln, wenn wir es hier nicht mit einer Weltreligion zu tun hätten, die fast tausend Jahre lang Menschen von Spanien bis China in ihren Bann gezogen hatte. Zwar haben das Christentum und der Islam schließlich die Reiche der Gnostiker hinweggefegt, einiges adoptiert und versucht, die unliebsamen Anschauungen vergessen zu machen. Doch vieles von den Ideen und Konzepten der Gnosis schlüpfte als geheime Religion unter den weiten Mantel der Großreligionen. Die Vorstellungen von Gott, Sohn und Weisheit/ Frau/Heiliger Geist tragen oft genug gnostische Züge.

DIE RETTUNG AUS DEM JAMMERTAL – DER ERLÖSTE ERLÖSER

Man könnte es sich recht einfach machen und das Weltmodell der Gnostiker als psychologisches Modell deuten, als die verschiedenen Schichten des Bewusstseins und Unterbewusstseins, als die in einigen Konzepten sogar geniale Spiegelung der individuellen Seelenlandschaften in das allgemeine Weltgeschehen. Aber dann würden wir uns mit dem kleineren Teil der Wahrheit begnügen.

Die Gnostiker waren ja erstens davon überzeugt, in der schlechtesten aller Welten zu leben, und zweitens strebten sie nach Glück,

von dem sie aber annahmen, dass sie es nicht auf Erden finden
würden, denn auf der Erde konnte es kein gutes Leben geben. Unser
Planet galt ihnen als das Jammertal schlechthin. Die Gründe dafür
waren – wie gesehen – vielfältig: die Verdrängung der hellenisch gebildeten Schichten durch neue römische Eliten, die ständigen Krisen,
aber auch die Sinnleere, die sich in einer durch und durch korrupten
Welt, die immer weniger an Werten zu bieten hatte, vor gut situierten
Männern und Frauen auftat. Da man aber die politische Ordnung
der Welt – sei es aus Schwäche oder aus Ratlosigkeit – nicht stürzen
konnte, riss man sie im Geiste nieder, im Denken und in der Religion.
Da die Menschen mit der gleichen Sicherheit, mit der wir davon ausgehen, dass zwei plus zwei vier ergibt, felsenfest daran glaubten, dass
es einen Gott gab, dass eine gute Welt existierte, die nur nicht die
eigene war, blieb als logische Folge der Wunsch, den Weg in diese
andere Welt zu suchen und anzutreten. Der Rest ist Theologie.

Die Aufklärung des 18. Jahrhunderts hat uns das Bewusstsein vermittelt, dass wir unser Leben selbst bestimmen können und müssen.
Wenn wir versagen, sind wir es, die versagen. Oder andere Menschen
hindern uns. Der Mensch des Altertums dagegen war sicher, dass er
nur sehr wenig selbst bestimmte – sein Schicksal lag in den Händen
Gottes oder der Götter oder der Parzen oder der Nornen. Homeros
(»Homer«) hat diese Mentalität in der »Ilias« gültig beschrieben: Die
Menschen führten den Trojanischen Krieg, aber die Ursache lag in
den Launen der Götter. Und die Schrecklichste von ihnen war die
Heimarmene, die Schicksalsgöttin oder besser noch das Schicksal
selbst, vor der sogar die anderen Götter kuschten.

Die gnostische Vorstellung von der Stellung des Menschen in der
Welt wird in dem »Lied von der Perle«[132] sehr schön dargestellt.
Darin bitten die im irdischen Jammertal Gefangenen den Erlöser
(*salvator*), für sie zu beten. Er erfüllt ihren Wunsch und spricht dann
einen Psalm, in dem er seine eigene Erlösungsgeschichte erzählt: Als
Sohn eines Königs wuchs er im prächtigen Palast seines Vaters auf.
Eines Tages dann schickten die Eltern ihn aus, um eine Perle, die in
Ägypten von einer schrecklichen Schlange bewacht wurde, zurück-
zuholen. Kehrte er mit der Perle zurück, würde er das Königreich

erben. Sein goldbesticktes Gewand, »das sie in ihrer Liebe gemacht hatten«, und das Gewand von gelber Farbe – in einer anderen Übersetzung ist es eine scharlachrote Tunika – legte er ab, um unter den Leuten nicht aufzufallen, und begab sich auf abenteuerlichen Wegen über Afghanistan, den Iran und Mesopotamien nach Ägypten. Aber »nicht weiß ich ..., warum sie erfuhren, dass ich nicht aus ihrem Land war«. Trotz seiner einfachen Kleidung wurde der Erlöser von den Menschen, die dem Demiurgen verfallen waren und ihm dienten, entdeckt und enttarnt. Sie gaben ihm Nahrung zu essen, die ihn alles vergessen ließ: »Ich wusste nicht (mehr), dass ich ein Königssohn war, ihrem König aber diente ich. Ich vergaß die Perle, nach der mich meine Eltern geschickt hatten, und durch die Schwere ihrer Nahrung verfiel ich in tiefen Schlaf.« In dieser schlimmen Situation erhielt er einen Brief von seinen Eltern, der ihn daran erinnern sollte, wer er war und warum er sich auf die Reise begeben hatte. Und der Ruf erging an ihn: »Steh auf, werde nüchtern vom Schlaf und höre die Worte des Briefes. Gedenke, dass du ein Königssohn bist. Unter ein knechtisches Joch bist du gekommen. Denke an dein goldbesticktes Kleid; denke an die Perle, deretwegen du nach Ägypten gesandt worden bist, dass dein Name genannt werde im Buch der Tapferen, und du ... Erbe in unserem Königreich sein wirst.« Der König hatte den Brief versiegelt, denn er musste an den bösen und finsteren Mächten, den Kindern Babylons und »den gewalttätigen Dämonen« vorbeigeschmuggelt werden. Der König selbst brachte, in einen Adler verwandelt, die Botschaft zu seinem Sohn. Dieser erwachte aus seiner Betäubung, denn der Brief war »geschrieben ... wie das, was in meinem Herzen aufgeschrieben war«.

Das Vergessene ist einem nicht fremd, es ist ja da und muss nur erinnert werden, jemand von außerhalb muss in uns dringen und den Schutt der Zeit oder die Betäubung durchstoßen.

Erweckt, erinnerte er sich wieder daran, dass er ein Königssohn und was sein Vorhaben war. Mit Sprüchen bezauberte er die Schlange, raubte die Perle und kehrte mit ihr in sein Königreich zurück. Dort legte er wieder sein Strahlenkleid und das goldbestickte Gewand an und brachte die Perle zu seinem Vater.

Die Geschichte klingt nach einem Märchen, doch ist in ihr in poetischer Weise der grundlegende Mythos der Gnostiker erzählt. Die Seelen oder die Lichtfunken wurden von den Archonten und Demiurgen mit Körpern versehen. Sie bekamen vom Irdischen zu essen und zu trinken und erinnerten sich dadurch nicht mehr daran, dass sie aus der Nähe Gottes stammten, aus dem *pleroma*, aus der Fülle. Sie vergaßen, wie es der Psalm so schön ausdrückt, dass sie eigentlich Königskinder waren und in Knechtschaft lebten. Damit sie aus ihrer Betäubung erwachten, bedurfte es des Rufes, der sie zu der Erkenntnis (griech. *gnosis*) ihrer wahren Identität führte. Diese Erkenntnis ermöglichte ihnen die Rückkehr in ihre Heimat. Der Ruf und die durch ihn ausgelöste Erkenntnis bilden die zentralen Kategorien der Gnosis, denn sie bringen das Heilsgeschehen erst in Gang.

For manche Gnostiker bestand die Erlösung bereits in dem Wissen, in der Erkenntnis. Deshalb musste diese auch vor den Unwürdigen geheim gehalten werden, damit niemand sie missbrauchen konnte: »Die Freiheit aber ist die Erkenntnis der Wahrheit, die schon besteht, ehe es zur Unwissenheit kam, und (sie) herrscht bis in Ewigkeit ohne Anfang und ohne Ende; sie ist etwas Gutes, und sie ist Erlösung von den Werken, und sie ist Befreiung von der Natur der Sklaverei, in der (alle) diejenigen gelitten haben, die hervorgebracht worden waren aus einem niedrigen Gedanken der Torheit.«[133] Die Erkenntnis befreite und erlöste. Die Voraussetzung für die Erkenntnis war, wie gesagt, der Ruf.

In dem Mythos wird die Erlösung allerdings gedoppelt. Der Erlöser, der ausgesandt wurde, um die verlorenen Lichtteile, hier symbolisiert durch die Perle, zurückzubringen, wurde selbst gefangen genommen. Der Erlöser musste erlöst werden. In der Erlösung des Erlösers wird vorbildhaft die Erlösung aller Menschen, aller göttlichen Lichtfunken vorgeführt. Der erlöste Erlöser (Salvator Salvandus) wurde so zum Bild und zur Hoffnung der Menschen in der gnostischen Religion. Erst an diesem Punkt versteht man die radikale Andersartigkeit der Gnosis im Vergleich zum Judentum, zum Christentum und zum Islam.

Jeder Mensch war für die Gnostiker ein Königssohn, der von den bösen Mächten in einen Leib als Kerker gestoßen worden war. Die Gnosis interessierte sich nicht für die Gemeinschaft der Heiligen oder die Gemeinschaft der Gläubigen, für die islamische Uma, die christliche Gemeinde oder die jüdische Jachad – ihr war es einzig und allein um die Befreiung des einzelnen Menschen, des Individuums zu tun. Deshalb bildete sie auch keine Kirche aus, sondern blieb vollkommen individualistische Religion. Zwar kannten auch einige gnostische Richtungen rituelle Handlungen, doch die Kategorie der Macht war den Gnostikern fremd. Die Welt galt ihnen ja als Verwirklichung des abgrundtief Bösen, und sie lehnten sie vollkommen ab. Wozu also Macht?

Für jeden Einzelnen ging es nach ihrer Ansicht allein darum, sich zu reinigen, sich von der Welt zu entfernen, am besten asketisch zu leben, um nicht neue Lichtfunken an Körper zu binden, und keinesfalls von – insbesondere tierischer – Nahrung verunreinigt zu werden. (In unseren Tagen wurde das so weit getrieben, dass man Lichtpotenziale in den Nahrungsmitteln berechnete, mit dem Ergebnis, dass bestimmtes Wasser – Mondquellen – und bestimmte Pflanzen einen besonders hohen Lichtwert aufweisen und den Menschen dadurch helfen, sich für die Heimreise zu rüsten).

Die Reise selbst war außerordentlich gefährlich, denn die bösen Archonten oder Demiurgen bewachten die Übergänge von Himmel zu Himmel. Sie wollten verhindern, dass die Lichtfunken, die Seelen, zu Gott zurückkehren, denn das würde die Herrschaft der Bösen beenden. Zwischen der Erde und dem achten Himmel des *pleroma* lagen als feindliches Gebiet die sieben Himmel der Archonten, durch die der Lichtfunke auf seiner Heimreise unerkannt hindurchmusste. Also blieb nur, sich auf Erden bereits auf diese Reise vorzubereiten und sich gegen die Feinde zu wappnen. Wie das geschah, wird in den verschiedenen gnostischen Richtungen recht unterschiedlich beschrieben.

Die Radikalität der Gnosis – auch als eine Intellektuellenreligion – bestand in der vollständigen Ablehnung der bestehenden Welt. Nachdem die Propheten in der Geschichte so eindrucksvoll wie

ergebnislos gewirkt und die Apokalyptiker mit ihren Untergangs-
szenarien auch keine Besserung oder Veränderung herbeigeführt
hatten, folgerten die Gnostiker, dass die Welt nicht verbessern ließ
und alle Bemühungen, die sich darauf richteten, vergeblich waren.
Nicht die Anstrengungen, erlöst zu werden, waren nach ihrer Auffassung falsch, sondern die Welt war das falsche Objekt des Eifers – als
versuchte man, im Sand der Sahara Seerosen zu züchten. Den Grund
für die Vergeblichkeit erblickten sie in einem einfachen Umstand, der
bisher nur übersehen wurde.

In der Genesis, die für Christen und Juden den Status einer Heiligen Schrift besitzt und auch vom Islam nicht infrage gestellt wird,
heißt es, dass Gott die Erde schuf. Und er sah, dass es gut war, was er
geschaffen hatte. Die Gnostiker zweifelten nicht daran, dass diesem
Gott sein Werk gefiel – das war sein gutes Recht –, er war für sie nur
nicht der große Allesbeherrscher, der Gott des Uranfangs, der Gott
des *pleroma*. Sie sahen in ihm eine niedere Gottheit, einen Demiurgen,
einen Archonten, einen Schöpfergott, eine Art Engel oder Abtei-
lungsleiter der Weltenanstalt, der in einem Prozess der Verschlechterung irgendwann einmal aus Gott über viele Vermittlungen hervorgegangen war. Der Schöpfergott der Bibel wurde für die Gnostiker
zu einer Art Hauptabteilungsleiter der Weltenanstalt, der mit Vorliebe zu seinen Untergebenen herabblickte und sich darin erschöpfte,
sie zu schikanieren, um ganz in der Illusion aufzugehen, dass er,
zumindest für sie, der Einzige war.

Die große Entdeckung der Gnostiker bestand darin, um es etwas
salopp zu sagen, dass die Menschen eigentlich nicht zu Gott beteten.
Derjenige, den sie in ihrer Unkenntnis (*a-gnosis*) für Gott hielten, war
lediglich ein böser Geist oder der Teufel. Einmal zu dieser grundstürzenden Erkenntnis gelangt, drehten sie in einem aberwitzig kühnen
Akt die ganze Heilsordnung um. Für sie gab es nun einerseits den alles beherrschenden Gott der Erlösung und andererseits den niederen Gott, der Welt und Gesetz erschaffen hatte. Den Letzteren nannten sie beispielsweise Jao und spielten damit auf Jahwe an – Jao war
einer der Namen des jüdischen Gottes.

Endlich bekam die Absurdität der Welt für die Gnostiker einen

Sinn: Die Welt bestand nicht nur aus Lüge und Folter, sie war auch aus Lüge und Folter entstanden. Ein grausamer Gott hatte eine grausame Welt geschaffen.

Vielleicht kann man sich das so verdeutlichen: Wenn die Erde die wahre Hölle war, dann stellte das Paradies die Erde dar. Durch die Herabstufung der Erde erfolgte zwangsläufig die Minderung des Paradieses, sodass folglich ein Überparadies konzipiert werden musste, nämlich das *pleroma*. Wenn die Erde die Hölle wurde, dann wurde das Paradies zur Erde. Das Paradies war unvollkommen, das Beste eben, was der minderbegabte Schöpfergott – im Vergleich zum fernen Gott ein Zauberlehrling – vermochte. Das Beste, aber deshalb längst nicht das Gute oder Vollkommene.

Der Lichtfunke, der im Menschen in einem »sterblichen Gefängnis« eingekerkert war, musste ganz nach unten sinken und zutiefst erniedrigt werden, wie wir es am Beispiel der Hure Helena gesehen haben, um zu der erlösenden Erkenntnis zu gelangen. In diesem Zusammenhang wird die Umwertung des Teufels, wie sie bald schon geschah, einsichtig und sogar sinnvoll. Wenn die Engel im Dienst der bösen Archonten oder des Weltschöpfers Jao standen, dann war der abgefallene, der sich widersetzende Engel ein Held, den man nur verleumdet hatte, dann war er wirklich Luzifer, der Lichtbringer, der half, jene aus dem *pleroma* gefallenen Lichtfunken wieder einzusammeln und zurückzubringen.

Andere gnostische Gruppen nannten sich nach dem ambivalenten altägyptischen Gott Seth oder nach Kain, weil sie annahmen, dass sich sowohl Seth als auch Kain dem bösen Schöpfergott widersetzt hatten.

Diese neue Perspektive war schwindelerregend. Unter der Voraussetzung, dass der Schöpfergott böse und die Welt ein Gefängnis war, verkehrte sich die gesamte Weltordnung samt ihren moralischen Standards. Aus diesem Blickwinkel war jegliche Leibfeindschaft gerechtfertigt, denn der Körper war das wirksame Instrument, das den Menschen ja nur daran hinderte, wieder nach Hause, wenn man so will, zu Vater und Mutter, zurückzukehren. Statt der auf Erden herrschenden Gewalt und Krankheit, Drangsal und Not fände er in der

Heimat Friede und Freude und Glück. Gott war in dieser Vorstellung kein Richter, nicht der lobende und strafende Vater, dem man etwas zum Wohlgefallen tun musste – er war der Vater, der nichts sehnlicher wünschte, als alle seine Kinder zurückzubekommen. Und als wäre das nicht schon genug, forderte die Gnosis den Menschen – ob Kaufmann, Gerber, Offizier oder Bettler – auf, sich daran zu erinnern, dass er ein Königssohn war, der in dieser feindlichen Trugwelt unterjocht wurde.

Auch Christus hatte sich an die Armen, die Unterdrückten und die Verachteten gewandt und ihnen verkündet, sie seien das Salz der Erde. Das war eine große und mutige Tat. Doch die Gnostiker gingen weiter. Sie interessierten sich nicht für soziale Aspekte. Für sie war jeder Mensch als einzelner Mensch vollkommen voraussetzungslos ein Königssohn, wenn er das nur erkannte. Im Akt der Erkenntnis begann bereits die Befreiung oder Erlösung, denn die schlimmste aller Fesseln war die Unwissenheit.

Das Konzept der Leibfeindlichkeit und die Vorstellungen und Übungen der Askese waren zwar nur die eine Form, der Ablehnung der bösen Welt Ausdruck zu verleihen, doch diese sollte sich im Lauf der Geschichte eines großen Zuspruchs erfreuen.

Die andere Form der Ablehnung bestand darin, die Gesetze und Normen der Scheinwelt abzulehnen und in bewusster Verdrehung zu verhöhnen. Sexuelle Freizügigkeit, ohne Kinder zu zeugen, als Hohn auf die Moral einer Gesellschaft, die von finsteren Mächten beherrscht wurde und ihre Macht nur stärken konnte, wenn sie die von ihrem Vater und von der guten Welt getrennten Seelen weiter in Körpern versklavte.

Und so gab es Gnostiker, die bewusst das Gegenteil von dem taten, was als gut und richtig galt. Sie spuckten auf das Kreuz, sie liefen nackt herum, feierten Orgien, und die Sünde Onans wurde ihnen zu einem Kampfmittel gegen den bösen Schöpfergott. Die Ophiten und Naassener leiteten ihren Namen von der Schlange ab, die den Menschen im Paradies zur Erkenntnis verholfen hatte, und brachten es sogar fertig, Jesus Christus mit der Schlange zu vergleichen, weil auch er den Menschen die Wahrheit offenbarte. Einige unter ihnen verachteten Moses, weil sie ihn für einen Knecht des Schöpfergottes hielten.

Mit diesem totalen Perspektivwechsel gelang es der Gnosis, ein Problem zu lösen, an dem jüdische, christliche und muslimische Theologen sich noch heute abarbeiten – an dem, was man das Theodizee-Problem nennt. Es besteht in der einfachen Frage, wie Gott, wenn er der Allgute ist, das Böse zulassen kann. Wie kann er Mord, Vergewaltigung, Folter, Holocaust akzeptieren?

Auf die Frage gibt es zwei Antworten, die beide dem Wesen Gottes widersprechen: Entweder ist Gott ein Zyniker – dann ist er aber nicht der gütige Vater, der Allgute oder der Übergute, wie er genannt wird. Oder er hat nicht die Macht, dem Bösen zu wehren – dann ist er jedoch nicht allmächtig. Aus einsehbaren Gründen wurden auch andere Antworten vorgeschlagen, von denen aber keine letztlich überzeugt. Das einfachste und schlüssigste Argument besteht wohl darin, dass der Mensch nicht in der Lage ist, Gottes Ratschluss zu ergründen, weil Gott so viel mehr ist als der Mensch. Diesem Gedanken haftet allerdings etwas Kapitulierendes an.

Die Gnostiker indes wussten darauf eine höchst einfache Antwort: Gott ist nicht Gott. Das Böse existiert nur in der Schöpfung, und diese verantwortet nicht der ferne oder der unbekannte oder der fremde Gott, der Gott des Uranfangs, sondern der niedere Schöpfergott. Damit war Gott fein raus aus der Zwickmühle – und die Gnostiker übrigens auch. Sollten sich doch die anderen mit der verpfuschten Schöpfung abplagen, die Anhänger der Gnosis hatten ihren Sinn auf anderes gerichtet, auf die wahre Welt, auf die Heimat, das *pleroma*.

Das »Lied von der Perle« enthüllt uns nebenbei und fast übersehbar einen anderen Zusammenhang. Wenn man die Reise des Helden, die ja genau beschrieben wird, nicht nur symbolisch, sondern auch faktisch versteht, dann reist der Königssohn vom Osten über Afghanistan, den Iran und Mesopotamien nach Ägypten. Östlich von Afghanistan liegt Nordindien. An Nordindien grenzten zunächst die Diadochenstaaten Alexanders des Großen, später dann die Reiche der Parther und Meder, altorientalische Despotien mit sehr eindrucksvollen Kulten. Mehr noch: Nordindien ist auch das Entstehungsland der

Upanishaden und des Buddhismus. Siddhartha, den man als Buddha verehrte, war ein Prinz, lebte im Reichtum und verließ das Haus seines Vaters, um nach der Wahrheit des Lebens, nach der Perle zu suchen. Und damit nicht genug der Parallelen: Auch Siddhartha fand eine Religion, eine Wahrheit, in der die Welt nur als Böses Platz hatte, als Ort des Leidens, als das, was es zu überwinden galt. Das buddhistische *nirvana* ähnelt dem *pleroma* der Gnostiker auf frappierende Weise.

Man wende nicht ein, dass das *nirvana* das Nichts und das *pleroma* die Fülle, also beides Gegensätzlichkeiten seien. Wenn die Fülle als Absolutes so übervoll ist, löscht sie jede Qualität aus. Ebenso überwindet das vollkommene Nichts die Qualität. *Pleroma* und *nirvana* sind Einungen, in denen keine Qualitäten sondern nur Glückseligkeiten insistieren. Die Seelen oder das Selbst oder die Lichtfunken gehen ein in ein Ganzes, das sie ganz aufsaugt, und werden nicht in Körper gedrängt und demzufolge auch nicht nach dem Tod des entsprechenden Körpers in den nächsten getrieben. *Pleroma* und *nirvana* sind Orte, von denen aus eine Seelenwanderung, eine Wiedergeburt nicht möglich ist. Sie sind die Orte des vollkommenen Glücks. Wie sagte Kafka so schön: »Von einem gewissen Punkt an gibt es keine Rückkehr mehr. Diesen Punkt gilt es zu erreichen.«[134]

Das Konzept der Leibfeindlichkeit, die Vorstellungen und Übungen der Askese werden aber eine große Karriere in der Geschichte antreten.

WER STARB WIRKLICH AM KREUZ? – BASILIDES

Überraschenderweise wurde Jesus Christus von der Gnosis adoptiert. Zumeist ist er der Salvator Salvandus, und nahm die Stellung ein, die dem Prinzen im »Lied von der Perle« zukam. Christus wurde von Gott gesandt, um die Menschen zu erlösen. In den unterschiedlichen gnostischen Auffassungen wurden damit sehr unterschiedliche Konzepte verbunden.

Manchmal verkleidete sich beispielsweise der Erlöser und schlüpfte in einen menschlichen Leib. Oftmals ist die Rede davon, dass er einen anderen Leib »anzieht«, wie andere Götter einen anderen Namen »anziehen«.

Das Anziehen der Namen stammt aus der jüdischen Weisheitslehre. Mit dem Namen aber umgibt man sich zugleich mit der Sache. »Einen anderen Leib anziehen« bedeutet, durch eine Maske zu sprechen – *personare* –, also zu einer Person zu werden. Wer einen anderen Leib anzieht, wird zu dieser Person, durch die er spricht, die er aber nicht ist. So wie Christus einen Leib anzog, um auf Erden zu wirken. Aber natürlich war er nicht identisch mit dem Leib, den er auch wieder ablegen konnte. Daraus folgte, dass Jesus Christus nur zum Schein, aber nicht in Wirklichkeit am Kreuz gestorben war. Er entging der Kreuzigung durch Notausstieg aus dem Leib, in dem er zum Schein gekreuzigt wurde. Diese Doketismus (griech. *dokein*, scheinen) genannte Vorstellung bedeutete in den Augen der katholischen Kirche Ketzerei.

Diesen Gedanken verfolgte auch der um das Jahr 133 n. Chr. im ägyptischen Alexandria wirkende Gnostiker Basilides. Iräneus von Lyon sagte von ihm, dass er »Zauberei, Totenbeschwörung, Zauberformel, Anrufungen und alles übrige Okkulte«[135] betrieb und dabei keine Götzenfeste und nichts, was seine Begierde erregte, ausließ. Nach dem Zeugnis des Epiphanius fand Basilides eine recht verblüffende Auslegung des Jesuswortes: »Werft eure Perlen nicht vor die Säue und gebt das Heilige nicht den Hunden« (Matth 7,6), indem er kurz und bündig feststellte: »Wir ... sind die Menschen, die anderen alle sind Schweine und Hunde.«[136]

Nach Ansicht des Basilides wollte Jesus nicht, dass seine Lehre den Schweinen und Hunden, denen also, die nicht Gnostiker waren, gepredigt und offenbart würde. Sieht man von den etwas groben Worten ab, ist das ein deutlicher Hinweis auf den geheimen Charakter einer Offenbarung, die nur für wenige bestimmt war. Einen weiteren Hinweis darauf fanden die Gnostiker dafür in den Evangelien. Mit der Formulierung »wer Ohren hat zu hören, der höre« kündigte Jesus ihrer Ansicht nach stets eine doppelte, eine geheime Botschaft an. Den Gnostikern zufolge bedeutete es nicht, dass man gut zuhören sollte, sondern dass das, was Jesus eigentlich sagte, nur für jene bestimmt war, die das richtige Organ, das richtige Ohr dafür hatten. Diese Redewendung war also als ein Zeichen für die Eingeweihten, die Mysten, unter den Zuhörern gedacht, dass etwas Geheimes und Verborgenes folgen würde.

Die Kreuzigung selbst stellte sich Basilides als eine Art grausamer Eulenspiegelei vor: Als Jesus das Kreuz auf die Schädelstätte schleppte, wurde er schwach und bat einen Mann namens Simon aus Kyrene, der unglücklicherweise am Wegesrand stand, das Kreuz für ihn zu tragen. Aus Mitleid willigte dieser ein. Als man aber Golgatha erreichte, verwandelte sich Jesus flugs in ebenjenen Simon und hexte dem armen Mann sein eigenes Äußeres an. So kam es, dass der ahnungslose Simon an Jesu statt von den Römern gepackt und gekreuzigt wurde. Laut Basilides hat sich Jesus darüber auch noch gut amüsiert, wie bei Irenäus von Lyon nachzulesen ist: »Darum habe er auch nicht gelitten, sondern ein Simon von Kyrene habe, dazu gezwungen, das Kreuz für ihn getragen; er (Simon) sei von ihm (Jesus) verwandelt worden, dass er für Jesus gehalten wurde, und sei aus Unwissenheit und Irrtum gekreuzigt worden, Jesus aber habe Simons Gestalt angenommen, dabeigestanden und sie verlacht.«[137]

Hier zeigt sich wiederum ein großer Unterschied zwischen der Gnostik und dem Christentum, dessen Mittelpunkt das Kreuz ist. Die Vorstellung, dass Jesus die Sünden der Welt auf sich genommen hat und dafür am Kreuz gestorben, aber eben wieder auferstanden ist, um den Bund zwischen Gottvater und Menschen zu schließen, war den Gnostikern fremd. Basilides sah im Kreuz das Symbol für das Nichtwissen (*a-gnosis*). Wer sich zum Gekreuzigten bekannte, stand für ihn unter der Herrschaft derer, die die Körper geschaffen hatten und die Lichtfunken versklavten. Wer aber den Gekreuzigten verleugnete, so Basilides, »sei von ihnen befreit und kennt die (Heils-) Veranstaltung des ungewordenen Vaters«.[138]

Die Lehre des Basilides – das Kreuz als Symbol der Knechtung der Seelen durch die Demiurgen, die die Körper erschufen, die Vorstellung, dass der wahre Jesus, Gottes Sohn, nicht gekreuzigt wurde, sondern zum Vater ins *pleroma* zurückkehrte, weshalb man die Anbetung des Kreuzes und des Gekreuzigten zu unterlassen habe – wirkt als mächtige Idee durch die Geschichte.

Die Lehren des Basilides und der Doketismus waren im Nahen und Mittleren Osten noch sehr lange verbreitet – wenn sie denn jemals ganz aufgehört haben. Selbst im Koran finden sich Hinweise auf diese häretischen Vorstellungen einer christlichen Gnosis. In der Sure 4, Vers 157 heißt es:

»... und weil sie sprachen: Wir haben Christus Jesus,
den Sohn Marias, den Gesandten Gottes, getötet!
Aber sie haben ihn nicht getötet und haben ihn auch nicht gekreuzigt.
Sondern es kam ihnen nur so vor.«[139]

In der Übersetzung von Rudi Paret wird der Satz noch deutlicher: »Vielmehr erschien ihnen (ein anderer) ähnlich (sodass sie ihn mit Jesus verwechselten und töteten).«[140]

Gnostische Vorstellungen haben, wie wir noch sehen werden, ihren Weg über den Balkan, Deutschland nach Frankreich gefunden, von Byzanz nach Italien, und dort zur Ausbreitung des Katharertums geführt, was schließlich im Ketzerkreuzzug mündete.

In den Anklagen gegen den Templerorden zu Beginn des 14. Jahrhunderts hieß es, dass die Templer in bestimmten Riten das Kreuz geschändet hätten. Verleugnung Christi, obszöne Küsse, Speien auf das Kreuz, die Beschäftigung mit Geheimlehren, all das findet man auch in den Berichten der Kirchenväter und Ketzerbekämpfer über die Gnosis. Die Vorwürfe gegen die Templer und gegen die Gnostiker ähneln sich erstaunlicherweise. Man kann den Anklagepunkt als pure Verleumdung sehen, aber auch dann hätten die Ankläger aus dem Arsenal todeswürdiger Häresien die Gnosis als Ideengeber missbraucht. Anderseits dürften die Templer im Nahen Osten mit Menschen, die zum Teil alte und im Westen verfolgte Riten eines gnostischen Christentums verfolgten, zusammengetroffen sein. Und nicht nur im Nahen Osten: In Armenien, wo der Orden ja auch kämpfte, hatte die gnostische Sekte der Paulikaner Zuflucht gefunden. Die Templer hätten mit geschlossenen Augen und verstopften Ohren im Orient tätig gewesen sein müssen, um nicht mit geheimen Religionen in Berührung zu kommen. Und bei ihrer spirituellen Aufgeschlossenheit könnten sie durchaus von diesem gnostischen Denken beeinflusst worden sein. Man versteht die Ablehnung des Kreuzes nicht, wenn man darin nur Hohn und Spott sieht.

Im Gegenteil, für die gnostische Vorstellung des *salvator salvandus* stellt die Idee, dass Gottes Sohn gekreuzigt wurde, reine Blasphemie dar. Nicht ihre Lehre, nicht ihr Christentum ist ihrer Ansicht nach häretisch, sondern die katholische Kirche. Die Vorstellung des leidenden Gottes ist der Gnosis fremd. Eindrucksvoll kommt diese Vorstellung in der Schrift »Der zweite Logos des großen Seth« zum Ausdruck, in der Christus selbst über seine Kreuzigung spricht:

»Ich gab mich ihnen nicht hin, wie sie geplant hatten. Ich war doch überhaupt nicht dem Leiden unterworfen. Jene bestraften mich, doch ich starb nicht wirklich, sondern (nur) dem Anschein nach ... Denn dieser Tod von mir ... fand nur in ihrem Irrtum und in ihrer Blindheit (statt), denn sie nagelten ihren Menschen an(s Kreuz) ... Sie schlugen mich mit dem Rohr. Ein anderer war es, der das Kreuz auf seiner Schulter trug, nämlich Simon. Ein anderer war es, dem die Dornenkrone aufs Haupt gesetzt wurde. Ich aber ergötzte mich in der Höhe an dem ganzen Reichtum der Archonten und den Samen ihres Irrtums, ihres eitlen Ruhmes, und ich lachte über ihren Unverstand.«[141]

Die Gnostiker hatten Christus nicht nur für sich entdeckt, sie veränderten ihn auch nach und nach. Denn wie sehr unterscheidet sich doch der Christus, der aus diesem Text spricht, von dem Christus der biblischen Evangelien. Die Gnosis begann in das Christentum hineinzuwachsen – und hier wurde es nun für die entstehende Kirche gefährlich.

BEINAHE BISCHOF VON ROM –
DER GNOSTIKER VALENTINUS

Um ein Haar hätte man einen Häretiker zum Bischof von Rom gewählt. Wenn das stattgefunden hätte, gäbe es die christliche Kirche nicht mehr, sie wäre zerfallen wie andere Religionen – oder das, was heute den Grundbestand des Glaubens bildet, gälte als ketzerisch und das andere als orthodox.

Um die Zeit, als der Gnostiker Basilides in Alexandria seine empörenden Thesen über den Scheintod Jesu am Kreuz verkündete, brach ein gottesfürchtiger junger Mann mit einem großen Hang zum Philosophieren in die Hauptstadt des römischen Imperiums auf. Geboren war er im Nildelta, studiert hatte er in Alexandria. Wir wissen nicht, ob er Basilides kannte oder seine Vorstellungen guthieß, uns ist nur bekannt, dass er in Rom eine Schule eröffnen wollte, um das Christentum zu lehren und vielleicht in der Kirche Karriere zu machen hoffte. Der glänzend begabte Valentinus fand in der Hauptstadt zunächst eine glückliche Aufnahme und bewarb sich sogar um die Stelle des Bischofs von Rom, die nach dem Tod des Hyginus 140 n. Chr. frei geworden war. Aber irgendwie zerschlug sich diese Aussicht, und die Wahl fiel auf Pius I. Dieser war nicht nur der Erste im Ältestenrat der Gemeinde, sondern auch im heutigen Sinn Leiter und Hirte der römischen Gemeinde. Die Festlegung, dass Ostern immer auf einen Sonntag fällt, soll auf ihn zurückgehen.

Zur Erhellung der im Dunkeln liegenden Vorgänge, die für Valentinus ausschlaggebende Bedeutung gewinnen sollten, hilft vielleicht ein Hinweis aus dem »Canon Muratori«, einem der wichtigsten Zeugnisse des neutestamentlichen Kanons. Danach war Pius der Bruder des Hermas, des Verfassers einer umfangreichen Schrift, die unter dem Titel »Hirt des Hermas« in die christliche Literatur einging. Hermas und Pius wurden demnach in Aquileia geboren, kamen als Sklaven nach Rom und wurden schließlich freigelassen. Vielleicht war ihnen ihr Christentum dabei hilfreich gewesen, denn das christliche Gedankengut begann allmählich, in die römischen Mittel- und Oberschichten hineinzuwirken. Die Schrift »Hirt des Hermas« berichtet im ersten Teil von den Visionen, die den Verfasser über die Gestalt der Kirche aufklärten. Im zweiten Teil wurden Hermas' Gebote übermittelt, die zu einer bestimmten Art des Glaubens und Lebens aufforderten. In der römischen Gemeinde erfreute sich der Text großer Beliebtheit, weshalb es mehr als wahrscheinlich ist, dass die Brüder eng mit dem Leben der römischen Gemeinde verbunden waren und ein gewichtiges Wort darin mitzureden hatten.

Dass der junge Theoretiker Valentinus den lebensklugen Praktikern Pius und Hermas schließlich unterlag, liegt auf der Hand. Die komplexen Spekulationen, zu denen Valentinus neigte, dürften der Masse der Gemeinde fremd vorgekommen sein und befriedigten auch nicht ihre Bedürfnisse. Hermas und Pius berührten ihre Herzen, der Intellektuelle Valentinus nicht.

Dieser Konflikt scheint dazu geführt zu haben, dass sich die Standpunkte radikalisierten. Man darf nicht vergessen, dass die Theologie des Christentums in jener Zeit gerade im Entstehen begriffen war und viele Glaubenssätze und Dogmen erst in der Auseinandersetzung entstanden. Selbst das Glaubensbekenntnis existierte noch nicht.

Ein Grundsatz, an dem man Christentum und Gnosis, christliche Orthodoxie und Häresie unterscheiden konnte, bestand schon recht früh, nämlich die Frage, ob Gott der Schöpfer war und alles von ihm kam oder ob Gott fremd und fern existierte und man die Welt und alles Geschaffene der Niederträchtigkeit eines Schöpfergottes zu verdanken hatte. Das erste Gebot im »Hirt des Hermas« liest sich, als sei es geradezu gegen Valentinus geschrieben: »Als Erstes glaube: Gott ist einer und der Einzige. Er hat alle Dinge erschaffen und eingerichtet. Er hat alles aus dem Nichts ins Dasein gerufen. Er umfasst alles, doch selbst ist er unfassbar. Glaube an ihn und fürchte ihn. In der Furcht sei enthaltsam.«[142]

Von der geistigen Brillanz und rhetorischen Begabung des Valentinus dürfen wir uns keine zu geringen Vorstellungen machen, wie uns selbst seine Gegner berichten. Der christliche Gelehrte und Kirchenvater Hieronymus (347–420 n. Chr.), dem wir die Vulgata, die Übersetzung der Bibel ins Lateinische, zu verdanken haben, schrieb über ihn: »Niemand kann eine Häresie zustande bringen, wenn er nicht glänzenden Geistes ist, natürlich, von Gott geschaffene Gaben hat. So einer war Valentin.«[143] Diese intellektuelle Achtung vor dem Gegner, die sich bei Hieronymus noch findet, sollte späteren Ketzerbekämpfern verloren gehen. Allerdings wusste Hieronymus nur zu gut, dass nur wer einen großen Gegner besiegt, Anspruch auf Größe hat. Zudem ist die Warnung vor der Gefährlichkeit der Häresien, die von klugen Männern erdacht worden waren und so leicht und schnell den schlichten Gläubigen verführen konnten, nicht zu überhören.

Valentinus verließ Rom und ging wohl nach Zypern, wo er seine beachtliche Lehre ausarbeitete. Er starb um 165 n. Chr. Was ihn für die Kirche so gefährlich machte, waren seine gnostisch-christlichen Vorstellungen, die sich rasch verbreiteten und viele Schüler anlockten, von denen sie weiterentwickelt wurden. Schließlich wuchs die Bewegung des Valentinus derart an, dass sie in zwei Zweige zerfiel, einen italischen (westlichen) und einen orientalischen (östlichen).

Verkürzt gesagt, lehrte Valentinus, dass Gott, der Vater, den man eigentlich den Vorvater (präpater) nennen musste, mit dem Gedanken (ennoia), den er dachte, durch geistige Zeugung dreißig Äonen, Wesenheiten, schuf, die paarweise verbunden waren. Das Schema der Paare, die mannweiblich auch als eins gedacht werden können, erinnert frappierend an jene vier Wesenheiten, die der im Urwasser Nun treibende ägyptische Gott des Uranfangs Atum zeugt und die ebenfalls sowohl weiblich als auch männlich gedacht werden, als mannweiblich.

Das System des Valentinus war sehr ausdifferenziert. Im *pleroma* zeugte der Vorvater zunächst mit der *ennoia* die Achtheit. Zu dieser gehörten der Geist und die Wahrheit, das Prinzip von allem und das Schweigen, das Wort und das Leben sowie der Mensch und die Gemeinde. Aus der Achtheit der Äonen entstand die Zehnheit und schließlich die Zwölfheit. Der letzte Äon der Zwölfheit – und damit am weitesten entfernt vom Vorvater – war die Weisheit (*sophia*).

Vom Vorvater wusste nur der Geist etwas, nur er vermochte seine Größe und Gestalt zu erfassen. Die *sophia* nun wurde von dem alles überragenden Wunsch beherrscht, den Vater zu erkennen, die quälende Unwissenheit abzulegen. Ihre Leidenschaft drohte das *pleroma* in Unruhe zu versetzen und die *sophia* selbst zu gefährden, denn der Vater war unbegreiflich. Sich ihm zu nähern würde dazu führen, dass sie in einen Sog geriet, dem sie sich nicht mehr entziehen könnte. Newton sollte diese Vorstellung später Gravitation nennen.

Schließlich rettete Horos, die »Grenze«, *sophia*, indem er sie davon abhielt, sich dem Vater zu nähern. Aber damit war ihre Leidenschaft, den Vorvater zu erkennen und zu wissen, nicht besänftigt, sodass man diese ihre Leidenschaft von ihr wie ein Organ, das den Körper vergiftete, abtrennte. Während die *sophia* nun innerhalb des *pleroma* blieb, existierte ihr Begehren nach Erkenntnis in einer niedrigeren Sphäre weiter. Der Geist (*nous*) brachte nun allen Äonen, auch der *sophia*, die Erkenntnis des Urgrundes, des Vorvaters, die schlicht darin bestand, dass dieser nicht zu begreifen war. Und nun wird es kompliziert.

Zum einen brachte der Geist ein neues Äonenpaar hervor, nämlich Christus und den Heiligen Geist. Zum anderen erzeugten alle Äonen, die nun gleich an Wissen waren, den himmlischen Jesus. Zu seiner Begleitung entstand eine Schar von Engeln.

Die Leidenschaft, die an der Grenze (Horos) des *pleroma* rumorte, wurde durch Christus und den Heiligen Geist ihrem – niederen – Wesen nach gestaltet und hieß nun Überlegung oder *achamoth*. Doch Achamoth war einsam, sie rannte gegen die Grenze an, wollte sie überwinden und sehnte sich nach Christus. Dieser kehrte zurück und gestaltete Achamoth um: Er schenkte ihr die Gabe der Erkenntnis, wodurch alle dunklen Leidenschaften und Sehnsüchte von ihr abfielen und sie begann, selbst zu gestalten. So ging der Demiurg aus ihr hervor.

Der Demiurg wusste nichts, er hatte keine Kenntnis vom Vorvater. Doch auch er begann zu erschaffen: Geistiges (Psychisches) und Materielles (Hylisches). Aus seiner dumpfen Schaffenswut ging der Mensch hervor. Zunächst unkörperlich, wurde er dann aber von dem Demiurgen mit dem »Kleid von Fell«, dem Körper, umgeben. Ohne dass der Demiurg es merkte, gab Achamoth dem Menschen *pneuma* mit – also etwas, das aus dem *pleroma* stammte und das in anderen gnostischen Systemen Lichtfunken genannt wird.

Diese Vorstellung hatte weitreichende Folgen. Aus diesem Schöpfungsakt ergaben sich nach valentianischer Vorstellung drei Arten von Menschen:

1. Pneumatiker (Geistesmenschen), die erlöst wurden und ins *pleroma* zurückkehrten,
2. Psychiker (seelische Menschen), die etwas von der Seele des Demiurgen abbekommen hatten und dadurch sowohl die Möglichkeit zur Erlösung als auch zur Verdammung hatten, und
3. Hyliker (materielle Menschen), die mit der Welt untergehen würden.

Am Tag des Weltendes würden sich die Pneumatiker von der Seele befreien und mit ihrer Mutter Achamoth ins *pleroma* zurückkehren, während die Welt im Feuer der Unwissenheit verbrannte. Die erlösungsfähigen Psychiker und der Demiurg würden ebenfalls das Weltende überstehen, ihnen würde ein Platz außerhalb des *pleroma* zugewiesen werden. Und dann käme es zum Happy End: Achamoth würde Jesus heiraten, und die Pneumatiker würden zu den Bräuten der Engel, die Jesus begleiteten.

Jesus selbst wurde von den Valentianern vierfach gesehen: Erstens war er der Retter, der Heiland. Zweitens hat er das pneumatische Kleid angezogen, und drittens übernahm er vom Demiurgen das psychische Kleid Christi, aus dem viertens ein Leib geformt wurde, der zu sehen und zu berühren war, sodass er auf der Erde als Mensch erscheinen konnte.

An dieser Stelle stimmte Valentinus mit seinem alexandrinischen Kollegen Basilides überein. Nicht Jesus, sondern dieser geformte Leib, den er übergezogen hatte, starb am Kreuz und wurde von ihm mittels eines Strahls wiedererweckt, um die Auferstehung zu vollziehen, nachdem er den Tod überwunden hatte. Das ist in groben Zügen die Lehre des Valentinus.

Valentinus bediente sich einerseits aus dem Fundus des Christentums, anderseits interpretierte er die Evangelien um. Da sich aber die christlichen Gnostiker für gnostische Christen und Pneumatiker hielten – also für die wahren Christen, denen die Erkenntnis zuteilwurde und die Geheimlehre offenbart worden war –, maßen sie ihrem Denken und Handeln eine zwingende Notwendigkeit zu. Schließlich galt es, Menschen zu erretten! Die Psychiker, die Christen waren, also eine Chance auf Erlösung hatten, wenn ihnen die Erkenntnis, die von der beginnenden Kirche verhüllt wurde, zuteilwürde, mussten aus dieser falschen Kirche gerettet und mit der Wahrheit bekannt gemacht werden. Aus Sicht der Gnostiker bestand das christliche Establishment aus Dienern des Demiurgen, die später in ihren Augen sogar zu Dienern des Teufels herabsinken würden. Nicht die Gnostiker, sondern die Orthodoxen waren für sie die Häretiker. So wundert es nicht, dass der Kampf immer heftiger wurde, denn es ging ja um die Ewigkeit, um Erlösung oder Verdammnis. Und der Kampf um Paradies oder *pleroma* wurde schließlich auf Erden ausgetragen.

ASKESE AUS LIEBE ZU GOTT – MARCION

In diesen Jahren kam ein Mann aus der Schwarzmeerregion nach Rom, der es als Schiffsreeder zu beachtlichem Reichtum bringen sollte. Doch das Geld schien Marcion nicht glücklich zu machen – jedenfalls spendete er 200 000 Sesterzen an die römische Gemeinde. Der Tagessold eines Legionärs betrug zu dieser Zeit etwa vier Sesterzen, mit anderen Worten, für diese Summe hätte ein Mann 137 Jahre im römischen Heer dienen müssen.

Wahrscheinlich erlebte Marcion die Diskussionen und den Streit um Valentinus und die Wahl von Pius I. zum Bischof von Rom. Im Juli des Jahres 144 n. Chr. hielt es ihn dann nicht mehr auf seinem Sitz in der Gemeinde, und er erhob sich, um die Gedanken zu äußern, die in ihm gewachsen waren. Für ihn gab es den Gott, den Jesus verkündet hatte, der mildtätig, barmherzig und gut war und über den mehr nicht ausgesagt werden konnte. Dieser Gott hatte mit der Schöpfung nichts zu tun. Ihm entgegen stand der Gott des Alten Testaments, der die Welt und die Menschen geschaffen hatte, der zwar gerecht, aber auch rachsüchtig und böse war. Er hatte den Menschen ein Gesetz auferlegt, das sie nicht einhalten konnten, weshalb es unweigerlich zur Sünde kommen musste, die dann folgerichtig hart bestraft wurde. Der gute Gott schickte nun seinen Sohn, hieß ihn zuvor einen Scheinleib anzuziehen, damit der böse Schöpfergott ihn nicht erkannte, um seine Botschaft der Erlösung den Menschen zu schicken. Der Scheinleib Jesu wurde nun tatsächlich gekreuzigt, aber eben nicht Jesus, Gottes Sohn, nur seine Verkleidung.

Marcions Botschaft war eindeutig: Aus Liebe zu Gott sollte der Mensch asketisch leben, um den Leib abzutöten. Er sollte weder eine Ehe eingehen noch sich fortpflanzen, um nicht die Schöpfung des bösen Gottes am Leben zu erhalten, sondern sich fromm des Alkohols und des Fleisches enthalten und sich maßvoll von Pflanzen und Fisch ernähren.

Auch im Christentum entstanden beispielsweise für das Mönchswesen Gebote der sexuellen Enthaltsamkeit und der Ehelosigkeit. Eine Ausweitung dieser Vorstellung hätte jedoch die Schöpfung bedroht und einem Grundsatz der Bibel widersprochen: »Seiet fruchtbar und mehret euch« heißt es im Alten Testament.

Aber so einfach ließ sich Marcion nicht widerlegen. Da der böse Gott der Gott des Alten Testaments war, verwarf er es komplett. Die Evangelien nahm er sich vor, um sie von den Verunreinigungen der jüdischen Religion zu reinigen. Man muss sich das so vorstellen, dass der gute Marcion die Evangelien Bogen für Bogen durchblätterte und einfach strich, was er für eine jüdische Zutat hielt. Ein fragwürdiges Verfahren, das später auch die Buchzensoren der Inquisition anwandten, indem sie in Büchern, die nicht auf dem Index standen, die Stellen schwärzten, die ihrer Meinung nach den Gläubigen nicht zuzumuten waren.

Einen solchen Generalangriff auf den Schöpfergott, die Schöpfung und das Alte Testament wollten die Kirchenväter jedoch nicht hinnehmen und entdeckten dabei eine folgenschwere Lücke: Die Christen besaßen keinen Kanon an heiligen Schriften, sodass jeder sich auf dieses oder jenes beziehen konnte. Marcions Vorstoß führte ungewollt dazu, dass die Diskussion um das heilige Buch der Chris-

ten neue Dynamik erhielt. Es war notwendig, das Schrifttum zu ordnen und verbindlich zu erklären, was zur Bibel gehörte und was nicht.

Gefährlich war der Vorstoß Marcions noch aus einem anderen
Grund: Er stand zwischen Gnosis und Christentum und benutzte die
entstehenden Organisationsformen für seine eigene christliche Kirche. Und so entstand von Spanien bis nach Persien eine marcionisti-
sche Kirche, die wesentlich straffer organisiert war als die Gemeinden der Gnosis – im Grunde eine zweite christliche Großkirche mit
in einigen wenigen, aber gewichtigen Punkten verschobenen Glaubensinhalten. Im Westen wurde den marcionistischen Gemeinden
recht bald schon der Garaus gemacht, im Osten bestanden sie bedeutend länger.

Und in gewissem Sinne überlebten die Marcioniten bis heute.
Zum einen zogen sich die im Westteil des Imperium Romanum verfolgten Marcioniten nach Syrien und Mesopotamien zurück, wo sich
viele häretische Bewegungen ansiedelten. Oder sie gingen im Christentum oder im Islam auf und bildeten innerhalb der Großreligionen
verschworene Glaubensgemeinschaften.

In seinen ethischen Vorstellungen, nicht in seiner Theologie, erinnert das frühe Mönchstum mit der Bewegung der Anachoreten sehr
an die Marcioniten: Auch für sie galten Ehelosigkeit, Leibfeindlichkeit, strenge Askese, sexuelle Enthaltsamkeit und die Besinnung auf
den guten Gott.

Für die christliche Kirche ging es im Kampf gegen die Häretiker und
Gnostiker um alles oder nichts. Im Grunde war gar nicht auszu-
machen, an wie vielen Fronten sie kämpfte. Immer neue häretische
Gruppen gingen aus ihr hervor, die sich von ihr abspalteten und sich
als die wahren Christen fühlten. Hinzu kamen die zahllosen gnostischen Gruppen, dann die kosmotheistischen (heidnischen) Religionen und die griechischen Philosophen. Auch die Abgrenzung zum
Judentum stand auf der Tagesordnung, die von judenchristlichen
Gruppen, die im Judentum verbleiben wollten, unterlaufen wurde.

Und als sei das nicht genug, wurde das Christentum bis ins be-
ginnende 4. Jahrhundert vom römischen Staat verfolgt. Nachdem

Theodosius I. es 380 n. Chr. zur Staatsreligion erhoben hatte, war die christliche Kirche nicht mehr nur auf geistige Waffen, auf die organisatorische Kontrolle und straffe Leitung der Gemeinden angewiesen, sondern konnte auch staatliche Mittel einsetzen, um ihre Gegner zu verfolgen.

Das tat sie dann auch. Heidnische Tempel wurden geschlossen, ihre Priester verfolgt. Ähnlich erging es den häretischen und gnostischen Gruppen. Doch es gab genügend Häretiker und Gnostiker, die in die neue Kirche eintauchten. Sie brachten ihre Vorstellungen mit und ließen sie nun in homöopathischen Dosen wirken. Mit der Schließung der Platonischen Akademie 529 n. Chr. meinte man, auch mit der griechischen Philosophie abgerechnet zu haben. Nur lebte diese in den christlichen Theologenzirkeln weiter und hatte sich längst der Ausbildung der christlichen Theologie gewidmet.

Eine Kirche gab es jedoch, mit der das Christentum eine Auseinandersetzung zu bestehen hatte, die vielleicht bis heute andauert: den Manichäismus. Zwar scheint er im 10. Jahrhundert n. Chr. untergegangen zu sein, blieb aber weiterhin wirksam. Die Geheimnisse dieser Religion beginnen bei ihrem Stifter, bei Mani.

EIN LEBEN FÜR DIE ERLÖSUNG DER MENSCHEN - MANI

»Denn die Welt liebt die Finsternis, sie hasst aber das Licht.«
Mani, Religionsstifter

Der brasilianische Schriftsteller Paolo Coelho brachte vor Jahren ein Buch mit dem Titel »Handbuch der Krieger des Lichts« heraus. In den kleinen Geschichten und Gedankenskizzen geht es darum, wie man sich als Krieger des Lichts, als jemand, der Gutes und Sinnvolles möchte, in dieser Welt voller Eigennutz, Bosheit, Gewalt, Verlogenheit, Brutalität und Hass auch sinnvoll verhalten kann.

Der Krieg in der Welt beginnt in der eigenen Seele, und auf dieses Schlachtfeld begleitet der Esoteriker Coelho den Krieger des Lichts. Wenn es nicht zuerst in der Seele auflodert, wird kein Licht in die Welt kommen. Es wird keinen Frieden geben, wenn er sich nicht zunächst in der Seele ausgebreitet hat. Die Formulierung des englischen Staatstheoretikers und Philosophen Thomas Hobbes, dass der Mensch dem Menschen ein Wolf sei, stimmt in doppelter Weise: Der Mensch verhält sich nicht nur dem anderen gegenüber wölfisch – wie der Satz zumeist interpretiert wird –, sondern auch sich selbst gegenüber. Die Vorstellung von einem Wirkungszusammenhang zwischen Innen und Außen, zwischen Mensch und Welt, beruht auf der alten und grundlegenden Vorstellung der Gnostiker, dass eine Entsprechung zwischen Makrokosmos und Mikrokosmos existiert, eine Analogie zwischen Mensch und Welt.

Die Welt ist eine Räuberhöhle, aber sie ist auch ein lichter Hain, ein Ort der Gräuel wie des Glücks, Mordor und Auenland, sie ist der Schauplatz für den unbarmherzigen Kampf des Bösen gegen das Gute. Das war die Grundüberzeugung des Propheten Mani, der aus dieser Vorstellung von Gut und Böse eine Weltreligion formte, die überlebt hat. Bisweilen begegnet sie uns in alltäglichen Formulierungen: Das darf man nicht so manichäisch sehen, sagt jemand, der darauf hinweisen will, dass simples Schwarz-Weiß-Denken nicht weiterhilft.

Für die katholische Kirche, besonders für die Inquisition, wurde der Begriff Manichäer zum gebräuchlichsten Synonym für Ketzer. Wer im Mittelalter und in der frühen Neuzeit als Manichäer bezeichnet wurde, spürte förmlich schon, wie die Feuerzungen hungrig an seinem Fleisch leckten.

Aber auch die Protestanten verwandten in ihren bisweilen blutig geführten internen Auseinandersetzungen bis tief ins 17. Jahrhundert hinein den Begriff Manichäismus für die vielleicht schlimmste Häresie. So konnte der protestantische Theologe Matthias Flaccius (1520 bis 1575), nachdem er im Streit des Manichäismus bezichtigt worden war, sein Leben nur noch durch einen ständigen Ortswechsel retten. Häufig wurde der »Manichäer« Flaccius auch vom gutbürgerlichen protestantischen Establishment vertrieben. In dieser Situation sprang ihm ein Schüler und Freund bei, der aus dem Harz, genauer aus Nordhausen stammende Cyriacus Spangenberg. Zur Entkräftung der schimpflichen Bedeutung des Begriffs Manichäer veröffentlichte er 1578 eine »Historia Manichaeorum«, die eine sachliche Darstellung dieser großen Religion darstellt – einer Religion, die schon damals, wenn überhaupt, nur noch im Geheimen existierte.

Für den Begründer der Anthroposophie, Rudolf Steiner, stand fest, dass die Manichäer Christen waren und man von einem esoterischen, in seiner Vorstellung also wahren Christentum nicht sprechen könne, wenn man nicht bei Mani begänne.

Würde man vier Menschen, die sich mit dem Manichäismus beschäftigen, nach dieser verborgenen Weltreligion befragen, bekäme man womöglich sieben Antworten. Das Faszinierende am Manichäismus ist, dass man seine sekundären Wirkungen bis in die Gegenwart wahrnimmt, als sei er ein Wiedergänger, den man nicht sieht, aber seine Anwesenheit ständig spürt. So war es geradezu erleichternd, als der Religionswissenschaftler Gilles Quispel 1951 seinen bahnbrechenden Vortrag »Gnosis als Weltreligion« mit den kühnen Worten eröffnete: »Eine Weltreligion ist neu entdeckt«[144] und damit auf den Fund der Bibliothek von Nag Hammadi anspielte.

Der Manichäismus war die höchste und reifste Frucht der Gnosis, deren Denken er in sich aufnahm, es prüfte, verwarf, weiterentwickelte und formte. Umgehen wir die Interpretationen und suchen die Religion im Menschen. Ihr Stifter gehört in die Reihe der großen Propheten der Menschheit und reiht sich historisch zwischen Jesus Christus und Mohammed ein.

Mani wurde am 14. April 216 in der Nähe der bedeutenden Stadt Seleukia-Ktesiphon im Süden Mesopotamiens geboren. Es heißt, seine Mutter entstammte dem Herrschergeschlecht der Arsakiden, die das Partherreich gründeten und bis 224 n. Chr. beherrschten. Durch den Mord an dem letzten Arsakiden Artabanos IV. wurde der Sassanide Ardaschir I. zum *shahinshah*, zum König der Könige Persiens. In diesen unruhigen Zeiten soll Manis Vater Pattek in einem heidnischen Tempel von einer göttlichen Stimme angewiesen worden sein, künftig kein Fleisch zu essen, keinen Wein zu trinken und keine Frau, auch nicht die eigene, zu berühren. Pattek nahm seinen vierjährigen Sohn zu sich und schloss sich der Täufersekte der Elkesaiten an.

In Syrien und Südmesopotamien existierten zu dieser Zeit viele Täufersekten, die oft einem judenchristlichen Milieu entstammten und sich auf Johannes den Täufer zurückführten. Sie glaubten, dass der Mensch unrein sei und deshalb ständig gereinigt werden müsse. Hierin waren sie den Essenern verwandt. Allerdings machten sie aus ihren Lehren auch ein Geheimnis, denn in einem Buch der Elkesaiten, dem »Elenchos«, heißt es: »Dieses Buch leset nicht allen Menschen vor, und die Lehren hütet wohl, weil nicht alle Männer gläubig und nicht alle Frauen rechtschaffen.«[145]

Es scheint, dass die Elkesaiten ihre Taufriten zur Vergebung der

Sünden praktizierten, aber auch zur Heilung von Krankheiten, weil ja der Körper zu reinigen war und die Verunreinigungen oder bösen Geister ausgetrieben werden mussten. Taufen wurden von magischen Worten begleitet. Wer an Tuberkulose erkrankt war, dem wurde empfohlen, vierzigmal innerhalb von sieben Tagen in kaltem Wasser unterzutauchen. Wer das überstand, der hatte wohl auch die Krankheit überstanden.

Mit der Taufe wurde alles Mögliche geheilt, von der Tollwut bis zur Besessenheit. Die Tollwut leitet allerdings zu einem zweiten Aspekt über. Der Tollwütige Hund, von dem der Geplagte gebissen worden war, galt gleichzeitig als Gestalt der Versuchung. So half die Taufe auch gegen die Begierden. Widerstand der schwache Mensch der Versuchung nicht und sündigte, half auch hier die Taufe.

Die Sündenvergebung gliederte sich in die Beichte und die Taufe. In der Taufe wurden beispielsweise sexuelle Vergehen wie Homosexualität, Inzest und Ehebruch vergeben. Getauft wurde im Namen des »großen und höchsten Gottes und im Namen seines Sohnes, des großen Königs«. Beglaubigt wurde der Vorgang durch die sieben heiligen Zeugen: den Himmel, das Wasser, die heiligen Geister, die Engel des Gebetes, das Öl, das Salz, die Erde.

Es ging also immer um Reinigung und Schutz. Nun sind auch uns Hygiene, Kneippkuren und psychologische Hilfe nicht fremd, nur beruhen sie heute auf einer wissenschaftlichen Basis, auf Wissen und nicht auf Glauben. Wie viel Schamanismus in Wissenschaft und Wissen steckt, ist eine andere Frage – wir wissen das Wissen weniger, als dass wir daran glauben. Man sollte sich hüten, auf das Denken der Alten herabzusehen und es als Aberglauben abzutun. Nur weil die Art des Denkens eine vollkommen andere war, ist es uns fremd, aber noch lange nicht falsch. Klüger ist der Versuch, es für uns zu übersetzen.

Nachdem Manis Vater also die göttliche Anweisung als Audition im Tempel erhalten hatte, verließ er seine Frau, nahm seinen vierjährigen Sohn und lebte fortan mit ihm in der Täufersekte der Elkesaiten.

In seinem zwölften Jahr erschien Mani ein Engel, den der schiitische Gelehrte Ibn an-Nadīm auf Arabisch *at-Tom* nennt, »Gefährte«, in anderen Quellen wird er als »Zwilling« übersetzt. Der Engel, der zu Mani sprach, kann als Manis Alter Ego, als seine Geistgestalt im Himmel, interpretiert werden, die ihn begleitete und seinen Kommunikationskanal zu Gott darstellte. Laut Ibn an-Nadīm sagte der Engel: »Verlass diese Glaubensgemeinschaft, denn du gehörst nicht zu ihren Leuten. Deine Aufgabe ist die Enthaltung vom Unreinen und das (gänzliche) Verlassen der Begierden. Deiner Jugend wegen ist aber noch nicht die Zeit gekommen, dass du (öffentlich) auftrittst.«[146] Bis zum Erreichen der Volljährigkeit, also bis zu seinem fünfundzwanzigsten Lebensjahr, sollte Mani bei den Elkesaiten bleiben.

Zwei Parallelen sind in diesem Zusammenhang von besonderem Interesse. Nach Jesu Geburt wurde ihm eine bedeutende Zukunft prophezeit, ebenso Mani durch die Traumgesichte seiner Mutter, von der er in frühester Jugend getrennt worden war. Im zwölften Lebensjahr erhielt Mani eine göttliche Botschaft, während Jesus als Junge im Tempel von Jerusalem hervorstach, weil er mit den Weisheitslehrern diskutierte. Schließlich hören wir dann weder etwas von Jesus noch von Mani, bis beide, von einem Tag auf den anderen volljährig geworden, als fertige Propheten auftreten. Diese Grunddaten eines Prophetenlebens – die Voraussage der Wirksamkeit, die frühe Auffälligkeit und schließlich das plötzliche In-Erscheinung-Treten – gelten übrigens auch für Mohammed. Offenbar existierte eine Laufbahn für Propheten. Die zweite Parallele bezieht sich auf die Mystikerin Mechthild von Magdeburg, die tausend Jahre später eine genauso unverhoffte Begegnung mit dem Heiligen Geist hatte, die nicht weniger bestimmend für ihr Leben ausfiel. Wir werden später noch darauf zurückkommen.

In einer seiner Schriften berichtet Mani, dass er in seiner Jugend bei den Elkesaiten beschützt wurde »durch die Stärke der lichten Engel und der starken Kräfte, die von Jesus dem Glanz den Auftrag zu meiner Behütung hatten«[147]. Da Mani auch in anderen Überlieferungen von dem Schutz sprach, der ihm bis zu seinem vierundzwanzigsten Lebensjahr durch die »Mächte der Heiligkeit« oder die »heiligen Engel« zuteilwurde, kann man erstens darauf schließen, dass dieser Schutz notwendig war, und zweitens, dass der

1 Pharao Echnaton hat mit
dem Glauben an den Sonnengott (Aton) als einzigem Gott
den Monotheismus begrün-
det. Damit ist er der geistige
Stammvater des Judaismus,
des Christentums und des
Islam.

2 Am Anfang des Glaubens stehen die Sterne: Sonne, Mond und das für Saat und Ernte wichtige Siebengestirn, die Plejaden. Hier eine der frühesten Darstellungen, ein assyrisches Herrscherbildnis.

3 (rechte Seite) Der babylonisch Winddämon Pazuzu wurde zum Vorbil für den Herrn der Fliegen, den Teufe Ist er Gott, Dämon oder Teufel? Di Unterscheidung zwischen Gut und Bös fällt historisch erst spä

4 Das Urbild der Jungfrau Maria: die Gottesgebärerin Isis mit ihrem Sohn Horus. Im ägyptischen Glauben war Isis selbst eine Göttin.

5 (rechte Seite) Als Gottesmutter nimm Maria in der Volksreligion Züge ein Göttin an und wird entsprechend verehr Die Ähnlichkeit der Bildsprache von »Is mit dem Horus-Knaben« und »Maria m dem Jesus-Knaben« ist auffälli

6 Ein anderer Aspekt, der in Maria aufgehoben ist: die Ernte- und Fruchtbarkeitsgöttin Demeter mit Ähren in der Hand,
hier als Jungfrau.

7 Die Mutter aller Mütter. Sie hat viele
Namen: Magna Mater (Große Mutter),
Kybele, Demeter, Astarte und andere.
Auch in heutigen Marienvorstellungen
schwingen Züge uralter Muttergottheiten
mit. Über 8000 Jahre alte Anbetungsfigur
aus dem anatolischen Çatal Hüyük.

8 (rechte Seite) Die Fruchtbarkeitsgöttin
Artemis von Ephesos mit jungfräulichem
Antlitz und Fruchtbarkeitssymbolen. In
Ephesos soll auch die Jungfrau Maria ihr
Leben beschlossen haben.

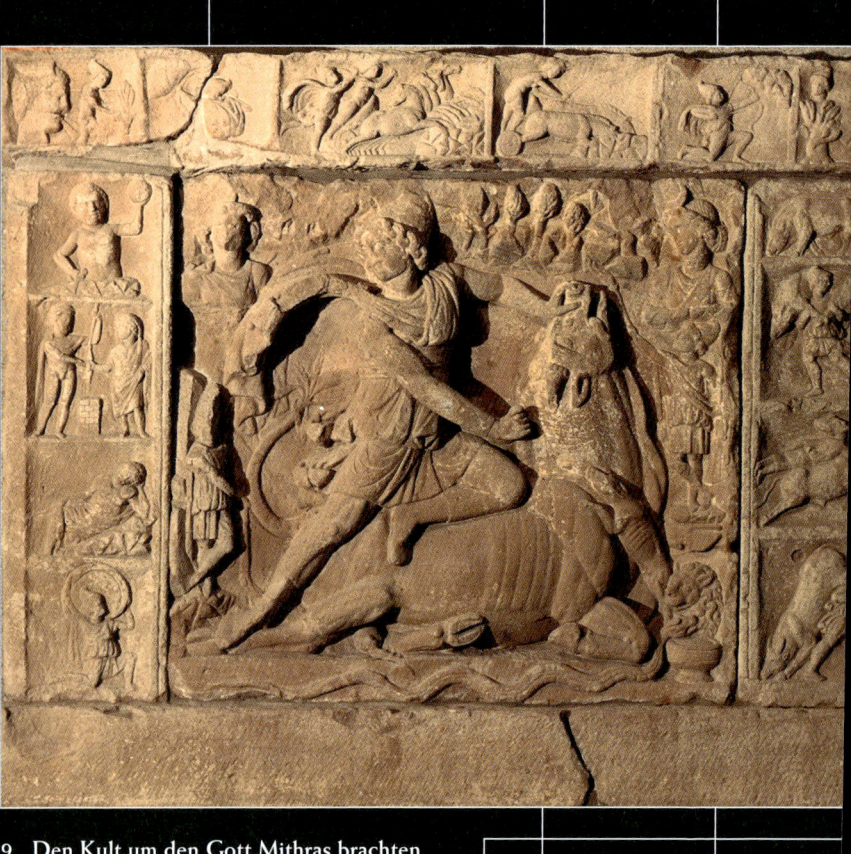

9 Den Kult um den Gott Mithras brachten
römische Soldaten nach Germanien, für die
er Sonnengott, Lebensspender und Erlöser-
gottheit in einem war – Züge, die wir auch im
Christentum finden. Zum Mithras-Kult gehörte
die Stieropferung. Altarstein aus Heidelberg-
Neuenheim.

10 Die Inkarnation des Lebens, der Fruchtbarkeit und der Ekstase: der Gott Dionysos –
hier dargestellt auf einer griechischen Vase.
Zum Kult gehört das rauschhafte Frühlingsfest, das im Februar, der Zeit des heutigen
Karnevals, gefeiert wurde.

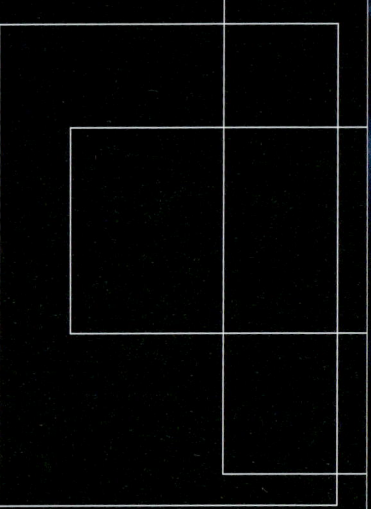

11 Nach langer Winterpause legten Hühner zum Frühlingsbeginn wieder Eier. So steht das Osterei für die Auferstehung der Natur wie auch im Volksglauben für die Auferstehung Christi. Schmuck-Ei von Fabergé.

12 Auf dieser frühmittelalterlichen Darstellung erscheinen die Heiligen Dreikönige als Magier (rechts). Sie huldigen Christus im Schoß seiner Mutter, wie einem germanischen König. Über allen steht wie ein Gottessymbol die Sonne, deren Strahlen das Leben erhalten.

Inscriptions on image: ΟΙ ΜΕΤ ΕΝ ΟΘΑΡΚΙΟΙ ΕΝ ΔΟΞΕ Ο ΑΓΙΟC ΙΩΑΝ ΝΙΚΟΥ

13 · Jakob träumte davon, wie er über eine Leiter den Himmel erreicht. Johannes Klimakos, der Abt des Katharinenklosters, nutzte das Bild der Himmelsleiter, um den meditativen Weg der Mönche zur Vollkommenheit darzustellen.

14   Was den Christen das Bild der Leiter, ist den
Derwischen des Mewlewije-Ordens der ekstatische Tanz –
ein Mittel der Meditation, um die unmittelbare
Erfahrung Gottes zu erlangen. Aufnahme aus dem Jahr
1870.

15 Die Rifa'i-Derwische verwundeten sich mit Schwertern, Messern und Speeren, ohne sich dabei zu verletzen. Aufgrund ihres lauten Gottesgedenkens nannte
man sie die heulenden Derwische. Ein Angehöriger des
Ordens auf einer Fotografie aus dem Jahr 1870.

16 Die Beginen wohnten in Gebäuden zusammen, die auch Beginenhöfe genannt wurden. Ein Beispiel ist das »Klösterle« in Stuttgart-Cannstatt.

17 Im Dominikanerkloster zu Erfurt lehrte Meister Eckhart als Lesemeister und unterrichtete die Novizen.

18   In einem Werk des Magiers Giordano Bruno erscheint der Namen Gottes aus übereinanderliegenden Buchstaben. Er wird zum Vexierspiel.

19   Auf dem südfranzösischen Montségur stand die Hauptburg der Katharer. Sie musste sich 1244 den Kreuzfahrern ergeben. 225 Katharer, die nicht bereit waren, ihre ketzerische Irrlehre zu widerrufen, starben auf dem Scheiterhaufen.

20   Im Stundenbuch des Duc de Berry wird der Körper des Menschen in Beziehung zu den Sternbildern gezeigt. Die Skala erlaubt eine astrologisch-medizinische Sicht in Abhängigkeit vom regierenden Sternzeichen.

junge Mann in starken Widerstreit mit der Gemeinschaft geriet, in der er lebte. Aus diesen Kontroversen erwuchsen solch heftige Gefühle der Abscheu, vielleicht sogar des Hasses, dass sie als Ablehnung der Elkesaiten und vor allem der jüdischen und judenchristlichen Vorstellungen in die Lehre Manis eingingen. Es muss eine schwierige Zeit gewesen sein, doch die Krisen stählten ihn für das Prophetenamt. Im Kölner Mani-Kodex heißt es über die Zeit bei den Elkesaiten mit schöner Eindeutigkeit, dass er wie ein Lamm in fremder Herde gelebt habe oder, dass er »wie ein Vogel, der mit anderen Vögeln zusammenlebt(e), deren Singen nicht das seine«[148] war.

Jedenfalls erschien pünktlich in Manis fünfundzwanzigstem Jahr der Zwilling oder Gefährte erneut und sprach zu ihm: »Gegrüßt seist du, Mani, von mir und von dem Herrn, der mich zu dir gesandt und dich für unsere Botschaft erwählt hat. Und er hat dir befohlen, deine Wahrheit zu verkünden, die frohe Botschaft der Wahrheit, die von ihm herkommt, laut zu verkünden ...«[149]

Der vertrauenswürdige Ibn an-Nadīm teilt uns weiter mit, dass Mani von diesem Tag an behauptete, er sei der Paraklet (Helfer, Heiliger Geist), den Jesus verheißen hatte. Hübsch ist an dieser Bemerkung, dass Mani die Glaubenslehre aus der Tradition der Magier und der Christen gewann.

Nach dem jähen Absturz im öffentlichen Bewusstsein, den die einstmals geschätzte Gestalt des Magiers, wie im Volksbuch von Johann Fausten publikumswirksam dargestellt, zum Ende der Renaissance genommen hat, verstehen wir unter Magier nur noch eine Art Jahrmarktsscharlatan, der bestenfalls im Fernsehen Löffel verbiegt. Halten wir uns aber vor Augen, dass wir uns in Mesopotamien befinden, wo die Babylonier, die Assyrer und schließlich die Chaldäer lebten. Bis heute existiert eine chaldäische Kirche, die um 50 n. Chr. von dem Apostel Thomas gegründet worden sein soll. Aus dieser Tradition stammte einerseits der christliche Einfluss auf Mani, anderseits waren die Chaldäer geradezu berühmt für Astrologie, Mantik, der Seherkunst, und Zauberei.

Ohne das Zauberische zu unterschlagen, sollten wir beim Stichwort Magier unser Augenmerk zunächst auf eine andere Tatsache lenken. Das Zweistromland stand nämlich sehr stark unter persischem Einfluss. Die eigentliche persische Religion war der von Zarathustra gegründete Zoroastrismus, der bis heute in der im Iran hin und wieder verfolgten Minderheit der Parsen überlebt hat. Der Priester des Zarathustra hieß *magus*, Plural *magi* – davon leitet sich unser Begriff Magier her, der aus dem Chaldäischen die Bedeutung Zauberer hinzugewann. Dies gelang umso leichter, als im Zentrum des Zoroastrismus ein Feuerritual steht, dessen Bedeutung – nicht aber der Inhalt – an das Abendmahl im Christentum erinnert. Insofern hat Ibn an-Nadīm recht mit seiner Auffassung, dass sich Manis Offenbarung aus Christlichem und Magischem im Sinne der alten zoroastrischen Religion speiste.

Was in den biographischen Notizen zu Mani immer als Ergebnis von zwei Offenbarungen Gottes – überbracht durch einen Engel, Manis Zwilling oder Gefährten – dargestellt wird, kann also auch das Ergebnis eines langen Reifeprozesses zwischen den beiden Offenbarungen gewesen sein. Bei der ersten Offenbarung könnte sozusagen aus dem Gefühl der Fremdheit heraus eine Uridee entstanden sein, die Mani ergriff. Vielleicht war es womöglich kein Engel, der zu Mani gesprochen hatte, sondern seine eigene innere Stimme.

In Manis Lebensbeschreibungen heißt es, dass er mit Weisheit und Gewandtheit unter den Elkesaiten umhergegangen sei, sodass sie ihn nicht erkannten. Er hielt sein Denken geheim, tauschte sich nicht aus, ließ es in sich wachsen und teilte ihnen nicht mit, »was er empfangen hatte ... Sondern sie hatten ihn bei sich nur körperlich«[150]. Geistig weilte Mani also zwischen seinem fünfzehnten und fünfundzwanzigsten Lebensjahr an einem anderen Ort. Ähnliches berichtete Mechthild von Magdeburg: Nach seinem ersten Besuch habe der Heilige Geist »mir mit seiner Liebe die Süßigkeit der ganzen Welt (verleidet) – und er wird noch stärker von Tag zu Tag«[151]. Auch die deutsche Mystikerin wurde nach der initiatorischen Vision der Welt fremd und war nur noch körperlich, aber nicht mehr geistig bei den Ihren anwesend.

Die Bezeichnung Zwilling trifft das Verhältnis von Mani zu seinem göttlichen Alter Ego genauer als Gefährte - eine enger verbundene gemeinsame Herkunft, als aus einem Ei zu stammen, ist kaum vorstellbar. Mit der Bezeichnung Zwilling erhob Mani unmissverständlich Anspruch darauf, göttlicher Abkunft zu sein, denn er stammte natürlich daher, woher auch sein Zwilling kam. Von da an sprach er - wie Jesus - von seinem Vater im Himmel.

Tief blicken lassen auch die Daten der göttlichen Botschaften oder Visionen. Die erste erhielt Mani mit zwölf Jahren. In dieser Altersangabe stecken mindestens drei Bedeutungen:

Erstens ist die Zwölf eine heilige Zahl - angefangen bei den Planetengöttern, die auch in Manis System eine Rolle spielen, bis hin zur Anzahl der Jünger Jesu.

Zweitens beginnt um das zwölfte Lebensjahr herum die Pubertät - und Manis religiöse Biographie wird von zwei Grunddaten der menschlichen Existenz definiert, nämlich von der Pubertät und der Volljährigkeit. Zu Beginn der Pubertät wird er auf seine Aufgabe hingewiesen und vorbereitet, mit dem Anbruch der Volljährigkeit wird er mit dem nötigen Rüstzeug versehen, um nun seine Berufung anzutreten. Das beweist, dass die Visionen auch initiatorische Bedeutung besitzen - zweimal wird Mani ins Mysterium eingeweiht, zweimal werden ihm göttliche Geheimnisse verkündet. Das erinnert ein wenig an die Unterteilung der niederen und der höheren Weihe in der katholischen Kirche.

Drittens hat sich das Leben eines Vollkommenen - nach pythagoreischem, aber auch nach jüdischem Denken - in Harmonien oder Ganzheiten zu vollziehen. Und die Verdopplung der heiligen Zahl Zwölf führt zur ebenfalls heiligen Zahl Vierundzwanzig. Manis Biographie ist also vollkommen - in jeder Beziehung.

Da die Biographie eines Propheten keine privaten Elemente enthält, sondern Teil der Offenbarung ist, muss sie die Lehre sozusagen durch das Leben beglaubigen, und es gelten andere Redaktionsprinzipien. Ein Evangelium, das Leben der Propheten, Manis oder Buddhas Biographie muss man zuallererst als eine Literaturgattung verstehen, die - ähnlich wie der Entwicklungsroman oder die Liebeslyrik - be-

stimmten Gattungskriterien folgt. Wie dem auch sei, fest steht, dass
man zu dieser Zeit als Prophet noch mit dem Leben dafür einzuste-
hen hatte, was man verkündete.

In der zweiten Vision wurden Mani alle Geheimnisse der Entstehung und der Existenz der Welt und der Lebewesen enthüllt, die mit
klaren Vorgaben für ein gottgefälliges Leben erfüllt waren, das zur
Erlösung führen würde.

Zunächst scheint Mani versucht zu haben, die Elkesaiten zu reformieren und für seine Religion zu gewinnen. Doch diese kannten den
eigenbrötlerischen jungen Mann schon zu lange, als dass sie geneigt
gewesen wären, auf seine verrückten Ideen einzugehen.

So begann für Mani die große Wanderschaft, denn er wollte
nichts weniger, als die wahre Religion, die Jesus gepredigt, die Paulus
verbreitet hatte und die in Vergessenheit geraten war, zu den Menschen zu bringen und ihnen dadurch im Auftrag des Großen Gottes
die Erlösung zu ermöglichen. Ausgefeilt war seine Lehre zu diesem
Zeitpunkt noch nicht – und in gewissem Sinne würde und sollte sie
auch niemals fertig werden. Denn Mani nahm das Gedankengut anderer Religionen auf und baute es in sein System ein oder ließ auch
andere Namen für einen Sachverhalt gelten, den er in einer anderen
Religion vorzufinden glaubte und der das Gleiche zu meinen schien.
Er beherrschte die theologische Übersetzungskunst perfekt.

Mutatis mutandis brachte Mani ein frühes Projekt, ein Weltethos,
zustande, das dann sogar noch als Kirche tausend Jahre überlebte –
als Idee bis heute. Er wusste, dass eine Mission für einen Glauben
und eine Kirche als dessen Institution auf Dauer nur erfolgreich sein
würde, wenn die Menschen dort abgeholt wurden, wo sie sich auch
tatsächlich befanden. Mani hatte ja erlebt, wie die kühnen, intellektuellen Spekulationen der westlichen Gnostiker – die von Basilides, die
von Valentinus – nach einer faszinierenden und atemberaubenden
Blüte nur allzu rasch verwelkt waren, weil sie Kopfgeburten geblieben
waren, die berühmte Dame ohne Unterleib. Marcion hatte ihm gezeigt, wie erfolgreich man sein konnte, wenn man die Lehre in verständlicher Form zu den Menschen brachte und gleichzeitig eine
straffe Kirchenstruktur schuf. Allerdings hatte ihm Marcion auch

gezeigt, dass es nicht genügte, nur ein etwas radikaleres Christentum anzubieten – nein, Erfolg stellte sich nur ein, wenn man sich deutlich genug abhob. Deshalb unterzog sich Mani erst gar nicht der Mühe, aus den christlichen Schriften einen Kanon zu bilden, sondern verfasste die heiligen Schriften seiner Kirche konsequenterweise gleich selbst.

Und hatte er nicht alle Befugnis dazu? War er nicht der Auserwählte Gottes? Hatte Gott ihm den Inhalt nicht via Offenbarung geschickt? Und nicht einmal durch einen Fremden, irgendeinen zweit- oder drittklassigen Engel, sondern durch einen Teil seiner selbst, jenem Teil, mit dem er sich dereinst im Himmel wiedervereinigen würde? War der Zwilling nicht der Paraklet, der Helfer, der Heilige Geist? Und er, Mani? Wurde er nicht dadurch, dass der Paraklet auf ihn herabkam, selbst zum Parakleten auf Erden? War er denn nicht von seinem Zwilling getrennt und zur Erde geschickt worden? Man möchte im Angesicht dieses unerschütterlichen Selbstbewusstseins, das andernfalls schier unerklärlich wäre, tatsächlich glauben, dass Mani ein Prophet, ein Abgesandter Gottes war. Was treibt einen Menschen wie Mani an?

Zunächst lenkte Mani wie der *almanci* in der kleinen Geschichte vom Anfang des Buches seine Schritte gen Indien und durchquerte das Industal, zog durch die Wirkungsstätten Buddhas, lernte aber auch von den Brahmanen, von den Jaina und nahm entweder Elemente ihrer Lehren auf oder fühlte sich einfach nur geistig mit den asketischen Auffassungen und dem Konzept der schlechten Welt, die nur Schein, Lug, Trug und einziger und währender Quell der Leiden ist, verwandt. Das Gefühl der spirituellen Nähe ermöglichte eine Entwicklung im Buddhismus selbst. Neben der älteren Form des Mönchtums – dem Hinayana-Buddhismus – entstand eine volkstümliche Richtung für alle Menschen, Mahayana genannt, aus dem auch tantrische Richtungen hervorgehen sollten, zu denen beispielsweise die Religion des tibetischen Dalai Lama gehört. Noch heute wird Mani in manchen Gegenden Indiens und vor allem Chinas als Buddha Maitreya, als der Erlösung bringende Buddha verehrt.

Mani reiste weiter nach Turan, bekehrte den örtlichen Herrscher, der in ihm den Buddha sah. Über Makran kehrte Mani in seine persische Heimat zurück. Zunächst wurde seine Religion unter dem Sassanidenherrscher Schapur I. gefördert, doch unter seinem Nachfolger Bahram I. erlangten die Priester des Zarathustra oder Zoroaster erneut großen Einfluss, die zu Recht im Manichäismus eine Gefahr für ihre Religion ausmachten. Mani wurde verhaftet, in den Kerker geworfen und starb in Fesseln nach sechsundzwanzigtägiger Haft im Jahr 276 oder 277 in Gundishapur. Wie damals üblich, wurde der Leichnam des Ketzers verstümmelt vor den Toren der Stadt zur Schau gestellt. Die Manichäer fassten diese Schändung als Leidensweg und Kreuzigung auf. Mani war für sie als Lichtbringer zu seinem Vater in den Himmel aufgestiegen.

AUSBREITUNG DURCH ANPASSUNG – DER MANICHÄISMUS

Der Manichäismus aber, die Religion des Mani, erfuhr eine rasante Verbreitung. Sie überschwemmte förmlich den Westen, gelangte über Rom und über Nordafrika bis nach Spanien. Der berühmteste Manichäer war der Nordafrikaner Augustinus, der schließlich von diesem Glauben abfiel, sich taufen ließ und zum Kirchenvater Augustinus wurde, den man schließlich heiligsprechen sollte. Durch den Sieg der katholischen Kirche im Westen und durch harte Verfolgung wurde der Manichäismus im 5. Jahrhundert zurückgedrängt – vorerst, ein halbes Jahrtausend später sollte er als mächtige Bewegung zurückkehren. Mit den Kreuzzügen hatte die katholische Kirche zumindest in dieser Hinsicht die Büchse der Pandora geöffnet.

Die Verfolgungen in Persien drängten die Manichäer auch nach Norden und Osten. Nordiranische Kaufleute (Sogden) brachten die Religion Manis nach Turkestan, in den Ostiran, nach Chorasan, nach Indien, sogar bis nach China.

Es muss in den neunziger Jahren des 7. Jahrhunderts gewesen sein, als die staunenden Vertreter des Buddhismus, des Daoismus und des nestorianischen Christentums am chinesischen Kaiserhof plötzlich die Ankunft der manichäischen Konkurrenz zur Kenntnis nahmen, die zudem recht rasch und erfolgreich missionierte. Das Tempo dürfte selbst den Kaiser erschreckt haben. Im Jahre 719 n. Chr. verbot ein Edikt Xuanzongs den Chinesen die Konversion zum Manichäismus, aber die Manichäer wichen in die Küstenprovinz Fukien aus und blieben bis ins 14. Jahrhundert als eigenständige Religion nachweisbar. Berichte über Manichäer in Südchina tauchen noch im 17. Jahrhundert auf. Da sich der Manichäismus immer stärker mit dem Daoismus verband, findet sich Manis Lehre als geheime Religion noch heute im Daoismus wieder.

Im Reich der zentralasiatischen Uiguren wurde der Manichäismus sogar zur Staatsreligion. Er überlebte den Untergang des Uigurenreiches im Jahr 580, da nun ein türkisch-manichäisches Reich entstand, das erst in den Mongolenstürmen des 13. Jahrhunderts sein Ende fand.

Die Idee der Anpassung der eigenen Religion an fremde Lebensweisen, um die Missionierung zu erleichtern, wurde für Mani zum Prinzip. Für die Christen wollte er ein Christ, für die Buddhisten ein Buddhist sein. Deshalb legten er und seine Nachfolger stärkeren Wert auf die Sache als auf den Namen der Sache. Das macht es manchmal schwierig, den Manichäismus zu entdecken. Er operierte sowohl mit buddhistischen als auch mit christlichen und muslimischen Begriffen, eine Vorgehensweise, die ihn geradezu dafür prädestinierte, als geheime Religion zu überleben.

Mani hatte diesen Aspekt sehr genau im Blick, als er weitsichtig formulierte: »Meine Hoffnung aber wird in den Westen gehen und wird auch nach dem Osten gehen. Und man wird die Stimme ihrer Verkündigung in allen Sprachen hören, und man wird sie in allen Städten verkündigen. Meine Religion ist in diesem ersten Punkt allen früheren Religionen überlegen, denn die früheren Religionen waren an einzelnen Orten und in einzelnen Städten gestiftet. Meine Religion wird in allen Städten ausgehen, und die Botschaft wird jedes Land erreichen.«[152]

Mani war fest davon überzeugt, dass Gott von Zeit zu Zeit Apostel des Lichts auf die Erde sandte, um den Menschen den Weg der Erlösung zu offenbaren. So sah er sich als Prophet in einer Reihe mit Noah, Henoch, der ja auch in der jüdischen Mystik eine große Rolle spielte, Seth (oder Sem), Abraham, Buddha, Zarathustra (Zoroaster), Jesus und Paulus. Die starke Neigung zu Paulus mag Mani über Marcion vermittelt worden sein, denn Marcion empfand sich vor allem als Schüler des Paulus, des Apostels, der eine konsequente Frontstellung gegen das Juden- und für das Heidenchristentum einnahm. Allerdings war Mani von der Überzeugung geleitet, er sei der letzte der Apostel, sozusagen das Siegel der Propheten.

Hatte Mohammed diese Idee von ihm? War der Prophet des Islams, der auf seinen Reisen mit Christen, nicht selten häretischen, in Kontakt kam, auch mit Manichäern in einen geistigen Austausch getreten?

In China wurde Mani auch als Maitreya, der Erlösungbringende, der Buddha des zukünftigen Weltzeitalters, verehrt.

Aus diesem Blickwinkel legte er seinen Glauben als die Vereinigung und Konsequenz der Religionen an. »Wie ein Wasser sich zu einem (anderen) Wasser hinzugesellen wird und zu vielen Gewässern wird, so haben sich auch die alten (früheren) Bücher meinen Schriften hinzugesellt und sind eine große Weisheit geworden ...«[153] Der offene und bewegliche Charakter des Manichäismus erschwert es allerdings, die authentische Lehre Manis darzustellen. Will man es überschaubar versuchen, empfiehlt es sich, sich nicht in Variationen und den tausend Verzweigungen zu verlieren, sondern einer Grundvorstellung zu folgen.

In Manis Todesjahr 277 n. Chr. kämpfte das Christentum ums Überleben gegen die römische Verfolgung und hielt sich vorwiegend in den Großstädten des Reiches. Es begann gerade damit, kirchliche Hierarchiestrukturen aufzubauen, einen Kanon heiliger Schriften und eine verbindliche Lehrmeinung zu erschaffen – das allgemein verbindliche Glaubensbekenntnis wurde erst 323 in Nicaia beschlossen. Die Christen konnten nur mit Neid und mit Sorge auf die Erfolge der Manichäer blicken – und sie sollten nicht nur schauen, sondern gerade im Kirchenaufbau und in der Mission von ihnen lernen. Berechtigt waren sie dazu, denn Mani hatte ja auch von ihnen, nämlich von Paulus mit vollen Händen genommen.

DIE BEFREIUNG DES LICHTS - DAS MANICHÄISCHE WELTBILD

Mit den alexandrinischen Gnostikern, mit Simon Magus, Valentinus, Basilides und Marcion wusste Mani sich einig, dass die Welt deshalb so abgrundtief böse und unsagbar schlecht war, weil sie nicht von einem guten Gott, sondern einem bösen, bestenfalls von einem unfähigen Demiurgen oder Schöpfergott geschaffen wurde. Ebenfalls stimmte er mit ihnen darin überein, dass Lichtteilchen aus dem *pleroma* in die Welt geraten und in Leibern eingekerkert worden waren. Deshalb bestand die drängende Notwendigkeit, diese Lichtteile zu befreien und ihnen den Rückweg ins *pleroma* zu ermöglichen.

Doch damit endeten die Gemeinsamkeiten. Die Denker und Prediger einer westlichen Gnosis waren der im Grunde ägyptischen Auffassung, dass alles durch Emanation aus einem fremden Gott, vergleichbar dem unfassbaren ägyptischen Gott des Uranfangs, hervorgegangen war und im Grunde der Prozess der Emanation durch eine Art Betriebsunfall oder Unachtsamkeit einer seiner Emanationen, der *sophia*, *ennoia* oder *barbelo*, zu einem Prozess der Verschlechterung führte. Mani hingegen ließ auf den fremden Gott nichts kommen, sondern behauptete, dass ein Herrscher des Lichtes - der wiederum dem fremden Gott der Alexandriner und dem Gott des Uranfangs entsprach - und ein Herrscher der Finsternis als Quell aller Bosheit existierten.

Der Herr des Lichtreichs, den Mani mit Vorliebe den Vater der Größe oder den König der Lichtparadiese nannte, hatte fünf Glieder, nämlich Vernunft (*nous*), Denken, Einsicht, Sinnen und Überlegung. Umgeben wurde er von zwölf Äonen, von denen jeweils drei in einer der vier Himmelsrichtungen lagen. Man kann den Zusammenhang der Äonen auch als Lichterde und Lichtluft verstehen, die den Palast des Vaters der Größe bilden, was ein wenig an die Thronhallen der jüdischen Mystik erinnert.

Auffallend ist wiederum die Zahl Zwölf, denn es hätten ja auch vier Äonen, eines für jede Himmelsrichtung sein können. Die frühe Astralreligion lässt uns nicht los. Heil und Zeit wurden ineins gedacht, die zwölf Planetengötter tauchen in Manis System als zwölf Äonen wieder auf. Der Herr der Zeit war auch der Herr der Welten, der Äonen, wie es in einer anderen Bezeichnung des Herrn des Lichtreiches zum Ausdruck kommt. Mani benutzte gelegentlich den Namen des iranischen Gottes Zurvan – und Zurvan bedeutet Gott Zeit.

Scharf davon getrennt war das Reich der Finsternis. Der Herr der Finsternis gebot über die fünf Elemente Rauch, Dunkelheit, Wind, Wasser, Feuer, aber es waren die negativen Aspekte der Elemente, über die der böse Gott regierte, nämlich als Rauch, als Finsternis, Glühwind, Brand und Wasser. Ibn an-Nadīm nannte dieses Wasser in einer seltsamen Wendung Gift, wobei das Gift für finsteres Wasser steht, das gereinigt werden muss – wie alles eben. Der islamische Gelehrte al-Schahrastani verwandte den Ausdruck Nebel. Mag es im Namen differieren, ist es in der Sache doch eindeutig. Beide Bezeichnungen spielen auf den negativen Aspekt des Wassers an: Es ist das Wasser, das verschlingt und in die Tiefe zieht, das uns in die Irre leitet und in unseren Eingeweiden als giftige Flüssigkeit verbrennt. Der König der Finsternis war ein wahres Monster – und man geht nicht fehl, wenn man sich an die Gestalt des bösen Urgeistes, an Balrog aus der Verfilmung des ersten Teils des »Herrn der Ringe: Die Gefährten« erinnert.

Das Reich der Finsternis wurde von Archonten beherrscht und von Dämonen als ihren Gefolgsleuten bewohnt, die im fortwährenden Krieg miteinander lagen. Neid und Gier trieben sie in ständige Kämpfe gegeneinander. Der Gedanke an eine Allgemeinheit, an eine Verantwortung für das Ganze war ihnen vollkommen fremd, sie hatten nur den eigenen Vorteil im Blick, den sie sich mit allen Mitteln zu verschaffen suchten. Ihr Denken reichte nicht über sie selbst hinaus. Deshalb wurde das Reich der Finsternis von Zwist, Unruhe und Fieberkrämpfen geschüttelt. Das Lichtreich dagegen ruhte in Harmonie und Einigkeit.

In den unablässigen Scharmützeln trieben die Mächte der Finsternis sich bis an die Grenze ihres Reiches, und dort fiel plötzlich ein Lichtstrahl auf sie. Es ist einer der schönen und beeindruckenden Momente in der Lehre Manis, wenn diese grässlichen Gestalten, diese Wesen der Finsternis und Dunkelheit, von denen man immer glaubt, dass Hieronymus Bosch sie porträtiert habe, ineinander verhakt und verbissen, auf einmal innehalten, weil sie von einem Lichtstrahl wie von einem Schmetterlingsflügel berührt werden, der für sie fremd, unbekannt und erklärlich ist. Doch die Sehnsucht konnte in ihren finsteren Wesen nur als Gier, ihn zu besitzen, aufleben. Pack schlägt sich, Pack verträgt sich. Die Mächte der Finsternis schlossen Frieden, um gemeinsam das Lichtreich zu erobern.

Der Vater der Größe lehnte es ab, sein Reich in den Kampf zu schicken, sondern brachte durch Emanation aus sich die Mutter des Lebens, die auch der Große Geist oder Sophia (Geist ist im Hebräischen und im Aramäischen weiblich) genannt wurde. Aus ihr ging der Erste Mensch hervor, der zumeist Urmensch genannt wurde. Wie in der ägyptischen Religion begegnet uns wieder die Vater-Mutter-Sohn-Triade (Osiris-Isis-Horus), die·auch in einigen Vorstellungen der Gottesgebärerin (theotôkos) Maria (Gottvater-Maria-Jesus) vorkommt. Wir befinden uns hier also auf durchaus vertrautem Terrain. Der Sohn kämpft für den Vater gegen den Herrn der Finsternis und dessen Anhang.

Dem Urmenschen wurden nun die fünf Elemente beigesellt, die in einigen Texten auch als seine Söhne bezeichnet wurden, und zwar: Luft, Wind, Licht, Wasser, Feuer. Diese Fünfergruppe wurde unter der Bezeichnung der Lebendigen Seele zusammengefasst. Im Kampf unterlag der Urmensch und musste die Lebendige Seele der Finsternis überlassen. Diese Niederlage verstand Mani aber als Scheinniederlage oder als Taktik des Siegens durch Unterliegen – auch die Kreuzigung Jesu gilt als Voraussetzung seiner Erhöhung und der Erlösung der Menschen. Aus der Vermischung von Licht und Finsternis folgte die eiserne Notwendigkeit, Licht und Finsternis wieder zu entmischen, das Licht aus der Finsternis zu befreien und mithin Erlösung und Zerstörung des bösen Reiches zu verwirklichen.

Dazu berief der Vater der Größe eine neue Göttertriade, nämlich die Geliebte des Lichtwesens, den Großen Baumeister und den
Lebendigen Geist, der nicht umsonst auf Persisch Mithra hieß. Damit gelang es, auch den Mithras-Kult zu integrieren. Die Reinigung
der Lichtseelen im Mond, überhaupt die Rolle, die Sonne und
Mond hier spielen, erinnert sehr an den römisch-persischen Mysterienkult.

Der Lebendige Geist sandte nun den erweckenden Ruf an den
Urmenschen, der ihm antwortete. Ruf und Antwort, die gemeinsam
den Gedanken des Lebens bildeten, stiegen hinauf ins Lichtreich.
Der Ruf vereinigte sich mit dem Lebendigen Geist und die Antwort
mit der Mutter des Lebens.

Nun mussten die Elemente noch geläutert und das Licht von der
Finsternis getrennt werden, wenn man so will, die negativen Aspekte
zerstört, das Wasser zum Wasser des Lebens werden, indem es
seine verschlingende und tötende Wirkung verlor, das Feuer als
Wärmendes und nicht Verbrennendes usw. wirkte. Um diese Reinigung zu vollbringen, wurde eine gigantische Maschinerie, eine Art
monströser Spüle geschaffen. Der Lebendige Geist und die Mutter
des Lebens begaben sich in das Reich der Finsternis, besiegten die
Archonten und schufen aus ihren Körpern den Kosmos, der aus
zehn Himmeln und acht Erden bestand. Aus dem Restmaterial fer-
tigten sie die Sterne und die Milchstraße an. Um die Aufgabe, den
Kosmos in der Ordnung zu halten, sorgten sich nun die fünf Söhne
des Lebendigen Geistes:

- Der *splenditenens* (was man mit Halter der Lichter übersetzen
  kann) überwachte die Gesamtheit des Kosmos.
- Der Große König der Ehre thronte mitten im Kosmos, sozusagen als Gravitationszentrum.
- Der König der Herrlichkeit überwachte das Funktionieren der
  drei großen Räder (Wasser, Wind, Feuer).
- Der Licht-Adamas stand gerüstet und bewaffnet bereit, um
  jeden Aufruhr niederzuwerfen.
- Und Atlas trug den Kosmos auf seinen Schultern. Wurde ihm

das Gewicht zu schwer, so wechselte er die Schulter. Die Erschütterung, die dabei entstand, nannten die Menschen Erdbeben.

Der Lebendige Geist stellte aus dem Licht die Sonne und den Mond her, die Sterne, die Planeten und die Sternkreiszeichen wurden aus den Archonten geschnitzt und ans Rad der Sphären geschlagen. Um diese Maschinerie in Bewegung zu bringen, emanierte der Vater der Größe den Dritten Gesandten, der im Schiff der Sonne Platz nahm, und den Glanz-Jesus, der im Mond seinen Sitz hatte.

Der Dritte Gesandte befand sich in der Gesellschaft der zwölf Lichtjungfrauen. Er begann nun, die Archonten, die beiderlei Geschlechts sein konnten, mal als Frau, mal als Mann zu verführen, um ihre sexuelle Begierde hervorzulocken.

Der Inbegriff des Bösen war für Mani die Begierde, die vor Wollust blind und taumelnd versuchte, sich mit dem Licht zu vermischen, und deshalb die Archonten trieb, sich mit dem Licht zu vereinen. Das misslang, aber der Samen der männlichen Archonten fiel auf die Erde. Daraus erwuchsen die Pflanzen und ein mächtiges Meerungeheuer, das wir bereits aus dem babylonischen Mythos als die Schlange Tiamat kennen. Das grässliche Meerungeheuer wurde vom Licht-Adamas besiegt. Die weiblichen Archonten aber brachten Fehlgeburten hervor, die auf die Erde fielen und sich von Bäumen ernährten. Dadurch nahmen sie Materie (*hyle*) auf und an und wurden so zu körperlichen Wesen. Aus ihrer gegenseitigen Begattung ging die Tierwelt hervor.

Die Finsternis, die sich dagegen wehrte, die Lichtteile zu verlieren, schickte zwei Dämonen zur Erde, Saklas und Nebroel, die sich von den anderen Dämonen, die aus den Fehlgeburten hervorgegangen waren, die Kinder geben ließen, sie verschlangen und schließlich Adam und Eva zeugten. Adam und Eva lebten auf der Erde, zeugten wiederum Kinder und quälten so die gefangenen göttlichen Lichtteile.

Nun trat der Glanz-Jesus auf den Plan. Er begab sich zu Adam, um ihm die erlösende Erkenntnis zu bringen. Um die Menschen, die inzwischen aus Adam und Eva hervorgegangen waren, zu erlösen, schickte der Glanz-Jesus den Licht-Verstand als den Vater aller Apostel, deren letzter Mani war, um allen Menschen die erlösende Botschaft zu bringen.

Die befreiende Botschaft und die erlösten Menschen sorgten jetzt für die Befreiung der Lichtteile. Die vom Bösen entmischten Lichtteile wurden über die Säule der Herrlichkeit, die man in der Milchstraße erblicken kann, zum Mond transportiert, der sie sammelte und dabei immer voller wurde (Vollmond) und sie dann abgab an die Sonne, wodurch er leer wurde (Neumond). Als Heimat für die erlösten Menschen errichtete der Große Baumeister einen neuen Äon.

So wurde der Mensch zum Schauplatz des kosmischen Dramas. In seiner Seele befanden sich die Lichtteile, die wieder nach Hause wollten. Durch den Geist, der ihm die Erkenntnis seiner wahren Geschichte und Beschaffenheit vermittelte, erlangte er die Erlösung, die er nur gegen den vom Reich der Finsternis als Gefängnis hergestellten Leib durchsetzen konnte. Wenn die Lichtteile des Menschen über die Säule der Gerechtigkeit in den Mond aufstiegen, um von dort weiter via Sonne in den neuen Äon zu gelangen, war er erlöst. Die Seele aber, die den gnostischen Ruf nicht erhörte, wurde nach dem Tod der sterblichen Hülle in einem anderen Körper wiedergeboren.

Wenn endlich fast alle Lichtteile befreit sein würden, käme ein verheerender Brand über die Welt, der 1468 Jahre dauern und in dem die Finsternis mit den sündigen und verstockten Seelen zu einem schwarzen Klumpen zusammengeschmolzen würde. Für diesen schwarzen Klumpen errichtete der Große Baumeister ein Gefängnis, aus dem sie nicht wieder entrinnen konnten, niemals!

Interessant ist, dass die Erlösung der Welt und der Weltseele, wie die des einzelnen Menschen und der Einzelseele, einander entsprechen wie Makrokosmos und Mikrokosmos. Hier findet sich das Grundgesetz aller Esoterik und geheimen Religionen wieder: wie im Großen, so im Kleinen.

Es stand in der Gewalt der Menschen, auch die anderen gefangenen und gequälten Lichtteile auf der Erde zu erlösen. Deshalb war es von entscheidender Bedeutung, dass Lichtboten wie Mani den Menschen die Gnosis brachten.

Die Lehre Manis ist noch wesentlich komplexer, aber es genügt für unsere Zwecke zu wissen, dass die Erlösung des Menschen aus der bösen und feindlichen Welt der Gnosis bedurfte, des Bewusstwerdens des richtigen Weges. Hierfür schuf Mani eine straff organisierte Kirche, deren Aufgabe darin bestand, eine Gemeinschaft und eine Schule der Heiligen zu werden, die die Lichtteile fürderhin nicht mehr quälten und sie reinigten und zurückführten ins *pleroma*.

An der Spitze seiner Kirche stand er selbst, Mani. Nach seinem Tod wurde die manichäische Kirche von einer Art Papst geleitet, den man Archegos nannte. Die Aufteilung der Gläubigen innerhalb der manichäischen Kirche sollte den mittelalterlichen Ketzern als Vorbild dienen. Es gab die Gruppe der Erwählten (*electi*) – auch die Vollkommenen genannt –, die umgeben waren von den normalen Gläubigen, den Hörern (*auditores*) oder Katechumenen. Die *electi* bildeten eine Art Klerus mit dem Archegos an der Spitze, dem zwölf Apostel oder Lehrer (*magistri*) unterstanden. Es folgten 72 Bischöfe und 360 Presbyter oder Älteste.

Die Electi erkannte man an ihrer weißen Kleidung. Neben der Gemeindearbeit bestand eine ihrer praktischen Aufgaben darin, die Lichtteile zu reinigen. Deshalb hatten sie sich auch jeder praktischen Tätigkeit zu enthalten und wurden von den Hörern, also der Gemeinde versorgt. Die erste Pflicht eines jeden Manichäers bestand darin, die Electi zu versorgen. Das Mönchskonzept, sich von der Welt zu lösen, keinerlei praktischer Tätigkeit nachzugehen und von den Gläubigen ernährt zu werden, kennen wir aus dem Buddhismus. In dieser Hinsicht besteht eine sehr große Nähe zwischen beiden Religionen. Auch das Christentum kennt das Prinzip der Absonderung, doch hat sich im christlichen Mönchtum allgemein die Pflicht zur Tätigkeit durchgesetzt. So lautet der Wahlspruch der Benediktiner: *ora et labora* (bete und arbeite).

Die Electi hatten sich sexuell zu enthalten, um keine Lichtteile an

Körper zu binden. Sie mussten die Glückseligkeit der Armut empfinden und die Reinheit des Mundes einhalten, außerdem wahrhaftig sein und durften nichts in der Natur verletzen, um keine Lichtteile zu quälen. Deshalb untersagte ihnen Mani strikt, den Boden zu bestellen, denn durch das Pflügen hätten sie ja die Erde verwundet und Lichtteile gepeinigt. Auch in dieser Idee scheint indisches Gedankengut auf. Die Jaina beispielsweise dürfen nicht im Dunkeln unterwegs sein, weil sie dadurch aus Versehen einen Käfer oder einen Wurm zertreten könnten, den sie nicht gesehen haben.

Strenger Vegetarismus verstand sich von selbst, denn die Manichäer folgten der nicht ganz einsehbaren Vorstellung, dass sie beim Verzehr von Tieren Lichtteile quälten, während sie diese beim Verzehr von Pflanzen befreiten.

Heilig war den Electi das gemeinsame Mahl, das einmal am Tag stattfand und der Lichtläuterung diente. Sie glaubten, dass sie aufgrund ihrer Heiligkeit beim Verzehr die Lichtteile reinigten. Bevorzugt wurden besonders lichthaltige Pflanzen wie Gurken und Weizenbrot. Insgesamt hundert Tage im Jahr waren zum Fasten bestimmt. Wie die katholische Kirche das zeitlich definierte Stundengebet kennt, so schrieb Mani den Electi vor, zu festgesetzten Zeiten zu beten und in ein Zwiegespräch mit Gott zu treten. Von den Babyloniern hatten die Christen und die Manichäer gelernt, dass, wer die Zeit und mithin auch den Tagesablauf bestimmte, auch die Menschen beherrschte.

Die sittlichen Gebote für die einfachen Manichäer ähneln den christlichen Vorstellungen. Auch hier waren Lüge, Mord, Geiz, Unzucht, Diebstahl, Zauberei und Götzenanbetung verboten. Es existierten Sakramente, ein Gottesdienst und die Beichte mit Bußstrafen.

Die Seelen der Electi ließen nach dem Tod sofort die Lichtteile frei, die flugs zu Gott zurückkehrten. Die Seelen der normalen Gläubigen schlüpften in einen neuen Körper, wobei das Ziel darin bestand, bei der nächsten Seelenwanderung den Körper eines Auserwählten zu erwischen. Zumindest gab es die Möglichkeit, über die verschiedenen Seelenwanderungen endlich zur Säule der Gerechtigkeit zu gelangen.

Der Manichäismus wirkte nicht nur als geheime häretische Bewegung. Er ist auch tief in die christliche und die islamische Religion eingedrungen und hat sich dort in Nischen festgesetzt und Krypten gebildet.

Die kirchliche Hierarchie der Manichäer weist deutliche Parallelen zu der christlichen Großkirche auf, die sich in diesen Jahrhunderten entwickelte. Beiden Religionen gemein ist die Vorstellung, dass die Priester einen besonderen Stand bilden – weniger als Gott, aber mehr als der Mensch, wie es Papst Innozenz III. verkündete. Priester und Electi hätten sexuell enthaltsam zu leben und stellten ein drittes Geschlecht dar. Auch die sittlichen Forderungen und die Fastengebote wiesen eine hohe Übereinstimmung auf.

Der Missionar Addas, der von Persien aus in den Westen zog, gründete in Oberägypten um 260 n. Chr. manichäische Klöster. Nun ist aber Oberägypten auch der Ort, an dem das christliche Mönchswesen seinen Anfang nahm. Gemeinhin wird Antonius der Große als erster christlicher Mönch gesehen, der sich um 280 n. Chr. von der Welt zurückzog, um in der Einsamkeit als Einsiedler zu leben und sich nur mit Gott zu beschäftigen. Andere folgten seinem Beispiel. Man nannte sie Anachoreten (griech. *anchorein,* entweichen). Sie lebten einen extremen Asketismus, einige verbrachten ihr Leben auf Säulen, andere auf Bäumen, wieder andere in Höhlen und tiefen Erdlöchern in der Wüste. Doch als sie aus der menschlichen Gesellschaft in die Wüste entwichen, hatten die Manichäer dort bereits ihre Klöster errichtet. Ob es zu einer gegenseitigen Beeinflussung gekommen ist, ob christliche und manichäische Mönche einander ignoriert, geduldet oder bekämpft haben, weiß man leider nicht. Eines jedoch steht fest: Das bedeutende gnostische Textkorpus von Nag Hammadi wurde in der Nähe eines Klosters entdeckt.

Doch nicht nur im Christentum überlebten die Gnostiker, sondern auch im Islam.

GERMANEN UND CHRISTEN

Sie führen Sonnenwendfeiern durch, begehen die Raunächte, wenn andere Weihnachten feiern, brechen zum Jahreswechsel zur wilden Jagd auf, tanzen halb nackt in der Walpurgisnacht um lodernde Feuer. Sie sind straff oder lose organisiert, sie führen geheime Treffen oder öffentliche Festivals durch. Sie berufen sich auf die keltische oder germanische Religion. Einig sind sie in der Ablehnung des Christentums und suchen nach älteren Religionen oder kultischen Praktiken. Die meisten von ihnen sind davon überzeugt, dass das Christentum die authentische Religion während der Missionierung im ersten und beginnenden zweiten Jahrtausend nach Christi Geburt verfolgt hat und auszurotten versuchte. Sie sehen sich als den lebendigen Beweis dafür an, dass das Heidentum – die germanische oder keltische Religion – überlebt hat.

Magier, Druiden, Priester, Hexen haben diese geheimen Religionen am Leben gehalten. Wahr ist aber auch, dass viele dieser Neu-Heiden, der Neodruiden, Hexen und Anhänger eines Urglaubens, der sich entweder auf das germanische Göttergeschlecht der Asen (Asartu) oder der Vanen (Vanatru) bezieht, im Christentum sozialisiert worden sind. Ohne es zu wissen, sind sie jedoch im Christentum bereits Elementen der alten Religionen begegnet – womöglich authentischer als später in den neopaganen Klubs und Vereinigungen, in denen sie sich in die scheinbar alten Religionen einweisen ließen. Das kling paradox, ist aber vollkommen logisch.

Wir haben keine exakte Kenntnis von der germanischen Religion. Schon der Begriff »*die* germanische Religion« ist äußerst fragwürdig, denn genau genommen müsste man bei dem, wie der römische Geschichtsschreiber Tacitus es nannte, Volk der tausend Stämme von Religio*nen* reden. Ein großer Teil der germanischen Mythologie kam durch die »Edda« und durch nordische Geschichtsschreiber wie Saxo Grammaticus auf uns – durch Texte also, die im 12. und 13. Jahrhundert, nach der Christianisierung, verfasst wurden. Inwieweit diese im nordgermanischen Raum notierten Vorstellungen für den südgermanischen Raum und für die frühgermanische Zeit oder die Zeit der Völkerwanderung zutreffen, ist fraglich.

Auch antike Quellen sind in religiösen Angelegenheiten nur sehr eingeschränkt aussagekräftig. Bei den wichtigsten Quellen für die frühen Germanen und Kelten – Caesar und Tacitus – wäre zu fragen, wie viel in deren Darstellungen auf Missverständnisse, Legenden und Unkenntnis zurückgeht. Die Forschung ist darüber uneins. Insofern sind die neopaganen Religionen im Grunde Kunstreligionen, die sich auf einen gemixten Mythos beziehen, in etwa so, wie wir es bei den späten Rosenkreuzern erlebten.

Spannender ist die Frage, inwieweit das Christentum selbst germanisches Brauchtum und pagane Vorstellungen als geheime Religion transportierte. So ist beispielsweise unsere Gebetshaltung nicht altchristlich, sondern altgermanisch. In der Alten Kirche kannte man die Oratorenhaltung, das heißt, die erhobenen Hände, deren Flächen aufwärts gewandt waren. Diese Gebetshaltung finden wir neben anderen (Bekreuzigen, Verneigen mit hängenden Armen, Niederknien und Prostration) noch in der orthodoxen Kirche. Die gefalteten Hände gehen hingegen auf eine germanische Geste zurück: Die linke Hand symbolisiert durch die Faltung die Fesselung der rechten Hand, der Schwerthand, und bedeutet damit, dass sich derjenige wehrlos macht, sich also Gott ausliefert. Das Gebet besteht in diesem Verständnis nicht so sehr im Bitten, sondern stärker noch und als Voraussetzung für alles andere, dass man sich Gott vollkommen ausliefert. Erst in Gott können die Dinge werden, und der Mensch, der um etwas bittet, hat sich zuerst vorbehaltlos Gott auszuliefern, Gottes Ratschluss, Gottes Macht anzuerkennen.[154]

Christliche Missionare wie Bonifatius, der Missionar der Deutschen, gingen dabei sehr geschickt vor: Sie errichteten die Kirchen oft an Plätzen, die von der lokalen Bevölkerung ohnehin als heilige Orte verehrt wurden. Notfalls fällte man heilige Bäume und verwandte das Holz zum Kirchenbau. Pagane Bräuche wurden, wenn man sie nicht verbieten konnte, schlicht dem christlichen Festkalender einverleibt. Häufig gelang das schon aus dem Grund problemlos, weil Religionen sich mit den Kerndaten der menschlichen Existenz beschäftigten und diese wiederum auf das Jahr umgelegt wurden.

ALTES IM NEUEN GEWAND

Pagane Götter wurden entweder getauft, also in christliche verwandelt, oder man erklärte sie kurzerhand zu Dämonen, zu Teufeln. Wotans Sohn Baldr, der von Loki getötet wurde, konnte leicht von der übermächtigen Christusfigur aufgesogen werden, weil er zum Typ des leidenden Gottes wie Osiris und Christus gehörte. Wer Baldur verehrte, konnte also auch Christus verehren, zumal Christus in der Mission nicht vorrangig als der Erlöser, sondern als der große und mächtige König dargestellt wurde. Die Engel wurden in dieser Vorstellung zu Rittern, zu Gefolgsleuten. Der im »Hildebrandslied« vorkommende große Gott, mit dem der christliche Gott zwar gemeint ist, erinnert in seiner althochdeutschen Bezeichnung *irmingot* aber noch sehr an den großen Gott der Germanen und die *irminsul*, jene Säule, die Himmel und Erde verband.

Jahr und Monat

Sowohl in der römischen wie in der jüdischen als auch in der germanischen Kultur wurde ein enger Zusammenhang, ja eine Entsprechung von Geburt, Reife und Tod und von Aussaat, Ernte und Absterben der Vegetation gesehen. Fruchtbarkeitsriten spielten in allen Kulturen eine Rolle. Das Jahr wurde eingeteilt durch die Frühjahrssonnenwende und die Wintersonnenwende. Aus dem Frühjahrsäquinoktium errechnete sich der Termin für die Aussaat. Davon abhängig war das große Frühjahrsfest, das die Fruchtbarkeit und das Hervorbrechen der Vegetation feiert – heute verbinden wir dies mit Ostern.

Für die Germanen zerfiel das Jahr in zwei Teile, die von den Sonnenwenden definiert waren. Außerdem glaubten die Germanen, dass der Tag aus der Nacht geboren werde, was sich in unserer Tagesbezeichnung Sonnabend wiederfindet und aus Begriffen wie Heilige Nacht, Weihnachten, Walpurgisnacht, Fastnacht leuchtet. Man zählte nach Nächten und Monden. Das hing damit zusammen, dass die Germanen nicht den solaren Kalender benutzten wie die Römer und später die Christen, sondern den Mondkalender. Demzufolge rechneten sie in Monden. Der Mond eignete sich hierfür durch seinen regelmäßigen Gestaltwandel (Vollmond, Halbmond, Neumond) perfekt. Wir finden dieses Faktum im Wort Monat wieder: Ein Monat entspricht einem Mondzyklus.

Die Wochentage

Es scheint so zu sein, dass die sieben Wochentage zunächst eingeführt worden waren, um an diesem Tag bestimmten Göttern zu huldigen. Die Entwicklung, die wir bereits bei den babylonischen Planetengöttern gesehen haben, vollzog sich auch im Germanischen. Der Sonntag war der Sonnengöttin Sunna, der Montag dem Mondgott Mani, der Dienstag dem Gott Ziu, der Mittwoch dem Wotan, der Donnerstag dem Donar oder Thor, der Freitag der Frija gewidmet.

Die Christen haben nun versucht, die Wochentage zu christianisieren, was ihnen aber in Germanien nur bedingt gelang.

In den romanischen Sprachen wurde aus dem Sonntag gut christlich der Tag des Herrn (ital. *domenica*, span. *domingo* und franz. *dimanche*), während dieser Tag im Althochdeutschen *sunnūn tag*, mittelhochdeutsch *suntac* und heute eben Sonntag heißt. Das war allerdings für die Missionare nicht weiter problematisch, weil sie Christus ohnehin spätestens seit Gregor dem Großen (540–604) mit dem Licht und der Sonne als Sol Invictus, als unbesiegbaren Sonnengott in Beziehung setzten.

Der Montag – althochdeutsch *mānitag*, mittelhochdeutsch *mōn-* oder *māntac* – blieb im Romanischen weiterhin dem Mond vorbehalten (ital. *lunedì*, franz. *lundi*, span. *lunes*), nur in Portugal gelang es, die kirchliche (lateinische) Bezeichnung durchzusetzen: *segunda-feira* – die zweite Feier. Entsprechend werden im Portugiesischen die übrigen Wochentage – bis auf den Samstag – durchgezählt. Der Freitag heißt also *sexta-feira*.

Der Dienstag behielt im Romanischen den Bezug zum Kriegsgott Mars (ital. *martedì*, span. *martes*, franz. *mardi*), und im Germanischen firmiert als lokale Entsprechung als Namensgeber der germanische Kriegsgott Ziu (althochdeutsch *ziostag*, mittelhochdeutsch *zîstac*, engl. *tuesday*). Im Deutschen wurde durch Sprachentwicklung aus dem *zîstac* der Dienstag.

Der Mittwoch erinnert im romanischen Raum an Merkur (franz. *mercredi*, span. *miércoles*, ital. *mercoledì*). Während im Englischen die Erinnerung an Wodan in *wednesday* erhalten blieb, entstand aus dem althochdeutschen *wuotanes tac* unter christlichem Einfluss aus dem kirchlateinischen *media hebdomas* der *mittiwohha*, der mittelhochdeutsch zu *mittwoche* und neuhochdeutsch zum Mittwoch wurde.

Der Donnerstag stand unter dem Zeichen des Jupiter, lateinisch Jovis (ital. *giovedì*, franz. *jeudi*, span. *jueves*). Im Althochdeutschen denkt man an Donar oder Thor – *donares tag*, im Mittelhochdeutschen *donerstac* –, und auch im Neuhochdeutschen wird die Erinnerung an Donar oder Thor in Donnerstag noch sehr deutlich. Auch die Engländer folgen der heidnischen Benennung: *thursday*.

Der Freitag war der Göttin der Liebe – Venus – gewidmet (lat. *veneris dies*), und das finden wir noch im Italienischen (*venerdi*), im Französischen (*vendredi*) und im Spanischen (*viernes*). Die germanische Entsprechung der Venus, Frija oder Freyja, die Gemahlin Wotans, gab dem Freitag im Althochdeutschen als *frījetag* den Namen, der im Mittelhochdeutschen zu *vrītac* wurde.

Interessanterweise stammt der Begriff Samstag vom jüdischen Sabbat ab (griech. *sábbaton*) und bezeichnet den Ruhetag: ital. *sabbato*, span. und port. *sábado*, franz. *samedi*. Althochdeutsch heißt er *sambaztac und* mittelhochdeutsch *sameztac*. Im Englischen setzte sich die römisch-heidnische Bezeichnung durch, denn dieser Tag war dem Saturn gewidmet: *saturday*.

Der Samstag war im Germanischen der Göttin Hulda geweiht, die wir aus den Märchen der Brüder Grimm noch als Frau Holle kennen. Sie spendet Fruchtbarkeit und Segen, worauf bereits ihr Name – althochdeutsch *hold* bedeutet günstig, gnädig – hinweist. Sie wohnt in der Tiefe der Gewässer, und in Mondnächten sieht man die goldenen Reflexionen des Lichtes im Wasser, die als die Seelen der ungeborenen Kinder gelten, die Hulda umgeben. Deshalb gab es den Brauch, dass die Mädchen in heiligen Nächten zum Brunnen liefen in der Hoffnung, dass die klare Wasseroberfläche ihnen das Bild des Bräutigams zeigen würde, wenn sie ihn anriefen. Wir erinnern uns abermals an das Märchen von Frau Holle und der Rolle, die der Brunnen darin spielt. Hulda, das ist eindeutig, führt die Liebenden zusammen. Redensarten wie »unter dem Pantoffel stehen« oder »unter die Haube bringen« leiten sich von diesen Vorstellungen her – Haube und Schuhe sind Symbole der Göttin. Da Hulda die Frühlingsvögel Storch und Schwalbe mochte und im Wasser die Seelen der Ungeborenen sind, entstand die Vorstellung, dass der Storch die Kinder aus dem Brunnen hole.

Interessant ist, dass in der Volksreligion das Bild der Hulda ganz in der Jungfrau Maria als »unsere liebe Frau« aufging und nur noch im Märchen erhalten ist. In Würzburg existierte im 7. Jahrhundert ein Heiligtum der Hulda. Der Göttin wurden Gewürze geopfert. Daher vermuten einige Forscher, der Name der Stadt Würzburg leite sich von den Kräutern her, die in diesem Heiligtum geopfert wurden. Ein Beleg dafür ist, dass der Name der Stadt in einer mittelalterlichen Schrift als latinisiert Herbipolis bzw. gräzisiert als Herbopolis, also Kräuterstadt, auftaucht.

Für das Verschwimmen der Hulda im Bild der Jungfrau Maria spricht auch, dass der katholische Feiertag Mariä Himmelfahrt im Alemannischen auch Kräuterweihtag oder im Würzburgischen Mariawürzweih genannt wurde. So wurde der Samstag, der Tag der Hulda, schließlich der Jungfrau Maria geweiht. Im Bild »unserer lieben Frau« verschwimmen Frau Holle oder die Göttin Hulda und die Jungfrau Maria.

Der Samstag wird auch Sonnabend genannt. Die zweite, ursprünglich norddeutsche Bezeichnung kommt aus der Vorstellung, dass die Nacht den Tag gebiert, und so wird in der Nacht zuvor der Sonntag geboren, nämlich am Sonnabend. Es ist der Abend vor dem Sonntag, der nun dadurch aufgewertet wurde, weil die Christen sich von den Juden abheben wollten und so nicht den Sabbat als Tag der Ruhe heiligten, sondern den folgenden Tag, den Sonntag. So wurde aus dem Sabbat der Tag vor dem Sonntag, der ihn am Abend hervorbringt.

Das Projekt, die heidnischen Namen zu verdrängen, gelang also in Deutschland nur in zwei Fällen, nämlich beim Mittwoch und beim Samstag. Da Ziu als Kriegsgott gleichzeitig der Gott der Gerechtigkeit war, hielt man am Dienstag auch Gerichtstag. Da es nicht gelang, die Namen der Wochentage zu ändern, wurde jedem Wochentag ein christlicher Heiliger zugeteilt. Das ließ sich umso wirkungsvoller bewerkstelligen, wenn es starke inhaltliche Übereinstimmungen gab. Die Parallelen zwischen Thor, der die Midgardschlange tötete, und dem Erzengel Michael, der mit dem Teufel kämpfen und ihm den Kopf zertreten wird, sind so deutlich, dass es gelang, den Thor-Kult durch den Michael-Kult zu ersetzen.

WEIHNACHTEN – CHRISTI GEBURT

Das Jahr wurde, wie gesagt, bestimmt von den Sonnenwenden, und diese wurden als religiöse Feste gefeiert. Eines der bedeutendsten heidnischen Feste war das Julfest. Es dauerte zwölf Tage, und zwar vom 25. Dezember bis zum 6. Januar. Dem geht am 21. Dezember die Wintersonnenwende voraus. Jetzt werden die Tage wieder länger. Das Licht kehrt zurück. In dieser Zeit, so glaubten die Germanen, stehe der Himmel offen und man könne das nächste Jahr, die Zukunft sehen. Die Rückkehr des Lichtes musste festlich begangen werden, denn der Sonnengott selbst erbarmte sich der Menschen. Diese zwölf Nächte nannten die Germanen auch die Raunächte, die auf den Tierkult verweisen. Es ist die Zeit der Ungewissheit, in der Gegenwart und Zukunft aufeinandertreffen, weshalb man einerseits die Zukunft sehen kann, gleichzeitig aber anderseits Schaden abwenden muss, denn Magie und böser Zauber gehen um, Mischwesen treiben verstärkt in dieser Zeit ihr Unwesen.

Unabhängig von diesen germanischen Bräuchen legte die christliche Kirche in einer großen und heftig geführten internen Diskussion die Geburt Jesu Christi auf den 25. Dezember erst recht spät fest, nämlich im 4. Jahrhundert. Während Ostern von Anfang an ein hoher christlicher Feiertag war, setzte sich der Tag, an dem Jesu Geburt gefeiert wurde, verhältnismäßig spät durch.

Und in der Tat scheint für die späte Festlegung des Geburtstags des Herrn die Sonne wie bei den Germanen die zentrale Rolle gespielt zu haben. Im Rom des 4. Jahrhunderts wurde der *sol invictus*, der unbesiegbare Sonnengott, den Konstantin der Große mit Jesus Christus gleichsetzte, am 25. Dezember geboren. Das hängt mit dem sichtbaren Phänomen zusammen, dass von diesem Tag an die Tage wieder länger werden, der Sonnengott sozusagen neugeboren wird. Wir haben die Nähe und die Parallelen gesehen, die am Beginn des ersten nachchristlichen Jahrhunderts zwischen dem Mithras-Kult und der Jesusverehrung bestanden. Mithras aber kam ebenfalls am 25. Dezember zur Welt, und auch Mithras hat eine starke Beziehung zur Sonne.

Die Geburt der Sonne, des Sonnengottes und schließlich das Längerwerden der Tage, die Geburt des Lichtes in der Finsternis, des Tages aus der Nacht, spielen hierbei eine starke Rolle. An diesem Tag werden Götter, werden Überwinder geboren. Die christlichen Theologen taten noch ein Übriges: Sie verwiesen auf die Bibel und behaupteten, dass die Patriarchen vollkommen gewesen seien.

Ein Merkmal dieser Vollkommenheit bestand darin, dass Gott ihnen an Jahren eine runde Zahl zuwies, also 50, 60, 70 oder 20 und mehr Jahre, und dass sie am gleichen Tag, an dem sie geboren wurden, Jahre später auch starben. Jesu Geburtsdatum war durch die Evangelisten gesetzt, nämlich zur Zeit des jüdischen Passahfestes. Demzufolge hätte er auch zum Passah sterben müssen.

Nun argumentierten einige Theologen allerdings, dass bei Jesus nicht die Geburt, sondern die Empfängnis durch den Heiligen Geist die entscheidende Rolle spiele. Rechnet man also von der Geburt Jesu neun Monate zurück, kommt man in die Passah- oder Osterzeit, und damit wäre der Forderung der göttlichen Vollkommenheit Genüge getan – Jesu Einkörperung in Maria, Marias Empfängnis durch den Heiligen Geist wäre dann um das gleiche Datum erfolgt wie Jesu Tod.

Interessanterweise blieb Ostern als Leidens- und Passionszeit für die christliche Kirche wichtiger als Jesu Geburt zu Weihnachten, ganz im Gegensatz zur Volksreligion. Schnell fand das Geburtsfest Eingang in die Herzen der Menschen, weil es einen starken, uralten Glauben in sich aufnahm, im Germanischen nämlich den des Julfestes oder der Raunächte.

Die Kirche wiederum war sich dieser Fügung wohl bewusst, denn bereits Bischof Maximus von Turin feierte Anfang des 5. Jahrhunderts in einer Predigt Gott dafür, dass er seinen Sohn gerade zu diesem heidnischen Fest zur Erde gesandt hatte, um die Menschen zu beschämen und zum Glauben an den christlichen Gott zu führen. Nimmt man diese und ähnliche zeitgenössische Äußerungen zum Weihnachtsfest zur Kenntnis, dann drängt sich die Hypothese auf, dass die Christen das Geburtsfest Jesu bewusst auf diesen Termin gelegt haben, um das von den Heiden gefeierte Julfest, den Geburtstag von Mithras oder dem Sonnengott zu taufen.

Das ist der Grund, weshalb sich auch allerlei heidnische Bräuche im Weihnachtsfest finden und – christlich ummantelt – geduldet wurden, angefangen vom Weihnachtsbaum, der auf die Baumheiligtümer, die heiligen Haine der Germanen und Kelten verweist, bis hin zu seltsamen Gestalten wie dem Weihnachtsmann und Knecht Ruprecht. Die moderne Forschung verwirft zwar die Vorstellung, dass wir im Knecht Ruprecht den christianisierten Gott Wotan sehen können, doch es spricht für diesen Gedanken, dass es der modernen Forschung noch nicht gelungen ist, ein gleichwertiges Interpretationsmodell anzubieten. Nur der Nikolaus geht auf ein christliches Vorbild, auf einen Heiligen zurück und wird dann auch gleich zum Chef, dem Knecht Ruprecht dient.

Da die christlichen Missionare die heidnischen Götter nicht einfach aus der Welt schaffen konnten, ohne die zu Bekehrenden abzuschrecken, mussten sie ihre Existenz akzeptieren. Aber sie taten es, indem sie die germanischen Götter zu Dienern wie Wodan in der Gestalt Ruprecht erniedrigten, zumeist aber die Germanengötter in Hexen und Teufel verwandelten. Erst im Christentum nimmt der Teufel, der in den paganen Religionen oft sehr ambivalent ist, eindeutig die Position des abgrundtiefen und ausschließlich Bösen an. Und so werden aus Baldr und Wotan Diener, wird Thor oder Donar mit dem Hammer zum hinkenden Satan, geht Hulda auf in der Jungfrau Maria und verwandelt sich die Liebesgöttin Freyja in eine Hexe.

Aber immer zur Walpurgisnacht befreien sich die Hexen und Teufel, tanzen um die keltischen und germanischen Feuer, die ja in den alten Religionen als Reinigungen gedacht waren. Der Tanz um das Feuer war ursprünglich ein Akt der Reinigung und Heilung. In diesem Tanz fand die Seele zu sich und wurden die bösen Geister aus den Körpern und aus dem Dorf, aus den Tieren und Feldern ausgetrieben. Das Christentum hat das Feuer ebenfalls als Mittel anerkannt – allerdings in Form des Scheiterhaufens, das Feuer, das die Ketzer, ja und auch die Hexen und Teufelsanbeter reinigen sollte. Welch schauriges Zusammentreffen, welch unterschiedliche Konzepte von Reinigung!

Aus den heidnischen Saturnalien und wahrscheinlich auch den

germanischen Bräuchen der Raunächte leitet sich die Sitte her, einander zu Weihnachten zu beschenken, weil die Geburt des Lichtes für einen Anfang steht, für den Frieden, den man ersehnt. Aber der Frieden beginnt mit Geschenken.

DIE HEILIGEN DREI KÖNIGE

Wie im germanischen Julfest und den Raunächten reicht die Zeit vom 25. Dezember bis zum 6. Januar. Die Christen haben versucht, diese besondere Zeit christlich zu interpretieren, indem sie den 26. Dezember zum Tag des heiligen Stephanus erklärten. Das Ende des Zeitraumes bildet das Fest der Heiligen Drei Könige oder Epiphania Domini, das Fest, an dem Jesus als Christus der Welt erscheint. Wurde Jesus mit dem neuen Licht geboren, erscheint er nun der Welt als Messias, wird der Welt die Geburt des Messias deutlich und zu Bewusstsein gebracht.

Den drei Weisen erscheint die Geburt des Heilands als Stern. Es ist bemerkenswert, dass die Weisen aus dem kulturell hochstehenden und religiös entwickelten Osten kommen und nicht aus dem düsteren Norden, aus dem unwirtlichen Germanien. Die Heiligen Drei Könige, die auch die Weisen aus dem Morgenland oder schlicht Magier genannt werden, kommen aus dem Osten, aus Persien, aus Babylon, aus Indien. Sie bringen die (heidnische) Weisheit des Ostens, und sie erkennen, dass etwas Neues beginnt. Am 6. Januar meldet das Christentum seinen Anspruch auf die Mission der Heiden an.

OSTERN

Das wichtigste Fest der Christenheit ist in der Tat Ostern. Allerdings spielte und spielt das Frühjahr, das Wiedererwachen der Natur in allen Kulturen und Kulten eine große Rolle. Wie im Zweistromland der Vegetationsgott Dumuzi verehrt wird, wie wir in Ägypten den leidenden Gott Osiris finden, so steht der germanische Gott Baldr –

ein junger, ein schöner, ein anmutiger Gott, der durch den hinterlistigen Loki getötet wird – im Mittelpunkt der germanischen Passionsgeschichte. Es heißt, dass Baldr unverwundbar war, weil seine Mutter
Freyja allen Geschöpfen den Eid abnahm, ihn nicht zu töten. Nur
einen kleinen Mistelzweig übersah sie. Und als die Götter im Spiel
auf Baldr schossen und sich über seine Unverwundbarkeit freuten,
gelang es dem hinterlistigen Loki, dem starken Hödr einen Mistelpfeil in die Hand zu drücken, denn Loki hatte das Geheimnis von
Baldrs Verwundbarkeit herausgefunden. Nur der Mistelzweig konnte
ihm gefährlich werden, und durch diesen – von Hödr abgeschossen –
fand er auch den Tod. Dieses Motiv vom Geheimnis der verwundbaren Stelle des scheinbar Unverwundbaren kennen wie aus den
Liedern und Dichtungen um Siegfried, besonders aus dem »Nibelungenlied«.

Weil nun Trauer im Althochdeutschen *chara* heißt, kam die Vermutung auf, dass die Karwoche die Trauerwoche ist, in der um Jesus
oder eben um Baldur getrauert wurde. Denn der germanische Gott
und Sohn von Göttern, der getötet wurde, bildete für die Germanen
zwischen Rhein und Elbe die Brücke vom Heidentum zum Christentum – von Baldur zu Jesus. Tod und Trauer, aber auch die Auferstehung finden in der Osterwoche statt, in der Natur wie in der
Religion. Deshalb gingen pagane Fruchtbarkeitsriten ins christliche
Osterfest ein.

Dass das Ei in allen Religionen ein Symbol für Fruchtbarkeit ist,
stellt eine Binsenweisheit dar. Aber mit dem Ei verbindet sich vollkommen die Idee von der Auferstehung der Natur, denn in der alten
Zeit hörten die Hühner in unseren Breiten im November und Dezember auf, Eier zu legen, und begannen erst wieder im Frühjahr damit. So wurde das Ei im doppelten Sinne zum Symbol: Einmal zeigte
das erste Ei an, dass nun die Hühner wieder Eier legten, wie nun auch
die Lämmer geboren wurden, und zum anderen ist das Ei, aus dem
alles Leben kommt, selbst ein Symbol des Lebens. Diesen starken
Symbolwert ließ sich das Christentum nicht entgehen und taufte es
als Symbol für Gott, der der Schöpfer der Welt und allen Lebens ist.

Dass ein Hase keine Eier legt, ist bekannt, aber gleichzeitig wird

von ihm behauptet, dass er die Ostereier bringt. Allerdings spielt der
Hase in der germanischen Mythologie eine Rolle als Begleittier der
Erdgöttin Nerthus und der Göttin Nehalenia.

Eine hübsche Vermutung erzählt, dass die Göttin Ostara einen
Vogel in einen Hasen verwandelt hat, der in Erinnerung an seine frühere Existenz zu Ehren des Festtages der Ostara Eier legte. Problematisch und bis heute nicht zu klären ist die Frage, wer Ostara überhaupt
ist und ob sie jemals in der alten Zeit verehrt wurde. In den neoger-
manischen oder neuheidnischen Religionen unserer Tage wird die
Ostara als Frühlingsgöttin verehrt. Jakob Grimm vermutet in seiner
»Deutschen Mythologie«, dass dieser Göttin bei den Germanen gehuldigt wurde. Dabei stützte er sich in seiner Argumentation auf den
frühmittelalterlichen Theologen und Historiker Beda, der in seinem
Werk »De temporum ratione« schrieb: »Der Ostermonat, der heutzu-
tage als Passah-Monat übersetzt wird, hatte früher seinen Namen von
einer Göttin jener (Leute), welche Eostra genannt wurde, und der sie
in jenem (Monat) Feste feiern; von ihrem Namen geben sie der Osterzeit einen Beinamen, indem sie mit der gewohnten Bezeichnung für
einen alten Gottesdienst die Freuden einer neuen Feierlichkeit benennen.«[155] Aus der Eostra des Beda wurde bei Jacob Grimm die Ostara,
die wie Eostra bei den Engländern zu *easter* und den Deutschen zu
»Ostern« wurde. Im Altsächsischen, aus dem das Englische hervorging, wird der April tatsächlich auch der *eosturmônadh*, also der Monat
der Göttin Eostra genannt, während Einhard, der Gelehrte und Bio-
graf Karls des Großen, den April *ôstarmânoth* nennt.

Nur bleibt die Frage, ob wir es hier wirklich mit der Göttin Ostara
zu tun haben oder mit Ostern, einem Wort, das eine andere Herkunft hat. So wird vermutet, dass sich Ostern und *easter* von der griechischen Göttin Eos, der Göttin der Morgenröte, herleitet, weil die
Morgenröte auf den Tagesanbruch verweist, der in der christlichen
Liturgie (»Christus ist auferstanden!«) eine zentrale Rolle spielt. Eine
andere Deutung sieht in dem Begriff Ostern eine sprachhistorische
Entwicklung aus dem altnordischen Wort *nausa vatni*, mit Wasser be-
gießen. Das würde auf die Taufe, die gerade zu Ostern für die frühe
Kirche einen zentralen Stellenwert einnahm, hinweisen.

Weil Ostern in den okzidentalen und orientalischen Kulturen als grundlegendes Fruchtbarkeits- und Vegetationsfest, das das Wiedererwachen der Natur feiert, eine so große Bedeutung hat und in der alten Zeit neben dem Erntefest das wichtigste Fest im Jahr war, so war es auch das Fest, in dem sich die verschiedenen Bräuche und religiösen Symbole stürmisch mischten. Zudem gab diese Mischung den Nährboden ab für eine Entwicklung und Weiterentwicklung des Festes.

Der Osterhase ist erst seit dem Ende des 17. Jahrhunderts belegt, das Osterei seit dem 15. Jahrhundert. Doch das besagt nicht, dass sowohl Osterei als auch Osterhase in dieser oder in anderen Formen weit älter sein können und vermutlich auch sind.

Gleiches gilt für die Herkunft des Wortes. Auch wenn die neuere Forschung den Bezug auf eine altgermanische Göttin Ostara ablehnt, gibt es weder einen Beweis gegen diese Theorie, noch existieren schlagende Beweise für die anderen Hypothesen. Wir wissen, dass dieses Fest von allen gefeiert wurde und dass es Unterschiede, aber auch hohe Übereinstimmungen gab.

DER TANZ DER HEIDNISCHEN GEISTER

Viel deutlicher aber brachen die paganen Bräuche zur Zeit des Karnevals durch, den die Kirche bewusst als Freiraum, als Dampfablassventil im strengen und geregelten Ablauf des Kirchenjahres einsetzte, und in der Walpurgisnacht. Alte Fruchtbarkeitsfeste und vor allem -riten zerrissen die christliche Kette. Es war, als hätten sich auf einmal alle paganen Geister wieder befreit, die doch von der Kirche in Hexen und Teufel verwandelt worden waren. Allerdings hatten all diese Feen und Elfen und Alben, all die Mischwesen wie Vampire und Werwölfe seit der Einbeziehung in das christliche Weltbild ihre eigene Entwicklung genommen.

Die ausbrechende Hexenhysterie im 16. Jahrhundert veränderte das Bild der unreinen Geister und Hexen. Es wurde nun lebensgefährlich, alte Bräuche und alte Heilverfahren zu pflegen, sich mit

Kräutern und Beschwörungen auszukennen. Jetzt erst bildete die alte Religion geheime Zirkel, in denen man diese alte Religion – oder was man dafür hielt – fortan als geheime Religion im christlichen Abendland praktizierte.

Das Heidentum als älterer Bruder des Christentums, das sich nie ganz taufen ließ, starb in Europa nie aus, sondern wurde über die Jahrtausende weitergeführt und hat sich, wie oftmals übersehen wird, wie das Christentum im Verlauf dieser Zeit weiterentwickelt. Eingehende Untersuchungen zu diesem wichtigen Kapitel der europäischen Geschichte stehen bis heute aus, weil man dieses religionshistorische Phänomen nur allzu gern unter dem Stichwort Aberglauben abheftete und es nicht als eigenständige Religion verstand, die sich vornehmlich im Geheimen in den über tausend Jahren seit der christlichen Missionierung Europas entwickelte.

IM NAMEN DES MYSTERIUMS – MÄRTYRER UND MÖRDER

GEHORSAM, GEWALT UND GOTTESLIEBE – DIE VIELEN GESICHTER DES SUFISMUS

> »Verflucht sei jeder, der diese (Worte) weitergibt,
> um ein Geschenk oder um eine Speise
> oder um ein Getränk oder um eine Kleidung oder um anderes
> dergleichen.
> Die Worte wurden ihm in einem Geheimnis gegeben.«
>
> Apokryphon des Johannes

> »Wer das Geheimnis kennt der Liebe,
> vollzieht die Waschung zum Gebet mit Blut.«
>
> Halladj, Vogelgespräche

Wer sind sie wirklich, die Anhänger des Predigers Fethullah Gülen, die sich Fethullahci nennen und in den letzten Jahren auch in Deutschland durch beharrliche Aktivitäten Aufsehen erregten, sei es durch die Gründung von Schulen oder das Betreiben eines Fernsehprogramms auf Deutsch? Der Gründer der weltweit operierenden Vereinigung ist gebürtiger Türke und lebt in den USA, doch im Gegensatz zum türkischen Ministerpräsidenten Recep Tayyip Erdoğan befürwortet er, dass seine in Deutschland lebenden Landsleute sich gut integrieren und zuallererst Deutsch lernen. Integration hält er für den beruflichen Erfolg für unerlässlich, wobei diese mit einer konsequent muslimischen Lebensweise nicht unbedingt in Konflikt zu geraten braucht – im Gegenteil, Integration und Erfolg können einander sogar bedingen. Die *scharia*, das islamische Recht, hält Gülen für vereinbar mit dem Leben in einer demokratischen Gesellschaft. Deshalb kümmert er sich um Bildung, lässt Geld sammeln für den Bau von Schulen, beteiligt sich an Immobilienfirmen und besitzt inzwischen eine Bank, mischt also in unterschiedlichen Geschäftszweigen mit. Die Schulen bieten eine Ganztagsbetreuung an. Hat ein Schüler den Lernstoff bewältigt, nimmt er am Nachmittag an der Projektarbeit teil, andernfalls erhält er eine kostenlose Nachhilfe.

Wohlmeinende sehen in der Arbeit Gülens, der in seinen Predigten gern Sufi-Meister wie Ibn Arabi oder Rumi zitiert, eine Pionierleistung, die einerseits einen Weg aufzeigt, wie Islam und westliche Demokratie in Einklang gebracht werden können, und anderseits nachweist, dass soziales Engagement zur Integration beiträgt und dadurch Migrationsprobleme lösen hilft.

Kritiker warnen jedoch, dass Gülen und seine Anhänger sich nach außen liberal gäben, um die Gesellschaft zu unterwandern. Das Ziel der Aktivitäten, so meinen sie, bestünde in einer effizienten islamischen Missionierung. Die deutschtürkische Sozialwissenschaftlerin und Publizistin Necla Kelek bezeichnet die Fethullahci als eine »Sekte mit Konzernstruktur«. Und der Islamwissenschaftler Ralph Ghadban ist der Auffassung, dass »unter dem pseudo-modernistischen Lack« eine »islamistische Auffassung« stecke.[156] Er attestiert der Bewegung die erfolgreiche Handhabung von Geheimbundmethoden. Umso tiefer die Bewegung von Fethullah Gülen im Westen in der Gesellschaft verankert sei, umso stärker könne sie Einfluss ausüben. Als Beispiel dient den Kritikern die Festnahme zweier Journalisten in der Türkei unter einem durchsichtigen Vorwand – sie standen im Begriff, ein kritisches Buch über Gülen zu veröffentlichen.

Kurz gesagt: Die einen sehen in Gülens Organisation eine Art islamischer Caritas, die anderen ein mohammedanisches Opus Dei. Unter der humanistischen Oberfläche steckt nach Ansicht der Kritiker ein religiöser Geheimbund, der die Weltherrschaft des Islam anstrebt. Vielleicht sind sogar beide Ansichten richtig. Dabei liegt das Problem der Beurteilung nicht bei Fethullah Gülen, sondern in den westlichen Demokratien selbst, die längst ihre Werte aufgezehrt haben und denen jegliche Empathie fehlt. Das macht sie wehrlos gegen die Mobilisierung der religiösen Bedürfnisse der Menschen durch

Prediger oder Ideologen. Der mexikanische Autor Octavio Paz traf den Nagel auf den Kopf, als er feststellte, dass die westliche Demokratie in spiritueller Hinsicht herzlos sei. Sie ist nicht areligiös, ihre Religion heißt Zynismus. Noch ist die Situation nicht ernst. Sie wird es aber in dem Moment, in dem eine starke existenzielle auf eine grundstürzende metaphysische oder moralische Verunsicherung im Zentrum der Gesellschaft trifft. Dann werden aus geheimen Religionen Mobilisierungsbewegungen.

Die Diskussion um Gülens geheime Religion zeigt uns anderseits, wie wenig wir im Grunde über den Islam wissen, der längst in Europa angekommen ist und hier die Politik mitbestimmt. Immer wieder erstaunt uns die im Westen unvorstellbare Mobilisationskraft der Religion Mohammeds, die häufig mit der Metapher der »arabischen Straße« umschrieben wird. In unserer globalisierten Welt befindet sich diese »arabische Straße« überall, in Neukölln ebenso wie in Kairo, in London oder New York. Ein begnadeter Prediger kann sehr rasch eine beachtliche Anzahl von Anhängern gewinnen und organisieren, wenn er den Nerv der Menschen trifft und zudem über finanzielle Ressourcen verfügt.

Im besten Fall erscheint uns der Islam exotisch. Schlimmstenfalls sehen wir ihn als Terrorproduzenten, wobei meist die Tatsache außer Acht gelassen wird, dass sich der Terror erst sekundär gegen die USA und den Westen richtet, primär aber gegen die Muslime selbst. So geschah es in der Nacht zum 2. Juli 2010, als sich drei Fanatiker in dem Sufi-Schrein von Data Ganj Bakhsh im pakistanischen Lahore in die Luft sprengten und dabei mindestens 42 Muslime mit in den Tod rissen und über 175 Menschen verletzten. Zum Zeitpunkt des Anschlags sollen sich Tausende Menschen im Heiligtum aufgehalten, gebetet und religiöse Lieder gesungen haben.

Einerseits scheinen gerade die Sufi ins Fadenkreuz der Islamisten geraten zu sein, anderseits sind frühe islamistische Gruppierungen aus Sufi-Bruderschaften hervorgegangen. Mehr noch, die konspirativen Fähigkeiten und die absolute Autorität des Meisters oder Führers gehen auf den Sufismus zurück.

Schon wenn man die Geistesgeschichte des Islam in groben Zügen betrachtet, fällt auf, welch geistigen und theologischen Niedergang der Islamismus bedeutet. Im Grunde ist dieser weniger eine Glaubensrichtung als eine vergleichsweise junge politische Ideologie – das muslimische Pendant zur westlichen Achtundsechziger-Bewegung, wenn man so will.

Am Anfang des vorigen Jahrhunderts fand eine Reihe junger Leute im Islam eine Identität, von der aus sie den westlichen Kolonialismus wirksam bekämpfen konnten. In diesem Zusammenhang entstand beispielsweise die Muslimbruderschaft, die 1928 von Hasan al-Banna, der dem Sufi-Milieu entstammte, gegründet wurde. Das Ende des staatlichen Kolonialismus hatte keineswegs das Ende der westlichen Hegemonie bedeutet. Neue Eliten verbanden sich mit dem Westen und bildeten korrupte Regime, die durch ihr Agreement mit dem Westen reich wurden. Ende der sechziger, Anfang der siebziger Jahre wagte dann eine neue Generation zorniger junger Leute einen Aufbruch wie ihre Altersgenossen im Westen, nur bestand das Ziel ihres Aufbegehrens nicht in *love and peace*, sondern in einem streng an der *scharia* ausgerichteten Gottesstaat. Diese Ideologie konnte natürlich nicht ausreichend Platz bieten für die Breite und Vielfalt der islamischen Religion, für den ganzen Facettenreichtum ihrer Theologie und Dichtung.

Als ausgesprochene Individualisten lehnen die Sufi die Islamisten ab, für die nur ein Islam existiert, der an den Bedürfnissen eines totalitären Staates ausgerichtet ist. Die Sufi glauben hingegen, dass jeder Mensch seinen eigenen Weg zu Gott suchen muss, indem er sich als Suchender einem Meister anschließt, der ihm auf diesem gefährlichen Pfad als Führer behilflich ist. Schon beim Aufkommen des Sufismus lehnten die Sufi die Regierung ab und sahen in ihr nur eine Plage. Al-Hasan al-Basri († 728), einer der frühen Sufi, wurde nicht müde, auf die Vergeblichkeit der Welt hinzuweisen. Seine Ablehnung des Diesseits ist von einer fast gnostischen Strenge: »Sei mit dieser Welt, als ob du nie da gewesen wärest, und mit dem Jenseits, als ob du es nie verlassen würdest.«[157] Nichts war ihm gewisser, als dass der Mensch allein sterben und mit ihm auch allein abgerechnet werden würde.

Das hat aber nichts mit dem Weltbild jener zu tun, die sich heute Anarchisten nennen – viele von ihnen sind einfach nur Chaoten. *An-archie* bedeutet zwar, ohne Herrschaft zu sein, nicht aber, ohne Regeln zu leben. Je mehr der Mensch nach verbindlichen Regeln lebt, desto weniger bedarf er einer Herrschaft oder einer Regierung, die immer Teil des Problems ist und nicht die Lösung desselben. In diesem Sinn kann man die Sufi als die perfekten, unerreichten Anarchisten sehen: Sie leben nach festen Regeln und lehnen jede Regierung oder Herrschaft ab, weil die Motivation für die Macht nach ihrer Ansicht den Sünden entspringt: Gier, Eitelkeit und Mitleidlosigkeit.

Der Siebenbürger Georg wurde im 15. Jahrhundert von den Türken gefangen genommen, nach Anatolien verschleppt und in die Sklaverei verkauft. Zwanzig Jahre verbrachte er in türkischen Diensten, bis er zurückkehren konnte und sein »Traktat über die Sitten, die Lebensverhältnisse und Arglist der Türken« niederschrieb. Was für den Siebenbürger Georg oder Georgius de Hungaria, wie er sich selbst als Autor nennt, ein schweres Schicksal bedeutete, wurde für die Forschung zum Glücksfall, denn das Traktat stellt einen vorzüglichen und raren Augenzeugenbericht über das Alltagsleben im Osmanischen Reich kurz nach dem Fall von Konstantinopel 1453 dar. Es gibt wenig frühere und kaum genauere Darstellungen des Lebens und Auftretens der Sufi.

Georg schrieb über die Sufi: »Sie widmen sich mit großem Eifer besonderen Gebeten und geistlichen Exerzitien in Form von Nachtwachen und Meditationen. Niemals werden sie ihres Dauergebetes müde... sie kommen nachts zusammen, setzen sich im Kreis, beginnen Laylachillalach (türk.-arab. *La ilaha illallah*: Es gibt keinen Gott außer Allah, d. Hrsg.) zu sagen, und begleitet von einem Kopfnicken wiederholen sie das eine Zeit lang. Danach sagen sie *Lahu* (Gott) und wiederholen es auf dieselbe Weise. Zum Schluss sagen sie dann *Hu hu* (*Hu* bedeutet Er, also Gott – d. Verf.) und wiederholen es ebenfalls, bis sie wie ohnmächtig umfallen und einschlafen.«[158]

Aber auch von Häretikern sprach Georg aus Siebenbürgen, von einer Sufi-Sekte, die angesichts der universellen Religion der Liebe nicht mehr zwischen den Konfessionen unterscheidet: »Die vierte

Gruppe jedoch heißt in ihrer Sprache *horife*, was Ketzerei bedeutet.«[159] Damit sind offensichtlich die Sufi der Hurufiye gemeint.
Huruf bedeutet Buchstaben, und man könnte ihren Ordensnamen als
Buchstabendeuter übersetzen. Sie versuchten, auch im Christentum
tätig zu werden. Weiter wusste Georg zu berichten: »Sie (die Sekte
der *horife* – d. Verf.) vertritt die Meinung, dass ein jeder in seinem jeweiligen Gesetz erlöst wird und dass einem jeden Volk oder Geschlecht sein Gesetz von Gott geboten ist, in dem es erlöst werden
muss; alle Gesetze seien gleichermaßen gut für die, die sich an sie
halten, und keines sei einem anderen als besser vorzuziehen.«[160]
Diese Vorstellung ist dem islamischen Establishment verdächtig und
verfolgungswürdig: »Diese Leute sind den Türken verdächtig, sie
gelten als Schismatiker, und wenn man sie ausfindig macht, werden
sie verbrannt.«[161]

Ob Gott tatsächlich Allah ist, spielt für manche Sufi keine Rolle.
Bei anderen Sufi-Gemeinschaften fällt es schwer zu sagen, ob sie
überhaupt islamisch sind. Zumindest unterscheiden sie nicht zwischen Christentum, Islam und Judentum, weil sie in dem Gewand der
Religion nur eine Äußerlichkeit sehen. Wieder andere sind vollkommen muslimisch, und für sie ist Mohammed der erste Sufi. Einige verehren auch Jesus oder Moses oder Abraham als Ahnherrn oder eben
alle Propheten und Patriarchen. Der Meister Hakim Sanai († 1191)
schrieb dazu: »Einmal ans Meer gelangt, sprichst du nicht mehr von
Nebenflüssen.«[162]

Bei dem großen Mystiker Rumi, von dem sich die Tanzenden
Derwische von Konya herleiten, heißt es dazu:

»Die zweiundsiebzig Sekten und Bekenntnisse in der Welt bestehen nicht in Wirklichkeit: ich schwör's bei Gott.
Jedes Bekenntnis, jede Sekte, das bin Ich.«[163]

Gegen Salman Rushdie wurde wegen weit Geringerem eine *fatwa*, ein
islamisches Rechtsgutachten, erlassen, das ihn mit dem Tod bedroht.

Der frühe Sufi-Meister Hujwiri brachte das Verständnis der Sufi
auf den Punkt, als er in »Die Offenbarung des Verhüllten« verkün-

dete: »Es gibt drei Formen von Kultur: Weltliche Kultur, der bloße Erwerb von Information; Religiöse Kultur, das Einhalten von Regeln; Elitekultur, die Selbst-Entwicklung.«[164]

Die Sufi nehmen einen übergeordneten Standpunkt ein, der nahe bei Gott ist und sich für das Wesentliche interessiert, für das, was immer schon da war und immer sein wird, und keine Zeit mit den zufälligen religiösen Formen verschwendet. Die Kleinen Mysterien, die fürs Volk sind, bedeuten ihnen nicht mehr als das Spiel mit bunten Murmeln. Ihre ganze Konzentration richten sie auf die Großen Mysterien, auf das Geheime, das Verborgene, dem sie sich auf riskanten Reisen nähern.

Dass eine islamische Orthodoxie die Sufi mindestens ebenso kritisch beobachtet hat wie die Inquisition die christlichen Mystiker, ist bekannt, aber es erstaunt doch, dass längst verstorbene Sufi-Meister noch heute große Debatten auslösen können. So kam es Ende der siebziger Jahre des vorigen Jahrhunderts überraschend im ägyptischen Parlament, in der arabischen Öffentlichkeit und in der berühmten islamischen Al-Azhar-Universität in Kairo zu heftigen Auseinandersetzungen, ob man das Werk von Muhiyuddin Mohammed ibn Arabi, der den Beinamen *asch-schaich al-akbar* (der größte Lehrer) trug, verbieten solle, weil einige orthodoxe Muslime seine Überlegungen als häretisch empfanden.

Ibn Arabi lebte vor über 700 Jahren. Er wurde 1165 geboren und starb im Jahr 1240. Ein stärkerer Beleg für die anhaltende Wirkung der mystischen Religion lässt sich wohl kaum erbringen, als Verbotsversuche gegen die Werke längst verstorbener Sufi-Lehrer und Terroranschläge gegen die Gedenkstätten ihrer großen Meister vom Zaun zu brechen. Es wäre so, als würde der Bundestag darüber debattieren, ob man den deutschen Mystiker Meister Eckhart verbieten müsste, da noch dazu einige seiner Lehrsätze bis heute von der katholischen Kirche als häretisch eingestuft werden.

EINE UNIVERSELLE RELIGION DER LIEBE

Ein abenteuerliches Bild der Sufi entstand im Westen des beginnenden 19. Jahrhunderts durch die Schilderungen europäischer Orientreisender. Sie berichteten von Menschen, die mit schweren Ketten gefesselt, nackt oder mit durchbohrten Ohrläppchen oder Lippen herumliefen, sich auf Nagelbretter setzten, den Bizeps mit einer Nadel durchbohrten und was dergleichen seltsame Dinge mehr sein mochten. Andere sangen, tanzten, heulten oder miauten wie die Katzen, die sie verehrten. Diese Männer nannten sich Fakire und wollten mit diesen Praktiken ihre Verachtung für die schlechte Welt zum Ausdruck bringen.

Die Frage, was Sufi tatsächlich sind, lässt sich trotz ihrer vielfältigen Erscheinungs- und Glaubensformen mit einem Wort beantworten: Sie sind Mystiker, Gottessucher, die davon überzeugt sind, dass es einen verborgenen und geheimen Pfad zu seiner Herrlichkeit gäbe, den sie nur zu finden brauchten. Damit ist alles und nichts gesagt.

Die Sufi verzehren sich danach, sich mit Gott zu vereinen. Ihre ganze Liebe gehört dem Undenkbaren, dem Unvorstellbaren, dem Unbenennbaren, dem Absoluten. Dabei setzen sie voraus, dass es vor der Zeit bereits einen Bund Gottes mit den Menschen gegeben hat. Nach dem Koran (Sure 7, Vers 172) hat Gott die präexistenten Menschen vor der Erschaffung der Welt gefragt: »Bin ich nicht euer Herr?« Und sie antworteten darauf: »So ist's; hiermit bezeugen wir's.« Diesen Tag vor allen Tagen, als die präexistenten Menschen Gottes Einzigartigkeit bezeugten, als es nur Gott und die Menschen gab, stellt den idealen Zustand dar, zu dem der Sufi zurückmöchte. Am Ende aller Tage, am Tag nach den Tagen, möchte er vor Gott stehen wie am Tag vor allen Tagen und Gott bezeugen, dass er der Herr und der einzige Gott ist, und in diesem Bekenntnis würde der Mystiker mit Gott verschmelzen. Der Sufi Abdallah Ansari († 1088) drückte es prägnant in einem Gebet so aus:

»Mein Gott!
Eine Krone trag ich,
blick ich auf dich;

Staubbedeckt nur bin ich,
blicke ich auf mich.«[165]

Das erinnert sehr an die gnostischen Spekulationen vom Fall der Lichtfunken aus dem *pleroma* und ihre Rückkehr in die Fülle. Man nennt diese Vorstellung auch *tauhīd*, das Einheitsbekenntnis, wie es in der *schahāda*, dem Glaubensbekenntnis der Muslime, formuliert wurde: *lā ilāha illā 'llāhu* – es gibt keinen Gott außer Gott. Die Sufi aber brechen mit dieser Welt und wollen zu dem Tag zurück, an dem Gott in dieser Weise zu den Menschen sprach. Dieser Tag wird auch der Alastu-Tag genannt, weil Allahs Frage: »Bin ich nicht euer Herr« auf Arabisch *alastu bi-rabbikum* heißt? Deshalb negierten sie die Scheinwelt, in der sie lebten, und verstärkten das *tauhīd* noch, indem sie sagten: Es gibt nichts, außer den Einen. Allah war deshalb der Einzige, der *Ich* sagen durfte, die einzige Wirklichkeit (*al-haqq*) schlechthin, alles andere war unwirklich. In Sure 28, Vers 88 heißt es:

»Rufe neben Gott nicht noch zu einem anderen Gott!
Es gibt keinen Gott außer ihm.
Alles vergeht – nur sein Antlitz nicht!
Sein ist das Urteil, und zu ihm werdet ihr zurückgebracht.«

Wie in den längst vergangenen Tagen des frühen Christentums lebten die ersten Sufi in der Vorstellung, das Jüngste Gericht stünde noch zu ihren Lebzeiten bevor. Doch zunehmend entdeckten sie, dass es auf sich warten ließ. Vielmehr stand es in der Verantwortung des Menschen, Gott wohlgefällig zu werden, um eines Tages Gnade vor ihm zu finden. Gleichzeitig fanden die Sufi etwas Außerordentliches, das unvergleichlich war: Gottes Geschenk nämlich für die wahrhaft Frommen, das in der alles auflösenden, alles überwindenden, vollkommen beglückenden und im absoluten Sinne selig machenden Liebe bestand. Immer stärker drückte sich das Verhältnis des Sufi zu Gott im Modell der Liebe aus. Ibn Arabi dichtete:

»Mein Herz hat angenommen jegliche Gestalt:
für die Gazellen Weideplatz, für Mönche Kloster
den Götzen Tempelbau, dem Pilgerkreis die Kaba,
Schrifttafeln für die Thora, Seiten dem Koran:
Mein Glaube ist die Liebe: wo die Karawane
Auch hinziehn mag, ist Liebe meine Religion.«[166]

Wörtlich übersetzt bedeutet die Formulierung »Mein Glaube ist die
Liebe«: »Ich bekenne die Religion der Liebe«; in einer anderen Übersetzung klingen die letzten beiden Zeilen so: »Ich folge der Religion
der Liebe, wo auch immer ihre Reittiere hinziehn mögen.«[167]
    Liebe zu Gott ist der ganze Glaube, der nicht an die Äußerlichkei-
ten der Religionsinstitutionen gebunden ist. Ob es die Gazelle ist, die
als Sinnbild der Schönheit, aber auch für die Geliebte steht, deren
Weideplatz des Dichters Herz ist, ob es als Kloster für den christlichen Mönch dient, als Tempel den Götzendiener einlädt, die Tafeln
oder Seiten der jüdischen Tora oder des muslimischen Korans bildet – das Herz des Sufi als Ort der Liebe und des Glaubens steht jeglichem Gläubigen offen, dem Juden, Christen, Muslim, dem Heiden,
aber vor allem dem, der die Schönheit sucht und nur der Angebete-
ten nahezukommen wünscht. Die vollkommene Schönheit aber ist in
Gott und ist Gott, ganz gleich, wie man ihn nennt. Vielleicht kann
man bei der Interpretation dieser Verse sogar so weit gehen, dass die
Religion der Liebe als geheime Religion des brennenden Verlangens
nach der Vereinigung mit Gott, wie Geliebte und Liebende sich für
immer vereinigen, das Ich und das Du aufgehoben ist, wie manche
Sufi sagen, in allen Konfessionen vorkommt.
    Es versteht sich, dass die Rechtsgelehrten und die Orthodoxen,
aber auch die Islamisten einen Hass auf Menschen entwickeln, die
diese Anschauung vertreten und sie leben, und dass sie Zeilen wie
diese und andere Sätze Ibn Arabis lieber verbieten möchten. Hinter
der Ablehnung und Verfolgung einer universellen Religion scheint
die Angst all jener auf, denen es vor allem um Macht geht – mit welchen Ideologien und Theologien sie sich auch maskieren mögen.
Denn die bange Frage lautet: Wenn das alle machten und alle glaub-

ten – zerfiele dann nicht das religiöse Establishment zu Staub? Die Anschauung der Sufi ist entweder nicht orthodox oder im Gegenteil wahrhaft orthodox. Denn darin zeigt sich die eigentliche, die tiefe, die innere Religion.

Ob der Betende, der Fromme – der in der sufischen Tradition immer zugleich auch der Liebende ist – in die Moschee, in den Tempel, in die Synagoge oder in die Kirche geht, was schert es Gott, was kümmert es die Liebe? Die Gebäude sind wie die dazugehörigen Konfessionen nur menschliche Formen, die Liebe aber ist mehr. Und weil die Liebe mehr ist, ist sie Gottes authentisches Ausdrucksmittel, denn er selbst ist ja bekanntlich mehr als alle Menschen und alle Welten zusammen, die in ihm seinen Anfang finden. So kann die Liebe ihm als Kommunikationsmittel dienen, weil sie ihm am nächsten ist.

Sie mag schwer vorstellbar sein, aber es ist jene Liebe, die von Anfang an ohne Begierde und ohne Besitzdenken ist und die von den alten Griechen *agape*[168] genannt wurde. Indem die Sufi die irdische Liebe gereinigt haben, haben sie die sexuelle Gier sublimiert zum unstillbaren Verlangen nach der Vereinigung mit Gott, dem oder der Geliebten. Gott, so glauben die Sufi, spricht in der Sprache der Liebe.

Bei Paulus lesen wir: »Nun aber bleiben Glaube, Hoffnung, Liebe, diese drei; aber die Liebe ist die größte unter ihnen« (1 Kor 13). Und der persische Dichter Hafis, den uns Goethe im »West-östlichen Diwan« so bezaubernd nahegebracht hat, fand folgende Worte:

»Ich sag' es offen, und ich sag' es freudig:
Leibeigener der Liebe bin ich und
Von dieser und von jener Welt befreit.«[169]

Der wirklich Liebende hat die Konventionen der Welt in einem Maße überwunden, dass er bereits das Überwinden überwunden hat und von Diesseits und Jenseits befreit ist, denn beide Welten spielen für denjenigen, der in Gott aufgeht, keine Rolle mehr. Es ist atemberaubend zu sehen, wie weitreichend jüdische Mystiker, christliche Mystiker, Gnostiker und Sufi in der Vorstellung der Liebe als Gottes ontologischer Kommunikation übereinstimmen und wie sehr sie sich hierin von den fernöstlichen Religionen unterscheiden.

Der zentrale Begriff für die Haltung des Menschen Gott gegenüber ist für den Muslim allgemein, aber in noch besonderem Maße für den Sufi das *dhikr*. Es bezeichnet das Denken an Gott, sowohl in seinem Wesen als auch in seinen praktischen Formen. Die Anrufung Gottes durch die ständige Wiederholung eines seiner Namen, die bis zu zwölftausendmal hintereinander erfolgen kann, wird beispielsweise mit Bewegungen, Tanz und / oder Atemübungen verbunden. Besonders die Atemübungen ermöglichen durch Hyperventilation das Erreichen ekstatischer Zustände. Im speziellen *dhikr* findet man die Signatur der entsprechenden Sufi-Bruderschaft. Manche Formen sind geheim, anderen – wie den *dhikr*-Veranstaltungen der Tanzenden Derwische des Mewlewije-Ordens, der von Rumi gegründet wurde – darf man gegen Bezahlung beiwohnen.

Die Herkunft des Begriffs Sufi wird sehr unterschiedlich gedeutet. Die gebräuchlichste Erklärung bringt den Namen mit *suf*, dem arabischen Wort für Wolle, in Verbindung, denn die Asketen unter den Sufi trugen zum Zeichen ihrer Bedürfnislosigkeit derbe Wollgewänder. Andere hingegen meinen, dass eine Verballhornung des griechischen Wortes *sophos* (Weisheit) Pate gestanden hätte. Wieder andere führen das arabische Wort *safa* (Reinheit) an. Eine der schönsten Erklärungen aber ist diejenige, die die Sufi mit den »Leuten der Vorhalle« oder den »Leuten der Veranda« (*ahl as suffa*) in Verbindung bringt, die ihr Leben im Hof des Anwesens des Propheten zubrachten, still, fromm und bescheiden, und dabei kein Aufsehen erregten, so als seien sie nicht da. Ihr ganzes Sinnen und Trachten bestand nur darin, sich von Herzen an der Gegenwart des Propheten zu erfreuen – eine echte mystische Haltung, besteht doch das höchste Ziel der Mystik in der *unio mystica*, der Vereinigung mit Gott. Die Nähe zu Mohammed als Freund Gottes, der Allah sogar bei seiner Himmelsreise begegnete, erschien den frommen Muslimen als die größte Nähe, die sie zu Gott herstellen konnten. Das Phänomen ist auch uns

nicht unbekannt; wenn wir jemanden kennen, der einem Ereignis bei-
gewohnt hat, so ist es fast, als ob wir persönlich da gewesen wären.

Feinde und Verächter der Sufi weisen darauf hin, dass der Begriff
Sufismus, *tasawwuf*, nicht im Koran vorkommt, auch nicht seine Wort-
wurzel. Zudem sei der Glaube, sich Gott nähern, sich mit Gott sogar
vereinen zu können, reinste Häresie und eine Beleidigung Gottes.
Nach Ansicht der Sufi-Gegner wird Allah erniedrigt, wenn man ihn
auf die Ebene des Menschen herunterdrückt. Wie kann man sich mit
jemandem vereinigen, der so weit über einem steht, außer, wenn man
ihn zu sich in die Gosse hinunterzieht?, fragen die Islamisten. Wer
allerdings wie sie eine totale Herrschaft anstrebt, der muss natürlich
jeden individuellen Weg zu Gott erbittert bekämpfen.

Mohammed – der erste Sufi?

Die faszinierende Geschichte der geheimen Religion der Sufi beginnt
im Nahen Osten und natürlich in der Wüste, dem Leeren Ort, der
arabischen Halbinsel. Hier hatte Mohammed im 7. Jahrhundert im
Namen des Einen Gottes, Allahs, die Stämme der arabischen Halbinsel geeinigt. Vielen Mystikern gilt der Prophet als erster Sufi.

Erhielt Mohammed wesentliche Anregungen für seine Verkündi-
gungen durch den Kontakt mit Juden und vor allem häretischen
Christen? Oder lag es am Überbringer der Botschaften, am Engel
Gabriel, der sowohl für Jahwe als auch für den Christengott unterwegs war, dass die drei monotheistischen Religionen auf überraschende Weise so viele Übereinstimmungen aufweisen? Sollte
man Jahwe, Gott und Allah als einen Weltenschöpfer verstehen?
Jesus stellte jedenfalls das Alte Testament nicht infrage, und Mohammed verehrte Moses und Jesus als Propheten Gottes, nur dass er sich
als das Siegel der Propheten empfand, als letzten Verkünder der
Offenbarung. Der Verdacht einer Urheberrechtsverletzung ginge jedoch ins Leere, da der Prophet seine Zitate und Anleihen in einer
Weise kenntlich machte, die zeitgenössischen Anforderungen Genüge leistete.

Die sogenannte Rechtleitung, von der im Koran immer wieder gesprochen wurde, bezieht sich auch darauf, dass Moses und Jesus die richtigen Wege wiesen, von denen die Menschen aber immer wieder abirrten, weshalb es Gott notwendig erschien, sie durch Mohammeds rechte Führung wieder auf den richtigen Pfad zurückzuleiten. Es stellt sich allerdings die Frage, weshalb Mohammed so sicher sein konnte, dass ihm nicht das Schicksal seiner Vorgänger widerfahren und das Auftreten eines neuen Propheten erforderlich sein sollte, falls Gott nicht endgültig die Geduld mit den Menschen verlor. Die Vermutung liegt nahe, dass Gott Mohammed während der Unterweisung darüber in Kenntnis gesetzt hatte. Warum auch nicht? Das Argument besitzt theologisch jeden, historisch jedoch leider keinerlei Wert.

In der Biographie des Propheten fallen in unserem Zusammenhang gut vertraute Tatsachen auf, die jene bereits im Hinblick auf Jesus und Mani geäußerte Hypothese bestätigen, dass es einen *cursus honorum*, eine Art Ämterlaufbahn, für Propheten gibt. Wie bei Jesus und Mani kündigt sich die Geburt Mohammeds durch außerordentliche Ereignisse und vielerlei Zeichen an: »Zu den Zeichen bei der Zeugung des Propheten gehört, dass in jener Nacht alle Haustiere von Qureisch redeten und sprachen: Gezeugt ist Mohammed und, beim Herrn der Ka`ba, er ist der Imam der Welt und die Leuchte seiner Bewohner. Die Throne der Könige in der ganzen Welt waren am Morgen umgestürzt. Die wilden Tiere im Osten eilten zu denen im Westen und brachten ihnen die Freudenbotschaft. So beglückwünschten sich auch die Bewohner der Meere. In jedem Monat der Schwangerschaft rief eine Stimme im Himmel und auf Erden: Heil, denn es naht die Zeit, dass Abu l-Qasim (Beiname Mohammeds) geboren werde ...«[170] Außerordentliches kündigt sich bereits durch Außerordentliches an.

Ibn Abbas überliefert den Traum Aminas, der Mutter Mohammeds, den sie während der Schwangerschaft hatte: »Als sechs Monate von meiner Schwangerschaft vorüber waren, erschien mir einer im Traum und sagte: Amina, du bist mit dem Besten der Welt schwanger ... Ich hörte ein starkes Geräusch und viel Lärm, der mich er-

schreckte. Dann sah ich etwas wie einen weißen Flügel; der strich mir
übers Herz, und alle Furcht und alle Schmerzen, die ich gefühlt hatte,
verschwanden …«[171] Das erinnert sehr an die Heimsuchung Mariä
im Neuen Testament, in der ebenfalls der Erzengel Gabriel als Bote
dient. Dergleichen Omen und Ankündigungen finden wir bei Figuren wie Moses, Mani, David, Jesus und vielen anderen Kulturheroen.
Götter- und Prophetengeburten stellen immer eine Art Stresstest für
deren Umwelt dar.

Auch die heilige Zahl Zwölf darf natürlich nicht fehlen. Als Mohammed zwölf Jahre alt war, begleitete er seinen Onkel Abu Talib auf
eine Karawanenreise nach Syrien. Viele christliche Aussteiger – Häretiker, Mönche, halb verrückte Prediger – hatten sich in die Syria
zurückgezogen. Gnostiker lebten hier und Täufer. In der Metropole
Busra im Südwesten Syriens, dem heutigen Bostra, begegneten Onkel
und Neffe einem christlichen Mönch.

Man weiß nicht – leider –, welcher Glaubensrichtung dieser
Mönch namens Bahira folgte, ob er als Häretiker oder als Orthodoxer
anzusprechen ist, aber er hatte mit seiner Zelle einen Haufen alter
Bücher geerbt. Eine der Handschriften kündigte die Ankunft eines
neuen Propheten an und sparte auch nicht mit Details, woran er zu
erkennen sein würde. Als sich die Karawane dem Lagerplatz näherte,
der sich in der Nähe der Mönchsklause befand, beobachtete Bahira
eine kleine Wolke, die über der Karawane schwebte und sie auf dem
Weg zu beschirmen schien. Als die Karawane schließlich anhielt, verharrte auch die Wolke. Bahira wusste sogleich, was das bedeutete,
richtete ein Mahl aus und lud die Handelsreisenden ein. Allen schaute
er prüfend ins Gesicht, doch bei keinem fand er die im Buch beschriebenen Anzeichen. Durch wiederholtes Nachfragen, ob wirklich alle zum Essen erschienen seien, erfuhr er von Abu Talib, dass
dieser seinen Neffen Mohammed im Lager zurückgelassen hatte, um
auf die Kamele aufzupassen. Bahira bat darum, dass man auch den
Jungen zum Gastmahl hole. Schon als Mohammed sich näherte, erkannte der kundige Mönch die beschriebenen Anzeichen. Er bat den
Knaben, das Obergewand abzulegen, und entdeckte zwischen den
Schulterblättern ein Mal, das Siegel des Propheten, das ihn als Ge-

sandten Gottes auswies. Auch im Neuen Testament wird Jesu außerordentliche Bedeutung von dem frommen Simeon vorausgesagt. Und wie Mani wird Mohammed seine prophetische Sendung beim Eintritt in die Pubertät verkündet, also mit zwölf Jahren.

Ab seinem 25. Lebensjahr führte Mohammed im Auftrag der reichen Kauffrau Chadidscha, die er später auch heiratete, die Handelskarawanen von Mekka nach Syrien. Es war üblich, dass man in den Städten, in denen man übernachtete, das Gespräch mit Fremden suchte, um Neuigkeiten zu erfahren – und ein so wissbegieriger junger Mann wie Mohammed dürfte sich allemal nach interessanten Gesprächspartnern umgesehen haben. So kam er in Kontakt mit Juden, Christen, Gnostikern, Manichäern und den Anhängern vieler anderer Anschauungen.

Die Ebioniten waren Juden, die sich als Nachfolger der christlichen Urgemeinde fühlten und in einem jüdischen Christentum verharren wollten. Die Arianer stuften Jesus herab und erhöhten Gott, indem sie die menschliche Natur in Jesus betonten und die göttliche minimierten, sodass Jesus eher als Prophet denn als Gott anzusehen war. Die Monophysiten hingegen leugneten die menschliche Natur oder reduzierten ihre Bedeutung, weil für sie nur die göttliche Natur Jesu zählte. Dem widersprachen wiederum die Nestorianer, die in Maria nur die Christus- oder Menschengebärerin statt der Gottesgebärerin sehen wollten. Das hätte ihrer Ansicht nach Maria mit den Eigenschaften einer heidnischen Göttin umgeben.

Gemein war all diesen Anschauungen, dass ihre Anhänger die Lehre von den zwei Naturen in Jesus – der menschlichen und der göttlichen –, die unvermischt in ihm seien, gezeugt, nicht geschaffen, empfangen von der Gottesgebärerin Maria, ablehnten. Von der Kirche wurden sie deshalb als Häretiker verfolgt und ausgeschlossen und siedelten sich an den Rändern der christlichen Welt an.

All diesen Auseinandersetzungen und Anschauungen begegnete der junge Mohammed. Diese Kontroversen schlugen sich im Koran nieder, wenn Mohammed das Monotheismusgebot zur Grundbedingung des Islam schlechthin erklärt. Die schlimmste Sünde sah er im *shirk*, der Beigesellung. Wer Jesus als Propheten sah, erhielt seine

Zustimmung, doch wer Jesus auch als Gottes Sohn und Gott verehrte, verfiel nach Mohammeds Offenbarung des Willens Gottes dem Polytheismus, der schlimmsten Sünde von allen! Überreichlich findet sich im Koran die apodiktisch vorgetragene Prämisse, dass Gott einer sei und keine Götter neben sich dulde.

Mohammeds Reisen führten ihn nicht nur in den Norden, sondern auch in den Süden, nach Asir und in den Jemen, die alte Weihrauchstraße entlang, wo es mächtige jüdische Königreiche gab. Einen beinahe unscheinbaren Beleg für die Gespräche mit den Juden bilden jüdische Feste wie das Frühlingsfest *passah*, das christliche Ostern, das herbstliche Erntefest (*hag-a-sukkot*) und das aus dem aramäischen *asora* entstandene Opferfest Jom Kippur, die als arabisches *umra*, *hadjdj* und *ashura* auch von den Muslimen gefeiert werden.

Ebenfalls finden wir die heilige Zahl Vierzig: Nach dem Koran (Sure 7, Vers 142) verbrachte Moses vierzig Tage mit Gott, dem Herrn. In dieser Zeit wies Gott ihn in die Geheimnisse der Welt ein und erklärte ihm, was er dem Volk zu verkünden hatte und woran sich die Menschen zu halten hätten. Mit vierzig Jahren, als gestandener Mann, wurden Mohammed die Visionen und Auditionen zuteil, die ihm der Erzengel Gabriel als Offenbarungen Gottes überbrachte.

Mohammed berichtet darüber: »Manchmal kommt sie [die Audition, d. Verf.] über mich wie Glockengeläute. Das ist für mich die beschwerlichste Art der Offenbarung. Sie bricht ab, wenn ich vernommen habe, was offenbart wurde.«[172] Allerdings scheint es auch zu Visionen gekommen zu sein, denn er erzählt weiter: »Manchmal erscheint mir der Engel in Gestalt eines Mannes. Er spricht zu mir, und ich präge mir seine Worte ein.«[173]

Niemand quälte sich dafür so wie Mohammed. Moses wurden die Offenbarungen auf dem Sinai zuteil, Jesus wusste als Gottessohn, als fleischgewordener Logos, ohnehin Bescheid, und Mani erschien der Zwilling, der ihn brüderlich in die Geheimnisse einwies. Nur Mohammed wurde immer wieder vom Engel Gabriel heimgesucht, bis alles, was im Koran steht, übermittelt worden war. Im Grunde erkennt man an der Technik des Offenbarens die pädagogischen Grundsätze der Völker. Bereits der Anfang war äußerst irritierend und peinigend: »Da packte mich der Engel und würgte mich, dass ich beinah die Besinnung verlor. Darauf ließ er von mir ab und sagte: Trag den Menschen vor! Ich erwiderte: Ich werde nichts vortragen! Er ergriff mich erneut und würgte mich, dass ich schon glaubte, es sei der Tod.«[174] Schließlich trug er doch vor. Anfangs hatte Mohammed gefürchtet, dem Teufel oder einem Trugbild auf den Leim zu gehen, doch der Engel überzeugte ihn mittels höherer Dosen Gewalt, dass es wirklich Gottes Offenbarung war, die er den Menschen zu überbringen hätte.

Dennoch suchte der Prophet zuvor noch Rat bei einem alten Freund der Familie. Waraqa ibn Naufal hatte sein Leben damit verbracht, Gott zu suchen, und sich schließlich zum Christentum bekannt. Als nun der erblindete Greis den Bericht Mohammeds gehört hatte, ging ein Leuchten über sein zerfurchtes Antlitz, und er sprang auf: »Du bist der Prophet dieses Volkes. Der Engel Gabriel ist zu dir gekommen, wie er zu Moses kam. Man wird dich einen Lügner nennen, kränken, vertreiben und zu töten versuchen.«[175]

Nun muss man dazu sagen, dass Waraqa ibn Naufal – obwohl Christ oder vielleicht gerade deshalb – fest daran glaubte, dass erstens die Welt nichts nötiger hätte als die Ankunft eines Propheten und dass dieser zweitens aus den arabischen Stämmen hervorgehen würde, weil diese einen Propheten am dringendsten brauchten. Waraqa hatte in der Kaaba, die 360 Götzen beherbergte, auch ein Bildnis der Gottesmutter Maria aufgestellt, um die Araber vielleicht unter Hinweis auf die arabische Göttin al-Uzzā für das Christentum zu interessieren. Die Araber waren indes wenig beeindruckt von der Jungfrau Maria. Sie blieben ihren Götzen treu. Umso stärker hoffte Waraqa auf einen arabischen Propheten von der Wirkung und der Kraft eines Moses oder Jesus. In der Blindheit des Waraqa wird nicht der Mangel, sondern die Fülle, die Weisheit symbolisiert, er ist vom Schlage des Teiresias, des blinden Sehers aus der »Ilias«, der alles voraussieht, so wie die Legende geht, dass Homer der blinde Sänger war, erblindet zwar, doch sah und wusste er alles.

Die Gestalt Waraqas spielt für die Apologie des Islam eine wichtige Rolle. Sie zeigt, dass Mohammeds prophetische Sendung von den Christen anerkannt wurde. Schließlich empfand dieser sich nicht als einziger Prophet, sondern als der letzte der Propheten.

Das Empfangen der Visionen blieb jedoch ein mühsames Geschäft. So heißt es: »Es war ein sehr kalter Tag. Als die Offenbarung vorüber war, tropfte ihm der Schweiß von der Stirn.«[176]

Die direkte Kommunikation mit dem Göttlichen oder dem Teuflischen stellte in allen Völkern, zu allen Zeiten eine Ausnahmesituation dar, in der keinerlei Sicherheiten existieren und die Maßstäbe der Welt nicht gelten. Was göttliche Inspiration, was ein Fall für den Psychiater ist, lässt sich zuweilen schwer unterscheiden. Das Dilemma beginnt im Glauben an überweltlichen Erscheinungen selbst. Wer an die Existenz Gottes glaubt, muss auch die Existenz des Teufels zumindest für möglich halten. Wie verhält es sich dann aber mit dem Exorzismus? Die modernen christlichen Kirchen klammern diese Fragen – zumindest in der Öffentlichkeit – aus und überlassen dieses Feld geheimen Religionen.

Zu Mohammeds Zeiten wäre kein vernünftiger Mensch auf die Idee gekommen, die Welt einzuteilen in eine reale Welt, in der es nur den Glauben an die Wissenschaft gibt, und eine irrationale Welt, in der der Glaube fast schon als Aberglaube angesehen wird. Das Böse existierte für Mohammed und seine Zeitgenossen ebenso leibhaftig wie das Gute.

Für die Sufi ist Mohammed vor allem der Prophet, der vom Erzengel Gabriel die Offenbarungen erhalten und schließlich auf dem sagenhaften Reittier Buraq die Himmelsreise angetreten hatte. Mohammeds Begegnung mit Gott ist es, nach der sich die Sufi sehnen. Sie wünschen sich, es dem Propheten gleichtun zu können. So besitzt der Ausdruck »zwei Bögen« höchsten mystischen Wert, denn er beschreibt, wie nah man Gott kommen könne, denn so weit hatte sich Mohammed bei seiner Himmelsreise dem Höchsten angenähert.

Nachdem Mohammed die Stämme Arabiens unter dem Banner Allahs vereinigt hatte, überschwemmten die Heere des Islam die Welt des Mittleren Ostens und des afrikanischen Nordens, Ifrikya genannt. Schließlich setzten sie über die Straße von Gibraltar, zerstörten das Reich der Westgoten und errichteten ihre Emirate. Ihr Vormarsch wurde erst 732 n. Chr. durch den fränkischen Hausmeier Karl Martell bei Poitiers in Westfrankreich gestoppt, wo der Franke den Statthalter von Al-Andalus, Abd-ar-Rahman, vernichtend schlug.

Sowohl in Al-Andalus als auch in Ifrikya und im Mittleren Osten, in Persien und Indien traf der Islam auf alte kulturelle Traditionen. Zwar wurde die neue, noch ein wenig unfertige Religion den eroberten Gebieten einerseits übergestülpt, andererseits drang deren Denken in den Islam ein und bildete dort eigene Strömungen. Die starken religiösen Vorstellungen im Iran und in Mesopotamien, auch in Indien, beeinflussten den Islam und wirkten an der Entwicklung und Ausgestaltung dieser noch jungen Religion mit. Überhaupt ließe sich die mystische Ausrichtung, der Sufismus, ohne den religiös begabten Mittleren Osten und die griechische Philosophie vor allem der Neuplatoniker nicht erklären.

Mohammed hatte seinen Gott aus dem Inneren der arabischen Wüste auf den Pferden seiner Krieger auf Bildungsreise in die Welt geschickt, und so wurde aus dem Provinzgott ein Weltgott. Es verwundert nicht, dass sich einige Sufi-Richtungen von Abu Bakr, dem Schwiegervater des Propheten und begnadeten Feldherrn, herleiten. Auch die Sufi führen einen großen, totalen Krieg, den Heiligen Krieg, allerdings gegen die eigene Seele, gegen die Schlechtigkeit in ihr, denn der Mensch ist eigensinnig, gottlos, böse und von Begierden getrieben. Den größten Sieg erringt derjenige, der die eigene störrische Seele zähmt.

DER SUFI-WEG UND SEINE STATIONEN

Die Sufi sind davon überzeugt, dass jeder Mensch, der seinen Weg zu Gott sucht, einen Führer für diese ausgesprochen riskante Reise benötigt, auf der Wahnsinn, Krankheit und seelische Verirrung drohen. Durch bestimmte Meditationspraktiken experimentieren die

Sufi mit der Veränderung der Bewusstseinszustände wie die Inder mit dem Yoga und nutzen vor allem das Mittel der Atemkontrolle.

Inwieweit die Sufi auf ihren Reisen durch Indien Techniken des Yoga erlernten und importierten, lässt sich nicht mehr sagen, aber zumindest existieren Werke muslimischer Gelehrter über das Yoga wie beispielsweise die Übersetzung der Yoga-Sutra von Patanjali durch den persisch-muslimischen Universalgelehrten al-Biruni († 1048).

Die intensive Beschäftigung mit den seelischen Zuständen ließ einige Sufi-Meister zu Ärzten werden. Das Konzept der psychosomatischen Medizin war ihnen zumindest nicht fremd. Oft wurde der *sheikh* (arab. Ältester, Greis) oder *pir* (pers. der alte, weise Mann) auch mit dem Arzt verglichen, der die Krankheiten der Seele diagnostizierte und heilte.

Alle Religionen nutzen die Lehre von der Initiation und der Seelenführung auf die eine oder andere Weise für die Wege zur spirituellen Erkenntnis. In den christlichen Klöstern des Mittelalters bildete der Lesemeister die Novizen aus. Ein solcher war auch der deutsche Mystiker Meister Eckhart, ein Lese- und Lebemeister. Für diejenigen, die sich auf den Buddha-Weg begeben wollen, gibt es den Guru. Bei den Sufi übernimmt diese Aufgabe der Sufi-Meister, der *sheikh* oder *pir*, dem der *murid* (der Initiant) bedingungslosen Gehorsam schuldet. Die Sufi-Meister sind in der Regel große Seelenführer oder Psychologen, deshalb kann es lange dauern, bis ein *murid* gemäß seiner Veranlagung den richtigen Meister gefunden hat, der ihn auch annimmt. Denn nicht jeder Meister ist für jeden Schüler gut. Hat der *sheikh* aber den *murid* aufgenommen, so muss der Schüler dem Meister in allem gehorchen. Der Schüler hat sich dem Meister gegenüber zu verhalten wie der Tote in der Hand des Leichenwäschers. Aus dieser Vorstellung stammt das Wort vom Kadavergehorsam. Das Bild stimmt in doppelter Hinsicht, denn der *murid* soll ja auch der Welt absterben, um den anderen Weg zu gehen, die Reise zu Gott anzutreten. Das Absterben aus der Welt und vollkommener Gehorsam dem Meister gegenüber gehören zusammen.

Jesus forderte nicht weniger: »Wenn jemand zu mir kommt und nicht Vater und Mutter, Frau und Kinder, Brüder und Schwestern, ja sogar sein Leben gering achtet, dann kann er nicht mein Jünger sein. Wer nicht sein Kreuz trägt und mir nachfolgt, der kann nicht mein Jünger sein« (Lk 14,26–27). Heute wollen viele Christen diese Stelle allegorisch verstehen, weil es sowohl verstört als auch beunruhigt, dass aus diesen Worten eher eine geheimreligiöse Praxis als ein moralischer Rigorismus spricht.

Mit der Wahl des *sheikh* verbunden ist natürlich die spezielle Richtung des Sufismus, der besondere Weg, *tariqa* genannt, dem der *murid* nun folgt. Der Begriff *tariqa* steht für die jeweilige Tradition, in der eine Sufi-Bruderschaft steht und welchen Sufi-Weg, nach welcher Lehr- und Glaubensrichtung sie lebt. Entfernt könnte man das mit den christlichen Mönchsorden vergleichen, die ja auch verschiedene Ordensregeln haben. Der große Unterschied besteht darin, dass jede Mönchskongregation vom Papst bestätigt (approbiert) werden muss, während eine Sufi-Bruderschaft keine Anerkennung benötigt. Sie selbst hat allerdings dafür zu sorgen, dass sie die Kette ihrer Meister bis auf den Propheten Mohammed zurückführen kann.

Aufgenommen und geweiht wird der *murid* durch den Handschlag, der ihn mit der ganzen Kette der Meister bis zurück zum Propheten verbindet, den man als ersten Sufi sieht. Die weltlichen Kleider legt der Schüler ab, um dafür ein mehr als schlichtes Flickengewand von dunkelblauer Farbe zu tragen. Das Flickengewand symbolisiert die Armut, die als hohe Tugend gilt.

Zum Grundlagenwissen für den Initianten zählt zuallererst die Kette der Meister seiner *tariqa*. Die ersten drei Jahre wird von ihm nur der Dienst erwartet, die klaglose Verrichtung der einfachsten und niedersten Verpflichtungen wie das Putzen der Latrinen zum Beispiel.

Die Fastenklausur

Hat der Meister den Schüler einmal angenommen, trägt er die Verantwortung für dessen psychische, körperliche und spirituelle Entwicklung. Er muss entscheiden, welche Übung oder welche Wegstrecke für den ihm Anvertrauten hinsichtlich seiner Entwicklung und seiner geistigen und spirituellen Möglichkeiten hilfreich und seiner körperlichen Verfassung angemessen ist. Denn der Weg der Sufi ist kein munterer Ausflug in die Sommerfrische. So kann am Anfang eine vierzigtägige Fastenklausur (pers. *tschilla*, arab. *arba'in*) stehen, die dem *murid* alles abverlangt, weil er nicht nur fastet, sondern dazu noch allein ist, um sich ganz auf seine Seele konzentrieren zu können.

Die Übung des vierzigtägigen Klausurfastens wird auf Moses zurückgeführt, der wie erwähnt laut Sure 7, Vers 142 des Korans vierzig Tage mit Gott verbrachte. In dieser Zeit – auch eine Art Klausur – wies Gott ihn in die Geheimnisse der Welt ein.

Einsamkeit auszuhalten, ohne Ablenkungen nur auf sich selbst angewiesen zu sein, stellt kein leichtes Unterfangen dar. Es gehört eine große seelische Stärke dazu, die umherirrenden Gedanken, die sich nur allzu gern in der Vorstellung des Essens verirren, auf Gott zu richten und die eigene Seele zu prüfen. Oft wird der Schüler in einen engen Raum geschickt, der noch dazu dunkel ist. Er ist nun gefangen wie die Seele im Leib. Die Enge verhindert, dass er sich etwas Bewegung verschaffen kann. Aber das soll er auch nicht, er soll still dasitzen und meditieren. Einmal täglich schaut der *sheikh* nach dem Schüler. Während und nach der Klausur befragt er den *murid* nach seinen Erlebnissen, Vorstellungen, Gedanken, Empfindungen, Träumen und Visionen.

Als geeignete Plätze für die Fastenklausur gelten hohle Bäume, Höhlen oder Erdlöcher. Diese Praxis erinnert an die Anachoreten, die ersten christlichen Einsiedlermönche, die sich in Brunnen und engen Erdhöhlen, aber auch auf Säulen und Bäumen niederließen und dort ihr Leben verbrachten. Doch nicht nur das Erbe der frühen Mönche spielte hier eine Rolle, viel stärker dürften die Asketepraktiken der Buddhisten und Jaina die Sufi angeregt haben. Nicht wenige der frühen *sheikhs* stammten aus den Gebieten des heutigen Afghanistan, Pakistan und des Iran. Sie haben Indien, zumeist das Industal, durchwandert und sind so mit den Buddhisten und Jaina in Berührung gekommen.

Ein weiterer Aspekt fällt ins Auge: Diese Praxis erinnert stark an die Kategorie der Übergangsriten wie beispielsweise die Bar Mizwa, die Kommunion und Konfirmation, die damit beginnen, dass der Initiant der alten Welt sterben muss, um in eine neue einzutreten. Bei den Sufi symbolisiert der enge Raum natürlich auch das Grab und der Flickenrock, den der *murid* bei seiner Aufnahme erhalten hat, das Leichentuch. Die Seele muss gereinigt werden, anders geht es nicht, aber zuvor hat sie die alte Welt für immer zu verlassen. Das Eintreten in den dunklen Raum ist gleichbedeutend mit dem Tod, die vierzig Tage stellen den äußerst gefährlichen Übergang dar. Man weiß nicht, ob er gelingen wird – es gibt keinen schwereren Kampf als den mit der eigenen Seele.

Wenn der *sheikh* den *murid* nach vierzig Tagen in die Welt zurückholt, ist das auch ein Auf-die-Welt-Bringen, eine Geburt, denn die Welt, die der Schüler nun betritt, ist nicht mehr die alte, weil er nicht mehr der alte ist und inzwischen mehr Dimensionen der Realität wahrnimmt. Man kann sich diesen Vorgang ein wenig mit dem Übergang von der zweidimensionalen zur dreidimensionalen Wahrnehmung verständlich machen, aber um korrekt zu bleiben, sprechen wir eigentlich vom Überwinden der vierdimensionalen Welt. Während in unserer Vorstellung zu den drei Dimensionen des Raumes die Zeit als die vierte Dimension hinzutritt, stellt die Übersinnlichkeit die fünfte Dimension dar, nicht, weil es um Vampire, Gespenster oder böse Geister geht – um die vielleicht manchmal auch –, sondern weil der Mensch den Käfig der Sinne in der Wahrnehmung der Welt verlassen hat. Die fünfte Dimension ist die Überwindung von Raum und Zeit.

Die Fastenklausur hat die Funktion, die Seele zu reinigen, vom Schmutz der Welt zu befreien. Sie ist Voraussetzung für die Deautomatisierung des Bewusstseins. Das Ziel des Yoga wie auch der sufischen Techniken besteht in der Bewusstseinserweiterung. Der Weg dorthin beginnt mit Atemübungen, um die Automatik, das Unbewusste unserer Wahrnehmung zu durchbrechen. Nur dann kann das, was das Bewusstsein für gewöhnlich ausblendet, weil es als nicht wichtig erscheint, geschaut werden. Unser Bewusstsein funktioniert wie das ABS beim Autofahren oder wie der Autopilot im Flugzeug, es wählt entsprechend der Fahrtdaten aus und trifft Entscheidungen, die zumeist richtig sind. Doch es treten mitunter Situationen ein, in denen es besser ist, das ABS auszuschalten oder selbst den Steuerknüppel des Flugzeugs in die Hand zu nehmen. Um im Bild zu bleiben: Die Annäherung an Gott ist eine solche Situation.

Der Meister muss die Klausur abbrechen, wenn er merkt, dass der Schüler der Einsamkeit noch nicht gewachsen ist. Wenn der Sufi seine Seele reinigen will, um so einen noch höheren Grad der Erkenntnis zu erreichen, kann er dieses Klausurfasten wiederholen, sooft es ihm beliebt – wann immer der *sheikh* oder er selbst es für notwendig befinden. Einige Sufi wurden dafür gerühmt, dass sie das vierzigtägige Klausurfasten vierzigmal in ihrem Leben durchführten. Der Weg des Sufi ist eine Reise.

Die sieben Zustände der Seele

Auch auf dieser Reise begegnen wir erneut der Zahl Sieben, denn der Sufi passiert sieben Stationen auf seinem Weg in die Nähe Gottes. Dabei steht ihm als schlimmster Feind die eigne selbstsüchtige, von der Welt korrumpierte und mit allen Lastern verunreinigte Seele gegenüber, gegen die der Sufi den Krieg, der für ihn den wahren Heiligen Krieg darstellt, führt. Diese Auseinandersetzung ist der schwerste und größte Kampf für ihn, und niemand kann voraussagen, ob er ihn gewinnen wird.

Die sieben Stationen werden oft auch als sieben Zustände oder Stadien der Seele betrachtet, wobei der arabische Begriff *nafs* wie das griechische *pneuma* sowohl Seele als auch Atemhauch bedeuten kann. Die Sufi unterscheiden:

1. *Nafs-i-ammara*, die gebieterische oder tyrannische Seele, die nichts über sich selbst weiß und in Sünden lebt, auch die Seele genannt, die zum Übel anspornt (Koran, Sure 12, Vers 53).
2. *Nafs-i-lawwamna*, die anklagende oder tadelnde Seele, die ihren Mangel erkennt. Im übertragenen Sinn kann man darunter auch das Gewissen verstehen.

3. *Nafs-i-mulhama*, die erkennende oder inspirierte Seele, die bereits auf einer anderen Bewusstseinsebene agieren kann.

4. *Nafs-i-mutmainna*, die stille oder friedliche Seele. Jetzt erlangt der Mensch das innere Gleichgewicht. Sie wird auch die Seele genannt, die den Frieden erlangt hat und mithin vollkommen von allem Schlechten geläutert ist.

5. *Nafs-i-radiya*, die erfüllte oder zufriedene Seele. Neue Erfahrungen bereichern die Seele, sind aber nicht mehr logisch zu vermitteln, sondern nur noch in Analogien und Metaphern zu beschreiben. Auf dieser Stufe stellt sich eine Bewusstseinsveränderung durch eine Deautomatisierung der Wahrnehmung ein.

6. *Nafs-i-mardiya*, die erfüllte Seele. Nun hat die Seele ihre Andersartigkeit, nämlich ihr wahres Selbst erreicht und kann sich Gott nähern.

7. *Nafs-isafiya wa kamila*, die vollendete oder gereinigte Seele. Nicht nur die Erfahrung und die Möglichkeit, in eine andere Dimension vorzustoßen, ist der Seele möglich, sondern jetzt kann sie auch andere auf diesem Weg führen und lehren.

Der Sufi-Pfad stellt eine Reinigung der Seele dar, die sich anfangs in einem schlimmen, bemitleidenswerten und noch dazu störrischen Zustand befindet. Sie muss gezähmt werden wie ein störrisches Pferd. Im Gegensatz zu unserem modernen Denken ist die *nafs* unbedingt auch als reales Wesen zu verstehen, das außerhalb unseres Körpers existieren kann und beispielsweise die Form eines schwarzen Hundes annimmt. Dass sich das Böse mit Vorliebe in einen schwarzen Vierbeiner verwandelt, ist uralter Volksglaube und findet sich in seiner komischen Version in Goethes »Faust« wieder, wenn Faust den Teufel als Pudel mit nach Hause nimmt.

Aber die *nafs* wird auch als Schlange dargestellt, eine Vorstellung, die ebenfalls aus dem alten paganen Glauben herrührt. Als Erbe der Magier – erstaunlich viele Sufi-Meister stammen aus den Gebieten des heutigen Afghanistan, dem alten Balkh, wie Rumi, aus dem Iran oder Pakistan, der Heimat der Magie – beherrschen sie auch die Mittel der Zauberei. So können die *sheikhs* oder *pirs* die Schlangen mit einem Smaragd blenden, wobei sich die spirituelle Kraft des Meisters mit dem Grün des Smaragds verbindet. Allerdings – und hier unterscheiden sich die Sufi von vielen anderen Asketen – sollen die bösen Eigenschaften nicht zerstört, sondern umgedreht, gewandelt werden, damit ihre Energie nicht verloren geht, sondern dem Guten zur Verfügung steht. Fasten und Schlafentzug wenden die Sufi an, um die *nafs* zu erziehen.

Der Pfad wurde und wird für gewöhnlich durch die Anleitung eines Meisters betreten. Es gab aber auch Ausnahmefälle, dass Initiation und die Bewältigung der Reise ohne einen Meister gelangen. Ibn Arabi beispielsweise legte diese Stationen ohne fremde Hilfe zurück. Diese Art war nicht verpönt und sogar anerkannt, wurde doch der jemenitische Hirte Uwais al-Qarani im Traum mittels Vision von Mohammed persönlich initiiert. Allerdings akzeptierte man auch die Initiation durch bereits verstorbene Sufi-Heilige. Der berühmte Sufi Fariduddin Attar (1136–1221) erhielt seine Einweihung durch den Mystiker-Märtyrer Halladj, dem er niemals im Leben begegnet sein konnte, liegen doch zwischen Halladjs Todesdatum und der Geburt von Fariduddin Attar 214 Jahre.

Das innige Ziel des Mystikers besteht darin, eins zu werden mit Gott. Um dieses Ziel zu erreichen, begibt sich der Sufi auf den Weg. Unerlässlich ist es dabei, das Gesetz (*scharia*) zu halten, aus diesem Gesetz ergibt sich der Pfad (*tariqa*) des Sufi, denn *shari'a* ist abgeleitet von *shar*, die Straße. Aus dieser Etymologie erhellt sich, weshalb der Koran immer von dem geraden Weg spricht, der den Weg des Gesetzes und des Rechtes darstelle – das Recht ist Gesetz und Weg zugleich. Und wie der Pfad von der Straße abzweigt, die er nicht negiert, so trennt sich der Weg des Muslims, der weiter auf der Straße bleibt, von dem des Sufi, der dem Pfad (*tariqa*) folgt, um die Erleuchtung (*haqiqa*) zu erreichen.

Die christlichen Mystiker im Mittelalter kannten eine ähnliche Dreiteilung: die *via purgativa*, den Pfad der Reinigung, die *via contemplativa*, den Pfad der Betrachtung, und schließlich die *via illuminativa*, den Pfad der Erleuchtung. Vergleicht man die christlichen Mystiker des Mittelalters mit den Sufi der gleichen Epoche, so springen einem derart viele Übereinstimmungen ins Auge, als habe es zu dieser Zeit den Islam, das Christentum, das Judentum und als geheime Religion die Mystik gegeben.

Die sieben Stationen des Weges

Gemäß den sieben Zuständen der Seele kennen die Sufi sieben Stationen des Weges, die sie in ihrer spirituellen Entwicklung erreichen müssen. Allerdings variieren die Benennung und die Interpretation des Inhaltes der Stationen in den unterschiedlichen Sufi-Wegen. Feste Definitionen existieren nicht, sondern eher ein umkreisendes Nachdenken. Dem entspricht eine Begrifflichkeit, die weniger logisch definiert, sondern stärker metaphorisch erklärt wird. Dieses Denken will keine Räume vermessen, sondern Räume eröffnen. Deshalb können die Stationen nur als Anhaltspunkt und grobes Raster benannt werden.

Diese Stationen bilden die Voraussetzungen dafür, die Zustände oder genauer noch die Seinsweise der Seele oder, wie andere Sufi es ausdrücken, des inneren Menschen zu erreichen:

1. *Tauba* – Reue
2. *Tawakkul* – Gottvertrauen
3. *Zuhd* – Entsagung, Verzicht
4. *Faqr* – Armut
5. *Sabr* – Geduld
6. *Shukr* – Dankbarkeit, Vertrauen
7. *Wujud* – Annehmen

1. *Tauba.* Der Sufi-Weg beginnt mit der Reue, die dazu führt, dass man sich für seine niedrige Seele schämt und den Wunsch hegt, sich zu bessern, indem man sich von der Welt abkehrt.
2. *Tawakkul.* Der Mensch benötigt Gottvertrauen, um den Weg zu gehen und von der Welt zu lassen, denn mit diesem Schritt

werden auch alle Brücken zur Welt abgebrochen und auf alle Sicherheiten, die die Welt scheinbar bietet, verzichtet. Ohne Vertrauen auf einen Zielpunkt gibt es keinen Aufbruch, man muss an Gott glauben, um sich auf den Weg zu ihm zu machen.

3. *Zuhd*. Deshalb stehen auch Enthaltsamkeit und Verzicht im Mittelpunkt, um alles auszulöschen, was vom Glauben an Gott ablenkt. Mehr noch, *tawakkul* stellt für manche Sufi den Höhepunkt der Entsagung dar. Wichtig ist, dass man sich auf keine Äußerlichkeit mehr verlässt. Die Sufi haben einen guten Grund für diese Vorstellung, denn sie würden der Sünde der Beigesellung (*shirk*) als verborgenen Polytheismus (*shirk khafi*) verfallen, wenn sie sich noch auf etwas anders als auf Gott verließen, denn das andere würden sie ja dann Gott beigesellen (oder beistellen). Nichts aber, sagen die Sufi, könne dem Sufi schaden, weder wilde Tiere noch grausame Menschen ihm gefährlich werden, wenn er seine Gedanken in vollkommener Konzentration und Ausschließlichkeit auf Gott gerichtet hat. Auch vermag ihn nichts auf der Welt vom wahren Glück zu trennen, wenn er seine Freude einzig in Gott findet. Dadurch erhofft er, Teilhabe am Glück des Absoluten zu erlangen. Wer sich vor nichts mehr fürchtet, auch nichts mehr befürchtet und auf nichts mehr in der Welt hofft, mithin auch nicht in Hoffnungen lebt (*tul al-amal*, eigentlich: Ausdehnung der Hoffnung), hat den inneren Frieden gewonnen.

4. *Faqr*, die Armut, wovon sich das Wort Fakir herleitet und die für die Sufi wie für die Franziskaner die gleiche Bedeutung besitzt. Die großen, weiten und leeren Hallen in den Moscheen stellen wie die Zwischenräume in den Arabesken ein architektonisches Sinnbild der Armut dar. Armut bedeutet Leere, das Nichts, denn man muss auf alles, was einen von Gott trennt, verzichten. Die Sufi sagen, dass derjenige, der besitzt, besessen wird. Wer aber nichts mehr hat, wussten die Sufi, hat das vollkommene Sein erreicht, denn er hat in sich Platz geschaffen für Gott – und Gott ist das absolute Sein. Im Buddhismus finden

wir eine ähnliche Idee, wenn der Weg zur Glückseligkeit in der Überwindung des Durstes, der Gier, mit anderen Worten des Habenwollens besteht.[177]

Schließlich steht dem Sufi das Allerschwerste bevor: das Aufgeben des Aufgebens. Das bedeutet, sich so weit vom Denken des Besitzens zu befreien, dass man nicht mehr denkt, dass man auf den Besitz verzichtet, wie man auch nicht ans Atmen denkt, wenn man atmet. Wenn man das Bewusstsein der Besonderheit von Verzicht und Entsagung überwunden hat, wie man, wenn man geht, nicht mehr darüber nachdenkt, wie man geht, dann hat man das Aufgeben aufgegeben.

Erst wenn der Sufi *faqr* erreicht hat, wird ihm der Reichtum Gottes zuteil. Im Grunde stimmen die Bezeichnungen Verzicht und Entsagung nicht genau, denn sie setzen ein aktives Tun voraus, nämlich zu verzichten, zu entsagen, aufzugeben. Ein Begriff, den die deutschen Mystiker im Mittelalter gern benutzten, trifft den Sachverhalt präziser: Entwerdung, das Gegenteil von Werden. Entwerden geschieht einem und schließt keine aktive Handlung ein, denn entwerdet zu werden ist logischer und sprachlicher Unfug. Der Luftballon presst die Luft nicht aus der Hülle, sondern sie entweicht. Wenn die Armut absolut geworden ist, dann wird der Mensch zu *fana*, zum Entwerden in Gott. Das Entwerden schafft im Menschen Platz für Gott. Oder wie der Sufi Fariduddin Attar die Gedanken des Mystikers Dhu'n-Nun zusammenfasste:

»Denn wer in Ihm (Gott – d. Verf.) entwird, wird frei vom Selbst – denn wär' er bei sich, wär' er nicht mit Ihm!
Vernichte doch, doch sprich nicht vom Verzicht;
Und gib dein Leben aus, doch rechne nicht!
Ich weiß von einem größren Glück ja nicht,
als dass der Mensch sich aufgibt und verliert.«[178]

Zufriedenheit (*rida*), die mit der Dankbarkeit (*shukr*) korrespondiert, in manchen Systemen sogar einen Aspekt von Dankbarkeit darstellt, bedeutet, dass man seinen Frieden gefunden hat und nicht mehr haben will, weil man ihn von Gott bekommen wird.

Schließlich folgt der schwer einzuordnende Aufstieg zu den Graden der Liebe oder Erkenntnis. Dabei stritten die Sufi darüber, ob Liebe oder Erkenntnis (Gnosis) höher stehe. Ob nur die letzten drei Stufen von der Liebe oder Erkenntnis geprägt werden oder ob sich beide bedingen wie zwei Stränge, die sich wie bei einer Kordel umwinden, darüber gehen die Meinungen auseinander.

7. *Wujud.* Ziel aber ist *wujud,* das man mit Sein oder Existenz in Gott übersetzen könnte und für den Mystiker Ibn Arabi den zentralen Begriff darstellt. Es meint auf alle Fälle, dass der Mystiker ganz in Gott aufgeht, der Geliebte, wie Gott oft im Sufismus angesprochen wird, und der Liebende sich vereinigen. Zeit und Leid und Welt sind aufgehoben, haben ihr Sein verloren. *Wujud* heißt aber, genauer übersetzt, *gefunden werden.* Jetzt erst wird die komplexe Vorstellung der Sufi verständlich. Der Mystiker sucht, um schließlich von Gott gefunden zu werden. Doch um gefunden zu werden, muss er dem Weltlichen Stufe für Stufe entsagen, er muss entwerden, zum leeren Gefäß werden, in dem Gott Platz haben kann. Rumi dichtete dazu:

»Nicht ein einziger Liebender würde Vereinigung suchen, wenn der Geliebte sie nicht suchen würde.«[179]

Halladj beschrieb diesen Prozess im Schicksal des Falters, der zunächst das Licht der Kerze wahrnimmt, dann ihr näherkommt und die Wärme spürt und schließlich von der Flamme ganz aufgenommen und verzehrt wird.

Und so kommt es zu den letzten drei Graden des Aufstiegs im *wujud.* Erstens ersetzt der Mystiker nun die schlechten Eigenschaften der irdischen Seele durch Gottes Eigenschaften, zweitens geschieht das Entwerden in Gottes Schau. Die Seele taucht in Gottes Licht ein.

Drittens gelingt dem Mystiker das Entwerden von der Schau des Entwerdens. Nichts steht mehr zwischen Gott und dem Mystiker, er muss sich nichts mehr vorstellen, er steht Gott nicht mehr gegenüber, sondern hat Gott gefunden, indem er von Gott gefunden wurde, sie sind nun zu einem geworden. Wie Licht, das in Licht aufgeht, wie der Tropfen Wasser, der ins Meer fällt. Es gibt kein Ich und kein Du mehr. Der Mystiker Junaid fasste es in die Worte: »Niemals vollendet sich Liebe, ehe einer zu dem anderen sagt: O Ich!«[180]

Interessanterweise hat man die Sufi oft verdächtigt, verkappte Manichäer zu sein. So wurde der arabische Begriff für Ketzer, *zandaqa*, zumindest im Mittleren Osten oft für Manichäer verwandt. Dort entstand der Manichäismus, dort besaß er seine wichtigste Basis, und dort wurde er auch im 7. und 8. Jahrhundert von den Kalifen grausam verfolgt.

Im Glaubensbekenntnis der Muslime heißt es: »Es gibt keinen Gott außer Gott.« Der Sufi Fakhruddin Iraqi formulierte nun: »Es gibt keinen Gott außer Liebe.«[181] Stand dahinter etwa die Vorstellung der verruchten Manichäer, dass die Seelen verlorene Lichtfunken des weit im *pleroma* entrückt und entfernt sitzenden Gottes seien, die danach strebten, sich wieder mit ihm zu vereinen, und der von sich aus versuchte, sie wieder anzuziehen, ihnen die Rückkehr zu ermöglichen? Ist das gemeint, wenn Gott durch Liebe angebetet wird und man vom *wujud* träumt, vom Finden und vom Gefundenwerden? Auch im Judentum gibt es die Vorstellung vom *wujud*. Im Alten Testament heißt es: »Der HERR ist mit euch, weil ihr mit ihm seid; und wenn ihr ihn sucht, wird er sich von euch finden lassen« (2 Chr. 15,2).

DIE GEFÄHRTEN DES PROPHETEN

Die ersten Sufi waren vor allem Asketen, die in der Erwartung des Jüngsten Gerichtes lebten. Hierin unterschieden sie sich nicht von den frühen Christen – auch diese erwarteten die Parusie, die Wiederkunft Christi beim Jüngsten Gericht, noch zu ihren Lebzeiten. Das

Ausbleiben dieses Ereignisses bewirkte einen Realitätsschock, der jedoch nicht dazu führte, dass der Glaube infrage gestellt wurde. Stattdessen versuchte man nun, andere Wege zu Gott zu finden und sich dabei immer mehr der Welt zu entledigen, die mit ihren Verpflichtungen und Verlockungen als Haupthindernis für die Vereinigung des Menschen mit seinem Schöpfer angesehen wurde.

Offensichtlich war Gott bereit, sich finden zu lassen, wenn man ihn nur wirklich und ernsthaft suchte, und je mehr man danach strebte, ihn zu finden, mochte es geschehen, dass man auch von ihm gefunden wurde. Sich mit Gott zu vereinen, bedeutete ein wahrhaftes und nicht scheinbares Leben, nicht ein Dasein, vergeudet an Lug und Trug, sondern geführt in der Wirklichkeit. Die Sufi bezeichnen Allah auch als »Wirklichkeit« (al-ḥaqq), weil nur Allah wirklich ist – und nichts außer ihm. Nur Gott besitzt nach sufischer Auffassung das Recht, ICH zu sagen, weil er das Einzige ist, was existiert, das einzige Subjekt, derjenige, der schafft. Alles andere – wie Welt und Mensch – ist lediglich von ihm geschaffen und mithin von seinem Schöpfer abhängig.

Gottes Mitteilungen an die Menschen finden sich seit je im Koran, dieser gilt als Gottes authentisches Wort. Was lag also näher, als das Heil in der Auslegung des Korans zu suchen? Der persische Mystiker Halladj (857–922) entdeckte im Koran sowohl die Herrschaftszeichen Allahs als auch alles, was man über die Gegenwart und Zukunft erfahren konnte. Die Koranauslegung wurde zum Gottesdienst, und mancher Vers wurde mehr als tausendmal gedeutet.

Was die frühen Sufi dem Koran außerdem entnahmen, war die Vorstellung von der Liebe zwischen Allah und den Menschen. Die Grundvoraussetzung für dieses Verhältnis mag für die Muslime die Unterordnung unter den Willen Allahs sein – das Wort Islam bedeutet Unterwerfung, völlige Hingabe. Für die Sufi aber ist es Liebe, die das Band zwischen Allah und den Menschen ausmacht. Deshalb wurden die Sufi-Meister nicht müde, ihre Beziehung zu Allah in das Bild der Liebenden – Liebender und Geliebte(r) – zu fassen. Diese Mystiker schufen eine große Liebeslyrik, die auf einer zweiten, zuweilen verborgenen Ebene von dem Verlangen und der Sehnsucht nach Gott spricht. So dichtete Rumi:

»Der Liebende webt Atlas reich aus seinem Blute,
und Brokat,
dass unter des Geliebten Fuß er Atlas bereite
und Brokat.«[182]

Und der vielleicht größte Dichter unter den Sufi, Hafis, schrieb:

»Im Uranfang sprach deiner Schönheit Strahl:
›Ich will begonnen sein!‹
Und Liebe wurde geboren und trug ins All den Brand!
Dein Antlitz offenbarte seinen Glanz
Und sah die Engel ohne Liebe,
da setzte es den Erdensohn entzückt
in Liebesbrand!
Vernunft wollte an dieser Flamme sich entzünden,
das Lichtmeer der Begeisterung
setzte mit seiner Glut die Welt in Brand!
Der Ahnungslose wollte das Geheimnis schauen,
Einhalt gebot die unsichtbare Hand!
Andre erwählten Freude sich als Lebenslos, -
Mein leidgeprüftes Herz nur war´s, das Trauer fand!
Die hohe Seele trug Verlangen nach
Dem Grübchen deines Kinns,
und nach den wirren Lockenringen griff die Hand!
Den Brief der Liebe schreibt erst Hafis dann,
wenn er den Erdenstoff verbrannt!«[183]

Als möglichen Namensgeber für die Sufi hatten wir bereits die
»Leute der Veranda« ausgemacht, diejenigen also, die still, bescheiden und unauffällig in Mohammeds Nähe lebten. Gerade in Persien
entstanden starke mystische Strömungen, die natürlich von der
Tradition, dem Zoroastrismus und dem Manichäismus, aber auch
von indischen Vorstellungen und Praktiken wie dem Buddhismus,
dem Brahmanismus der Upanishaden und dem Jainismus[184] gespeist
wurden. Die persischen Sufi legitimierten ihren Glauben mit dem

Hinweis auf den legendenhaften Salman al-Farisi, der als einer der ersten nichtarabischen Muslime zu den »Leuten der Veranda« zählte und als Freund des Propheten große Autorität besaß. So konnten die persischen Sufi eine eigene außerarabische Traditionen darstellen und persisches Denken in islamisches Denken einbringen, das sogar bis in die Zeit Mohammeds zurückverfolgt werden konnte und mithin legitimiert war.

Von den »Leuten der Veranda« stammt das Konzept, nach dem die Sufi lebten und das sich in den drei Begriffen *islam, iman* und *ihsan* konzentrierte. *Islam* bedeutet die vollkommene Unterordnung unter Gottes Willen, *iman* bezeichnet den felsenfesten und unerschütterlichen Glauben, und *ihsan* weist auf eine ungeheure Intensität hin, nämlich »Gott anzubeten, als ob man ihn sähe«[185].

Da die Geschichte der Sufi in Kufa, dem Zentrum der Schiiten, zu beginnen scheint und der Sufismus sehr viel von der Tragik des Schiismus in sich aufgenommen hat, mehr noch, da geheime Religionen und geheimreligiöse Bünde aus ihm hervorgegangen sind, ist es notwendig, zu verstehen, wodurch es zur bis heute anhaltenden Spaltung der muslimischen Gemeinschaft (*umma*) gekommen ist. Wer diese analog zur Trennung der Protestanten von den Katholiken zu begreifen versucht, geht vollkommen fehl. Die Spaltung des Islam kam durch Machtpolitik und durch die Mystik zustande.

Die meisten Sufi fühlen sich in der Nachfolge Mohammeds dem Cousin und Schwiegersohn des Propheten, Ali Ibn Abi Talib, verpflichtet, nur wenige – wie die in Deutschland sehr aktiven Naqschbandiyya – beziehen sich auf Abu Bakr. Mit Ali ibn Abi Talib hat es folgende Bewandtnis: Der um 598 n. Chr. in Mekka innerhalb der Kaaba geborene Imam Ali war der erste Mann, der sich zum Islam bekannte. Mohammed gab dem Cousin seine Tochter Fatima zur Frau. Ali hielt sich fortan treu an Mohammeds Seite. Nach dem Tod des Propheten wurde ihm jedoch die Nachfolge verweigert, und der tatkräftige Kriegsmann Abu Bakr wurde zum Stellvertreter des Propheten auf Erden, zum ersten Kalifen, gewählt.

Die Schiiten

Nach der Ermordung des dritten »rechtgeleiteten Kalifen« Uthman ibn Affan schlug endlich Alis Stunde. Zum (vierten) Kalifen gewählt, nannte er sich aber nicht Stellvertreter des Gesandten Gottes, wie es Abu Bakr eingeführt hatte, sondern lediglich Befehlshaber der Gläubigen. Mu'āwiya ibn Abu Sufyan, dem mächtigen Statthalter von Damaskus, diente der Auftragsmord an Uthman dazu, Ali der Tat zu beschuldigen und somit die Rechtmäßigkeit seines Kalifats zu bestreiten. In der Auseinandersetzung ging es jedoch nicht um Religion, nicht um Glauben, sondern einzig und allein um die Macht in dem immer größer werdenden Reich von Mohammeds Erben – zumindest aus Mu'āwiyas Sicht. Alis Motivation war wahrscheinlich vielfältiger.

Um die Nachfolge Mohammeds, um die Herrschaft über ein Reich, das sich inzwischen von Nordafrika bis Indien erstreckte, entbrannte innerhalb der *umma* (*al-ʿUmma al-islamiyya* – Gemeinschaft der Muslime) ein Bürgerkrieg. Nach der Schlacht von Siffin (657) zerfiel die Anhängerschaft (*schia*) Alis in zwei Parteien. Die Charidjiten, die die Gleichheit der Muslime betonten, vertraten die Überzeugung, dass nicht Erbfolge das Imamat (die legitime Nachfolge des Propheten) bestimmen dürfe. Vielmehr sollte der Beste – mochte er Araber, Perser oder Nordafrikaner, schwarz, weiß oder braun sein – die Muslime führen. Die Schia Ali beharrte dagegen auf der Ansicht, dass nur ein Mitglied der Familie des Propheten Imam werden könne.

So kam es schließlich im Jahr 658 zur Schlacht bei Nahrawan, in der die Charidschiten eine empfindliche Niederlage hinnehmen und große Verluste beklagen mussten. Von dem Wunsch nach Blutrache getrieben, verübte Ibn Muldscham, einer der Überlebenden jener Schlacht, am 22. Januar 661 – nach islamischer Zeitrechnung dem 15. Tag des Ramadan des Jahres 40 – in Kufa einen Anschlag auf Ali, dem dieser zwei Tage später erlag.

Auf Ali folgte als fünfter Kalif Mu'āwiya, der die Dynastie der Omajjaden gründete. Die Omajjaden trieben die Eroberungen unter dem Vorwand der Mission voran, förderten Wissenschaft und Bildung und legten in religiösen Dingen ein eher laxes Verhalten an den Tag, sodass sie von vielen zeitgenössischen Sufi abgelehnt wurden. Auch daher stammt die grundsätzliche Abneigung der Sufi gegen die Regierung, gegen die Herrschenden und im Gegenzug die große Verehrung Alis, des Märtyrer-Kalifen.

Die Sunniten

Als schließlich Alis Sohn Husain 680 in der Schlacht von Kerbela getötet wurde, kam es zum endgültigen Riss in der muslimischen Gemeinschaft, die sich von nun an in Schiiten und in Sunniten teilte. Die Sunniten, deren Name sich von *sunna* (Tradition des Propheten) ableitet, führen sich auf Abu Bakr zurück und erkennen auch Nachfolger Mohammeds (Kalifen) an, die nicht seine Nachfahren sind. Die Schiiten, die Schia Ali, akzeptieren als ihren Anführer nur jemanden aus der Nachkommenschaft Mohammeds. Ihre Abkehr von den Sunniten führte auch zur Ablehnung des Kalifats.

Wenn die Schiiten das Ashurafest feiern, gedenken sie an diesem Tag unter anderem der Schlacht von Kerbela, in der Husain, der Sohn Alis, getötet wurde. Vor allem empfinden sie an diesem Tag ihre große Sünde, denn Husain war mit seiner Familie deshalb dem Feind zum Opfer gefallen, weil ihn das Gros seiner Anhänger verlassen hatte. Mit nur 70 Getreuen traf er in der Nähe von Kerbala auf das Heer des Kalifen Yazid I. Wegen der großen zahlenmäßigen Unterlegenheit kam es zu einem regelrechten Massaker, an dessen Jahrestag noch heute Trauerprozessionen stattfinden, auch Selbstgeißelungen, weil man der Sünde des Verrats gedenkt, und das Martyrium Husains wird in kultischen Inszenierungen nachgestellt. Solche Praktiken, sich zu Ehren von Göttern, Göttinnen oder heiliger Personen Schmerzen zuzufügen oder sich zu verstümmeln, kennen wir von den *galloi*, den Priestern der Kybele, oder den christlichen Geißlern.

Der Tod Husains bei Kerbala, den die Schiiten als Martyrium ansehen, führte schließlich zur dauerhaften und bis heute anhaltenden

Entzweiung der muslimischen Gemeinschaft, denn die Anhänger Husains, die Schia Ali, haben es den Sunniten und ihrem Kalifen nie verziehen, dass sie ihren Anführer töteten. Anderseits wurden die Anhänger Alis von den Kalifen unterdrückt und verfolgt. Denn die Frage, wer letztlich die Muslime führen sollte, der Kalif oder der Imam, stand im Raum und harrte einer Lösung. Die Antwort darauf konnte nicht mit theologischen, sondern musste mit militärischen Mitteln gefunden werden, denn letztlich ging es um eine unbegrenzte Macht.

In dieser brutalen Auseinandersetzung, in der die Schia Ali oft unterlegen war, bildete sie das Prinzip der *taqiya* (frommes Verheimlichen), das die Sunniten ablehnen, heraus. Die *taqyia* erlaubte es den Schiiten, ihren Glauben zu verbergen, wenn es zu gefährlich war, sich zur Schia Ali zu bekennen, und stellt somit ein geheimreligiöses Institut ersten Ranges dar, weil es die Lüge unter bestimmten Voraussetzungen religiös legitimiert.

Statt dem Stellvertreter des Propheten folgen die Schiiten dem Imam. Für sie ist die Familie des Propheten, besonders die Linie, die sich von Fatima, Mohammeds Tochter, und von Ali herleiten, heilig. Dieser Familie entstammten alle Imame. Stellung und Titel des religiösen Führers, des Imams, wurden mithin vererbt. Den sechsten Imam, Gafar as-Sadiq (733–765), nannte Annemarie Schimmel einen »der größten Lehrer des frühen Sufismus«[186], weil er erstmals die zwölf Stadien der mystischen Erfahrung beschrieben hat, die den Sufi auf dem Pfad zu Gott vorbereiten und begleiten. Unter diesem Imam wurde zum gültigen und unveränderbaren Glaubensgrundsatz erhoben, dass der Imam von Gott geleitet, eingewiesen in die Geheimnisse des Korans und der Schriftauslegung und unfehlbar sei und sich im Zustand der *isma* (Sündenlosigkeit) befinde. Damit besaß er die Lehrautorität, war zur Führung der Gemeinschaft der Gläubigen und zur Auslegung des Korans berufen.

Die Imamiten

Allerdings führte das Dogma von der Erblichkeit des Imamats zur Spaltung der Schia. Die Imamiten gehen von einer Reihe von zwölf Imamen aus und werden deshalb auch Zwölfer-Schiiten genannt. Als Gafar, der sechste Imam, starb, trat sein Sohn Musa die Nachfolge an. Von ihm leiten sich die nächsten Imame her, bis zum elften Imam, al-Hasan al-Askari (868–874). Dessen Sohn Muhammad al-Mahdi (Mohammed der Messias) verschwand spurlos. Die Imamiten sagen, er sei »in die große Verborgenheit« eingegangen. Seitdem warten die Zwölfer-Schiiten auf die Rückkehr des Muhammad al-Mahdi, mit dem sie die Hoffnung auf Erlösung verbinden. Das ist keine nette, altehrwürdige Legende, wie wir sie auf andere Art von dem im Kyffhäuser schlafenden Kaiser Friedrich Barbarossa kennen, sondern eine durch die Verfassung der Islamischen Republik Iran verbriefte Tatsache: Der verborgene Imam Muhammad al-Mahdi ist das offizielle Staatsoberhaupt des Iran, der nur während der Zeit seiner Abwesenheit – seines Lebens im Verborgenen – von den Rechtsgelehrten vertreten wird. Zudem treffen wir in dieser Vorstellung auf eine alte Bekannte, auf die heilige Zahl Zwölf: Der in die Verborgenheit eingegangene zwölfte Imam ist der Erlöser.

ASKETEN UND GOTTESSUCHER – DIE SUFI-MYSTIK

Der erste Mystiker, der in den Quellen als Sufi bezeichnet wird, ist Abu Hashim, der aus der heiligen Stadt der Schiiten, aus Kufa stammte. Aufgrund der reichen religiösen Tradition (Zoroastrismus, Manichäismus, Mandäertum, die vielen, auch häretischen Formen des Christentums) konnte sich hier in Persien als spirituelle Opposition gegen die Omajjaden-Kalifen in Damaskus eine mächtige geheimreligiöse Bewegung formieren, die sozusagen die schlechte Realität, in der sie nur eine Scheinwelt zu sehen vermochte, übersprang, um in der wahren Wirklichkeit zu landen.

Aus dieser Perspektive versteht sich die Ablehnung der Regierung durch die Sufi von selbst. Jene stellte nicht nur religiös und moralisch ein Übel dar, sondern besaß auch keinerlei Bedeutung, denn sie gehörte zu den Institutionen der Scheinwelt. Aus religiöser Sicht entbehrte die Regierung also jeglicher Legitimität, und doch hatte sie sich gerade mit religiösen Argumenten zu legitimieren versucht. Umso empfindlicher musste die Herrschenden deshalb die theologische Ablehnung durch die Mystiker treffen – Verfolgungen und konspirative Vorsicht konnten auf die Dauer nicht ausbleiben.

Angesichts der vielfältigen religiösen Vorstellungen in dem goldenen Dreieck des Glaubens, das der Mittlere Osten zu dieser Zeit darstellte, ist es dennoch erstaunlich, dass in der Dichtung Jesus neben Mohammed zu einer Lieblingsfigur der Sufi wurde.

Ibrahim ibn Adham

Einer der großen frühen Sufi-Asketen war Ibrahim ibn Adham, der wie der Inder Siddhartha das Leben im Reichtum aufgab, um in völliger Armut und im fortwährenden Denken an Gott zu leben. Bereits an seiner Herkunft zeigt sich die Nähe zum Buddhismus, denn er wurde in Baktra, der Hauptstadt des buddhistischen Baktrien geboren. Es heißt, dass von Ibrahim ibn Adham die Stufen der Askese stammen. Der Weg der Askese besteht darin, erstens die Welt aufzugeben, zweitens das Glücksgefühl aufzugeben, das sich einstellt, wenn man die Welt aufgibt, und drittens das Denken über die Askese aufzugeben. Zum einen ist diese Vorstellung aus dem Buddhismus bekannt, zum anderen führt sie, wie wir bereits gesehen haben, zu der Vorstellung, das Aufgeben aufzugeben. Der Sufi Shaqiq al-Balkhi († 809) begann als Erster, über das Licht der reinen Gottesliebe zu spekulieren.

Rabi'a al-Adawiyya

Auch eine Frau tritt uns unter den frühen Sufi in beeindruckender Weise entgegen, die Dichterin Rabi'a al-Adawiyya († 801). Wegen ihrer reinen Liebe wird sie oft mit der Jungfrau Maria verglichen. Interessant ist die Intensität ihrer Liebe zu Gott, die nicht einmal mehr den geringsten Platz für den Propheten übrigließ. Sie heiratete nicht und zog sich von den Menschen zurück. Im Grunde verabschiedete sie sich wie Siddhartha von den Asketen und schlug einen neuen Weg ein, der für sie zum geheimen Pfad echter und tiefer Mystik wurde, zu dem Wunsch, sich mit Gott zu vereinigen. Hölle und Paradies lehnte Rabi'a al-Adawiyya als leere Vorstellungen ab, als Schleier vor der wahren Wirklichkeit, die nur ablenken: »Ich will Feuer ans Paradies legen und Wasser in die Hölle gießen, damit diese beiden Schleier verschwinden und es deutlich wird, wer Gott aus Liebe und nicht aus Höllenfurcht oder Hoffnung aufs Paradies anbetet.«[187] In der großen und ausschließlichen Liebe zu Gott, in der Abkehr von der Welt und der großen sprachlichen Schönheit ihrer Gedanken erinnert sie an die deutsche Mystikerin Mechthild von Magdeburg. Als einmal um Rabi'as Hand angehalten und ihr ein Ehevertrag angeboten wurde, antwortete sie: »Der Ehevertrag bezieht sich auf eine Person. Hier gibt es keine mehr, da ich zunichte wurde, nur noch in Ihm lebe, Ihm angehöre, Seinem Befehl unterstehe.«[188] Diese Sätze hätte auch Mechthild äußern können.

Dhu'n-Nun

Einer der großen Wundermänner der Mystik, der sowohl Magie als auch die Techniken der Alchemie beherrschte, war Dhu'n-Nun († 859 oder 860). In seiner oberägyptischen Heimat begegnete er der Alchemie und der Gnosis, die seine Überlegungen zur Gotteserkenntnis beeinflussten. Es scheint, dass Dhu'n-Nun die Vorstellung der Sufi von Gott und philosophisches Denken zusammenbrachte, besonders aber hermetische und neuplatonische Vorstellungen, die in Ägypten wie in der gesamten mediterranen Welt kursierten, ja geradezu Marktgespräch waren. Da er auf der anderen Seite magische Praktiken anwandte, wurde er zu einer von Wundergeschichten ummantelten, legendären Figur, sodass es schwerfällt, den authentischen Dhu'n-Nun zu erkennen.

Obwohl der Sufismus alle Elemente, die er in seiner Entwicklung entdeckte, auch beibehielt, wurden sie von den verschiedenen Richtungen mal stärker, mal schwächer betont. Nach der Ausrichtung auf die Askese wurde die Liebe zu Gott als ein lebenslanges Werben in den Mittelpunkt gestellt. Mit Dhu'n-Nun fanden die hermetische und die philosophische Tradition Eingang in den Sufismus.

Bayazid al-Bistami

Mit dem Perser Bayazid al-Bistami († 874) fließt die negative Theologie, die auch die christliche Mystik prägte, in den Sufismus ein. Es ist, als hätte Abu Yazid Bistami den Stammvater der christlichen Mystik, Dionysius Areopagita, gelesen, jedenfalls findet sich bei ihm die Grundidee der negativen Theologie, die darin besteht, dass Gott so groß ist, so sehr über jedem menschlichen Denken steht, dass man über ihn nichts aussagen kann. Man kann nur sagen, was er nicht ist, aber nicht, was er ist.

Zuweilen befällt uns ein Staunen über die großen Strömungen des Denkens und Glaubens, und dann spüren wir eine Unruhe, weil wir nicht recht entscheiden können, ob und welche Beeinflussungen es gegeben hat. Darf Dionysius Areopagita tatsächlich als der Stammvater der negativen Theologie und der Mystik gelten? Schließlich hat er Christen wie Muslime gleichermaßen beeinflusst. Haben wir es hier doch eher mit parallelen Entwicklungen zu tun, die aus dem Wesen der monotheistischen Vorstellung vom Schöpfergott hervorgehen? Oder sind es ägyptische und jüdische Vorstellungen, die im ganzen Okzident und Orient verbreitet waren, wie Samen, die in den verschiedenen Regionen bunte Blüten von großer Pracht trieben?

Abu Yazid Bistami war vor allem von unbändiger Sehnsucht danach, sich mit Gott zu vereinen, und es konnte geschehen, dass er, trunken vor Ekstase, ausrief: »Preis sei Mir, wie groß ist Meine Majestät!« In diesem flüchtigen Moment hatte er den Zustand erreicht, in dem Gott in ihn gekommen war und aus ihm sprach. Bistami wurde einmal danach gefragt, was er von einem Menschen halte, der einen Becher Wein trinke und für alle Ewigkeit trunken davon würde. Gemeint war, was er von einem Menschen denke, der von einem flüchtigen Moment des Einsseins mit Gott für das ganze Leben selig wurde. »Das weiß ich nicht«, erwiderte Bistami, »doch ich weiß, dass es hier einen Menschen gibt (sich selbst – d. Verf.), der in vierundzwanzig Stunden die Meere beider Ewigkeiten trinkt und nach mehr schreit ...«[189]

Diese unersättliche, in ihrer Energie fast erschreckende Sehnsucht, Gott zu finden, ging einher und bedingte geradezu das Verlangen danach, sich selbst zu erkennen, denn nur wer sich erkennt, wird auch Gott erkennen, weil Gott die einzige Realität und der Mensch nur sein Geschöpf ist. Im Geschöpf erkennt man den Schöpfer. Diesen leidenschaftlichen Wunsch drückt besser als alles andere eine Anekdote aus: Als ein Besucher in Bistamis Haus trat, erkundigte sich dieser, wen er denn suche. Der Besucher antwortete: »Bayazid.« »Unglückseliger«, sagte Bayazid, »seit dreißig Jahren suche ich ihn selbst und finde von ihm weder Namen noch Zeichen ...«[190]

Junaid

Während Bistami den mystischen Rausch liebte, pries Junaid († 910), der Meister aus Bagdad, dagegen die zweite Nüchternheit, denn nach dem Rausch findet der Mensch sich in Gott wieder. Nicht das Entwerden (*fana*), sondern das Bleiben in Gott (*baqa*) stellte für ihn den höchsten Zustand dar, das Ziel des mystischen Weges. Besser als in diesem Wort Junaids lässt sich das ideale Sein des Bleibens in Gott nicht formulieren: »Ein Sufi ist jemand, der so ist, wie er war, als er noch nicht war.«[191]

Abu'l-Husain an-Nuri

Weil sich der Sufismus festigte und zu einer mächtigen Bewegung im Islam anwuchs, wurde er von der Orthodoxie immer kritischer beobachtet und verfolgt. Als im Jahr 885 der Sufi Ghulam Khalil der Häresie – und zwar des Manichäertums – angeklagt wurde, schlug der Mystiker Abu'l-Husain an-Nuri († 907) dem Kalifen vor, ihn statt seines Freundes anzuklagen. Gerührt von dieser Haltung selbstloser Liebe ließ der Kalif beide frei. An-Nuri, der ein Buch über die »Stationen des Herzens« auf dem sufischen Pfad veröffentlicht hatte, vermochte durch seine übergroße Liebe in Ekstasen zu geraten, die ihn an Leib und Leben gefährdeten. Und so ist er dann auch gestorben: In der Rezitation in Ekstase geraten, ging er tanzend, ohne seine Umwelt wahrzunehmen, in ein Röhricht, dessen Rohr gerade abgeschnitten worden war, sodass die Röhrichtstümpfe wie Messer in seine Fußsohlen schnitten. Doch an-Nuri nahm in seiner Verzückung den Schmerz nicht wahr und verblutete. Als ob er die Art und Weise seines künftigen Todes kommentieren wollte, hatte er einmal gesagt: »Ich sah ein Licht (*nur*), das im Verborgenen (*dar ghaib*) schien, und behielt es so lange im Auge, bis ich ganz zu jenem Lichte wurde.«[192]

Wer mit der Sufi-Terminologie und mit der teilweise paradoxen Art ihres Denkens nicht vertraut war, dem konnten durchaus Zweifel an der Rechtgläubigkeit der Sufi kommen, sodass sie immer mehr in Andeutungen sprachen und das, was sie ausdrücken wollten, immer weniger logisch-rational, sondern poetisch in Metaphern und Bildern äußerten. Diese Entwicklung und die Benutzung der Poesie als eine regelrechte Geheimsprache verhalfen der persischen Dichtung zu einer großartigen Entfaltung. Nirgendwo sonst wurde die Dichtung zu einer konspirativen Gebrauchssprache, zu einer Art Lyrikcode.

Aber nicht nur die Repressionen brachten die Sufi dazu, im Medium der Poesie zu kommunizieren, sondern auch das Wissen um die Unausdrückbarkeit mystischer Erlebnisse, die eben nicht logisch-rational definierbar waren, sondern nur in Sprachbildern vermittelt werden konnten. Die Frage, wie man einen Kuss durch einen Boten senden kann, beschreibt das Dilemma. Ein Erlebnis teilt sich nur mit, wenn es erlebt, wenn es selbst erfahren wird. Zumindest bei Gleichgestimmten kann die Poesie jedoch das gleiche Erlebnis hervorrufen, das derjenige hatte, der diese Erfahrung in Bilder übersetzte. Die Eigenart des poetischen Ausdrucks vermag die gleichen mystischen Erlebnisse auszulösen, die den Versen im Moment ihrer Findung zugrunde lagen. Weil Poesie die Ebene der reinen Rationalität unterlaufen und tiefere Bilder im Gehirn oder in der Seele erzeugen kann, eignet sie sich zur Übermittlung von Erlebnissen, in ausgesuchten und seltenen Fällen sogar zum Ekstasentransfer. Insofern lässt sich die Frage der Sufi, wie man einen Kuss durch einen Boten übermitteln kann, vielleicht so beantworten: indem die Poesie zum Boten wird.

Engel und Dschinns – der Mystiker Halladj

In einem ekstatischen Zustand hatte der Märtyrer des Islam, Halladj, ausgerufen: »Ich bin die absolute Wahrheit.« (ana'l-Haqq). Das hatte ihm schließlich die Verfolgung durch die islamische Orthodoxie eingebracht, denn diese sah darin *shirk*, die Sünde der Beigesellung. Wenn Halladj sich als die absolute Wahrheit empfand, so wurde argumentiert, dann behauptete er von sich, Gott zu sein, und würde sich damit als Gott Gott beigesellen. Erblickten die islamischen Religionshüter darin vielleicht die Sünde der Christen, die ebenfalls einen Menschen Gott als Gott beigesellten, nämlich Jesus Christus?

In Bagdad klopfte Halladj an die Tür des Junaid. Dieser fragte, wer davorstünde. Da antwortete Halladj: Ich bin die absolute Wahrheit. Junaid verstand, was Halladj damit sagen wollte, dass nicht *er* sprach, sondern dass der Geliebte, Gott, in ihm Platz genommen hatte und aus ihm sprach. Für Halladj existierte Halladj nicht, sondern nur Gott, den er liebte und zu dem er zurückwollte, so schnell als möglich, koste es, was es wolle. Doch Junaid wusste nur zu gut, wie missverständlich diese Äußerung klang und wie gefährlich die Zeiten waren, sodass er dem Besucher ein schlimmes Ende voraussagte.

Im Jahr 922 wurde Halladj nach zehn Jahren Gefängnis in Bagdad auf grausame Weise hingerichtet. Fariddudin Attar beschrieb den Tod des Mystikers in einem Gedicht so:

»Als sie zum Fuß des Galgens plötzlich kamen,
Halladsch die beiden Hände abzuschlagen,
bestrich er sein Gesicht und seine Arme
mit allem Blut, das von den Händen floss.«[193]

Aber dies gehörte für ihn zum Pfad des Mystikers, zu seinem Lebensweg. Kurz vor seiner Hinrichtung hatte ein Bettelmönch ihn noch in der Zelle besucht und gefragt, was Liebe sei. Halladj antwortete: »Heute wirst du es sehen und morgen und übermorgen. An jenem Tag töteten sie ihn, und am nächsten Tag verbrannten sie ihn, und am dritten Tage streuten sie die Asche in den Wind ...«[194] Damit war Halladj unwiederbringlich in Gott eingegangen.

Der Mystiker Schibli, der Halladj verehrte, fragte Gott, weshalb er diesen so sehr bestraft habe, wo er doch so fromm und gläubig gewesen sei. Darauf antwortete Gott: »Ich habe es getan, weil er Mein Geheimnis Fremden verraten hat.«[195] Das Geheimnis Gottes aber bestand in der Liebe, die nur für die Auserwählten bestimmt war, und von ihr hatte Halladj zu allen gesprochen.

Dort, wo Rabi'a geschwiegen hatte, hatte Halladj geredet. Er hatte den Menschen verraten, dass der Mensch im Leiden Gottes Liebe erfährt, die aber eine leidenschaftliche, unvergleichliche Liebe ist. In der ekstatischen Erfahrung der Liebe vermag sich der endliche Geist des Menschen mit dem unendlichen Geist Gottes zu vereinen. Liebe wird so zur Verlängerung der eigenen Existenz, zum Transfer in die Unendlichkeit.

Allerdings war dies nicht das Einzige, was den religiösen Autoritäten an Halladj missfiel. Außer Gott besaß für ihn nichts Autorität, alles andere war Schein. Seine mystischen Erfahrungen gingen für ihn nicht auf die Tradition zurück, also auf die Kette der Zeugen, die Mohammeds Leben und Worte als Richtschnur für alles Gedachte bezeugten. Als Zeugen seiner Gotteserfahrung führte er Engel und

Dschinns, Sonne, Mond und Sterne an. Schließlich kam er aus Persien, dem Land, in dem die Astrologie und die Astronomie entstanden waren. Das musste den Religionswächtern als ein Rückfall ins Heidentum und in den Polytheismus erscheinen. Zu allem Überfluss lehrte Halladj, dass die Pilgerfahrt, die zu den religiösen Pflichten der Muslime gehört, auch durch wichtige gute Taten zu ersetzen sei, indem man sich zum Beispiel um Kranke, Alte und Waisen kümmerte.

Der Sufismus wandelte sich immer mehr von einem Glaubensweg religiöser Eliten zu einer Volksreligion. Das führte zu einer gewissen Verflachung und zur Aufladung des volkstümlichen Sufismus mit magischen Praktiken. Gerade in diesem Moment brach in der islamischen Welt die große Auseinandersetzung zwischen Theologie und Philosophie aus, wie wir sie später und unter anderen Vorzeichen auch im christlichen Europa verfolgen können. Die gebildeten und philosophisch interessierten Muslime entdeckten die griechische Philosophie, Aristoteles, Platon und vor allem die Neuplatoniker um Plotin für sich und fragten sich, inwieweit all dies mit den Lehren des Koran vereinbar war und wie man das Verhältnis von Glauben und Wissen, von religiösen Standards und Dogmen und philosophischem Wissen zu definieren hätte.

Aus dieser Auseinandersetzung ging *asch-schaich al-akbar,* der größte Sufi-Meister, hervor, wie Muhiyuddin Muhammad ibn Arabi auch genannt wurde. Bisher standen vor allem die Mystiker des Mittleren Ostens im Vordergrund, die voller Enthusiasmus waren und stets in ihrer mystischen Energie zu verbrennen drohten. Ein anderes Bild bieten die Mystiker im Westen, die unter stärker philosophischen Vorzeichen den mystischen Pfad betreten, wofür Ibn Arabi das beste Beispiel bietet.

Mächtige und legendenverzeichnete Herrscher wie der Staufer Friedrich II., Papst Innozenz III., Franz von Assisi, al-Ghazali, Ibn Ruschd und Sultan al-Kamil waren es, die am Übergang vom 12. zum 13. Jahrhundert die Welt zwischen Tunis und Schweden, zwischen Córdoba und Baktra prägten. Orient und Okzident verband weit mehr, als sie trennte. Die oft verkürzte Darstellung der Kreuzzüge verdeckt die Tatsache, dass es einen reichen, fruchtbaren Austausch zwischen Christen und Muslimen gab. Gemeinsam entdeckte man die Griechen wieder, vor allem Aristoteles und Platon. Häufig nahmen die Juden in diesem Austausch eine vermittelnde, aber auch anregende Position ein. Man kreuzte nicht nur die Schwerter, sondern auch die Argumente und war sich einig in einem erstaunlichen Drang nach Wissen. Dante bezog wesentliche Elemente seiner »Göttlichen Komödie« aus der mittelbaren Anregung durch den Sufi Al-Ma'arri, und beide hatten Grund, dem antiken Autor Lukianos von Samosata zu danken.

Es war das Zeitalter der Philosophen, der Mystiker, der Wissenschaftler, aber auch der Magier, Alchemisten und Ketzer. Später sollte die Einheit zerfallen, aber in diesem Jahrhundert reichte die geistige Welt noch vom Atlantik zum Pazifik, von Portugal bis China. Vieles wurde vergessen, vieles sollte vergessen werden, weil es den Orthodoxen aller Religionen, den Machthabern und Machtbesessenen als schlimme Gefahr erschien. Dieser universelle, vagabundierende Glaube stellte eine Gefahr für jegliches Establishment dar, dessen Herrschaft auf der Kontrolle beruhte. Doch das Wissen und der Glaube in dieser Zeit gingen, wie wir heute sagen würden, fast spielerisch, also auf anmutige Art sorglos mit den Grenzen der Konfessionen um. In der Euphorie der Suche nach Gott nahmen die Mystiker die Mauern und Schutzzäune der Glaubenswächter gar nicht erst wahr. Philosophisch ist das nur zu verständlich, denn wer nach der Erfahrung der Einheit mit Gott strebt, die den vollkommenen Ausdruck der Entgrenzung darstellt – entgrenzter geht es nicht, als sich mit dem reinen Sein, dem Ein und Alles zu vereinen –, der muss sich zuvor selbst entgrenzen, indem er den Standpunkt überwindet, der vor lauter Dogmen den Glauben nicht mehr sieht. Dogmen sind Festlegungen und Definitionen, die dadurch, dass sie Sachverhalte *ein*grenzen, diese auch *be*grenzen.

Die Welt des Mittelalters war ein Ort der Dogmen und der Freiheit zugleich, ein Marktplatz vielfältiger Glaubensformen, die als geheime Religionen in den großen, amtlichen Religionen Unterschlupf fanden. Vielleicht aber lassen sich die vielfältigen geheimen Religionen auf eine einzige verborgene Ur-Religion zurückführen, die wir die Religion der Liebe nennen wollen. Zu keiner Zeit, weder vorher noch später, wurde intensiver über das Wesen der Liebe nachgedacht als im Mittelalter, wenn wir – und das können wir voller Berechtigung – Dante in dieser Hinsicht noch im Mittelalter verorten.

Der Mensch dieser Epoche hatte in einem absoluten Sinn Gott in den Mittelpunkt seines Lebens gestellt. Alles, was der Mensch tat, stand in einer Beziehung zu Gott – auch seine Missetaten. Und so war es nur natürlich, dass spirituell begabte und sich nach Erlösung sehnende Menschen sich auf die Suche nach Gott begaben, nach dem, der einzig erlösen konnte, und dabei die Liebe als Gottes Sprache entdeckten, als Brücke zu ihm. Man unterschied sehr deutlich zwischen dem, was wir heute Sexus und Eros nennen. Geschlechtlichkeit gehörte zur Liebe nicht dazu. Der Mensch bestand aus Göttlichem und Tierischem, und der Geschlechtstrieb wurde eindeutig dem Tierischen zugeordnet. Anders ausgedrückt, das Geschlechtliche verstand man als eine Funktion der Biologie wie andere Lebensfunktionen auch. Da diese Einteilung problematisch war, sublimierte man das Sexuelle, benutzte es in der Poesie als Metapher des Begehrens.

Nicht umsonst wurde in dieser Zeit die »Hohe Minne« erfunden. Dort aber, wo es um die Minne ging, um das unerfüllte Begehren, da sind wir bereits im Reich Gottes, nach dem sich die Mystiker – und nicht nur sie – sehnten. Für die Christen bot diese Vorstellung den Vorteil, dass man das Objekt der Minne, die hohe Frau, bereits in der Verehrung der Jungfrau Maria vorgeprägt fand. Die Jungfrau Maria gab das Vorbild ab für die angebetete Dame im Minnedienst, der im wahrsten Sinne des Wortes ein Liebesdienst war. Der Begriff Objekt in der Vorstellungswelt des Mittelalters trifft das Verhältnis in diesem Zusammenhang präzise, denn der Liebende unterstellte sich als Subjekt (zu Deutsch: das Unterlegte, das Abgeleitete und Abhängige) dem Objekt (das Überlegte, das Beherrschende). Damals bestimmte im Gegensatz zu unserer heutigen Auflassung das Objekt vollkommen das Handeln der Subjekte, so wie die Planeten nach damaliger

Vorstellung eben auch um die Erde kreisten. Später, als man die Erde um die Sonne rotieren ließ, veränderten sich auch die Bedeutungen der Begriffe, da wurde auf einmal das Subjekt zum Handelnden und das Objekt zum Behandelten. Zuvor hatte das Subjekt als Handelnder im Dienst des Objekts gestanden und seine Wünsche erfüllt, wie der Mensch Gottes Willen und der Minnediener die Befehle der geliebten Frau ausführte. Erst die Neuzeit hatte diese Konzepte komplett ausgetauscht. Immanuel Kant nannte es daher nicht zufällig die kopernikanische Wende im Denken: Nicht mehr die Sonne drehte sich um die Erde, nicht mehr das Subjekt um das Objekt, sondern die Erde drehte sich nun um die Sonne und das Objekt, wenn man so will, um das bestimmende Subjekt. Mögen sich in der speziellen Frage der Ritterpflichten und der Minne Orient und Okzident unterscheiden, so stimmen sie hinsichtlich der geheimen Religion der Liebe vollkommen überein.

Bestechend ist und bleibt die Tatsache, dass trotz bewaffneter Auseinandersetzungen – die durch den Begriff Kreuzzüge auf die Kämpfe der Christen gegen die Muslime eingeengt werden, ohne dabei die Kämpfe von Christen gegen Christen, von Muslimen gegen Muslime und die überraschenden Allianzen über Konfessionsgrenzen hinweg zu berücksichtigen – die Nähe der Religionen, die sich in ihrer engen Kommunikation ausdrückte, sehr hoch war. Templer, Kabbalisten, Sufi und Mystiker mochten zuweilen nicht unterscheiden, ob es sich um Christentum, Islam oder Judentum handelte, denn ihre eigentliche, die geheime Religion bestand in der Liebe Gottes, die sie suchten, weil sie glaubten, dass nur diese Bestand hatte und sie nur in ihr glückselig zu werden vermochten. Die Welt des Alltags, in der sie lebten, lehnten sie als Schein, als Trug, als schlecht ab. Wirft man einen Blick auf die Lebensbedingungen und die große Unsicherheit für Leib und Leben in dieser Zeit, wird diese Sicht der Dinge nur allzu verständlich. Die Erfahrung des Menschen bestand im Grunde in dem vollkommenen Ausgeliefertsein an Mächte, denen er nichts außer Gott entgegensetzen konnte.

DER GRÖSSTE SUFI-MEISTER – IBN ARABI

In dieser goldenen Epoche des intensiven geistigen Austauschs wurde Muhiyuddin Muhammad ibn Arabi 1165 im andalusischen Murcia geboren. Sein Vater gehörte zu den Ratgebern des Sultans Abu Yusuf Yaqub und siedelte mit der Familie nach Sevilla um. In Spanien wirkten um diese Zeit viele große muslimische, jüdische und christliche Gelehrte. Mit dem Philosophen Ibn Ruschd, im Westen als Averroes bekannt, diskutierte Ibn Arabi in Córdoba bereits in seinem 16. Lebensjahr. Und er sog alles auf. Reisen, die er mit seinem Vater unternahm, erweiterten seinen Gesichtskreis.

Mit zwölf Jahren erkrankte er schwer und fiel in Ohnmacht. Im Halbdämmer des Bewusstseins nahm er furchterregende Gestalten wahr. Möglich, dass er an der Pest erkrankt war, die in diesen Jahren Andalusien und Marokko entvölkerte. Die grauenvollen Gestalten konnten Pestärzte gewesen sein, die Tiermasken trugen. Dann aber erschien ein freundliches Wesen, das ihm Zuversicht gab, und der junge Ibn Arabi hörte die Worte der 36. Sure, die nach einem der Namen des Propheten *Ya-Sin* heißt und nach altem Brauch für die Sterbenden rezitiert wird. Als die letzten Worte der Sure verklungen waren, erwachte der Junge aus der Ohnmacht, schlug die Augen auf und erblickte seinen Vater, der weinend an seinem Bett saß. Sosehr ihn dieses Erlebnis beeindruckt hatte, bedurfte es noch des Unterrichts bei Sufi-Meistern und vor allem eines Erweckungserlebnisses, dessen Inhalt uns weder Ibn Arabi noch einer seiner Schüler übermittelte, damit er sich auf den Sufi-Weg begab. Daneben gibt es folgende Episode: Als der junge Mann einmal beim Fest mit Freunden den Becher zum Munde führte, vernahm er eine Stimme, die ihm sagte, dass er nicht hierfür bestimmt sei. Ibn Arabi stürzte aus dem Haus, lief aus der Stadt und traf auf einen Schafhirten in schmutziger Kleidung. Sofort tauschte er sein prächtiges Gewand mit den Lumpen des Hirten. Ein eingefallenes Grab, das zu einer Höhle geworden war, diente ihm fortan als Behausung, in der er die rituellen Gebete vornahm und schließlich erleuchtet wurde.

Man hat dieser Geschichte wenig getraut und sie in das Fach

fromme Legenden (Heiligenviten) verwiesen, doch verdeutlicht sie zumindest die hohe Wertschätzung, die die Armut in jener Zeit genoss. Etwa zwanzig Jahre später zog sich in dem umbrischen Städtchen Assisi mitten auf dem Marktplatz ein junger Mann splitterfasernackt aus und übergab seinem Vater den prächtigen Rock, um von nun an nur noch Gott, dem Herrn, zu dienen und in Armut zu leben.

Beide Geschichten, die des jungen Muslim und die des jungen Christen, ähneln sich zum einen auf verblüffende Weise. Zudem erinnert die Geschichte an die Erleuchtung des Propheten Mohammed, der ja ebenfalls seine erste Vision in einer Höhle am Lichtberg empfing. Ein Schüler von Ibn Arabi, Ibn Saudakin, berichtet, dass sich sein Lehrer zurückgezogen habe und ihm in der Zeit zwischen Morgendämmerung und Sonnenaufgang das gesamte Wissen offenbart worden sei. Bezeichnend an dieser Geschichte ist nun, dass Ibn Arabi die Erleuchtung in der Zurückgezogenheit widerfuhr, denn das entspricht den sufischen Vorstellungen: Die Erleuchtung stellt danach eine geistige Öffnung (*fath*) dar, die den Adepten auf eine höhere geistige Station gelangen lässt, auf eine andere Seelenstufe (*nafs*). Eine andere Stufe des inneren Menschen wird erreicht.

Bei den Sufi geht dieser Erleuchtung allerdings die harte Arbeit des Initianten an sich selbst unter Anleitung eines Meisters voraus. Weiterhin gab es die mystische Unterweisung durch Mohammed selbst, wie sie Uwais al-Qarani widerfuhr, oder durch einen längst verstorbenen Sufi-Meister, wie es Fariduddin Attar erlebte. Ibn Arabis Seelenführer aber scheint weder Mohammed noch ein Sufi-Meister gewesen zu sein, sondern Jesus Christus – was vollkommen legitim ist, wenn es der Jesus des Korans ist, der Prophet nämlich und nicht der Gott.

Wie Franz von Assisi übergab Ibn Arabi seinen Besitz seinem Vater, lehnte eine weltliche Tätigkeit ab und begab sich auf die Wanderschaft, um sich bei den Sufi fortzubilden. Seine Wanderungen führten ihn nach Marrakesch, nach Fes und Tunis. In Ägypten entging er nur knapp dem Lynchmord aufgewiegelter Fanatiker. Es war auch die Zeit der gefürchteten Assassinen und des Alten vom Berge. Wir kommen später noch auf diese furchterregende Geheimsekte zurück. Schließlich zog Ibn Arabi über Hebron und Jerusalem nach Mekka, wo ihn an der Kaaba eine gewaltige Vision traf, die er in seinem größten Werk, in den »Mekkanischen Eröffnungen« festhielt. Seine Reisen führten ihn nach Konya, Sivas und Malatya in Ostanatolien. Hier trafen westliches und indisches, brahmanisches und buddhistisches Wissen aufeinander. Bis nach Mosul und Bagdad trugen ihn schließlich seine Füße. Man darf sich diese Welt auch ein wenig wie aus »Tausendundeinernacht« vorstellen – übrigens entstand dieses Buch auch in dieser Zeit und ist enger mit dem Sufismus verbunden, als wir in unseren kühnsten Träumen ahnen. Man kann es auch als geheimes Chiffrenbuch des Sufismus lesen.

Ibn Arabi wurde der größte Meister des Sufismus, weil er in der Vielfalt der Welt den Weg zu ihrer Einheit fand. Seine Reisen waren immer auch Wege der Erkenntnis, Expeditionen des Geistes. Er wurde so zur prägenden und anregenden Gestalt, die den Islam, das Christentum, aber auch bestimmte Schulen des Brahmanismus und Buddhismus bis auf den heutigen Tag beeinflusst hat. Die Breite seiner Ansichten bieten einen Raum, in dem sich Anhänger verschiedener Religionen treffen können, sich verständigen, ohne ihrem Glauben Abbruch zu tun. Wenn man beispielsweise vom Euro-Islam spricht, ist Ibn Arabi einer der wichtigsten Vordenker.

Nicht nur, dass er das Wissen seiner Zeit systematisierte und philosophisch interpretierte, er schuf auch eine beachtliche Zeichentheorie. Das arabische Wort für Vers (aya) bedeutet zugleich Zeichen. Die Worte des Korans gelten Ibn Arabi wie die Dinge des Kosmos als Zeichen Gottes. Ausgehend von der noch heute üblichen Definition des Zeichens, das aus Form und Bedeutung besteht, bilden die Worte des Korans eine Art Brücke zu Gott. Diese Brücke versteht Ibn Arabi als Zwischenwelt. Von der Alltagswelt, die eine Mischung aus Geist und Materie bildet, führt der Weg zum Reinen Sein, das Gott ist, das absolut Wahre. Dem Sein steht das Nicht-Sein gegenüber. Das Nicht-Sein besteht nicht, sondern es ist nichts anderes als die Abwesenheit von Sein. Da aber Reines Sein Gott allein zukommt, ist alles auf der Welt nur Spiegelungen dieses Reinen Seins, in mehr oder weniger abgeschwächter Weise. Wenn Gott reines Licht ist, dann sind die Strahlen des Lichtes auf der einen Seite Licht, auf der anderen Seite aber nicht mit dem Reinen Licht identisch, wie Gespiegeltes und Spiegelndes auch nicht ein und dasselbe sind. Dort aber, wo die Strahlen nicht Reines Licht sind, sind sie die Abwesenheit von Licht, nämlich die Dunkelheit. Abwesenheit von Licht ist Dunkelheit, Abwesenheit von Sein Nicht-Sein.

Sind wir so weit gekommen in der Überlegung, stoßen wir auf Ibn Arabis eigentliches Interesse: Alle Dinge befinden sich im Zustand zwischen Sein und Nicht-Sein, denn sie besitzen wie die Strahlen des Lichtes Sein, aber so wie die Strahlen nicht identisch sind mit dem Licht, sind die Dinge wiederum nicht mit Gott identisch. Im gleichen ontologischen Zustand befindet sich auch der Mensch: Er wurde von Gott geschaffen und ist dennoch nicht mit Gott identisch. Die Namen Gottes in ihrer Gesamtheit sind weder Reines Sein noch das Wesen Gottes, noch die materielle Welt. Sie geben als Zeichen Gottes Eigenschaften wieder, nämlich als Schöpfer, als Barmherziger, als Gerechter etc. Mittels seiner Namen, die Zeichen sind, manifestiert sich Gott in der Welt.

Nun glaubte Ibn Arabi, dass Selbstenthüllung sich nicht wiederhole. Daraus folgt, dass genau gleiche Dinge niemals zur gleichen Zeit existieren können. Auf der anderen Seite gibt es keine Sache, die in sukzessiver Zeitlichkeit identisch ist, das heißt, kein Ding kann in der Aufeinanderfolge der Zeiten zweimal dasselbe sein. So abstrakt das klingt, so atemberaubend ist diese Vorstellung in der Praxis, denn sie bedeutet, dass die Schöpfung sich immer wieder erneuert: Wenn es keine zwei identischen Dinge im Kosmos geben kann, dann gibt es immer andere Dinge.

Auf diese Weise gelang es Ibn Arabi, Gottes Unveränderlichkeit und die ständige Veränderung der geschaffenen Welt als einen Prozess fortwährender Bezeichnung zu verstehen. Da aber nichts auf der Welt absolut ist, weil die materielle Welt im Grunde eine Zwischenwelt ist, befinden sich alle Dinge, wie auch der Mensch in der Zwischenwelt, auf der Brücke zwischen Sein und Nichtsein, die Seele zwischen Geist und Körper, zwischen Ewigkeit und Vergänglichkeit. Es kommt auf den Menschen an, ob er mehr dem Körper oder dem

Geist zuneigt, ewiger Glückseligkeit oder nimmer enden wollender Verdammung.

Um den Prozess des Erschaffens als Atem Gottes zu verdeutlichen, wählte Ibn Arabi den Ausdruck *nafas ar-rahman* (das Ausatmen des Barmherzigen). Sprechen bedeutet zu atmen, denn die Worte entstehen auf dem Strom des Ausatmens. (Es sei an dieser Stelle daran erinnert, dass Atemtechniken bei den Sufi eine große Rolle spielen. Sie halten sie für grundlegend und nutzen sie intensiv.) Die Worte Gottes schaffen die Dinge. Gottes Sprechen erfolgt beim Ausatmen. Zum einen ist Gottes Sprechen ewig, denn es hat keinen Anfang und kein Ende, zum anderen vergehen aber die Worte, sobald sie ausgesprochen sind.

So wird der Kosmos nach und nach im Rhythmus des Ein- und Ausatmens geschaffen und wieder vernichtet. Überhaupt stellte sich Ibn Arabi vor, dass das Reine Sein, also Gott, den Atem anhält, bis es dies schließlich nicht mehr vermag, sodass die Welt als Ausatmung des Barmherzigen entstand. Der Kosmos, den Ibn Arabi als gewordenes Sein (abhängig vom Reinen Sein) bezeichnet, ist einerseits vergänglich, indem nichts auch nur einen Moment lang bleibt, was es war. Anderseits bleibt er ewig bestehen, indem er sich ständig ändert. Seine Ewigkeit besteht darin, dass er ständig durch Gott verändert wird. Die Konstante hierbei ist die Schöpfung oder Gottes Atem, der beim Ausatmen schafft und beim Einatmen vernichtet, um sofort wieder auszuatmen und zu erzeugen.

Gottes Motivation für das Schaffen ist die Liebe, die er für seine Geschöpfe empfindet, in denen er einen Teil seiner selbst sieht, auch, indem er ihnen einen Teil von sich selbst zu erkennen gibt. Hier treffen wir wieder auf *wujud*, das Finden durch Gefunden-werden-Wollen, weil gesucht worden ist. Des Menschen Seele ist ein Spiegel des Göttlichen. Deshalb muss der Mensch seine Seele reinigen – den Spiegel putzen –, damit Gott sich in ihm sehen kann. Indem aber Gott sich in ihm sieht, sieht der Mensch auch Gott.

Der »Vollkommene Mensch«

Hieraus ergeben sich zwei ebenso faszinierende wie wirkungsvolle Schlussfolgerungen.

Zum einen gestaltete Ibn Arabi die Vorstellung vom »Vollkommenen Menschen«.

Durch den Verstand kann der Mensch Wissen erlangen, das seinem Wesen nach immer weltlich ist und nicht über die materielle Welt hinausreicht. Doch weiter als bis zur Erkenntnis Gottes als derjenige, der letztlich unbegreiflich ist, kommt der Verstand nicht. Der Verstand erkennt Gott als den Verborgenen. Da aber in der Welt göttliches Licht ist, das in unterschiedlicher Intensität wiedergegeben wird wie von den Partikeln eines zerbrochenen Glasspiegels, kann der Verstand diese Partikel durch sein Vorstellungsvermögen im Geist zusammensetzen. Hinzu kommen der Koran, die Überlieferung der Handlungen und Aussprüche des Propheten (*hadithe*), Visionen und Auditionen, sodass es möglich ist, die verborgene Wahrheit zu erkennen.

Die Erkenntnis der ganzen Wahrheit erfordert so viel, dass sie von einem normalen Menschen nicht geleistet werden kann. Hierzu bedarf es des »Vollkommenen Menschen«, der nun zum vollkommenen Spiegel Gottes wird. Er hat mit seiner Persönlichkeit den zersprungenen Spiegel zusammengefasst, indem er selbst zum Spiegel Gottes geworden ist und die Gesamtheit der göttlichen Namen aufscheinen lässt, wodurch er selbst zur Spiegelung Gottes wurde. Als Mikrokosmos entspricht er vollkommen dem Makrokosmos.

Diesen »Vollkommenen Menschen«, der wahre Menschlichkeit besitzt, verkündet Ibn Arabi als Ziel des Sufi-Weges. Der Rückkehr in den Tod stellt er die Rückkehr zu Gott entgegen. Darin aber besteht die Freiheit des Menschen zu wählen: Sterben muss der Mensch, aber er kann auch zu Gott zurückkehren. Nicht anders sah es der Apostel Paulus, als er ausrief: »Tod, wo ist dein Sieg? Tod, wo ist dein Stachel?« (1 Kor 15,55).

Allerdings darf der Mensch sich niemals überheben und mit Gott verwechseln, denn er ist nicht nur aus Geist, sondern auch aus Lehm, ein Zwischenwesen, aus dem Höchsten und dem Niedrigsten gemischt, begabt mit der Wahl zwischen beidem, zwischen Gott und Tier. Die höchste Stufe des Menschen ist erreicht, wenn er verstanden hat, dass er ein Diener Gottes ist, und sich dementsprechend verhält. Im vollkommenen Sinne des Wortes ist aber nur derjenige ein Diener Gottes, der nicht durch übertriebene Askese, durch Frömmlertum und Wundererwirkung mit seinem spirituellen Rang prahlt, sondern seinen geistigen und geistlichen Rang verbirgt.

Das Bild des »Vollkommenen Menschen« findet sich in Mohammed, dem Gott als Medium diente. Er wirkt wie ein früher Vorläufer der klassisch-deutschen Philosophie, wenn Ibn Arabi den »Vollkommenen Menschen« als Voraussetzung der Selbsterkenntnis Gottes versteht, weil Gott des »Vollkommenen Menschen« bedarf, um sich zu entäußern und sich in der Entäußerung wiederum zu erkennen. Nicht genug, dass dieser große Sufi-Meister ein zukunftsweisendes Ideal des »Vollkommenen Menschen«, den man später auch den Neuen Menschen nannte, aufstellte, er schuf auch eine bahnbrechende Zeichentheorie.

ZEICHEN UND BEZEICHNUNGEN

Bei Ibn Arabi wird zum ersten Mal eine dynamische Beziehung zwischen dem Namen und dem zu Benennenden oder anders zwischen dem Zeichen und dem Bezeichneten geknüpft. Man sollte nicht zu früh darüber lächeln – welche Kraft den Namen innewohnt, erfahren wir spätestens dann, wenn sich jemand über unseren Namen lustig macht. Nichts berührt den Menschen empfindlicher, als wenn sein Name verspottet wird.

Allgemein versteht man heute unter Zeichen eine Äußerung, die ein Ding oder einen Sachverhalt bezeichnet und in einem bestimmten Zusammenhang interpretiert wird und dadurch an Vieldeutigkeit verliert. Vieldeutig ist ein Zeichen deshalb, weil es zwar ein Ding oder einen Sachverhalt benennt, die Benennung aber gleichzeitig ein Universum an Assoziationen und Emotionen beim Empfänger des Zeichens hervorruft.

Unsere Sprache bildet ein Zeichensystem. Wenn jemand das Zeichen Stuhl verwendet, dann benennt er ein Ding, auf dem man sitzen kann, gleichzeitig haben wir jedoch bestimmte Assoziationen und Vorstellungen, denn das Zeichen ruft in uns keine abstrakte, sondern eine konkrete Vorstellung hervor. Diese konkrete Vorstellung variiert von Mensch zu Mensch, von Kulturkreis zu Kulturkreis.

Da Ibn Arabi von den Namen Gottes ausgeht, bekommt das Konzept eine besondere Drehung. Sowohl die Juden als auch die Christen und Muslime verbinden mit Gottes Wort Gottes Schöpferkraft. Im Alten Testament heißt es: »Und Gott sprach: Es werde Licht! Und es ward Licht« (1 Mos 1,4). Das Neue Testament geht noch einen Schritt weiter: »Am Anfang war das Wort, und das Wort war bei Gott, und Gott war das Wort« (Joh 1,1). Und im Koran heißt es in Sure 3, Vers 47:

»So ist Gott. Er schafft, was er will!
Beschließt er eine Sache, so spricht er nur zu ihr:
SEI! Und dann ist sie.«

Deshalb sind die Namen sozusagen Formen, die die göttliche Schöpferkraft leiten, um Dinge und Lebewesen hervorzubringen. Gott emaniert, und jeder der Grade der Emanation ist mit einem Namen verbunden. So stammt beispielsweise die Pflanzenwelt von dem Gottesnamen *ar-Raziq* (der Ernährer) ab. Auf diese Weise wird jeder göttliche Name zum Herrn eines Dinges (*rabb*). Was auch immer geschieht, der *rabb* bleibt Herr seiner Emanation und die Manifestation Diener (*marbub*) des Herrn, *ar-Raziq*, beherrscht die Pflanzenwelt, und die Pflanzenwelt dient dem Ernährer.

Da sich die Selbstenthüllung, wie wir schon gesehen haben, nicht wiederholt, mithin niemals zwei gleiche Dinge existieren können, gibt es für jeden Menschen auch nur eine bestimmte Offenbarung, die – und nun wird es aufregend, vielleicht sogar häretisch – auch nur eine bestimmte Form ist, in der nur er Gott schauen, in der nur er an Gott glauben kann. Ibn Arabis Zeichentheorie kommt zu dem für die Orthodoxen verstörenden Schluss, dass Gottes Offenbarung sich in verschiedenen Religionen, abhängig von den konkreten Gläubigen, ereignet. Und wenn das so ist, dann kommt es darauf an, an Gott zu glauben und sich seinem Willen zu unterwerfen – ganz gleich, ob als Jude, Christ, Muslim oder Buddhist. Wie erinnern uns an den Vers Ibn Arabis, der diese Vorstellung in der Sprache der Poesie ausdrückt:

> »Mein Herz hat angenommen jegliche Gestalt:
> für die Gazellen Weideplatz, für Mönche Kloster,
> den Götzen Tempelbau, dem Pilgerkreis die Kaaba,
> Schrifttafeln für die Thora, Seiten dem Koran:
> Mein Glaube ist die Liebe: wo die Karawane
> auch hinziehn mag, ist Liebe meine Religion.«[196]

In Ibn Arabi erreichte die Vorstellung der Sufi höchste philosophische und theosophische Kraft. Weit über seine Zeit hinaus wies er durch seine Zeichentheorie, die jedem Menschen zugesteht, und durch das Konzept des »Vollkommenen Menschen« in seiner Religion den Weg, zu Gott zu finden. Wenn er aber gleichzeitig verdeutlichte, dass der »Vollkommene Mensch« der vollkommenste Diener Gottes sei, so warnte er vor der Selbstvergottung des Menschen. Vor Menschen, die sich für Gott halten und bar jeder Verantwortung und Verantwortlichkeit handeln, graust es nicht nur uns in unserer Zeit, vor ihnen mahnte Ibn Arabi bereits vor 900 Jahren. Doch es sind nicht nur die Areligiösen, die Ibn Arabi ablehnen, auch die Orthodoxen, die Glaubensbeamten, die im Grunde Theologie durch Ideologie und Glauben durch Macht, Religion durch Herrschaft ersetzt haben, weisen seine Vorstellungen und Lehren weit von sich.

BRUDERSCHAFTEN UND GEHEIMBÜNDE

In den Anfängen hatten einzelne Gottessucher den jeweiligen Sufi-Meister, von dem sie zu lernen begehrten, darum gebeten, sie als *murid*, als Schüler, aufzunehmen. Ab dem 9. Jahrhundert breitete sich der Sufismus mehr und mehr aus, und aus der Religion der Eliten wurde zunehmend eine Volksreligion. So kam es im 12. Jahrhundert zur Gründung von Sufi-Konventen. Daraus entstanden mystische Bruderschaften, die ihren eigenen Pfad *(tariqa)* zu Gott vermittelten, der auf den von den Sufi-Meistern ein Jahrhundert zuvor entwickelten Grundlagen und dem System der Erziehung fußte, das den Gottessucher befähigte, dem sufischen Weg zu folgen.

Die *muridun* kamen nun aus allen Schichten der Bevölkerung. Dass Verbreiterung auch zur Verflachung führt, ist ein bekanntes Phänomen, und so begannen bald seltsame, unerfreuliche Erscheinungen die Frommen zu verunsichern. Gewinnsüchtige Bettelmönche oder Fakire mit bizarren Lebensweisen zogen durch den Mittleren und Nahen Osten. Diese Gestalten waren es, die den europäischen Orientreisenden des 19. Jahrhunderts entgegentraten und ihnen ein merkwürdiges Bild des Sufismus vermittelten.

Innerhalb des Sufismus, bei dem es sich um eine breite Bewegung mit oftmals sehr unterschiedlichen Konzepten und Riten handelt,

gab es auch immer wieder kritische Stimmen, die Anstoß an diesen
obskuren Praktiken nahmen. Ibn Arabi lehnte beispielsweise jedes
Wunder als Prahlerei ab. Der Mensch solle nicht mit seinen Fähigkeiten prahlen, lehrte er, sondern Gott in Demut dienen.

SUFI-KONVENTE

Die Sufi-Konvente (*khanqah, tekke, ribat*) entwickelten sich rasch zu
kulturellen und theologischen Zentren, in deren Mittelpunkt sich das
Grab des jeweiligen Gründers befand. Der *sheikh*, der geistige Führer
der Gemeinschaft, lebte mit seiner Familie in einem eigenen Komplex,
der gewöhnlich eine Ecke des Konvents einnahm. Bei jeder Initiation,
die immer einen Festtag für die gesamte Gemeinschaft bedeutete,
leistete der Neuling den Treueschwur und bekam das Sufi-Gewand
überreicht. Dann legte er seine Hand in die Hand des *sheikh*, was an
das Ritual der Handauflegung im Christentum erinnert. Mit diesem
Akt übertrug der Meister die Gnadengaben (*baraka*) an den Schüler,
der schließlich die Derwischmütze erhielt, die sich je nach Orden
unterschied. Die Anzahl der Teile der Mütze machte deutlich, welcher Schia sich die Gemeinschaft verpflichtet fühlte – sieben, neun
oder zwölf Teile, je nachdem, ob sie zur Siebener-, Neuner- oder
Zwölfer-Schia gehörten.

   In der Gemeinschaft herrschte im wahrsten Sinne des Wortes
eine Hierarchie, eine »heilige Herrschaft«, denn der Aufstieg über die
verschiedenen Ämter hinweg an die Spitze der Bruderschaft hing
nicht mit der Macht zusammen, sondern war einzig und allein abhängig von den Fortschritten, die der Derwisch auf dem Weg der
Vervollkommnung, der *tariqa*, gemacht hatte.

   Dem *sheikh* folgte als sein Stellvertreter der *khalifa*, der entweder
eine eigene Bruderschaft gründete oder ihm im Amt folgte. Da der
khalifa dann den rituellen Sitzplatz des *sheikh* bekam, wurde der Ausdruck *sajjada nishin* (der auf den Teppich sitzt) zum Ausdruck für den
Nachfolger. Allerdings wurde das Amt des *khalifa* in einigen Bruderschaften erblich, sodass ganze *sheikh*-Dynastien entstanden, die noch

heute in der arabischen Welt über großen Einfluss und immense Macht verfügen.

Um die einzelnen Konvente bildeten sich Laienbruderschaften, also Menschen, die dem Pfad des *sheikh* folgten, aber nicht im Kloster lebten, sondern eine Familie gründeten und ihrer Arbeit nachgingen. Deshalb zogen sich die Bruderschaften quer durch die islamische Welt. Ihre Laienzweige wurden fast so etwas wie Berufs- oder Standesvereinigungen und nahmen so auf die gesellschaftliche Entwicklung Einfluss. Der Sufi-Bruderschaft der Shadiliyya zum Beispiel gehörten vor allem Menschen aus der Mittelschicht an, während Rumis Gründung, der Derwischorden der Mewlewije, stark mit den osmanischen Herrschern verbunden war. Deshalb wurde sie auch von Kemal Atatürk bei seiner Reform des türkischen Staates verboten.

Die Unterschiede zwischen den einzelnen Sufi-Zweigen sind immens: Die Suhrawardiyya verhält sich regierungstreu und findet Anklang unter den Vermögenden, während die Heddawa, ein Bettlerorden, vollkommene Armut praktiziert. Zwischen den beiden Orden liegen Welten. Die Derwische der Heddawa leben mit Katzen, nennen ihre Novizen Katerchen, und es heißt, dass sie Katzen auch rituell verzehren.

Sehen wir uns kurz diese ersten Orden an, die sich gebildet haben.

Die Suhrawardiyya

Abdul Qahir Abu Najib as-Suhrawardi (1097–1168) genoss in Bagdad eine hervorragende Ausbildung, gründete den Orden und verfasste schließlich ein einflussreiches Buch über die mystische Erziehung der Schüler. 'Umar as-Suhrawardi, sein Neffe, studierte unter seiner Leitung und schrieb schließlich ein wichtiges Werk über die mystische Theorie. Er folgte seinem Onkel als *sheikh* nach, wurde Sufi-Meister von Bagdad und diente dem Kalifen an-Nasir mit Rat und Tat und oftmals in diplomatischen Missionen. Hier finden sich die Ursprünge der regierungsfreundlichen Haltung der Suhrawardiyya, die sich von

Persien aus bis nach Indien ausbreitete. Die Nachfahren 'Umars haben heute die *sadschdschada* (Führerschaft) in Pakistan inne und verfügen über großen politischen Einfluss.

Die Qadiriyya

Etwa zur gleichen Zeit zog Abdulqadir al-Dschilani (auch: Gilani; † 1166), ein asketischer Prediger, der vom Kaspischen Meer kam, durch Bagdad, um seine Lehren zu verbreiten, die besonders um Askese, Armut, Toleranz, Nächstenliebe und Barmherzigkeit kreisten. Nach ihm wurde die Bruderschaft Qadiriyya genannt, von der auch die Heddawa in Marokko abstammen. Noch heute pilgern Muslime zum Grab Gilanis nach Bagdad und verbringen oft Wochen damit, schweigend sein Heiligtum mit einem kleinen Besen zu reinigen. Im volkstümlichen Islam wurde Gilani zum Meister der Geister *(dschinn)*.

Wie andere Sufi-Orden auch trieb die Qadiriyya die Missionierung voran. Besonders erfolgreich war sie im Maghreb und in Westafrika bei den Berberstämmen. Im Maghreb wird Gilani in unheimlichen Höhlen und heiligen Stätten verehrt. Während ihm häufig als Meister des Ostens gehuldigt wird, nennt man Abu Madyan, einen der Lehrer Ibn Arabis, den Meister des Westens. Ein später Nachfahre Gilanis, der Emir Abd el-Kader († 1883) von Algier, engagierte sich als Sufi-Meister im Kampf gegen die Franzosen.

Der Tschischti-Orden

Aber es entstanden auch andere Orden, deren Bräuche und Auftreten weitaus schillernder sind. Der Tschischti-Orden gestattete sogar, dass Nichtmuslime der Bruderschaft beitraten. Die Derwische trugen ockerfarbene Gewänder und verehrten besonders die Musik, die zum Mittel des *dikhr* wurde. In der Hingabe an die religiöse Musik versuchen sie, sich Gott zu nähern. Der Tschischti-Orden hält an seinem asketischen Ideal fest. Er ist in Indien und in Zentralasien aktiv.

Durch seine Liebe zur Musik stieß er die Entwicklung der Hindustani-Musik an. Eines seiner Heiligtümer ist das Mausoleum des Sufi-Meisters Bakhtiar Kaki in Mehrauli-Delhi in Indien.

Die Schattariyya

Die Schattariyya, ein weiterer Sufi-Orden, übernahm hinduistisches Denken und bediente sich magischer Praktiken. Einer ihrer Meister, Ghauth Gwaliori († 1562), verfasste ein geheimnisvolles Buch – »Die fünf Juwelen« –, in dem Mystik, Astrologie und Kabbalistik einander durchdringen. Auch das belegt, dass im Mittelalter eine geheime, universelle Religion existierte, die nicht vor Konfessionsgrenzen haltmachte, sondern sie unterlief.

Die Rifa'i-Derwische

Die Rifa'i-Derwische erwarben sich durch ihre Wundertaten einen seltsamen Ruf. Sie wurden bewundert, verwunderten und jagten aber gleichzeitig den Menschen schaurige Gefühle ein. Sie verwundeten sich mit Schwertern, Messern und Speeren, ohne sich dabei zu verletzen, aßen Glas und nahmen ihre Augen heraus. Schließlich nannte man sie aufgrund ihres lauten *dhikr* (Gottesgedenken) auch die Heulenden Derwische.

Die Badawiyya

Interessant an der Badawiyya ist, dass dieser ägyptische Orden vor allem vorislamische Bräuche aufnahm. Die Badawiyya-Derwische missionierten und wirkten vornehmlich auf dem Land, sodass es – wie es die Christen auch tun sollten – leichter war, die bäuerliche Bevölkerung zu gewinnen, wenn man ihre Traditionen und Bräuche adoptierte und, so gut es ging, in den Islam einfügte. Aber die große

Tradition des alten Ägypten, die Abhängigkeit von den Rhythmen des Nils, die Fruchtbarkeitskulte der Pharaonen und der Sonnenkalender der Kopten, nach dem sie ihre Feste feierten, bildeten Krypten in ihrer Lehre.

RUMI UND DIE TANZENDEN DERWISCHE

Einer der einflussreichsten Orden wurde im 13. Jahrhundert von Djalal od-Din Rumi gegründet, der um 1207 in Baktra (Balch) im heutigen Afghanistan geboren wurde. Sein Vater, ein berühmter Sufi-Meister, zog mit der Familie in das Land der Romäer, womit die Byzantiner gemeint waren, die ja immer noch (ost-)römische Kaiser waren. Im anatolischen Konya wurde er schließlich heimisch. Von seinem Vater lernte er, dass die Gottesliebe eine ganzkörperliche Erfahrung sei. Der Orden, der auf ihn zurückgeht, wird Mewlewije genannt, besser bekannt unter der Bezeichnung Tanzende Derwische. Wer in den Orden eintreten wollte, musste schwere Arbeit aller Art verrichten, zum Beispiel hatte er 1001 Tage in der Küche zu dienen. Außerdem sollte er Rumis Hauptwerk, den »Mathnawi«, studieren und schließlich die Technik der ʿsema erlernen. Die ʿsema ist ein kompliziertes religiöses Tanzritual. Es beginnt mit langsamem Gehen, es folgen: die dreifache Verneigung vor dem Meister und das Abwerfen der schwarzen Übermäntel. Dadurch werden die weißen Gewänder sichtbar. Sie symbolisieren den reinen Leib, der den Schmutz der Welt von sich getan hat und bereit ist, zu Gott aufzusteigen. Hierin folgen die Derwische dem Propheten Mohammed. Die Legende erzählt, als Mohammed als Kind mit seinen Cousins spielte, kamen zwei vollkommen weiß gekleidete Männer, Engel vielleicht. Die anderen Kinder liefen weg. Sie öffneten Mohammed die Brust, nahmen sein Herz heraus, reinigten es, wuschen alle Sünden ab und setzten es wieder ein. Von da ab war Mohammed ohne Sünde, und im Abwerfen der schwarzen Kleidung entledigen sich auch die Derwische der Sünden. Die vor der Brust gekreuzten Arme werden geöffnet, während der linke Arm nach unten zur Erde gewandt ist, reckt sich der rechte empor zum Himmel. Der Derwisch dreht sich entgegen dem Uhrzeigersinn auf dem linken Fuß. Mit dem Segensgebet und dem lang gezogenen *Huuuuu* auf dem Atemstrom, das »er« bedeutet, nämlich Allah, endet das Tanzritual. Die immer schneller werdenden Drehbewegungen um die eigene Achse versetzen den Tänzer in eine ekstatische Trance, in der er Gott näherkommt. In der rotierenden Bewegung bringt der Sufi zum Ausdruck, dass sich alles in der Welt, und auch er selbst, nur um Gott dreht.

DER NAQSCHBANDI-ORDEN

In der gesamten islamischen Welt, aber auch in Europa und in Deutschland ist der Naqschbandi-Orden tätig, der von Baha-ud-Din Naqschband gegründet wurde. Für ihn stand das gottgefällige Wirken der Laienbrüder und Sufi im Mittelpunkt ihres täglichen Lebens. Die Hand bei der Arbeit, das Herz bei Gott, nennt Naqschband diese grundsätzliche Haltung. Seine Anhänger folgen der Sure 70, Vers 19–23:

> »Siehe, unruhig ist der Mensch erschaffen.
> Wenn ihn Schlimmes trifft, ist er verzweifelt,
> und wenn ihn Gutes trifft, ist er missgünstig –
> nur nicht die Betenden,
> die ständig ihr Gebet verrichten …«

Der Gläubige soll die Einsamkeit in der Versammlung, also die ständige Nähe Gottes suchen, ganz gleich, was er tut.

Aus diesem Orden entstanden im 18. und im 19. Jahrhundert Orden und Bewegungen, die gegen den Kolonialismus und vor allem gegen die sogenannte Überfremdung kämpften. In Zusammenarbeit mit den Qadiri hielten die Naqschbandi in der Zeit der Sowjetunion den islamischen Glauben in Sowjetisch-Zentralasien aufrecht. Einige fundamentalistische Bewegungen entstammen dem Sufi-Milieu. Die hierarchische Struktur, die totale Unterordnung unter den Meister, die Konzentration auf ein religiöses Ziel und die Erfahrung im Führen von großen Menschengruppen sollten sich im politischen Kampf als sehr hilfreich erweisen. Hasan al-Banna, der Begründer der radikalislamischen Muslimbruderschaft, war ein Sufi, ebenso Sayyid Abul a'la Maududi, der Gründer der pakistanischen Jamaat-i-Islami.

In den Orden und Bruderschaften genießt der *sheikh* eine zuweilen fast mythische Verehrung. Ihm wird Wunderkraft zugeschrieben. Auf alle Fälle sieht man in ihm den Meister der religiösen Alchemie, weil er die Seelen der Anfänger, die aus Staub bestehen, in einen langen Prozess der Bildung in Gold verwandeln kann. So entstand die Vorstellung vom Entwerden im Meister, die die Macht der *sheikhs* enorm vergrößerte.

Vom Entwerden *(fana)* im Meister bedarf es nur noch einer Stufe, um das Entwerden im Propheten, den höchsten mystischen Rang, zu erreichen. Mohammed war derjenige Mensch, der Gott am nächsten kam, dichter, näher gelangt man nicht zu Allah. Aber diese Stufe erreicht wohl nur der *sheikh*, er ist derjenige, der im Propheten Mohammed entworden ist. Man spricht auch von der Vereinigung mit der *haqiqa Mohammediyya*, der Wirklichkeit Mohammeds.

In der Vereinigung mit der *haqiqa Mohammediyya* wird der *sheikh* zum »Vollkommenen Menschen«. Damit besitzt er Gottes Autorität bei der Leitung der Derwische. Der Schüler hat sich völlig auf den Meister zu konzentrieren. Die Technik, mit deren Hilfe ihm das gelingt, heißt *tawajjuh*. Sie zu beherrschen, ermöglicht wiederum die Durchführung des Gottesgedenkens *(dikhr)*. Aber *tawajjuh* gestattete dem *sheikh* auch, in das Herz und das Hirn des Schülers zu gelangen, als wechsle er nur den Raum, um beides zu überwachen, und ihn somit zu führen.

An dieser Stelle kann die dunkle Seite des Sufismus hervortreten, wenn nämlich die *sheikhs* die bedingungslose Hingabe und Verehrung der Schüler zu persönlichen oder politischen Zwecken ausnutzen. Die bedingungslose Verehrung, der Kadavergehorsam, die Vergottung des *sheikh* liefern den Schlüssel für uns weitgehend unverständliche Phänomene wie die augenscheinliche Beliebtheit des Selbstmordattentats. Ein großes Versprechen genügt nicht, es muss auch geglaubt werden, zumal wenn dafür im Gegenzug das Leben gefordert wird. Doch die Geschichte des Selbstmordattentats weist weit in die Geschichte zurück, zu einem der mächtigsten und am stärksten von Legenden umwitterten Geheimbünde, die jemals tatsächlich existierten. Von ihm leitet sich der Name für Meuchelmörder im Französischen und Englischen her: *assassin*.

DIE ASSASSINEN UND DER ALTE VOM BERGE

Die aus einem Streit um die Erbberechtigung zweier ismailitischer Prinzen hervorgegangenen Assassinen waren Schiiten, die sich von dem Sohn des sechsten Imam Dja'far al-Sadiq, von Ismail herleiteten, den sie für den siebten Imam hielten. Da für die Ismailiten die Reihe der Imame mit dem Siebten endete, werden sie auch Siebener-Schiiten oder Siebener-Schia genannt. Für sie war der Imam nicht in der Verborgenheit wie für die Zwölfer-Schia, sondern er war in der Welt aktiv.

Die Assassinen unterlagen einer strengen Gehorsamspflicht. Der Koran besaß für sie eine offene, äußere Bedeutung, die jedem Menschen zugänglich war, und eine verborgene, innere, die für viele verschlossen bleiben musste. Dieses Schema ist uns von den ägyptischen Kleinen und Großen Mysterien bereits vertraut. Die innere Lehre des Korans ist nur dem Imam oder dem von ihm beauftragten Missionar zugänglich. Der Glaube der Assassinen wurde von ihren Missionaren besonders unter ärmeren, politisch und sozial benachteiligten Bevölkerungsgruppen verbreitet, oft unter konspirativen Bedingungen.

Gerade die Glaubensrichtung der Ismailiten mit ihrer strengen Observanz und der rigiden Arkandisziplin, mit Geheimnissen, die nur einer Glaubenselite zugänglich sind, erfüllt die Charakteristik einer geheimen Religion par excellence.

Zeitweilig gelangten die Assassinen sogar an die Herrschaft, wie beispielsweise von 909 bis 1171 in der Dynastie der Fatimiden in Nordafrika.

Besondere Berühmtheit erlangte Hasan ibn Sabbah, besser bekannt als »der Alte vom Berge«. Im Jahr 1090 brach er einen Aufstand vom Zaun, der aber scheiterte. Daraufhin zog er sich mit einigen Getreuen in eine unzugängliche Bergfestung zurück. Hier erfand er eine Kampftechnik und Kämpfer, die bei Muslimen und Christen gleichermaßen Schrecken auslösten: Hasan ibn Sabbah erfand den Terroristen. In seiner Bergfestung Alamut im Daylam-Gebirge in Persien bildete er Attentäter aus, die er in die Welt schickte, um durch Mord seine Gegner auszuschalten oder einzuschüchtern. Es kam sogar vor, dass sie längere Zeit in der Nähe ihrer künftigen Opfer verbrachten, weil sie erst deren Vertrauen erringen mussten, um sie töten zu können. Da ihnen »der Alte vom Berge« alle Freuden des Paradieses für diese gottgefälligen Morde versprach, kümmerte es sie auch nicht, wenn sie nach dem verübten Attentat starben. Auf diese Weise erfand Hasan-i-Sabah den Selbstmordattentäter gleich mit.

Die Assassinen waren sich sicher, dass sie im Paradies von schönen Jungfrauen erwartet würden. Es hieß, der Alte hätte den potenziellen Meuchelmördern Haschisch eingeflößt, damit sie in ihren Drogenträumen das Gefühl bekämen, im Paradies zu sein. Deshalb nannte man die Anhänger von Hasan ibn Sabbah *hasisi* (Haschisch esser), wovon sich die Bezeichnung Assassinen ableitet. Sobald sie aus diesen Träumen, die sie mit der Realität verwechselten, erwachten, sehnten sie sich nur danach, ins Paradies zurückkehren zu dürfen. Und der Weg dorthin führte über das Attentat.

DIE DRUSEN

Einer weiteren geheimen Religion, die auf die Ismailiten zurückgeht, folgen die besonders in der Levante lebenden Drusen. Die Religionsgemeinschaft ist bis heute aktiv und schottet sich vor der Öffentlichkeit ab. Ihr Gründer ist der Fatimidenherrscher al-Hakim (1021 verschwunden), der in Kairo residierte und sich für ein gottähnliches Wesen hielt, das über allem, auch über Gut und Böse in der Welt stand. Um zu verhindern, dass seine religiöse Leidenschaft die Dynastie in Schwierigkeiten brachte, wurde al-Hakim wahrscheinlich von den politischen Eliten ermordet. Da sein Leichnam nicht aufzu-

finden war, glaubten seine Anhänger, er sei in die Verborgenheit ge-
gangen und würde nach eintausend Jahren zurückkehren, um die
Drusen zu den Herrschern der Völker zu machen. Die Glaubens-
lehre der Drusen entwickelte der aus Persien stammende Gelehrte
Hamza Ibn Ali, der ebenso wie der Kalif al-Hakim 1021 verschwand.
Die drusische Glaubenslehre, die auf den geheimen, heiligen
Büchern beruht, wurde vermutlich im 15. Jahrhundert abgeschlossen.
Grundsätzlich teilen sich die Drusen in die »Wissenden« und die
»Unwissenden«. Ein strenges und gottesfürchtiges Leben ist die
Voraussetzung, um ein »Wissender« zu werden. Das erinnert nicht
zufällig an die Gnostiker und vor allem an die Manichäer, deren Erbe
gerade im schiitischen Islam zu finden ist, die ja auch aufgrund des
geregelten Zugangs zu den geheimen Religionsweisheiten zwischen
den Auserwählten und den Hörenden unterscheiden.

Den »Wissenden« bleibt die Lektüre der Geheimen Bücher der
Drusen vorbehalten. Den »Unwissenden« ist es nur gestattet, einem
Teil des Gottesdienstes beizuwohnen und nur einen Teil der religiösen Botschaften zu vernehmen. Der Sinn des Lebens besteht für die
Drusen darin, dass jeder Mensch ein »Wissender« wird. Erreicht er
dieses Ziel bis zum Ende seines Lebens nicht, wird er wiedergeboren
und beginnt die Lebensreise von vorn – so lange und so oft, bis auch
er ein »Wissender« geworden ist.

Der Islam lehnt solche Vorstellungen von der Seelenwanderung
und von der Wiedergeburt ab. Da die Drusen, die in Syrien, im Liba-
non, in Israel und Jordanien leben, oft verfolgt wurden, hat sich bei
ihnen ein starkes Zusammengehörigkeitsgefühl entwickelt. Es ist
ihnen ausdrücklich erlaubt, ihre religiöse Zugehörigkeit zu verheimlichen und zum Schein die Religion der Länder oder Gebiete anzunehmen, in denen sie leben, um sich vor Verfolgung zu schützen. Die
Drusen glauben fest daran, dass Al-Hakim für alle Zeiten ihr Herr sei
und dass er zurückkehren werde. Frauen und Männer sind in der
stark hierarchisch gegliederten Gemeinschaft der Drusen vollkommen gleichberechtigt. Als religiöser Führer steht jeweils ein gewählter
sheikh al-'aql (*aql* bedeutet Verstand) an ihrer Spitze. Ihm unterstellt
sind die *sheikhs*, die die Drusen in einem bestimmten Gebiet leiten.

ANGRIFFE AUF DIE KIRCHE

Während sich im Orient der Sufismus ausbreitete und geradezu ein Wurzelgeflecht unter dem Boden des Islam bildete, entwickelte sich im Okzident die katholische Kirche mit dem Papst an der Spitze zu einer absoluten Monarchie, die freilich mit dem Mandat des Himmels regierte. Der Papst in der Doppelfunktion als Stellvertreter Christi und religiöses Oberhaupt der Christen und als feudaler Herrscher verfing sich immer mehr in den Ränken der Politik. Die Sucht zu herrschen, der Drang nach Reichtum und der Wunsch zur Entfaltung von Luxus verschoben die Gleichgewichte zur Vorherrschaft des Politischen. Das Religiöse, der Glaube wurde immer mehr zur durchsichtigen Rechtfertigung für pure Machtpolitik. Dieses Gift infizierte die Kirche, verstörte immer mehr Gläubige, schuf spirituelle Enttäuschung und bedrohte die Kirche in ihrem Wertekern. Sie glich immer stärker einem mächtigen Baum, der von innen her verfaulte. Rettung konnte indes nur aus der Kirche selbst kommen, doch hatte diese einen dornigen Weg vor sich. Hier zeigte sich erneut, dass die Kirche und die Stellvertreter Christi – der Vatikan im übertragenen und im einfachen Wortsinne – nicht von den Päpsten gerettet wurden, die ins Spiel der Macht trudelten und sich heillos in den Intrigen der Politik verfingen, sondern von denjenigen, die ernst machten mit dem Glauben, bisweilen zu ernst.

Eine Erneuerung des Glaubens entstand, eine starke Frömmigkeitsbewegung, die die Päpste, so will es scheinen, vor sich her trieb. Selbst die Häresien stellten so etwas wie eine Bewertung der katholischen Kirche seitens des Heiligen Geistes dar. Zur Erneuerung trugen die Päpste im beginnenden 14. Jahrhundert erstaunlich wenig bei – sie mussten überwunden werden, wenn die Kirche überleben wollte.

Nur Menschen, die sich bereitfanden, aus den mit mehr oder weniger Überzeugung hergesagten Formeln einen gelebten Glauben zu bilden, vermochten die Kirche zu erhalten. Ihre Anstrengungen muteten wie ein neuer Glaube an, wie eine geheime Religion, und glichen doch in vielem den großen Anstrengungen, die spirituell im Orient unternommen wurden.

Erneuerung kam einmal durch die Bettelorden. Wir können heute kaum nachempfinden, wie stark die Sehnsucht nach einem auf dem Evangelium beruhenden Leben und die Angst vor den Höllenstrafen die Menschen quälte. Das Verlangen, Gott zu erfahren, Gott nahezukommen, regte sich heftig in vielen Menschen, genauso, wie sie nach der richtigen, nach der gottgefälligen und Erlösung verheißenden Art zu leben suchten.

Innerhalb der Theologie erwachte die Philosophie neu, sie erreichte über Augustinus und Platon die mittelalterlichen Denker. Seit dem 11. Jahrhundert geschah dies auch über die Vermittlung der Araber, der Juden und über Quellen, die wir heute nicht mehr kennen. Aristoteles beeinflusste die entstehende abendländische Philosophie. In der Begegnung mit dem Denken des Aristoteles wurden die mittelalterliche Philosophie und die großartige, später leider erstarrte Scholastik geboren. Der geniale Anselm von Canterbury brachte das Verlangen auf den Punkt: *credo ut intelligam* (ich glaube, um zu erkennen).

Die Vernunft betrat die mittelalterliche Welt und stellte sich dem Glauben gegenüber. Es gibt Historiker, die von einer Aufklärung im Mittelalter sprechen – der Gedanke hat viel für sich. Die Vernunft sollte den Glauben erklären. Aus diesem Wunsch heraus kam es zu den beeindruckenden Gottesbeweisen, mit denen sich das Mittelalter herumschlug. Bald waren die ersten Opfer zu beklagen, kühne

Denker, die auf dem Scheiterhaufen endeten. Nutzte noch Bernhard von Clairvaux das Denken, um sich immer tiefer in den Glauben zu begeben, so richtete der französische Philosoph Abälard – der große Zeitgenosse und Widerpart Bernhards – das Denken auf, die Vernunft, um den Glauben daran zu messen.

Bei allem Gegensatz frönten sie beide insgeheim der geheimen Religion der Liebe: Während die Inbrunst der Liebe bei Abälard durch die Vernunft gekühlt wurde, trieb sie der Zisterzienser in eine geradezu mystische Verehrung der Jungfrau Maria, die er einerseits mit der Sulamith im Hohelied des Alten Testaments gleichsetzte, anderseits beide aber als Gleichnis der *ecclesia*, der Kirche sah. Man nannte Bernhard von Clairvaux deshalb auch den *doctor marianus*, weil er in der schauenden Liebe zur Jungfrau Maria, die ihm zur Göttin, fast zu einer Isis, zu einer großen Muttergöttin wurde, tiefer in die religiösen Geheimnisse vordrang wie kein Zweiter. Gleichzeitig konnte er aber auch durch wirkungsvolle Kreuzzugpredigten Kaiser und Papst zur Ausrufung des zweiten Kreuzzugs treiben. Wie man an Bernhard von Clairvaux studieren kann, war der mittelalterliche Mensch weitaus komplexer, als man sich das heute vorzustellen vermag.

Abälard hingegen wollte mit dem Denken nicht wie Bernhard von Clairvaux im Glauben verschwinden, sondern den Glauben auf die Höhe des Denkens heben. Das Zusammenspiel von Glauben und Denken sollte in beeindruckender Eleganz erst Meister Eckhart ein halbes Jahrhundert später glücken.

Die Inquisition entwickelte sich mehr und mehr von einer Behörde der Ketzerbekämpfung zu einer Kontrollbehörde des Denkens, zur Strafaufsicht für Theologie und Philosophie. Zum einen musste sie es werden, zum anderen durfte sie es nicht sein, sie hatte sich auf den falschen Weg begeben, da sie ihren Maßstab letztlich nicht in der Theologie, sondern in der Macht fand.

Rettung kam also nicht nur aus einer neuen Spiritualität – zur gleichen Zeit entstand das philosophische Denken neu und wirkte in die Kirche zurück. Einer der größten Philosophen, der Dominikaner Thomas von Aquin, baute in der »Summa theologica« (Summe der Theologie) mit den von Aristoteles entliehenen Werkzeugen der Kategorien das vollständige Gebäude der mittelalterlichen Theologie. In dieser Schrift begründete er seine Zwei-Gewalten-Lehre, indem er nachwies, dass die weltliche und die geistliche Gewalt beide gleichwertig von Gott kämen und die weltliche nicht in geistliche und die geistliche nicht in weltliche Belange hineinregieren dürfe. Nur wenn das Seelenheil auf dem Spiel stünde, müsse man dem Papst mehr gehorchen als dem Kaiser. Begreiflicherweise wurde diese Vorstellung von Innozenz IV. als häretisch verworfen. Dennoch sollte die Konzeption des Thomas von Aquin im 14. und 15. Jahrhundert zur Grundlage der modernen Beziehung zwischen den entstehenden modernen Staaten und der Kirche werden.

GELEBTE MYSTIK – DIE BEGINEN

Erneuerung kam schließlich auch von einer neuen Frömmigkeit, die zwar ihren Ausgang von Dionysius Areopagita, Bernhard von Clairvaux, Hildegard von Bingen und den Viktorinern nahm und zu einer sehr neuen, sehr persönlichen und sehr selbst verantworteten Religiosität führte. Überraschenderweise wurde diese Entwicklung von einer völlig unvermuteten Seite vorangetrieben, nämlich von den Frauen, von denjenigen, die in der Kirche zu schweigen hatten, doch durch ihr Reden den glatten Machtbetrieb der Päpste in Schwierigkeiten brachten. Es war dies die Mystik, die auch gelebt wurde.

Mystik wird heute als Geheimnis und mystisch als geheimnisvoll verstanden, was nicht falsch ist, aber nur einen Aspekt des Begriffs widerspiegelt. Die eigentliche, die primäre und wichtige Bedeutung des Begriffs meint das Verborgene, das freilich oft geheimnisvoll ist. Demzufolge wird zum Verfahren der Mystik das Ent-Bergen des Verborgenen, das nur gelebt werden kann.

Ohne die neuen Formen der Frömmigkeit wäre die römische Kirche samt ihren Päpsten und Kardinälen mit dem Verlust von Macht im 14. Jahrhundert untergegangen, denn der seelenlose Apparat hätte ohne einen lebendigen Glauben kein Jahrzehnt überdauert. An der christlichen Mystik lässt sich der erstaunliche Fall studieren, wie eine esoterische Religion die exoterische, die geheime, die amtliche Religion rettet.

Lebendiger Glaube aber bedeutet, dass sich dieser wie das Leben immer neue Wege und neue Formen sucht. Der Glaube verbindet den Apparat oder die Institution mit dem Leben. Der Glaube an die Reliquie der Knochen Petri im Vatikan verlieh den Päpsten die Kraft, ohne die es keine Herrlichkeit gäbe. Und dieser neue Glaube kam zu einem bedeutenden Teil von jenen Frauen, die ab der Mitte des 13. Jahrhunderts vermehrt in die Öffentlichkeit traten und die Männerwelt völlig verunsicherten. Auf dem zweiten Konzil von Lyon 1274 war man noch überrascht und sprachlos, auf dem Konzil von Vienne 1311 reagierte man bereits aus panischer Angst brutal.

Zum einen schlossen sich viele Frauen den Bettelorden an, die Zweige für weibliche Angehörige gründeten, wie beispielsweise die Klarissen den weiblichen Zweig der Franziskaner. Viel stärker noch wirkte aber eine neue Frömmigkeit, eine Weltfrömmigkeit.

In Norddeutschland, Nordfrankreich und in Flandern schlossen sich Frauen zusammen, die in gemeinsamen Häusern wohnten, regelmäßig zur Kirche gingen, geistliche Übungen abhielten, sich in der Krankenpflege engagierten und ihren Lebensunterhalt mit Handarbeit und Totenwachen, aber auch wie die Barfüßermönche durch Betteln verdienten. Da sie kein Ordensgelübde ablegten, konnten sie jederzeit ins normale Leben zurückkehren und waren vor allem frei, frei vom Ordenszwang, frei von Heirat und männlicher Bevormundung.

Woher die Bezeichnung Beginen stammt und was sie bedeutet, liegt im Dunkeln. Bemerkenswert ist, dass diese Frauen aus wohlhabenden Kreisen stammten. Es waren die Töchter von Adligen und Patriziern, die ernst machten mit dem offiziell propagierten christlichen Leben als Leben in der evangelischen Nachfolge Christi. Nicht aus materieller, sondern aus geistiger Not entschieden sie sich zum Ausstieg aus der guten Gesellschaft. Ihr sozialer Stand erklärt zweierlei: erstens ihre verhältnismäßig hohe Bildung, die sie genossen hatten, und zweitens ihr Selbstbewusstsein. Was nämlich die Männer dieser Zeit besonders verunsicherte, war das unerschütterliche Selbstvertrauen, mit dem sie auftraten. Einzig vor Gott beugten sie das Haupt.

Doch damit längst nicht genug der Ärgernisse, die sie hervorriefen: Sie begannen, auch in der Volkssprache zu predigen und die Bibel auszulegen. Der Franziskaner Simon von Tournai berichtete 1274 dem zweiten Konzil von Lyon über die Zustände in Belgien und Nordfrankreich. Die Beginen, so klagte er, gingen immer mehr dazu über, öffentlich theologische *subtilitates et novitates*, also Spitzfindigkeiten und Neuheiten im Sinne von neuerungssüchtigen Modernismen, von Modetorheiten, zu diskutieren. Das war ein direkter Angriff auf eine tragende Säule der kirchlichen Herrschaft, nämlich auf das Wissensmonopol und die Lehrautorität. Damit rüttelten diese Frauen an den Grundfesten der Macht. Noch reagierte man mit dem Rat der Altvorderen, die Frauen und Mädchen sollten aus den Häusern geholt und verheiratet werden, damit sie Ruhe gäben. Das käme eben dabei heraus, so wurde gemurrt, wenn Frauen ohne männliche Führung und Obhut seien.

Doch allmählich gerieten die Beginen, die die Frömmigkeit revolutionierten, immer mehr in den Verdacht der Häresie, zumal sie neue und sehr radikale Frömmigkeitsformen entwickelten und eine neue Sprache schufen, eine Sprache des Gefühls und der Gottesunmittelbarkeit. Von einer der ersten schriftstellernden Beginen, von Hadewijch, hieß es, dass sie Schrecken und Ärgernis hervorrufen würde. Und auch die Mystikerin und Dichterin Mechthild von Magdeburg geriet mit mancher Aussage in den Verdacht der Ketzerei. Doch Mechthild verfügte im mitteldeutschen Raum über mächtige Beschützer, was sie nicht zuletzt ihrer Herkunft zu verdanken hatte.

Objektiv führte die Mystik der Beginen zur Emanzipation und zur Erfindung und Stärkung des Individuums. Denn wenn man der Sehnsucht folgte, Gott zu schauen, um gottgefällig zu leben, dann kam man ganz von selbst an den Punkt, dass die perfekte Gottesschau zur Vereinigung mit ihm führte. Man musste dazu nur die Seele ganz leer machen, sie vernichten, um Platz für Gott zu schaffen. Es sind die gleichen Vorstellungen, wie wir sie im Sufismus kennengelernt haben. Und so stellen sich spannende Fragen: Haben sich die

Mystiker des Okzidents und des Orients ausgetauscht? Gab es inoffizielle Wege? Verstanden die Gottessucher des Westens die Gottessucher des Ostens, wenn sie Texte von ihnen lasen? Oder war es so, dass gleiche Leidenschaften in ähnlichen Religionen und einer bei allen Unterschieden Einen Welt gleiche Glaubensmuster hervorbrachte?

Die Vorstellung, sich zu Gott zu bewegen, die Stufen dorthin zu überwinden, was von der Seele, also letztlich vom Individuum zu leisten war, stärkte und kräftigte das Individuum – im Grunde wurde es erst dadurch geschaffen. Seelische Zustände und Stationen auf dem Weg zu Gott hatten bereits die Sufi untersucht. Es ist also Zeit, mit einem Vorurteil aufzuräumen: Das Individuum wurde nicht erst in der Aufklärung des 18. Jahrhunderts erfunden, sondern schon Jahrhunderte zuvor in der Mystik.

Zum einen wurde die Macht des Papstes von diesem Individuum radikal infrage gestellt. Von hier führte der gerade Weg zum Reichstag zu Worms, auf dem Luther die Christenheit in viele Christentümer aufbrach. Zum anderen vergrößerten die Beginen in fast paradoxer Weise die Macht des Papstes, indem sie das Verlangen nach Gott stärkten und das Papsttum in der Auseinandersetzung zu einer spirituellen Erneuerung zwangen.

Aber die Beginen bedrohten nicht nur Glaubwürdigkeit und Funktion des Klerus, sondern sie stellten mit gleicher Radikalität die weltliche Herrschaft infrage. Der Geistliche zürnte, weil er seine Schäfchen an die Beginen verlor, der Vater büßte die Macht über seine Tochter ein, der potenzielle Ehemann ging der vorteilhaften Heirat verlustig, und schließlich wurde allein durch die Existenz dieser selbstbewussten Frauen männliche Herrschaft fragwürdig. Sie bedurften des Schutzes der Väter und Ehemänner nicht mehr und hatten mit Freuden deren Joch abgeschüttelt. Wenn ihr Beispiel Schule machte, hätte dies dazu geführt, dass die Frauen aus den vermögenden und herrschenden Ständen den Gehorsam aufkündigten.

Diese Konflikte und Befürchtungen spitzten sich am Ende des 13. Jahrhunderts zu. Die gelebte Innerlichkeit dieser Frauen trübte den Blick für die existentielle Gefahr für den Klerus, die bereits von ihrer reinen Existenz ausging. Nur weil die revolutionären Prozesse der Emanzipation, die hier einsetzten, vergleichsweise ruhig abzulaufen schienen, waren sie nicht weniger wirksam und gefährlich. Völlig unpolemisch führte eine große Anzahl von Frauen ein anderes Leben. Abgestorbener, nicht weniger existent konnten die Päpste nicht sein als für die Beginen, in denen die Heilsökonomie und der Glaube die Kirche keinen Platz mehr fand, weil sich ihr Verhältnis zu Gott oder zu Christus so eng gestaltete, dass nichts mehr dazwischen Platz fand. Im Kloster Helfta hatten die großen Mystikerinnen Mechthild von Magdeburg, Mechthild von Hackeborn und Gertrud die Große einen Weg zu Gott aufgezeigt, der ohne Papst, Klerus und Kirche auskam. Dieses alternative Leben besaß das Potenzial, die mittelalterliche Gesellschaft ohne einen Schwertstreich zu spalten, allein durch faktisch anderes, durch alternatives Leben – es musste nur eine kritische Masse erreichen.

In Südfrankreich und Norditalien gerieten die Beginen – auch Papelarden oder Bizoke genannt, es waren der Namen mehr – zwischen die Fronten eines Kampfes, der zwischen den Päpsten und den Fratizellen, radikalen Franziskaner-Spiritualen, tobte.

In die Auseinandersetzungen verwickelt waren auch andere geistliche Führer, von denen niemand mehr wusste, ob sie noch zu den Franziskanern gehörten oder längst eigene Wege gingen wie der Sohn eines Priesters, der sich Fra Dolcino nannte und den Beginn der Geistkirche verkündete, die die Fleischkirche, die Klerikerkirche ablehnte und abzulösen gedachte.

Fra Dolcino und seine Anhänger, deren Zahl in die Tausende ging, zogen durch Italien, brandschatzten die Villen der Reichen und gaben den Armen. Ihre ganze Hoffnung richteten sie auf den Engelspapst und den Kaiser, die das dritte Zeitalter bringen sollten. Auch hier sieht man wieder, wie stark die Kaiseridee zur Hoffnung geworden war, wie viel doch die Sage vom Kaiser Barbarossa und die Endzeitideen der Fratizellen und Dolcinisten verbindet. Und wie ähnlich wieder diese der ismailitischen Vorstellung vom verborgenen Imam waren.

Die Ruhe war dahin. Das Jahrhundert befand sich im Aufbruch, in Aufregung und Erregung, die Endzeit, das Weltenende als Erlösung vom Jammertal wurde für viele zum verfolgten Lebensziel. Die Wege dorthin mochten so radikal und gewalttätig wie des Fra Dolcino sein oder so radikal innerlich wie die der Beginen. Das Ende des Fra Dolcino und der schändliche, wenn vielleicht auch notwendige Triumph der Inquisition erzählt in seiner großen Tragik die bewundernswerte Irrealität, das andere, das neue Denken der Schwärmer, die Geschichte einer geheimen Religion, die nur ganz kurz davorstand, zur einzigen, offenbaren Religion zu werden.

Auf den Bergen der nördlichen Lombardei verschanzten sie sich schließlich, feierten Gott und hofften auf einen heiligen Kaiser, der sie retten würde, während ein vom Papst gesandtes Söldnerheer, das er großspurig Kreuzfahrerheer nannte, die schwärmerischen Menschen, Männern, Frauen und Kindern, grausam niedermetzelte. Es war eine Blutmesse, als die Söldnerschwerter die betenden Menschen erschlugen, Büttel diejenigen, die sie für Anführer hielten, wegtrugen, um sie bei lebendigem Leib zu verbrennen. Im März 1307, dem Jahr, in dem sechs Monate später in einer Nacht-und-Nebel-Aktion die Templerjagd begann, stürmten päpstliche Truppen das Hauptquartier des Fra Dolcino in der Nähe von Novara. Mit 140 Gefährten gerieten sie in Gefangenschaft und wurden viehisch massakriert. Papst Clemens V., jener Bertrand de Got, den Dante auch in der Hölle sah, hatte den Kreuzzugsgedanken völlig in die Gosse gezogen wie so manch anderes auch, sich von christlicher Moralität gänzlich verabschiedet und sollte dabei nicht stehen bleiben. Man hat ihn einen schwachen Papst genannt. Er hatte das Papsttum in die babylonische Gefangenschaft nach Avignon überführt und es zum Instrument französischer Hegemoniepolitik erniedrigt, er hatte die Fratizellen und Dolcinisten niedermetzeln lassen, die Beginen auf den Scheiterhaufen geschickt und den größten Justizmord des Mittelalters sanktioniert, den mörderischen Schauprozess gegen den Templerorden – welch schaurige Schwachheit.

Die Beginen schlossen sich verschiedenen religiösen Gruppen an. Sie verehrten franziskanische Spirituale wie Petrus Johannis Olivi, dessen Ideen nach seinem Tod als häretisch verurteilt wurden, und Männer wie Ubertino de Casale und Arnaldus von Villanova, deren Gräber sie pflegten und zur Andacht nutzten, weil sie in ihnen Hei-

lige sahen. Arnaldus von Villanova frönte noch einer anderen, gefährlichen Geheimreligion: der Alchemie, worin einige den Weg zu Gott
(Seelenalchemie) sahen, andere aber nur Teufelszeug.

Immer häufiger wurden Beginen verbrannt oder, wie in Köln,
einfach ersäuft und von neuen Beginen als Märtyrerinnen verehrt. In
der Biographie zweier außergewöhnlicher, mutiger Frauen wird der
Bogen deutlich, den die Beginen von ihrem ersten Auftreten bis zu
ihrer Verfolgung spannten.

LIEBE OHNE LÜGE – MECHTHILD VON MAGDEBURG

Von dem Ruhm einer kränklichen Zerbster Prinzessin, die sich als
Katharina II. zu einer in jeder Hinsicht robusten russischen Zarin
entwickelte, lebt die Gegend im Südosten der alten Bischofsstadt
Magdeburg noch heute. Doch gute fünfhundert Jahre früher wurde
in diesem Landstrich auf halbem Weg zwischen Magdeburg und
Halle eine weit bedeutendere Frau geboren. Sie sollte zu einer großen Dichterin heranreifen, weil sie im Gegensatz zu der Zarin viel
von der Liebe verstand. Die Rede ist von Mechthild, die man später
wegen ihres Wirkens in der Bischofsstadt auch Mechthild von Magdeburg nannte. Fast alles, was man über sie weiß, hat sie uns in Andeutungen und Erwähnungen in ihrem *buoch* mitgeteilt, dem sieben
Teilbücher umfassenden Werk »Das fließende Licht der Gottheit«.
Einige Hinweise lassen sich noch aus dem Vergleich von Lebensdaten erwähnter Berater und Mitarbeiter gewinnen. Auch wenn es
eher ein schwacher Trost ist: Man weiß über sie immerhin mehr als
über einen anderen großartigen Dichter dieser Zeit, der ihr durchaus
ebenbürtig war, dem Verfasser des »Nibelungenliedes«.

Denn Mechthild wuchs in der Zeit auf, in der das »Nibelungenlied« seine letzte Gestaltung erfuhr, im Glanz der Stauferzeit, und erlebte die Zeit der Herrschaft Friedrichs II., den die Zeitgenossen auch
Stupor Mundi – das Staunen der Welt – nannten, ein Ehrentitel, der
auf Mechthild nicht minder zuträfe.

Geboren als Tochter eines Adligen, eines Burgmannen, der zudem einen kleinen, aber sinnenfrohen Hof unterhalten haben dürfte, erlebte sie als Kind bereits fahrende Sänger, die Heldendichtungen und Minnelieder vortrugen. Und was sie gekannt haben dürfte, klang vermutlich so:

>>Unter der Linde
auf der Heide,
da unser beider Lager war,
da könnt ihr schön
gebrochen finden
die Blumen und das Gras.
Vor dem Wald in einem Tal,
tandaradei,
schön sang die Nachtigall.<<[197]

In der alten Kulturlandschaft Mitteldeutschlands findet man eine Vielzahl von Burgen, bedeutenden Sakralbauten und berühmten Kaiserpfalzen, die aus dem 11. und 12. Jahrhundert stammen. In der Nähe von Mechthilds Heimat lagen die Kaiserpfalzen Sangerhausen, Tilleda und Memleben. Nicht zu vergessen die Stadt Magdeburg selbst, in der Otto der Große sich einen Palast errichtet hatte. Mit den großen Geschlechtern des heutigen anhaltinischen Raumes war Mechthild zum Teil verwandt, zumindest aber bekannt.

Sie wuchs auf mit den Geschichten von kühnen Rittern und tugendhaften Frauen, die in einer Welt voller Egoismus, Habgier und Lüge Blessuren erlitten, sich aber weder von Gewalt beeindrucken, noch von Heuchelei verführen ließen. In ihrem Stolz und ihrer Ehrenhaftigkeit glich Mechthild einem Ritter von der Tafelrunde des Königs Artus. Aber neben der Welt tapferer Ritter und ehrbarer Frauen existierte leider die reale Welt, in der statt frommer Minne Wollust und statt Demut Arroganz und Dünkel herrschten. Man kann sich die auf ihren Burgen sitzenden und auf die Bauern herabsehenden Matronen vorstellen, die >>unfrommen Frauen<<, über die Mechthild schrieb, sie seien >>vom Hochmut so überzogen und von Eitelkeit so erfüllt<<[198]. Denen blieb die hohe Bedeutung der Minne vollkommen verschlossen.

Die hohe Minne aber war die selbstlose, geistige und höchste Liebe, die von Tugenden getragen wurde, die Liebe, die man sich verdienen muss, die Mechthild von klein auf begeisterte. Um diese Vorstellung von Liebe, die wie eine Art zeitgemäßer Übersetzung der griechischen *agape* in die höfische Welt des Hochmittelalters wirkt, ging es ihr, um die Liebe, wie sie in den Romanen Wolframs von Eschenbach oder in der »Tristan und Isolde«-Geschichte Gottfrieds von Straßburg ausgestaltet worden war. Freilich lässt sich nicht ermitteln, ob Mechthild von den Romanen der beiden Dichter gehört hatte, doch dass sie die Gralsdichtung und das Minnethema kannte, steht außer Frage, denn beides wurde in mannigfaltigen Dichtungen landauf, landab besungen, besprochen und erzählt. Sie waren schlichtweg Thema. Minne- und Gralsdichtung stellen das christliche Pendant zur geheimreligiös-codierten Dichtung der Sufi dar. In »Tristan und Isolde« steckt nicht weniger verborgene Mitteilung für den Eingeweihten als in einigen Geschichten aus »Tausendundeinernacht«.

Ob Mechthilds Eltern den Namen für ihr Kind bewusst und nach reiflichen Überlegungen wählten und sich damit selbstbewusst in eine große, kaiserliche deutsch-adelige Tradition stellten oder ob weniger Sorgfalt obwaltete und man der Tochter eher zufällig diesen Namen gab, darüber kann nur spekuliert werden.

Gewiss wuchs Mechthild mit einem tiefen Interesse am Glauben heran. Früh wird sich bei ihr bereits die Vorstellung herausgebildet haben, dass die geistige Welt, die Welt der Phantasie, viel realer ist als das, was die Realisten die wirkliche Welt nennen. Die imaginierte Welt bildete sich immer mehr als wahre Wirklichkeit in ihrer Seele ab. Sie war ein sensibles, phantasievolles und wohl auch verträumtes Kind mit einem zwar stillen, doch unbeugsamen Beharrungsvermögen. Schon in sehr jungen Jahren fühlte sie die Berufung, die sie eher erschreckte und zur Demut trieb, als dass sie darin eine Auszeichnung oder einen Vorzug zu entdecken vermochte. Immer wieder fragte sie Gott, weshalb er ausgerechnet sie erwählt, ja sie berufen habe. Berufung hieß ehedem berufen zu sein, gerufen worden zu sein, und zwar von jemandem, der den ersten Schritt auf den Menschen zu machte. Es betraf eine Begegnung in Wahrheit zwischen dem Berufenden und dem Berufenen, zwischen Gott und dem Menschen, denn nur Gott konnte den Menschen berufen.

Das erste biographische Faktum, das wir von Mechthild kennen, erzählt uns genau dies, und sie hat uns in ihrem *buoch* davon berichtet: Im Alter von zwölf Jahren wurde sie »gegrüßt vom heiligen Geist«[199]. Das mittelhochdeutsche Wort, das Mechthild verwandte, bedeutet »ansprechen«, aber in der Bedeutung schwingt auch »ansprechen, besonders um herauszufordern«, »antreiben«, »beunruhigen«, »züchtigen« mit. Der Heilige Geist trat in einer Vision in Kontakt zu dem zwölfjährigen Mädchen. Er wünschte ihr nicht nur, so wie wir heute das Wort »Gruß« verstehen würden, einen »Guten Tag«, sondern er sprach sie direkt an, sie, das Mädchen Mechthild, das er zugleich auch beunruhigte, das er herausforderte zu einem außergewöhnlichen Leben, einem Leben, dessen Inhalt allein die Gottessuche und die Gottesschau sein würde.

Diese Herausforderung, diese Berufung, dieser »Gruß« war so gewaltig, dass man ihm nur entsprechen oder vor ihm in die Eitelkeit der Welt – die *vanitas* – entfliehen konnte. Mechthild entschied sich für den schwereren, nämlich den ersten Weg: »Ich unwürdige Sünderin wurde in meinem zwölften Lebensjahr, als ich allein war, vom Gruß des Heiligen Geistes mit so überströmender Macht getroffen, dass ich mich zu keiner lässlichen Sünde schwerer Art mehr bereitfinden konnte. Der überaus liebe Gruß wurde mir täglich zuteil und verleidete mir mit seiner Liebe die Süßigkeit der ganzen Welt – und er wird noch stärker von Tag zu Tag.«[200] Was Mechthild hier dreißig Jahre später im Rückblick auf ein Leben in enger Beziehung zum Heiligen Geist beschrieb, hatte einen gewaltigen Einschnitt im Leben des jungen Mädchens bedeutet.

Der Zeitpunkt erscheint bei näherem Hinsehen als weit weniger zufällig, als es uns zunächst erscheinen mag. Einerseits war Mechthild elf oder zwölf Jahre alt, denn der Heilige Geist erschien ihr in ihrem »zwölften jare«[201], und stand also am Anfang ihrer Pubertät, andererseits kam sie nach mittelalterlichen Vorstellungen ins heiratsfähige Alter.

Der Unterschied der hohen Minne und der Welt des Sexus, die zwar als sündhaft galt, dennoch nicht verborgen ein dunkles Dasein fristete – die Scham entstand im Zeitalter der Aufklärung und nahm die uns heute bekannte Gestalt erst im 19. Jahrhundert an –, trat ihr täglich deutlicher vor Augen. Sexus hieß, in seinen Körper, in seine Sündhaftigkeit geworfen zu sein. Der Mensch galt als sündig, weil er bereits in Sünde durch den Geschlechtsakt entstanden war. Die Auffassungen unterscheiden sich lediglich darin, ob der Geschlechtsakt selbst oder das Lustempfinden beim Akt zur Vererbung der Sünde führten.

Wenn Mechthild von sich selbst als Sünderin sprach, dann bedeutete das noch nicht allzu viel, denn durch die Erbsünde sind alle Menschen Sünder. Bedeutend wurde es erst, wenn es einen Weg aus der Sünde heraus gab, einen Weg, den der Mensch nicht selbst finden, der ihm nur durch die Gnade Gottes vom Heiligen Geist gezeigt werden konnte. Das war es also, wozu sie der Heilige Geist aufrief: zum Ausstieg aus der sündigen Welt. Dieser Weg war nicht ungewöhnlich, aber für die Betroffenen ungewohnt. Sich für dieses Leben zu entscheiden, bedeutete, schwere familiäre Konflikte auf sich zu nehmen, Spott, Hohn und Armut zu ertragen, und es barg die Gefahr, als Ketzer verfolgt zu werden.

Für Mechthild hatte der »Gruß« des Heiligen Geistes schlicht und ergreifend die Eröffnung einer alternativen Lebensperspektive bedeutet. Der Weg, den er wies, forderte ihr eine Entscheidung ab, die sie nicht sofort und im ganzen Umfang zu fällen vermochte. Das zwölfjährige Mädchen war kaum in der Lage zu überblicken, wohin dieses Bündnis mit dem Heiligen Geist sie führen und welche Konsequenzen es einfordern würde. Was Mechthild begann, wofür sie sich entschied, war nicht weniger als ein großes Bildungs- und Emanzipationsprogramm. Ihr *buoch* ist das radikalste Emanzipationsbuch, das jemals verfasst wurde.

»Das Fließende Licht der Gottheit«

Leider kennen wir nicht die Beobachtungen und Erfahrungen, die sie in ihrer Umgebung anstellte und in ihr machte. Wie bigott ihre Umwelt lebte, können wir nur aus späteren Reminiszenzen erahnen, wenn in einer Audition der Herr Mechthild, auf Elisabeth von Thüringen anspielend, erklärte: »Elisabeth ist und war ein Bote, den ich zu den Frauen gesandt habe, die, ohne an ihr Seelenheil zu denken, auf den Burgen saßen, von der Unkeuschheit so tief durchdrungen und vom Hochmut so ganz bedeckt und von der Eitelkeit so beständig umhüllt, dass sie von Rechts wegen für den Abgrund bestimmt gewesen wären.«[202] Etwas später und allgemeiner fügte er laut Mechthild hinzu: »Sankt Peter, der neue Märtyrer, ist mein Zeuge mit seinem Blut, mit dem nunmehr die falschen Christen elendiglich besudelt sind. Sie sagen alle, sie seien rein, und sind vor meinen Augen unrein. Sie sagen, sie seien treu und sind vor meinen Augen treulos. Sie sagen, sie hätten mich lieb – sie haben ihr Fleisch viel lieber. Wer bei mir ausharren will, der achte mit Sankt Peter dieses irdische Leben gering. Die verborgene Schuld bewirkt zuletzt die offenbare Not.«[203]

Diese Zeilen entsprangen den Erfahrungen und Erlebnissen der nunmehr fünfzigjährigen Frau, doch wird gerade im letzten Satz die Grundmaxime deutlich, die von Anfang an in ihr gewirkt und sich mit den Jahren nur verstärkt hatte: Es gibt nur wenige, sehr wenige Menschen, die nicht in der Lüge und auch nicht nur ein einziges Mal in der Lüge leben können, denen die Wahrheit ein so kostbares Gut ist, dass Wahrhaftigkeit ihr Leben bestimmt.

Wahre Gottesliebe hieß also für Mechthild die Liebe zur Wahrheit. In dem scheinbar schmucklosen Satz, »Die verborgene Schuld bewirkt zuletzt die offenbare Not«, finden wir den Schlüssel zu der Seele Mechthilds von Magdeburg. Gott belügt sie nicht, Gott verlangt keine Lügen von ihr und bildet sie auch nicht zur Falschheit aus. Da aber der Umgang mit Gott wirklich ist und viel wichtiger als die flüchtige, trügerische, sündhafte Welt, gibt es keinen Grund zu lügen. Man täte der Welt zu viel Ehre an, wenn man ihr mit Lügen begegnete. Dieser Rigorismus machte Mechthild auf der anderen Seite auch gesellschaftsunfähig, denn gesellschaftliches Leben beruht nun einmal auf größeren und kleineren Lügen.

Mechthild hat sie alle benannt: Unkeuschheit – das heißt doch wohl die Lüge dem Manne oder der Frau gegenüber, mit dem oder mit der man lebt; Hochmut – die Lüge den anderen Menschen gegenüber; Eitelkeit – die Lüge sich selbst gegenüber; und schließlich die Lüge und die Untreue, die Falschheit gegenüber Gott. Doch letztlich ist das eins, denn wenn der Mensch Gott gegenüber lügt, dann ist er auch unehrlich sich selbst gegenüber und zu den anderen, denn nach der Lehre von der Gottesebenbildlichkeit des Menschen, der *imago-similtudo*-Lehre, belügt er Gott im anderen.

Im 34. Kapitel des fünften Buches ihres Werkes »Das Fließende Licht der Gottheit« benennt Mechthild von Magdeburg fünf Heilige, die Gott zu den Menschen gesandt hatte: die heilige Elisabeth, den heiligen Franziskus und den heiligen Dominikus – also die Gründer der beiden Predigerorden –, weiter den Märtyrer Peter – der nicht mit Petrus zu verwechseln ist, sondern ein Inquisitor und Dominikaner war und predigend durch Südfrankreich reiste, um gegen die albigensischen Ketzer zu kämpfen und 1252 von Katharern ermordet wurde. Schließlich und überraschend erwähnt Mechthild noch Jutta von Sangerhausen, die nach Preußen ging, um die Heiden zu missionieren. So wird der Reigen der Heiligen von zwei überragenden Frauen umschlossen, die in engerer Verbindung zu Mechthilds Heimat standen, beide Mitteldeutsche. Wie die beiden Frauen sind auch die männlichen Heiligen im Grunde moderne Heilige, Zeitgenossen der Mechthild, die ein durch und durch christliches Leben führten und allesamt von Adel und gesellschaftliche Aussteiger waren.

Es wird oft übersehen: Was sich im 13. Jahrhundert abspielte, war nicht mehr und nicht weniger als eine stille Revolution gegen eine doppelzüngige, blasphemische und bigotte Welt, in der die Kirche und die Kleriker selbst immer reicher und die Armen immer ärmer wurden. Es war eine Zeit, in der Frömmigkeit zum radikalen sozialen und moralischen Protest gegen Geiz, Gier, Völlerei und Prunksucht der herrschenden Kirche anwuchs, der immer mehr zur Bedrohung für das kirchliche Establishment wurde. Mechthild von Magdeburg zögerte nicht, mit scharfen und drastischen Worten diesem christusvergessenen Klerus die Leviten zu lesen. Die Mystik des Mittelalters ist die Revolution der geheimen Religion der Liebe, die geduldig und unter Opfern die Welt ändert.

Doch bis zu dem Tag, an dem sie begann, ihr Buch zu schreiben, war es ein langer und dorniger Weg gewesen. Man kann nur erahnen, was es für diese demütige Frau bedeutet hat, ihren Glauben, ihr Leben, Fühlen, ihre Visionen und Auditionen, die intimsten Momente ihrer Frömmigkeit zu veröffentlichen, sich selbst der Öffentlichkeit preiszugeben und vor allem in einer von studierten Theologen beherrschten Medienwelt zu sagen: Ich, Mechthild, des Lateinischen nicht mächtig, ungebildet, unstudiert, nur eine Frau, Gottes geringstes Geschöpf, ich erzähle euch allen, die ihr gebildet und studiert und anerkannt seid, von Gott. Ihr habt mir gesagt, ich darf nicht von Gott reden, weil ich eine Frau, weil ich kein Priester und kein Theologe bin, dennoch hat der Heilige Geist mich auserwählt und zu mir gesprochen. Ihr habt versucht, Gott einzusperren in eure Dogmen und spitzfindigen Beweise, aber Gott hat euch ein Schnippchen geschlagen.

Aber auch einen mächtigen, zerstörerischen, sie fast zerreißenden Zweifel findet man in ihrem *buoch*. Dieser Zweifel, diese Klage dürften den abgebrühtesten Schriftsteller demütig stimmen: »Ach Herr, wär ich ein gelehrter Geistlicher und hättest du dieses einzigartige, große Wunder an ihm vollbracht, so könnte dir ewige Ehre daraus erwachsen. Wie soll man aber dir das zutrauen, dass du in diesem schmutzigen Pfuhl ein goldenes Haus errichtet hast …«[204]

Im Grunde erleben wir in Mechthilds Buch und in ihrer Biographie – soweit es uns möglich ist, diese nachzuzeichnen – ein einmaliges Bildungs- und Emanzipationsprogramm einer mutigen Frau, die mit der Zeit und der Konvention bricht und dafür die Konsequenzen trägt. Im zwölften Lebensjahr entschied sie sich gegen den Weg der Normalität und begann, sich ein eigenes, selbstbestimmtes und eigenständiges Leben aufzubauen. Anfangs wird man über das gottesfürchtige Kind gelächelt haben, doch nach und nach wurde das

Mädchen, das heranwuchs und sich den Heiratsplänen der Eltern widersetzte, zu einem Ärgernis. Ob man die Absicht erwog, sie in ein Kloster zu geben, ist nicht überliefert. Aber an ihrem zwanzigsten Geburtstag dürfte sich die Lage im Elternhaus dramatisch zugespitzt haben, denn es wurde deutlich, dass man für sie keinen Mann finden würde – es war bekannt, dass sie keinen Mann wollte. Für ein adliges Mädchen gab es jedoch nur die Alternative, entweder zu heiraten oder den Schleier zu nehmen.

Mechthild wählte den dritten, den ungewöhnlichen, den gefährlichen, den nicht vorgesehen – und im Grunde außer für Huren nicht existierenden – Weg: Irgendwann zwischen 1128 und 1230 verließ sie ihr Elternhaus und begab sich nach Magdeburg und zog in einen der Beginenhöfe. Hier traf sie ausschließlich auf unverheiratete Frauen, die ihre Religiosität leben wollten, dabei aber ungebunden von jeglichem Gelübde, also frei bleiben durften und ihren Lebensunterhalt durch Handarbeit verdienten. Geistlich betreut wurden die Beginen häufig durch Dominikanerprediger. Das Leben verlief einfach und karg und war sehr entbehrungsreich. Dafür waren diese Frauen sich selbst verantwortlich, frei, in einer Freiheit, die fast modern anmutet. In Magdeburg widmete sich Mechthild, wie sie es bereits zuvor getan hatte, ihren geistlichen Übungen und ihren Visionen, ihren Bemühungen um Zwiesprache mit Gott, um die Schau Gottes und die mystische Vereinigung mit ihm.

Täglich, so erinnerte sich Mechthild, habe sie der Heilige Geist besucht. Täglich verlor sie immer mehr das Interesse an der realen Welt, denn Gott »verleidete mir mit seiner Liebe die Süßigkeit der ganzen Welt«. Was sie in dieser Gottesschau fand, war für sie realer, wirklicher, »süßer«, erfüllender als alles, was sie in ihrer Umgebung an falscher Existenz gesehen hatte. Und sie erfuhr etwas, was den wenigsten Menschen zuteilwurde: die Liebe.

Rhythmus und Wortwahl Mechthilds von Magdeburg bringen das Begehren und Verlangen, die Erfüllung und das Leiden des ganzen Menschen – und nicht nur des Menschen – zum Ausdruck. Das war ein völlig neuer Ton, den man nur bei ihr findet. Sie beschrieb auch das Begehren und Leiden Gottes in der Liebe: »Dass ich dich jagte, das war meine Lust, dass ich dich fing, das war mein Begehren, dass ich dich fesselte, das war meine Freude. Als ich dich verwundete, da wurde ich mit dir vereint; wenn ich dir Keulenschläge gebe, gewinne ich Macht über dich.«[205]

Doch auch Gott stand unter dem Diktat der Liebe, die sich machtbewusst wie folgt äußerte:»Ich habe den allmächtigen Gott vom Himmel herabgejagt und habe ihm sein menschliches Leben geraubt und habe ihn mit Ehren seinem himmlischen Vater zurückgegeben – wie kommst du elender Wurm darauf, dass ich dich am Leben lassen könnte?«[206]

Wie konnte der Mensch, wie konnte sie selbst jemals von dieser Liebe, die sie so tief erfasst hatte, loskommen? Es ist hier nicht der Platz und der Ort, um näher darauf einzugehen, aber für die Intensität der Liebesbeziehung, die Mechthild erfahren hat, lassen sich in ihren Texten eindrucksvolle Belege finden. In ihrer Liebe wurde sie frei von allen Dingen, von irdischer Drangsal und übermäßiger Sehnsucht. Mehr noch, in dieser Liebe fand sie die Freiheit des Menschen. Geradezu heutig und unübertroffen brachte sie das tiefste Postulat des Menschseins in einen einfachen Satz:»...denn die frei gewählte Liebe wird stets das Höchste an den Menschen sein«.[207] Besser hat es bisher niemand ausgedrückt – und der Satz hätte auch von Mechthilds Zeitgenossen Ibn Arabi stammen können.

Im 13.Jahrhundert formulierte Mechthild von Magdeburg geradezu modern die Freiheit des Menschen, des Individuums als Freiheit der Wahl der Liebe. Liebe kann man nicht befehlen, man kann sie weder anordnen noch einfordern. Das Wesen der Liebe ist Freiheit.

Wie stark Mechthilds Liebeserlebnis gewesen sein muss, zeigt sich daran, dass sie dafür alle Unbill ertrug. Immer wieder lesen wir in ihrem Buch von Nachstellungen, von Neid, von Falschheit. Mechthild wird auch im Beginenhof eine Ausnahme geblieben sein. Die eine oder andere Begine dürfte sie entweder um ihre Visionen oder ihre Auditionen beneidet oder ihr diese nicht geglaubt haben. Und noch etwas anderes dürfte Mechthild das Herz beschwert haben: das *buoch*, die Texte, die sie in sich trug und die zu Papier drängten.

Schließlich fand sie in ihrem Beichtvater Heinrich von Halle einen
Kleriker, der die einzigartige Qualität ihres Denkens und ihrer Spra-
che erkannte, die tiefen mystischen Einsichten, die sich mit einer
ebenso poetischen wie präzisen Sprache mischten. Gemeinsam mit
Mechthild schrieb der Dominikaner das Buch um 1250 nieder und
drängte sie, tief beeindruckt, zur Veröffentlichung. Für ihn war es
Gottes Wille, dem man Folge zu leisten hatte, dass sie ihre Gedanken
und Visionen veröffentlichte, ihre Erlebnisse und ja, auch Abenteuer.
In einer vielleicht etwas seltsamen, gleichsam wundervollen Art und
Weise hat das Werk Mechthilds von Magdeburg etwas von den großen Romanen Wolframs von Eschenbach und Gottfrieds von Straßburg, in denen die Helden die *aventiure* – Abenteuer und Bewährungs-
proben – zu bestehen haben. Und in ihrer Sprachlichkeit muss sie
sich nicht vor Minnesängern wie Walther von der Vogelweide oder
vor dem Kürenberger verstecken.

»Das Fließende Licht der Gottheit« ist ein Roman der Seele auf
ihrer großen und geheimnisvollen, ihrer intensiven und abenteuerlichen Reise, auf ihrer Reise zu Gott, oder kühn formuliert, im Sinne
der *imago-similitudo*-Lehre: ein Roman der Seele auf der großen Lebensreise zu sich selbst, zu dem Göttlichen in ihr selbst. Vielleicht gelang Mechthild auch deshalb diese erschütternde Wahrhaftigkeit,
weil die bedingungslose Expedition der Seele zum Göttlichen im
Menschen, zu dem, was verloren scheint und verborgen und verschüttet, gefangen und versklavt ist, der Liebe bedarf, um unterwegs
Gefahren, Drangsal und Verzweiflung ertragen zu können. Souverän
beherrschte sie die Techniken, die Bilder und Begriffe der Minnedichtung ihrer Zeit und die des Hohelieds.

Ein Menschenleben vor ihrer Geburt hatte man das Hohelied ins
Deutsche übersetzt und kommentiert. Das »Sankt Trudperter Hohelied«, das als »Lehre der liebenden Gotteserkenntnis« gedacht war,
dokumentiert eindrucksvoll die Intensität, mit der man sich im hohen Mittelalter mit dem Hohelied auseinandersetzte. Diese intensive
Beschäftigung prägte Mechthild, aber sie gewann in dieser Auseinandersetzung an Eigenständigkeit, indem sie den Menschen zum aktiven Partner Gottes machte, und schrieb, dass auch Gott sich in der

Liebe dem Menschen fügen müsse. Braut und Bräutigam, Seele und Gott stehen sich bei Mechthild gegenüber, und sehr selbstbewusst – und es klingt fast wie ein Vers aus Shakespeares »Romeo und Julia« – fordert die Braut: »Ich kann nicht tanzen, Herr, wenn du mich nicht führst! Willst du, dass ich tüchtig springe, so musst du selbst zuerst der Vorsänger sein. Dann springe ich in die Liebe, von der Liebe in die Erkenntnis, aus der Erkenntnis in den Genuss, aus dem Genuss höher als alles menschliche Denken. Dort will ich bleiben und will doch weiter streben.«[208]

Hierin liegt Mechthilds Geheimnis. Ihr mystischer Pfad führte sie von der Liebe zur Erkenntnis, dann von der Erkenntnis zum Genuss und schließlich zur Schau Gottes, in der sie sich mit Gott vereinte. Jetzt war sie über allem menschlichen Denken. Gott aber, der so weit über dem menschlichen Denken stand, konnte vom Menschen nicht gedacht werden und war deshalb »höher als alles menschliche Denken«. Wenn Mechthild aus dem Genuss höher als alles menschliche Denken sprang, sprang sie zu Gott. Dort wollte sie bleiben, also sein und dennoch weiterstreben. Nur wohin? Wir schätzen diese Frage zu gering ein, wenn wir vermeinen, sie beantworten zu können, denn hierin, in Mechthilds Weiterstreben, drückt sich eine mystische Erfahrung aus, die wohl ihr Geheimnis bleiben wird.

Die ersten vier der sieben Bücher schrieb Mechthild um 1250 nieder. Mit ihrer Ehrlichkeit, ihrer Rückhaltlosigkeit, ihrer Furchtlosigkeit, dem moralischen Rigorismus und der uneingeschränkten Direktheit hatte sie sich Feinde beim Klerus der Stadt, aber auch unter den Beginen gemacht. Sicher fiel es ihr auch immer schwerer, für ihren Lebensunterhalt zu sorgen, sodass sie um 1270 – sie war nun über sechzig Jahre alt, für die Maßstäbe dieser Zeit eine Greisin – ins Kloster nach Helfta ging.

Dieses Kloster wurde zu jener Zeit von der Äbtissin Gertrud von Hackeborn geleitet, die das Kloster sicher durch schwere See steuerte und im Orden für ein hohes geistiges und geistliches Niveau sorgte, getreu ihrem Motto: »Wenn der Eifer für die Wissenschaft verloren geht, so werde auch die Pflege der Religion aufhören.«[209] Es ist beeindruckend, wie hoch Frauen wie sie, denen man das Studium an den Universitäten vorenthielt, die Wissenschaft schätzten, obwohl oder vielleicht, weil sie Mystikerinnen waren.

In Helfta wurde Mechthild endlich versorgt, hier schrieb sie Buch sechs und sieben des »Fließenden Lichts der Gottheit« und leitete die Nonnen geistlich an. Nicht umsonst gingen aus Helfta zwei weitere große Autorinnen hervor, die jüngere Schwester Gertruds, Mechthild von Hackeborn, und Gertrud die Große. Das erste Mal in ihrem Leben fand Mechthild Ruhe, Ruhe auch vor Neid und Anfeindung, und wurde geschätzt und verehrt. In der Forschung kursieren zwei Todesjahre, es wird angenommen, dass sie entweder 1282 oder 1294 in Helfta gestorben ist.

Leider ging der Originaltext des Buches verloren, es existiert nur noch als Übertragung in das Oberdeutsch-Alemannische in der sogenannten Einsiedlerhandschrift und als Übersetzung ins Lateinische. Es wäre ein großes Glück und ein großer Schatz, wenn man den niederdeutschen Originaltext fände, denn dann könnte man anhand bestimmter Wortformen den Herkunftsort der Mechthild genauer eingrenzen und vielleicht anhand der Worte, die immer auch Weltkonzepte en miniature darstellen, eine letzte, die tiefste und die persönlichste Ebene finden: das Geheimnis der Mechthild von Magdeburg, deren verborgene Religion wir nur zum Teil erblicken. Wir würden wahrscheinlich die Liebe selbst finden. So schön das klingt, ist es aber eigentlich noch etwas allgemein.

Das eigentlich Großartige an Mechthild, das, was sie über die Texte der großen Frauen aus Helfta, ja selbst über Hildegard von Bingen und die vielen anderen auf einzigartige Weise heraushebt, besteht darin, dass sie so rein und so klar, so leidenschaftlich und so schön, so frei und so wahr über die Liebe zu Gott und über die einfache, unversiegbare Menschenliebe schrieb: »O Herr, liebe mich leidenschaftlich und liebe mich oft und lange! Denn je häufiger du mich liebst, desto reiner werde ich; je leidenschaftlicher du mich liebst, desto schöner werde ich; je länger du mich liebst, desto mehr werde ich geheiligt hier auf Erden.«[210]

VERBRANNT WEGEN »WAHRHAFTER MINNE« –
MARGUERITE PORÈTE

Ganz Paris war an diesem 1. Juni 1310 auf den Beinen und zog zur
Place de Grève, einem Marktplatz, auf dem auch Hinrichtungen
stattfanden. Das Spektakel, das die Pariser erwartete, wurde ihnen
von einem viel beschäftigten Dominikaner, dem Inquisitor Wilhelm
von Paris, geboten. Tags zuvor hatte er das Urteil gegen die Begine
Marguerite Porète bestätigt, und an diesem Tag sollte sie samt ihrem
ketzerischen Buch verbrannt werden. Einundzwanzig Pariser Theologen verurteilten Marguerite und ihr in altfranzösischer Sprache
verfasstes Buch »Le mirouer des simples âmes anienties et qui seule-
ment demourent en vouloir et désir d'amour« (Spiegel der einfachen,
vernichteten Seelen, die nur im Wunsch und in der Sehnsucht nach
Liebe verharren) als häretisch. Über das Alter der im Hennegau ge-
borenen Frau, die verbrannt werden sollte, gibt es nur Spekulationen.
  Es entfachte eine Welle des Mitgefühls bei den Parisern, als die in
graues Leinen gekleidete Frau, die liebevoll ihr Büchlein in der Hand
hielt, als böte es ihr sicheren Schutz und machte sie unverletzlich, von
groben Knechten zum Marktplatz gefahren, gepackt und an den
Pfahl inmitten des Scheiterhaufens gebunden wurde. Das Missverhältnis zwischen Macht und Ohnmacht, zwischen primitiver Gewalt
und sublimem Geist war zu groß, als dass es beim Betrachter nicht
den Zorn über die großen Herren, die das Recht mit Füßen traten,
hervorrufen musste. Welch ungeheure Furcht mussten die Mächtigen vor dem Denken dieser einzelnen Frau empfinden!
  Entgegen manchen Darstellungen handelte es sich bei den Inquisitoren aber nicht um eine ungebildete, krankhaft sadistische Bande.
Sieht man von der spanischen Königsinquisition des 16. Jahrhunderts
ab, so waren es zumeist hochgebildete Männer, die zu Inquisitoren
bestellt wurden, gerade weil man kein Terrorgericht wollte und jede
Verbrennung eine Niederlage für die Kirche darstellte. Jeder Feuer-
tod bedeutete ja gleichzeitig, dass die Kirche zu schwach gewesen
war, um den Sünder wieder auf den rechten Pfad zurückzuführen.
Bekanntlich war nach kirchlicher Lehre ein einzelner bekehrter Sün-

der Gott lieber als hundert Gerechte. Die Seelen der zum Tod auf dem Scheiterhaufen Verurteilten waren für die Kirche verloren, jeder Ketzer, den sie aufs Schafott schickte, bedeutete einen Sieg des Teufels. Die Kirche hegte ein viel größeres Interesse daran, dass der Ketzer öffentlichkeitswirksam widerrief und seinen Irrlehren abschwor.

Doch im Frankreich Philipps des Schönen herrschte Willkür, die von einem eitlen und brutalen König ausging, der in seinen Kreaturen ebenso willige wie skrupellose Werkzeuge fand. Seine Werkzeuge, das waren der verkrachte Juraprofessor Wilhelm von Nogaret, der französische Generalinquisitor Wilhelm von Paris und schließlich der Söldnerführer Sciarra Colonna. Nogaret und Sciarra hatten auf Geheiß ihres Herrn ein paar Jahre zuvor Papst Bonifatius VIII. in Angani überfallen und so schwer misshandelt, dass der alte Mann kurz darauf verstarb. Philipp setzte einen schwachen, ihm ergebenen Papst ein und eröffnete damit das Jahrhundert der babylonischen Gefangenschaft der Päpste in Avignon, das düstere Jahrhundert der Kirche, in dem sie Befehlsempfängerin französischer Könige war. Die Kirche war weit herabgewürdigt und selbst in einem schlimmen moralischen Zustand – da verwundert es kaum, das allerorten christliche Reformbewegungen hervorbrachen.

Der Ekel vor dem täglich immer schamloser werdenden Geschacher, das wir heute Politik nennen würden, wuchs unter den Christen. Päpste, Prälaten und Könige, die sich christlich nannten, hatten Jesus für ihre mehr oder weniger großen Wünsche verraten und waren zum Heer des neuen Antichristen, des bislang noch unbekannten siebenten Höllenfürsten, geworden, der am Ende aller Tage erschiene, um sein Reich zu errichten, aber von Christi Schar überwunden würde. Überall in der Christenheit regte sich spiritueller Widerstand gegen die Geistlichkeit des Teufels.

In Italien und in Frankreich bildeten sich in der Nachfolge des Franz von Assisi und Joachim von Fiore radikale Mönchsbewegungen, die Armut predigten und lebten. Einige von ihnen schreckten auch nicht davor zurück, die Villen der Reichen anzuzünden. In Norddeutschland, vor allem aber in flämischen Landen schlossen sich die Beginen zusammen, die in gemeinsamen Häusern wohnten, regelmäßig zur Kirche gingen, geistliche Übungen abhielten, sich in der Krankenpflege engagierten und ihren Lebensunterhalt mit Handarbeit und Totenwachen, aber auch wie die Barfüßermönche durch Betteln verdienten.

Einzig vor Gott beugten sie das Haupt. Da hilft es auch wenig, wenn Rechtshistoriker den Prozess gegen Marguerite Porète als formal fehlerfrei und den Normen entsprechend darstellen. Dass die Juristen der Inquisition keine formalen Fehler begingen, versteht sich von selbst. Die moralische, historische und philosophische Dimension dieser Verfahren freilich bleiben dabei außer Acht. Der Vorteil dieser Darstellungen besteht unzweifelhaft darin, dass sie uns helfen, Mechanismen und Normen zu verstehen. Ihr immenser Nachteil: Es macht die Sache nicht besser, zu wissen, dass Marguerite und später Giordano Bruno formal korrekt verbrannt worden sind.

Ein Geistlicher, ein gewisser Guion de Cressonaert, hat im Leben der Marguerite Porète eine besondere Rolle gespielt. Manche halten ihn für ihren Verteidiger, der sie nach dem Schuldspruch noch zu retten versuchte. Doch der Befreiungsversuch wurde entdeckt, und Cressonaert verschwand für den Rest seines Lebens im Kerker. Andere sehen in ihm, was wohl auszuschließen ist, ihren Liebhaber. Allerdings scheint es, dass er sie verehrt und geliebt hat – ohne Zweifel übte Marguerite auf den Geistlichen, der sich selbst »Engel von Philadelphia« nannte, eine große Wirkung aus.

Diese Selbstbezeichnung verweist auf die Apokalypse des Johannes, in der es heißt: »Wer überwindet, den will ich machen zum Pfeiler in dem Tempel meines Gottes, und er soll nicht mehr hinausgehen, und ich will auf ihn schreiben den Namen meines Gottes und den Namen des neuen Jerusalem, der Stadt meines Gottes, die vom Himmel herniederkommt von meinem Gott, und meinen Namen, den neuen.«[211] In diesem Bekenntnis wird deutlich, dass sich der Verteidiger Marguerite Porètes ihr einerseits in der besonderen Frömmigkeit sehr verbunden fühlte, anderseits aber, im Gegensatz zu ihr, politisch dachte, das heißt, die besondere Frömmigkeit Marguerites mit den Gedanken des Joachim von Fiore verband. Der kalabresische Abt Joachim glaubte, dass jenes dritte Zeitalter das Zeitalter des Geistes war, in dem es zum Endkampf zwischen Gut und Böse, zwischen den Kräften des Himmels und denen der Finsternis kommen würde. Und Cressonaert war vollkommen davon überzeugt, dass nun das dritte Zeitalter anbrechen würde. Der Schlüsselbegriff beider Lehren lautete Freiheit, und der Ort der Freiheit fand sich in der Eschatologie, die durchaus bereits im Diesseits beginnen konnte. Cressonaert sah sich vermutlich mitten in diesem Kampf als ein Auserwählter, als jemand, der bei Christi Fahne zu stehen hatte, um mit ihm ins neue Reich einzugehen, ins neue Jerusalem.

»Der Spiegel der armen Seelen«

In dieser Situation veröffentlichte die Begine Marguerite Porète ihren »Spiegel der einfachen Seelen«. Haben wir in Mechthild eine Dichterin gefunden, deren Werk mit Homers »Odyssee« und James Joyce' »Ulysseus« als Drama der Lebensreise mithalten kann und die wie Kafka viel von der Geworfenheit des Menschen in die Existenz verstand, so tritt uns in Marguerite nicht die Dichterin entgegen, sondern die Wissenschaftlerin und Lehrerin. Bereits im Titel ihres Werkes wird die Absicht der Belehrung deutlich. Ihr Buch ist eine Anleitung in 139 Kapiteln für den Aufstieg der Seele zur *unio mystica*, zur Vereinigung mit Gott. Es stellt ein Lehrbuch der Liebesmystik dar, in dem der Aufstieg zu Gott mit verteilten Rollen diskutiert wird.

Der Seele gelingt der Aufstieg unter Führung der Minne oder der Liebe als »Schülerin Gottes« vom »Tal der Demut« über die »Ebene der Wahrheit« zum »Berg der Minne«. Die Verwandlung der Seele in der Einheit der Liebe oder besser, in der liebenden Vereinigung mit Gott kommt ohne Tugenden aus und bedarf allein der Freiheit.

Unter den komplexen und komplizierten theologischen und allegorischen Spekulationen verbirgt sich die radikal gestellte Frage und konsequent erhobene Forderung nach der Freiheit des Individuums, eines Individuums übrigens, dass die Potenz hat, gottgleich zu werden. Was den Weg der Seele betrifft, wäre es eine Studie wert, Marguerite Porètes Vorstellungen mit denen in Dantes wenige Jahre später entstandenen »Divina Commedia« zu vergleichen – nicht, um mehr über Marguerite, sondern um mehr über Dante zu erfahren.

Zur Belehrung des Menschen benutzte Marguerite Porète virtuos die Sprache der Minnedichtung, die Sprache der französischen Troubadoure, und war mühelos in der Lage, in scholastischer Manier Argumente zu ordnen, Ableitungen vorzunehmen und Beweise zu führen. Konnte sie auch nicht Theologie studieren, so wurde sie hierin jedenfalls bestens unterrichtet. Fast in Form einer Einleitung gab sie sehr selbstbewusst vor, wie sie verstanden werden wollte:

> »Ihr künftigen Leser dieses Buches,
> wenn ihr es recht verstehen wollt,
> dann achtet darauf, was ihr darüber sagt,
> denn es ist schwer zu begreifen ...
> Ihr Theologen ...,
> bei all eurem Scharfsinn
> wird sich euch das Verständnis nicht erschließen,
> wenn ihr dabei nicht demütig seid
> und zulasst, dass Liebe und Glaube gleichermaßen
> die Vernunft überwinden: ...
> Denn sie beide sind die Herrinnen im Haus.«[212]

Aber sie warnt die Beginen auch davor, vorschnell Kritik zu äußern. Zwar fühlt sich Marguerite Porète vom Heiligen Geist inspiriert und dadurch autorisiert, doch geht es ihr nicht – wie Mechthild von Magdeburg – um eine geistliche Autobiographie, um Erzählung und Bekenntnis, sondern ganz unmissverständlich um Belehrung: »Doch nun ist sie (die Seele – d. Verf.) so sehr in den göttlichen Unterricht eingedrungen und darin emporgestiegen, dass sie da zu lesen beginnt, wo Ihr bereits am Ende seid. Doch diese Lektion ist nicht von Menschenhand niedergeschrieben, sondern der Heilige Geist hat diese wunderbaren Lektionen verfasst, und die Seele ist sein kostbares Pergament. Da findet die göttliche Schule statt, bei geschlossenem Mund, und der menschliche Sinn kann sie nicht in Worte fassen.«[213]

Mit dem Verweis auf die göttliche Inspiration bezieht sich Mar-

guerite Porète unmittelbar auf die Apokalypse des Johannes, in der es
heißt: »Und die Stimme, die ich vom Himmel gehört hatte, redete
abermals mit mir und sprach: Geh hin, nimm das offene Büchlein aus
der Hand des Engels ... Und ich ging hin zu dem Engel und sprach zu
ihm: Gib mir das Büchlein! Und er sprach zu mir: Nimm und
verschling's! Und es wird dir bitter im Magen sein, aber in deinem
Mund wird's süß wie Honig sein ... Und mir wurde gesagt: Du musst
abermals weissagen von Völkern und Nationen und Sprachen und
Königen.«[214]

Fast kann man ihre Gegner verstehen: Wer über ein so starkes
Sendungsbewusstsein verfügt, der dünkt sich im Recht und mit dem
ist auch nicht zu debattieren. Aber ihre Gegner wollten ja nur ihre
Macht behalten, um Diskussion ging es ihnen nicht.

Marguerite Porète stellte in ihrem Werk die sieben Stufen des
Aufstiegs zu Gott dar. Dabei interessierte sie sich nicht sonderlich für
die ersten vier Stufen, weil sie sich selbst auf der fünften Stufe sah:
»Der fünfte Seinszustand besteht darin, dass die Seele betrachtet, dass
der Gott der ist, der ist, aus dem alles ist, und sie selbst ist nicht und
ist auch nicht diejenige, aus der alles ist.«[215] Sie hatte sich so weit leer
gemacht von den Dingen der Welt, dass Platz für Gott war. Die Stufen eins bis vier stellten Etappen auf diesem Weg der Befreiung von
der Welt dar.

In manchem erinnern die Techniken der christlichen Mystik an
den Zen-Buddhismus, mit dem entscheidenden Unterschied, dass
Gott nicht das Nichts, sondern das Über-Alles ist, der *loingprés,* wie es
bei Marguerite Porète heißt, der »Fernnahe«: In der Fülle der göttlichen Erkenntnis erkennt sie ihr Nichts, das sie zunichtemacht und
ins Nichts versetzt. Sie muss in das Nichts, in die Erkenntnis des
abgründigen Abgrunds ohne Grund, der sie ist, um das Über-Alles
zu erkennen, bevor sie endlich im sechsten Zustand bereit ist, in dem
sie sich »wegen ihres Abgrundes an Demut nicht sieht«.[216]

Die Seele hat alle Eitelkeit in sich vernichtet, aufgelöst, zum Verschwinden gebracht, sodass nun Gott sich in ihr sehen, dass er sich in
ihr zeigen kann. Die Seele ist zum Spiegel Gottes geworden. Ähnliches sagen auch manche Sufi.

Zuvor war der Spiegel noch beschlagen gewesen von den Eitelkeiten und der Selbstliebe, sodass er nur die Eitelkeiten und die Selbstliebe reflektierte – nun aber findet sich Gott in ihm. Der sechste Zustand ist Entrückung, eine stille, geradezu gleitende Ekstase, während im siebten Zustand, im Zustand des Todes, die immerwährende, die ewige Vereinigung mit Gott gelingt. Die Seele kehrt zu Gott zurück. An diesem Punkt entsteht ein wichtiges theologisches Problem, das in der Konsequenz der Logik zur Häresie führt.

Wenn die Seele zu Gott zurückkehrt und sich immerwährend mit Gott vereinigt, lässt das die Schlussfolgerung zu, dass sie bereits vorher in Gott existierte, das heißt, die Seele besäße eine Präexistenz in Gott, bevor sie zur Welt kam und mit einem Körper versehen wurde. Das aber ist manichäische Ketzerei, das geht auf die als häretisch eingestuften gnostischen Systeme von der Verbindung gefallener Seelen mit sündhaften Körpern zurück und deckt sich mit dieser Häresie in der Notwendigkeit, dass die Seele sich durch Erkenntnis, durch den mystischen Leib, durch Gnosis (Erkenntnis) Gottes, von dem sündigen Köper befreien kann. In der Vorstellung der *unio mystica* schwingt also die gnostische Häresie der Befreiung der Seelen durch die Erkenntnis Gottes, die in der Schau Gottes und in der Vereinigung mit Gott ja erfolgt, kräftig mit. Dass die Inquisition angesichts des Zulaufs, den die manichäischen Albigenser und die gnostischen Waldenser vor allem im Süden Frankreichs hatten, besonders hellhörig wurde, kann man verstehen.

In Wahrheit balancierte diese Mystik immer auf dem Drahtseil über die Häresie hinweg. Denn Marguerite entging dem Abrutschen in die Gnosis nur, indem sie behauptete, dass sowohl der Geist als auch der Leib gut sein müssten, da beide von Gott geschaffen wurden. Geht man diesen Weg allerdings konsequent zu Ende, wird die Vorstellung von der Erbsünde unhaltbar. Fällt aber die Erbsünde, dann verlieren die Sakramente an Bedeutung.

Diesen Weg verfolgte in der Tat eine lose ketzerische Gruppierung, die eine radikale und extreme Mystik vertrat, die geheimnisvollen »Brüder und Schwestern vom Freien Geist«, mit denen Marguerite zu Unrecht in Verbindung gebracht wurde.

Die »Brüder und Schwestern vom Freien Geist« ließen sich von den Überlegungen des Amalrich von Bena († 1206) anregen, wonach in der Laus ebenso viel Gott sei wie in den Menschen oder irgendeinem anderen Geschöpf. Da alles von Gott ausgehe und wieder zu ihm zurückkehre, gebe es keine Notwendigkeit für Hölle und Fegefeuer, und deshalb existierten sie auch nicht. Diese Anschauungen machten jede priesterliche Handlung und jeden äußeren Kultus überflüssig. Die Eucharistie war für die Brüder und Schwestern Unfug. Um ihre Verachtung dafür zu zeigen, sagten sie gern, dass die Eucharistie wie Mist schmecke.

So weit ging Marguerite nicht, für sie blieb das Wichtigste die Vereinigung mit Gott. Dazu benötigte sie nur sich selbst. Niemanden sonst. Und sie wollte diese Vorstellungen lehren, das heißt, zur Nachahmung empfehlen. Mehr noch, sie fühlte sich von Gott beauftragt, durch den Engel zu »weissagen«, indem sie die ihr geoffenbarte Weisheit verkündete.

An diesem Punkt griff Guy II. de Colmieu ein, der für sie zuständige Bischof von Cambrai. Er ordnete an, das Buch einzuziehen, zu verurteilen und auf dem Marktplatz zu Valenciennes zu verbrennen. Marguerite wurde verwarnt. Doch sie ließ sich nicht einschüchtern, sondern predigte weiter und verbreitete ihr Buch. Sie konnte sich auf die Gutachten dreier namhafter Theologen berufen: auf den Franziskaner Johannes von Quaregnon, auf den bekannten Mönch Franco aus der angesehenen Zisterzienserabtei Villers in Brabant und auf den Theologen und Philosophen Gottfried von Fontaines. Das schützte sie jedoch nicht davor, dass im Jahr 1307 zunächst der Provinzialinquisitor von Lothringen und Philipp von Marigny, Guys Nachfolger als Bischof von Cambrai, das Verfahren erneut eröffneten, aber aus Mangel an Beweisen nicht etwa einstellten, sondern an eine höhere Instanz überwiesen, an den Generalinquisitor von Frankreich.

Nun gewann die Angelegenheit an Wucht. Wilhelm von Paris zögerte nicht, sondern zog begierig den Fall an sich, ließ Marguerite Porète festnehmen und nach Paris bringen. Spätestens seit Ende 1308 befand sie sich in Haft. Wilhelm forderte von ihr ein Geständnis der

Ketzerei und einen Widerruf ihrer ketzerischen Äußerungen. Doch Marguerite verweigerte sowohl die Aussage als auch das Geständnis und den Widerruf. Sie fand sich nicht einmal dazu bereit, in einem Verfahren Aussagen über ihren Glauben zu machen, denn der war, weiß Gott, nicht Gegenstand der Inquisition. Ihr Glaube ging nur sie und Gott etwas an, niemanden sonst. Weil sie sich weigerte, wurde sie exkommuniziert.

Wer aber länger als ein Jahr in der Exkommunikation verharrte, hatte sich als verstockter Häretiker gezeigt und sich im Grunde dadurch selbst gerichtet. Durch die Exkommunikation wurde ein rechtlicher Automatismus in Gang gesetzt, der Rechtshistoriker dazu verleitet, das Verfahren gegen Marguerite als korrekt zu bewerten. Allerdings erhebt sich die Frage, ob Marguerite überhaupt exkommuniziert werden durfte. Hierauf antwortet der Rechtshistoriker – der der Perspektive des Formaljuristischen verhaftet ist –, die Aussageverweigerung Marguerites habe die Voraussetzung für die Exkommunikation geschaffen. Gerade die Korrektheit des Verfahrens zeigt, worum es dabei ging, nämlich um die Frage, ob Verfahren über den Glauben überhaupt eine Berechtigung besitzen. Marguerite antwortete dem Inquisitor nicht, weil er ihrer Ansicht nach keinerlei Befugnis, keinerlei Legitimation besaß, ihr dieses Fragen zu stellen und einen Widerruf zu veranlassen. Außerdem war es ihr auch nicht möglich, diesen Widerruf zu leisten, denn sie konnte ja schlecht Gottes Offenbarung widerrufen, das, was sie auf Geheiß des Engels weissagen sollte. Das Verfahren zog sich auch deshalb über drei Jahre hin, weil man immer wieder von Neuem versuchte, Marguerite zum Widerruf zu bewegen. Eine reuige Sünderin wäre der Kirche wesentlich lieber gewesen als eine verbrannte Ketzerin, die womöglich für einige noch eine Märtyrerin abgab. Doch Marguerite – im ungastlichen Ort des Pariser Kerkers dahinvegetierend – widerrief nicht. Sie hatte nichts zurückzunehmen. Um diese eine unstudierte Frau zu überwinden, bestellte man schließlich ein Gutachten von einundzwanzig Pariser Theologen, unter denen sich namhafte Professoren wie Johannes von Gent und Nikolaus von Lyra befanden. In ihrem Gutachten machten die gelehrten Herren fünfzehn Sätze Marguerite

Porètes als häretisch aus, zuallererst jenen, der die Macht der kirchlichen Sakramente infrage stellte: »Die vernichtete Seele verabschiedet die Tugend und steht nicht mehr in deren Dienst, weil sie ihrer nicht mehr bedarf, vielmehr stehen die Tugenden nicht mehr zu ihrer Disposition.«[217] Wer so denkt, den bringt auch keine Exkommunikation mehr von seinem Weg ab.

Selbst das Votum jener Autoritäten beeindruckte Marguerite nicht im Geringsten. Nachdem alle Bemühungen des Inquisitors, alle Drohungen und Versprechen, alle angekündigte Pein und alle Lockungen nicht zum Ziel geführt hatten und Marguerite leider »verstockt« blieb, wurde sie am 11. April 1310 wegen Häresie verurteilt und fünfzehn ihrer Sätze wurden inkriminiert. Im Zentrum der Verurteilung stand die ungeheure Freiheit, die sich Marguerite herausgenommen hatte: »Tugend, ich nehme Abschied von dir.« Und: »Diese Seele gesteht der Natur das zu, was diese von ihr begehrt.«[218]

Was konnten ihr die Inquisitoren und Henkersknechte anhaben? Sie griffen zwar nach ihrem Leib, doch ihre Seele erreichten sie nicht. Diese thronte weiter über ihren Verfolgern und Peinigern, die sie bereits im Höllenfeuer sah. Marguerite Porète hatte eine Freiheit erlangt, vor der alle Gewaltherrscher zittern, denn ein wahrhaft freier Mensch bleibt unbezwingbar und uneinholbar. Der Sufi-Mystiker Halladj tanzte in seinen Fesseln, als man ihn zum Galgen fuhr, Marguerite hielt ihr Buch hoch.

Obwohl ihr Werk als ketzerisch verurteilt worden war und jedem, der es las oder weiterverbreitete, die Exkommunikation und Verfolgung drohte, verbreitete sich der »Spiegel der einfachen Seelen« in vielen Abschriften wie eine geheime Religion konspirativ in ganz Frankreich und wurde äußerst populär. Ein Jahrhundert später eröffnete das Konzil von Basel sogar ein Verfahren wegen Begünstigung der Ketzerei gegen einen Papst, gegen Eugen IV., weil er angeblich die Anhänger Marguerite Porètes im Klerus beschützt hätte.

Nachdem der Dominikaner Wilhelm von Paris, der zudem Beichtvater des Königs war, Marguerite am 31. Mai 1310 zum Tode verurteilt hatte, fügte er in gespielter Milde hinzu, man solle – natürlich nur,

wenn es rechtlich möglich sei – die Begine weder töten noch sie verstümmeln. Sätze eines Sadisten, denn als Generalinquisitor wusste er
nur zu gut, dass genau dies nicht möglich war. Nach der Verurteilung
als rückfällige Ketzerin (relapsa) durch die Inquisition konnte die weltliche Gerichtsbarkeit Marguerite nur verbrennen – nach damals gel-
tender Rechtslage zumindest.

Das Bild muss herzzerreißend gewesen sein, als die magere
Frau mit ihrem Buch im Arm zum Scheiterhaufen schritt, als träte sie
hin zu Gott und wollte sich mit ihrem Buch vor ihm rechtfertigen.
Am liebsten hätte man sie in den Arm genommen, anstatt sie den
fleischig-großen Händen der Henkersknechte zu überlassen. Die
Pariser waren ergriffen. Marguerite wirkte tatsächlich wie eine Figur
der Apokalypse mit ihrem Buch, nämlich wie »der Engel mit dem
Büchlein«. In ihm erzählt sie gleichnishaft auch die Geschichte
von einer Königstochter, die sich in Alexander den Großen verliebt
hatte, allein durch Hörensagen, allein dadurch, dass man ihr von
ihm erzählte. Sie liebte ihn, den Fernen, der ihr doch so nah war,
so heiß und innig, dass er in ihrer Vorstellung immer lebendiger
wurde. Sie berichtete darüber, um zu sagen, dass es in dieser Weise
auch der Seele mit Gott erginge und dass deshalb Gott in ihrem
Buch zu einer Person, zum Fernnahen, zum loingprés wurde, den
man aus der sehnsuchtstrunkenen Troubadourdichtung kannte. Die
Brabanter Mystikerin Hadewijch berichtet in einem ihrer Werke
von einer namenlosen Begine, die »Meister Robert«, der Inquisitor
der Niederlande, »ihrer wahrhaften Minne wegen« tötete[219]. Es
fällt leider nicht schwer, sich vorzustellen, dass auch Wilhelm von
Paris die Begine Marguerite Porète wegen ihrer wahrhaften Minne
tötete.

Dass Guion de Cressonaert Marguerites Denken ins Politische
verlängerte, hatte ihr beim Prozess vor allem aus dem Grund gescha-
det, weil man in der Figur des »Engels von Philadelphia« die Kampf-
ansage in Flammenschrift an der Wand sah, denn diesem Engel war
Folgendes offenbart worden: »Siehe ich werde schicken einige aus
der Synagoge des Satans, die sagen, sie seien Juden und sind's nicht,
sondern lügen; siehe, ich will sie dazu bringen, dass sie kommen sol-

len und zu deinen Füßen niederfallen und erkennen, dass ich dich geliebt habe. Weil du mein Wort von der Geduld bewahrt hast, will auch ich dich bewahren vor der Stunde der Versuchung, die kommen wird über den ganzen Weltkreis, zu versuchen, die auf Erden wohnen.« [220]

Sie waren bereits da, die Versucher und die Bösen, und Cressonaert sah sie als Päpste und Kleriker, den Papst identifizierte er als den Antichristen. Das, was hier formuliert wurde, bedeutete in der Tat ein Menetekel, denn es wurde zum Kampfwort Martin Luthers.

Sicher zog Marguerite nicht Cressonaerts Konsequenzen und interessierte sie sich nicht für die politischen Weiterungen ihrer Theologie, aber es wirft ein Licht auf die Anschauung, die zu diesen Gedanken führten. Im Gegensatz zu Cressonaert, der zuletzt doch schwach wurde, den Gott schließlich nicht vor »der Versuchung« bewahrte, der reuig gestand und widerrief und deshalb mit lebenslangem Kerker davonkam, blieb Marguerite standhaft. Das Ende ist immer einsam. Auch für Engel.

Ein grober Henkersknecht setzte am Morgen des 1. Juni im Jahre des Herrn 1310 den Scheiterhaufen in Brand, und die Frau, die nichts anderes getan hatte, als ein Lehrbuch der Frömmigkeit verfasst zu haben, starb eines qualvollen Todes. Man fragt sich, was Marguerite so wichtig war an ihren Spekulationen. Hätte sie nicht abschwören und ihre gedruckten Äußerungen zurücknehmen können? Was war so unverzichtbar an einem Buch, dass sie ihr Leben und dann noch auf diese qualvolle Weise dafür hingab?

Die Mystiker des Mittelalters haben den Menschen so hoch zu Gott erhoben, dass sie plötzlich das Individuum entdeckten, und deshalb konnte Marguerite nichts zurücknehmen.

Niemand hätte ihr vorwerfen können, wenn sie abgeschworen hätte, doch sie tat es nicht. Wahrhaft und glaubwürdig tritt uns die Mystikerin und Begine aus dem beginnenden 14. Jahrhundert entgegen, glaubwürdig, weil voller Verantwortung. Denn Verantwortung ist die Antwort auf das Leben, die Antwort auf die existente Welt, auf die Schöpfung, auf das Wort, das Fleisch geworden ist.

Die größte Unterstützung erhielten die Beginen von einem Mann, der wie kein Zweiter Glauben und Philosophie verband und im Okzident eine Rolle spielte wie Ibn Arabi im Orient, dessen Todesumstände wir nicht kennen, nur vermuten können, was wir aber wissen, ist, dass er ein Getriebener war, gejagt von der Inquisition.

MEHR WISSEN WOLLEN, ALS NÖTIG WAR – MEISTER ECKHART

War er ein geschlagener, ein strafversetzter, ein weggelobter Mann, schlicht ein Gescheiterter, er, der einst als Zierde seines Ordens gegolten hatte, als außerordentlicher Gelehrter, hochbegabter Theologe und wortgewaltiger Prediger, als er schließlich 1323 oder 1324, aus Straßburg kommend, Köln betrat, die vorletzte Station seiner Lebensreise? Wie über so vieles aus seiner Biographie wissen wir nichts über das genaue Datum und die Umstände der Ankunft Meister Eckharts in Köln. Wir können nur ahnen und spekulieren, weshalb der Generalvikar der Ordensprovinz Teutonia der Dominikaner abgesetzt und nach Köln geschickt wurde, um dort an der Ordenshochschule zu lehren. Dass aber Straßburger Geschehnisse in direktem Zusammenhang mit dem Ketzerprozess standen, den man in Köln kurz nach seiner Ankunft eröffnete, steht außer Frage. Doch was hatte sich in Straßburg ereignet, das den einst so geehrten Mann scheinbar straucheln ließ?

Die Geschichte hat über seinem Leben den dunklen Mantel des Geheimnisses ausgebreitet. Das Gerücht, dass er ein Mystiker gewesen sei und seine Worte dunkel gewesen wären, tat im Laufe der Zeit sein Übriges, um das Klischee von der geheimnisumwitterten Gestalt aus dem gotischen Mittelalter abzurunden. Der Titel »Meister« wurde nicht mehr als gängige Verdeutschung des akademischen Grades des Magisters gelesen, sondern nahm in Kombination mit dem uralten Namen Eckhart fast einen mythischen Klang an, als habe man es mit einem Zaubermeister zu tun, einem Magier. Doch zuweilen bergen Klischees einen wahren Kern: In der Tat geht von der perfekten Kongruenz des Denkens und der Sprache Meister Eckharts ein Zauber aus.

Manchmal begegnen uns große Gedanken in dürftiger Sprache, hin und wieder täuscht uns eine vollendete Sprache mit ihrer Kunstfertigkeit über die Banalität des Denkens dahinter hinweg. Nicht so bei Eckhart, er war ein Meister des Denkens und des Sprechens. Deshalb konnte der bereits erwähnte Mantel der Geschichte auch nicht die Leuchtkraft seiner Schriften verbergen, die immer wieder auftauchten, obwohl man sie verbannt und verketzert hatte. Im Gegenteil, jeder Versuch der Zensierung und Verheimlichung unterstützte ungewollt das Denken in seinem Kampf gegen das Vergessen, das die Zeit vergebens zu bewirken suchte.

Meister Eckharts Sätze leuchten durch die Jahrhunderte, obwohl man sich mühen und schinden muss, wenn man sie verstehen will. Allerdings wird es an einem bestimmten Punkt auch einfach, klar und einsichtig, es verlangt nur – und das ist so leicht gesagt und so schwer getan –, die Perspektivwechsel dieses Mystikers zu erkennen und sich ihnen anzuvertrauen, diesem lustvoll-methodischen *sidestep*. In diesen abrupten Wechseln der Position des Denkenden liegt das Wesentliche seines Denkens.

Sein Werk wurde in Ab- und Mitschriften gegen den Willen der Kirche – auch gegen den Willen seines eigenen Ordens – überliefert. Mag es auch nicht vollständig sein, sollten uns, was zu wünschen wäre, neue Manuskriptfunde überraschen, so ist das, was heute bereits vorliegt, zwar nicht überwältigend viel, dafür aber überaus reich. Nur bei Dichtern wie dem des »Nibelungenliedes« und Walthers von der Vogelweide, bei Gottfried von Straßburg, Wolfram von Eschenbach und Mechthild von Magdeburg klingt die mittelhochdeutsche Sprache so kraftvoll und rein, so ergreifend und subtil.

Ahnte Meister Eckhart, dass er die Stätte seines letzten Kampfes, in dem es nur um ihn selbst gehen würde, betrat, als er an der Pforte des Kölner Dominikanerklosters um Einlass bat? Köln, das Kloster und die Generalstudien, wie die Ordenshochschule damals genannt wurde, kannte er gut genug. Hier hatte er am Ende des 13. Jahrhunderts studiert, wahrscheinlich noch zu Füßen des im Jahre 1280 verstorbenen Philosophen, Theologen, Naturwissenschaftlers und Magiers Albertus Magnus, den Papst Pius XI. 1931 heiliggesprochen hatte, gesessen und dessen Lektionen gehört.

Einige der spärlichen Angaben über sein Leben glückten nur durch geradezu kriminalistische Rückschlüsse von wenigen gesicherten Daten in der Kombination mit Regeln und Lebens- und Studienordnungen der Zeit. Das erste sichere Datum ist der 18. April 1294, der Tag, an dem Eckhart für seine Brüder im Pariser Ordenshaus des St. Jacques-Konvents an der Sorbonne am linken Ufer der Seine die Festpredigt zu Ostern hielt. Damit gab er als Sentenzenlektor seine Antrittsvorlesung. Um diese Tätigkeit ausüben zu dürfen, musste er das neunjährige Studium abgeschlossen haben und mindestens 33 Jahre alt sein. Daraus ergibt sich, dass Eckhart um 1260 geboren wurde, was auch mit anderen Daten harmoniert.

In dieser Antrittsvorlesung, die uns nur als Kopie der Mitschrift eines Dominikaners in einer Handschrift aus dem Jahre 1298, die im Kloster Kremsmünster gefunden wurde, überliefert ist, wird uns von einem *frater Ekhardius lector sententiarium* berichtet. Im Aufbau der Predigt und in den Zitaten spürt man den Gelehrten. Besonders die Zitate von Dionysius Areopagita und dem uns bereits bekannten »Buch der 24 Philosophen« verweisen auf ein mystisches Interesse Meister Eckharts, auf eine Suche nach Gott in den vier Büchern der Sentenzen, in der Lehre von Gott, der Schöpfung, der Menschwerdung Christi und den Sakramenten.

Die Sentenzen stellten eine Sammlung von Gedanken der Kirchenväter dar, die kommentiert wurden und vom 5. bis ins 16. Jahrhundert hinein die Grundlage des Studiums der Theologie bildeten. Die bekanntesten Sentenzen und Grundlage jedes scholastischen Studiums waren die des Petrus Lombardus aus dem 12. Jahrhundert.

Eckhart führte seine Brüder im Pariser Ordenshaus also in das Studium mit Gedanken ein, die mystischer und neuplatonischer Herkunft waren. Noch gab er in der Osterpredigt die klassisch dominikanischen Antworten, denn es tobte ein Streit vor allem zwischen den Franziskanern und den Dominikanern darüber, was das primäre Prinzip der Schöpfung sei. Sagt Gott im Alten Testament zu Moses: »Ich bin, der ich bin«, so beginnt das Johannesevangelium mit dem Satz: »Im Anfang war das Wort.« Die Frage lautete, ob am Beginn der Schöpfung das Sein und damit die Liebe gestanden hatte oder der Logos, das Wort und damit die Vernunft. Als Dominikaner, der noch dazu ein Schüler des Albertus Magnus war, stand für Eckhart fest, dass es nur die Vernunft sein konnte. Von daher setzte bei ihm ein Bestreben ein, das den Philosophiehistoriker Kurt Flasch die verlockende These aufstellen lässt, dass es sich bei Meister Eckhart weniger um Mystik als um eine Philosophie des Christentums handelt. Später sollte Meister Eckhart diese Ansicht in geradezu aufsehenerregender Weise verändern, indem er die starren Setzungen in Bewegung brachte, eine Bewegung, die sich mit dem Begriff des Erkennens beschreiben lässt.

Fand man also Gott in der Liebe oder in der Vernunft? Bedenkt man, dass sich Papst Benedikt XVI. in seiner Habilitationsschrift mit dem Franziskaner Bonaventura und dessen Auseinandersetzung mit den Spiritualen beschäftigt hatte, dann ergibt sich ein interessanter, ein tiefer Bezug zu dem Faktum, dass die erste Enzyklika des Papstes den Titel trug: »Deus caritas est«, Gott ist Liebe. Meister Eckhart hätte geschrieben: Gott ist Erkennen. Selbst wenn er die franziskanische Vorstellung geteilt hätte, würde der Titel seiner Enzyklika etwas anders lauten, nämlich: Gott ist Lieben. Das Sein war nur, indem es wurde, es war die stete Bewegung, die in ihrer Harmonie wie Ruhe wirkte. Alles Feste ist die Abstraktion des Beweglichen. Also konnte auch das Seiende nur zum Sein *werden*, wenn auch das Sein nicht Setzung, sondern ständige Bewegung war. Da Eckhart sein Ziel kannte, interessiert er sich für den Weg.

Kaum hatte er in Köln seine Arbeit als Professor und als Prediger aufgenommen, wurde Meister Eckhart auch schon anlässlich einer Visi-

tation durch Nikolaus von Straßburg am 1. August 1525 von Mitbrü-
dern denunziert. Der päpstliche Visitator untersuchte die Anschuldi-
gungen und stellte deren Haltlosigkeit fest. Doch Eckhart schien
seine Denunzianten so sehr gereizt zu haben, dass sie nach der erlit-
tenen Abfuhr keine Ruhe gaben, sondern nun erst recht mit ganzer
Boshaftigkeit zuschlugen. Sie klagten ihn beim Erzbischof von Köln,
Heinrich II. von Virneburg, einem theologisch und philosophisch
ungebildeten, dafür aber skrupellosen Machtpolitiker, der Häresie an.
Es scheint, als habe dieser nur darauf gewartet, dass Denunzianten
ihm das Eingreifen ermöglichten und die notwendige Handhabe gegen Meister Eckhart lieferten.

Im April 1326 hatte der Erzbischof den Magistrat der Stadt Köln
aufgefordert – und mit Sicherheit wohl nicht nur ihn –, alle der
Ketzerei verdächtigen Personen anzuzeigen. Zwei Monate später
leitete er ein Inquisitionsverfahren gegen Meister Eckhart ein und
bestimmte zwei Kommissare. Sie nahmen ihre Arbeit auf, ohne dass
Meister Eckhart darüber unterrichtet wurde.

Ende 1326 dürfte er dann von dem gegen ihn geführten Prozess in
Kenntnis gesetzt worden sein, und am 24. Januar 1327 legte er Protest
gegen das Verfahren ein. Der Dominikaner war sich der Gefahr bewusst, in der er sich befand, und führte zu Recht an, dass zu keiner
Zeit eine Anklage wegen Häresie gegen einen Meister der Heiligen
Schrift noch gegen einen einfachen Bruder seines Ordens erhoben
worden sei. Fügen wir hinzu, dass – außer gegen Eckhart – im ganzen
Mittelalter kein Inquisitionsprozess wegen Ketzerei gegen einen
hochrangigen Theologen eröffnet worden war. Zwar hatte es immer
wieder Glaubensprozesse gegen Theologen wegen irriger Meinungen und Lehrsätze gegeben, die dann geächtet wurden, aber dabei
handelte es sich in der Regel um Akkusationsprozesse, die, wenn sie
nicht fallen gelassen wurden, mit der Verurteilung eines Lehrsatzes
oder mehrerer Passagen endeten. Bei dem Ketzerprozess gegen Eckhart dagegen ging es nicht nur um Lehrsätze, sondern zuerst um
seine Person – man hatte ihn wegen Häresie angeklagt. Mit anderen
Worten, es ging um Leben und Tod.

Heinrich II. von Virneburg hatte die für den Beschuldigten gefährlichste Form des Verfahrens gewählt, den Häresieprozess *per promoventem*. In dieser Form des Prozesses stand nicht das Zeugnis des Angeklagten im Mittelpunkt, sondern die Denunzianten mussten das Beweismaterial vorlegen, auf dessen Grundlage das Urteil gefällt wurde. Der Angeklagte hatte nur sehr eingeschränkte Möglichkeiten der Verteidigung, denn es kam nicht auf seine Aussagen an, da diese bereits in den beigebrachten Schriftzitaten vorlagen. Wenn man sich in Köln auch gegen einen so berühmten und geachteten Mann keine Verfahrensfehler leistete und der Prozess aus juristischer Sicht korrekt durchgeführt wurde, muss zuallererst und mit allem Nachdruck auf die Fragwürdigkeit der ganzen rechtlichen Grundlage verwiesen werden. Sätze, die der Beschuldigte irgendwann einmal gesagt oder geschrieben hatte, wurden aus dem Zusammenhang gerissen und, wenn es Sätze aus den deutschen Predigten betraf, ins Lateinische übersetzt. Man benötigt keine große Phantasie, um sich vorzustellen, was für ein Sammelsurium sich bei hochkomplexen philosophischen und theologischen Gedankengängen anschließend auf der Anklageliste fand.

Als die Denunzianten Meister Eckharts ihre Klage an den Erzbischof richteten, loderten in Köln noch die Feuer, gellten die Straßen und Gassen noch wider von den Schreien der Beginen und Begarden, der Mitglieder der entsprechenden Männergemeinschaften, die Heinrich II. von Virneburg zu Hunderten hatte auf den Scheiterhaufen verbrennen oder im Rhein ertränken lassen.

Waren die Denunziationen bestellt? Stand dahinter eigentlich der Erzbischof, der sich zweier notorisch bekannter Intriganten, die bereits aktenkundig waren, aus dem Predigerorden bediente? Und was empfand Meister Eckhart, als er Folter und Mord an den Beginen, die er in Straßburg vor der Verfolgung geschützt hatte, in Köln machtlos mit ansehen musste? Versuchte er, zu intervenieren? Äußerte er sich im Kloster oder in seinen Predigten kritisch über die Blutorgie des Erzbischofs?

DER VERSTAND ALS VERBINDUNG ZU GOTT

Um die ganze Dimension zu verstehen, müssen wir erkunden, wer Meister Eckhart war und in welchen Konflikt er geriet. Und es wird sich zeigen, dass man in Köln über die Straßburger Ereignisse gut unterrichtet war.

Wahrscheinlich wurde Meister Eckhart um 1260 als Kind der Familie von Hochheim in Tambach bei Gotha geboren und entstammte damit dem kleinen Adel. In den siebziger Jahren des 13. Jahrhunderts dürfte er in das Dominikanerkloster in Erfurt eingetreten sein, wohl mit 14 Jahren, wie es damals üblich war. Die Klöster stellten zu dieser Zeit auch Versorgungsinstitute für den Adel dar, in denen nicht erbberechtigte Söhne untergebracht wurden. Wir wissen weder, ob und wie viele Geschwister Meister Eckhart hatte, noch ob er freiwillig ins Kloster ging und erst bei den Dominikanern seine Neigung zu Philosophie und Theologie entdeckte. Vielleicht hat ihn die Leidenschaft der Gotteserkenntnis – was im Bewusstsein der Zeit immer zugleich Welterkenntnis hieß, denn alles existierte durch Gott – auch schon von Kindesbeinen an bewegt.

Wer es darauf anlegte und ein wenig geschickt oder dreist oder am besten beides war, konnte auch als Mönch ein recht weltliches Leben führen. Wie die zahlreichen Klagen und Visitationen, die vielen festgestellten Verstöße gegen die Klosterordnung eindrucksvoll belegen, konnte man sich häufig sogar dem vorgeschriebenen Aufenthalt im Kloster entziehen. Doch Eckhart hatte sich entschieden, Gott zu dienen mit seinem Verstand, mit seinen intellektuellen Talenten, mit seinen geistlichen und geistigen Begabungen. Der begabte Jüngling wurde Ende der siebziger Jahre zum *studium generale* seines Ordens nach Köln geschickt, wo er noch Albertus Magnus, der 1280 starb, kennengelernt haben dürfte, und dann zur weiteren Ausbildung nach Paris, an die damals berühmteste Universität des christlichen Abendlandes. Die Entsendung zeigte, dass seine geistigen Gaben zu den größten Hoffnungen berechtigten. Seine große Intelligenz, die Kraft der Sprache, die Fähigkeit zur beeindruckenden Synthese waren seinen Ordensoberen bereits früh aufgefallen.

Im Jahr 1293 jedenfalls weilte Meister Eckhart als Bakkalar – einem akademischen Grad, der dem heutigen Bachelor entspricht – in Paris. Die Zeit an der Sorbonne verlief sehr erfolgreich, denn nach seiner Rückkehr 1294 wurde er bald Prior seines Klosters und Vikar der Ordensprovinz. Als Vikar für Thüringen arbeitete er als Stellvertreter des Provinzials der Teutonia, für Dietrich von Freiberg, der zu den bedeutenden Philosophen des Hochmittelalters gehört. In diesen Jahren entstand das erste große Werk Meister Eckharts, die in Mittelhochdeutsch verfasste »Rede der underscheidunge« (»Rede der Unterweisung«). Deutlich erzählt uns das Buch gleich am Anfang den Grund seiner Entstehung: »Das sind die Reden, die der Vikar von Thüringen, der Prior von Erfurt, Bruder Eckhart, Predigerordens, mit solchen (geistlichen) Kindern geführt hat, die ihn zu diesen Reden nach vielem fragten, als sie zu abendlichen Lehrgesprächen beieinandersaßen.«[221] Als »Kinder« galten die Novizen im Dominikanerorden.

Im Jahr 1299 trat Eckhard als Prior zurück, weil ihn die beiden Ämter, die eigentlich einander ausschlossen, aufrieben. Seine Pflichten als Vikar verlangten es, ständig zu reisen, um die Klöster zu inspizieren – und das alles zu Fuß –, während sein Amt als Prior die ständige Anwesenheit im Erfurter Kloster erforderlich machte.

Drei Jahre später schickte ihn sein Orden nach Paris, damit er dort zum Doktor der Heiligen Schrift promoviert wurde, nach heutigem Sprachgebrauch, um sich zu habilitieren. Der Dominikanerorden verfügte an der Sorbonne über zwei Lehrstühle. Einer davon war ausländischen Dominikanern vorbehalten, und nun war Eckhart für ein Jahr *magister in actu regens*, also Lehrstuhlinhaber.

In diesem Jahr wurde die sehr große Ordensprovinz Teutonia geteilt und die neue Provinz Saxonia gegründet, deren Provinzial Meister Eckhart nach seiner Rückkehr wurde. Um eine Vorstellung zu gewinnen, wie groß die Saxonia war, muss man sich vergegenwärtigen, dass sie die *Nationen* Seeland, Holland, Friesland, Scanovia (von Hamburg bis Stralsund), Westfalen, Hessen, die Mark Brandenburg, Sachsen, Thüringen und Meißen umfasste.

Zu den Obliegenheiten Meister Eckharts als Provinzial zählten die Vorbereitungen der Ordensversammlungen, der Provinzkapitel beispielsweise in Rostock, Halle, Minden oder Hamburg. Außerdem hatte er an den Generalkapiteln teilzunehmen, sei es in Toulouse, Straßburg oder Piacenza. Tausende von Kilometern legte er zu Fuß zurück, nur mit seiner Kutte bekleidet, sommers wie winters. Er reiste übrigens in einer Zeit mit ausgesprochen kalter Witterung. Die Ostsee fror selbst an den Südspitzen zu, und Unwetter und Schneefall – auch im Sommer – gestalteten die Fußmärsche zu unvergnüglichen, kräftezehrenden und gesundheitlich nicht ungefährlichen Unternehmungen. Meister Eckharts Zeitgenossen nahmen diese ungewöhnlichen Klimaerscheinungen, die heute in der Klimageschichte auch die »kleine Eiszeit« genannt werden, als Strafe Gottes für ihre Sünden wahr.

Daneben predigte Meister Eckhart und schrieb ohne Unterlass. Wenn man bedenkt, dass dieser zum Philosophen bestimmte Mann eine Unzahl an praktischen Aufgaben übernahm und daneben eine vollkommen neue Denkweise entwickelte, die Philosophie und Theologie vereinte, und zwar vom Standpunkt der Philosophie aus, dann bleibt nur Bewunderung.

Nur einem Dominikaner war jemals die Auszeichnung zuteilgeworden, als Ausnahme von der Regel den Lehrstuhl in Paris ein zweites Mal zu besetzen: Thomas von Aquin, der später zum Kirchenlehrer und *doctor angelicus*, zum engelsgleichen Lehrer erhoben wurde. Nun aber beauftragten die Dominikaner einen ihrer besten Denker, nämlich Meister Eckhart, ein zweites Mal an der Sorbonne zu lehren. Diese zweite Berufung stellte an sich schon eine kleine Sensation dar.

In den Jahren zwischen 1311 und 1313, in denen Meister Eckhart zum zweiten Mal nach Paris kam, trugen sich dort dramatische Ereignisse zu. Dabei spielte der Dominikanerorden eine wichtige Rolle, er gab, wenn man so will, neben Philipp dem Schönen, dem König von Frankreich, und seinem maliziösen Kanzler Guillaume de Nogaret einen der Hauptbösewichter ab. Kurz bevor Meister Eckhart in Paris ankam, hatte der Dominikaner und Inquisitor Wilhelm von Paris am 1. Juni 1310 die Begine Marguerite Porète zusammen mit ihrem Buch »Spiegel der einfachen Seelen« verbrennen lassen. Und am 18. März 1314 – da befand sich Meister Eckhart bereits in Straßburg – wurde der letzte Großmeister des Templerordens, Jacques de Molay, in der französischen Hauptstadt hingerichtet. In den Jahren zwischen 1307 und 1314 verfolgte das Trio infernale – Philipp der Schöne, Guillaume de Nogaret und Wilhelm von Paris – den Templerorden mit großer Grausamkeit und aller denkbaren Infamie. Wilhelm von Paris gab den kirchlichen Ankläger, denn die Templer wurden zu Ketzern erklärt und demzufolge verbrannt.

Als Meister Eckhart in der Seine-Metropole weilte, wurden ihm die Konsequenzen, die Ketzerprozesse mit sich bringen konnten, drastisch vor Augen geführt. Diese Erfahrung wird im Hinblick auf die späteren Ereignisse häufig vergessen, denn sie muss ihn tief beeindruckt und verstört haben. Spätestens seit dem zweiten Aufenthalt an der Sorbonne wusste er, was ein Ketzerprozess bedeutete und wie er ausgehen konnte.

Zudem nahm er wieder im Dominikanerkonvent St. Jacques Quartier und war mithin Hausgenosse des Inquisitors Wilhelm von Paris. Sie kannten sich wohl. Das Zusammenleben Meister Eckharts, dem großen Denker der abendländischen Philosophie und Theologie, und des grausamen Inquisitors Wilhelm von Paris unter einem Dach wirkt wie ein Symbol dafür, dass in keinem anderen Orden, mit Ausnahme der Jesuiten vielleicht, Größe und Schande so dicht beieinanderlagen wie bei den Dominikanern. Gelehrte wie Albertus Magnus, Thomas von Aquin, Meister Eckhart und Dietrich von Freiberg entstammten dem Orden, andererseits konnten in ihm auch fanatische Ketzerjäger wie Wilhelm von Paris oder Jakob von Hochstraten ihr Unwesen treiben, weil der Papst den Orden mit der Aufgabe der Inquisition betraut hatte. Im Pariser Ordenshaus erfuhr Eckhart von der Verbrennung der Marguerite Porète und vom Inhalt ihres Buches.

Wir haben bereits gesehen, dass die Frömmigkeitsbewegung unter Laien im Hochmittelalter eine stürmische Entwicklung nahm, während Klerus und Mönchsstand mehr und mehr verweltlichten. Das Verlangen nach echter Frömmigkeit, nach einem Weg zu Gott, der nicht von falschen Priestern gewiesen wurde, war echt und flammte massenhaft auf, besonders in bürgerlichen Schichten und in Kreisen des niederen Adels. Es war in jenen Jahrzehnten so, als ob eine neue unsichtbare Kirche entstand, die eines Tages die Macht-kirche sprengen würde, eine geheime Religion, die sich unter der Oberfläche des offiziellen Christentums ausbreitete.

Von alldem blieb Meister Eckhart nicht unberührt. Gleichzeitig scheinen dem Mann, der als der Mystiker schlechthin gilt, mystische Erlebnisse, Verzückungen und Privatoffenbarungen, Auditionen und Visionen im Sinne der Hildegard von Bingen, der Mechthild von Magdeburg, der Marguerite Porète versagt geblieben zu sein, oder, wahrscheinlicher noch, er hatte sie gar nicht erst angestrebt. Der Grund? Ganz einfach, sein Intellekt stand dagegen. Versenkung in Gott, wie sie die Mystiker anstrebten, schien für ihn die Versenkung in den Intellekt zu sein. Nicht im personalen Erlebnis oder der plötz-lichen Gottesschau suchte er seinen Weg zu Gott, seine *via regia* hieß Vernunft. So war er eher Philosoph als Mystiker und fühlte sich mehr zu Ibn Ruschd (Averroes) als zu Ibn Arabi hingezogen.

Allerdings dürfen wir Vernunft nicht im aufklärerischen Sinne als die Fähigkeit des Menschen, seinen Verstand zu gebrauchen, verste-hen, sondern als Verbindung zu Gott, als Ort der Gottesbegegnung. Gott, der den Menschen hervorgebracht hat und sich im Menschen gebiert, gab dem Menschen die Vernunft als Verbindung zu sich, als Medium. Gott ist Sein, aus dem alles Seiende hervorgeht. Alles beginnt für den Menschen mit der Vernunft. Deshalb führt der Ge-brauch der Vernunft zu Gott zurück.

Das große Wagnis, das Meister Eckhart hier unternahm, macht die Aktualität seines Denkens aus: Er wollte Gott philosophisch er-fahren. Man achte auf die Worte: nicht Gott denken – das wollten und wollen viele –, nicht Gott erfahren als Vorgang der Empfindung – auch das versuchen und versuchten viele. Nein, Meister Eckhart synthetisierte, er wollte sich in Gott begeben, indem er Gott, für den es keine Worte, keine Definitionen gibt, der keine Eigenschaften hat, weil er Eigenschaft ist – die eine und einzige Eigenschaft, die das eine ist und durch die es zur Existenz kommt – denkend zu erleben und zu erfahren versuchte.

Deshalb gab es für ihn auch keinen Gott, der ihm gegenüber-stand, weil das Gegenübersein Gottes diesen bereits einschränken, ihn zu etwas machen würde, das – wie alles Seiende – notwendig beschränkt wäre. Gott würde dann zum Seienden und wäre nicht mehr Sein. Man konnte Gott auch um nichts bitten, weil man ihn dann zu dem machte, um das man ihn bat. Bat man Gott um eine Kuh, wurde er eine Kuh, meinte Meister Eckhart, denn in der Bitte reduzierte man ihn auf das eigene Wollen, das im Beispiel die Form einer Kuh annahm. Man durfte Gott nicht in den Verhau seines Gebets sperren oder durch rigorose Askese und körperfeindliche Bußübungen drangsalieren: »Diesen Sinn verstehen manche Leute nicht richtig; es sind jene Leute, die in Bußübungen und in äußerlicher Übung, was diese Leute für groß erachten, an ihrem selbstischen Ich festhalten ... Diese Menschen heißen heilig aufgrund des äußeren Anscheins; aber von innen sind sie Esel, denn sie erfassen nicht den eigentlichen Sinn göttlicher Wahrheit«[222], sagte Eckhart in der berühmten Predigt 52, die wohl eine seiner letzten Predigten, vielleicht die letzte Predigt war.

In der Heiligen Schrift heißt es, dass derjenige, der sich erhebt, erniedrigt wird. Erniedrigt wird auch derjenige, fügte Eckhart hinzu, der sich durch seine Erniedrigung zu erheben trachtet, denn nichts wirkt heimtückischer als die Eitelkeit des Verzichts. Das ist gut sufisch gedacht, wenn Sufi-Meister sich gegen die Selbstverliebtheit des Asketen wenden oder Buddha mit den Jaina rechtet. Die sehr öffentliche Eitelkeit des Habens, die prunkt und durch ihre Prahlerei abstößt, kann sich in keiner Weise messen mit der stillen Eitelkeit des Verzichts, die heimlich wirkt, die im Nicht-Haben oder besser im Nicht-mehr-Haben die Welt wissen lässt, wie himmelhoch sie doch eigentlich über ihr steht.

Nicht in äußerer Anbetung, nicht in den Werken, nicht in der Buße und Askese würde der Mensch Gott finden, lehrte Meister Eckhart, sondern indem er in sich geht, indem er sich leer und ganz frei macht von allen äußeren Dingen und zu sich kommt, indem er sich vernichtet, abstreift, was Welt heißt, denn in sich wird er Gott gebären, der ihn vormals gebar, in seiner Vernunft, die Eckhart sehr sinnlich das Seelenfünklein nennt. Gott war für ihn also kein Gegenüber, sondern etwas, zu dem wir werden, das wir tief in uns finden können. Das ist radikal gedacht, und dieser Entwurf führt nicht zu Luther und zur Freiheit eines Christenmenschen, er führt noch weit über Luther hinaus. Der entscheidende Unterschied liegt darin, dass Meister Eckhart durch die Formen hindurch ist. Da er der Erste war, der die Existenz gesehen hat, wurde er zum Denker der Existenz.

Was an diesem Mystiker verwirrt, ist die Art und Weise seiner Welterkenntnis – wie der erste Mensch im Weltall die Erde erstmals mit eigenen Augen von außen sah. Meister Eckharts Mystik besteht darin, dass er nicht nur den Weg des Menschen zu Gott erkundete, sondern – und darin wartet ein immenses Abenteuer – den Weg Gottes zum Menschen untersuchte. Ihm wird die Vernunft zum wunderbaren Ort, zum Ort des Wunders der Gottesgeburt im Menschen. Ist das noch Mystik? Ist das schon Philosophie? Wo liegen die Grenzen? Nennen wir es einfach gelebtes Denken oder das Denken leben.

Die Menschengeburt Gottes in Christus hob er von der historischen auf die ontologische Ebene. Christus wurde bei ihm zum Modell der pausenlos stattfindenden Menschengeburt, denn er wusste, »dass wir ein einiger Sohn sind, den der Vater ewiglich geboren hat«[223]. Theoretisch kann man formulieren, Meister Eckhart habe die ontologische Dimension des Glaubens entdeckt. Praktisch gesagt befreite er das Sein aus dem Haben. Sich freimachen von den nutzlosen äußeren Institutionen, die sich ja gerade auch hinreichend blamiert und diskreditiert hatten, das war für ihn der erste Schritt zur Gotteserkenntnis: »Wenn der Mensch etwas von außerhalb seiner selbst bezieht oder nimmt, so ist das nicht recht. Man soll Gott nicht als außerhalb von einem selbst erfassen und ansehen, sondern als mein Eigen und als das, was in einem ist.«[224] »Die Leute sagen oft zu mir: »Bittet für mich!« Dann denke ich: »Warum geht ihr aus? Warum bleibt ihr nicht in euch selbst und greift in euer eigenes Gut? Ihr tragt doch alle Wahrheit wesenhaft in euch.«[225]

Ist das nicht großartig gedacht, kann man Gott und den Menschen besser denken als in diesem Satz, dass der Mensch die Wahrheit, die Gott ist, als Wesen in sich trägt? Dass er sie empfinden, dass er in ihr leben muss, ist damit nicht gesagt, aber er hat die Chance dazu, weil sie wesenhaft in ihm liegt. Der Mensch trägt die Wahrheit in sich, mit sich – ob er sie nutzt, steht auf einem anderen Blatt. Niemand kann den Menschen zwingen, seine Vernunft zu gebrauchen, aber so wie es niemand erzwingen kann, kann es auch keiner verhindern. Der Glaube ist wie die Liebe das Einzige, worin vollkommene Freiheit besteht, denn zu beidem kann man nicht gezwungen werden.

Nach dem guten Jahr in Paris schickte der Orden Meister Eckhart nicht wieder nach Thüringen, sondern setzte den erfahrenen Theologen, Prediger und Kirchenpolitiker – was er als Provinzial notgedrungen war – in Straßburg ein, um in einer für den Orden schwierigen Situation tätig zu werden.

In der Teutonia, deren Hauptsitz sich in Straßburg befand, kam es zu einer für den Dominikanerorden bedrohlichen Entwicklung: Die Feindschaft der Weltgeistlichen zum Dominikanerorden spitzte sich zu. Es ging um handfeste finanzielle Interessen. Die Weltgeistlichen – Priester, Kapläne, Bischöfe – besaßen ihre Pfründe und verdienten an den Messen und dem Spenden der Sakramente. Da die Dominikanermönche das Recht zur Predigt hatten, erwuchs den Klerikern in ihren Sprengeln und Diözesen Konkurrenz. Hinzu kam, dass die Dominikaner mit der *cura monialium* beauftragt waren, das heißt, sie hatten die geistliche Führung der Frauenklöster, aber auch der Beginengemeinschaften, die wie Pilze aus dem Boden schossen, zu gewährleisten. In den Augen des Klerus stellten diese Frauen, die weder heirateten noch weiter von den Priestern »bewirtschaftet« werden konnten, ein Ärgernis dar. Der um materielle Interessen geführte harte Konkurrenzkampf des Klerus gegen die Dominikaner verschärfte sich durch die Beginenfrage in eklatantem Maße. Allein in Straßburg gab es zu dieser Zeit 85 Beginenhöfe, die von Frauen bewohnt wurden, die sich der Kontrolle der Väter, Ehemänner und Priester entzogen hatten.

Meister Eckharts Aufgabe bestand nun darin, die Rechte des Ordens zu wahren, die *cura monialium*, zu der man verpflichtet war, durchzuführen und den Konflikt mit dem Klerus nicht eskalieren zu lassen. Da aber der Katalysator der Auseinandersetzungen in der Beginenfrage bestand, konnte der Dominikaner das Problem eigentlich nur lösen, wenn er die Beginen verriet. Doch er brachte Verständnis für mystische Phänomene auf, für den großen Bereich spiritueller Erlebnisse und teilte mit den Beginen einige Positionen. Andere, die er nicht teilte, fand er zwar töricht, aber nicht ketzerisch - nicht törichter jedenfalls als manches, was halbgebildete Priester in ihrer Dumpfheit predigten. Er selbst hatte ja immer wieder gegen übertriebene Praktiken wie strenge Askese, die Nachahmung Christi durch die Zufügung von Schmerzen und Stigmata gepredigt, sie als Eitelkeit verworfen, als »Eselei«. Da er bisweilen der Pfaffendummheit widersprach, machte er sich viele erbitterte Feinde, auch Brüder im eigenen Konvent zählten dazu, die ihn schlicht nicht verstanden, teils wohl auch nicht verstehen wollten.

Im Jahr 1317 ließ Fürstbischof Johann I. von Straßburg bekannt machen, dass er einen Prozess gegen die Beginen und Begarden zu führen beabsichtigte. Im gleichen Jahr erließ Papst Johannes XXII. in Avignon die Bulle »Ad nostrum« gegen Menschen, die sich in Gruppen zusammenschlossen, um eine extreme Frömmigkeit zu leben. Zwar ließ sich die Bulle auch so interpretieren, dass weniger extreme Vorstellungen der Beginen zum Beispiel akzeptiert würden, dennoch erließ Johann I. am 18. Januar 1318 ein Verbot der Frauengemeinschaften in seiner Diözese und forderte sie auf, ihre pseudo-geistliche Tracht abzulegen und - hier wird das eigentliche Interesse des Bischofs deutlich - in ihre Stadtkirchen zurückzukehren. Das ganze Ärgernis bestand weniger in den theologischen Ideen, sondern darin, dass es Frauen gewagt hatten, ihre Familien zu verlassen, keine Ehen einzugehen und selbstständig, frei und nach eigener Entscheidung zu leben, und sich dabei um den Herrn Ortspfarrer nicht scherten. Es ging einzig um Macht und Geld. Der Rest war zielführendes Geschwätz. Das Beispiel eines freien und unabhängigen Lebens, das die Frauen abgaben, wurde für den Klerus immer bedrohlicher. Der Bischof forderte, dass die Dominikanermönche den Beginen den geistlichen Beistand entzögen.

Eckhart als Vikar der Teutonia in Straßburg wird der Zumutung mit gutem Grund widerstanden haben. Zudem wusste er sich gedeckt von der Bulle »Ratio recta«, die der Papst am 13. August 1318 erließ und die möglicherweise auf Intervention der Dominikaner die pauschale Verurteilung der Beginen differenzierte, indem zwischen »guten« und »schlechten« Beginen unterschieden wurde. Als Dominikanervikar unterstand er nicht dem Ortsbischof, sodass Meister Eckhart Widerstand leisten und die Beginen zum Teil schützen konnte, solange er sich gut theologisch absicherte. Er selbst schritt gegen Übertreibungen und Auswüchse in der religiösen Praxis ein, nicht aber mit dem Scheiterhaufen, sondern mit dem Wort.

Aus der Straßburger Zeit sind die meisten Predigten und Werke überliefert. Es war geistig die Zeit einer reichen Ernte. Meister Eckhart scheute sich nicht, dem gemeinen Manne auf Deutsch in seinen Predigten auch komplizierte theologische Überlegungen zugänglich zu machen, obwohl er wusste, welche Vorwürfe ihm daraus erwachsen und welche Kämpfe ihn erwarten könnten: »Auch wird man sagen, dass man solche Lehren nicht für Ungelehrte sprechen und schreiben solle. Dazu sage ich: Soll man nicht ungelehrte Leute lehren, so wird niemals wer gelehrt, und so kann niemand dann lehren oder schreiben. Denn darum belehrt man die Ungelehrten, dass sie aus Ungelehrten zu Gelehrten werden. Gäbe es nichts Neues, so würde nichts Altes. *Die gesund sind,* sagt unser Herr, *bedürfen der Arznei nicht.* Dazu ist der Arzt da, dass er die Kranken gesund mache. Ist aber jemand, der diese Worte unrecht versteht, was kann der Mensch dafür, der dieses Wort, das recht ist, recht äußert?«[226]

In Straßburg entschied sich Meister Eckhart dafür, sich selbst und seinem Denken treu zu bleiben und seine Aufgabe zu erfüllen, auch die Beginen geistlich zu begleiten. Dass er mit Widerstand nicht nur vom Klerus, sondern auch aus seinem eigenen Orden rechnen musste, dürfte ihm spätestens seit seinem letzten Pariser Aufenthalt bewusst gewesen sein, als er die Gedanken der Marguerite Porète kennengelernt und erfahren hatte, wie gewaltsam Angehörige seines Ordens gegen die Beginen und Begarden vorgingen.

Im Grunde hatte er sich zwischen alle Stühle gesetzt. Im Zentrum seines Denkens standen weder Macht noch Reichtum noch ein grob gemeißelter Glaube, im Zentrum seines Denkens befanden sich Gott und die Menschen: »Wenn ich predige, so pflege ich zu sprechen von

Abgeschiedenheit und dass der Mensch ledig werden soll seiner selbst und aller Dinge. Zum zweiten, dass man wieder eingebildet werden soll in das einfältige Gut, das Gott ist. Zum dritten, dass man des großen Adels gedenken soll, den Gott in die Seele gelegt hat, auf dass der Mensch damit auf wunderbare Weise zu Gott komme. Zum vierten von der Lauterkeit göttlicher Natur.«[227] Denn »wenn die Seele sich der Erkenntnis der rechten Wahrheit hingibt, der einfältigen Kraft, in der man Gott erkennt, dann heißt die Seele ein Licht«[228]. An dieser Stelle zum Beispiel findet der oben angesprochene Perspektivwechsel statt: »Und auch Gott ist ein Licht; und wenn das göttliche Licht sich in die Seele gießt, so wird die Seele mit Gott vereint wie ein Licht mit dem Lichte ...«[229]

Das Philosophieren Meister Eckharts umkreiste immer wieder vier Schwerpunkte:

1. die Freiheit des Menschen, der frei von sich und allen Dingen sein soll, der nach dem Sein und nicht nach dem Haben zu streben hat;
2. Gott und das Sein des Menschen in Gott;
3. den Wert der Seele, die von Gott kommt und zu Gott führt;
4. die Reinheit des göttlichen Wesens, mit dem der Mensch sich vereinigen kann.

Im Zusammenhang damit sprach Eckhart darüber, wie dieses höchste Glück, wie dieses höchste Gut vom Menschen zu erlangen sei, auf welchem Weg er dorthin gelangt. Ein wichtiges Moment dabei bildete die Gelassenheit, nämlich das (Los-)Lassen von den Dingen dieser Welt, den Eitelkeiten und Verführungen, den Urteilen der Menschen. Denn die, die Gott wirklich ehren, »haben nichts im Sinn, weder Gut noch Ehre noch Annehmlichkeiten noch Lust noch Genuss noch Innigkeit noch Heiligkeit noch Lohn im Himmelreich. Sie sind aus diesem allen herausgetreten, aus allem dem Ihren: Von diesen Leuten wird Gott geehrt.«[230] Damit benötigen diese Menschen – den Gedanken konsequent zu Ende geführt – keine Kirche mehr. Sie sind vom Entwerden entworden, würden die Sufi sagen.

Die Umstände und Hintergründe seiner Weglobung aus Straßburg auf einen zwar ehrenvollen, aber recht machtlosen Posten nach Köln als, wie wir heute sagen würden, Ordinarius liegen für uns im Dunkeln, doch dass Meister Eckhart gefährliche Ansichten hegte, war dem Kölner Erzbischof wohl schon bekannt, bevor jener in der Domstadt eintraf.

DAS ENDE IN AVIGNON

Köln wurde dem großen Philosophen zur Falle, zu dem Ort, an dem man ihm den Schierlingsbecher braute. Denn hatte man ihm auch seiner institutionellen Macht beraubt, so war er immer noch Spirituale mit der Lizenz zum Predigen. Und genau hier liegt der Grund, weshalb man zum scharfen Instrument des Ketzerprozesses griff. Wie weiland Sokrates warf man ihm eigentlich vor, dass er durch seine Predigten die Menschen verführte. Traf das zu? Ja.

Meister Eckhart sah den Menschen nicht als Knecht, sondern als ein Wesen, in dessen lauterer Seele die Gottesgeburt stattfinden konnte: »Der Vater gebiert seinen Sohn ohne Unterlass, und ich sage mehr noch: Er gebiert mich als seinen Sohn und als denselben Sohn. Ich sage noch mehr: Er gebiert mich nicht allein als seinen Sohn; er gebiert mich als sich und sich als mich und mich als sein Sein und als seine Natur.«[231]

Wozu brauchte es einen Bischof Johann I. von Straßburg oder einen Bischof Heinrich II. von Virneburg, wenn alle »ein einiger Sohn sind, den der Vater ewiglich geboren hat«?[232] Indem Meister Eckhart den Weg des Menschen zu Gott lehrte, machte er die Glaubensbeamten überflüssig. Da er theologisch unangreifbar war, wie auch Sokrates nicht widerlegt wurde, sollte zumindest die Androhung des Feuers helfen, diesen Mann zum Schweigen zu bringen.

In einer Zeit, in der weder die Bibel noch die Messe dem Volk in der Volkssprache zugänglich waren und allen früheren Versuchen, die Bibel in die Volkssprachen zu übersetzen, eine Abfuhr erteilt worden war, mussten Eckharts Predigten wie ein Rütteln am Monopol des Herrschaftswissens und somit der Herrschaft selbst erscheinen. Indem er dem ungelehrten Gläubigen dann noch Gott und die Beziehung des Menschen zu Gott in einer philosophischen Tiefe auseinandersetzte, die die meisten Mitbrüder und Theologen nicht aufzubringen vermochten, wurde dieser hochbegabte Dominikaner zu einem Ärgernis.

Nachdem Meister Eckhart angeklagt worden war, rechtfertigte er sich, wobei er eingangs klarstellte, dass der Bischof nicht zuständig sei. Da er Doktor der Heiligen Schrift sei, könnte nur die Sorbonne Untersuchungen gegen ihn einleiten, und da er Dominikaner sei, nur der Orden. Er rechtfertigte sich dennoch, weil er nicht als *haereticus relapsus* – als rückfälliger Ketzer – gelten wollte, denn als *relapsa* war Marguerite Porète verbrannt worden, was er wusste. Er verlangte, dass das Verfahren nach Avignon zum Papst überstellt würde.

Noch bevor der Bescheid von den Richtern über die Appellation ankam, predigte Meister Eckhart am 13. Februar 1327 vor seiner Gemeinde in Köln. Danach ließ er von seinem Schüler, Konrad von Halberstadt, eine Erklärung verlesen und durch Notare beglaubigen. Manche wollten darin ein Einknicken, ein peinliches Dokument sehen, doch man lese den Text genau. Meister Eckhart verwies zunächst auf seine Rechtschaffenheit und erklärte dann, dass er alles widerrufe, »sofern sich in dieser Hinsicht etwas Irrtümliches finden sollte«[233]. Der Widerruf war also an Bedingungen geknüpft – wenn sich in seinen Schriften nichts Irrtümliches finden würde, dann hatte er auch nicht zu widerrufen. Und noch eines ist den gelehrten Kritikern entgangen. Die Erklärung stellt einen juristischen Schachzug dar. Da er dazu aufforderte, seine Aussagen zu Glaubensgegenständen auf Irrtümer zu überprüfen, versuchte er, aus dem Ketzerprozess einen Akkusationsprozess zu machen, dessen Gegenstand nicht er als Mensch war, sondern die Richtigkeit oder Unrichtigkeit seiner Lehren. Auch Luther hat später mit diesen Worten seinen Widerruf vor dem Reichstag von Worms begründet, indem er sagte, dass er erst dann widerriefe, wenn er mit der Heiligen Schrift überwunden würde. Dass sie als sterbliche Menschen irren konnten, das gaben Luther und Eckhart zu, aber man musste ihnen den Irrtum aufzeigen und nachweisen.

Die Bereitschaft, alles zu widerrufen, was ketzerisch sei, nahm dem Prozess die Brisanz, denn nun durfte Meister Eckhart nicht mehr als verstockter Ketzer verurteilt werden, sondern man konnte ihm bestenfalls Lehrsätze nachweisen, die dann als widerrufen galten. Er erreichte sein Ziel. Aus dem Ketzerverfahren wurde ein Zensurverfahren. Zwar lehnte das Gericht die Appellation an den Papst ab, konnte aber nicht verhindern, dass sich Meister Eckhart nun nach Avignon begab. Mithin musste das Verfahren an die höhere Instanz übergeben werden.

Wie immer reiste Meister Eckhart zu Fuß. Er wanderte von Köln nach Avignon, um sich zu verteidigen. Begleitet wurde er von Schülern, aber auch von einflussreichen und geachteten Persönlichkeiten seines Ordens wie dem Provinzial Heinrich von Cigno. Man befürchtete wohl, dass ihm unterwegs etwas zustoßen könnte. In Avignon gab der Papst zunächst ein theologisches Gutachten in Auftrag. Was dann genau geschah, wissen wir nicht. Es heißt, Meister Eckhart habe dort widerrufen – ohne Bedingung, aber was ist eine solche Aussage von interessierter Seite schon wert. Wenn es wirklich einen Widerruf gab, könnte dieser ihm auch abgepresst worden sein. Vielleicht hat man ihn in Haft genommen und gefoltert? Jedenfalls starb Meister Eckhart kurz nach seiner Ankunft in Avignon, ob eines natürlichen Todes, entkräftet von der Reise, erkrankt oder ermordet, wir wissen es nicht. Es wurde auch vermutet, dass ihn auf der Rückreise der Tod ereilte.

Den Kölner Erzbischof alarmierte die Nachricht vom Tod des Philosophen, sodass er sogleich an Papst Johannes XXII. schrieb, man dürfe das Verfahren gegen Meister Eckhart nicht einstellen, nur weil dieser verstorben sei. Am liebsten hätte der große Christ Heinrich II. von Virneburg den Meister noch aus dem Grab gezerrt, um wenigstens die Leiche verbrennen zu können! Allerdings dachte auch niemand in Avignon an eine Einstellung des Verfahrens, nur weil der Beschuldigte sich den Ermittlungen durch Tod entzogen hatte. Man wollte ihn zum Schweigen bringen, mithin auch seine Schriften. Für alle Zeit.

Am 27. März 1329 erging die Bulle »In agro dominico«. Darin wurden alle achtundzwanzig Lehrsätze Meister Eckharts verurteilt, die eingereicht worden waren, siebzehn Artikel als ketzerisch und elf als bedenklich. In der Präambel der Bulle heißt es: »Fürwahr, mit Schmerz tun Wir kund, dass in dieser Zeit einer aus deutschen Landen, Eckhart mit Namen, und, wie es heißt, Doktor und Professor der Heiligen Schrift, aus dem Orden der Predigerbrüder, mehr wissen wollte als nötig war, und nicht entsprechend der Besonnenheit und nach der Richtschnur des Glaubens, weil er sein Ohr von der Wahrheit abkehrte und sich Erdichtungen zuwandte. Verführt nämlich durch jenen Vater der Lüge, der sich oft in den Engel des Lichtes verwandelt, um das finstere und hässliche Dunkel der Sinne statt des Lichtes der Wahrheit zu verbreiten, hat dieser irregeleitete Mensch, gegen die hell leuchtende Wahrheit des Glaubens auf dem Acker der Kirche Dornen und Unkraut hervorbringend und emsig beflissen, schädliche Disteln und giftige Dornsträucher zu erzeugen, zahlreiche Lehrsätze vorgetragen, die den wahren Glauben in vieler Herzen vernebeln, die er hauptsächlich vor dem einfachen Volke in seinen Predigten lehrte und die er auch in Schriften niedergelegt hat.«[234]

Die Präambel der Bulle beweist eindeutig, dass die Verurteilung Meister Eckharts aus zwei Gründen geschah: einmal, weil er »hauptsächlich vor dem einfachen Volke« predigte, und zum anderen, weil er »mehr wissen wollte, als nötig war«. Wer aber darf bestimmen, festlegen, verfügen, was nötig ist zu wissen und was nicht?

Was Eckhart so zeitlos macht in den Auseinandersetzungen seiner Zeit, obschon sie als Kontext immer mitgedacht werden muss, was ihn heraushebt, ist das, was alle große Philosophie ausmacht: Sie will ins Leben. Doch dazu kommt der Glaube. Die rechte Art zu leben, war für Meister Eckhart nicht, Gott zu dienen wie ein Knecht seinem Herrn, sondern Gott zu werden, nicht aber, indem der Mensch zu Gott wird oder sich selbst vergottet, sondern indem er in Gott lebt, nicht, indem er sich erhöht, sondern indem er sich vernichtet.

»Dass der Mensch frei werde von sich selbst und von allen Dingen«, von allem also, was ihn einengt, das war das innere Ziel seiner Schriften und Predigten. Das Glück des Menschen beruhte für Meister Eckhart in dem Frieden, den der Mensch in Gott findet (»wenn du in Gott bist, bist du im Frieden«), denn in Gott findet er zu sich selbst, während er von den äußeren Dingen, der Macht, den zweifelhaften Idolen und dem Konsum nur versklavt wird. Diesen Weg aus dem Irdischen zum Göttlichen wollte er finden und seinen Mitmenschen aufzeigen. Deshalb stand im Zentrum seiner Arbeit die Predigertätigkeit. Das Lebensziel Meister Eckharts bestand darin, dass er »frei werde ... von allen Dingen«. Frei als Christenmensch.

Dass er unabhängig im Geist die Wahrheit gesucht und ohne Scheu seine Gedanken gepredigt hatte, wurde zum Quell der anhaltenden Wirkung der Schriften Meister Eckharts. Die große Wahrhaftigkeit, die von den »Deutschen Predigten« ausgeht, einer Wahrhaftigkeit, die keine Gefahr scheute, lassen Mann und Wort, Prediger und Predigt eins werden. Und so ist das Werk Meister Eckharts, Schriften und Legenden, so etwas wie eine geheime Religion, die über Luther bis zu hin Novalis reicht.

Die große Besonderheit Meister Eckarts macht der grundstürzende Gedanke aus, dass »das, was der heilige christliche Glaube behauptet, durch die Vernunftgründe der Philosophen« ausgelegt und verstanden werden kann. Philosophen und Theologen sprechen in verschiedenen Weisen von der gleichen Wahrheit. So hatte er es bei seinem Lehrer Albertus Magnus gelernt, der durch seine klugen und auch taktisch geschickten Argumentationen den Weg aufstieß für die Beschäftigung mit Aristoteles und den arabischen Philosophen, vor allem mit Ibn Ruschd, mit dem seinerzeit der junge Ibn Arabi in Córdoba diskutiert hatte. Von Albertus Magnus über Dietrich von Freiberg, einem weiteren Lehrer Eckharts, gelangte er dann zu der Auseinandersetzung mit der griechischen, arabischen und jüdischen Philosophie, vor allem mit Moses Maimonides.

Meister Eckhart scheute sich nicht klarzustellen, dass Aristoteles, Moses und Jesus vom Selben und über das Gleiche sprachen, nur in verschiedenen Worten, von unterschiedlichen Standorten aus. Das war kühn angesichts der Anfeindungen, auch Verurteilungen, die Aristoteles seitens der offiziellen Theologie widerfahren war. Meister Eckhart setzte den Heiden Aristoteles gleich mit Christus, dem Herrn. Ihr Bemühen, so argumentierte er unerschrocken, komme aus der gleichen Wurzel, die das Erkennen sei.

Im Erkennen fand Meister Eckhart den Weg zu Gott. Er entwickelte einen philosophischen Glauben, denn Gott und Weisheit sind eins. Im Gegensatz zu seinem Ordensbruder Thomas von Aquin blieb er nicht bei der Hierarchisierung und Ordnung des Seins stehen, sondern entdeckte das Werden im Sein und betrachtete es aus den verschiedenen Perspektiven. Er klassifizierte die Welt nicht, sondern setzte sie in Bewegung. Er setzte den Menschen in Bewegung.

Die Schwierigkeit des Erkennens hat er in ein schöneres Bild gefasst als jeder Denker vor ihm und nach ihm: »Ich nehme ein Becken mit Wasser und lege einen Spiegel hinein. Dann lege ich es unter das Rad der Sonne. Das Widerspiegeln des Spiegels in der Sonne ist der Sonnen Sonne. Und es ist doch, was es selbst ist. Ebenso ist es mit Gott. Gott ist in der Seele mit seiner Natur, mit seinem Wesen und seiner Gottheit, und doch ist er nicht die Seele. Das Widerspiel der Seele, das ist in Gott Gott, und es ist doch, was es selbst ist.«[235]

GUTE MENSCHEN UND
ARME CHRISTI - DIE KATHARER

Im 12. und 13. Jahrhundert wurde Südfrankreich von einer Religion überflutet, die sich vom Niederrhein und von Norditalien her wie ein mächtiger Strom in die Provence ergoss. Ihre Anhänger wurden *boni homines* (gute Menschen) genannt, auch *pauperes christi* (Arme Christi). Später hießen sie Katharer oder Albigenser.

Der Ekel und der Hass auf eine Machtkirche, die dem Luxus huldigte und Christus darüber vergaß, entlud sich im 12. Jahrhundert in einer Heftigkeit, die Päpste und Kardinäle überraschte, verstörte und zunächst lähmte. Immer wieder hatten Vorboten diese Ereignisse angekündigt. Arnold von Brescia (1090–1155) zum Beispiel predigte, dass kein Kleriker, der über Besitz verfügte, in den Himmel käme. Was natürlich bedeutete, dass der Papst, die Kardinäle und die Bischöfe allesamt in die Hölle fahren würden. Kaiser Friedrich I., genannt Barbarossa, ließ den unangenehmen Kritiker auf Bitten des Papstes aufknüpfen, den Leichnam verbrennen und die Asche in den Tiber streuen.

Diese neue Welle von Menschen, die ein starkes spirituelles und wohl endzeitlich geprägtes Interesse antrieb, wirkte verwirrend. Sie zettelten keine Aufstände an, missionierten aber erfolgreich. Die Kirche ging nicht fehl darin, in dem Glauben dieser Menschen den alten manichäischen Feind wiederzuerkennen. Wie zum Teufel konnte dieser wieder Auferstehung feiern, nachdem man ihn doch so gründlich besiegt hatte, mochte man sich in Rom, Paris und Köln verwundert fragen.

Die Katharer oder Albigenser, wie man sie nach der Stadt Albi, einem ihrer Zentren, auch nannte, glaubten daran, dass die Welt schlecht und von bösen Demiurgen geschaffen worden war, die Lichtteile oder Seelen an Körper gebunden hatten. Deshalb kam alles darauf an, den Körper zu überwinden. Durch Keuschheit musste jegliche Zeugung vermieden werden, die wiederum dazu geführt hätte, dass neue Seelen an Körper gebunden würden.

Die Katharer teilten sich in drei Gruppen: Die geistlichen Führer, der Mittelpunkt der Gemeinden der Katharer waren die *perfecti* (Vollkommenen), die sich nicht mit der Welt verunreinigten und von der Gemeinde, den *credentes* (Gläubigen) und den den Katharern nahestehenden *auditores* (Hörern), ernährt werden mussten.

Die Seelen der Gläubigen, die den Zustand der Vollkommenen noch nicht erreicht hatten, wurden wiedergeboren. Durch Bedürfnislosigkeit, so weit als möglich Sündenlosigkeit und konsequentes Handeln nach den Geboten Gottes wurden ihre Seelen nach und nach in einem immer vollkommeneren Menschen wiedergeboren, bis eine Seele schließlich im Leib eines Vollkommenen ankam und nach dem Tod Erlösung fand. Dann nahm Gott die arme Seele zu sich.

Bei den Männern in den kirchlichen Behörden kam Verzweiflung auf, als sie mit ansehen mussten, dass diese Ketzer, wenn man sie auf den Scheiterhaufen schickte, lächelten und sangen. Aus den Gesichtern der zum Tode Verurteilten sprach namenlose Freude, denn nun mussten sie nicht mehr wiedergeboren werden. Noch ehe das Feuer erloschen wäre und ihre Knochen zu qualmen aufgehört hätten, würden sie heimgekehrt sein zu Gott. Was konnten ihnen die Schergen der Kirche des Teufels, als die sie die katholische Kirche sahen, denn schon anhaben? Sie vermochten doch nur, den Leib zu zerstören, den die Katharer ohnehin hassten und sich von ihm zu befreien wünschten. So wurde die Inquisition hier ungewollt – und vor allem auf vollkommen andere Art, als gedacht – zum Werkzeug Gottes.

In der christlichen Kirche entstanden im Hochmittelalter und in der
Renaissance Weltmodelle, die von einem Schalenkosmos ausgingen.
Über allem thronte Gott.

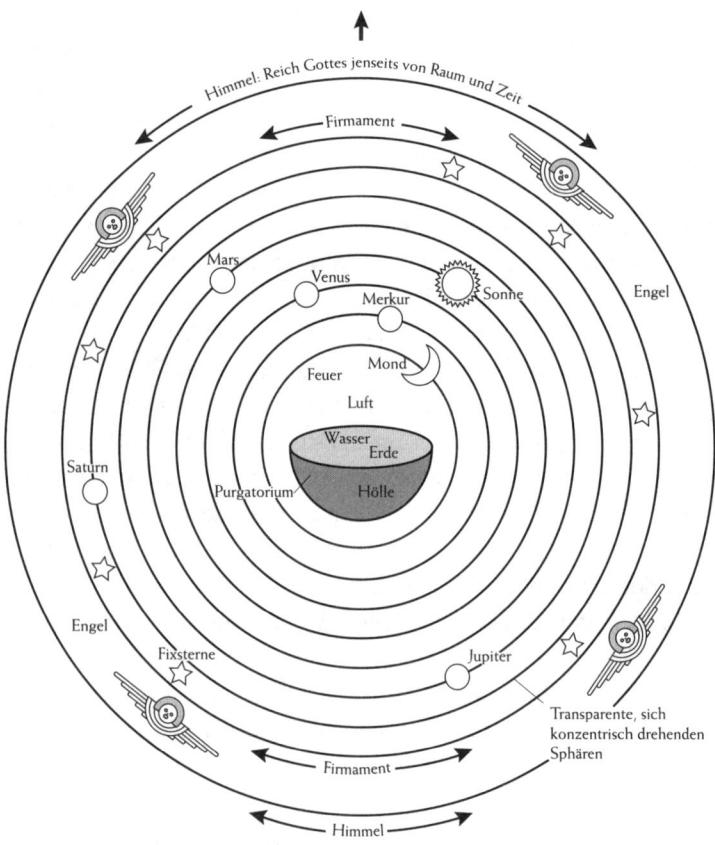

Das Weltbild der Katharer spiegelt die gnostische Vorstellung wieder,
dass durch die Geburt Seelen in Körpergefängnisse gesperrt werden.

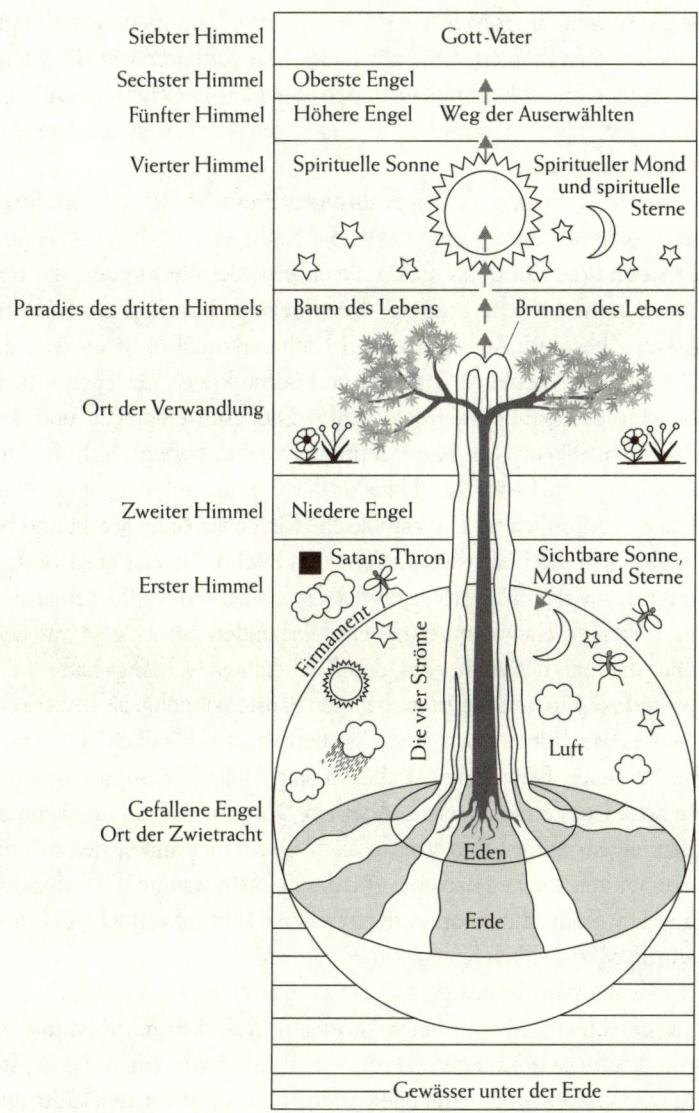

Doch ganz so harmonisch verlief die Geschichte denn doch nicht, denn viele Katharer hingen zwar dem beschriebenen Glauben an, aber sie liebten auch das Leben, ihre Familien, ihre Kinder und Eltern. Und selbst wenn sie sich die Wiedergeburt nicht wünschten, so wollten sie dennoch ihr Menschenleben, so unvollkommen es auch sein mochte, ausschöpfen. Deshalb hatten die Katharer wie die Manichäer eine Heilsökonomie erfunden, die den Menschen sein Alltagsleben leben ließ, während die Heiligen, die *perfecti*, sich um die Ewigkeit kümmerten.

In der sonnigen und lebenslustigen Provence ließ der mächtige und tolerante Graf Raimund IV. die Katharer gewähren. Aber der Papst und die Kurie fürchteten die enorme Beispielwirkung, die von dieser armen Kirche ausging, deren geistige Führung aus heiligen Asketen bestand. Auf dem ersten Katharerkonzil in Saint-Felix-de-Caraman bei Toulouse 1167 wurde Südfrankreich in sieben – man beachte die symbolträchtige Zahl – Diözesen eingeteilt, und der Patriarch Niketas von Konstantinopel weihte sieben Bischöfe. Die Bewegung wuchs vor der Haustür des Papstes in Nord- und Mittelitalien bedrohlich an. Die katholische Kirche verlor an Macht und befand sich in der Defensive. Zudem kam Bischof Niketas aus Konstantinopel, aus dem Machtbereich der Ostkirche also, von der man sich nach starken Kämpfen gerade ein Jahrhundert früher getrennt und über die man das Anathema, den Kirchenbann, verhängt hatte – die orthodoxe Kirche des Ostens galt den Päpsten ohnehin als ketzerisch.

Aus Machtinteressen erwuchs dem Papst schließlich ein starker Verbündeter. Dem französischen König Philipp II. August war der selbstbewusste okzitanische Adel ein Dorn im Auge. Nur, wenn er dem eigensinnigen und stolzen alten Okzitanien mit seinen mächtigen Städten, reichen Baronen und dem Grafen Raimund VI., der sich mit dem König auf einer Stufe zu stehen dünkte, das Rückgrat brach, würde er tatsächlich König von Frankreich sein.

Als der päpstliche Legat Pierre de Castelnau am 14. August 1208 auf der Heimreise von einem strittigen Gespräch mit Raimund VI. von Toulouse erschlagen wurde – vermutlich von einem Bediensteten des Grafen –, hatte man den nötigen Vorwand, um den Kreuzzug gegen die Ketzer im eigenen Land, den sogenannten Ketzerkreuzzug auszurufen. Zur gleichen Zeit wurde die Inquisition gestärkt: Es wurden die Rechtsmittel geschaffen, um jeden Verdacht auf Häresie mit aller Strenge verfolgen und bestrafen zu können. Die Durchführung der Inquisition wurde dem Dominikanerorden übertragen. Der Feldherr des sogenannten Albigenser-Kreuzzuges war der fanatisch-habgierige Simon de Montfort. Als er von seinen Soldaten gefragt wurde, woran sie die Ketzer von den anderen Bewohnern unterscheiden könnten, wenn sie eine Stadt gestürmt hätten, antwortete er mit der überheblich-kaltschnäuzigen Arroganz der Macht: »Erschlagt sie alle. Gott wird die Seinen schon herausfinden.« Mit welcher Grausamkeit dieser Feldzug durchgeführt wurde, kann man sich also vorstellen. Auch wenn es viel länger dauerte als geplant, so ging doch die zynische Rechnung der Macht auf.

Nichtsdestoweniger sind im Süden Frankreichs noch heute katharische Gruppen aktiv. Ob sie sich über die Jahrhunderte erhalten oder neu gebildet haben, sei dahingestellt. Bemerkenswert bleibt, dass die Konzepte der Manichäer und Katharer überlebten – und mithin aus einer Bewegung, die von der katholischen Kirche als häretisch eingestuft worden war, eine geheime Religion wurde, die auch im offiziellen Glauben Krypten bildete.

DIE UNIVERSALE RELIGION
DER LIEBE

Daneben gab es eine wirklich geheime Religion, die in Südfrankreich
zu einer Pracht erblühte, von der man sich heute kaum noch eine
Vorstellung zu machen vermag. Auch diese – die Religion der Liebe –
war vernichtet worden. Es war die Religion, der wir bei den Sufi, den
Beginen und christlichen Mystikern begegnet sind und die auch aus
den Versen der Troubadoure zu uns spricht. In der Mystik, der Lyrik
und der Ethik der Troubadoure, die in der Dichtung der spanischen
Christen, Muslime und Juden einen erstaunlichen Niederschlag fand,
begegnen wir jener inzwischen vergessenen, universalen geheimen
Religion des Mittelalters. Ihr Credo war die Liebe zu Gott und seinen
Geschöpfen, die Sehnsucht nach dem Schönen als Synonym für die
Vereinigung mit Gott, und ihre Anhänger hatten dabei längst die
konkreten Konfessionen hinter sich gelassen, die sie nur noch als
symbolische Formen würdigten.

Wenn man diese verborgene Religion ernsthaft zu rekonstruieren
versucht, verlässt man schnell die Ebene der Metapher. Denn diese
überkonfessionelle Religion ist keine bloße Vorstellung, kein Symbol,
kein Ideal, sondern es hat sie tatsächlich gegeben, und die besten
Menschen des Hochmittelalters, die der Orient und der Okzident
hervorbrachte, glaubten daran.

Das letzte große Werk, das aus der Religion der Liebe hervorging, ist die »Divina Commedia« (»Göttliche Komödie«) des Florentiners Dante Alighieri (1265–1321). Einer seiner Freunde, Guido Cavalcanti, verfasste geradezu als fröhliches Beiwerk zur »Commedia« funkelnde Verse, die wie ein ununterbrochenes Gedicht an die Liebe wirken. Klingt es nicht so, als stammten die folgenden Zeilen von Ibn Arabi oder Hafis?

»Wer ist sie, die da kommt, die uns bezwingt,
vor deren Glanz die Luft erzittert, und
die jeden sich verlieben lässt, den Mund
ihm schließt, dem nur ein Seufzer sich entringt? ...

Ach, unser schlichter Geist ist nicht so reich,
die Gnade ward uns nicht geschenkt, dass wir
des letzten Wissens auch teilhaftig wären.«[236]

Auch in geheimen Religionen gibt es Institutionen, wenn auch das Institutionelle nur schwach ausgebildet sein mag, weil die geistigen Bande umso stärker sind. So gehörten Dante wie Cavalcanti einem Geheimbund an, der noch unzureichend erforscht ist, den Fedeli d'amore, den »Gefährten der Liebe«. Vieles spricht dafür, dass die »Gefährten der Liebe« bei Weitem mehr waren als ein sympathischer Dichterkreis wie beispielsweise der deutsche Hainbund.

Die Wirkung der Religion der Liebe findet sich auch an vollkommen unerwarteter Stelle wieder: Als Höhepunkt der Toleranzvorstellung der Aufklärung benutzte im 18. Jahrhundert Gotthold Ephraim Lessing in seinem dramatischen Gedicht »Nathan der Weise« die sogenannte Ringparabel. Diese Ringparabel hatte er in der dritten Geschichte »Decamerone« von Giovanni Boccaccio (1313–1375) gefunden. Doch auch Boccaccio, der vielleicht der Fedeli d'amore angehörte, hatte die Ringparabel nicht ersonnen, sondern war in seiner Zeit in Neapel bei dem römischen Dichter Apuleius auf den Stoff gestoßen.

Als geheime Hauptstadt der Frührenaissance erinnerte sich Nea-

pel noch gut an jene Zeit, in der die Staufer Süditalien zu einer pros-
perierenden Drehscheibe zwischen Abendland und Morgenland gemacht hatten, und hütete vielfältige schriftliche Schätze aus der Antike und der Stauferzeit. So war es Giovanni Boccaccio gelungen,
den Text des »Goldenen Esels« von Apuleius aufzustöbern.

Lässt man das, was bisher über die Sufi, die christlichen und jüdischen Mystiker geschrieben wurde, Revue passieren, ergibt sich ganz
von selbst, dass wir mit der Ringparabel den Katechismus der geheimen Religion der Liebe vor uns haben. Lessing erzählte ihn im
18. Jahrhundert mit einigen Änderungen einem Publikum, das von
der untergegangenen Religion der Liebe nichts mehr wusste und nur
mühselig eine etwas trockene Idee von Humanität entwickelte, die
nur ein schwacher Abglanz der einstigen Religion der Liebe sein
kann. Tempi passati!

DAS GEHEIMNIS –
SEINE MEISTER UND ERBEN

INBEGRIFF DER GEHEIMEN
WEISHEIT – DIE KABBALA

»... *seitdem die Zuchtlosigkeit überhand genommen hat,*
wurde der Name Gottes nur den verschwiegenen Priestern gelehrt ...
Dies freilich braucht man nur, weil der Mensch ein Gefangener
der natürlichen Welt ist und es unangemessen wäre,
wenn ein vernünftiges Wesen nicht mit allen Mitteln
ein Loch oder einen kleinen Spalt zu finden versuchen sollte,
um sich aus seinem Gefängnis zu befreien.«
Anonymus um 1295, Schüler des Abraham Abulafia

Der ebenso legendäre wie assoziationsreiche Begriff Kabbala, der bis
auf den heutigen Tag die Phantasie anfeuert, bedeutet zunächst einmal schlicht Tradition. Um welche Tradition es dabei geht, werden
wir gleich sehen. Eines der größten Rätsel in der an Geheimnissen gewiss nicht armen Geschichte der Kabbala rankt sich um ein Buch,
eher ein Büchlein, das den gewichtigen Titel »Sefer Jezirah« trägt,
Buch der Schöpfung. Von ihm aus nahm die Geschichte dieser bis
auf den heutigen Tag mächtigen geheimen Religion ihren Ausgang.

Verschiedene Fassungen des Textes sind erhalten geblieben. Aber
selbst die längste Version umfasst gerade einmal 2700 Wörter. Umfang und Wirkung stehen also im denkbar größten Missverhältnis.
Doch in diesen wenigen Worten geht es um alles, nämlich um die Art
und Weise, wie die Welt aufgebaut ist und welchen Gesetzmäßigkei-
ten sie gehorcht. Anders ausgedrückt: Die Welt enthüllt nur dem
Kundigen die tiefen Geheimnisse der Schöpfung. Wenn man so will,
liegt in diesem epochalen Buch nicht mehr und nicht weniger als die
einheitliche Feldtheorie, die von den Physikern gesucht wird, verschlüsselt in jüdischer Mystik, vor.

Niemand kennt den Verfasser, niemand weiß, wann das Buch Jezirah entstanden ist, und so ganz sicher, was tatsächlich darin steht, ist man sich nicht. Auch dies hat das Buch Jezirah mit der modernen Astrophysik gemeinsam: diese betörende Textur aus Wissen, Spekulation und Glauben. Physiker sind eben Mystiker, freilich der Wissenschaft.

Der spröde Text, der eher aus Worten, hingeworfenen Wortgruppen, flüchtig stenographierten Zusammenhängen als aus Sätzen zu bestehen scheint, ist vieldeutig. Natürlich gab es im Laufe der langen Zeit vielfältige und zahllose Auslegungen, Interpretationen und Theorien. Immer wieder wurden und werden neue Hypothesen in die Diskussion gebracht, ohne dass sich das Rad der Erkenntnis entscheidend weitergedreht hätte. Vielmehr hat es den Anschein, dass es sich stattdessen zuweilen lustig summend, zuweilen auch knirschend im Kreise dreht.

Bei kaum einem Buch klaffen die Datierungsvorschläge weiter auseinander als bei diesem. Von 200 v. Chr. bis ins 10. Jahrhundert n. Chr., also gut tausend Jahre, liegen die seriösen Hypothesen auseinander. Da das Buch Jezirah auf den Patriarchen Abraham zurückgehen soll, darf man, wenn das zuträfe, gern noch 2000 Jahre drauflegen, doch mit dieser Datierung hätten wir den Boden der Geschichte verlassen und sprängen auf das nachgiebige Geflecht der Mythen hinüber.

Bei diesen großen chronologischen Unsicherheiten liegt es im Wesen der Sache, dass sich die Verfasserfrage erübrigt. Aber auch bezüglich des Inhaltes gehen die Meinungen selbst der Fachgelehrten weit auseinander. Die einen halten den nüchternen, geradezu schmucklos gehaltenen Stil, in dem die Schöpfung dargestellt ist, für einen Versuch wissenschaftlich-philosophischer Annäherung. Für die anderen ist es ein Text geheimnisvollster und verschlossener Mystik. Mit Blick auf die menschliche Phantasie und das Denken ist es interessant, dass die sperrigen Wortgruppen dem einen als nüchtern-beschreibend, dem anderen als verborgenste Form mystischer Geheimnisse gelten.

Wie sehr der Text trotz seiner spröden Verschlossenheit noch heute die Gemüter bewegt, verdeutlicht ein Blick ins World Wide Web. Die vielen Websites, die sich mit dem Sefer Jezirah befassen, lassen sich mühelos aufrufen. Die Lektüre gestaltet sich allerdings schwieriger, denn man muss sich darauf einstellen, dass viele Menschen sich auf derart unterschiedliche Weise mit dem Buch der Schöpfung beschäftigen, dass man sich gelegentlich fragt, ob es um den gleichen Text geht.

Die ungeheure Wirkung geht ursächlich wohl darauf zurück, dass das Buch Jezirah zum ersten Mal zwei vollkommen verschiedene Erklärungslinien der Prinzipien der Schöpfung vereint. Es verwebt diese allerdings nicht miteinander, sondern lässt sie eher nebeneinander herlaufen. Im Mittelpunkt des einen Prinzips der Weltanschauung stehen die *sefiroth*, das andere bildet die Buchstabenmystik.

DIE SCHLÜSSEL ZUR WELT – DIE ZEHN SEFIROTH

Die Schwierigkeit beginnt bereits bei der Übersetzung des hebräischen Wortes *sefiroth* (der Singular lautet *sefira*), denn es wird als Zahlen, Urzahlen, Sphären, Äonen, göttliche Wirkungskräfte, Eigenschaften (Attribute) verstanden. Berühmt ist die grafische Darstellung der *sefiroth* als Baum. Dieses Bild fügte der an sich schon hoch mythischen Vorstellung noch das sehr alte Symbol des Lebensbaumes hinzu. Von der Merkaba-Mystik hat das Konzept der zehn *sefiroth* die Vorstellung von den Wirkebenen Gottes übernommen. Glaubte man in der Merkaba-Mystik an die sieben Himmel, die sieben Thronhallen Gottes (*hechaloth*), die jeweils eine Emanation Gottes darstellen, so hat das Prinzip der *sefiroth* dieses Bild aufgegeben, die Idee der Wirkkräfte oder Potenzen jedoch beibehalten.

Die Merkaba-Mystiker hatten noch vor Gott selbst Distanz bewahrt. Ihr ganzes mystisches Bemühen richtete sich auf den Aufstieg zu Gottes Herrlichkeit in der siebten Thronhalle, wo Gott sich hinter einem Schleier verbarg bzw. in der Herrlichkeit des Thronwagens (*merkaba*) dem Mystiker, dem der Aufstieg glückte, erschien. Das Interesse der Kabbalisten richtet sich auf das Wesen Gottes, auf Gott

selbst. Die Thronwelt, die zu einer Welt der *sefiroth* wird, und Gott
werden – man möchte fast sagen, in bester gnostischer Tradition –
getrennt, denn Gott wird so weit entrückt, dass er dem fremden Gott
der Gnostiker und dem ägyptischen Gott des Uranfangs ähnelt. Die
jüdischen Mystiker fanden dafür den Begriff des *en-sof*, des Präexistenten und Unendlichen. Das *en-sof* lässt sich vergleichen mit dem
pleroma der Gnostiker, der Fülle, aus der alles über unendliche Vermittlungen entsteht.

Die zehn *sefiroth* strömen aus dem *en-sof* und manifestieren sich in
der Welt. Sie werden mit den Namen Gottes, die ebenfalls schöpferische Potenz besitzen, und mit ausufernder Sexualsymbolik verbunden. Gott selbst, sein innerstes, wirkliches Wesen, das die Kabbalisten *en-sof* nennen, lässt sich umschreiben wie der fremde Gott der
Gnostiker oder der ägyptische Gott des Uranfangs, Atum, der träge
auf dem Urwasser treibt, als eine Art Protoplasma, in dem alles
ununterschieden als Möglichkeit ist und aus dem auch alles wird.
Man könnte ihn auch grenzenlos nennen, wenn wir nicht durch die
Negation der Grenzen diese bereits voraussetzen würden.

Die Kabbalisten unterscheiden zwischen zwei Welten:

1. der Welt des *en-sof*. Das ist die innere Welt Gottes, die nur ihm
offen steht, in der er verborgen ist, die niemand zu denken, erst
recht nicht zu schauen vermag.
2. der Welt, die durch Emanation aus der ersten Welt hervorgeht
und vom Menschen erkannt werden kann, die durch Gottes
Willen oder Denken entborgen wird. Indem Gott denkt, entsteht erstens das Denken selbst und dann das, was er denkt.
Das ist die Welt der Eigenschaften oder der zehn *sefiroth*. Gott
kann nur Schritt für Schritt erkannt werden, indem der Mystiker diese Welt erschließt.

Faszinierend ist eine unvermutete Übereinstimmung, die wiederum
die Existenz einer universalen, aber geheimen Religion im Mittelalter
belegt. Die Kabbalisten sehen beide Welten in einem dynamischen
Verhältnis zueinander und vergleichen den Zusammenhang beider

Welten mit Kohle und Flamme. Das *en-sof*, in ihrem Bild die Kohle, existiert auch ohne das Feuer. Aber das geheime Wesen der Kohle offenbart sich erst, wenn es in der Flamme aufgeht. Gott wird Licht, wenn er aus sich herausgeht, wenn er erschafft. Das Licht ist ein Attribut Gottes, aber nicht Gott selbst. Nichts anderes aber steht im »Buch der 24 Philosophen«: »Gott ist die Finsternis in der Seele, die zurückbleibt nach allem Licht.«[237] Denn das heißt, dass wir Gott nicht erkennen können, wenn seine Attribute verlöschen, wenn er nicht mehr tätig ist, nicht mehr emaniert. Zurück bleibt Finsternis.

Die zehn *sefiroth* stehen zum einen für die zehn Grund- oder Ureigenschaften Gottes, in denen seine Selbstbewegung in die Welt und wieder in sich zurück als ständiges Pendeln zwischen Attraktion und Kontraktion verstanden wird, zwischen Ausdehnung und Zusammenziehung. Dieser Vorgang ist höchst diffizil: Auf der einen Seite findet er in Gott selbst statt und hat erst einmal mit den Menschen nichts zu tun. Dann aber eröffnet die Bewegung Gottes den Menschen die Möglichkeit, ihn zu erkennen, sich ihm zu nähern. Die zehn *sefiroth* sind also nicht nur Emanationen Gottes und Eigenschaften Gottes, sondern sie stellen zum anderen auch zehn Stufen dar, Metakomplexe, die verschiedene Komplexe zusammenfassen, die sich in den magischen oder mystischen Namen Gottes ausdrücken, für die sie stehen.

Gottes Schöpferkraft drückt sich in seinen Namen aus. Es kommt also darauf an, der Sache den richtigen Namen zu geben. Man kann die zehn *sefiroth* als Schlüssel bezeichnen, mit dem der Code der Welt zu erkennen wäre. Sie werden bezeichnet als:

1. *kether* (Krone, erster aufleuchtender Punkt im *en-sof*)
2. *chochmah* (göttliche Weisheit, Klugheit, Geschicklichkeit, Schöpfungsplan)
3. *binah* (Wille, Einsicht, Verstand, Intelligenz)
4. *chesed* (Liebe, Barmherzigkeit, Gnade, Gunst, Treue)
5. *gevurah/geburah* (Gesetz, Stärke, Macht, Sieg, Gerechtigkeit, Urteilskraft)

Schematische Darstellung eines Sefiroth-Baumes, der die Vorstellung jüdischer Mystiker über das Herausgehen der Welt aus Gott darstellt.

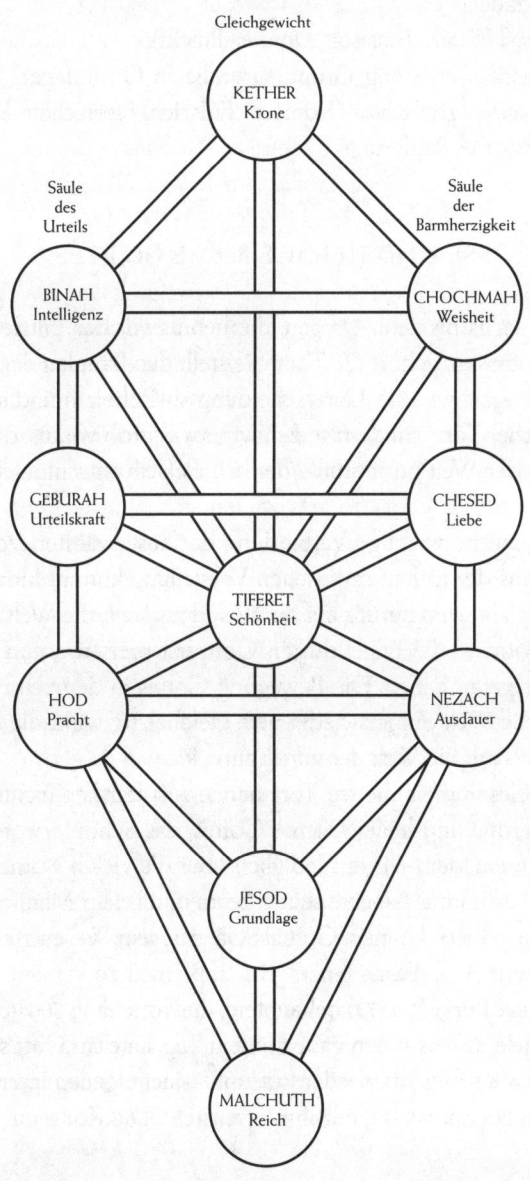

6. *tiferet/tifäräth* (Aufrechterhaltung des Daseins, Pracht, Verherrlichung, Schönheit)
7. *nezach* (Ewigkeit, Beständigkeit, Sieg, Ruhm, Blut, Saft, Ausdauer)
8. *hod* (Glanz, Majestät, Donner, Pracht)
9. *jesod* (Gründung, Grund, Grundstein, Grundlage)
10. *malchuth, schechina* (Königreich, Reich, Herrschaft, königliche Würde, Regierung)

DER GROSSE UND HEILIGE NAME GOTTES

Zu den sechs bis zehn Dingen, die bereits vor der Entstehung der Welt existierten, gehört die Tora. Sie stellt den Bauplan der Welt dar. Überspringen wir die Unterscheidung zwischen mündlicher und schriftlicher Tora, sondern setzen wir etwas grob voraus, dass dieser Bauplan der Welt nur mithilfe der zehn *sefiroth* entschlüsselt werden kann.

Eine zweite wichtige Verbindung des auserwählten Volkes und Gottes aus der frühen mystischen Vorstellung kommt hinzu. Israels Frömmigkeit wirkt zurück auf die Welt der *sefiroth*, die Welt der Bewegung Gottes – die Engel dürfen Gott erst preisen, wenn die Menschen es getan haben. Die Bewegung Gottes in den zehn *sefiroth* erschafft die Welt immer wieder neu, gleichzeitig wirkt die Frömmigkeit Israels auf die Welt der *sefiroth* zurück.

Die Gesamtheit, die wir Tora nennen, ist letztlich nichts anderes als der große und heilige Name Gottes, das Schöpferwort, das wir nicht kennen, dem wir uns lediglich über die vielen Namen Gottes, die nur bestimmte Aspekte seines Seins und seiner Manifestationen betreffen, nähern können. Gott als Ganzes, sein Wesen zu erkennen, würde bedeuten, diesen einen großen Namen zu kennen. Der Kabbalist Isaak Luria († 1572) behauptete, die Tora habe 600 000 Gesichter, so viele, wie es Juden gäbe an dem Tag, an dem Gott sich offenbarte. Daraus folgt, dass jeder Jude mit seiner eigenen Interpretation der Tora begabt ist, die nur ihm offensteht. Die Konsequenz dieser

Vorstellung erinnert an Ibn Arabis Zeichentheorie, nach der jeder Mensch die eigene Offenbarung finden muss, die Gott nur für ihn bestimmt hat. Und aus all diesen Offenbarungen ergibt sich erst die Wahrheit Gottes.

Vielleicht wird hier eine Ursehnsucht der Mystiker deutlich, die jene geheime Religion des Mittelalters durchwebte, dass Gott in jedem Menschen einen Teil seiner Wirklichkeit verwahrt. Würden alle Menschen, unabhängig von der Konfession, der sie angehören, erstens das ihnen mögliche, weil von Gott in sie gesenkte Wissen über die Schöpfung und das Wesen Gottes erlangen und diese Kenntnis zweitens mit den Erkenntnissen aller Menschen ebenso teilen wie diese mit ihnen, wäre die größte mögliche Annäherung an Gottes großen und heiligen Namen erreicht, und die Menschheit könnte Gott erkennen. An diesem Tag würden alles Elend und alle Kriege enden und das Böse verschwinden, denn in der Kenntnis Gottes würde die Menschheit zu Gott. Vielleicht besteht die Tragik des Religiösen darin, dass es zum Einen geschaffen und zum Trennen benutzt wurde.

Die Lehre der mittelalterlichen Mystiker stößt in ihren kühnsten Denkern zu einer universalen Religion vor, nicht zuletzt deshalb, weil das Mittelalter eine Epoche hoher Universalität war. Das gängige Klischee des dunklen Zeitalters hat diese Tatsache immer verhüllt, dabei sind die großen Ketzer- und Hexenjagden oder die Folter als juristisches Mittel Erfindungen der Frühen Neuzeit.

Die zehn *sefiroth* sind die zehn Stufen des Alls, des Universums, in denen Gott aus seiner Verborgenheit hervortritt. In den Texten der Kabbalisten werden sie auch als die zehn Kronen des heiligen Königs (Gott) bezeichnet.

Kether, Krone, ist das Verborgenste des Verborgenen, Gottes Sein, bevor er ist, das *en-sof*. Aus dieser Verborgenheit tritt er heraus, indem er den Gedanken zur Schöpfung fasst. Diese erste Manifestation, seine erste Eigenschaft, ist die Weisheit (hebr. *chochmah*, griech. *sophia*) als die Gesamtheit der Schöpferkraft Gottes, wenn man so will, alles, was wird im Zustand des Entstehens. In anderen Bildern werden die zehn *sefiroth* die zehn Äste des Baumes der Kraft oder des Lebensbaumes oder des Baumes der Erkenntnis genannt. Hier wird Gott als *en-sof*, als Wurzel und Lebenskraft gesehen, die durch Stamm, Äste und Blätter pulsiert.

Die frühen Kabbalisten stellten sich die Schöpfung als Urpunkt vor, der aus dem Nichts aufleuchtet, denn der Punkt ist, und er ist auch wieder nicht. Erst durch die Bewegung des Punktes entstehen alle geometrischen Figuren, zunächst als Kreis und Gerade. Dadurch aber, dass der Punkt aufleuchtet, dass Gott als Gottes Weisheit in Erscheinung tritt, wird Gott erkennbar.

Chochmah. Wenn Gott als Zeichen für die Summe seiner Möglichkeiten aufleuchtet, befindet er sich in der *sefira* der Weisheit, *chochmah.* Aus der Weisheit, dem allgemeinen und undifferenzierten Sein, entfaltet sich das Seiende in der nächsten *sefira*, die den Namen *binah* trägt.

Binah bedeutet Verstand oder Intelligenz, kann aber, wie Gershom Scholem anmerkt, auch übersetzt werden als »das, was zwischen den Dingen scheidet«, also als Differentiation.[238] Indem das Sein sich als Seiendes entfaltet, unterscheidet es sich auch. Die Bezeichnung Verstand oder Intelligenz ist insofern präzise, weil das Denken damit beginnt, dass wir Unterscheidungen treffen. Der Akt des Denkens ist jedoch bereits Unterscheidung, weil es sich von etwas lösen muss, um darauf schauen zu können. Deshalb beginnt die Schöpfung nicht mit dem Gedachten, sondern mit Gottes Denken. Gottes Denken ist der Punkt, der bewegt wird. Die Bewegung aber ist die Weisheit, die den Verstand oder die Intelligenz schafft, die wiederum zu unterscheiden vermag. Erst wenn wir zu differenzieren vermögen, beginnen wir zu denken, denn mit der Unterscheidung schaffen wir Strukturen. Plötzlich gibt es das Kleine und das Große, das Kurze und das Lange, das Schwere und das Leichte und so weiter. In der *binah* erscheint Gott als das ewige Subjekt, als der Schöpfer.

Verblüffend ist, dass die zehn *sefiroth* die Strukturen des menschlichen Denkens in der Form der göttlichen Emanationen exakt wiedergeben. Was die Griechen in der Philosophie untersucht haben – die Struktur der Welt und die Eigentümlichkeit des menschlichen Denkens –, stellen die Kabbalisten im Modell der *sefiroth* dar. Allerdings ist in der *binah* die Schöpfung noch präexistent.

Mit *kether*, *chochmah* und *binah* ist so etwas wie eine Trinität geschaffen, aus der die Schöpfung hervorgeht, um sich nun in die anderen sieben *sefiroth* zu ergießen, bis sie schließlich in der letzten *sefira*, der *schechina*, die Gottes Herrlichkeit ist, sich in seiner ganzen Totalität wie ein brausendes Meer ergießt. Die *schechina* Gottes ist seine Herrlichkeit, in der er den Propheten erscheint. Die anderen sieben *sefiroth* symbolisieren die sieben Schöpfungstage. Am siebenten Tag aber ruhte Gott aus, denn er sah, dass es gut war, was er geschaffen hatte. Das, was Gott am siebenten Tag sah, ist die *sefira schechina*.

Wie weit der Mystiker bei seinem Verlangen, Gottes Wesen zu schauen, im System der zehn *sefiroth* aufzusteigen vermag – ob er nur bis zur *schechina* vordringt, die den Propheten vorbehalten ist, oder darüber sogar noch hinauskommt in der Schau Gottes, bis hin zur *binah* –, darin sind sich die Kabbalisten nicht einig. Wir erinnern uns: In den apokryphen Henoch-Büchern beschreibt der Verfasser, dass es ihm als Engel Metatron gelang, die *sefira kether* zu erreichen, was bedeutet, dass er sich mit Gott vereinte, denn man kann nicht Gottes Wesen schauen, ohne er zu werden. Auch diese Vorstellung finden wir bei den Sufi und den christlichen Mystikern, allen voran bei Meister Eckhart.

Es gibt noch einen weiteren Hinweis auf die universelle, in Vergessenheit geratene geheime Religion des Mittelalters. Der irische Theologe und Philosoph Johannes Scotus Eriugena veröffentlichte im 9. Jahrhundert ein philosophisches Kompendium unter dem Titel »De divisione naturae« (»Über die Einheit der Natur«), das man teilweise durchaus pantheistisch auslegen kann. Eriugena führt aus, dass man weder Gott von der Schöpfung noch die Schöpfung von Gott trennen kann, dass Gott die Welt erschaffen hat, aber gleichzeitig selbst immer wieder in der Welt erschaffen wird. Eriugenas Vorstellung von Gott als erster Ursache ähnelt der Spekulation der zehn *sefiroth*. Gott verwirklicht sich in der Schöpfung und entsteht gleichzeitig auf allen Ebenen der Schöpfung.

Der gelehrte Honorius Augustodunensis veröffentlichte im
12. Jahrhundert in seinem Buch »Clavis physicae« (»Schlüssel der Na-
turphilosophie«), das sowohl jüdische Kreise als auch Meister Eckhart anregte, Auszüge aus dem Werk des Johannes Scotus Eriugena.
Als Papst Honorius III. († 1227), ein leidenschaftlicher Verfechter der
Ketzerverfolgung, das Werk des Iren in einem zwar großen, aber
lächerlichen Prozess 1210 als häretisch brandmarken und alle Ex-
emplare, derer seine Schergen habhaft werden konnten, verbrennen
ließ, hatten Eriugenas Vorstellungen längst Eingang gefunden in das
Denken der frühen Kabbalisten und auch unabhängiger christlicher
Gelehrter wie Amalrich von Bena und David von Dinant.

DIE BUCHSTABENMYSTIK

Natürlich steckt das Konzept der zehn *sefiroth* voller Zahlenmystik:
Die Eins bezeichnet den einen Gott und ist in *kether*, der ersten *sefira*,
symbolisiert. Die Drei tritt uns als Trinität von *kether*, *chochmah* und
binah entgegen. Die Sieben verweist nicht nur auf die Planetengötter,
sondern auch auf die Wochentage, die hier aber als Schöpfungstage
verstanden werden.

Da Gottes Schöpfung vollkommen ist und uns in der *schechina* als
zehnter *sefira* entgegenleuchtet und uns überwältigt, garantiert sie
auch die heilige Ordnung Israels, den Bund zwischen auserwähltem
Volk und Gott, der auf der Vollkommenheit beruht. Gott erscheint
Moses zum ersten Mal als brennender Dornbusch, der als eine Form
der *schechina* gewertet werden kann, der Thronwagen stellt eine andere Form der *schechina* dar. Insgesamt sind es zehn *sefiroth*, wobei die
Zehn für Vollkommenheit steht, die sich auch in der Anzahl der Gebote (Zehn Gebote) zeigt. Und wie die Zehn Gebote die Grundlage
des Bundes von Gott mit dem Volk Israel bilden, so garantieren die
sefiroth den Bestand der Welt, weil sie Gottes Weg des Schaffens, des
Aus-sich-selbst-Heraustretens und Schöpfens oder Emanierens sind.
Die Schöpfung beruht auf den zehn *sefiroth*, wie das Leben der Juden
die Zehn Gebote zur Grundlage hat. Der Kabbalist Rabbi Nachman

(1772–1810) hat jedoch darauf hingewiesen, dass die authentische Tradition (hebr. *kabbalah*) nicht auf der Zahl, sondern auf dem Wort beruht, nämlich auf der Tora, die aus den Namen Gottes besteht.

Von den 32 Wegen der Schöpfung haben wir nun zehn Pfade kennengelernt, die zehn *sefiroth*, das eine der beiden Schöpfungsprinzipien. Fehlt nur noch das zweite, das folgerichtig genau 22 Elemente umfassen muss. Und da kommt nach Lage der Dinge nur eines in Betracht, das hebräische Alphabet nämlich, das aus 22 Konsonanten besteht. Wie alle semitischen Alphabete – so auch das arabische – ist das hebräische Alphabet als Konsonantenschrift entstanden.

Die Mystiker kennen nun zweierlei Arten von Sprache. Sie trennen die Alltagssprache, die in der Kommunikation der Menschen untereinander benutzt wird, von der Sprache, in der Gott sich äußert, denn diese Sprache besitzt die Kraft und die Macht zur Schöpfung, mehr noch, sie ist das Medium, durch das Gott die Welt erschafft: »Da sprach Gott, es werde hell, und es ward hell« (Gen 1,3), heißt es in der Genesis.

Wenn diese Kraft in der Sprache steckt, dann findet sie sich auch in den Buchstaben. Also wird es dem Mystiker zu einem Bedürfnis, Gottes Sprache zu verstehen. Gottes Gedanke besitzt eine Sprache, dessen Buchstaben die Elemente des göttlichen Seins und umgekehrt der Erkenntnis desselben sind. Die äußere, wenn man so will, sinnlich wahrnehmbare Seite dieser Sprache ist das Hebräische, das auch als Sprache der Engel gilt. Erst durch bestimmte Auslegungstechniken gelingt es, den Code zu knacken und die Buchstaben als Symbole oder Zeichen der eigentlichen Botschaft zu entschlüsseln.

Eine wichtige Rolle spielen dabei die 70 Namen Gottes, die dem Engel Metatron enthüllt wurden, denn in den Namen drückt sich die Fähigkeit Gottes aus, die Welt selbst und in der Welt immer wieder zu schaffen. Die Kenntnis des Namens verleiht Macht.

Ausschlaggebend für die mystische Erkenntnis ist aber nicht der Name als Ganzes, den man interpretieren kann, sondern es sind die einzelnen Buchstaben, deren geheimen Sinn man durch Meditation und verschiedene Verfahren, auf die wir noch kommen werden, wie bei einer Geheimschrift entschlüsseln kann.

Das Verhältnis zwischen den Namen Gottes und den Buchstaben, die den jeweiligen Namen Gottes bilden, lässt sich im Grunde mit dem Gegensatz von Kleinen Mysterien und Großen Mysterien beschreiben. Die Namen Gottes als Ganzes in ihrer äußeren Form – wie beispielsweise Zebaoth, was Herr der Heerscharen bedeutet – bilden die Kleinen Mysterien, während die Großen Mysterien, die nur wenigen Auserwählten offenstehen, in den Buchstaben und ihren verborgenen Bedeutungen liegen.

Jeder Buchstabe eines der 70 Namen Gottes stellt eine ganze Welt dar, in die sich der Mystiker zu vertiefen vermag. Das Tetragramm JHWH, das als *adonai*, wörtlich: der Herr, ausgesprochen wird, beginnt mit dem JH, das wie folgt gedeutet wird: Der hebräische Buchstabe J *(jod)* steht für den Schöpfer der künftigen Welt, weil er mit diesem Buchstaben die künftige Welt erschaffen hat, das H *(he)* steht für diese Welt.

Nun fragt der Ausleger dieses Wortes, weshalb der Name des Herrn dann nicht mit *he* anstatt mit *jod* beginnt, denn die kommende Welt wäre der gegenwärtigen doch folgend, also sekundär. Diese einfache Überlegung führt den Ausleger nun auf das Geheimnis der Schöpfung, dass Gott nämlich zuerst die kommende Welt schuf und sie auf eine Seite stellte und dann erst die gegenwärtige Welt, die er auf die andere Seite stellte. Aus dieser Spekulation ergibt sich der sekundäre Charakter der gegenwärtigen Welt. Wenn aber diese Welt, die man auch als das Jammertal verstehen kann, nur sekundär ist, dann folgt daraus, dass es das Ziel des Menschen sein muss, in die kommende Welt zu gelangen, die ja bereits existiert. Wenn alle Seelen in die kommende Welt zurückgekehrt sind, dann ist die kommende Welt die aktuelle, die gegenwärtige Welt, deren Gegenwart zur Ewigkeit wird.

Die Kabbalisten fragen danach, was der erste Vers der Tora zu bedeuten habe: *bereshith bara 'Elohim* (am Anfang schuf Gott). Die Antwort auf diese grundlegende Frage erfolgt in überraschender, ungewohnter Weise, denn der Begriff Anfang – *bereshith* – wird nicht als Zeitwort, sondern als Wesenheit begriffen. *Bereshith* bedeutet demnach nicht »Anfang«, sondern das »Wesen, das am Anfang war«.

Das Wesen, das am Anfang war, ist nun nichts anderes als Gottes zweite Emanation, der *sefira* der *chochmah*, der Weisheit.

Das Verb *bara* verrät uns, dass etwas emaniert wurde, nämlich *Elohim*. Die Grundlage der Interpretation bildet eine grammatische Permutation (Vertauschung, Umbildung): Das Subjekt, von dem wir bisher annahmen, dass damit Gott gemeint war, wird zum Objekt. Dieses oder dieser *Elohim* entfaltete sich aus der zweiten *sefira*, der Weisheit. *Elohim*, der Name Gottes, besteht aus den Buchstaben *mi* und *eleh*, wobei *mi* für das Subjekt Gottes steht.

Die letzte Frage des Mystikers, nachdem er alle Meditationen absolviert und den Code der Schöpfung entschlüsselt hat, lautet: Wer ist das, der das schuf, die Frage nach dem Wer (*mi*). In *Elohim* sind aber das Subjekt – der, aus dem alles fließt – und die Bestimmungen, die Gesamtheit des Geschaffenen, die Attribute Gottes, vereint. Zum einen, sonst würden wir nicht zwei Konsonanten vorfinden, sind das schaffende Subjekt und die Eigenschaften oder Bestimmungen des Subjekts geteilt in *Eloh-im* (*eleh* und *mi*), zum anderen wurde der Abgrund, der sie trennt, wieder geschlossen: *Elohim*.

In dieser *sefira* wird das erste Mal dieses *mi*, dieses schöpferische Subjekt, für den Mystiker fassbar, wenn auch nur für einen kurzen Moment, denn es ist da und gleichzeitig auch wieder nicht. Schöpfer und Schöpfung befinden sich in einem aktiven Moment des Im-Begriff-Stehens, sich zu trennen, sodass der Schöpfer der Welt wie ein kurzer Lichtstrahl aus dem mystischen Dunkel hervorleuchtet, bevor er vor den gröberen Gemütern ganz hinter seinen Attributen verschwindet. In diesem Moment, im Anfang, wie die Tora verkündet, in der *chochmah*, wie uns das Buch Jezirah verrät, entdecken wir das Emanieren der Eigenschaften aus Gott. Dieser Prozess scheint in der *sefira binah* zu erfolgen, der Intelligenz oder des Verstandes. Bis zu dieser Stufe vermag der Mystiker aufzusteigen, hier trifft er auf Gott, aber nicht in einer beständigen Form, sondern im Moment seines Aufgehens in seine Eigenschaften.

Diese Beispiele illustrieren, wie die Spekulationen und Interpretationen vorgenommen werden, doch sie verraten noch nichts über die

eigentliche Buchstabenmystik und die geheimnisvollen Codierungs-
und Entcodierungsverfahren, wie sie für die moderne Kryptologie
(Verschlüsselungswissenschaft) und für die Computertechnik wichtig geworden sind. Es mag erstaunlich klingen, aber ohne diese – zugegeben an göttliche Gegenstände gebundene – Verschlüsselungs-
techniken gäbe es vermutlich keine Computer.

Griechen und Römer, die über keine Zahlenzeichen verfügten,
benutzten ihre Buchstaben für Zahlen. Diese Methode erreichte im
Zuge der Hellenisierung der mediterranen Welt auch Israel. In der
Folge wurden den Buchstaben des hebräischen Alphabets ebenfalls
Zahlenwerte zugeschrieben. Das *jod* bezeichnete beispielsweise den
Zahlenwert 10, das *he* 8. Diese Zahlenwerte werden nun bei verschie-
denen Verschlüsselungs- und Entschlüsselungsmethoden ange-
wandt: Gematria, Temura, Notarikon oder Atbasch.

Die Entschlüsselungstechnik der Gematria ermöglicht die Spekulation mit den Zahlenwerten der Buchstaben. Das ist deshalb sinnvoll, weil die Welt durch das göttliche Wort geschaffen wurde und
sich ihre Struktur deshalb in den verschlüsselten Beziehungen der
Buchstaben finden lässt, eine Art kreativer Mathematik.

Die Zahlenwerte der Buchstaben eines Wortes werden addiert
und in Beziehung zu einem anderen Wort, dessen Buchstaben in der
Summe den gleichen Zahlenwert ergibt, gesetzt. Die Worte *ma-*
schiach (Messias) und *naschach* (Schlange) haben zum Beispiel den
gleichen Zahlenwert, nämlich 358. Das deutet auf einen inneren Zusammenhang beider Worte hin, der dann so interpretiert werden
kann, dass die Schlange den Menschen in der Maske des Erlösers,
des Messias erscheint, um sie zu verführen. Die Gleichheit des
Zahlenwertes zeigt hier, dass eine Ähnlichkeit nicht auf das gleiche
Wesen schließen lässt, und warnt den Menschen vor den falschen
Messiassen, die als Schafe daherkommen, inwendig aber reißende
Wölfe sind. Alle Sachverhalte des Lebens, Gefahren und Chancen,
Gottes Wille und Gottes Geheimnisse finden sich im geheimen
Leben der Wörter, die alle zusammen Gott ergeben.

Natürlich lässt sich der Zahlenwert eines Buchstabens auch als
Platzhalter für ein anderes Wortes verstehen. Bei der Atbash-Me-

thode werden die Buchstaben, wie im Hebräischen üblich, von links nach rechts geschrieben. Dann schreibt man gegenläufig die Zahlenwerte des Alphabets von rechts nach links, sodass der erste Buchstabe, *alef*, den Zahlenwert des letzten Buchstabens, *taw*, nämlich 400, und der Buchstabe *taw* den Zahlenwert des *alef*, nämlich eins, erhält. Auf diese Weise erhält man eine unüberschaubar große Möglichkeit an Verbindungen und Beziehungen. Das muss auch so sein, wenn man sich vor Augen hält, dass in diesen Verhältnissen die Matrix der gesamten Welt vorliegt, der vergangenen, der gegenwärtigen und der kommenden, die wir auch Gott nennen können.

Wichtig ist der Begriff der 221 Tore, die Grundkombination, mit der alles seinen Anfang nimmt, denn das heilige Tetragramm JHWH soll 231 Kombinationsmöglichkeiten besitzen. Im Buch Jezirah heißt es:

»22 Grundbuchstaben:
Sie sind befestigt an einem Rad mit 231 Toren.
Das Rad dreht sich vorwärts und rückwärts –
Und dies ist das Zeichen für diesen Sachverhalt:
Wenn zum Guten, so gibt es nichts Höheres als Lust,
und wenn zum Schlechten,
so gibt es nichts Tieferes als Schaden.«[239]

»Und wie wog er sie und wie wechselte er sie aus?
Alef mit allen und alle mit *alef*,
bet mit allen und alle mit *bet*,
gimmel mit allen und alle mit *gimmel*,
alle rotieren so fort,
und so ergibt sich,
dass sie in 231 Toren hervorgehen.
Daraus ergibt sich,
dass alles Geschaffene
und alles Gesprochene
aus einem einzigen Namen hervorgeht.«[240]

Denn *alef* steht mit seinem Zahlwert eins für den Einen Gott, der in allem ist und aus dem alles ist. Weitere Kombinationsmöglichkeiten ergeben sich daraus, dass die Buchstaben zu Dreiergruppen zusammengefasst werden: drei Mütter (*alef, mem, shin*), sieben Doppelte und zwölf Einfache.

Die zehn *sefiroth* und die 22 Buchstaben bilden die 32 geheimen Pfade der Weisheit. Ihnen zu folgen, kostet das Leben, denn man kann sich den komplizierten Erkundungen nur ganz mit Haut und Haar verschreiben. Nichts kann daneben Zeit beanspruchen, und ob es am Ende gelingt, zu Gottes Geheimnissen vorzustoßen, sich gar mit ihm zu vereinen, bleibt doch fraglich.

DAS RÄTSEL DES SEFER JEZIRAH

Wann das Buch Jezirah entstanden ist, weiß niemand, noch, wer sein Verfasser ist. Spekulationen darüber gibt es zuhauf. Was wir sicher wissen ist, dass die bis heute ältesten Kommentare zu diesem Buch aus dem 10. Jahrhundert stammen. Der älteste Kommentar stammt von Saadia Gaon (882–942), dem Oberhaupt der Schule von Sura in Babylonien. Sowohl Saadia, als auch Dunash ibn Tamim (900–960), der vermutlich in Nordafrika, möglicherweise in Fez geboren wurde, schrieben als jüdische Gelehrte in der muslimisch beherrschten Hemisphäre.

In dieser Zeit nahm die arabische Philosophie unter anderem durch die intensive Beschäftigung mit der griechischen Philosophie, vor allem der des Aristoteles, die sie mit großer Leidenschaft und nicht versiegendem Fleiß entdeckte, einen kometengleichen Aufschwung. Sowohl Sa'adja als auch Dunash ibn Tamim gingen in ihrer Kommentierung des Buches Jezirah von der griechisch-arabischen Philosophie aus. Das führte zu der Theorie, dass das Buch etwa im 7. Jahrhundert im arabisch-islamischen Kulturkreis entstanden sei. Interessant an dieser Theorie ist folgender Aspekt: Der Sefer Jezirah, das Hauptwerk der jüdischen Kabbala, stünde dann in einer engen zeitlichen Verwandtschaft mit dem grundlegenden Werk der christlichen Mystik, den Tex-

ten eines Anonymus, der den Autorennamen Dionysius Areopagita
erhielt. Sollten die christliche, islamische und jüdische Mystik wirklich
den gleichen Ursprung, dieselbe Wurzel haben? Finden wir hier die
eigentliche geheime Religion der mittelalterlichen Welt, die Okzident
und Orient gemeinsam war und die mit dem Ende der Renaissance in
der Neuzeit verdrängt, verfolgt und marginalisiert wurde? Europa jedenfalls konnte mit dem mystischen Erbe nichts mehr anfangen, weil
es einen neuen Gott entdeckt hatte, den Fortschritt, und einen neuen
Glauben, den an eine scheinbar objektive Wissenschaft.

Der aus Süditalien stammende Arzt Shabettai Donnolo (913 bis
um 982) lebte am Schnittpunkt christlicher, jüdischer und muslimischer
Kultur, denn seine Heimat gehörte damals noch zum Byzantinischen
Reich. Er tat einen folgenreichen Schritt, als er die Beschreibungen des
Buches Jezirah konsequent mit Blick auf die Natur des Menschen deutete. Für die Kabbala formulierte er das Konzept der Entsprechung,
wonach der Makrokosmos dem Mikrokosmos entspricht. In der Tat
findet sich im Buch Jezirah die Vorstellung, dass die 32 Wege der Weisheit auf den menschlichen Körper anzuwenden seien. Aus den drei
Müttern *alef, mem* und *shin* gehen Feuer, Wind und Wasser hervor, und
aus Feuer, Wind und Wasser gehen Himmel, Luft und Erde hervor:

>»Feuer oben,
>Wasser unten
>und der Wind ist das ausgleichende Prinzip zwischen beiden.«[241]

Aus Feuer, Wasser und Wind werden die Jahreszeiten, Hitze, Kälte
und das ausgleichende Element geschaffen, und auch der Mensch
entsteht aus diesen Prinzipien:

>»Drei Mütter: *alef, mem, shin* –
>im Menschen:
>Der Kopf wurde aus dem Feuer erschaffen,
>der Bauch aus dem Wasser
>und die Brust (aus) dem Wind
>ausgleichend zwischen beiden.«[242]

Auch die Geschlechter und die Organe des Menschen werden in die Entsprechungen des Geschaffenen mit den schaffenden Worten und Buchstaben gesetzt. Für den Arzt Donnolo, der auch medizinische Werke verfasste, scheint dieser Aspekt der wichtigste im Sefer Jezirah gewesen zu sein.

Unsere Schwierigkeit, diese, vor allem die mystischen, Konzepte zu verstehen, beruht auf dem scharfen Wechsel der Art und Weise des Denkens, wie er sich im 16. und 17. Jahrhundert vollzog. Bis dahin war das Denken metaphorisch-bildhaft gewesen. Gleichnisse, Bilder, Symbole, die ausgedeutet wurden, und Entsprechungen hatten darin eine große Rolle gespielt. Nun brach die Zeit des logisch-rationalistischen Denkens an, die der französische Philosoph, Mathematiker und Naturwissenschaftler René Descartes (1595–1650) eingeleitet hatte. Mit der cartesianischen Logik wurde das Denken in Bildern durch Syllogismen, logische Argumente, mathematische Beweisführungen ersetzt. Es ging nicht mehr darum, auszudeuten, zu verstehen und zu verknüpfen, jetzt wurden aus Beweisketten Schlussfolgerungen gezogen. Verstehen und Erkennen fielen auseinander.

Nun entziehen sich aber die mystischen Vorstellungen dem Ziehen von Schlüssen. Man kann sie nur verstehen, wenn man die Entsprechungen versteht. Es existiert kein logischer Grund dafür, über den Zusammenhang zweier Worte zu meditieren, nur weil die Summe der Zahlenwerte der Buchstaben, aus denen sie sich zusammensetzen, identisch sind – außer, man versteht die Worte als Schöpfungen Eines Gottes, der nicht mit Stein und Mörtel, sondern mit 22 Konsonanten und zehn Wirkkräften baut. Dann sind die Worte Erscheinungsformen eines Grundprinzips, dessen Leben und Pulsieren sich aus der Bewegung der Konsonanten erfahren lässt. Der Weg zur Erkenntnis führt nicht über die logische Analyse, sondern über die bildhafte Verknüpfung in der Meditation. In unserem wissenschaftsgläubigen Aberglauben haben wir vergessen, dass das logisch-rationale Denken nicht die einzige Art des Denkens ist, noch nicht einmal das einzige Erkenntnissystem.

Die Entsprechung des Universums und des Menschen, des Makrokosmos und des Mikrokosmos, steht auch im Mittelpunkt eines weiteren geheimnisvollen und sehr populären Buches: den Traktaten, die mit dem sagenhaften Namen des altägyptischen Gottes Hermes Trismegistos verbunden sind. Dieses grundlegende Werk der Alchemie, die ebenfalls in jener Zeit einen großen Aufschwung nahm, gehört zu den folgenreichsten der Geschichte und verfocht den Glaubensgrundsatz vieler geheimer Religionen: so wie oben, so auch unten. Christlich, aber in anderem Zusammenhang übersetzt: Wie im Himmel, so auch auf Erden. Nur ging es den Hermetikern nicht um den Willen Gottes, der in beiden Welten wirkte, sondern um die vollkommene Entsprechung beider Welten.

Wollen wir die drei Quellen der geheimen Religionen im christlich-jüdisch-muslimischen Abendland und im muslimisch-christlich-jüdischen Morgenland ausmachen, dann sind es die altägyptische Religion des Gottes des Uranfangs, die hermetisch-mystische Tradition, die sich vom 1. bis zum 7. Jahrhundert n. Chr. herausbildete, und schließlich die griechische Philosophie, besonders der Aristotelismus und der Neuplatonismus.

Aber wir befinden uns noch in den Anfängen der Kabbala. Die hier skizzierten Gedanken wurden im 13. Jahrhundert von den deutschen Chassiddim (*haside ashkenasi* – die Frommen Deutschlands) und den spanischen und südfranzösischen Mystikern studiert und weitergesponnen. Hier spielt das Buch Bahir (*sefer ha-bahir*) eine wichtige Rolle, das in Südfrankreich entstand und sozusagen ein Bindeglied zu den großen Kabbalisten des 13. Jahrhunderts darstellt, jenen Kabbalisten, die im modernen Sinne die Kabbala schufen, so wie sie sich noch heute einer zahlreichen Anhängerschaft erfreut. Das Buch Bahir war keine reine Geistschöpfung, die im luftleeren Raum stattfand, denn die südfranzösischen Kabbalisten waren von einem geistig faszinierenden, vollkommen häretischen Umfeld umgeben, von einer großen Religion, die schon bald vollständig zerschlagen werden sollte und die heute, wenn überhaupt, nur noch als geheime Religion praktiziert wird.

Mit dem Glauben der Katharer erschütterte eine neue Religion der
Armut die gut katholische Welt am Niederrhein und gewann in
Norditalien und Südfrankreich an Macht und Einfluss, weil ihr die
Herzen der Menschen zuflogen. Gleichzeitig huldigten die Eliten
des Orients und des Okzidents der Religion der Liebe, die, weil sie
sich auf den gemeinsamen monotheistischen Gott konzentrierte, die
konfessionellen Fesseln abzustreifen vermochte. Die Juden allerdings
erlitten in Deutschland auch Verfolgungen und Pogrome.

Vor diesem Hintergrund und in dieser Zeit, mit diesen Einflüssen
erlebte die Kabbala in Spanien und Südfrankreich – in den Gebieten,
wo das Katharertum und die Religion der Liebe erblühten – einen
neuen Aufschwung, der auf die Kreise jüdischer Denker in Toulouse,
Gerona, Toledo und Barcelona zurückgeht. Toledo – und das mag
für diese Entwicklung nicht unwichtig sein – war eines der beiden
großen Übersetzungszentren der abendländischen Welt. Hier wurden arabische und jüdische Schriften ins Lateinische übersetzt. Das
zweite Zentrum befand sich in Palermo auf Sizilien und verdankte
seine Existenz dem hochgebildeten Stauferkaiser Friedrich II. Aus
diesem Umkreis wurden zwei Männer aktiv, die man in Anbetracht
ihrer grundstürzenden Werke nicht anders nennen kann als die
Meister des Geheimnisses.

KABBALA UND EKSTASE – ABRAHAM ABULAFIA

Wie hätte wohl Giovanni Gaetano Orsini, der als Papst Nikolaus III.
(† 1280) die Tiara trug, reagiert, wenn plötzlich ein spanischer Jude
den Vatikan betreten und ihn mit Stimmgewalt und in der Überzeugung seiner prophetischen Mission angesprochen hätte? Dieser Abraham Abulafia, der 1240 in Saragossa geboren worden war, glaubte
allem Anschein nach tatsächlich, der Messias zu sein. Die Idee, dem
Papst Forderungen zu diktieren, dürfte ihm aus dem in jenen Tagen
in jüdischen Kreisen überaus populären Streitgespräch des Konver-
titen Pablo Christiani mit dem Kabbalisten Moses ben Nachman, der
Disputation von Barcelona 1263, gekommen sein. Nachmanides hatte

verkündet, dass der Messias, wenn die Zeit der Erlösung endlich an-
bräche, vom Papst die Freiheit des Volkes Israel einfordern werde.

Und da er sich als Messias sah und Nachmanides vertraute, begab sich Abraham Abulafia 1281 nach Rom. Er war bestens vorbereitet und schien von Gott in seinem ungewöhnlichen Vorhaben dadurch bestärkt worden zu sein, dass ihm wie aus heiterem Himmel
plötzlich zwei Münder gewachsen waren. Diese dunkle Andeutung
darf man sicher nicht wörtlich nehmen, veranschaulicht sie doch eher
das messianische Selbstbewusstsein und das Gefühl der überwältigenden Überzeugungskraft, die sich in einem Maße in ihm versammelt hatte, dass er selbst darüber staunte, als ob noch eine andere
Kraft aus ihm redete, eine andere Stimme aus ihm durch einen anderen Mund sprach. In diesem Bewusstsein erreichte Abraham Abulafia
voller Selbstbewusstsein und in Erwartung dieses wichtigen Gesprächs Rom.

Allein, zu der epochalen Begegnung mit dem Papst sollte es nicht
kommen, weil dieser just, als Abraham eines der Stadttore durch-
schritt, verstarb. Der Jude wurde, warum auch immer, von Franziskanern festgenommen und 28 Tage lang eingesperrt, bevor man ihn
wieder laufen ließ. Die guten Franziskaner wollten sich vermutlich
versichern, dass der seltsame jüdische Prediger kein Zauberer war,
der den Tod des Papstes mit den Mitteln der Schwarzen Magie
bewirkt hatte. Das Argument, dass er mit dem Papst auf höhere Weisung zu sprechen wünschte und das Ableben des Papstes der Durchführung des Gesprächs naturgemäß im Wege stand, dürfte sie
zumindest in dieser Angelegenheit von seiner Unschuld überzeugt
haben. Allerdings ist es gut denkbar, dass sie ihn für alle Zeit der
Ewigen Stadt verwiesen, denn Abraham Abulafia wartete nicht das
Konklave ab, um mit dem neuen Pontifex zu sprechen, sondern er
verließ die Stadt, ohne einen neuen Versuch zu starten.

Nach Spanien kehrte er nicht zurück, sondern wanderte durch
Italien und verbrachte einige Zeit auf Sizilien. Dort befand sich
immer noch das Übersetzungszentrum der Universität Palermo, das
zwar seine Blütezeit hinter sich hatte, aber dennoch genügend inte-
ressante Schriften besaß. Adelard von Bath hatte hier beispielsweise

die Geometrie des Euklid übersetzt. Es wäre aufschlussreich zu wissen, welche Schriften Abulafia studierte, denn in dieser Zeit entstanden fast alle seine Texte, die auf uns gekommen sind.

Schon in früheren Jahren hatte Abulafia ein an Abenteuern reiches Leben geführt, das ihn ganz hübsch durch die damalige Welt gewirbelt hatte. Im Jahr 1260 war er in den Orient aufgebrochen, geriet jedoch in die Kriegswirren, sodass er nicht weiter nach Palästina und Syrien vordrang, sondern nach Akkon abbog und nach Europa zurückkehrte. Jahrelang hielt er sich in Griechenland und Italien auf und dürfte auf seinen Reisen mit dem gesamten mystischen Denken der Zeit in Berührung gekommen sein, besonders mit den Vorstellungen der jüdischen Mystiker und Philosophen. Sicher kannte er das epochemachende Werk des Moses Maimonides, das auch Meister Eckhart beeindruckt hatte.

Im Jahr 1270 kehrte Abraham Abulafia nach Spanien zurück, ließ sich in Barcelona nieder und begann, das Buch Jezirah zu kommentieren. In Barcelona erlebte er dann seine eigentliche prophetische Erweckung. Hier erkannte er in einer Vision den wahren Namen Gottes. Von nun an gehörten die Visionen zu seinem Leben. Er lernte die Vorstellungen der Kabbalisten kennen, die in Barcelona, Toledo und vor allem in Gerona saßen. Als er Spanien 1280 verließ, um in Rom mit dem Papst zu sprechen, war es wohl ein Abschied für immer – seine Spur verliert sich in Italien im Jahr 1291.

Den bitteren Kelch der Verfolgung dürfte Abraham Abulafia bis zur Neige geleert, aber auch den Austausch mit Sufi im Morgenland und mit christlichen Mystikern in Italien genossen haben. Obwohl kein Freund der Christen, berichtete er von einer Begegnung mit christlichen Mystikern, deren Denken dem seinem offenbar sehr nahe kam, denn er ordnete sie unter die Gruppe der »Frommen aller Völker«, die, obwohl keine Juden, dennoch die ewige Seligkeit erlangen und die Erlösung der Nichtjuden ermöglichen konnten. Die Übereinstimmung mit diesen Christen erinnert an die universelle Religion der Liebe, an die Menschen aus allen drei monotheistischen Konfessionen gleichermaßen glaubten.

Abraham Abulafia war der Ansicht, dass die Seele, indem sie nur die groben Elemente der natürlichen Welt – das, was uns im Alltag umgibt – wahrnimmt, auch ein grobes natürliches Seelenleben entwickele. Dieses sei begrenzt und reiche nicht über den groben Naturalismus und Materialismus hinaus. In seinem Weltbild hat sich die Seele in ihrer Welt eingeschlossen und die Ausgänge zur anderen Welt, die gleichzeitig die kleine Welt umgibt, verriegelt. Es ist so, als ob sich die Seele in einer kleinen und noch dazu schäbigen Kammer eines riesigen, unüberschaubaren Palastes eingeschlossen hätte.

Abraham Abulafia glaubte, den Weg hinaus gefunden zu haben. Die Wände der Paläste, die die menschliche Seele von der göttlichen Welt trennten, so dachte er, müssten einfach niedergerissen werden. Er nannte das, »die Seele zu entsiegeln, die Knoten aufzulösen, die sie bindet«.[243] Die Befreiung der Seele bedeutete, sie den Fesseln der Alltagswelt zu entwinden, konkreter, sie von den Reizen und Wahrnehmungen der Alltagswelt zu trennen, damit sie frei würde für die göttlichen Dinge. Der Mystiker musste sich von den Anhaftungen der Alltagswelt, wie es die Buddhisten sehen, befreien, er musste sich ganz leer machen, wie es Meister Eckhart verstand, um Platz für Gott zu schaffen.

Nun unterscheidet sich die jüdische Mystik von der christlichen vielleicht darin, dass sie nicht über einen Weg der Kontemplation verfügt, wie er beispielsweise in der christlichen Mystik in der *via crucis*, im Kreuzweg, zu finden ist. Dabei versenkt sich der christliche Mystiker ekstatisch in das Leiden des Gottessohnes, um so eins mit ihm zu werden, mit all den äußeren Zeichen, sodass plötzlich auch bei ihm die Stigmata Christi aufbrechen und bluten.

Abraham Abulafia suchte nach einem anderen Mittel, um die Seele zu reinigen oder zu entsiegeln, einem Mittel, das sowohl bedeutend als auch bedeutungslos war. Es musste zwar etwas bewirken, durfte aber dabei selbst nicht sein. In der Chemie würde man ein solches Medium einen Katalysator nennen. Dieses Mittel fand Abulafia im jüdischen Alphabet. Der technische Grundgedanke hierbei ist erschütternd modern und bewegt sich bezüglich der Zeichentheorie auf der Höhe von Semiotikern wie Juri M. Lotman und Umberto Eco. Denn ein Zeichen ist etwas, das selbst nichts bedeutet, gleichzeitig aber etwas bezeichnet und dadurch Bedeutung hervorruft. Der Buchstabe *a* bedeutet nichts, kombiniert man ihn aber mit den ebenfalls bedeutungslosen Buchstaben *l* und *t*, habe ich ein Wort, dessen Bedeutung *alt* ist.

Da es um Gott als die Gesamtheit der Schöpfung ging, bildete die Meditation über die Buchstaben, die den Namen Gottes bilden, nach Ansicht Abraham Abulafias die Grundlage zur Entsiegelung der Seele. Die Meditation, die bei ihm mit Atemtechniken einherging, wie wir sie aus dem Yoga und von den Sufi kennen, sorgte für die Konzentration auf Gott. Gleichzeitig verfeinerte sie die Seele, die jetzt, sublim, wie sie war, die Fähigkeit besaß, die materielle Welt zu durchbrechen. Diese wurde überwunden, weil sie keine Rolle mehr spielte. Die Seele beschäftigte sich nicht mehr mit den groben Gegenständen der materiellen Welt und verlor damit auch alles Ungeschlachte.

Der Name Gottes selbst konnte nicht geschaut werden, nichts auf der Welt war unanschaubarer als er. Deshalb war er das ideale und das einzige Objekt, in das sich der Mystiker versenken konnte, um das eigentliche Wesen seiner Seele, das bisher verborgen und versiegelt war, zu entdecken.

Es mag kompliziert klingen, ist in Wirklichkeit aber ganz einfach: Die materielle Welt ist der Gegenstand, der grob sinnlich ist und deshalb geschaut werden kann. Die Welt Gottes oder der Name Gottes, was das Gleiche ist, ist rein geistig, allenfalls feinstofflich und kann nicht geschaut werden, mit keinem Elektronenmikroskop der Welt. Also bedarf es anderer Mittel, Mittel, die dem Gegenstand angemessen sind, keiner sinnlichen Anschauung, die materielle Dinge erfasst, sondern einer spirituellen, die spirituelle Dinge wahrnimmt. Diese spirituelle Anschauung liegt der Meditation zugrunde und vollzieht sich mittels der Kombination der Buchstaben des Namens Gottes. Diese Kombination ist ein rein geistiger oder spiritueller Prozess.

Die Grundlage dieser Vorstellung ist der Glaube der Kabbalisten, dass das Wesen der Welt rein sprachlich ist, so wie es im göttlichen Ausspruch »Es werde« zum Ausdruck kommt. Die gesamte Schöpfung wurde im Namen Gottes verschlüsselt. Die Decodierung ist ein unendlicher Akt, weil Gottes Fülle unendlich ist. Deshalb führt die Meditation als Vorgang des Entschlüsselns bereits zu höchster Seligkeit, weil sie Erkenntnis bedeutet. An diesem Punkt leuchtet plötzlich gnostisches Denken hervor, denn für den Gnostiker ist Erkenntnis Erlösung und Erkennen die Form des geistigen Seins oder der Existenz auf göttlicher Ebene. In der Meditation erlangt der Mensch ein anderes, ein geistiges, wenn man so will, ein wahres, weil göttliches Leben.

Die Wissenschaft von der Kombination der Buchstaben

Aus der Art und Weise der Kombination entwickelte Abraham Abulafia eine Wissenschaft, die er *Chokhmath ha-Zeruf*, die Wissenschaft von der Kombination der Buchstaben, nannte. Gershom Scholem bezeichnet diese Wissenschaft in einem schönen Vergleich als Musik des reinen Denkens, in der die Reihe des Alphabets der Tonleiter in der Musik entspricht – nur dass der Komponist den Namen Gott trägt.

Die Meditation selbst besteht aus drei Ebenen: dem Aussprechen, dem Niederschreiben und dem Denken. Abulafia zeigt ganz praktisch einen Weg auf, der vom Aussprechen der Kombination der Buchstaben über das Niederschreiben bis zum reinen Denken führt. Vielleicht kann man das Niederschreiben mit dem Malen eines Mandalas oder eines Schriftzeichens im chinesischen Buddhismus vergleichen.

Zu den Methoden der Kombination gehört die Assoziation, die Abulafia »Sprung« nennt. Hierfür stellte er Regeln auf, um ein wildes, sogenannt freies Assoziieren zu unterbinden. Der Sinn des Sprungs besteht darin, der materiellen Bestimmtheit des Denkens zu entkommen. Wir alle sind es gewohnt, in bestimmten Bahnen zu denken, die man Paradigmen nennt. Dabei gehen wir von Grundannahmen aus, die wir nicht mehr hinterfragen.

Um es an einem Beispiel zu verdeutlichen: Die Relativitätstheorie entstand, weil Albert Einstein die gewöhnlichen Bahnen des Denkens verließ und scheinbar naiven Fragen folgte, die keiner mehr stellte. Er saß in der Sonne auf einem Hügel und fragte sich, was Licht sei. Als ob man das nicht gewusst hatte. Wie sich herausstellte, hatte man das in der Tat nicht gewusst, obwohl man sichere Antworten zu haben glaubte.

Mit den Mitteln des »Sprungs« wollte Abulafia die festen Muster des menschlichen Denkens, das auf nicht mehr hinterfragten Ansichten beruht, durchbrechen. Es ging ihm darum, das Denken von den Beschränkungen des gesunden Menschenverstandes, den Immanuel Kant später einen recht einfältigen Gesellen nannte, zu befreien.

Dieser Weg der Entsiegelung durch meditatives Versenken, der Entgrenzung des Denkens ist ein Weg der Ekstase, die für Abraham Abulafia nicht im Augenverdrehen, Stammeln und Schaum vor dem Mund bestand – was wiederum rein materiell und grobsinnlich wäre –, sondern in der Mystik des reinen Geistes. Die Versenkung, die immer näher an das absolute Wesen Gottes führte, befreite die Seele. Sie leitete sie auf einen Weg, den man Trunkenheit in der Klarheit nennen kann.

Wir kennen den Begriff des Schaffensrausches. Wenn der Künstler vollkommen in der Arbeit an einem Bild, einer Statue, einer Komposition oder einem Gedicht versunken ist, wenn er diesen Rausch empfindet, den vielleicht Gott empfindet, wenn er die Welt immer wieder emaniert, dann ist diese nüchterne Trunkenheit erreicht, dieses Heraustreten aus der Bedingtheit der Existenz. Der Künstler schafft etwas, das von ihm kommt, aber auch nicht nur von ihm, nach einer Art Diktat eines Höheren, denn das wirkliche, das wahre Kunstwerk übersteigt den Schöpfer.

Dieser Zustand ist es, in dem der Meditierende den Lärm der Welt nicht mehr vernimmt, weil er einem Flüstern lauscht, das er kaum versteht. Es ist das, was Abraham Abulafia Ekstase nannte. Philosophisch ausgedrückt verstand er unter Ekstase das Einfließen des reinen Intellekts aus einer über-sinnlichen Welt, des *intellectus agens*, in die Seele. Abulafia verharrte nicht im Theoretischen, sondern gab in Traktaten wie »Das Licht des Intellekts« auch praktische

Handlungsanweisungen, die eine gewisse Nähe zu den Yoga-Handbüchern Indiens und zu den Techniken der Sufi aufweisen. Schließlich war Abraham Abulafia lange genug durch den Nahen Osten, nach Konstantinopel und durch Griechenland gereist. Da wir seine genaue Reiseroute nicht kennen, lässt sich trefflich spekulieren, wem er unterwegs alles begegnet sein könnte. Vielleicht wissen wir in unserer globalisierten Zeit weniger über die Welt als die Eliten des Mittelalters, die beachtliche religiöse Bildungsreisen unternahmen.

Die Ekstase, die durch die Buchstabenmystik hervorgerufen wird, entzündet sich an den Namen Gottes und an der Tora. Im Jüdischen heißt es über die Tora, dass man sie um und um wenden solle, weil die gesamte Welt in ihr sei. Abraham Abulafia erweiterte diesen Gedanken, denn er machte die Erfahrung, dass die Tora ganz im Kabbalisten und der Kabbalist ganz in der Tora sei.

Damit war der Weg der Versenkung aber längst nicht zu Ende. Als nächste Stufe begegnete der Mensch in der Ekstase sich selbst. Ein Schüler Rabbi Abulafias schrieb: »Ich weiß und erkenne mit völliger Sicherheit, dass ich kein Prophet bin ... – und doch rufe ich Himmel und Erde zu Zeugen an, dass ich eines Tages saß und ein kabbalistisches Geheimnis niederschrieb; da sah ich plötzlich die Gestalt meines Selbst mir gegenüber und mein Selbst von mir entrückt ...«[244]

Eine der wichtigsten Erfahrungen der Ekstase scheint die Begegnung mit dem Selbst zu sein. Es geht dabei weder um den Doppelgänger noch um das berühmte Alter Ego, sondern um das Selbst, gereinigt von der Erdenschwere. Das Selbst, das dem Mystiker nun laut Abraham Abulafia gegenübersitzt, ist er selbst, nachdem die Seele den Durchbruch zur reinen Form geschafft hat. Es ist das Selbst, das bereits ein Stück auf dem Weg weiter vorangekommen ist und den Mystiker einlädt und auffordert, ihm zu folgen. Vielleicht kann man diese Ekstase auch beschreiben als den Zustand, in dem den Mystiker die alles auslöschende Erkenntnis seines wahren Selbst überkommt, des Göttlichen im Menschen, der gereinigten Seele.

Weil es bei Abulafia aber weniger um die zehn *sefiroth* geht als um die Buchstabenmystik, die in der Versenkung in die Namen Gottes besteht, nannte er seine Methode den »Weg der Namen« oder die »Straße der Begriffe«. Sieben Stufen zur Erkenntnis der Tora kannte er, wobei die ersten sechs Stufen für ihn die prophetische Kabbala bildeten und nur die Vorstufen der siebten Stufe darstellten, die ins innerste Geheimnis führte. Hier ins Detail zu gehen, würde bedeuten, ein ganzes Buch darüber zu schreiben, denn die Wege der prophetischen Kabbala sind außerordentlich verfeinert und gegliedert wie ein riesiges Flussdelta mit abertausend Verzweigungen, großen und kleinen. Zuweilen scheinen sie zu versiegen, nur um an anderer Stelle überraschend wieder hervorzubrechen, weil sie ein Stück Weges unterirdisch, dem Blick entzogen, weitergeflossen sind.

Bei Abraham Abulafia finden auch die Mittel der Magie Anwendung, wenngleich er die Mittel der Schwarzen Magie ablehnte und nur die der Weißen Magie gelten ließ. Da die Schwarze Magie die Kraft der Dämonen und des Bösen nutzte, war sie gefährlich und führte den Mystiker letztlich ins Verderben. Nicht alle Schüler des Rabbi Abulafia hielten sich an die Warnung. Im Faust-Stoff wurde die Schwarze Magie später als Irrweg eines Renaissancemagiers beschrieben, der ihn schließlich in die Katastrophe führte.

Das Wort und die Buchstaben sind Mittel der Macht, die über den plumpen Mächten der materiellen Welt stehen. Mithilfe der Buchstabenmystik, das heißt, mit dem Eindringen in die Welt des Schöpferwortes durch die Buchstabenmagie, wandelte der Mystiker auf einem gefährlichen Weg, auf dem er dringend, wie wir das von den Sufi-Meistern und den indischen Gurus kennen, der Führung und der Anleitung bedurfte.

Die Gefahr, die dem Anfänger drohte, ist ganz praktisch zu verstehen. Da Buchstaben und Worte als Entsprechungen im Allgemeinen und des Körpers im Besonderen galten, konnte der Mystiker in der Meditation mit den Buchstaben ungewollt Schaden an seinen Gliedern und Organen verursachen. Ein Fehler in der Ersetzung der Buchstaben konnte im wahrsten Sinne des Wortes ein Beinbruch sein. So warnte Abraham Abulafia: »Und wenn die Person, welche die Buchstaben rezitiert, sich – Gott bewahre – bei der Aussprache des Buchstabens, der für das Glied bestimmt ist, das die Person, die

liest, im Sinn hat, irrt, so wird das Glied (von seinem Ort) getrennt ...,
(sodass) die Person verletzt wird.«[245]

Wenn Gott durch Worte schafft, so kann bei dem Mystiker
die Vorstellung entstehen, ebenfalls durch Worte Gegenstände oder
Menschen zu schaffen. Das ist vielleicht eine der faszinierendsten
und leider auch modernsten Seiten der Kabbala: die Vorstellung, ein
künstliches Wesen zu erschaffen, wie es – sicherlich auf andere Art
und Weise – moderne Wissenschaftler auf genetischem Weg versuchen, indem sie Klone produzieren oder daran forschen, künstliche
Intelligenz hervorzubringen.

Abraham Abulafia unternahm es durch Meditation, den Strom
göttlicher Weisheit zu empfangen und sich gleichzeitig, das, was er
erschaffen wollte, im Detail vorzustellen. In seinem Traktat »Chaje
ha-olam ha-Ba« (»Leben der zukünftigen Welt«) schrieb er: »Kopf
und Bauch und Brustkorb, das heißt, Anfang, Mitte, Ende. Der Kopf
ist der erste Punkt, den du dir darin vorstellst; das Ende ist der ab-
schließende Punkt des Anfangs, wie ein Fortsatz, und auch der Bauch
ist ein Fortsatz des Kopfes ... Und die Mitte ist die Mitte des Körpers
und das Bild des Brustkorbes, in dem sich das Herz befindet. Und
das Bild, das du dir während der Rezitation vorstellen sollst, um
innerhalb des Bildes den Charakter (eines) Teils der Körper zu verändern ... Sprich auf diese Weise aus, was immer du aussprichst, und
so wirst du zuerst sagen *he* (und es dir vorstellen) in der Mitte deines
Kopfes und es innerhalb deines Kopfes zeichnen, als betrachtest und
sähest du den Mittelpunkt deines Gehirns und seinen zentralen
Punkt in deinen Gedanken, und du wirst dir den darüber einge-
schriebenen Buchstaben ausmalen, der die Existenz deines Gehirns
gewährleistet.«[246]

Die Verbindungen von Buchstaben, die aus 231 Pforten der Weisheit und den aus 72 Buchstaben bestehenden Namen Gottes hervorgehen, werden verknüpft mit den konkreten Vorstellungen der eigenen Physis. Die Kombination aus dem Rezitieren der Buchstaben
und der Vorstellung vom eigenen Körper ermöglicht die Vertiefung
ins Göttliche.

Ob Rabbi Abulafia und seine Nachfolger künstliche Wesen wie

den Golem schaffen wollten, sei dahingestellt – die Möglichkeit be-
jahte er, und die Technik hierfür legte er in seinen Büchern nieder.
Nur interessierte er sich nicht für körperliche Wesen, sondern einzig
und allein dafür, eine neue Seele zu erschaffen, die den Erdendreck
von sich geworfen und den Durchbruch zum reinen Sein geschafft
hatte. In der Ekstase entstand das andere Selbst oder besser gesagt:
Griechisch *ex-histasthai* bedeutet wörtlich »aus sich heraustreten«.
Ekstase ist das Heraustreten des anderen Selbst. Dass dieser Weg
voller Gefahren ist, darauf hat Abraham Abulafia hingewiesen.

Um diesen Weg gehen zu können, muss der Mystiker vertraut
sein mit dem Rad, an dem die 22 Buchstaben des hebräischen Alphabets befestigt sind, die durch Kombination die 231 Pforten der Weisheit ergeben. Nur wenn er die Techniken der Kombination der Buchstaben beherrscht, vermag er den Strom der Weisheit zu empfangen.

Ein Schüler Rabbi Abulafias hat uns ein ausführliches Protokoll
des mystischen Weges hinterlassen. Er unterschied zwischen dem
allbekannten, dem philosophischen und dem kabbalistischen Weg.
Unter dem allbekannten Weg verstand er den Weg der Muslime. Es
scheint, dass er dabei die Sufi vor Augen hatte, die wie die Tanzenden
Derwische im Gottesgedenken (*dhikr*) in eine Art Trance verfallen.
Sich von diesem Weg zu lösen, schien dem Verfasser vergleichsweise
leicht. Anders sieht es mit dem philosophischen Weg aus, den der
Mensch nur schwer hinter sich zu lassen vermag, weil er den Verstand und das Denken immer aufs Neue betört und verführt – aus
eigener Erfahrung beschrieb der Verfasser das philosophische Denken als Droge.

Er berichtet, dass er schließlich einen Lehrer der Kabbala traf,
der ihm zunächst die Technik der Permutation (Vertauschung, Ersetzung) und der Kombination von Buchstaben erläuterte und ihn in die
Zahlenmystik des Sefer Jezirah einführte. Nachdem er sein Denken
von allem Materiellen gereinigt hatte, begann er damit, Buchstaben
auf dem Papier zu kombinieren und dabei zu meditieren. In der dritten Nacht nickte er ein, bemerkte aber, dass die Kerze ausging. Dennoch brannte das Licht weiter, mehr noch, allmählich begriff er, dass
das Licht von ihm ausging.

Als er seinem Lehrer seine Aufzeichnungen vorlegte, riet ihm dieser, die heiligen Namen Gottes zu kombinieren. So begann er des Nachts den großen Namen Gottes, der aus 72 Buchstaben besteht, zu permutieren. Plötzlich standen ihm die Haare zu Berge: Buchstaben wurden zu großen Bergen, und alle Kraft wich aus ihm. Er fürchtete, wahnsinnig zu werden, doch dann sprach eine Stimme aus seinem Herzen, die pure Weisheit verkündete. In diesem ekstatischen Moment drang der Strom der Weisheit ins Herz oder in die Seele des Kabbalisten, wie es Abraham Abulafia lehrte. Auf diesem Weg arbeitete er weiter, bis er in der Sabbat-Nacht, nachdem er zwei schlaflose Nächte hinter sich gebracht und immerzu über seinen Permutationen gesessen hatte, spürte, dass die Vorstellung in ihm so groß wurde, dass die Stirn zu platzen drohte. In Todesangst nahm er sich das heilige Tetragramm JHWH vor, wobei er fürchtete, für das Ungeheuerliche seines Frevels bestraft zu werden. Doch dann fragte ihn eine Stimme, die aus ihm selbst kam, worin er gesündigt hätte? Gott wolle ja erkannt werden, er wolle seine Geheimnisse mit den Menschen teilen. Während er noch sprach, wurde er wie der Messias vom Kopf bis zu den Füßen mit Salböl gesalbt und geriet darüber in unaussprechliche Verzückung.

Abulafias Schüler fasste seine Erfahrung so zusammen: Um den kabbalistischen Weg zu gehen, ist es nötig, den Körper rein zu halten, weil der Körper ein Spiegel der Seele ist. Als Nächstes muss sich der Mensch von den Sehnsüchten des Körpers und der Seele und von den Gefühlen freimachen, um die Seele vom Irdischen zu reinigen – und sei es von der Liebe zum einzigen Sohn –, und seine Konzentration ganz auf Gott zu richten. Der Geist muss von den Wissenschaften geläutert werden. Nachdem dies alles geschehen ist und der Mystiker sich in ein einsames Haus zurückgezogen hat, kann er mit der Kombination und Permutation der Buchstaben beginnen. Darüber gelangt er zu der Kunst des Springens, des Assoziierens, die in der Meditation besteht. Die Meditation schreitet zunächst von den Buchstaben und der Sprache voran zur Vorstellung, der Imagination. Wenn die Kontrolle des Denkens überwunden ist und der Imaginationsstrom frei fließen kann, gelangt der Kabbalist an den Punkt, an dem er nicht mehr spricht, noch zu sprechen vermag. Fährt er weiter fort, erreicht er schließlich den Punkt, an dem das Innerste zum Äußeren wird »und durch die Macht der reinen Imagination die Gestalt eines polierten Spiegels«[247] annimmt.

So hatte es Rabbi Abulafia gelehrt, wenn er davon sprach, dass sich das eigene Selbst in der Meditation einem gegenübersetzt und mit einem spricht. Der Schüler spricht in dieser Weise vom innersten Sein, das nun außerhalb des Selbst ist. Durch die Ekstase hat der Mensch Zugang zu seinem innersten Wesen erlangt.

DER SOHAR – GOTTES VERBORGENE SPRACHE

Zur gleichen Zeit – gegen Ende des 13. Jahrhunderts – entstand in Kastilien ein Buch, das für die andere große Richtung der Kabbala steht – und das wahrscheinlich von Moses Ben Schem Tov de León (1250–1305) stammt. Das Buch trägt den schönen Titel »Sohar«, Lichtglanz. Verfasst ist es als eine Art mystischer Roman, als eine Erzählung, deren Figuren dem Leser vor allem in ihren Dialogen und Monologen den mystischen Weg zu Gott weisen. Der »Sohar« gehört zu den sogenannten Pseudepigraphen, Büchern, die fälschlicherweise einem anderen – bedeutenderen – Autor zugeschrieben wurden. Der wirkliche Verfasser des »Sohar« hat sich wohl aus zwei Gründen nicht zu erkennen gegeben: einmal aus Bescheidenheit und aus Demut gegenüber den großen Gegenständen, von denen er sprach, zum anderen, um seinem Werk ein anderes Gewicht, eine höhere Bedeutung und eine größere Glaubwürdigkeit zu verleihen. In einer Kunstlandschaft, die er Palästina nennt und die mit dem realen Palästina nichts gemein hat, das er aus eigener Anschauung auch gar nicht zu kennen scheint, bewegt sich der berühmte Rabbi Simon ben Jochai mit seinem Sohn Eleasar im Kreise der Freunde und Schüler. Und während sie wie Aristoteles mit seinen Peripatetikern hin und her wandeln, sprechen sie über Himmel und Erde. Die Gespräche und Reden haben den Charakter von Lehrunterweisungen, wobei der Verfasser des »Sohar« dem Aufbau der Tora folgt, die in Wochenabschnitte zur Lesung in der Synagoge untergliedert ist.

Interessanterweise findet sich im »Sohar« auch gnostisches Gedankengut. In Spanien, in Gerona, in Toledo, in Barcelona, vielleicht in León existierten Gruppen sehr aktiver Kabbalisten. Möglicherweise fühlten sich einige von ihnen der Gnosis verpflichtet. Anderseits ist es auch die Zeit, in der das gnostische Denken mit den Katharern und Albigensern nach Südfrankreich kam und durch deren Verfolgung sicher auch bis nach Spanien vordrang.

Bemerkenswert und sehr gnostisch mutet die Tatsache an, dass der »Sohar« eine »linke Emanation« kennt. Während die rechte Emanation die Schöpfung der Welt ist, wie sie im Buch Jezirah protokolliert wurde, erklärt die linke Emanation die Entstehung des Bösen und stellt die Ordnung der Welt des Satans dar. Den zehn reinen oder heiligen *sefiroth* stehen im »Sohar« nun die zehn unreinen oder unheiligen *sefiroth* entgegen.

Der Verfasser des »Sohar« bezieht sich auf das Buch Jezirah, besonders auf die Lehre von den *sefiroth*, die für ihn das Leben Gottes im Erschaffen und in der Schöpfung darstellt und die er vertieft und weiterbearbeitet und anwendet. Gottes Biographie findet im Kreislauf der *sefiroth* statt. Im Grunde existierte die Schöpfung in Gott und Gott in der Schöpfung in einer großen Einheit, einem in sich geschlossenen Kreislauf von Attraktion und Kontraktion, als ein Ein- und Ausatmen. Dieser Kreislauf wurde jedoch durch den Sündenfall Adams unterbrochen. Dadurch entstand eine schlechte materielle Welt, und Gott entrückte, wurde transzendent. Jetzt erst standen sich Welt und Gott gegenüber. Das Böse entstand, weil die Welt in Unordnung geraten war.

Durch Adams Sündenfall zerfiel die rein übersinnliche Welt in die sinnliche, materielle und die reine, immer noch übersinnliche Welt. Erst durch den Weg des Erkennens, den der »Sohar« mithilfe von Zahlen- und Buchstabenmystik vermitteln will, wird es möglich, das Böse zu besiegen und die ursprüngliche Einheit der Welt wiederherzustellen – wenn man so will, Adams Fehltritt ungeschehen zu machen.

In diesen Vorstellungen in den *sefiroth* und im »Sohar« zeigen sich
Relikte der antiken Religionen. Das geheime Leben der Welt ent-
strömt der *sefira yessod*. Das Bild des Königs, der die neunte *sefira* bildet
und in den, wie in der Grafik gut sichtbar, alle anderen *sefiroth* einströ-
men, wird zur Metapher für die Schaffenskraft, die sich in der *schechina* im Hierosgamos, in der heiligen Hochzeit verwirklicht. Sie wird
gleichgesetzt mit der *sefira malchut*.

Im »Sohar« heißt es dazu: »Du magst aber fragen: Diese Hohen,
die von zwei Seiten kommen, warum steigen sie in diese Welt hinab
und warum müssen sie dieselbe wieder verlassen? Vergleich es einem
König, dem einst ein Sohn geboren wurde. Schickte er ihn in ein Dorf,
um ihn großzuziehen, auf dass man ihn, wenn er herangewachsen,
die Wege zum Palast des Königs lehrte. Als nun der König hörte, dass
sein Sohn herangewachsen war, was tat er in der Liebe zu seinem
Sohn? – Er entsendet die Gattin (die *schechina* – d. Verf.) zu ihm, sie
bringt ihn in sein Zelt, dass er sich den ganzen Tag an ihm erfreue.«[248]
So wird die Welt zur Bewährung für die Seele, für die *neschama*. Sie
muss in die Welt, um sich zu bewähren, bevor sie endgültig zu Gott
zurückkehren kann.

Die *schechina*, die als weiblich definiert ist, wird auf diese Weise
zum weiblichen Grund Gottes, zu einer Erinnerung an die zeugen-
den Muttergöttinnen der Antike – und auf merkwürdige Art und
Weise zu einer Schwester der Jungfrau Maria. Das muss erläutert
werden. Als letzte *sefira* wird die *schechina* zur Tochter Gottes. Sie
stammt aus dem Licht und muss dennoch in fremde Lande ziehen.
Auf diese Weise wird sie zum Symbol des Volkes Israels, das ebenfalls in der Zerstreuung lebt. Gershom Scholem nennt sie eine »unsichtbare Kirche«. Aber auch für den christlichen Mystiker – nicht
nur ihm, aber ihm besonders – wird Maria zu einem Bild der Kirche,
Maria wird zur Ecclesia und stellt den Schoß des Glaubens dar. Als
Kirche aber sind sowohl die *schechina* als auch die Jungfrau Maria die
Braut Gottes, die Tochter ebenfalls. Die Katholiken nennen die Kirche in Anspielung auf Maria auch die Tochter Zions. Im »Sohar«
wird die *schechina* zum Ewigweiblichen, zum weiblichen Urgrund
Gottes, Ausdruck seiner Herrlichkeit und schließlich zum Geheimnis

des Glaubens, denn der Mystiker kommt nur durch sie zu Gott. Und wenn die Jungfrau Maria als gesegnet unter den Frauen, als Vorbild der Frauen verehrt wird, so heißt es im »Sohar« über die *schechina*: »Alle Frauen der Welt stehen in ihrem Geheimnis.«[249]

Gott wirkte, und es floss alles von oben nach unten und von unten nach oben. Erst der Sündenfall Adams brachte alles in Unordnung. Doch diese Unordnung kann überwunden werden, und der »Sohar« weist den Frommen den Weg dorthin: Da die obere und die untere Welt nach den Gesetzen der Sympathie, des Zusammenklingens funktionieren, kann der Mensch, wenn er fromm und gerecht lebt, durch seine Handlung auf Erden den Himmel beeinflussen. Hierzu muss er in der *debekuth* (»Anhaften«) mit Gott sein.

Als höchster sittlicher Wert beschreibt *debekuth* das ständige Streben des Menschen nach liebendem Verbundensein mit Gott und wird daher zur Form der Erlösung schlechthin. Alle grundlegenden Werte wie Gottesfurcht, Keuschheit, Reinheit des Gedankens, Wohltätigkeit, Torastudium, Buße, Fleiß, Gebet werden von der *debekuth* wie von einem Gravitationszentrum zentriert und geordnet.

In Italien machte in diesen Jahren die Religion der Armut des heiligen Franz von Assisi Karriere, die von den radikaleren Armutspropagandisten wie den Fratizellen oder Dolcinisten in ihren Forderungen noch übertroffen wurde. Jene franziskanischen Bettelmönche oder Anhänger des Fra Dolcino, die von der katholischen Kirche als ketzerische Sekten verfolgt wurden, zogen durch das Land und zündeten die Paläste der Reichen an. In Spanien trat der Franziskaner-Spirituale Petrus Olivi gegen den Luxus und den Reichtum auf und verfasste, nebenbei bemerkt, die erste Theorie des Geldes im Abendland.

Die Kabbalisten blieben von alledem nicht unberührt. Im »Sohar« wird oft der Ausdruck »die Armen« mit demselben Wort benannt, das auch für die wahren Frommen gebraucht wird. Es klingt fast, als sei es einem Sufi-Traktat entnommen, wenn die Armen als der wirkliche Hofstaat Gottes bezeichnet werden.

Der »Sohar« unterscheidet drei Formen der Seele, *nefesch* – das

Leben oder die allgemeine Menschenseele – *ruach* – den Geist – und *neschama* – die eigentliche Seele, den göttlichen Funken. *Neschama* ist die tadellose Seele, mit der die Einsicht in die verborgene Natur Gottes gelingt. Deshalb entspringt sie der *binah*, dem göttlichen Intellekt. Allein *nefesch*, die allgemeine Menschenseele, ist zur Sünde fähig, *neschama*, die tadellose Seele, dagegen nicht. Sündigt der Mensch, verlässt ihn die *neschama,* und ein Dämon von der linken Seite der Schöpfung tritt an ihre Stelle. Nach dem Tod wird deshalb auch nur die *nefesch,* niemals aber die *neschama* bestraft.

Die tadellose Seele ist es auch, die durch gute Taten bereits auf Erden an ihrem Himmelsgewand wirkt. Im Himmel leben die Seelen in seliger Schau in der Vereinigung mit Gott. Es heißt, bevor *neschama* in einen irdischen Körper fahre, habe sie noch eine Audienz bei Gott. Dieser ermahne sie, auf Erden ihrer Verpflichtung nachzukommen, Gutes zu vollbringen. Es ist wie im Christentum und im Islam: Kleine Sünder werden in der Gehenna geläutert, große Sünder allerdings verbrannt. Die Gehenna ist verglichen mit christlichen Vorstellungen Hölle und Fegefeuer in einem.

Der Kabbala als geheime Religion stand nicht nur in der jüdischen Geschichte eine große Zukunft bevor, sondern auch in der christlichen – was im späten Mittelalter noch niemand ahnen konnte.

DIE ENTDECKUNG DES GEHEIMEN ERBES – PICO DELLA MIRANDOLA

»Nulla est scientia, quae nos magis certificet
de diunitate Christi, quam Magia et cabala.«
(*Es gibt keine Wissenschaft, die über*
die Gottheit Christi mehr Sicherheit verleiht
als die Magie und die Kabbala.)

Giovanni Pico della Mirandola

»Auch jener Ägypter, den sie Trismegistos nennen,
sagt: Der Weise hebt das Schicksal auf.
Er steht nicht unter der Gewalt der Notwendigkeit
und unterliegt nicht den Gesetzen des Kosmos,
sondern er ist in den Himmel hinaufgelangt.
Sein Denken befindet sich oben
bei den himmlischen Erscheinungen.«

Didymus von Alexandrien

Man schrieb das Jahr 1486. Ein junger Gelehrter, der gerade seinen dreiundzwanzigsten Geburtstag gefeiert hatte, brach von Florenz nach Rom auf. Er hatte etwas Außergewöhnliches, ja Weltstürzendes vor: Nach Epiphania 1487 wollte er in Anwesenheit des Papstes Innozenz VIII., Giovanni Battista Cibo (1432–1492) mit bürgerlichem Namen, und des Kardinalskollegiums einen Kongress europäischer Gelehrter eröffnen, die er auf seine Kosten nach Rom eingeladen hatte. Giovanni Pico della Mirandola hatte sich kein geringeres Ziel gesetzt, als die Meinungsverschiedenheiten der Philosophen und Theologen über die Schöpfung und den Glauben beizulegen und zu einer einheitlichen Sicht zu kommen, zu einer großen Synthese, zu einer einzigen Religion. Die Idee erinnert an Hans Küngs Projekt Weltethos, nur dass der Renaissancephilosoph ein sehr viel radikaleres Konzept vorschlug. Bedenkt man, dass der junge Mann bald darauf die »Canzona dell'Amor celeste e divino«, ein Gedicht seines Freundes Girolamo Benivieni, auslegen sollte, dann legt schon der Titel – Lied von der himmlischen und göttlichen Liebe – die Vermutung nahe, dass es sich bei seinem Vorhaben um das Projekt der Religion der Liebe handelte. Picos Vorstoß stellte den letzten groß angelegten Versuch dar, die universale Religion des Mittelalters, die Religion der Liebe, durchzusetzen.

Als Grundlage der Diskussion hatte Pico die gewaltige Zahl von 900 Thesen verfasst. Die Zahl Neun symbolisierte die *anima in se ipsam recurrens* (die in sich selbst zurückkehrende Seele), denn sie bestand aus drei mal drei, die Trinität, die in Erscheinung trat und wieder in die Verborgenheit zurückkehrte. Es hätten auch neun oder neunzig Thesen sein können, wenn er nicht diese Anzahl benötigt hätte, um der Diskussion den notwendigen Boden zu bereiten.

Das Thesenwerk bildeten zwei unterschiedliche Teile. Die 402 Thesen des ersten Teils beschäftigten sich mit den Anschauungen erstens scholastischer Philosophen wie Albertus Magnus, Meister Eckharts Lehrer, und wie Thomas von Aquin, der maßgeblichen theologischen Autorität des Katholizismus, zweitens muslimischer Philosophen wie Ibn Sina (Avicenna) und Ibn Ruschd (Averroes), der seinerzeit mit dem jungen Ibn Arabi diskutiert hatte, drittens der heidnischen griechischen Philosophen, dem im Mittelalter berühmten Aristoteliker Simplikios, den Neuplatonikern Iamblichos von Chalkis, Plotin, Proklos und dem mystischen Philosophen Pythagoras. Auch die Schriften des Hermes Trismegistos kamen zur Sprache und schließlich die Kabbala selbst.

Im Zuge der Vorbereitung auf den Kongress und die Zusammenstellung seiner Thesen hatte Pico mindestens fünf Foliobände mit kabbalistischen Schriften ins Lateinische übersetzen lassen. Ein sizilianischer Jude namens Samuel ben Nissim Abulfaradsch, der sich nach seiner Konversion zum Christentum Raimondo Guglielmo de Moncada nannte, fertigte die Übersetzungen für den jungen Gelehrten an. Zudem ließ sich Pico im Hebräischen unterweisen.

Da die 402 Thesen die Anschauungen der oben genannten Philosophen und Theologen wiedergaben, bestand kein Grund für die römischen Kleriker, sie zu bemängeln. Anders sah es mit den folgenden 498 Thesen aus, die Picos Interpretationen und Gedanken enthielten, besonders zu den Fragen der Kabbala und der Magie – der *magia naturalis* wohlgemerkt, der Weißen Magie. Von der Schwarzen, Verderben bringenden und mit Dämonen und Teufeln im Bund stehenden Magie distanzierte sich Pico entschieden.

Was er nun darlegte, war kühn, wenn nicht gar häretisch. Er vertrat die Ansicht, dass alle Theologien, die jüdische wie auch die muslimische, auch die Konzepte der heidnischen Philosophen letztendlich vom christlichen Gott sprechen, freilich in ihrer Sprache. Deshalb riet er nachdrücklich dazu, sie alle anzuhören, diese Anschauungen nicht zu verdammen, sondern ihnen geduldig zuzuhören, weil sie auf ihre eigene Weise von Gott sprächen. Sein Traktat »Über die Menschenwürde«, das ursprünglich als Eröffnungsrede gedacht war, beginnt geradezu programmatisch mit folgendem Hinweis: »Ich las in den Werken der Araber ...«[250] Die nächste Autorität, die der junge Gelehrte zitierte, war Hermes Trismegistos unter dem römischen Namen Merkur, dessen Werk die theoretische Grundlage der Renaissancemagie bildet, worauf noch zurückzukommen sein wird. Nach dem Hinweis auf die Perser, und damit unausgesprochen auf Zarathustra (Zoroaster), wird der alttestamentarische König David erwähnt. Als erste rein christliche Autorität taucht (erst auf Seite 31 der 67 Seiten in der zweisprachigen Ausgabe des Hamburger Felix Meiner Verlags) der Kirchenvater Augustinus auf.

Diese strukturelle Tatsache spricht Bände. Neben den alttestamentarischen Patriarchen und Propheten zitiert Pico die chaldäischen (babylonischen) Theologen und die griechischen Philosophen. Weit vor Jesus Christus geht es in diesem Text um die Religionsstifter Zarathustra und Mohammed, und Zarathustra zumindest wird sogar öfter erwähnt als Gottes Sohn. Am häufigsten wird auf Platon verwiesen, dann folgen Pythagoras und weit abgeschlagen Jesus Christus mit zwei Verweisstellen. Die erste Stelle unter den zitierten

Christen nehmen Augustinus und der Stammvater der christlichen Mystik, Dionysius Areopagita, ein.

Schon diese einfache Auflistung verdeutlicht, dass der Verfasser eine Synthese im Sinn hatte. Nicht aus christlicher Sicht blickt er auf andere Religionen und pagane Philosophien, sondern – und das ist das atemberaubend Neue – er richtet seinen Blick von den Vorstellungen anderer Religionen und Philosophien aus auf das Christentum als die Form, in der alles, was gedacht worden war, Platz und Funktion findet. Das Christentum wird ausgeweitet zu einer universalen Religion, zur Religion der Liebe schlechthin. Was Pico plante, war nichts Geringeres als die Öffnung des Christentums für die anderen und vor allem für die geheimen Religionen.

Dass damit das Christentum selbst verändert würde, wenn im dogmatischen Sinn nicht sogar abgeschafft, war ihm sicher nicht bewusst, den römischen Klerikern indes schon, denn sie merkten sofort, dass sie in dieser neuen, universalen Religion keinen Platz und keine Funktion haben würden. Picos Vorstellungen gipfelten in den Wirkungen, die sich einstellen mussten: im Aufgehen des Christentums sowie aller anderen Religionen und Philosophien in der Religion der Liebe, wie sie im Hochmittelalter ihre Ausprägung fand. Das war kein bewusster Akt – Pico selbst hielt diese Religion vermutlich für Christentum, ohne die gewaltigen Folgen zu überblicken –, sondern die notwendige Folge daraus, wenn man die vielen geistigen und religiösen Strömungen, angefangen von den römischen Mysterienreligionen, den griechischen Philosophen wie Platon und Aristoteles, aber auch Pythagoras und Empedokles in ein einziges Flussbett leitete. Es fällt auf, dass Pico eine Vorliebe für mystische Philosophen und Gestalten hegte, für Dionysius Areopagita, für die Neuplatoniker, für Gestalten der antiken Mythologie wie Orpheus oder Zalmoxis, für die römischen Mysterienreligionen, allen voran die des Bacchus (Dionysos), für Zarathustra und Hermes Trismegistos.

Der junge Mann, der spielerisch und mit großem Charme diese grundstürzende Revolution loszutreten gedachte, entstammte dem alten Geschlecht der Grafen von Mirandola und Fürsten von Concordia, weshalb Freunde ihn gern den *princeps concordiae* nannten, was sowohl Fürst von Concordia als auch Fürst der Eintracht, der Einheit hieß. Denn die mannigfaltige Einheit der Welt stellte für ihn Gott dar, ein Gott, der schwer in die Raster der christlichen Schultheologie passte. Um es mit einem Wort zu sagen: Sein Gott war nicht der Allerhöchste der Theologen, sondern ihm stand der Gott der Philosophen vor Augen.

Aber Pico war nicht nur ein fleißiger Gelehrter, sondern auch ein gut aussehender, junger Graf, der geradewegs dem »Decamerone« seines Landsmannes Giovanni Boccaccio entstiegen zu sein schien. Kurz und gut, als er auf seiner Reise in Arezzo Zwischenstation machte, verliebte er sich heftig in eine Frau, die er mit ihrem Einverständnis entführte. Arrangiert wurde die romantische Angelegenheit durch den Sekretär des Grafen, Cristoforo da Casalmaggiore. Dass sich ein Mann wie Pico, der sich so Großes vorgenommen hatte, unterwegs noch Zeit nahm für eine kleine Affäre, gehört zu seinem Charme wie zum sympathischen Background der Geschichte. In unseren effizienten dünnlippigen Zeiten fragt man sich: Ja, hatte er denn nichts Besseres zu tun? Wohl eben nicht!

Der eifrige Sekretär hatte es so arrangiert, dass der Graf just zu der Stunde durch das Städtchen ritt, als ihm die Angebetete, Margherita de' Medici, entgegenkam, die mit Mariotto, einem entfernten Verwandten der Florentiner Medici, verheiratet war. Willig ließ sie sich von Pico auf das Pferd ziehen, und schon ging es im Galopp davon. Der gehörnte Ehemann nahm samt seinem Anhang die Verfolgung auf und gewann seine Frau zurück – dem jugendlichen Liebhaber gelang die Flucht.

Dieses aufreibende, aber schließlich wenig Erfüllung bringende Abenteuer hinderte Pico nicht daran, weiter nach Rom zu ziehen. Mehr Zeit, als er dadurch verloren hatte, entging ihm in der Ewigen Stadt, denn Papst Innozenz VIII. konnte sich nicht dazu durchringen, die Disputation zu gestatten. Schließlich mehrten sich die kritischen Stimmen, und die 900 Thesen wurden von einem Kollegium untersucht. Von nun an wurde Graf Giovanni Pico della Mirandola mehrmals einbestellt und befragt. Als abzusehen war, dass einerseits die Disputation nicht zustande kommen würde, andererseits das Verfahren bedrohlich über ihm schwebte, verließ er überstürzt die Ewige Stadt. Das wurde ihm prompt als Flucht ausgelegt – und der junge Gelehrte wurde dadurch zum Fall für die Inquisition.

Die Kommission verurteilte schließlich dreizehn Thesen der zweiten Gruppe, die seine Thesen wiedergaben. In Vincennes wurde Pico, inzwischen mit päpstlichem Haftbefehl gesucht, 1488 von Philipp von Savoyen verhaftet, aber weder ausgeliefert noch vor ein Gericht gestellt, weil sich die Theologen der Sorbonne weigerten, ein Häresieverfahren gegen ihn zu eröffnen. Der französische König Karl VIII., aber auch der ungekrönte Herrscher von Florenz, der einfache Bürger Lorenzo de' Medici, setzten sich beim Papst persönlich für den jungen Grafen ein. Pico wurde aus der Haft entlassen und leistete der Einladung des großen, heute fast vergessenen Philosophen Marsilio Ficino nach Florenz Folge. Noch im gleichen Jahr traf er in der Arnostadt ein.

Unter dem Schutz Lorenzos lebte Graf Giovanni Pico della Mirandola geliebt und bewundert, bis ihn am 17. November 1494 im zweiunddreißigsten Jahr ein rätselhafter Tod dahinraffte, am gleichen Tag, an dem sein zweiter Gönner König Karl VIII. von Frankreich an der Spitze seiner Truppen in Florenz einritt. Lorenzo de Medici ruhte zu dieser Zeit bereits zwei Jahre unter der toskanischen Erde, und seine Söhne befanden sich auf der Flucht. Die Macht in Florenz hielt der düstere Prediger Girolamo Savonarola in den Händen.

Niemand vor Giovanni Pico della Mirandola hatte das große Erbe der geheimen Religion der Liebe, wie sie im hohen Mittelalter erblüht war, mit einer ähnlichen Begeisterung angenommen und für seine Zeit nutzbar zu machen versucht. Es ist faszinierend, wie souverän er dabei von der jüdischen Kabbala ausging und sie zu einer christlichen Kabbala umformte, denn die Kabbala bot ihm ein Weltmodell. Auch Pico ging von der Vorstellung aus, dass die göttlichen Namen die Welt erschufen, weil sie Gestaltwerdungen Gottes sind. Dabei konnte er sich durchaus auf das Evangelium seines Namensvetters Johannes berufen, in dem es ja heißt (Joh 1,1-18):

»Im Anfang war das Wort, und das Wort war bei Gott, und das Wort war Gott. Im Anfang war es bei Gott. Alles ist durch das Wort geworden und ohne das Wort wurde nichts, was geworden ist. In ihm war das Leben und das Leben war das Licht der Menschen. Und das Licht leuchtet in der Finsternis und die Finsternis hat es nicht erfasst.

Es trat ein Mensch auf, der von Gott gesandt war; sein Name war Johannes. Er kam als Zeuge, um Zeugnis abzulegen für das Licht, damit alle durch ihn zum Glauben kommen. Er war nicht selbst das Licht, er sollte nur Zeugnis ablegen für das Licht.

Das wahre Licht, das jeden Menschen erleuchtet, kam in die Welt. Er war in der Welt und die Welt ist durch ihn geworden, aber die Welt erkannte ihn nicht. Er kam in sein Eigentum, aber die Seinen nahmen ihn nicht auf. Allen aber, die ihn aufnahmen, gab er Macht, Kinder Gottes zu werden, allen, die an seinen Namen glauben, die nicht aus dem Blut, nicht aus dem Willen des Fleisches, nicht aus dem Willen des Mannes, sondern aus Gott geboren sind. Und das Wort ist Fleisch geworden und hat unter uns gewohnt und wir haben seine Herrlichkeit gesehen, die Herrlichkeit des einzigen Sohnes vom Vater, voll Gnade und Wahrheit ...

Aus seiner Fülle haben wir alle empfangen, Gnade über Gnade. Denn das Gesetz wurde durch Moses gegeben, die Gnade und die Wahrheit kamen durch Jesus Christus. Niemand hat Gott je gesehen. Der Einzige, der Gott ist und am Herzen des Vaters ruht, er hat Kunde gebracht.«

Und Johannes bezeugte (Joh 1,32–34):

»Ich sah, dass der Geist vom Himmel herabkam wie eine Taube und auf ihm blieb. Auch ich kannte ihn nicht; aber er, der mich gesandt hat, mit Wasser zu taufen, er hat mir gesagt: Auf wen du den Geist herabkommen siehst und auf wem er bleibt, der ist es, der mit dem Heiligen Geist tauft. Das habe ich gesehen und ich bezeuge: Er ist der Sohn Gottes.«

Erinnern wir uns an den Prozess, in dem *chochmah* als zweite *sefira* aus *kether*, aus dem fremden, fernen und unerkennbaren, weil ununterschiedenen Gott emaniert, und dass die göttliche Intelligenz, die dritte *sefira* dadurch entsteht, dass *chochmah* aus Gott fließt. Das Johannesevangelium sagt, dass das Wort bei Gott war. Das bedeutet, dass erstens Gott (*kether*), zweitens das Wort war, aus dem er drittens in die dritte *sefira* emaniert, die schaffende Intelligenz, aus der alles wird.

Aus Picos Sicht gab es eine hohe Übereinstimmung zwischen dem Prolog des Johannesevangeliums und den zehn *sefiroth*. Aber der junge Wissenschaftler, der ein Einheitsdenker war, entdeckte eine zweite, verborgene Aussage, durch die sich die jüdische Kabbala in eine christliche Kabbala verwandelte.

Kein Jude hätte in den ersten drei *sefiroth* die Trinität gesehen. Pico schon. Denn das Wort ist Fleisch geworden, und das heißt nichts anderes, als dass es zum Sohn wurde. Wenn das Wort aber der Heilige Geist ist, dann geht der Heilige Geist vom Vater aus, der als Sohn Fleisch wird. Vergessen wir nicht, dass sowohl *ruach*, der Geist, als auch *chochmah*, die Weisheit, im Hebräischen weiblich sind.

Gut kabbalistisch kann Pico dieses Konzept mit den Mitteln der Buchstabenmystik belegen und durchführen. Seine sechste These lautet: »Die drei Großen Namen des göttlichen Vierers ($\mathcal{JHWH}$ – d. Verf.), die in den Geheimnissen der Kabbalisten liegen, müssen in einer wunderbaren Weise so auf die drei Personen der Trinität angewandt werden ...«[251]

In seiner fünfzehnten These zog er folgenden Schluss: »Durch den Namen Jod, **He**, **Waw**, **He**, der der unaussprechliche Name ist (JHWH, d. Verf.), von dem die Kabbalisten sagen, er sei der Name des kommenden Messias, wird klar erkannt, dass der Sohn Gottes durch den Heiligen Geist Mensch werde und dass nach ihm zur Vervollkommnung des Menschengeschlechts der Tröster kommen werde.«[252]

Der Tröster ist derjenige, der Mut zuspricht und dem Menschen hilft, indem er ihn zur Erkenntnis Gottes und zu der rechten Art zu leben anleitet. Zum einen wird der Tröster (griech. *parakletos*) im Johannesevangelium als Heiliger Geist gesehen, den Jesus nach seiner Himmelfahrt den Menschen als Helfer schickte – dieses Vorgangs gedenken die Christen zu Pfingsten –, aber im 2. Johannesbrief wird der Tröster auch mit Jesus Christus selbst identifiziert.

Da Gott eine dynamische Einheit ist, die sich selbst hervorbringt, sich selbst in ihrer Einheit erkennt und offenbart, muss man sich das Leben innerhalb der Trinität als durchaus fließend vorstellen, so wie wir es als Emanieren Gottes in den drei höchsten *sefiroth* (*kether*, *chochmah* und *binah*) kennen.

In seiner zehnten These hatte Pico zuvor darauf hingewiesen, dass, »was bei den Kabbalisten Chokhma, Weisheit, heißt, das ist ohne Frage das, was von Orpheus Palla, von Zoroaster mütterlicher Geist, von Hermes Gottes Sohn, von Pythagoras Sapientia, von Parmenides intelligible Sphäre benannt wird«[253]. Damit erklärte er die Kabbala zur christlichen Kabbala, die er zu einem wichtigen Werkzeug der Erkenntnis Gottes machte, und belegte seine Grundthese, dass alle Religionen und alle Philosophien an der Erkenntnis Gottes teilnähmen, weshalb es notwendig sei, sie zu studieren.

Mit diesem Konzept gelang ihm etwas außergewöhnlich Folgenreiches: Er bereitete den Weg für eine Kabbala, die eine ungeheure Rezeption im christlichen Bereich erfuhr und bis auf den heutigen Tag zu einer der Säulen der späteren Geheimwissenschaften und der geheimen Religionen werden sollte. Begonnen mit dem genialen Hebräisten und Humanisten Johannes Reuchlin über den Magier Agrippa von Nettesheim, über Sir John Dee und Robert Fludd, die Rosenkreuzer und Knorr von Rosenroth werden sie alle weitergehen auf dem Weg, den Pico gewiesen hatte.

Johannes Reuchlin sollte die magische Vorstellung des Pentagramms aus der Kabbala entwickeln, indem er den Buchstaben *shin*, der die Mitte des Namens Jesu bildete, in des Tetragramm JHWH hineinkomponierte, sodass daraus das Pentagramm JHSWH wurde. In seiner Schrift »De arte cabbalistica« schrieb Reuchlin, der Engel Raziel habe verkündet, dass der kommende Erlöser als Mensch geboren würde und in seinen Namen i.e.u.h. das *shin* als Buchstabe des Erbarmens in der Mitte des Namens erscheinen werde. Dadurch würde aus dem Tetragramm das Pentagramm, ein fünfzackiger Stern, dessen Zacken aus Dreiecken bestanden, die wiederum die Trinität symbolisierten.[254]

In unserer einseitigen Konzentration auf die cartesianische Logik haben wir die Denkwege des Symbols, des Analogen und der Assoziation – im Sinne des »Sprungs« von Abraham Abulafia – verkümmern lassen. Einzig die Kunst hält diese Denkwege noch offen, allerdings um den Preis, dass sie nicht wirklich ernst genommen wird, sondern zu einer Spielwiese verwöhnter Wohlstandskinder verkommt.

Was sie alle – Kabbalisten, Mystiker, Magier und Wissenschaftler – bewegte, was sie suchten, war nichts Geringeres als der Schöpfungscode, der Bauplan der Welt. Gottes Sprache war das Paradigma, seine Worte symbolisierten die Kräfte der Schöpfung, die Buchstaben die Elemente, und die Grammatik stand für die Architektur der Welt. Diese Sprache Gottes wurde oft auch *lingua adamica* genannt, die Sprache Adams, denn in der Bibel heißt es, dass Gott Adam erstens zu seinem Ebenbilde schuf und zweitens alle Tiere zu ihm brachte, auf dass er sie benannte. Durch den Sündenfall ging Adam dieser göttlichen Sprache verlustig.

Die Entdeckung oder Rekonstruktion von Gottes Sprache bedeutete also, zu erkennen, was die Welt im Innersten zusammenhält, das herauszufinden, wonach die Wissenschaften freilich mit anderen Methoden suchen.

Moses war von Gott in dieser Sprache unterrichtet worden. Und es kommt noch besser: Er schrieb sie nieder in den Büchern Mose. Die hebräischen Buchstaben der fünf Bücher Mose – Gnostiker wollten dann noch ein sechstes, siebtes und ein achtes Buch gefunden haben – stellten auf der verborgenen Ebene Gottes Sprache dar. Diese war aber nur in den geschriebenen Buchstaben, nicht in den gesprochenen Lauten zu finden, denn die Laute fielen bereits in den Bereich der menschlichen Hervorbringung und waren mithin vom einzelnen Sprecher abhängig. Modern gesprochen lag für die Kabbalisten in den fünf Büchern Mose der Gottescode verborgen.

Die Kabbala bot nun Methoden an, wie die heiligen Zeichen

Gottes zu entschlüsseln seien. Grob gesagt wies die Kabbala nun auch als christliche Kabbala den Weg zu Gott durch die Erkenntnis Gottes. Dass sich mit der Kenntnis der Mittel, mit denen Gottes wirkmächtige Buchstaben zu entschlüsseln waren – immer unter der Voraussetzung, dass Gott durch die Sprache schuf –, auch die Wirklichkeit beeinflussen ließ und der Weg zur Weißen und auch zur Schwarzen Magie offenstand, versteht sich von selbst.

So abstrakt das klingen mag, so konkret wird es, wenn man diese Vorstellung bis in den Volksglauben hinein verfolgt, in dem Zaubersprüche ein wichtiges Mittel bereitstellen, dessen sich Zauberer und Hexen bedienen. In den ältesten schriftlichen Überlieferungen der Menschheit wie jenen der Babylonier und der Hethiter finden sich umfangreiche Texte, die vielfältige Schutz- und Schadenzauber enthalten. Auch hier spielte neben anderen Praktiken wie dem Brauen von Substanzen die richtige und exakte Wortwahl eine wichtige Rolle. Und selbst die Amulette enthalten zuweilen magische Worte. Selbst dem Zauberspruch »Simsalabim« liegt die Vorstellung des schaffenden Wortes ursächlich und ganz direkt zugrunde. Denn unser Simsalabim stellt die Verballhornung der *basmala* dar, die jede Sure des Korans – mit Ausnahme der neunten – einleitet: *bismi allah rahman i rahim* (Im Namen Gottes, des Erbarmers, des Barmherzigen). Denn Gott schafft sowohl in der Bibel als auch im Koran durch das Wort. Das schaffende Wort Gottes wird in der Magie zum Zauberspruch des Magiers oder der Hexe. Durch die engen Kontakte zwischen Muslimen und Christen im Mittelalter und die abenteuerlichen Transportwege geheimen Wissens, die hin und wieder an das Stille-Post-Prinzip erinnern, wurde aus der *basmala* das Simsalabim.

Das andere noch heute bekannte Zauberwort Abrakadabra leitet sich von dem gnostischen Demiurgen Abraxas, den wir bei Basilides finden, her und fand Eingang in die Zauberpapyri. Im Falle des Abrakadabra kam das Wort über die Beschäftigung der Renaissancemagier und Pansophen mit dem spätantiken Geheimwissen in unseren modernen Sprachgebrauch. Neben der gnostischen Erklärung wurde auch vorgeschlagen, dass das Zauberwort Abrakadabra den Gottesnamen und die Trinität enthält (*aw* hebräisch für Gott, *ben*

hebräisch für Sohn und *ruach* hebräisch für Geist), sich also im Wort-
anfang »Abr« von Abrakadabra der Vater, der Sohn und der Heilige
Geist verbergen. Ganz gleich, welcher Erklärung man den Vorzug
gibt – der Zauber leitet sich aus dem Namen Gottes her.

Wenn Gott die Fülle ist, das *pleroma* der Gnostiker, der *kether* der
Kabbalisten, dann ist auch das Wort Fülle, denn im schaffenden
Wort drückt sich Gott aus. So sagt es auch das Johannesevangelium:
Das Wort ward Fleisch und wohnte unter uns.

Insofern konnte Pico zu Recht in seiner später durch die Inquisition als häretisch erklärten zehnten These definieren, dass Gottes
Herrlichkeit in der Kabbala und der Magie aufscheine. Mit der Er-
schließung der Kabbala hatte er dem Renaissancemagier und seinen
Erben – den Hochgradfreimaurern, Rosenkreuzern und Theosophen –
den großen Bereich der Magie des Wortes erschlossen und sie mit
dem Denken aller Völker und aller Zeiten, das ihm einsichtig war,
verbunden.

Im ausgehenden 15. und im 16. Jahrhundert kam es zu Übersetzungen kabbalistischer Texte aus dem Hebräischen ins Lateinische,
die vor allem von Juden angefertigt wurden, die zum Christentum
konvertierten. Bahnbrechend war die Veröffentlichung des kabbalistischen Werkes von Josef Gikatilla (1247–1305), der ein Zeitgenosse von
Moses de León und Abraham Abulafia war, als dessen Schüler er gilt.
Die Übersetzung stammte von Paulus Ricius († 1541), der es zum
Leibarzt Kaiser Ferdinands I. brachte und dafür geadelt wurde, sodass
er hoch angesehen als ein Baron von Ritzenstein verstarb.

Neben der jüdischen Überlieferung waren es die lateinischen
Übertragungen kabbalistischer Traktate, die den Grundstein für den
Siegeszug der Kabbala als geheime Religion legten. Bis in unsere
Tage ist das Interesse an der Kabbala ungebrochen.

Außer auf die Kabbala berief sich Giovanni Pico della Mirandola
noch auf eine zweite mächtige Strömung innerhalb des geheimen
Denkens, die nicht weniger folgenreich bis heute nachwirkt und zum
zweiten Pfeiler des Geheimwissens und der geheimen Religionen
neben der Kabbala wurde: die Überlieferung des geheimnisvollen He-
roen und Gottes Hermes Trismegistos, des dreimal größten Hermes.

Interessanterweise sollen nach antiker Vorstellung, wie wir sie beispielsweise bei dem Neuplatoniker Iamblichos von Chalkis und in der »Weltgeschichte« des Diodorus finden, alle antiken Weisen und Philosophen, auf die sich auch Pico ausdrücklich bezieht, nach Ägypten gereist und ihre Weisheit von dort mitgebracht haben: Platon, Eudoxos, Orpheus und Pythagoras. Als Lehrmeister dieser griechischen Weisen galt Hermes Trismegistos.

HERMETISCH VERSCHLOSSEN – DIE ÜBERLIEFERUNG DES HERMES TRISMEGISTOS

Die Dimension des Abgrundes ist das Hermetische.
Es steht hinter allem Begründeten und Begründbaren,
hinter allem Veränderlichen und Begreiflichen.
Es steht nicht nur dahinter, es durchdringt es auch
und durchtränkt es.«

Heinrich Rombach

Noch einmal begeben wir uns zurück an die Wiege des Glaubens und der geheimen Religionen – ins Ägypten der Pharaonen. Giovanni Pico della Mirandola bezog sich nicht nur auf die Kabbala, sondern auch auf Asklepios, auf Merkur und Hermes Trismegistos. Alle drei Namen verweisen auf einen Kanon geheimer Bücher, einen der größten Mythen der Menschheit, nämlich auf die »hermetischen« Schriften. Von diesem »Corpus Hermeticum« leitet sich das Adjektiv »hermetisch« für geheimnisvoll, vollkommen verschlossen, abgetrennt und unerreichbar her. Was hermetisch abgeschlossen ist, ist sicher und unerreichbar. Niemand dringt bis dorthin vor.

Die Griechen und die Römer ordneten die Hermetik als eine Religion ein, die mit der Offenbarung des Hermes Trismegistos ihren Anfang nahm. Einige sehr einflussreiche Griechen glaubten sogar in der Hermetik die eigentliche, die ursprüngliche Religion zu erkennen: In der Zeit vor der Sintflut habe Hermes Trismegistos, der in Hermopolis am Westufer der Nils verehrt wurde, die geheime Offenbarung Gottes erfahren. Er wiederum habe dann die beiden Götter Isis und Osiris in die Geheimnisse eingeweiht, damit sie diese den Auserwählten unter den Menschen brächten.

Eine andere Vorstellung besagte, dass das Wissen immer wieder durch Katastrophen wie Brände, Überschwemmungen, Vulkanausbrüche, aber auch Kriege von Zeit zu Zeit vernichtet würde, sodass es den Völkern grundsätzlich am Wissen mangele – eine mit Blick auf das Schicksal der Bibliothek von Alexandria nicht von der Hand zu weisende Auffassung. Hermes aber habe das Wissen in Hieroglyphen niedergelegt, und nach der Sintflut hätten verständige Philosophen diese Texte ins Griechische übersetzt. Da der Inhalt an die Form der Hieroglyphen gebunden war, konnten Fehler im Text erstens nur Übersetzungsfehler sein, und zweitens bedurfte es keiner analytischen, sondern einer symbolischen und metaphorischen Interpretation. Das heißt, die Texte konnten nicht einfach gelesen, sie mussten gedeutet werden. Es war so, als spielte sich das, was die Texte beschrieben, für den Leser hinter einer Milchglasscheibe ab. Nur durch geduldige Beschäftigung, genaue Beobachtung und den Erwerb anderer Kenntnisse vermochte er die Texte vielleicht zu deuten.

Mit wohligem Schauer berichtet Diodorus in seiner »Weltgeschichte« davon, wie Orpheus die Elemente seines mystischen Geheimkultes in Ägypten erlernte und Pythagoras am Nil von der Seelenwanderung Kenntnis erhielt, die schließlich den Kern seiner Lehre ausmachte. Bereits für die Griechen – wie später für die Menschen der Renaissance und der Aufklärung – spielte Ägypten als Hort aller Weisheit und unergründlicher Geheimnisse die Hauptrolle. Alles Wissen und aller Glaube kam von den alten Ägyptern.

Doch wer war dieser geheimnisvolle, bis heute verehrte Heilige Hermes Trismegistos, der mythische Ägypter mit dem griechischen Namen, und wie wurde seine Offenbarung weitergegeben? Im Grunde gibt es zwei Erklärungsmöglichkeiten, eine wahrscheinliche und eine unwahrscheinliche.

Die wahrscheinliche Erklärung besagt, dass in der Zeit von Jesu Wirken in Ägypten Texte auftauchten, die dem Hermes Trismegistos zugeschrieben wurden. In Hermopolis wurde der ibisköpfige Gott Thot verehrt, der als Gott des Mondes, der Weisheit und der Magie galt. Zudem wirkte er als Protokollant des Totengerichts. Das christliche Jüngste Gericht verdankt seine gedankliche Herkunft der ägyptischen Religion.

Thot war ein überaus populärer Gott, und seine Rolle als Protokollant beim Totengericht brachte ihm den Beinamen des zweimal Größten ein, denn seine Tätigkeit erstreckte sich sowohl auf die Unterwelt als auch auf die Erde. Die Griechen, die alles Wissen durch ein hohes Alter zu beglaubigen trachteten, entdeckten nun in Thot eine ideale Gestalt, um sie mit ihrem Gott Hermes gleichzusetzen. So entstand der dreimal größte Hermes, der Hermes Trismegistos, der in der Unterwelt, auf der Erde und im Himmel wirkte.

Marsilio Ficino, der das »Corpus Hermeticum« aus dem Griechischen ins Lateinische übersetzte, deutete den Begriff Trismegistos so, dass Hermes verehrt wurde als der größte König, der größte Philosoph und der größte Priester. Allerdings findet sich der Beiname bereits auf einer Tonscherbe des ägyptischen Priesters Hor und bei dem ägyptischen Historiker Manetho. Dieser mythischen Figur wurden nun die Texte zugeschrieben, die man deshalb in der Folge hermetisch nannte. Zumeist haben wir es dabei mit Lehrgesprächen zu tun, in denen Hermes Trismegistos seinen Sohn, Isis oder Asklepios belehrt, oder mit Gebeten.

Für Asklepios lässt sich eine authentische Gestalt ausmachen, nämlich der Priester Imhotep, der um 2700 v. Chr. lebte. Ein zweifelhafter und ungerechter Nachruhm wurde Imhotep (»der, der den Frieden bringt«) als durch und durch bösartiger Wiedergänger in dem Film »Die Mumie« zuteil. Von den Griechen wurde Imhotep mit ihrem Gott der Heilkunst Asklepios (lat. Äskulap) identifiziert.

Eine Variante dieser wahrscheinlichen Erklärung besagt, dass möglicherweise die hellenistischen Herrscher Ägyptens, die Ptolemäer, alte ägyptische Texte sammeln ließen und diese Sammlung Thot zuschrieben. Für diese Vorstellung spricht das »Buch des Thot«, das in Demotisch, in der ägyptischen Alltagssprache, verfasst ist. Allerdings ist anzunehmen, dass die alten, dem Thot oder Hermes Trismegistos zugeschriebenen Schriften, wenn sie denn tatsächlich von den Ptolemäern zusammengestellt wurden, mehrfache Überarbeitungen erfahren haben. Die darin enthaltene Symbiose ägyptischer Vorstellungen von der Weltharmonie, die von den Priestern in den Riten aktiv erhalten wurde, und neuplatonischem Gedankengut stützt die Vermutung, dass diese Werke ihre Gestalt und Ausformung erst im ersten oder zweiten nachchristlichen Jahrhundert erhielten – einige von ihnen, die alchemistischen wohl noch später.

Die unwahrscheinliche Erklärung nun lautet, dass es im zweiten oder ersten vorchristlichen Jahrhundert, vielleicht auch zur Zeit von Jesu Geburt tatsächlich einen Religionsstifter gegeben hat, der möglicherweise in Alexandria saß und die hermetischen Schriften verfasste. Diese unwahrscheinliche Vorstellung hat etwas für sich, weil sie zum Wesen jener Zeit passt, in der ein Großteil des religiösen, auch geheimreligiösen Denkens entstand, das uns noch heute beschäftigt, nämlich die jüdische Mystik, das Christentum, die Qumran-Texte, die Gnosis und die römischen Mysterienreligionen. Und Alexandria war in dieser unter religiösen Aspekten äußerst unruhigen Zeit das große geistige Zentrum, der Ort, an dem Religionen entwickelt wurden wie heute Computerprogramme. Entgegen aller Wahrscheinlichkeit spricht doch sehr viel für diese Ansicht.

Gemeinhin werden folgende Texte zum hermetischen Schrifttum gezählt: das »Corpus Hermeticum«, der »Asclepius«, die »Tabula Smaragdina« und die »Papyri Graecae Magicae«, die berühmten Zauberpapyri.

Als wichtigster Text gilt das eigentliche »Corpus Hermeticum«, das aus 18 Traktaten in griechischer Sprache besteht. Die Bezeichnung hat sich eingebürgert, ist aber insofern schwierig, weil es gerade in der Spätantike immer wieder Sammlungen hermetischen Schrifttums gegeben hatte, worauf eine Bemerkung des Klemens von Alexandria hinweist, der ein Corpus von 36 Traktaten erwähnt.

Der »Asclepius«, dessen Entstehungszeit auf das 2. bis 3. Jahrhundert n. Chr. datiert wird, kam in einer lateinischen Übersetzung auf uns. Die wichtigsten Handschriften stammen aus dem 12. Jahrhundert. Unter den Texten, die man in Nag Hammadi in koptischer Sprache fand, waren einige Fragmente des »Asclepius«, was für seine

514 DAS GEHEIMNIS - SEINE MEISTER UND ERBEN

Verbreitung spricht. Zitate und Darstellungen überlieferten auch die Kirchenväter, vor allem Laktanz und Tertullian. Während Augustinus sich in negativer Weise zu Hermes äußerte, lobte ihn Laktanz als heidnischen Propheten, der das Christentum und vor allem die Trinität ankündigte.

Genannt werden müssen aber auch astrologische und alchemistische Schriften wie die berühmte »Tabula Smaragdina« (»smaragdene Tafel«), die den hermetischen Schriften zugeschlagen wurde, und natürlich die »Papyri Graecae Magicae«, die griechischen Zauberpapyri, die für die magische Interpretation, wie sie Giovanni Pico della Mirandola betrieb, grundlegend wurden.

Wege der Überlieferung

Die hermetischen Schriften wurden in der Hauptsache auf drei Wegen überliefert. Zum einen gab es die griechisch-römisch-europäische Tradition, über die beispielsweise der »Asclepius« auf uns kam.

Zum Zweiten führte das große Interesse der Europäer, vor allem der scholastischen Philosophen an den Schriften der Araber, im 12. und 13. Jahrhundert dazu, dass sie in ihren Schriften einen Teil des verloren geglaubten philosophischen Erbes der Griechen retteten. Vor allem Aristoteles gelangte über den arabischen Umweg in die Gelehrtenstuben des Abendlandes. Wertvolle Dienste leisteten hier die Übersetzerzentren in Toledo und Palermo. Bei den Schriften handelte es sich nicht nur um philosophische, sondern auch um naturwissenschaftliche, astrologische und alchemistische Texte. Das Interesse der Araber galt besonders der Alchemie, weshalb immer wieder die Vermutung geäußert wird, dass der Begriff selbst aus dem Arabischen stamme. Das wohl erste alchemistische Traktat wurde vermutlich von Robert von Chester 1144 ins Lateinische übersetzt. Von diesem stammt übrigens auch die erste Koranübersetzung.

Die »Tabula Smaragdina«, von der die Sage geht, dass man sie im Grab des Hermes Trismegistos unter einer Statue des Hermes gefunden habe, und die von dem ebenfalls halblegendären Apollonios von

Tyana stammen soll, wird von einigen Forschern arabischen Alchemisten des 8. oder 9. Jahrhunderts zugeschrieben. 1541 erschien dieser Text in lateinischer Sprache im Druck. Unter den vielen, die sich bis in unsere Tage intensiv mit ihm beschäftigt haben und beschäftigen, war auch Isaac Newton, dessen Kommentar bis heute nicht veröffentlicht wurde. Er liegt als Handschrift im Archiv des King's College in Cambridge, und sein Inhalt ist den Forschern ein Buch mit sieben Siegeln.

Da jüdische und arabische Ärzte an den Höfen christlicher Fürsten einen guten Ruf hatten, Päpste, Kaiser, Könige und Herzöge jüdische oder arabische Ärzte anstellten, die sich schon von Berufs wegen mit alchemistischen und astrologischen Problemen beschäftigten, flossen auch über diese Kanäle Informationen, die heute nur schwer aufzuspüren sind, da wir es hier auch mit mündlichen Kontakten zu tun haben, über deren Inhalte oft nur spekuliert werden kann. Keinesfalls unterschätzen darf man den nahezu unerforschten Zusammenhang, den die geheime Religion der Liebe bot.

Der abendländische und der arabische Weg der Überlieferung verdecken eine spezielle Tradierung besonders der alchemistischen Texte. Immer wieder bildeten sich kleine Gruppen von Alchemisten im europäischen und arabischen Raum, die zuweilen gut vernetzt waren und die sich austauschten. Alchemie ist nicht nur eine Technik, Wissenschaft oder Pseudowissenschaft, sondern vor allem eine Existenzform. Alchemist ist man entweder ganz oder gar nicht. Wenn man so will, ist Alchemie eine geheime Religion, der man sich mit Haut und Haar verschreibt.

Im lateinischen Mittelalter lassen sich sogar Alchemisten und Gruppen von Alchemisten ausmachen, die wie geheime Bünde agierten. Männer wie Raimundus Lullus oder Arnaldus von Villanova haben im hohen Mittelalter alchemistische Forschungen betrieben. Auch der Philosoph und Naturforscher Albertus Magnus befasste sich mit den organischen und anorganischen Substanzen. Um nicht als schwarzer Magier oder Häretiker in den Blick der Inquisition zu geraten, empfahl es sich für die Alchemisten und Hermetiker, besser im Geheimen zu wirken. Diese Traditionen reichen bis in die Renaissance und in den Barock, der das eigentlich alchemistische Zeitalter darstellt.

Der dritte Weg der Überlieferung erfolgte über Konstantinopel. Das Oströmische, das sogenannte Byzantinische Reich überlebte das Weströmische Reich um gut tausend Jahre. In Konstantinopel wurden griechische Philosophie, morgenländisches Wissen, chaldäische Traditionen und persische Spekulationen bewahrt. Aus dem Oströmischen, dem anderen großen christlichen Reich stammten auch die meisten Kirchenväter.

Im Jahr 1054 wurden die katholische Kirche und die orthodoxe Kirche des Ostens, die heute vor allem in der griechisch-orthodoxen und der russisch-orthodoxen Kirche weiterlebt, durch das Morgenländische Schisma getrennt. Im 15. Jahrhundert wankte das Byzantinische Reich unter den Angriffen der muslimischen Türken, die aus dem Inneren Asiens nach Westen aufgebrochen waren. In dieser Not wurden die Gespräche zwischen beiden Kirchen wieder aufgenommen. Man berief ein Unionskonzil nach Ferrara ein, das schließlich 1539 auf Betreiben Cosimo de' Medicis nach Florenz übersiedelte. Cosimo erkannte sogleich die Bedeutung des Wissens, das die Byzantiner bewahrt hatten. Die griechischen Universalgelehrten Bessarion und Georgios Gemistos Plethon, die zu den byzantinischen Abgeordneten des Unionskonzils gehörten, beeindruckten die Florentiner mit ihrem Wissen.

Das Konzil wurde zum Ausgangspunkt eines einzigartigen Wissenstransfers zwischen Byzanz, Florenz und auch Rom, der schließlich in der Gründung der Platonischen Akademie von Florenz und in der Übersetzung der Werke Platons durch Marsilio Ficino ins Lateinische gipfelte. 1463, im Geburtsjahr Pico della Mirandolas, unterbrach Ficino diese Arbeit und übersetzte zunächst das »Corpus Hermeticum«, das drei Jahre zuvor in der griechischen Fassung nach Florenz gelangt war.

Ficinos Übersetzung erschien 1471 im Druck. In seiner Vorrede fasst er das Wissen seiner Zeit über den mythischen Hermes Trismegistos wie folgt zusammen: »Zur Zeit der Geburt des Moses lebte Atlas, der Astrologe, der Bruder des Physikers Prometheus war und

von mütterlicher Seite Großvater des älteren Merkur, dessen Enkel der
Merkur Trismegistos war. (...) Dieser Merkur soll solche Verehrung
bei seinen Mitmenschen genossen haben, dass man ihn in die Reihe
der Götter erhoben habe. (...) Er wandte sich als erster Philosoph von
den natürlichen und mathematischen Dingen ab und der Betrachtung
des Göttlichen zu. (...)

Merkur schrieb eine große Zahl von Büchern über die Erkenntnis
des Göttlichen, in denen, beim unsterblichen Gott!, was für geheime
Mysterien und was für staunenswerte Orakel eröffnet werden.«[255]

WAS IST HERMETIK?

Will man definieren, was Hermetik ist, dann wird man sehr allgemein
bleiben müssen, denn diese religiöse Offenbarungs- und Geheimlehre geht von der All-Einheit der Welt aus, die aus Entsprechungen
besteht. Ihr Ziel besteht darin – und deshalb ist die Hermetik eigentlich eine Religion –, durch die Erkenntnis Gottes zur Erlösung zu
erlangen. Die Erkenntnis Gottes lässt sich auf kabbalistischem,
alchemistischem, astrologischem und magischem Weg erreichen.
Notwendige Voraussetzung der Erkenntnis ist die Selbsterkenntnis.

Folgt man dem Konzept der universellen Entsprechungen, dann
besteht zwischen Gott und dem Menschen ein Analogieverhältnis:
Die Erkenntnis des einen, des Selbst, ermöglicht den Schluss auf den
anderen, auf Gott, denn das eigentliche Selbst des Menschen ist Gottes Abbild. Dieser Weg der Erkenntnis unterscheidet sich von dem
mystischen Weg der Sufi, der christlichen und jüdischen Mystiker, da
es nicht darum geht, die eigene Seele leer zu machen für Gott. Der
Hermetiker hat vielmehr die eigene Seele zu veredeln – so wie
unedles Metall in der Umwandlung zu Gold wird –, indem er Schritt
für Schritt zur (Selbst-) Erkenntnis gelangt.

Für den Hermetiker besteht die Welt in der Einheit, die sich in
einer Vielheit ausdrückt. Damit fußt er auf dem folgenreichen *hen kai
pan* (das Ein und Alles), dem alten Leitsatz des Pantheismus. Gott hat
die Welt mit ihren himmlischen und irdischen Sphären geschaffen.

Alles hängt in dieser Schöpfung mit allem zusammen, weil alles auseinander hervorgeht und vor allem einander auch entspricht.

In der hermetischen Schrift »Kore Kosmu«, einem Lehrgespräch
zwischen Isis und ihrem Sohn Horus, erfahren wir, dass Gott zunächst den Kosmos schuf, den er in einen oberen und einen unteren
Bereich unterteilte. Der obere Bereich war den pneumatischen Wesen vorbehalten. Gott schuf eine Substanz mit dem Namen »Be-
seelung«. Aus einem Teil des Stoffes kreierte Gott die Seelen, die er
in höhere und niedere abstufte, aus einem anderen Teil die Sternkreiszeichen. Anschließend nutzten die oberen Seelen den Rest der
Substanz dazu, die Tiere zu erschaffen. Trunken von ihrer Schöpferkraft und unfähig zur Selbsterkenntnis, verließen die überheblich
gewordenen Seelen den Platz, der ihnen von Gott zugewiesen worden war. Zur Strafe erschuf Gott nun den Menschen und sperrte die
Seelen in die Körper ein. Von nun an wurden die Seelen nur von einer
Leidenschaft beherrscht, nämlich, ihre ursprüngliche Stellung im
Himmel wieder einzunehmen. Sie wurden von der Sehnsucht getrieben, nach Hause zurückzukehren.

So ganz ungelegen kamen Gott die gefangenen Seelen nicht,
denn er sehnte sich danach, dass das, was er erzeugt hatte, auch gepriesen wurde. Und so wurde der Mensch dazu ausersehen, Gottes
Werk unablässig zu loben. Die Planetengötter – denen Gottes Idee
gefiel, weil sie als Teil der Schöpfung gleich mitgepriesen wurden –
gaben dem Menschen nun Eigenschaften mit und so auch die Sternkreiszeichen, gute wie schlechte. Neben dem universalen Entsprechungsdenken fußt die Astrologie der Hermetiker auch auf dieser
Vorstellung, denn der Anteil der Sternkreiszeichen und Planetengötter an der Bildung des Menschen drückt sich in einem Zusammenhang zwischen Sternen, Planeten und Menschen aus.

Gott ermöglicht den Seelen, die in den Menschen eingekörpert
wurden, jedoch die Rückkehr. In Gottes Auftrag hatte Hermes der
Isis die Möglichkeit der Rückkehr zu Gott und die Wege dorthin erklärt, die es nun den auserwählten Menschen verkündet.

Die wichtigste Lehre des Hermes lautete: Der Makrokosmos entspricht dem Mikrokosmos, oben ist wie unten, und für die Seelen

sind Philosophie, Glauben und Magie geschaffen worden und für die Körper die Medizin. Je näher die Menschen bei Gott sind, desto besser ergeht es ihnen, während Gottesferne mit Leid verbunden ist.

In einer subtilen Variation heißt es, dass im Menschen zwei Seelen existieren: Die eine Seele steht mit dem Schöpferischen in Verbindung, während die andere von den Sternen kommt und sich im Menschen einkörpert. Diese Seele ist durch ihre Herkunft mit den Sternen verbunden und teilt mithin deren Bewegungen. Insofern haben der Himmel und die Sterne Einfluss auf den Menschen, denn über diese Seele wirken die Sterne auf die Menschen ein. Die mit den Sternen verbundene Seele kann zu Gott zurückkehren.

Die andere Seele aber, die mit dem Schöpferischen in Verbindung steht, mit dem originär Göttlichen, kann bereits im Leben zu Gott aufsteigen und unterliegt nicht dem Lauf der Sterne oder dem Schicksal. Der Weg dieser Erlösung besteht in der Erkenntnis Gottes und natürlich seiner Schöpfung. Da Gott aber in der Schöpfung emaniert, ist die Erkenntnis Gottes aus der Erkenntnis der Welt möglich. Denn wenn alles einander entspricht, dann ist alles auch als Analogon zu entschlüsseln – im hermetischen Denken mittels Astrologie, Alchemie und Magie.

Für die Renaissance gewannen diese drei Aspekte, die bis heute in den geheimen Religionen und in der boomenden Esoterikszene eine große Rolle spielen, an Bedeutung: die Astrologie, und seien es nur die Horoskope, die Alchemie als Traum vom ewigen Leben oder der ewigen Jugend – so manches Schönheitspräparat, das die Haut jung erhalten soll, erinnert eher an Alchemie als an Chemie – und schließlich die Magie vom Tarot bis zur Kugel des Hellsehers.

Alchemie und die Veredelung der Seelen

Ein wichtiger Bestandteil der Hermetik besteht in der Alchemie, die noch heute betrieben wird. Sie sind unter uns: Menschen, die ihr Leben, ihre Zeit, ihr Geld einsetzen, um den Stein der Weisen oder das ewige Leben zu finden. So wird beispielsweise das Buch »Mysterium der Kathedralen« des modernen Alchemisten Fulcanelli mit folgender Beschreibung eines Adepten der Alchemie eingeleitet: »Vollkommen unabsehbar waren die Folgen, als wir an einem grauen Nachmittag des Jahres 1982 in der öffentlichen Bibliothek in Basel zum ersten Mal dem Alchemisten Jean Laplace begegneten: finster der Blick, schwarz die Mantille über den Schultern, schwarze Hose und Weste über dem weißlichen Hemd; geschwärzt von der Arbeit im Laboratorium Hände und Nägel ...«[256]

Unter einem Adepten versteht man in der Alchemie einen Menschen, der den Stein der Weisen tatsächlich hergestellt hat. Dieser ist die Voraussetzung, um Gold zu machen oder die Essenz des ewigen Lebens zu brauen.

Wann die Alchemie entstanden ist, die sich im Alltagsbewusstsein fälschlich auf die Umwandlung von Metallen, vor allem Blei in Gold beschränkt, ist nicht geklärt. Doch es ist sicher nicht falsch, festzustellen, dass sich die Alchemie in Ägypten im ersten nachchristlichen Jahrhundert durchsetzte und dass es zu einer Synthese aus gnostischen, astrologischen, aristotelischen (Elementenlehre) und pantheistischen Vorstellungen kam, die wir heute Alchemie nennen.

Der erste Alchemist, der uns aus der Geschichte entgegentritt, ist Zosimos von Panopolis (ca. 350 n. Chr. – ca. 420 n. Chr.). Bereits für ihn ist die Veredelung der Stoffe nur ein Symbol für die Veredelung der Seelen. So wie aus wertvollem Metall mithilfe des Steins der Weisen Gold gemacht wird, was die Alchemisten Transmutation nennen, so soll im alchemistischen Prozess die Seele geläutert und veredelt werden.

Und auch hier ergibt sich alles aus der Lehre der Entsprechung. Die Hermetiker stellten lange Tabellen auf, in denen Körperteile, Organe, Mineralien, Sterne, Planeten, Metalle und Elemente aufeinander bezogen sind. So kam man von der handwerklichen zur spirituellen Alchemie, die in der Tat in der Erlangung des ewigen Lebens durch die erfolgreiche Veredelung und Vervollkommnung der Seele im Prozess der Transmutation der Metalle besteht.

Dieser Zusammenhang zwischen handwerklicher und spiritueller Alchemie findet sich in ähnlicher Weise in den chinesischen Religionen, besonders im Daoismus wieder.[257] Die Ähnlichkeiten sind keineswegs zufällig, denn sie beruhen auf den gleichen Grundannahmen. Das Entsprechungsdenken der Hermetiker ähnelt der chinesischen Vorstellung von dem analogen Verhältnis zwischen Himmel und Erde. Sieht der Chinese die Voraussetzung für die Existenz in der Harmonie zwischen Himmel und Erde und die Aufgabe des Menschen darin, diese kosmische Harmonie aufrechtzuerhalten, so ist der Hermetiker fest davon überzeugt, dass Makrokosmos und Mikrokosmos einander entsprechen würden, wie es in der berühmten Formel in der »Tabula Smaragdina« zum Ausdruck kommt: so wie oben, so auch unten.

Unter Alchemie wurde immer die Veredelung der Metalle als analoger Prozess verstanden, der sich der Hauptsache, der Veredelung der Seelen, zu unterwerfen hatte, doch traten zu allen Zeiten auch Narren, Scharlatane und Gauner auf, die sich als Goldmacher durchs Leben schlugen und durch die Transmutation der Metalle reich zu werden hofften. Von ihnen stammt der schlechte, zumindest schillernde Ruf, der die Alchemie umgibt – ihre Geschichte ist voll der Klagen religiöser Alchemisten gegen die Goldmacher, die ihre hohe Kunst in Verruf brachten.

An ihren Rändern franste die Alchemie zum Aberglauben aus, in ihrem religiösen Kern jedoch wirkten Männer wie Albertus Magnus oder Isaac Newton, die in der Alchemie ein Mittel zur Erkenntnis Gottes sahen und damit zur Erforschung der Welt. Die Legende vom Gral wurde bereits im Mittelalter alchemistisch interpretiert, wie auch die klassische Transmutation als Transsubstantiation stattfand, als Verwandlung des Brotes in den Leib und des Weines in das Blut Christi im Messwunder. Gottfried von Straßburgs »Tristan und Isolde«, vor allem aber die Gralsdichtung Wolfram von Eschenbachs ließen sich gut alchemistisch deuten. Auch wenn diese beiden Dichter über alchemistisches Wissen verfügten, würde eine solch verengte Betrachtung ihren herausragenden mittelhochdeutschen Werken nicht gerecht. Alchemie ist auch, vergessen wir das nicht, eine Seelenlehre oder eine Lehre von der Psyche des Menschen, wie C.G. Jung nicht müde wurde zu betonen.

Auch die christlichste Vorstellung von allen, nämlich die Eucharistie, findet sich schon in der Alchemie der alten Ägypter: Im Tempel von Dendera wurde Getreide in Gold umgewandelt, und Gold wiederum war das Symbol für Gott. Denken wir nur einen Moment an das Märchen vom Rumpelstilzchen, so entpuppt sich das harmlose Kinder- und Hausmärchen der Gebrüder Grimm als vertrackte geheimreligiöse Botschaft: Nicht nur, dass die Protagonistin der Geschichte – übrigens eine Jungfrau – Stroh zu Gold spinnen soll, so wie die Priester im ägyptischen Dendera Getreide in Gold verwandelten, alles steht und fällt mit der Erkenntnis des wahren Namens des zauberischen Zwerges. Mit der Kenntnis des geheimen Namens kann sich die Jungfrau von dem lärmenden, spukenden Kobold befreien. Da Stilz (von »Stelzen«) im Frühneuhochdeutschen ursprünglich den Hinkenden bezeichnete, verweist der wahre Name auf den Teufel. Indem die Jungfrau den Teufel erkennt, ihn beim Namen nennt, besiegt sie ihn. Man kann mit Fug und Recht davon ausgehen, dass wir es in dem Märchen mit einem alchemistischen Text zu tun haben.

In dem Tempel von Dendera wurde angeblich unter einer Artemis-Statue, die sowohl auf Isis, aber mehr noch auf die Jungfrau Maria vorausweist, ein hermetisches Schreiben gefunden, das »Sendschreiben des Hermes«. Über einen anderen Text heißt es, er sei im Tempel von Achmim in dem Grabgewölbe der heiligen Theosebeia (»Gottesselige«), die ebenfalls auf Isis verweist, als Gravur auf einer goldenen Platte entdeckt worden. Von diesen Schriften wird in arabischen Büchern berichtet.

Zum einen scheinen Ähnlichkeiten zwischen alchemistischen Praktiken und ägyptischen Ritualen auf, zum anderen wird die Alchemie im Arabischen auch »Wissenschaft der Tempel« genannt, weil diese Kunst in den dunklen Kammern und Kellern der Tempel ausgeübt worden war. Damit leuchtet aus dem Dunkel der Überlieferung der enge Zusammenhang zwischen Alchemie und Baukunst hervor, der für die Freimaurer, insbesondere die esoterischen Hochgradfreimaurer des 18. Jahrhunderts, eine große Rolle spielen sollte und sich auch im Denken moderner Alchemisten niederschlug.[258]

Astrologie – die Eigenschaften der Menschen

Die Astrologie, wie sie von Koryphäen wie beispielsweise Johannes Kepler betrieben wurde, lag nach hermetischer Vorstellung darin begründet, dass die Planeten den Menschen mittels der Seelen die Eigenschaften zuteilten. Daraus ergab sich ein Zusammenhang, mehr noch, eine Sympathie zwischen den Menschen und den Himmelskörpern. Vereinfacht gesagt entsprach die Bewegung der Planeten am Himmel – also der Objekte im Makrokosmos – der Bewegung der Menschen auf Erden – also der Objekte im Mikrokosmos. Das ist die erste Entsprechung.

Und sie ist auf einer tieferen Ebene nicht falsch, weil die Himmelskörper über eine damals unbekannte Kraft wie die Gravitation schon auf die Erde und auf das Leben auf der Erde einwirken. Aber auch in einem weiteren Sinn wurde die Entsprechungslehre durch die moderne Physik bestätigt, denn das Modell der Bewegung der Himmelskörper entspricht dem Atommodell, also wieder der Makrokosmos dem Mikrokosmos, so wie oben, so auch unten, oder wie im Großen, so im Kleinen und vice versa. Das Teleskop und das Mikroskop zeigen scheinbar Gleiches.

Für den Hermetiker folgte die Welt den Gesetzen der Sympathie. Darunter ist nicht, wie heute im allgemeinen Sprachgebrauch, ein nettes oder positives Gefühl dem anderen gegenüber zu verstehen, sondern ein Gefühl des Mitempfindens im ursprünglichen Sinne. Deshalb war – im Unterschied zum Gnostiker – die Welt für den Hermetiker nicht abgrundtief schlecht und das Böse an sich, sondern eher das Unvollkommene, das in seinen positiven Eigenschaften Geminderte. Die Minderung des Positiven hing einzig und allein mit der Entfernung zu Gott zusammen, so wie man jemanden immer schlechter hört, je weiter weg er steht. Doch da auch diese Welt Gottes Welt war, ergab sich daraus für den Hermetiker die Verpflichtung, die Welt zu verbessern, denn damit arbeitete er Gott zu. Es ging um Harmonie, Zusammenklang und Sympathie. Unter anderem aus dieser Voraussetzung konnte Pico della Mirandola die These ableiten, dass alles Denken auf der Erde von Gott spreche, nur in unterschiedlichen

Sprachen. Zuallererst und zuallerletzt bestand das Ziel des Hermeti-
kers, wenn er Astrologie trieb, darin, Gott zu erkennen und die Seele,
die mit Gott verbunden war, auch zu Gott aufsteigen zu lassen. Pico
della Mirandola, der stärker an den philosophischen Konsequenzen
der Hermetik interessiert war, lehnte die Astrologie ab.

Homöopathie – die Einheit von Körper und Seele

Die gesamte homöopathische Medizin findet in der hermetischen
Astrologie ihren Anfang. Aus der Vorstellung der Entsprechung von
Makro- und Mikrokosmos resultiert der Zusammenhang zwischen
Planeten und Sternen einerseits und Körperteilen und Organen an-
dererseits. Die Anwendung der Astrologie auf die Medizin wird als
Iatromathematik (griech. *iatros*, Arzt) bezeichnet. Mithilfe der Iatro-
mathematik konnten anhand der Konstellation der Sterne günstige
Zeiten für bestimmte Behandlungen ermittelt und Aussagen über
Gesundheit und Krankheit errechnet werden. Im Alltag begegnet
uns immer wieder ein iatromathematischer Aspekt, wenn wir von
Wetterfühligkeit sprechen.

Den ersten iatromathematischen Vorgang finden wir in der Ermittlung des Geburtshoroskops, das Auskunft gab, unter welchem
guten oder schlechten Stern der Mensch geboren wurde. Die aus Babylon stammende Astralreligion, die auch in die Hermetik einging,
wurde um die Möglichkeit erweitert, mithilfe eines ausgeklügelten
Rituals eine schlechte Geburtskonstellation durch eine gute zu ersetzen. Darum bat man den Gott Serapis, eine späte Schöpfung der hellenistischen Zeit, die mit Osiris und dem Apis-Stier in Verbindung
gebracht und mit Zeus, aber auch mit ЈНѠН gleichgesetzt wird. In
einigen Abbildungen ähnelt er Jesus Christus. Auch die ersten Christen baten darum, dass Jesus sie durch die Taufe von der Macht der
Heimarmene, des Schicksals, befreite.

Iatromathematische Verfahren sind in der traditionellen chinesischen Medizin (TCM) heute noch gang und gäbe.[259]

Um die richtige Behandlung einer Krankheit festzulegen, muss man zunächst den Dekan bestimmen, der für sie verantwortlich ist. Die Dekane sind die 36 Abschnitte von 10 Grad, die sich aus der Aufteilung der zwölf Zeichen auf dem Zodiakus in jeweils drei Abschnitte ergeben. Weil die Dekane zwischen dem All und den Sternkreiszeichen vermitteln, fungieren sie als Wächter über die kosmische Harmonie.

Die Idee einer alternativen Medizin nahm ihren Anfang bei Paracelsus. Der homöopathische Leitsatz des Samuel Hahnemann, *similia similibus curentur* (Ähnliches ist mit Ähnlichem zu heilen), ging ebenso wie das Prinzip der Impfung aus den hermetischen Konzepten der kosmischen Sympathie hervor. Aus dieser Vorstellung wurde auch zum ersten Mal die Einsicht über die Umwelteinflüsse auf die Gesundheit des Menschen geschlussfolgert. Letztlich beruhen diese Ansätze auf der hermetischen Astrologie und Alchemie. Dass äußere Umstände auf den Körper einwirken und den Menschen krank machen können – entweder durch Umweltumstände, für die Paracelsus die Sterne verantwortlich machte, oder durch Ansteckung –, war zu seiner Zeit, in der man noch fest an das Mischungsverhältnis der Säfte glaubte und deshalb im berühmt-berüchtigten Aderlass ein Allheilmittel sah, eine ebenso grundlegende wie revolutionäre Entdeckung.

Alchemie, Medizin und Astrologie setzen die Vorstellung des einen Kosmos voraus, in dem alles mit allem zusammenhängt oder ihm entspricht. Der ganze hierarchisch aufgebaute Kosmos erscheint dem Hermetiker als eine Art Domino. Alles, was der Mensch tut, zeitigt Wirkungen. Deshalb vermochten die Hermetiker, aus organischen und anorganischen Materialien Sekrete für medizinische, aber auch für alchemistische Zwecke zu brauen. In manchen alchemistischen Rezepten ist es zur Herstellung eines Elixiers, das zur Umwandlung von Metallen benötigt wird, notwendig, einen bestimmten Tau zu bestimmter Zeit an bestimmten Orten einzusammeln. An dieser Stelle wird deutlich, dass die Gewinnung dieser Elixiere und Sekrete, zu der alchemistische und astrologische Kenntnisse notwendig sind, ins Reich der Magie fallen. Der Beherrscher der Magie ist der Magier, das größte Genie der Renaissance.

DER MAGIER

Der Meister dieser verschiedenen Künste, der Alleinheitsdenker in der Alleinheit, der Universalhandwerker ist der Magier. Er ist in allen Künsten bewandert und muss es auch sein, weil die Welt nur aus den Entsprechungen erkannt werden kann und diese Erkenntnis der Weg des Heils ist. Laut einer schönen Formulierung von Ioan P. Culianu ist der Magier der Renaissance »Psychoanalytiker und Prophet, aber er nimmt auch die modernen Berufe vorweg wie: Public-Relations-Chef, Propagandist, Geheimagent, Politiker, Zensor, Massenmedienintendant, Werbefachmann«.[260] Wenn wir verstehen wollen, wie es dazu kam, dass sich ein vollkommen neues Denken – das wissenschaftliche Denken, das zur eigentlichen Religion des neuen Europa aufstieg – entwickelt hat, wie es dazu kam, dass die Welt der Magier zwar unterging, aber das Magische die Krypta einer geheimen Religion im modernen Denken schuf, dann müssen wir unseren Blick auf das 15. und 16. Jahrhundert richten, auf die Zeit zwischen Ficinos Übersetzung des »Corpus Hermeticum« und dem Dreißigjährigen Krieg. Zur Magie gehören nach Culianu die Fähigkeiten der »Kommunikation über weite Entfernungen, blitzschnelle(n) Fortbewegung, (dem) Reisen durch Zeit und Raum«.[261] Bis auf das Reisen in der Zeit verfügen wir heute über alles, was einst zu den magischen Wundern zählte, freilich mit anderen Mitteln.

Magie ist die Wissenschaft vom Imaginären, von den Vorstellungen, den Phantasmen, den Bildern der Welt. Mit diesen Mitteln arbeitete der Magier mit einem Arsenal an Methoden. »Wenn wir uns heute rühmen dürfen, über wissenschaftliche Kenntnisse und eine Technologie zu verfügen, die es früher nur in der Phantasie der Magier gegeben hat, so müssen wir auch zugeben, dass seit der Renaissance unsere Fähigkeit abgenommen hat, auf die Vorstellungsbilder (Phantasmen) der eigenen Einbildungskraft (Phantasie) – und auf diejenigen anderer – einzuwirken. Die Beziehung zwischen Bewusstem und Unbewusstem hat sich tief greifend gewandelt, und unsere Fähigkeit, das eigene Imaginäre zu beherrschen, ist verloren gegangen.«[262] Aber der Verlust findet Ersatz, auch in geheimen Religionen, in den Krypten der Religion der Wissenschaft.

Giovanni Pico della Mirandola, Johannes Trithemius, der Abt von Sponheim, Agrippa von Nettesheim, Francesco Giorgi, Sir John Dee, Robert Fludd, Paracelsus – das waren einige der großen Magier jener Zeit, die zum letzten Mal die Welt als Einheit dachten.

Sir John Dee, der auch eine Zeit am Hof des wunderlichen Kaisers Rudolf II. verbrachte, errechnete für Königin Elizabeth I. den günstigen Tag für die Krönung und erklärte daneben noch die Welt aus einem einzigen Symbol, aus der sogenannten Monas-Hieroglyphe, in der die sieben traditionellen Zeichen für die Planeten zu einem Zeichen vereint sind. Spätestens seit der Mitte des 16. Jahrhunderts, als die phantastischen ägyptischen Hieroglyphen des Horapollon im Druck erschienen, bekam die Diskussion um die Sprache, die Adam einst sprach und in der sich Gott ausdrückt, wieder einen ägyptischen Schlenker, galten doch die Hieroglyphen als göttliche Zeichen, die Hermes Trismegistos den Menschen gebracht hatte.

Mit dem Tod von Giovanni Pico della Mirandola 1494 schien die Verbindung zur Religion der Liebe abzureißen, gerieten die Magier immer stärker auch in den alchemistischen Sog. Die Vorstellung von der Verbesserung des Menschen, seiner seelischen Fähigkeiten, schlug sich immer stärker in dem Bild einer idealen Gesellschaft nieder – die »Utopia« von Thomas Morus trägt deutlich hermetische Züge.

Die Reformation führte zu einer grundlegenden Veränderung der Welt. Der Katholizismus musste sich neu erfinden und der Protestantismus sich in festere Formen fügen, damit er nicht in unendlich viele Sekten zerfiel. In Deutschland bildete sich eine lutherische Orthodoxie heraus, aber auch der Calvinismus schuf unanfechtbare Strukturen. Alles, was nicht in den Rahmen passte, wurde verfolgt. Es gab viele Menschen, die von protestantischer oder katholischer Seite zu Häretikern erklärt und an Leib und Leben verfolgt wurden. So erging es den Wiedertäufern und den Schwenckfeldern, die nach Schlesien auswichen, bevor sie nach Amerika auswanderten, wo es heute noch wohlhabende Gemeinden gibt. Kaspar von Schwenckfeld war ein Mitstreiter Luthers, der vor allem in den Streit mit Melanchthon geriet. In dieser Zeit, als sich die Konfessionen in ihrer heutigen Gestalt als Protestantismus und Katholizismus herausbildeten und Andersdenkende verfolgten, entstanden aus dem Ausgegrenzten, dem Verfolgten, dem Verteufelten, dem Imaginären geheime Religionen.

In diesen brutal geführten konfessionellen Auseinandersetzungen ging die Welt der Magier unter. Die Welt zerfiel zusehends, und Leibniz und Newton waren die Letzten, die sie noch als Einheit zu denken vermochten. Sie waren Universalgelehrte, die kleinen Brüder der Magier, die ebenfalls zum Untergang bestimmt waren. In Deutschland aber entwickelte sich ein starkes Interesse an den hermetischen Wissenschaften. Medizin und Alchemie stiegen zu den Methoden auf, mit denen die schlechte Welt verbessert werden sollte.

GEHEIME RELIGION ALS GEHEIMBUND – DIE ROSENKREUZER

In der allgemeinen Hysterie, in der Ketzer gesucht und Ketzer gefunden wurden, konnte nur in einer geheimen Bruderschaft, einem Eliteorden eine zweite Reformation verwirklicht werden. Am Beginn der Geschichte der großen abendländischen Geheimreligion der Neuzeit stehen die Rosenkreuzer.

So gut die literarische Seite des Phänomens dank der bahnbrechenden Arbeiten von Carlos Gilly und Roland Edighoffer inzwischen erforscht ist, so wenig weiß man über die Anfänge der Organisationsgeschichte dieses Bundes. Das liegt vor allem daran, dass die Esoterik der frühen Neuzeit bis heute nicht aufgearbeitet ist.

Denn zwei Aspekte fallen ins Auge: Zum einen gibt es in dieser Epoche noch keine politischen Geheimbünde – die Bünde und Vereinigungen sind ausschließlich esoterisch und religiös geprägt. Sie stammen noch aus der mittelalterlichen Welt, in der es, ein wenig überspitzt formuliert, zwar Herrschaft, aber keine Politik gab. Zum anderen manifestierten sich mystische, alchemistische und später auch pansophische Bestrebungen nur sporadisch und in zeitlich instabilen Vereinigungen. Deshalb lässt sich nur erahnen, wie aus alchemistischen Gruppen die Rosenkreuzer wurden.

Im ersten Jahrzehnt des 17. Jahrhunderts hatte sich in Tübingen ein Freundeskreis außerordentlicher Männer gebildet. Mittelpunkt war der Pansoph, Arzt und Alchemist Tobias Hess. Der in Nürnberg geborene Wissenschaftler beschäftigte sich zunächst mit der Theologie, dann mit der Rechtskunde, schließlich mit der Medizin und Alchemie. Um sich versammelte er die hellsten protestantischen Köpfe der Universität. Dazu gehörten der Theologe und Philosoph Christoph Besold und der Student der Theologie Johann Valentin Andreae, der rückblickend über diese Zeit schrieb: »Wir glaubten an den paradoxen Geist von Tobias Hess und an, ich weiß nicht, was für ein goldenes Zeitalter und an was für eine neugierige Berechnung des Jüngsten Gerichts.«[263]

Diese Bemerkung des alten Andreae ist in mehrfacher Hinsicht aufschlussreich. Als junger Mann hatte er Hess kennengelernt, wahrscheinlich in seinem Elternhaus. Hess war da bereits ein gestandener Mann Ende vierzig. Mit Andreaes Vater führte er gemeinsam alchemistische Experimente durch. Den größten Teil seines Lebens hatte Tobias Hess nach den Mitteln gesucht, mit denen diese elende und verstockte Welt zu verbessern wäre. Man muss sich ihn ein wenig wie Goethes Doktor Faust in der Studierzimmerszene vorstellen.

Um dem Niedergang des Protestantismus entgegenzuwirken, gründete Tobias Hess kleine Freundes- und Musenbünde. Unter den lutherischen Theologen und Philosophen, aber auch unter einer großen Zahl von Gläubigen aus den gebildeten Ständen wuchs und wucherte die Sehnsucht nach einer neuen Reformation. Der versandete Impuls musste erneuert werden. Zunehmend konzentrierte sich das Denken in Hess' Freundeskreis auf diese Aufgabe.

Hinzu kam das deutliche Gefühl einer Zeitenwende. Neben den magischen und mystischen Lehren wirkte die Idee der sogenannten Drei-Reiche-Lehre des Joachim von Fiore[264] stark auch auf den Tübinger Kreis. Man wähnte sich unmittelbar am Beginn des Dritten Reiches, des Reiches des Heiligen Geistes, das nun nach dem Reich des Vaters und das des Sohnes endlich anbrechen musste. Alle Berechnungen deuteten darauf hin, das neue Zeitalter wurde astronomisch angekündigt. Zeitgleich berichtete Johannes Kepler von der Supernova von 1604, die im »Feurigen Dreieck« erschien.

Es können hier nur kurz und eher kursorisch die wichtigsten geistigen Strömungen benannt werden, die zu den Rosenkreuzer-Manifesten führten, die etwa zwischen 1606 und 1610 in diesem Freundeskreis entstanden und teilweise zum »klassischen« Geheimwissen zählen:

1. Der mystische Weg zu Gott als Rettung des Menschen vor Hölle und Vergänglichkeit und Ankunft im Ewigen Leben, der – von Meister Eckhart[265] beschrieben, über viele Vermittlungen von Martin Luther aufgenommen und schließlich über Kaspar von Schwenckfelds »Confession und Erclerung vom Erkandtnus Christi und seiner göttlichen Herrlichkeit«[266], über Valentin Weigels »Dialogus de Christianismo« zu den Rosenkreuzern führte.

2. Die eschatologischen Vorstellungen, die im überlieferten Werk des Origenes bis Joachim von Fiore reichen und in der Drei-Reiche-Lehre gipfeln, gaben das Gesellschaftsmodell vor. Für den Freundeskreis stellte sich das Weltenende als eine Art Restitutio ad integrum dar – die Medizin versteht darunter die Abheilung einer Erkrankung ohne bleibende Schäden. Als Voraussetzung dafür sahen die Rosenkreuzer den Fortgang der Reformation oder besser eine neue Reformation, die sie zu entwerfen gedachten.

3. Die hermetischen Schriften waren für die Diskussion der Renaissance und des beginnenden Barock von einer kaum zu überschätzenden Bedeutung, besonders die »Asclepius«-Manuskripte, das »Corpus Hermeticum« und die »Tabula Smaragdina«.

Der zentrale Lehrsatz der hermetischen Schriften lautete: So wie oben, so auch unten, der Makrokosmos entspricht dem Mikrokosmos. Diese Vorstellung wurde zur Grundlage der Pansophie, die über Paracelsus[267] zu Tobias Hess kam, und wirkte besonders in der

Medizin, der sogenannten paracelsischen Medizin, weiter. Das Interesse an der Medizin resultierte aus der ganzheitlichen Vorstellung von Heil und Heilung. Wir müssen davon ausgehen, dass es im medizinischen wie alchemistischen Bereich eine Diskrepanz zwischen innerer und äußerer Lehre gab und dass die handwerklichen Geheimnisse der Alchemisten und Mediziner nur einem kleinen Kreis von Ausgewählten vermittelt wurden. Die Heilung des Menschen schloss die Herstellung des Seelenheils ein bzw. war ohne dies unmöglich. Dass keiner gesund werden konnte, der an seiner Seele krankte, war den Pansophen gewiss.

Die Rezeption der hermetischen Schriften brachte auch die Vorstellung des Geheimen als Geheimwissen mit sich und inspirierte die Anhänger dieser Lehren aus verschiedenen Gründen zur Geheimbündelei. Zunächst wurde mit den hermetischen Schriften die Vorstellung transportiert[268], dass die altägyptischen Priester das geheime Wissen im Heiligtum von Hermopolis von Gott Thot-Hermes selbst empfangen hatten. Die Priester hielten dieses Wissen nun ihrerseits geheim, und diese Heimlichkeit war göttlich sanktioniert, was bedeutete, dass dem Verräter Qual, Tod und ewige Verdammnis drohten.

Immer war es zuerst ein Geheimnis, um das sich Menschen versammelten, das heißt, verbündeten. Bis ins Zeitalter der Frühaufklärung wusste man noch vom Zusammenhang von Heiligkeit und Geheimnis, wie er in den Mysterien zum Ausdruck kam. Die Kirche in der geheimen Zusammenkunft der Gemeinde als Realisation des mystischen Leibs Christi wurde von den frühen Christen noch ganz wörtlich verstanden.[269] Hinzu kam, dass alchemistisches oder gnostisches Denken, teilweise auch mystische Vorstellungen von kirchlicher Seite als häretisches Denken behandelt wurde. Für die Exponenten solcher Richtung wie beispielsweise Raimundus Lullus oder Arnaldus von Villanova ergab sich die Notwendigkeit einer gewissen Diskretion schon aus Sicherheitsgründen. Die Geheimhaltung erwuchs also einmal aus der Tradition, aus dem Zusammenhang mit dem Heiligen, und zum anderen aus konkreten gesellschaftlichen Gründen der Verfolgung und Restriktion.

Bevor sie 1614, 1615 und 1616 gedruckt erschienen, machten die Manifeste der Rosenkreuzer als Handschriften bereits die Runde und elektrisierten die Öffentlichkeit. In diesem geheimreligiösen Bund, der angetreten war, die Welt zu reformieren und die edelsten Ziele propagierte, sahen die einen Retter und die anderen Teufel. Von Anfang an wurden die Rosenkreuzer heftig bekämpft, mit einem Wort, sie saßen zwischen allen Stühlen. Die lutherische Orthodoxie denunzierte sie als verkappte Calvinisten, die die lutherische Kirche zu unterwandern gedachten. Die Calvinisten wiederum sahen in den Rosenkreuzern Jesuiten und die Katholiken schließlich die Fünfte Kolonne der Protestanten. In der Folgezeit erschienen über 200 Schriften, die den Rosenkreuzern applaudierten, sie angriffen oder verteidigten – und sie schlicht und ergreifend suchten.

Denn das war das Merkwürdige, das ganz und gar Paradoxe: Auch nach Erscheinen der gedruckten Manifeste fand man keinen Anhaltspunkt, wo dieser Bund anzutreffen war. Die Bekennerschreiben waren greifbar, aber es fehlten die Bekenner – ein seltsames Kuriosum, das in der Geschichte seinesgleichen sucht. Immer hektischer fragte sich die Öffentlichkeit, wer denn nun die Rosenkreuzer waren. Wo befanden sie sich? Welche Persönlichkeiten standen dahinter? Doch der Geheimbund blieb geheim. Er hatte zwar zur Mitarbeit aufgerufen, aber die vielen, die gerne mittun wollten, wussten nicht, wo sie sich melden sollten. Schon tauchten überall, vornehmlich auf der Buchmesse zu Frankfurt, Betrüger auf, die behaupteten, Rosenkreuzer zu sein. Fürst August von Anhalt interessierte sich lebhaft für den neuen Geheimbund und bezahlte Spitzel und Mittelsmänner, die herausfinden sollten, wo diese rätselhaften Brüder vom Rosenkreuz anzutreffen wären. Doch vergebens.

Waren sie am Ende nur ein Phantom?

Trotz all dieses gesellschaftlich erzwungenen geheimnisvollen Wirkens war die Nachricht von der Existenz des neuen Ordens der Rosenkreuzer im Jahrzehnt vor dem Dreißigjährigen Krieg eine Sensation. Daran wird deutlich, wie groß die allgemeine Ratlosigkeit war, wie sehr man auf eine geheime Gesellschaft der trefflichsten Männer gewartet hatte, die jene aus den Fugen geratene Welt wieder in Ordnung bringen würde, wie sehr man auf eine neue Religion als neuen, unbefleckten Weg zu Gott hoffte und wartete. Die Menschen ahnten nicht, dass sich diese aus den Fugen geratene Welt, über die Shakespeare zu jener Zeit treffend dichtete, sich nicht mehr ordnen lassen würde – sie veränderte sich so gründlich und umfassend wie niemals zuvor.

Der Orden der Rosenkreuzer war als Projektionsfläche wie geschaffen für diese starke Hoffnung, denn er hatte eine Legende, und vor allem einen idealtypischen, legendären Gründer, nämlich Christian Rosenkreutz, nach dem die Bruderschaft hieß. Für die Zeitgenossen bestand kein Zweifel an der Existenz dieser geheimnisvollen Persönlichkeit – zu vieles passte einfach zu gut zusammen. Das Grabmal des Christian Rosenkreutz war angeblich 1604 entdeckt und geöffnet worden, einem Jahr, das sich durch astrologische Gründe auszeichnete. Im feurigen Dreieck der drei Tierkreiszeichen Widder, Löwe und Schütze entdeckte Johannes Kepler einen neuen Stern, der als Zeichen für den Beginn einer neuen Reformation verstanden wurde. Außerdem herrschte die Vorstellung, dass 120 Jahre der Buße und des Gerichts bestimmt worden waren.

Setzt man nun, wie die Zeitgenossen es taten, als Beginn der Zeit der Buße und des Gerichts Luthers Geburtsjahr an, so passte das Jahr 1604 perfekt. Es muss gewirkt haben, als hätte Luther den Stafettenstab zur Vollendung der Reformation an die Rosenkreuzer weitergegeben.

Die Reformation ließ jedoch auf sich warten, stattdessen brach der Dreißigjährige Krieg aus. Begonnen hatte es eigentlich mit einer großen Hoffnung, die zu einem großen Blutbad werden sollte. Die rosenkreuzerischen Ideen hatten die Höfe erfasst, allen voran den Hof Friedrichs von der Pfalz. Als der Protestant 1619 die böhmische Königskrone annahm und nach Prag reiste, begleitete ihn die Hoffnungen des protestantischen Deutschlands, allen voran die der Rosenkreuzer, denn kein Fürst stand den Rosenkreuzern näher als Friedrich. Sein Ratgeber, Christian von Anhalt, Bruder des Alchemisten August von Anhalt, reiste durch Europa, um ein protestantisches Bündnis zu knüpfen. Friedrichs Herrschaft hätte die von den Rosen-

kreuzern ersehnte Generalreformation ins Werken setzen können –
allein, es kam anders. Kein Jahr später wurde Friedrich von dem
katholischen Feldherrn Charles Bonaventure de Longueval, Comte
de Bucquoy am 8. November 1620 in der Schlacht am Weißen Berg
geschlagen und ging ins Exil. Nicht nur die böhmische Krone, auch
die Herrschaft über die Pfalz hatte er verloren. Man verspottete ihn
als Winterkönig, weil er nur einen Winter lang herrschte. Das Bündnis, um das sich Christian von Anhalt so aufopferungsvoll bemüht
hatte, war nicht zustande gekommen, und schließlich hatte auch
Friedrichs Schwiegervater, der englische König Jakob I., ihn im Stich
gelassen. Dabei hatte Friedrich doch so große Hoffnung auf ihn
gesetzt. Das war das Ende der rosenkreuzerischen Utopie. Aus der
Utopie wurde eine geheime Religion, die sich völlig dem praktisch-
gesellschaftlichen Bereich entzog und sich in Spekulationen um die
Geheimnisse Gottes und der Alchemie vertiefte.

Sehr weit hatte sich hermetisches Denken bei den frühen Rosenkreuzern ins Politische vorgewagt, nun zog es sich in bester geheim-
religiöser und geheimbündlerischer Weise ins Private, ins Verborgene, ins Religiöse zurück. Mystik und Kabbala wurden wieder zu
den bevorzugten Mitteln, um das Himmelreich zu erlangen. Geniale
Theosophen verfassten in Deutschland tiefsinnige Werke über die
Erlösung. Jakob Böhme, ein einfacher Schustermeister, formulierte
eine christliche Kabbala, Angelus Silesius erkundete den mystischen
und pansophischen Weg.

Selbst die Rosenkreuzer schienen im 18. Jahrhundert wieder auf-
zuerstehen, hatten aber mit ihren Vorgängern nur noch den Namen
und das Interesse für die Alchemie gemein. Die Gold- und Rosenkreuzer waren ein Geheimbund, der in einer mystischen Religion, die
auf der Alchemie beruhte, der Veredlung der Seele als Analogon der
Veredelung der Metalle, den Weg zu Gott pflegte.

Protestantische Gruppierungen wie beispielsweise die Meno-
niten und die Schwenckfeldianer, die mit der lutherischen Orthodoxie oder den Calvinisten in Konflikt gerieten, siedelten in abgelegene
Gebiete über, lebten ihren Glauben im Verborgenen oder wanderten
schließlich nach Nordamerika aus.

Zur gleichen Zeit entstanden die Freimaurer, die in ihren mystischen Ausprägungen im mehr oder weniger Geheimen Elemente verschiedener Religionen, Konfessionen und philosophischer Ansätze für sich zu einer Einheit formten. Sie glaubten, den Weg zu Gott zu finden, wenn sie dem ersten Baumeister Hieram folgten, dem Gott den Bauplan der Welt anvertraut hatte. In der Art römischer Mysterienreligionen bildeten sich die verschiedenen Freimaurerbünde, die besonders den Weg der Einweihung in die Geheimnisse verschiedener Grade pflegten. Einige dieser Vereinigungen häuften zwischen dem Neuling und dem Adepten, der über alle Geheimnisse verfügte, 120 bis 150 Stufen oder Grade an. Manche Bünde beziehen sich auf die vermeintlichen Mysterien des alten Ägypten.

BETAGT, ABER LEBENDIG: DER »ALTE GEHEIME ORDEN VOM ROSENKREUZ«

Ein gutes Beispiel hierfür bietet eine der erfolgreichsten Rosenkreuzervereinigungen der Gegenwart, der von dem US-Amerikaner Harvey Spencer Lewis (1883–1939) gegründete »Alte Geheime Orden vom Rosenkreuz« (A.M.O.R.C.), der eine bizarre Entstehungsgeschichte für seinen Bund reklamiert. Wie ernst es dem Orden mit dieser Geschichte ist, zeigt, dass sie im Ordenszentrum in San Jose in einem eigens errichteten und aufwendig ausgestatteten Ägyptischen Museum dokumentiert wird.

Der Sohn des Pharaos Thutmose II., Stiefsohn und Mitregent der Witwe Hatschepsut, die dem jugendlichen Prinzen Stück für Stück die Regierungsmacht entwunden hatte, lud vom 28. März bis zum 4. April 1489 v. Chr. neun geheimnisvolle Männer und drei mysteriöse Frauen in seine Privatgemächer ein, um sich mit ihnen zu beraten. Der Prinz, der wie sein Vater Thutmose hieß, hatte für perfekte Diskretion gesorgt und konnte dabei auf die konspirativen Fähigkeiten der Priester des Imhotep im Tempel von Theben setzen, bei denen er Jahre des Lernens im »Haus des Lebens« zugebracht hatte.

Imhotep war ein Totengott, galt aber auch als der Sohn, der sich um den verstorbenen Vater kümmerte, sodass er für die Vorbereitung der Leiche für die Bestattung und vor allem für das Mundöffnungsritual zuständig war. Insofern verstand sich Thutmose als Priester des Imhotep auch als Sohn des Hauptgottes Amun-Re und stand in der Tradition des göttlichen und auch des geheimen Wissens.

Bei dieser konspirativen Zusammenkunft ging es nicht um einen Staatsstreich, was nahe lag, nicht darum, die Stiefmutter zu stürzen, um endlich die Alleinherrschaft zu erringen, was nur allzu verständlich gewesen wäre. Bei Weitem Bedeutsameres stand auf dem Spiel: die Ewigkeit. Die neun Männer und die drei Frauen, mit denen sich Thutmose beriet, gehörten dem Orden der Rosenkreuzer an, die den jungen Prinzen in das uralte Geheimwissen einweihten, das über die Entstehung und Entwicklung der Welt Auskunft gab, eben darüber, wie alles geworden und das Leben auf rechte Art und Weise zu führen war und wie man schließlich in der Ewigkeit den Zustand des Glücks erreichen würde. Damit standen neben Verhaltensregeln allerlei Techniken in Zusammenhang, von Atemübungen über medizinische Therapien bis hin zur Suche nach dem Stein der Weisen, Handlungen und Behandlungen, die wir heute als hermetisch, alchemistisch, astrologisch, gnostisch, magisch und homöopathisch bezeichnen würden. All das eben, was man klassisch unter dem Begriff der Weisheit versteht. Alle Religionen bestehen aus Ethik und Technik.

Die uralte Weisheit wurde Thutmose zum rechten Gebrauch übermittelt. Und er sollte sich ihrer würdig erweisen. Nach dem Tod der Hatschepsut übernahm er die alleinige Regentschaft und führte Ägypten in eine Periode des Wohlstands und der Stabilität. Der Bedrohung des Reiches durch die syrischen Mitanni-Könige bereitete er ein für alle Mal ein Ende durch einen grandiosen Sieg bei Meggido, dem Armaggedon der Bibel.

Doch vorerst wurde der Prinz von den zwölf Rosenkreuzern in die Mysterien eingeweiht. Der Pharao beriet also mit den zwölf Rosenkreuzern und wurde von ihnen in die Geheimnisse der Welt initiiert.

Das geheime Wissen wurde im Laufe der Geschichte von Pharao

zu Pharao gereicht. Für die Weisheit brach nach dem Sturz des Gottes Aton die Zeit der Verborgenheit an. Von Initiation zu Initiation wurde sie nun im Geheimen über Generationen bis auf den heutigen Tag weitergegeben. Nach Auskunft der Rosenkreuzer waren neben den Pharaonen die griechischen Philosophen – angefangen bei Pythagoras, der ja in Ägypten weilte, über Sokrates, Platon bis Aristoteles – Initiierte auf dem Rosenkreuzerweg, dazu der mittelalterliche Philosoph Raimundus Lullus, der Alchemist und vor allem Adept Nicholas Flamel, der Renaissancedenker Giovanni Pico della Mirandola, der Pansoph und eigentliche Erfinder der Homöopathie, Paracelsus, der englische Magier John Dee, der sich mit den Engeln unterhielt, und leider auch der berühmt-berüchtigte Giuseppe Balsamo, der sich Cagliostro nannte, den Schwur aber gebrochen hatte.[270]

Diese Bundesgeschichte, die hier nur sehr verkürzt wiedergegeben werden konnte, enthält sozusagen die Klassiker der Geschichte der geheimen Religionen. Andere moderne Vereinigungen verfahren ähnlich.

Seit der Renaissance kam zu den geheimreligiösen und esoterischen Vorstellungen nichts Neues mehr hinzu, es wurde nur munter gemixt, variiert, neu zusammengestellt, auch wurden andere Bedeutungen untergeschoben. Von ihren Elementen her ist die Entwicklung der geheimen Religionen spätestens in der Renaissance abgeschlossen.

DIE UNTERGLAUBTE WELT

»Das ist das Greisenalter der Welt:
das Fehlen von Religion, Ordnung und Verständigung.«
Asklepios

Unsere Welt ist trotz Säkularisation weniger unterwandert als vielmehr unterglaubt. Spätestens seit dem Ende der ersten Rosenkreuzer wurden die geheimreligiösen Bestrebungen zunehmend zum Rückzug aus der Gesellschaft gezwungen, sie schrumpften zu Vereinigungen kleiner esoterischer Personengruppen, die in diesen Bünden einen Glauben suchten, mit dem sie der gesellschaftlichen Realität entfliehen konnten. Die geheimen Religionen privatisierten, sie wurden zu einer rein persönlichen Alternative.

Neben der geheimreligiösen Suche nach der Erlösung überlebte auch das alternative oder symbolische Denken, weil das wissenschaftliche, logische Denken weder alle Bereiche der Wirklichkeit erschließt noch alle Sehnsüchte des menschlichen Daseins erfüllt. Allerdings gibt es in der Entwicklung ein Vorher und ein Nachher, eine klare scharfe Scheidelinie.

In der Zeit vor der Renaissance stimmte das geheimreligiöse Kalkül nicht unbedingt von seinen Inhalten überein, aber doch in seiner Form mit dem Denken der Gesellschaften. Nach dem Untergang der Renaissancemagier entstand ein logisch-wissenschaftliches, vernunftbetontes Denken, dem die meisten Menschen heute fast religiös vertrauen. Diese Form des Denkens trachtet danach, dem symbolischen Denken, dem Denken in Bildern, Analogien und Allegorien, die Daseinsberechtigung zu entziehen. Nicht unbedingt die Form des Denkens, aber die Entscheidung für eine spezielle Art zu denken ist kein Akt der Logik, sondern des Gefühls, keine Angelegenheit der Wissenschaft, sondern der Religion.

Dieser Umbruch im Denken wird bis heute in seinem Ausmaß und seinen Folgen – der vollständigen Veränderung der Erkenntnisperspektive zwischen Mittelalter und Neuzeit – meist noch immer nicht recht verstanden. Der erste Irrtum, die erste sträfliche Verharmlosung setzt dort ein, wo die Renaissance als Kinderstube der Neuzeit begriffen wird. Dabei ist diese Epoche von nichts tief greifender geschieden als vom aufkommenden Cartesianismus, der Philosophie des René Descartes und seiner Anhänger. Die Renaissance ist keine Zeit des Übergangs – das gilt eher für den Cartesianismus, der sowohl mystische als auch rationalistische Elemente enthält und dessen Konzept recht eigentlich genügend religiöse oder mystische Züge aufweist. Die Magier der Renaissance, die so gründlich von der neuen Zeit der rationalistischen Wissenschaft hinweggefegt wurden, standen im Bewusstsein, uraltes Wissen, im wahrsten Sinne vorsintflutliches Wissen zu bewahren, zu entdecken und zu erforschen. Nichts verdeutlicht den Perspektivwechsel besser als die Tatsache, dass die Geschichte der Welt für den Magier eine Geschichte des Verlustes des Wissens darstellte. Was es zu erkennen galt, lag für ihn nicht in der Zukunft, sondern in der Vergangenheit. Für ihn war die Welt im Anfang vollkommen, ein Paradies, aus dem die Menschen vertrieben wurden. Und mit der Vertreibung setzte das Vergessen ein. Der Renaissancemagier will dieses Vergessene erinnern. Erkenntnis bedeutet ihm geglückte Erinnerung.

Dem Menschen der Neuzeit aber erscheint die Vergangenheit unwissend und unvollkommen. Seit der Begriff des Fortschritts in die Welt kam, herrscht die Grundvorstellung, dass wir durch kontinuierliche Forschung immer mehr Wissen und Kenntnisse erwerben. Gleiches denken wir auch über den Weg der Wissenschaft. Für den Magier aber war es eine ausgemachte Sache, dass der nächste Tag unweigerlich einen Verlust an Wissen bringen würde, wenn man nicht den Blick zurückrichtete, um das »Absolute Wissen Gottes«, das in den göttlichen Namen vorlag und in der *lingua adamica* niedergelegt wurde, zu entdecken.

Wissen war aus der Sicht der Magier Offenbarung und Forschung zugleich, es bestand in der Entschlüsselung der Offenbarung durch Eingeweihte. Diese Sicht der Dinge ist nicht mit den Magiern verschwunden, sondern hat als geheime Religion vielfältige Krypten in unserer modernen Welt gebildet. Dass die symbolische Art des Denkens trotz der Herrschaft des logisch-mathematischen Kalküls nicht totzukriegen ist und die Forscher bestimmte Sachverhalte eher symbolistisch statt logisch-mathematisch erklären können, zeigt die enorme Wirkung dieses Denkens, das nicht allein eine Angelegenheit von Spinnern und Esoterikern ist, sondern auf die beiden großen Denk- und Glaubenswege unserer Kultur zurückgeht.

Im 18. Jahrhundert verdrängte die Aufklärung die Religion aus dem staatlichen Raum und verwandelte sie in eine Privatangelegenheit der Bürger – zumindest in Europa und den USA. Dort aber, wo es keine Staatsreligion mehr gibt, müssen Konfessionen nicht geheim wirken, außer, sie betrachten ihre Religion selbst als Geheimnis, wie wir es heute in vielen vom Rosenkreuzertum und Katharertum beeinflussten neuen Glaubensrichtungen wie beispielsweise im »Lectorium Rosicrucianum« finden, der »Internationalen Schule des Goldenen Rosenkreuzes« mit Hauptsitz im niederländischen Haarlem. Es ist kein Zufall, dass mit dem Sieg des Positivismus im 19. Jahrhundert – einer Lehre, für die nur das Zähl- und Messbare gültig ist –, der Auflösung der Gemeinschaften und Großfamilien und der Vereinzelung des Menschen neue geheimreligiöse Vereinigungen entstehen.

Ein prominentes und wirkungsvolles Beispiel hierfür ist die »Theosophische Gesellschaft«, die 1875 von der deutsch-russischen Okkultistin und Schriftstellerin Helena Petrowna Blawatsky gegründet und zum Ausgangspunkt der modernen Esoterik wurde. Der Sieg des Rationalismus, des vernunftbetonten Denkens, ging einher mit der metaphysischen Verunsicherung und Not von Menschen, die nach einem neuen Glauben suchen, nach dem Geheimnis des Glaubens, den sie in den offiziellen Kirchen nicht finden. Zirkel von

542 DAS GEHEIMNIS - SEINE MEISTER UND ERBEN

Pansophisten, Theosophen, Anthroposophen, Rosenkreuzern, Gnostikern, Okkultisten, Satanisten, Hexen und Anhängern von paganen Religionen schießen aus dem Boden. Die globalisierte und krisengeschüttelte Welt des dritten Jahrtausends hat diesen Trend nur noch verstärkt.

Die geheimen Religionen des 19. und 20. Jahrhunderts in Europa und den USA verdanken ihre Existenz sowohl positiv als auch negativ der Theorie der doppelten Religion – einer offiziellen (exoterischen) und einer geheimen (esoterischen). Dabei ist das Verhältnis der mystischen Konfessionen zu ihren angeblichen Ursprüngen, ihren Herkunftsmythen und Offenbarungen meist stärker von phantasievoller Erfindung als von einer tatsächlichen Nachfolge geprägt, obwohl diese Glaubensrichtungen Letzteres anstreben oder einfach behaupten. Eine lückenlose personelle Verbindung vom Religionsstifter zum letzten Meister oder Guru – wie es sich im Christentum in der Nachfolge der Päpste seit Petrus von Jesus her findet – lässt sich bei vielen geheimreligiösen Gruppierungen weder beweisen noch herstellen. Deshalb werden religiöse Vorstellungen, deren hohes Alter behauptet wird, munter zusammengestellt und gemixt. Die angeblichen Meister, die das geheime Wissen weitergeben, werden mehr oder weniger wahllos dem Geschichtsbuch entnommen, wenn ihre Lebensdaten nur so zueinanderpassen, dass sie eine ununterbrochene Kette bis ins Altertum bilden. Manchmal hilft auch das Konzept der Wiedergeburt, um Lücken zu schließen. Hinter der Vorstellung von der Nachfolge der Weisen und Meister, dem Geraune vom geheimen uranfänglichen Orden verbergen sich die Interpretationen und die Bearbeitungen des geistes- und religionsgeschichtlichen Materials. Die modernen geheimen Religionen sind häufig im Geiste Kinder des 18. Jahrhunderts, während das Material, das sie benutzen, auf eine weit längere Geschichte zurückblickt und in seiner Entwicklung spätestens mit der Renaissance abgeschlossen war.

Diese beiden Aspekte – das Alter des theologischen Materials und die prägenden Vorstellungen des 18. Jahrhunderts – gilt es bei der Betrachtung der modernen geheimen Religionen westlicher Provenienz auseinanderzuhalten. Das Exotische muss auf eine Vertrautheit in unserem Inneren treffen, sonst interessiert es uns nicht und bleibt das nur Fremde. Ein Teil des Fremden muss in uns sein, Gott oder die Götter haben etwas von sich in uns gelegt, sonst würden wir uns nicht zu ihnen hingezogen fühlen. Nicht umsonst sieht man in Gott den guten Vater. Die Seele will heim zu ihm. Die Grunderfahrung des modernen Menschen lautet: Man ist fremden, gesichtslosen Mächten ausgeliefert. Als Reaktion auf diese latent existentielle Verunsicherung bagatellisieren die einen ihre Ahnungen wie eine Grippe, die man zu einem harmlosen Schnupfen erklärt, darauf betäuben sich die einen mit *events* und *more fun*, andere suchen Trost in den Religionen. Und die offiziellen Religionen enttäuschen die Menschen häufig, weil sie als Institutionen den gesichtslosen Behörden des Staates allzu sehr ähnln und ihre Botschaften zuweilen den routinierten Charme des institutionalisierten Bekenntnisses zu säkular geheiligten Dogmen wie *Europa* oder *Demokratie* verströmen. So findet in den geheimen Religionen eine stille, sehr individuelle Revolution für Sinn statt, eine Verschwörung, die den Menschen aus dem Jammertal erlösen und zu ewigem Glück führen möchte.

Allerdings darf nicht ganz übersehen werden, dass sich auch hier ein Markt herausgebildet hat. Es wäre töricht, die einfache Wahrheit zu ignorieren, dass dort, wo es Geld zu verdienen gibt, sich schnell selbst ernannte Messiasse einfinden wie Haie, die im Wasser Blut riechen und denen es dabei nicht um das Seelenheil, sondern um die Brieftasche ihrer Gläubigen geht. Was wie eine geheime Religion aussieht, kann inzwischen auch eine clevere Marketingidee für ein Esoterikprodukt auf dem boomenden Esoterikmarkt sein. Bunt ist das Angebot, für jeden ist etwas dabei. Und allzu geheim muss es dabei nicht immer zugehen, denn man will letztlich viele Kunden anlocken, manchmal auch mit dem Versprechen, das Geheimnis ewiger Glückseligkeit zu kennen.

Sieht man aber einmal davon ab, dass sich auch in diesem Bereich diverse Betrüger tummeln, so zeugt doch das Interesse und das Engagement vieler Menschen, ihre Bereitschaft, einen anderen als den von der Werbeindustrie vorgegebenen Weg zu gehen, davon, wie groß die auch religiöse Sehnsucht nach Sinn, nach Glück, nach

544 DAS GEHEIMNIS – SEINE MEISTER UND ERBEN

Erlösung ist. Diese Menschen suchen einen anderen Glauben, eine andere Religion, eine, die persönlich ist und konkret *sie* meint. Sie gehen zu Vortragsabenden der verschiedenen Rosenkreuzer- oder Templervereinigungen, besuchen die gnostische Kirche, kommen in Kontakt mit neuen Heiden, mit Hexenkulten, mit Satanisten, mit Lichtwerkern, Engelanbetern oder aber auch mit buddhistischen oder sufischen Zirkeln. Was alle diese Religionen versprechen, ist ein Geheimnis, das nur auf individuellem Weg zu erfahren ist und den Menschen zu befreien sucht, indem es ihn in seiner Ganzheit wahrnimmt. Denn das Geheimnis fordert den ganzen Menschen.

Seit über 2000 Jahren existieren die geheimen Religionen bis heute. Einige, wie die kleine Gemeinschaft der Mandäer im Südirak oder die Thomas-Christen im Mittleren und Fernen Osten, haben sogar die ganze Zeit überlebt. Mancher Priester oder Ayatollah mag die großen Glaubensveranstaltungen nur als Freiluftevents für das uneingeweihte Volk akzeptieren und deshalb im Inneren seiner Kirche oder Moschee der wahren, nur wenigen Auserwählten vorbehaltenen Religion frönen.

Niemand hat die Zusammenhänge zwischen den Volksreligionen und den esoterischen Unterströmungen dieser Glaubensgemeinschaften besser zusammengefasst als Fjodor M. Dostojewski. In dem Roman »Die Brüder Karamasow« kehrt Jesus im 16. Jahrhundert auf die Erde zurück. Nicht nur die Menschen erkennen ihn, auch der Großinquisitor weiß, wen er vor sich hat. Die anfangs begeisterten Gläubigen lassen es zu, dass der Großinquisitor Jesus verhaften und ins finsterste Verlies werfen lässt. Dort sucht er ihn um Mitternacht auf und wirft ihm vor, dass er zurückgekehrt sei. Schließlich habe er den Menschen nur den Traum von der Freiheit gebracht. Er, der Großinquisitor, dagegen habe den Menschen zwar die Freiheit genommen, dafür aber das Brot gegeben. Das Volk sei jetzt zwar unfrei, aber satt.

Und so gehört es zu den klassischen Vorwürfen, die geheime Religionen gegen die großen exoterischen Glaubensgemeinschaften wie Judentum, Christentum und Islam erheben, dass diese den wahren Glauben entweder heimlich praktizieren oder ihn ganz und gar verraten hätten, indem sie sich für das Brot statt für die Freiheit entschieden. Aus dieser Vorstellung folgt zwangsläufig, dass die wahren Gerechten, die wahren Gläubigen dem wahren Glauben im Geheimen dienen müssen.

Der wahre Glaube ist es, dem sich alle Kirchen und Konfessionen – ob geheim oder nicht geheim, ob exoterisch oder esoterisch – verpflichtet fühlen. Im wahren Glauben sehen sie den sicheren Weg, richtig zu leben in einer Welt, die es den Menschen immer schwerer macht, zwischen richtig und falsch zu unterscheiden, zwischen Anstrengungen, die Glück oder Verdammnis hervorbringen. Die Suche nach Sinn begleitet die Menschheit von ihren ersten bis zu ihren letzten Tagen – und ein Teil dieser Sinnsuche findet in den exklusiven Kreisen geheimer Religionen statt.

ANHANG

ANMERKUNGEN

1   Vgl. Giovanni Boccaccio:
    De Iohanna anglica papa. In: ders.:
    De claris mulieribus. Die großen
    Frauen. Lat./dt. Ausgewählt,
    übersetzt und kommentiert von
    Irene Erfen und Peter Schmitt.
    Stuttgart 1995, S. 217 ff.

2   Joachim von Fiore begründete auf
    mystischem Weg die Lehre von
    den drei Weltzeiten: der Zeit des
    Vaters, die von Abraham bis
    Christi Geburt reichte und das
    Reich der Gottesfurcht und des
    Gesetzes war, das Reich des
    Sohnes, das von Jesu Geburt bis zu
    Joachims Tagen währte und als
    Reich des Glaubens und der
    Gnade gesehen wurde, und
    schließlich das dritte Reich, das
    Joachim erwartete und schaute,
    das er als Reich des Heiligen
    Geistes, als Reich der Liebe und
    der Freiheit bezeichnete.

3   William Shakespeare: Hamlet,
    Akt III, 1. Szene. In: William
    Shakespeare: Werke. Berlin,
    Leipzig, Wien, Stuttgart o.J.,
    Sechster Teil, S. 221

4   Plautus, Bacchides. In: ders.:
    Komödien. Leipzig 1987, S. 816 f.

5   Vgl. Sophokles: Ödipus auf
    Kolonos. In: ders.: Werke in einem
    Band, Berlin und Weimar 1982,
    S. 215, Verse 1224 ff.

6   Theodor W. Adorno: Minima
    Moralia. Reflexionen aus dem
    beschädigten Leben. Berlin und
    Frankfurt am Main 1951, Nr. 151

7   *Almanci* ist ein Kunstwort der
    Türken für ihre in Deutschland
    lebenden Landsleute, das aus den
    türkischen Begriffen *alman*
    (Deutscher) und *yabanci* (Fremder)
    gebildet wurde.

8   Klemens von Alexandrien: Excerpta
    ex Theodoto, 78, 2. Zit. nach:

Hans Jonas: Gnosis und spätantiker Geist. Erster Teil. Göttingen 1988, S. 261

9 Vgl. Lexikon für Theologie und Kirche. Sonderausgabe. Bd. 8. Freiburg, Berlin, Basel 2006, S. 1034 ff.

10 Etymologisches Wörterbuch des Deutschen. München 1995, S. 1113, Sp. 1

11 Giovanni Pico della Mirandola: De hominis dignitate. Über die Würde des Menschen, Hamburg 1990, S. 59

12 Ebd., S. 25

13 Zit. nach: Annemarie Schimmel: Mystische Dimensionen des Islam. Frankfurt am Main und Leipzig 1995, S. 106

14 Ebd., S. 102

15 Ebd., S. 112

16 Deutlich wird das im biblischen Gleichnis vom Dornbusch: Gott zeigt sich Moses nicht, weil der Mensch Gottes Angesicht aufgrund der menschlichen Unvollkommenheit nicht ertragen könnte. Deshalb erscheint Gott in einer den Menschen möglichen Form – als brennender Dornbusch. Vgl. 2 Mos 3,4–6. Zit. nach: Neue Jerusalemer Bibel. Freiburg, Basel und Wien 1985, S. 80

17 Zit. nach: Edgar Wind: Heidnische Mysterien in der Renaissance. Frankfurt am Main 1981, S. 23 f.

18 Giovanni Pico della Mirandola: De hominis dignitate. Über die Würde des Menschen, Hamburg 1990, S. 59

19 Zit. nach: Jan Assmann: Ägyptische

Hymnen und Gebete. Zürich 1975, Nr. 147, Verse 27–28

20 Sargtext aus dem frühen 2. Jahrtausend. Zit. nach: Jan Assmann: Theologie und Weisheit im Alten Ägypten. München 2005, S. 16 f.

21 Was ist Gott? Das Buch der 24 Philosophen. Erstmals übersetzt und kommentiert von Kurt Flasch. 2., durchges. Aufl. München 2011, S. 67

22 Die Problematik der mosaischen Unterscheidung hat der Ägyptologe Jan Assmann in mehreren Publikationen (beispielsweise: Moses, der Ägypter. Entzifferung einer Gedächtnisspur. München, Wien 1998, und: Die mosaische Unterscheidung oder der Preis des Monotheismus. München, Wien 2003) vorbildlich und anregend ausgeführt. Die Überlegungen zur mosaischen Unterscheidung in meinem Buch sind Assmanns Thesen und Darstellungen in doppelter Weise verpflichtet, sie setzen sich mit ihnen auseinander oder folgen ihnen schlicht.

23 Das Judentum, das Christentum und auch der Islam – der wiederum aus Judentum und Christentum schöpft, denn Mohammed ist ja nur der letzte der Propheten – verdanken Moses Religionsstiftung ihre Existenz.

24 Diese Daten sind nicht sicher, das heißt, es existieren in den ägyptischen Chronologien verschiedene Vorschläge. Da sich die Unschärfen jedoch unterhalb von zehn Jahren Differenz

aufhalten, spielen sie in unserem
Zusammenhang keine Rolle.

25 Die Bezeichnung Pharao für König
kommt erst im Neuen Reich, also
ab 1500 v. Chr., auf.

26 Ich bin mir durchaus der Tatsache
bewusst, dass es angesichts einer
dreitausendjährigen Entwicklung
des religiösen Denkens im alten
Ägypten ausgesprochen fahrlässig
ist, von *der* ägyptischen Religion zu
reden. Nicht nur, dass sich das
religiöse Denken in der Zeit
entwickelte, sondern es agierten
auch auf einer Zeitebene verschiedene theologische Schulen, die
ortsabhängig waren und außerordentlich facettenreiche und voneinander abweichende Theologien
hervorbrachten. Die bekanntesten
und folgenreichsten sind die von
Memphis, die von Hermopolis, die
von Heliopolis und die von Theben
(Luxor). Da aber dieses Buch die
geheimen Religionen untersucht
und diese altägyptischen religiösen
Vorstellungen nur unter dem
Aspekt, inwieweit sie hier prägend
und Ausgangs- und Referenzpunkt
einer langen Entwicklung wurden,
in die Betrachtung einbezieht, sei
mir diese grobe Verallgemeinerung
gestattet. In diesem Zusammenhang
weiter zu differenzieren, würde nur
bedeuten, in die Breite, nicht aber in
die Tiefe zu gehen.

27 Aton bezeichnet eigentlich die
Scheibe der Sonne, also die Form
oder Manifestation, als die der
Sonnengott den Menschen
erscheint. Als »lebendiger Aton«

wird Aton im Kult des Echnaton
aber immer mehr zum Sonnengott
selbst.

28 Echnatons Sonnengesang. Zit.
nach: Christine El-Mahdy:
Tutanchamun. Leben und Tod des
jungen Pharaos. München 2000,
S. 18

29 Franz von Assisi: Sonnengesang. In:
ders.: Geliebte Armut. Freiburg im
Breisgau 1999, S. 106 f.

30 Ursprünglich hieß der Pharao
Tutanchaton, nach dem Gott Aton,
benannte sich dann aber nach
Amun in Tutanchamun um, weil er
durch die Wahl des Regierungsna-
mens den Wechsel der Religion
verdeutlichen und symbolisieren
wollte oder sollte.

31 Baruch Spinoza: Ethik. IV. Teil: Von
menschlicher Knechtschaft. In:
ders.: Werke in drei Bänden,
Hamburg 2006, S. 190

32 Vgl. zu diesen Auseinandersetz-
ungen Klaus-Rüdiger Mai: Der
Vatikan. Geschichte einer
Weltmacht im Zwielicht. Bergisch
Gladbach 2008, S. 79 ff.

33 Ebd.

34 Zit. nach: Jan Assmann: Theologie
und Weisheit im alten Ägypten.
München 2005, S. 56

35 Ebd., S. 84 f.

36 Jan Assmann: Die Mosaische
Unterscheidung oder der Preis des
Monotheismus. München 2003,
S. 86 f.

37 Zu dieser Problematik vgl.
Klaus-Rüdiger Mai: Geheimbünde.
Mythos. Macht und Wirklichkeit.
Bergisch Gladbach 2006

38 Clemens von Alexandrien: Stromateis. 5. Buch, XI. Kapitel, 71. Zit. nach: Clemens von Alexandrien: Teppiche. Wissenschaftliche Darlegungen entsprechend der wahren Philosophie (Stromateis). Aus dem Griechischen übersetzt von Geh. Regierungsrat Prof. Dr. Otto Stählin. (Bibliothek der Kirchenväter, 2. Reihe, Bd. 19) München 1932–1938, S. 180

39 Zit. nach: Jan Assmann: Moses, der Ägypter. München, Wien 1994, S. 141

40 Friedrich Schiller: Das verschleierte Bild zu Sais. In: Schillers Werke, Nationalausgabe. Bd. I. Hrsg. von Julius Petersen und Friedrich Beißner. Weimar 1943, S. 254 ff., hier: 254 f.

41 Ebd., S. 256

42 Hymnus an Amun. Zit. nach: Jan Assmann: Theologie und Weisheit im alten Ägypten. München 2005, S. 58

43 Zit. nach: Jan Assmann: Tod und Jenseits im Alten Ägypten. München 2003, S. 271. – Plutarch: Isis und Osiris. In: ders.: Religionsphilosophische Schriften. Düsseldorf und Zürich 2003, S. 149

44 Giovanni Pico della Mirandola: Kommentar zu einem Lied der Liebe. Hrsg. v. Thorsten Bürklin. Hamburg 2001, S. 233 ff.

45 Was ist Gott? Das Buch der 24 Philosophen. Erstmals übersetzt und kommentiert von Kurt Flasch. 2., durchges. Aufl. München 2011, XXI. These

46 Clemens von Alexandrien: Stromateis. 5. Buch, XI. Kapitel, 71. Zit. nach: Clemens von Alexandrien: Teppiche. Wissenschaftliche Darlegungen entsprechend der wahren Philosophie (Stromateis). Aus dem Griechischen übersetzt von Geh. Regierungsrat Prof. Dr. Otto Stählin. (Bibliothek der Kirchenväter, 2. Reihe, Bd. 19) München 1932–1938

47 Das Credo lautet: »Ich glaube an den Heiligen Geist, / die heilige katholische (evangelisch: christliche) Kirche, / Gemeinschaft der Heiligen ...«

48 Clemens von Alexandrien: Stromateis. 5. Buch, XI. Kapitel, 71. Zit. nach: Clemens von Alexandrien: Teppiche. Wissenschaftliche Darlegungen entsprechend der wahren Philosophie (Stromateis). Aus dem Griechischen übersetzt von Geh. Regierungsrat Prof. Dr. Otto Stählin. (Bibliothek der Kirchenväter, 2. Reihe, Bd. 19) München 1932–1938

49 Zum Illuminatenorden vgl. Klaus-Rüdiger Mai: Geheimbünde. Mythos. Macht und Wirklichkeit. Bergisch Gladbach 2006, S. 184 ff. und Hermann Schüttler: Die Mitglieder des Illuminatenordens: 1776–1787/93. München 1994

50 Zur kultischen Funktion der Kreisgrabenanlagen vgl. Klaus-Rüdiger Mai: Die Bronzehändler. Eine Hochkultur in Mitteleuropa. Frankfurt am Main 2006

51 Bei dieser von Studenten

aufgezeichneten Bemerkung spielte
Luther auf folgende Bibelstelle an:
»Damals redete Josua mit dem
HERRN an dem Tage, da der HERR
die Amoriter vor den Israeliten
dahingab, und er sprach in
Gegenwart Israels: Sonne, steh still
zu Gibeon, und Mond, im Tal
Ajalon! Da stand die Sonne still und
der Mond blieb stehen, bis sich das
Volk an seinen Feinden gerächt
hatte.« (Jos 10,12–13)

52 Der dreißigtägige Monat brachte
natürlich auch für die Babylonier
das Problem der Monate mit
29 Tagen mit sich, das sie durch die
Einfügung eines Schaltmonats
lösten.

53 Vgl. Volkert Haas: Magie und
Mythen in Babylonien. Von
Dämonen, Hexen und
Beschwörungspriestern. (Merlins
Bibliothek der geheimen Wissen-
schaften und magischen Künste,
Bd. 8) Gifkendorf 1986

54 Das Gilgamesch-Epos. Neu
übersetzt und kommentiert von
Stefan M. Mau. München 2008

55 Ebd., S. 128

56 Beschwörung gegen den Wurm. Zit.
nach: Mircea Eliade: Die Schöp-
fungsmythen. Ägypter, Sumerer,
Hurriter, Hethiter, Kanaaniter und
Israeliten. Düsseldorf 1998, S. 151

57 Volkert Haas: Magie und Mythen
in Babylonien. Von Dämonen,
Hexen und Beschwörungspriestern.
(Merlins Bibliothek der geheimen
Wissenschaften und magischen
Künste, Bd. 8) Gifkendorf 1986,
S. 133 f.

58 Ebd., S. 134

59 Das Gilgamesch-Epos. Neu
übersetzt und kommentiert von
Stefan M. Maul. München 2008,
S. 102

60 Hesiod: Werke und Tage. In: ders.:
Sämtliche Werke. Leipzig 1965,
S. 118, Verse 383–387

61 Übersetzt aus Abraham Sachs und
Hermann Hunger: Astronomical
Diaries and Related Texts from
Babylon, I, Diaries from 625 BC. to
262 BC. Wien 1988, S. 47, Nr. 567.

62 Ebd. S. 331

63 Ebd. , S. 45, Nr. 651

64 Zit. nach: Klaus Rosen: Julian.
Kaiser, Gott und Christenhasser.
Stuttgart 2006, S. 267

65 Vgl. Klaus-Rüdiger Mai: Der
Vatikan. Geschichte einer
Weltmacht im Zwielicht. Bergisch
Gladbach 2008, S. 100 ff.

66 Es geht hier nicht darum, ob ein
Clan oder ein kleiner Stamm, 200
bis 300 Menschen, in einer
matriarchalischen Gesellschaft
leben oder gelebt haben. Sonder-
formen treten stets und ständig auf.
Hier geht es darum, ob das
Matriarchat wie das Patriarchat zu
einer akzeptierten und weitgehend
angewandten Herrschaftsform
geworden war.

67 Joseph Ratzinger: Die Tochter Zion,
Einsiedeln 1977, S. 9 f.

68 Im »Gilgamesch-Epos« heißt es
über Uruk, eine der wichtigsten
Städte des Zweistromlandes, die
bald schon das religiöse Zentrum
Eridu, eine Art sumerisches Mekka,
besetzen und beherrschen sollte:

»Steig doch hinauf, auf der Mauer
von Uruk wandle umher!
Die Fundamente beschaue und das
Ziegelwerk prüfe:
ob ihr Ziegelwerk nicht aus
Backstein (besteht),
und ob die sieben Weisen nicht
selbst ihre
Grundmauern legten!
Eine (ganze) Quadratmeile ist die
Stadt
eine (ganze) Quadratmeile
Gartenland,
eine (ganze) Quadratmeile ist Aue
eine (ganze) Quadratmeile der
Tempel der Ischtar.
Drei Quadratmeilen und eine halbe,
das ist Uruk,
das sind die Maße!«
Zit. nach: Das Gilgamesch-Epos.
Neu übersetzt und kommentiert
von Stefan M. Maul. München
2008, S. 46

69 So bei Paulus (1 Kor 53–55), der
sich auf Hosea (13,14) und Jesaja
(25,8) bezieht: »Denn dies
Verwesliche muss anziehen die
Unverweslichkeit, und dies
Sterbliche muss anziehen die
Unsterblichkeit. Wenn aber dies
Verwesliche anziehen wird die
Unverweslichkeit und dies
Sterbliche anziehen wird die
Unsterblichkeit, dann wird erfüllt
werden das Wort, das geschrieben
steht: ›Der Tod ist verschlungen
vom Sieg. / Tod, wo ist dein Sieg?
Tod, wo ist dein Stachel?‹«

70 Assyrisches Gebet an Ischtar. Zit.
nach: Sergius Golowin, Mircea
Eliade und Joseph Campbell: Die

großen Mythen der Menschheit.
Freiburg, Berlin, Basel 1998, S. 259

71 Zit. nach: Walter Delius:
Geschichte der Marienverehrung.
Basel 1963, S. 110

72 Vgl. Hans Kloft: Mysterienkulte der
Antike. Götter – Menschen –
Rituale. 2. Aufl. München 2003

73 Clemens von Alexandrien:
Mahnrede an die Heiden. 2. Kapitel,
Abschnitt 21. In: Des Clemens von
Alexandreia ausgewählte Schriften.
Aus dem Griechischen übersetzt
von Otto Stählin. Bd 1. (Bibliothek
der Kirchenväter, 2. Reihe, Bd. 7)
München 1934

74 Vgl. Gordon R. Wasson, Albert
Hofmann und Carl A. P. Ruck: Der
Weg nach Eleusis. Das Geheimnis
der Mysterien. Frankfurt am Main
1996

75 Hippolyt von Rom: Traditio
Apostolica, Kapitel 21. In: Fontes
Christiani I. Freiburg u.a. 1991,
S. 261 f.

76 Benedikt XVI.: Jesus von Nazareth.
Bd. I. Freiburg, Basel, Wien 2007,
S. 46

77 Apuleius: Der goldene Esel. Leipzig
1991, S. 310

78 Vgl. Hans Kloft: Mysterienkulte der
Antike. Götter – Menschen – Rituale.
2. Aufl. München 2003, S. 20

79 Steine wurden vor allem verehrt,
weil sie etwas Ursprüngliches
darstellten, wie beispielsweise in
der hethitischen Dichtung »Das
Lied von Ullikummi«. In diesem
Mythos wird der Kampf gegen den
belebten Stein sogar zum
Existenzkampf. Der Göttervater

Kumarbi, der Groll hegte gegen seine Kinder, erblickte einen großen Stein, dessen Länge »drei Doppelstunden« betrug, den sogenannten *kunkunuzzi*-Stein. Von allen Seiten besah der Göttervater den Stein: »So kam ihn die Lust an, und er schlief mit dem Stein. Seine Mannheit floss in ihn, er nahm ihn fünfmal, dann nahm er ihn zehnmal.« Zit. nach: Liane Jakob-Rost: Das Lied von Ullikummi – Dichtungen der Hethiter. Berlin 1977, S. 43. (Wie lebendig, wie sinnlich muss man einen Stein denken, damit er in einem Gott Lust erregt, sodass dieser sich auf ein regelrechtes Liebesspiel einlässt und sogleich in einen Zeugungsrausch taumelt.) Aus dieser Vereinigung des Gottes Kumarbi mit dem Stein geht ein mächtiges Steinmonster hervor, das den Namen Ullikummi erhält. Kumarbi, der sich an seinen Kindern rächen will, schickt ihn gegen die jüngeren Götter, die gegen das unverwundbare perfekte Monster anfangs einen schweren Stand haben. – Im jüngeren griechischen Mythos lässt der Blick der Medusa jeden versteinern.

80 Gajus Valerius Catullus: Gedichte. Leipzig 1981, S. 50
81 Ebd., S. 51
82 Clemens von Alexandrien: Mahnrede an die Heiden. 2. Kapitel, Abschnitt 15. In: Des Clemens von Alexandreia ausgewählte Schriften. Aus dem Griechischen übersetzt von Otto Stählin. Bd 1. (Bibliothek der Kirchenväter, 2. Reihe, Bd. 7) München 1934
83 Apuleius: Der goldene Esel. Leipzig 1991, S.293
84 Ebd.
85 Bernhard von Clairvaux: In laudibus Virginis Matris. Homilia 2,17. In: ders.: Sämtliche Werke. Bd. 4. Innsbruck 1993, S. 13 ff.
86 Apuleius: Der goldene Esel. Leipzig 1991, S. 298
87 Ebd., S. 310
88 Ebd.
89 *»Nigra sum sed formonsa«*, heißt es in der Vulgata. Die Einheitsübersetzung macht daraus: »Braun bin ich, doch schön«. In der Lutherbibel von 1984 heißt es: »Ich bin braun, aber gar lieblich«. Die Neue Evangelische Übersetzung ist näher daran, denn sie verdeutscht: »Dunkel bin ich und schön« – *nigra* kann schwarz oder auch dunkel bedeuten, nur eben nicht braun, das hieße dann *fuscus*. Korrekt übersetzt die wunderbare Verdeutschung der Septuaginta, die 2009 in Stuttgart erschien: »Schwarz bin ich und schön«. Im Gegensatz zur Lutherbibel von 1984 finden wir in der nicht zeitlich angeglichenen, sondern originalen Übersetzung Martin Luthers: »Ich bin schwartz / aber gar lieblich.« Haben wir es hier mit einem Fall vorauseilender Political Correctness zu tun?
90 Titus Livius: Römische Geschichte – Von der Gründung der Stadt an. Übersetzt von Otto Güthling, hrsg. von Lenelotte Möller. Wiesbaden 2009, S. 1075

91 Ebd., S. 1076

92 Ebd., S. 1077

93 Ebd., S. 1076

94 Vgl. zum Problem der Unverein-
barkeit von christlichem und
römischem Staatsglauben
Klaus-Rüdiger Mai: Der Vatikan.
Geschichte einer Weltmacht im
Zwielicht. Bergisch Gladbach 2008,
55–67

95 Ovid: Fasti. Der Festkalender Roms.
III, V. 509 f. Lat. und dt. hrsg. von
Niklas Holzberg. Düsseldorf/
Zürich 1995, S. 127

96 Hugo Rahner: Griechische Mythen
in christlicher Deutung. Freiburg
1992, S. 65

97 Justin der Märtyrer: Über das
Wesen der Eucharistie. In:
Frühchristliche Apologeten und
Märtyrerakten. Bd. I. Aus dem
Griechischen und Lateinischen
übersetzt von Dr. Kaspar Julius
(Aristides); Dr. Gerhard Rauschen
(Justin, Diognet); Dr. R.C. Kukula
(Tatian); P. Anselm Eberhard
(Athenagoras). (Bibliothek der
Kirchenväter, 1. Reihe, Bd. 12)
München 1913. Zit. nach:
http:///www.unifr.ch/bkv/

98 Porphyrios: De antro Nympharum.
Zit. nach: Reinhold Merkelbach:
Mithras. Ein persisch-römischer
Mysterienkult. Wiesbaden o.J.,
S. 189

99 Verse an der Wand des Mithraeums
von S. Prisca. Zit. nach: Reinhold
Merkelbach: Mithras. Ein
persisch-römischer Mysterienkult.
Wiesbaden o.J., S. 93

100 Allerdings existiert noch eine
innerchristliche Erklärung für den
Termin der Geburt Jesu, den man
nicht leichtfertig übergehen darf.
Dass ein Gott geboren wird an dem
Tag, an dem ein neues Jahr beginnt,
weil die Sonne wieder länger scheint,
weil die Sonne neu geboren ist,
leuchtet ein. Alle religiösen Feste
sind in erster Linie abhängig von
den Riten der Natur, weil diese – wie
wir gesehen haben – auch den
Kalender bestimmten. Dass Jesus zu
Ostern gekreuzigt wurde, hat auch
damit zu tun, dass er an dem hohen
jüdischen Feiertag, nämlich zu
Passah, an dem auch das Lamm
geopfert wurde, in Jerusalem auftrat.
Da aber die Alten sich das Leben
eines vollkommenen Menschen nur
in vollkommenen Zyklen vorstellen
konnten, mussten seine Lebensdaten runden Zahlen entsprechen. Ein
vollkommener Mensch wurde genau
30, 40, 50 oder 60 Jahre alt, niemals
32, 43 oder 64. Das bedeu- tet, dass
er auch an dem Tag starb, an dem er
geboren worden war. So zumindest
dachte man traditionell über das
Leben der biblischen Patriarchen
und Propheten. Das Einzige, was in
der Biographie Jesu als Datum
feststand, war der Todestag.
Demzufolge hätte Jesus auch Ostern
geboren sein müssen. Da aber Jesu
eigentliche Geburt in der Zeugung
durch den Heiligen Geist bestand,
eignete sich Weihnachten als
perfekter Termin, denn rechnet man
von Ostern an neun Monate weiter,
kommt man auf Weihnachten.

101 Wilhelm Schubart: Glaube und

Bildung im Wandel der Zeiten.
München 1947, S. 37 f.

102 Gershom Scholem: Die jüdische
Mystik in ihren Hauptströmungen.
Frankfurt am Main 1980, S. 15. –
In der Darstellung der jüdischen
Mystik bin ich im Großen und
Ganzen den Forschungen
Gershom Scholems, Mosche Idels
und Gerold Neckers verpflichtet.

103 Zit. nach: Heinz Bechert u.a.: Der
Buddhismus I. Stuttgart, Berlin,
Köln 2000, S. 35

104 Vgl. Kurt Flasch: Meister Eckhart.
Philosoph des Christentums.
München 2010, S. 317–321; Kurt
Ruh: Meister Eckhart. Theologe,
Prediger, Mystiker. 2. Aufl. München
1989, S. 184–187; Winfried Trusen:
Der Prozeß gegen Meister Eckhart.
Vorgeschichte, Verlauf und Folgen.
Paderborn 1988, S. 118–128; Josef
Quint (Hrsg.): Meister Eckehart.
Deutsche Predigten und Traktate.
München 1963, S. 449 f.

105 Gershom Scholem: Die jüdische
Mystik in ihren Hauptströmungen.
Frankfurt am Main 1980, S. 50

106 Zit. nach: Gershom Scholem: Die
jüdische Mystik in ihren Hauptströmungen. Frankfurt am Main
1980, S. 53

107 Ebd., S. 63

108 Zit. nach: Gershom Scholem: Die
jüdische Mystik in ihren Hauptströmungen. Frankfurt am Main
1980, S. 54

109 Ebd., S. 56

110 Ebd., S. 57

111 »Jäger des verlorenen Schatzes«,
1981

112 Buch Henoch 14, 8–13. Zit. nach:
Emil Kautzsch: Die Apokryphen
und Pseudepigraphen des Alten
Testaments. Bd. 2. Hildesheim,
Zürich, New York 2002, S. 277

113 Buch Henoch 70 und 71, 1–4. Ebd.

114 Ebd., Fußnote f

115 Mose 23,20-21

116 Zit. nach: Gershom Scholem: Die
jüdische Mystik in ihren Hauptströmungen. Frankfurt am Main
1980, S. 74

117 Ebd., S. 77

118 Ebd., S. 84

119 Flavius Renatus Vegetius: Epitoma
rei militaris – Das gesamte
Kriegswesen. Aarau 1986, S. 25

120 Die Geschichte des Christentums.
Religion, Politik, Kultur. Bd. 1: Das
Altertum. Freiburg, Basel, Wien
2005, S. 17 ff.

121 Das Pfortenbuch. 4. Stunde. Szene
20. In: Eric Hornung: Die
Unterweltsbücher der Ägypter.
Düsseldorf und Zürich 1977,
S. 222 f.

122 Gershom Scholem: Die 36
verborgenen Gerechten in der
jüdischen Tradition. In: ders.:
Judaica 1. Frankfurt am Main 1963,
S. 216-234

123 Die Pseudoklementinen (Die
griechischen christlichen Schriftsteller der ersten drei Jahrhunderte
42; 51; N.F. 16). Bd. 2: Rekognitio-
nen in Rufins Übersetzung. Hrsg.
von Bernhard Rehm. 1965. 2., verb.
Aufl. von Georg Strecker 1994,
Kap. 9: Clemens von Alexandrien:
Recognitiones

124 Ebd., Kap. 15

125 Vgl. Anmerkung 21

126 Die Hypostase der Archonten. In: Nag Hammadi Deutsch. Berlin und New York 2007, S. 166

127 Epiphanius: Panarion haeresium XXI, 2, 4. Zit. nach: Hans Jonas: Gnosis. Die Botschaft des fremden Gottes. Frankfurt am Main und Leipzig 1999, S. 140

128 Hans Jonas: Gnosis. Die Botschaft des fremden Gottes. Frankfurt am Main und Leipzig 1999, S. 141

129 Ebd., S. 142

130 Vgl. Hans Jonas: Gnosis. Die Botschaft des fremden Gottes. Frankfurt am Main und Leipzig 1999, S. 142 ff.

131 Franz Kafka: Betrachtungen über Sünde, Leid, Hoffnung und den wahren Weg. Nr. 13. In: ders.: Beim Bau der chinesischen Mauer. Leipzig und Weimar 1980, S. 184

132 Das »Lied der Perle«. Zit. nach: Gnosis. Zeugnisse der Kirchenväter. München und Zürich 1995, S. 455 ff. Die folgenden Zitate sind den Seiten 455–457 entnommen.

133 Aus dem »Tractatus Tripartitus«. Zit. nach: Nag Hammadi Deutsch. Studienausgabe. Hrsg. v. Hans-Martin Schenke, Hans-Gebhardt Bethge und Ursula Ulrike Kaiser. Berlin und New York 2010, S. 65 f.

134 Franz Kafka: Betrachtungen über Sünde, Leid, Hoffnung und den wahren Weg, Nr. 13. In: ders.: Beim Bau der chinesischen Mauer, Leipzig und Weimar 1980, S. 184

135 Zit. nach: Die Gnosis. Zeugnisse der Kirchenväter. München und Zürich 1995, S. 82

136 Ebd., S. 83

137 Ebd., S. 81 f.

138 Ebd., S. 82

139 Der Koran. Neu übertragen von Hartmut Bobzin. München 2010, S. 88

140 Der Koran. Übersetzt von Rudi Paret. Stuttgart 1979, S. 76

141 Der zweite Logos des großen Seth. In: Nag Hammadi Deutsch. Studienausgabe. Hrsg. v. Hans-Martin Schenke, Hans-Gebhardt Bethge und Ursula Ulrike Kaiser. Berlin und New York 2010, S. 403

142 Hirt des Hermas. In: Das Neue Testament und Frühchristliche Schriften. Erste vollständige Ausgabe aller ältesten Schriften des Urchristentums. Neu übersetzt von Klaus Berger und Christiane Nord. Frankfurt am Main und Leipzig 1999, S. 839

143 Zit. nach: Die Gnosis. Zeugnisse der Kirchenväter. München und Zürich 1995, S. 162

144 Gilles Quispel: Gnosis als Weltreligion. Bern 1995, S. 15

145 Zit. nach: Die Geschichte des Christentums. Religion, Politik, Kultur. Bd. 1: Das Altertum. Freiburg, Basel, Wien 2005, S. 499

146 Zit. nach: Die Gnosis. Der Manichäismus, München und Zürich 1995, S. 76

147 Ebd., S. 77

148 Ebd., S. 79

149 Ebd., S. 76

150 Ebd., S. 79

151 Mechthild von Magdeburg: Das fließende Licht der Gottheit. Frankfurt am Main 2003, S. 229

152 Zit. nach: Kurt Rudolph: Die Gnosis. Göttingen 2005, S. 358

153 Ebd., S. 361

154 Vgl. dazu u.a. Ernst Benz: Geist und Leben der Ostkirche. Hamburg 1957, S. 29

155 Beda Venerabilis: De Temporum Ratione, Kapitel 15. Zit. nach Wikipedia, Stichwort »Ostara«

156 Vgl. Günther Lachmann: Islam-Bewegung breitet sich in Deutschland aus, in: Welt Online vom 21.05.2011. In FAZ.NET vom 27.5.2011 schrieb Neca Kelek. »1999 wurde in der Türkei eine Rede Gülens bekannt, in der er seinen Anhängern Anleitungen für den Marsch durch die Institutionen gab und sie aufforderte, sich konspirativ zu verhalten, bis die Zeit für die Machtübernahme gekommen sei. Die Rede wurde bekannt, Gülen setzte sich in die Vereinigten Staaten ab, um einer Verhaftung durch das Militär zuvorzukommen. Dort lebt er seitdem. Ganz nach den Regeln der Konspiration hat seine Sekte keine zentrale Organisation. Ein Verbot könnte sie nicht treffen, denn es gibt nur persönliche Verbindungen zwischen den Brüdern und Schwestern. Man arbeitet mit Paten und Bürgen, informell und per Internet. Die Bewegung ist »unfassbar«, wie der Islamwissenschaftler Ralph Ghadban feststellt.

157 Zit. nach: Annemarie Schimmel: Mystische Dimensionen des Islam. Die Geschichte des Sufismus. Frankfurt am Main und Leipzig 1995, S. 55

158 Georgius de Hungaria: Tractatus de moribus, condictionibus et nequicia Turcorum. Köln, Weimar, Wien 1993, S. 357 ff.

159 Ebd., S. 359

160 Ebd.

161 Ebd.

162 Hakim Sanai: Der ummauerte Garten der Weisheit. Zit. nach: Idris Shah: Die Sufis. Botschaft der Derwische. Weisheit der Magier. München 1976, S. 57

163 Zit. nach: Idris Shah: Die Sufis. Botschaft der Derwische. Weisheit der Magier. München 1976, S. 33

164 Ebd., S. 20

165 'Abdallah Ansari: Gebete, Amsterdam 1991, S. 11

166 Ibn Arabi: Die Religion der Liebe, in: Das Wunder von Al-Andalus. Die schönsten Gedichte aus dem Maurischen Spanien, Aus dem Arabischen und Hebräischen ins Deutsche übertragen und erläutert von Georg Bossong, München 2005, S. 151

167 Zit. nach: Annemarie Schimmel: Sufismus. Eine Einführung in die islamische Mystik, München 2005, S. 40

168 Ursprünglich verstand man unter *agape* das Liebesmahl, das von den frühchristlichen Gemeinden am Abend abgehalten wurde, in dem man die Gemeinschaft als eine Gemeinschaft der Heiligen verstand, die sich eins wussten und fühlten mit Gott.

169 Hafis: Ich sag es offen. In: ders.: Liebesgedichte, Frankfurt am Main 1980, S. 9

170 Abd Allāh ibn Abbās, zit. nach: Adel Theodor Khoury: Der Koran. Düsseldorf 2006, S. 36

171 Ebd.

172 Sahih al-Buhari: Nachrichten von Taten und Aussprüchen des Propheten Muhammad, Stuttgart 1991, S.23

173 Ebd.

174 Ebd., S. 24

175 Ibn Ishaq: Das Leben des Propheten. Kandern 1999, S. 47

176 Ebd., S. 23

177 Vgl. Die vier edlen Wahrheiten des Buddhismus: »Dies, ihr Mönche, ist die *edle Wahrheit vom Leiden*: Geburt ist Leiden, Alter ist Leiden, Krankheit ist Leiden, Tod ist Leiden, mit Unliebem vereint sein ist Leiden, von Liebem getrennt sein ist Leiden, nicht erlangen, was man begehrt, ist Leiden, kurz die Fünferlei Objekte des Ergreifens sind Leiden.
Dies, ihr Mönche, ist die *edle Wahrheit von der Entstehung des Leidens*: es ist der Durst, der von Wiedergeburt zu Wiedergeburt führt, samt Freude und Begier, der hier und dort seine Freunde findet: der Lüstedurst, der Werdedurst, der Vergänglichkeitsdurst.
Dies, ihr Mönche, ist die *edle Wahrheit von der Aufhebung des Leidens*: die Aufhebung dieses Durstes durch gänzliche Vernichtung des Begehrens, ihn fahren lassen, sich seiner entäußern, sich von ihm lösen, ihm keine Stätte gewähren.« Zit. nach: Heinz Bechert u.a.: Der Buddhismus I. Der indische Buddhismus und seine Verzweigungen. Stuttgart, Berlin, Köln 2000, S. 35

178 Fariduddin 'Attar: Vogelgespräche und andere klassische Texte. Vorgestellt von Annemarie Schimmel, München 1999, S. 198

179 Zit. nach: Annemarie Schimmel: Mystische Dimensionen des Islam. Die Geschichte des Sufismus. Frankfurt am Main und Leipzig 1995, S. 202

180 Frühislamische Mystiker. Aus Fariduddin 'Attars »Heiligenbiographie«: Überlieferungen und Äußerungen. Amsterdam 1984, S. 73

181 Zit. nach: Annemarie Schimmel: Mystische Dimensionen des Islam. Die Geschichte des Sufismus. Frankfurt am Main und Leipzig 1995, S. 200

182 Ebd., S. 449

183 Hafis: Liebesgedichte. Frankfurt am Main und Leipzig 1980, S. 29

184 Vgl. zu den Religionen: Werner Tiki Küstenmacher und Klaus-Rüdiger Mai: Die Weltreligionen. Woran die Menschen glauben. München 2010

185 Annemarie Schimmel: Mystische Dimensionen des Islam. Die Geschichte des Sufismus. München 1995, S. 53

186 Ebd., S. 70

187 Zit. nach: Annemarie Schimmel: Mystische Dimensionen des Islam. Die Geschichte des Sufismus. München 1995, S. 66

188 Zit. nach: Frühislamische Mystiker. Aus Fariduddin 'Attars »Heiligen-

biographie«: Überlieferungen und Äußerungen. Nach der Edition von Reynold A. Nicholson übertragen und erläutert von Fariduddin Attar und Gisela Wendt. Amsterdam 1984, S. 22

189 Ebd., S. 43

190 Ebd., S. 45

191 Zit. nach: Annemarie Schimmel: Sufismus. Eine Einführung in die islamische Mystik, München 2005, S. 31

192 Frühislamische Mystiker. Aus Fariduddin 'Attars »Heiligenbiographie«: Überlieferungen und Äußerungen, Amsterdam 1984, S. 76

193 Fariduddin Attar: Vogelgespräche, München 1999, S. 91

194 Ebd., S. 83

195 Ebd.

196 Vgl. Anm. 163

197 »Under der linden
an der heide
dâ unser zweier bette was,
dâ mugt ir vinden
schône beide
gebrochen bluomen unde gras.
vor dem walde in einem tal,
tandaradei,
schône sanc diu nahtegal.«
Walther von der Vogelweide: Under der linden. In: ders.: Lieder und Sprüche. Leipzig 1982, S. 104

198 Mechthild von Magdeburg: Das Fließende Licht der Gottheit. Stuttgart – Bad Cannstatt 1995, S. 204

199 Ebd., S. 229

200 Ebd.

201 Ebd., S. 228

202 Ebd., S. 405

203 Ebd.

204 Ebd., S. 137

205 Ebd., S. 25

206 Ebd.

207 Ebd., S. 139

208 Ebd., S. 25

209 Gertrud von Hackeborn. Zit. nach: Mechthild von Magdeburg: Das Fließende Licht der Gottheit. Stuttgart-Bad Cannstatt 1995, S. XV

210 Mechthild von Magdeburg: Das Fließende Licht der Gottheit. Frankfurt am Main 2003, S. 45

211 Offb. 3,12

212 Marguerite Porète: Der Spiegel der einfachen Seelen. Wiesbaden 2011, S. 24

213 Ebd., S. 113

214 Offb., 10,9

215 Ebd., S. 181

216 Ebd., S. 184

217 Vgl. Kurt Ruh: Geschichte der abendländischen Mystik. Bd. III. München 1996, S. 259

218 Marguerite Porète: Der Spiegel der einfachen Seelen. Wiesbaden 2011, S. 54

219 Zit. nach: Kurt Ruh: Geschichte der abendländischen Mystik. Bd. II. München 1996, S. 371

220 Offb., 3,9

221 Meister Eckhart: Rede der Unterscheidung. In: ders.: Werke. 2 Bde. Hrsg. v. Niklaus Largier. Bd. II. Frankfurt am Main 1993, S. 335

222 Meister Eckhart: Werke. 2 Bde. Hrsg. v. Niklaus Largier. Bd. I. Frankfurt am Main 1993, S. 553

223 Ebd., S. 259

224 Ebd., S. 87

225 Ebd., S. 75

226 Meister Eckhart: Rede der
Unterscheidung. In: ders.: Werke. 2
Bde. Hrsg. v. Niklaus Largier. Bd. II.
Frankfurt am Main 1993, S. 313
227 Meister Eckhart: Werke. 2 Bde.
Hrsg. v. Niklaus Largier. Bd. I.
Frankfurt am Main 1993, S. 565
228 Ebd., S. 361
229 Ebd.
230 Zit. nach: Gershom Scholem: Die
jüdische Mystik in ihren Haupt-
strömungen. Frankfurt am Main
1980, S. 435, Anm. 84
231 Meister Eckhart: Werke. 2 Bde.
Hrsg. v. Niklaus Largier. Bd. I.
Frankfurt am Main 1993, S. 83
232 Ebd., S. 255
233 Zit.nach: Kurt Ruh: Geschichte der
abendländischen Mystik. Bd. III.
München 1996, S. 253
234 Vgl. Kurt Flasch: Meister Eckhart.
Philosoph des Christentums.
München 2010, S. 317–321; Kurt
Ruh: Meister Eckhart. Theologe,
Prediger, Mystiker. 2. Aufl. München
1989, S. 184–187; Winfried Trusen:
Der Prozeß gegen Meister Eckhart.
Vorgeschichte, Verlauf und Folgen.
Paderborn 1988, S. 118–128; Josef
Quint (Hrsg.): Meister Eckehart.
Deutsche Predigten und Traktate.
München 1963, S. 449 f.
235 Meister Eckhart: Deutsche
Predigten und Traktate. Übersetzt v.
Josef Quint. München 1979, S. 273
236 Guido Cavalcanti: Sämtliche
Gedichte. Tübingen 1990, S. 49
237 Was ist Gott? Das Buch der 24
Philosophen. Erstmals übersetzt
und kommentiert von Kurt Flasch.
München 2011, S. 67
238 Vgl. Gershom Scholem: Die
jüdische Mystik in ihren Hauptströmungen. Frankfurt am Main
1980, S. 239
239 Sefer Jesira. Aus dem Hebräischen
übersetzt und herausgegeben von
Klaus Herrmann. Frankfurt am
Main und Leipzig 2008, S. 32,
Paragraf 18
240 Ebd., Paragraf 19
241 Ebd., S. 38
242 Ebd., S. 40
243 Zit. nach: Gershom Scholem: Die
jüdische Mystik in ihren Hauptströmungen. Frankfurt am Main
1980, S. 142
244 Ebd., S. 155
245 Zit. nach: Moshe Idel: Der Golem.
Jüdische magische und mystische
Traditionen des künstlichen
Anthropoiden. Frankfurt am Main
2007, S. 166
246 Ebd.
247 Gershom Scholem: Die jüdische
Mystik in ihren Hauptströmungen.
Frankfurt am Main 1980, S. 169
248 Der Sohar. Das heilige Buch der
Kabbala. Aus dem Hebräischen
übertragen und herausgegeben von
Ernst Müller. München 2007, S. 300
249 Gershom Scholem: Die jüdische
Mystik in ihren Hauptströmungen.
Frankfurt am Main 1980, S. 435,
Anm. 84
250 Giovanni Pico della Mirandola:
Über die Menschenwürde.
Hamburg 1990, S. 3
251 Giovanni Pico della Mirandola:
Conclusiones sive Theses DCCCC,
in: Joannis Pici Mirandulani Opera
Omnia, Basel 1572–1573, S. 108

(Nachdruck Hildesheim 1969)
Zit. nach: Wilhelm Schmidt-Bigge-
mann: Philosophia perennis.
Historische Umrisse abend-
ländischer Spiritualität in Antike,
Mittelalter und Früher Neuzeit.
Frankfurt am Main 1998, S. 150

252 Ebd., Nr. 15, S. 152
253 Ebd., Nr. 10, S. 151
254 Vgl. Johannes Reuchlin: De arte
cabbalistica. Hagenau 1517
(Nachdruck Stuttgart 1964), S. 131
und 268
255 Zit. nach: http://www.phil-hum-ren.
uni-muenchen.de/php/Kessler/
VL2003s/2003s09.htm
256 Fulcanelli: Mysterium der
Kathedralen. Basel 2004, S. 11
257 Ebd.
258 Vgl. Louis Charpentier: Die
Geheimnisse der Kathedrale von
Chartres. Köln o. J. und Fulcanelli:
Mysterium der Kathedralen. Basel
2004
259 Vgl. Werner Tiki Küstenmacher
und Klaus-Rüdiger Mai: Die
Weltreligionen. Woran die
Menschen glauben, München 2010,
S. 100 ff.
260 Ioan P. Culianu: Eros und Magie in
der Renaissance. Frankfurt am
Main und Leipzig 2001, S. 20
261 Ebd.
262 Ebd., S. 21
263 Johann Valentin Andreae: Tobiae
Hessi immortalitas. Zit. nach:
Carlos Gilly: Iter Rosicrucianum.
Auf der Suche nach unbekannten
Quellen der frühen Rosenkreuzer.
In: Das Erbe des Christian
Rosenkreuz. Vorträge, gehalten

anlässlich des Amsterdamer
Symposions, 18. - 20. November
1986. - Johann Valentin Andreae
1586–1986 und die Manifeste der
Rosenkreuzbruderschaft 1614 bis
1616. (Bibliotheca Philosophica
Hermetica.) Amsterdam 1988, S. 71
264 Vgl. Anm. 2
265 Vgl. Meister Eckhart: Werke. 2 Bde.
Hrsg. v. Niklaus Largier. Frankfurt
am Main 1993
266 Kaspar von Schwenckfeld:
Confession und Erclerung vom
Erkandtnus Christi und seiner
Göttlichen Herrlicheit. Ulm 1542
267 An dieser Stelle müssten Nikolaus
von Kues, Agrippa von Nettesheim,
Giordano Bruno, Heinrich
Khunrath, Simon Gutman,
Sebastian Frankh und Julius
Sperber ausführlicher zur Sprache
kommen, doch würde das den
Rahmen der Betrachtung sprengen.
268 Wesentlich für diese Vorstellung,
vielleicht sogar die Erfinder dieser
Herkunftslegende waren die
Griechen, besonders in Alexandria,
die eine Vorliebe für Metaphysik
und das Esoterische hatten. Sie
legten eine Leidenschaft für alles
Altägyptische an den Tag, das für
sie den Inbegriff des Geheimnisvollen schlechthin bedeutete.
Zusammengestellt wurde der
Corpus von den Griechen in den
ersten nachchristlichen Jahrhunderten, wie seine Nähe zum Neuplatonismus so schön illustriert.
269 Mystisch ist nicht nur im modernen
Sprachgebrauch synonym mit
geheimnisvoll. Es bedeutet

zunächst verborgen. Das Geheimnisvolle ist das Verborgene. Im beginnenden 17. Jahrhundert machte deshalb auch ein Wort eine Karriere, das heute nicht mehr benutzt wird und vergessen ist: *ent*bergen, im Gegensatz zu *ver*bergen.

270 Oberster Rat von A.M.O.R.C. Die Rosenkreuzer offenbaren ihre Lehren. Baden-Baden 2009. – Wolfram Frietzsch: Die Geheimnisse der Rosenkreuzer. Wiesbaden 2005. – Harald Lamprecht: Neue Rosenkreuzer. Ein Handbuch. Göttingen 2004, S. 136 f.

REGISTER